覓經記〔上〕

韦力·传统文化遗迹寻踪系列之六

韦力 著

上海文艺出版社

目次

001　序言

017　孔子：修订"六经"，始有经学
038　左丘明：春秋三传，唯此古文
056　曾子：儒门宗圣，孝闻天下
072　子夏：为《诗》作序，弘传六经
103　穀梁赤：《春秋》之传，唯此弱传
118　子思：思孟并称，疑作《中庸》
134　孟子：力推孔学，以善为本
155　伏生：珍护儒典，今文《尚书》
173　张苍：传承《左传》，规范章程
186　毛苌：不以国名，独传《诗经》
201　韩婴：《韩诗》之祖，以《易》解《诗》
218　辕固：《齐诗》之祖，最先结束
236　董仲舒：大一统论，天人感应
258　匡衡：师从后苍，弘传《齐诗》
272　戴德、戴圣：纂修《礼记》，兼汇古今
290　石渠阁：论辩五礼，《穀梁》得立
303　许慎：统研汉字，以驳今文
319　白虎观：整合今古，皇帝亲裁
336　马融：以《颂》罪主，精博注经
357　郑玄：遍注群经，三礼始名
376　赵岐：力举孟子，唯传《章句》

394	何休：三科九旨，黜周王鲁
412	卢植：文武兼备，尤重《礼记》
432	何晏：集解《论语》，首开玄风
452	王弼：义理解《易》，得意忘言
467	束皙：翻译汲冢，补亡《诗经》
482	刘炫：隋北通儒，被诬伪经
502	孔颖达：《五经正义》，定于一尊
519	王通：志臻孔圣，欲并二氏
540	徐铉：校补《说文》，序刊《系传》
561	孙奭：注疏《孟子》，疑窦终解
579	郝敬：通解"九经"，批驳朱子
597	张尔岐：独擅《仪礼》，善解《周易》
618	顾炎武：汉学开山，国初儒宗
637	阎若璩：千年经典，一朝推翻
661	胡渭：精研《禹贡》，明辨《易图》
678	江永：标准古音，初辟汉宋
696	惠栋：三代治易，吴派之祖
709	庄存与：复兴今文，兼采汉宋
721	戴震：皖派终成，以经翼理
740	段玉裁：说文四家，茂堂居首
753	桂馥：说文四家，《义证》独罕
771	任大椿：长于治《礼》，拙于人际
790	王念孙、王引之：广雅述闻，超迈今古
807	汪中：贫不移志，终为通儒
823	焦循：开方解《易》，正义《孟子》

840　**阮元**：学界山头，乾嘉殿军

856　**黄式三、黄以周**：浙东殿军，《论语》《礼书》

878　**仪征刘氏**：四世《左传》，守古驳今

900　**宝应刘氏**：专注《论语》，两代始成

920　**魏源**：力继今文，视经治术

937　**俞樾**：花落春在，《诸子》《群经》

958　**康有为**：古文全伪，疑袭廖平

979　**曹元弼**：精研《礼经》，最重《孝经》

1000　**章太炎**：汉学殿军，独驳今文

1017　**吴承仕**：广研群经，最重三礼

序言

本书记述的乃是对中国经学遗迹的寻访之旅,关于经学的价值所在,日本学者本田成之在其专著《中国经学史》中说过这样一段话:"所谓经,乃是在宗教、哲学、政治学、道德学的基础上加以文学的、艺术的要素,以规定天下国家或者个人的理想或目的的广义的人生教育学。"

由此可知,经学涉及了多个学科,为此,也就成为中国人文学科的最高标准所在。它几乎涉及了中国思想界的方方面面,并且成为中国古代学术的最高标准。为此,本田成之在其专著中又作了如下的解释:"总之在中国,一说到学问,第一指屈的就是经学。总括中国古来书籍的《四库全书》,第一库就是经学。历代帝王或者宰相,其经营天下的第一理想标准,必得是从经学上来的。评价人物甲乙的标准,也是以合于经学上的理想为归。作为中国人日常风俗习惯的规范,大部分在经学上也有其根据。在中国,不问其为国家与个人,其生存的目的、理想,如果不是在经学上有其根据,即不能承认其价值。这样看来,经学实是中国的最大权威者,从其内容来说,它是中国哲学、宗教或政治、文学的基础。"

既然经学在中国历史上有着如此崇高的地位,故而在此首先要澄清一些概念,也就是经与经学、经学与儒学之间的关系。

一、何为经

许慎在《说文解字》中说"经"就是"织",而"织"又是什么?

许慎又称:"织从丝也",这里的"从"字当为"纵",乃是与"纬"相对而言者。段玉裁在《说文解字注》中称:"织之从丝谓之经,必先有经,而后有纬,是故三纲五常六艺谓之天地之常经。"如此说来,经的本意乃是纵丝。班固在《白虎通》中则把"经"字解释为"常":"经,常也,有五常之道,故曰五经。《乐》,仁;《书》,义;《礼》,礼;《易》,智;《诗》,信也。"刘熙在《释名·释典艺》中结合了这两种说法:"经,径也,常典也,如径路无所不通,可常用也。"《孝经序疏》中引皇侃所言:"经者,常也,法也。"由此可知,经乃是指万古不变的法则。可见能够成为经的书,在典籍中有着何等崇高的地位。

然而后世所见"经"字最早之出处却并非专指儒家经典,《国语·吴语》中有一句:"建旌提鼓,挟经秉枹",这句话中有一个"经"字,关于此字的意义,韦昭在《注》中称:"经,兵书也",由此可见,这里的经乃是指古代的兵法典籍。除此之外,古代的医书中有《黄帝内经》,另外还有《扁鹊内经》《难经》《道经》等等,看来在上古时期,经乃是指各行各业的名著,而并不单指儒家经典。晋张华在《博物志》中称:"圣人制作曰经,贤者著述曰传。"但什么人才能称为圣人,他未作解释。

对于"经"字,后世还有一种解释:"经"乃是指古代的官书,因为这样的官书尺寸最大,每一根竹简的长度为二尺四寸,而"传"的长度则为八寸或者六寸。而这些竹简需要用线或者皮绳连缀起来,因此这种大尺寸的简牍就被称为经。章太炎在《国故论衡》中称:"案经者,编丝缀属之称,……亦犹浮屠书称修多罗。修多罗者,直译为线,译义为经。盖彼以贝叶成书,故用线贯也;此以竹简成书,亦编丝缀属也。"

章太炎的这段话,也是指的经之本意。到了何时经才专指儒家经典呢?史书没有明确的记载。然而先秦著作中,已经常引用儒家经典——《六经》的具体名称,此至少说明:"经"虽然并非专指儒家经典，但儒家经典已然是"经"的重要组成部分。故而吴雁南、秦学颀、李禹阶主编的《中国经学史》则称："有人将'经'视作先秦的官书，或孔子著作的专名，都是同先秦的历史实际不符的；所谓的'经'，只是先秦各家各派以及官府的重要著述与典籍而已。"

二、何为经学

"经学"一词的最早出处为《汉书·公孙弘卜式儿宽传》："（宽）见上（武帝），语经学，上说之。"何为经学？郑杰文、傅永军主编的《经学十二讲》一书，其第一讲乃是董治安、郑杰文的《经学的产生》，该书在谈到"经学"一词时称"经学，即治'经'之学，是以诸经为研究对象的学术。"

对于"经学"一词的解释，吴雁南、秦学颀、李禹阶主编的《中国经学史》称："经学是解释、阐明和研究儒家经典的学问。"而马宗霍、马巨所著《经学通论》中则称："所谓经学，简言之，即传授与研究儒家经典之学。"

关于经与经学之间的关系，李源澄在其所著《经学通论》中称："经学之经，以'常法'为正解，不必求'经'字之本义。然经学虽汉人始有之，而经之得名，则在于战国之世。故常法为经学之本义，而非经之达诂。近世释经义者皆释经字之义，而非经学之经之义也。"

既然经学是专门研究儒家经典之学，那么，何为儒家？班固在《汉书·艺文志》中称："儒家者流，盖出于司徒之官，助人君、顺阴阳、明教化者也。游文于六经之中，留意于仁义之际，祖述尧舜，宪章文武，宗师仲尼，以重其言，于道最为高。"

班固在这里的所言乃是指儒家的出处，他认为儒家出于司徒，道家出于史官，而法家出于理官，墨家则出于清庙之守。对于这样的说法，胡适在《诸子不出于王官论》一文中提出了质疑，而钱穆则认为儒乃是术士，他在《古史辨》第四册的序言中称："儒为术士，即通习六艺之士。古人以礼、乐、射、御、书、数为六艺，通六艺，即得进身贵族，为之家宰小相，称陪臣焉。孔子然，其弟子亦无不然。儒者乃当时社会生活一流品。"

对于"儒"字的本意，章太炎在《原儒》中称："儒之名盖出于需。需者，云上于天，而儒亦知天文、识旱潦。何以明之？鸟知天将雨者曰'鹬'，舞旱暵者以为衣冠。鹬冠者，亦曰术氏冠，又曰圜冠。庄周言儒者冠圜冠者知天时……"看来"儒"字的本意乃是指向天求雨，与当时的巫、祝并称。既然如此，儒家何以能从巫、祝之流脱颖而出，使"儒"字成为后世所指的特定含意呢？马宗霍、马巨在《经学通论》中说："所谓儒，在上古之时本是巫、史、祝、卜的通称，尔后成为孔子学术流派的专称，自从汉武帝罢黜百家、独尊儒术之后，又逐渐演变而成读书人的通称。"

看来，孔子的出现才使得这个混杂的派别出现了独立的面目，因此王博在其所著《中国儒学史·先秦卷》中称："儒家的产生，当然是以孔子为标志。"而皮锡瑞在《经学历史》中则明确地说："经学开辟的时代，断自孔子删定六经为始。"但蒋伯潜认为这样的说法并不能涵盖孔子对中国学术史的全部贡献，他在《十三经概论》中称："故孔子不仅为儒家之始祖，实开十家九流之先河；而其六经，则古代道术之总汇，非儒家所得而私之也。"

可见，孔子创造了儒学，又修订了经学的经典——"六经"，由此而有了经学。自此之后，经学成为了儒家核心经典的代名词。李源澄在《经学通论》中称："经学者，统一吾国思想之学问，未有经学以前，吾国未有统一之思想。经学得汉武帝之表彰，经学与汉武帝之大一统政治同时而起，吾国既有经学以后，经学遂为吾国人之大宪章。"而董治安、郑杰文在其文中亦称："西汉前期，由于'孝武初立，卓然罢黜百家，表章六经'，儒家地位空前上升，儒家所尊崇的《易》《诗》《书》《礼》《春秋》等，遂由本门学派之经，一变而成为王朝治国的要典，成为天下之经，并且被正式赋予'经'名。于是，由此所谓之'经'，就成为几种特定儒家典籍的专指与特称，与此外的一般著作已判然有所不同。扬雄《法言·学行》篇云：'书与经同而世不尚，治之可乎！'就明确把'经'（几种儒家经典）与'书'（此外所有著作）区别开来。"

三、经学典籍的组成

《庄子·天运》篇称："孔子谓老聃曰：'丘治《诗》《书》《礼》《乐》《易》《春秋》六经，自以为久矣……'老子曰：'……夫六经，先王之陈迹也，岂其所以迹哉！……'"此为流传至今"六经"一词的最早出处，可见，最早的经学是由《诗》《书》《礼》《乐》《易》《春秋》六部经典所组成，故后世简称其为"六经"。

但是，孔子的这段自称用了一个"治"字，正是因为这个字，后世引起了广泛的争论，而这种争论就是对"治"字的不同理解：孔子究竟是撰述了"六经"，还是编辑了"六经"？不过从老子的"先迁之陈述"可知，"六经"是在此之前就已有存在的历史资料，所以有人认为孔子对于"六经"而言，只是编辑而非著述。更何况有人强调，孔子曾说过"述而不作"。如何解释孔子的这段话？我在文中还会细谈，但无论是哪种情况，都说明孔子跟"六经"有着密切的关系。因此蒋伯潜在《十三经概论》中称"孔子自承为'述而不作，信而好古'之学者（见《论语·述而篇》）；其于五经，似亦为整理古书之'述'的工作；但五经之材料虽古已有之，而经孔子加一番赞修笔削理董之手续后，殆莫不各赋以新含义与新生命，则与其谓为'述'，无宁谓为'作'矣。孔子所谓'丘治《诗》《书》《礼》《易》《乐》《春秋》六经以为文'者，即指此也。故孔子者，经学之开祖也。"

汉武帝在建元五年设五经博士，关于五经的内容，班固在《白虎通》中说："何谓五经？谓《易》《尚书》《诗》《礼》《春秋》

也。"与六经相比较，五经少了《乐经》。因此有人说，《乐经》到汉武帝时失传了。然而《汉书·武帝纪》中的赞语中称："孝武初立，卓然罢黜百家，表章六经。"而颜师古在《汉书注》中则称："六经谓《易》《诗》《书》《春秋》《礼》《乐》也。"看来，到汉武帝时，《乐经》还未失传，更何况《汉书·王莽传》中明确地写道："立《乐经》。"

如此说来，到西汉、东汉之交《乐经》仍然存在，既然如此，那汉武帝为什么只设五经博士而不设六经博士呢？马宗霍、马巨的解释为："其实，《武帝纪》赞所谓'表章六经'，只是套用一个习惯用语以泛指儒家经典，倘若汉武帝所表章者确实为六经而不是五经，为何仅仅设立五经博士而不曾设立六经博士？颜师古之注，仅就字面而言，与史实无涉。至于致力于复古的王莽新朝之设立《乐经》，语焉不详，内容无从考核，充其量只能说明王莽之时有《乐经》，不足以证王莽时之《乐经》即先秦《乐经》之遗留。"

可见，《乐经》到汉初时已经失传了，因此六经就变为了五经。而到了后汉之时，五经又变成了七经，《后汉书·赵典传》中注引《谢承书》称："典学孔子七经……受业者百有余人。"然这段话中，并未点明七经所指。夏传才在《十三经讲座》中称："经过一段实验、探索的过程，到东汉通行的七经是：《易》《诗》《书》《礼》《春秋》《论语》《孝经》。"何以要在五经的基础之上添加《论语》和《孝经》呢？夏传才在文中有如下解释："东汉除立五经为官学外，又规定《论语》《孝经》为学生识字后的必读书；治五经者，可以诸经并治，也可以专治一经，但《论语》《孝经》人人非读不可。后来干脆就合称为七经。"

到了唐初，又有了九经之名，对于九经的详目，除了五经之外，《礼经》一分为三，成为了《仪礼》《周礼》和《礼记》，而《春秋》同样也一分为三，成为了《左传》《公羊传》和《穀梁传》。此六经再加上《易》《书》《诗》三经，合在一起成为了九经。然这九经中却没有包含在汉代已经立为经的《论语》和《孝经》。

为何又去掉这两经呢？夏传才认为《论语》基本上是孔子的语录集，《论语》的地位始终是跟随孔子的地位相升沉。在唐代初期，孔子的地位不如汉代那么高，因为唐太宗推崇老子，所以《论语》也就不被人所重视。《孝经》的核心内容是维护封建宗法制的孝道，强调的是嫡长子世袭制，而李世民杀掉哥哥，又逼迫父亲让位，他才坐上了皇帝的宝座，从这个角度而言，他当然不重视《孝经》。而唐玄宗消灭了韦氏集团后，才得以继位，为了巩固政权，所以他强调"以孝治天下"，所以《孝经》到他那时才再次得到了推崇。因此，唐初所说的九经中也就不包含《论语》和《孝经》。故《初学记·文部·经典》引文中称："《礼》有《周礼》《仪礼》《礼记》，曰'三礼'，《春秋》有《左氏》《公羊》《穀梁》三传，与《易》《诗》《书》通数，亦谓之'九经'。"

九经之后又有了十一经之说，十一经的来由本自于五代时蜀主孟昶，他在四川石刻了十一经。这十一经中除了九经之外，他加入了《论语》，但是却没有加入《孝经》，同时十一经中第一次把《孟子》列了进去。到了唐代后期，文宗开成二年，皇帝又下令石刻十二经，而后将这些刻石立在了国子监门前。这些石经被后世称为"开成石经"，所包含的十二经为："《易》《诗》《书》《周礼》《仪礼》《礼记》《春秋左传》《公羊传》《穀梁传》《论语》《孝经》《尔雅》。"

由此可见，开成十二经中没有包含《孟子》，而添加了《尔雅》。到了宋代，《孟子》一书广受重视，故该书又被列入了儒家的核心经典，从此之后这些经典被并称为"十三经"。后世对儒学经典的研究，都是本着"十三经"而展开者。故而，"十三经"的出处以及"十三经"的研究者，就成为了《觅经记》一书的寻访目标。

四、六经的作用

孔子何以要治六经？《庄子·天下》篇中有如下一段表述："古

之人其备乎！……其明而在数度者，旧法、世传之史尚多有之。其在于《诗》《书》《礼》《乐》者，邹鲁之士、搢绅先生多能明之。《诗》以道志，《书》以道事，《礼》以道行，《乐》以道和，《易》以道阴阳，《春秋》以道名分。"

在这段话中，庄子分别讲述了六经的作用，《小戴礼记·经解》中有如下说法："孔子曰：'入其国，其教可知也。其为人也，温柔敦厚，《诗》教也；疏通知远，《书》教也；广博易良，《乐》教也；絜静精微，《易》教也；恭俭庄敬，《礼》教也；属辞比事，《春秋》教也。故《诗》之失，愚；《书》之失，诬；《乐》之失，奢；《易》之失，贼；《礼》之失，烦；《春秋》之失，乱。其为人也温柔敦厚而不愚，则深于《诗》者也；疏通知远而不诬，则深于《书》者也；广博易良而不奢，则深于《乐》者也；絜静精微而不贼，则深于《易》者也；恭俭庄敬而不烦，则深于《礼》者也；属辞比事而不乱，则深于《春秋》者也。'"而司马迁在《史记·滑稽列传》中又引用了孔子的话说："六艺于治一也。《礼》以节人，《乐》以发和，《书》以道事，《诗》以达意，《易》以神化，《春秋》以道义。"由这段话可知，六经又名六艺，而孔子编纂和研究每一经都有着深刻的含义。对于这些含义所在，司马迁在《太史公自序》中有着如下的阐述：

> 《易》著天地、阴阳、四时、五行，故长于变；《礼》经纪人伦，故长于行；《书》记先王之事，故长于政；《诗》记山川、溪谷、禽兽、草木、牝牡、雌雄，故长于风；《乐》乐所以立，故长于和；《春秋》辨是非，故长于治人。是故《礼》以节人，《乐》以发和，《书》以道事，《诗》以达意，《易》以道化，《春秋》以道义。

进入汉代，班固在《汉书·艺文志》中讲道："六艺之文，《乐》

以和神，仁之表也；《诗》以正言，义之用也；《礼》以明体，明者著见，故无训也；《书》以广听，知之术也；《春秋》以断事，信之符也。五者盖五常之道，相须而备，而《易》为之原。"班固在这里用五常来跟五经相匹配，但五常乃是仁、义、礼、知、信，而与六经相匹配则少了《易经》，对于此经，班固认为《易经》为其他五经的"原"，所以不与五常相配。但《易经》为什么是五经之源，他未作出解释。

关于六经的内容，夏传才在《十三经讲座》中称："六经本来是古老的文献，《易》是古代占筮用书，《书》是三代历史档案文献，《诗》是周代诗歌总集，《礼》（指《仪礼》）是残缺不全的周、鲁各国礼仪的记录，《乐》早已亡佚不论，《春秋》是鲁国的编年史。"既然六经的内容涉及了这么多方面，那么孔子为什么要来编纂这六部书呢？吴雁南等主编的《中国经学史》中称："孔子创办私学，长期以《诗》《书》《礼》《易》《乐》《春秋》等典籍作为教材，即使在此之前有一些传本，也不可能完全符合其教学的需要。因而，按其教育的指导思想，对上述六种典籍进行整理、编订，是很容易理解的，犹如今天编讲义或课本一样。"

既然孔子编纂六经的目的是为了讲课，那他的编纂思想是怎样的呢？范文澜在《中国通史》中认为："整理六经有三个准绳：一个是'述而不作'，保持原来的文辞；一个是'不语怪、力、乱、神'（《论语·述而篇》），删去芜杂妄诞的篇章；一个是'攻（治）乎异端（杂学），斯害也已'（《为政篇》），排斥一切反中庸之道的议论。"

五、经学派别及其后世的延续

自西汉以后，孔子编纂的六经受到了空前的重视，但是对于六经的解释，却因为秦始皇的焚书坑儒，产生了不同的派别。从大类上来说，经学的派别主要分为今文经学和古文经学。进入宋代，又产生了新的解经方式，这种方式一直流传到了明末，该派被称之为宋明理学。但后世学者大多把宋明理学，作为一个专门的学术体系进行论述，而我也遵从这种学术分类方式，把宋明理学单独写了一书，名为《觅理记》。

进入清代，经学得以复兴，有人将其视为汉代今文经学和古文经学的延续，也有人把清代经学视之为"新经学"。这样的话，从汉代到民国年间的经学史，基本上可以做四分法：今文经学、古文经学、宋明理学和清代新经学。

秦始皇时期，丞相李斯建议焚书坑儒，《史记·秦始皇本纪》中记载了李斯跟其他七十位博士进行了争论，并记录了李斯给秦始皇提出的建议：

> 丞相臣斯昧死言："古者天下散乱，莫之能一，是以诸侯并作，语皆道古以害今，饰虚言以乱实，人善其所私学，以非上之所建立。今皇帝并有天下，别黑白而定一尊。私学乃相与非法教，人闻令下，则各以其学议之，入则心非，出则巷议，夸主以为名，异取以为高，率群下以造谤。如此弗禁，则主势降乎上，党与成乎下。禁之便。臣请史官非秦记皆烧之。非博士官所职，天下敢有藏《诗》《书》百家语者，悉诣守、尉杂烧之。有敢偶语《诗》《书》者弃市，以古非今者族。吏见知不举者与同罪。令下三十日不烧，黥为城旦。所不去者，医药、卜筮、种树之书。若欲有学法令，以吏为师。"制曰："可。"

秦始皇同意了李斯的这个建议，于是中国历史上第一次烧书运动开始了，这项政策实施后的四年秦始皇驾崩。转年天下大乱，而后，项羽焚烧秦宫，当时宫内所藏之书全部被毁。汉朝建立后，直到汉惠帝四年才解除禁书令，皇帝重新重视儒学，于是搜集一些秦火的残余，设立学官进行研究。汉文帝开始，设立经学博士，到汉武帝时，皇帝又命令丞相公孙弘广开献书之路，成帝时，又广求遗书于天下。百余年间，内府搜集了大量的藏书，而后皇帝下令，命刘向、任宏、尹咸、李柱国等人整理和校对秘府所藏之书。

刘向去世后，皇帝命其子刘歆继承父业，而刘歆在校书之时，发现一些内府所藏之书乃是以古篆书书写而成。在此前，社会上流传的经书，乃是用隶书书写而成。而隶书乃是汉代通行的字体，因此以隶书所写的经书被称为"今文经"，而以古篆书书写的经书被称为"古文经"。

刘歆将古文经和今文经进行了核对，发觉《易经》和《诗经》两书，今古文没什么区别，而《周礼》仅有古文，今文无此经。除此之外，《尚书》《仪礼》《公羊传》《穀梁传》《左传》《论语》《孝经》的古文经从篇章上说都比今文经要多，所以他认为今文经受了秦火的焚烧，其实都是不完整的本子，而古文经相对而言，比今文经完整。所以刘歆认为，古文经的价值要胜于今文经。

然而此时今文经已然是社会的主体，古文经的出现打击了今文经的权威性，于是今文博士进行了有力的反击。由于今文经学者的强烈反对，故古文经在西汉时未能立于学官，而两者间的斗争，断断续续地进行了两千多年。这个过程中，经学的两大派别，各有升降，同时也曾有过融合，但今文古文之分始于西汉末年的刘歆，二者的融合则是始于东汉的郑玄。

东汉和帝之后，古文经学在社会上得到了广泛的认可，渐渐超过了今文经学的社会影响力。魏晋时期，今古两派仍然在进行着声势浩大的争论。到唐代宗时，啖助及其弟子赵匡、陆淳等人，在研究《春秋》时，抛开了《左传》等三传，从另一个角度研究圣人的思想，而他们的这种做法被当代学者称为："开宋人舍传求经之先例。"（董治安、郑杰文《经学的发展》）而在唐代，韩愈及其弟子李翱等抛开了魏晋时期所形成的义疏之学，转而发挥五经的义理，由此而成为宋代理学的先声。

进入北宋，刘敞撰《七经小传》，在该书中任意地改译经文，以此来符合自己的观念，因此四库馆臣在《四库全书总目提要》中评价他说："变先儒淳实之风者，实自敞始。"自此之后，解经的方式变得义理化，由此而出现了邵雍、周敦颐、张载、二程以及朱熹等理学大家。这种风气沿袭到明末，由此而出现了顾炎武、黄宗羲等著名的学者。虽然说，顾炎武只反对王阳明而不反朱熹，而黄宗羲的《明儒学案》更是以王学为宗，但他们开实学之风，由此出现了阎若璩、胡渭等经学家。到了乾嘉时代，出现了惠栋、戴震这样的经学领军人物，由此而进入了清代经学的全盛期，从此经学成为了清代学术的主体。这个风气一直延续到了民国年间，由于西方观念的冲击，使得经学式微。而本书对于经学遗迹寻访的下限也就断到了这个时期。

关于今文与古文两派在学术观念上的区别，蒋伯潜在《十三经概论》中予以如下的概述："今文家谓六经乃孔子所作以垂教万世者，故以程度之浅深为排列之次序。《诗》《书》为文字的教育，故列最前；《礼》《乐》为行为的训练，心情的陶冶，故次之；《易》谈哲理，《春秋》有微言大义，故列最后。《庄子》《荀子》《春秋繁露》《史记》等皆是如此。古文经谓六经为周公旧典，固有史料，孔子述而不作，信而好古，但为旧史之保存者而已，故其排列六经，以时代之先后为次序。《易》之八卦，作于伏羲，故列于首；《尚书》有《尧典》，故次之；《诗》有《商颂》，故又次之；《礼》《乐》为周公所制，故又次之；孔子据周公旧例，以修《春秋》，故列最后。"

六、寻访的成果及遗憾

"十三经"对于中国的人文思想构成起到了决定性的作用，故而对这些遗迹的寻访，当然是以全为主。然而在历史的延续中，很多经学史上著名的人物已然无迹可寻。比如西汉《易》学大家施雠、孟喜、梁丘贺这三位完全无迹可寻，而《春秋》三传也仅寻得其二，其中《春秋公羊传》的作者公羊高无法找到遗迹。《书》经大家欧阳生、大小夏侯也同样找不到痕迹。而《礼》学大家高堂生同样不知到哪里找他的遗踪。刘歆对古文经学有着至关重要的作用，可是和他有关的任何遗迹我始终查不到线索。到了清代，研究《说文解字》的四大家，最受学界所瞩目，可是这四大家中唯独无法探寻到朱骏声的遗迹。除此之外，还有太多的经学名家无法寻得遗迹，这对我的经学之旅而言，当然是个大遗憾。

这样的遗憾可作两分法，一者是因为，这些重要人物的确没有遗迹留存；二者，也有一种可能，是因为我见闻不广或者用心不细，未曾查到、找到这些先贤的遗迹。如果真是后者，我倒觉得这是一种值得庆贺之事，因为这些大学者为了中国典籍的传承，付出了毕生的心血，只要他们还有遗迹留存于世，那就有继续寻到的可能，而后成为本书的补编。即使，我没有这样的运气，而被其他人寻得，这对中华传统文化而言，也同样是一件幸事。

因为我的传统文化寻踪系列有多个系列，而不少的经学家同时在其他方面也有着突出的贡献，因此部分经学家的事迹及寻访过程，已经被我写入了其他的书中。虽然如果从贡献而言，重复地写入《觅经记》不会有什么问题，然而我的寻访过程却完全相同，我觉得这样重复地收录，有悖自己寻访之初衷，故只好将其舍弃之。比如河间献王刘德，他虽然不是古文经学家，然而他却首次将古文经学列为博士，这样的人当然对经学史十分之重要。然而关于刘德墓的寻访我已经写入了《书魂寻踪》一书，故在此只好忍痛舍弃。

虽然有这么多的遗憾在，但我翻看自己的寻访之文时，还是有一丝的幸运之感：毕竟我还找到了这么多的经学大家，而他们为经学史所作出的贡献，我已写入了本书之中。有兴趣的读者可从书中看到我对他们事迹的描述。囿于个人能力，我的叙述没那么完整，就这点而言，欢迎师友们批评指正。

七、本书编排体例

按照传统的经学研究著作，大多会按古文经学与今文经学分别叙述，但为了能够看出一个时代的竞争情况，本书舍弃这样的编排方式，而是以时代的顺序进行递延，同时也没有按照十三经的体系，分文予以表述。这么做的原因，是因为经学家的历史遗迹留存太少，无法按照十三经的体系一一予以排列。

关于本书收录的上限，我将其定在了孔子，这是因为儒学的产生与经学的产生，都跟孔子有着重大的关系。虽然说，在孔子之前，有些经典已经存在，但是对于那些经典的编纂者，有着不同的争议。周文王、周武王、周公旦等人对儒家经典的产生都有着重要贡献，但既然把孔子断为经学的起源，故只能将这些人物予以放弃。

除此之外，孔子的一些著名弟子我也访得了遗迹，比如子路、颜子、子贡等等，虽然这些弟子对于儒学的传承也都有着重要的贡献，然而他们却没有经学著作传世，故只好也将其放弃。虽然这样的放弃，让我也感到痛苦，但有体例在，也只好对这些人的叙述另想他法。

因为个人水平有限，因此书中的叙述肯定有不少的错漏在，欢迎大家批评指正。

韦力
丁酉秋日序于芷兰斋

覓經記

孔子：修订"六经"，始有经学

关于经学的起源，皮锡瑞在《经学历史》中明确地说："经学开辟时代，断自孔子删定六经为始。孔子以前，不得有经。"这句话明确地说，自从孔子修订了"六经"，于是才有了经学。然而吴雁南、秦学颀、李禹阶主编的《中国经学史》则称"中国的经学形成于西汉。其孕育阶段可以追溯到春秋战国时期，但六经作为中国封建社会所独尊的经典，却是西汉武帝罢黜百家、独尊儒术以后之事。"

由以上两段叙述可知，对于经学的起源，两者在叙述方法上有着一定的区别。而马宗霍、马巨所著《经学通论》一书则称："虽然六经之中只有《春秋》一经勉强堪称孔子所作，称孔子为经学之创始人却未尝不可。"

皮锡瑞是站在今文经学家的角度来提出自己的观点，虽然马氏父子并不完全认可皮锡瑞所言，但也认为孔子应当就是经学的创始人。为了佐证这个观念，其在专著中给出了三条理由："其一，先孔子之经文极可能经过孔子编辑、删节、修改。其二，先孔子之经文经过孔子的传授之后，方才成为一门系统的学术。其三，后世之经学家，无论流派为何，皆尊孔子为其鼻祖。在这三项理由中，最后一项最为重要。即便日后有证据推翻理由之一、之二，依旧不能动摇孔子之为经学创始人的地位，因为这种地位的历史意义并不来自事实，而是来自认同。"

看来孔子跟"六经"之间的关系，决定了经学的起源。而最早把孔子和"六经"联系在一起的是《庄子·天下篇》："孔子谓老聃曰：'丘治《诗》《书》《礼》《乐》《易》《春秋》六经，自以为久矣。'"孔子对老子说自己很长时间都在治"六经"，但是"治"并不等于"作"或者"撰"，因为这个字可以翻译成攻读或者研习。那也就是说，孔子并没有说"六经"都是他的个人作品。那么孔子对"六经"有没有著作权呢？司马迁在《史记·孔子世家》中说了这样一大段话：

> 孔子之时，周室微而礼乐废，《诗》《书》缺。（孔子）追迹三代之礼，序《书传》，上纪唐、虞之际，下至秦缪，编次其事。……故《书传》《礼记》自孔氏。孔子语鲁太师："乐其可知也。始作，翕如；纵之，纯如，皦如，绎如也，以成。""吾自卫反鲁，然后《乐》正，《雅》《颂》各得其所。"
>
> 古者《诗》三千余篇，及至孔子，去其重，取可施于礼义，上采契、后稷，中述殷、周之盛，至幽、厉之缺，始于衽席，故曰"《关雎》之乱以为风始，《鹿鸣》为小雅始，《文王》为大雅始，《清庙》为颂始"。三百五篇，孔子皆弦歌之，以求合《韶》《武》《雅》《颂》之音。《礼》《乐》自此可得而述，以备王道，成六艺。
>
> 孔子晚而喜《易》，序《彖》《系》《象》《说卦》《文言》。读《易》，韦编三绝。
>
> ……乃因史记作《春秋》，上至隐公，下讫哀公十四年，十二公。

细读司马迁的这段话，他说孔子序次了《书经》、订正了《礼经》

和《乐经》、删削了《诗经》、写订了《易经》、撰作了《春秋》。他用了这么多的动词来描绘孔子对"五经"的著作性质，因为《乐经》失传了，故而"六经"中缺了此经。这样的叙述准确而形象。然而后来的今文经学家却不承认司马迁所言，这一派认为孔子就是"六经"的作者。作为今文经学家的皮锡瑞虽然也承认"五经"中的有些著作是孔子删订而成，但他还是认为孔子享有著作权。其在《经学历史》一书中称："古诗三千篇，书三千二百四十篇，虽卷帙繁多，而未经删定，未必篇篇有义可为法戒。"皮锡瑞在《经学历史》中说，《诗》《仪礼》《尚书》如果不是孔子的删订，就不能称为"经"。而未经删定，未必篇篇有义可为法戒：

> ……《仪礼》十七篇，虽周公之遗，然当时或不止此数而孔子删定，或并不及此数而孔子增补，皆未可知。观"孺悲学士丧礼于孔子，《士丧礼》于是乎书"，则十七篇亦自孔子始定；犹之删《诗》为三百篇，删《书》为百篇，皆经孔子手定而后列于经也。《易》自孔子作《卦爻辞》《象》《彖》《文言》，阐发义、文之旨，而后《易》不仅为占筮之用。《春秋》自孔子加笔削褒贬，为后王立法，而后《春秋》不仅为记事之书。此二经为孔子所作，义尤显著。

而《易》与《春秋》如果没有孔子的笔削，则更不能称为经，所以后两书可以认定为孔子所作。

且不管孔子是修订了"六经"还是撰述了"六经"，但有一点必须肯定，那就是孔子与"六经"有着密切的关系。《孟子·离娄下》中载"晋之《乘》，楚之《梼杌》，鲁之《春秋》，一也。其事则齐桓、晋文，其文则史。孔子曰：'其义则丘窃取之矣。'"而《孟子·滕文公下》中亦称："昔者禹抑洪水而天下平，周公兼夷狄、驱猛兽而百姓宁，孔子成《春秋》而乱臣贼子惧。"

然而这两段话并没有明确地说孔子究竟是"撰"还是"编"，这给后世的争论埋下了伏笔。比如张舜徽在《爱晚楼随笔之一·学林脞录》中称："自来言孔子者，必及六经；言六经者，亦必及孔子。以为制《诗》《书》，订《礼》《乐》，赞《易》道，修《春秋》，乃孔子一生最大之功绩。而龚自珍独曰：'仲尼未生，先有六经；仲尼既生，自明不作。仲尼曷尝率弟子使笔其言以自制一经哉！'（见《六经正名》）此言甚卓，足以发俗论之蒙。"

张舜徽也承认孔子跟"六经"有着密切的关系，然而他提到了龚自珍对这件事所表现出的疑问，并且赞同龚自珍的发疑。而这个疑问的来由则是源于孔子自称"述而不作"。张舜徽认同龚自珍的这一点：

> 孔子尝自称"述而不作"。朱熹释之曰："述，传旧而已；作，则创始也。"所谓传旧，乃将旧有古代文献传抄整理以备诵习及教学之用而已。《论语》一书，记载孔子一生言行甚详，乃至日常生活衣食住行与人往来之事，无不悉录。如果真有删订赞修六经之伟举，不应缺而不言。况孔子平日言《诗》，已云"《诗》三百"，或云"诵《诗》三百"，可知孔子当时所读之《诗》，即与今日篇数相符（今存三百五篇，古人举成数，故但云三百）。何尝有删《诗》之事？即此一端，其他自可类推。总之，孔子之学，大而能博，是我国古代大教育家，贵在言传身教，固不必以著述重。加以自战国以前，学在官府，私门无著述文字。孔子一生述而不作，不足怪也。

然而金景芳不赞同这种说法："孔子编著'六经'的方法是不一样的。他对《诗》《书》是'论次'，对《礼》《乐》是'修起'，对《春秋》是'作'，对《易》则是诠释。"又说："'论'是去取上事，'次'是编排上事，'修起'则是由于'礼坏乐崩'，孔子努力搜讨，把它们修复起来。""至于《春秋》，则无论《史记·孔子世家》，或是《孟子·滕文公下》都说是'作'。可无疑义。孔子作《易大传》当然是诠释《易经》的。"（金景芳著《孔子的这一份珍贵的遗产——"六经"》）金景芳说还是有历史文献记载，至少《春秋》是"作"。

然而在二十世纪二十年代开始的新文化运动中，有人开始完全否认孔子与"六经"之间的关系。1921年钱玄同写信给顾颉刚，钱自称在编纂一部《伪书辨证集说》，顾颉刚接到此信后当天就给予了回信，顾在信中称：

> 我想此书集成后，便可进一步去推翻"孔子删述六经"这句话了。六经自是周代通行的几部书，《论语》上见不到一句删述的话，到了孟子，才说他作《春秋》；到了《史记》，才说他赞《易》，序《书》，删《诗》；到《尚书纬》才说他删《书》，到清代的今文家，才说他作《易经》，作《仪礼》。……"六经皆周公之旧典"一句话，已经给"今文家"推翻；"六经皆孔子之作品"一个概念，现在也可驳倒了。

顾颉刚的这段话说得十分明确：编此书的目的就是要推翻删述"六经"这个观念。针对顾颉刚的这段话，陈壁生在《经学的瓦解》一书中予以了如下的评价："在一个学风正常，理性、科学的时代，只要问一句'凭什么《论语》没说的问题就都不存在，可以用《论语》

之没说，怀疑《孟子》《史记》之真实性'，就可以让人怀疑顾氏的立论的'科学'性。但在一个新学将打倒古学视为'文艺复兴'的时代，对经学，对孔子感情上的厌恶代替了理性的考虑，而将中国典籍史料化，又为这种情绪提供了宣泄的学术渠道。"

钱玄同跟顾颉刚为什么一定要否定孔子跟"六经"之间的关系呢？钱玄同在《论〈诗〉说及群经辨伪书》中明确地称："我以为不把'六经'与'孔丘'分家，则'孔教'总不容易打倒的；不把'经'中有许多伪史这个意思说明，则周代——及以前——的历史永远是讲不好的。"这段话直接亮出了观念，否定孔子跟"六经"的关系就是为了打倒"孔教"。这也就间接地说明了，钱玄同分离孔子与"六经"的关系，并不是出于一种历史的客观，更多者是为自己的批判传统寻找不存在的依据。比如他在1921年给顾颉刚的信中说道："咱们欲知孔学之真相，仅可于《论语》《孟子》《荀子》《史记》诸书求之而已。"这段话还是承认有四部经典著作记载了孔子跟"六经"的关系，可是到了1925年他公开发表这封信时，又在这段话后加了一段附注："这是四年前的见解，现在我觉得求孔学只可专据《论语》。至于《孟子》《荀子》《史记》中所述的孔学，乃是孟轲、荀况、司马迁之学而已，不得遽目为孔学。至于解'经'，则古文与今文皆无是处。"

至少在钱玄同那里，无论古文经学和今文经学都一无是处。而在此前的1923年5月25日他在给顾颉刚写的另一封信中，讲到了自己的这个观念的来由以及他由此而得出的结论：

> 我在十二年前看了康有为的《伪经考》和崔觯甫师的《史记探源》，知道所谓"古文经"是刘歆这班人伪造的。后来看了康有为的《孔子改制考》，知道经中所记的事实，十有八九是

儒家的"托古",没有信史的价值。近来看叶适的《习学记言》,万斯同的《群书疑辨》,姚际恒的《诗经通论》和《礼记通论》(在杭世骏的《续礼记集说》中),崔述的《考信录》等书,和其他书籍关于"惑经"的种种议论,乃恍然大悟:知道"六经"固非姬旦的政典,亦非孔丘的"托古"的著作(但其中有后来的儒者"托古"的部分;《论语》中道及尧、舜、文王、周公,这才是孔丘的"托古"),"六经"的大部分固无信史的价值,亦无哲理和政论的价值。我现在以为——

(1)孔丘无删述或制作"六经"之事。

(2)《诗》《书》《礼》《易》《春秋》本是各不相同的五部书。(《乐经》本无此书)

钱玄同的这段描述,真可谓否定得很彻底。虽然他自称要将古文经学和今文经学一并打倒,但他还是受了今文经学家的影响,以此而认定历史上留下来的经典基本上都是假的。但这样一层层地怀疑下去,那么中国的上古史岂不全成了虚无?傅斯年认为这样的怀疑确实有问题在,他在《与顾颉刚论古史书》中称:"至于《春秋》和孔子的关系,我却不敢和玄同先生苟同。也许因为我从甚小时读孔广森的书,印下一个不易磨灭的印象,成了一个不自觉的偏见。现在先别说一句。从孔门弟子到孔教会梁漱溟造的那些孔教传奇,大别可分为三类,一怪异的,二学究的,三为人情和社会历史观念所绝对不能容许的。一层一层的剥去,孔丘真成空丘(或云孔,空)了。或者人竟就此去说孔子不是个历史上的人。但这话究竟是笑话。"

傅斯年明确地称他不赞同钱玄同所言,因为这样一层层地怀疑下去,甚至连历史上有没有孔子这个人都成了问题。但是,疑古的思潮在社会中已经渐渐形成了风气。而后顾颉刚等人很快形成了"古史辨派"，此派在学界影响较大，但是到了近些年，又有更多的学者开始怀疑这种思维方式，再加上出土文献的印证，更加说明流传已久的上古史并非全是神话。而李学勤先生所撰《孔子与〈春秋〉》一文则引用了《四书集注》中的一段话："述，传旧而已；作，则创始也。故作非圣人不能，而述则贤者可及。……孔子删《诗》《书》，订《礼》《乐》，赞《周易》，修《春秋》，皆传先王之旧而未尝有所作也，故其自言如此。盖不惟不敢当作者之圣，而亦不敢显然自附于古之贤人。盖其德愈盛而心愈下，不自知其词之谦也。"针对这段话，李学勤称："孔子自谦'述而不作'，弟子后人尊之为圣人，则称为'作'，其间也没有矛盾。如因孔子有此语，就否定孔子有所著作，便与实际不合了。"

那么怎么看待孔子与"六经"的关系才最为公允呢？吕思勉《先秦学术概论》一书中称："六经皆先王旧典，而孔子因以设教，则又别有其义。汉儒之重六经，皆以其为孔子所传，微言大义所在，非以其为古代之典籍也。西京末造，故之学兴，轻微言大义而重考古。乃谓六经为伏羲、尧、舜、禹、汤、文、武、周公之传，别六艺于儒家之外，而经学一变，而儒家之学，亦一变矣。"

"六经"虽然在孔子之前已经存在，但这是经过了孔子的修订与传播才成为了儒家最重要的经典。而何耿镛所著《经学简史》中引用了苏渊雷先生的论断："经古文学家以史学眼光看待六经与孔子，经今文学家则以政治哲学眼光看待六经与孔子，难怪得出的结论大不相同。可是两种说法都有它对的一面。说六经只是'周公旧典'，说孔子只是抱残守缺，补苴掇拾，那是古文学家之蔽；说六经主要是孔子制作，前所无承，那又是今文学家的偏见了。我们认为所谓'述而不作'，乃明其有所依据，并非一仍旧贯，抱残守缺的意思。这样，赋新理想于旧事物，或托古人以立言，课徒授学之暇，加以补订删定，正是意中事。孟子、司马迁以来相传孔子'删《诗》《书》，订《礼》《乐》，赞《周易》，修《春秋》'等工作，不是没有根据的。"

因此说，无论孔子是编"六经"还是作"六经"，"六经"都是因为经过孔子之手，才成为了儒家的核心经典。舒大刚主编的《儒学文献通论》中首先作出了如下客观的描述："应当说，'六经'所依据的材料原本具有一定的教化功能，但原书系原始史料，教化作用不太明显，也不很系统。其能明显地起到教化作用并成为传世经典，端赖孔子的修订和阐释。"接下来对于孔子于"六经"是否有著作权的问题，该文予以了如下的论断：

> 虽然"六经"原文并非孔子新创，但是"六经"义理，却是孔子新创的，就文本而言是"述而不作"，就义理而言则是"作而非述"，孔子于"六经"是既"述"且"作"、亦"述"亦"作"，故今文家说"孔子作'六经'"乃就其义理而言，古文家说"孔子删'六经'"乃就其史料而言，都各有所据，也各自成理，但也都不很全面，应当修正互补。

而夏传才在其所著《十三经讲座》中亦有如下公允的论断："正是由于孔子的搜集整理和传授，这些古老而珍贵的文献才不至于湮没；也正是由于孔子在封建社会显赫的地位及其在思想界崇高的声望，这些文献才历经漫长的岁月和无数次社会的动乱，仍得以保存和流传。"

以上所言乃是论述了孔子与"六经"之间的关系，由此而说明如果没有孔子，那这六部历史著作也就不可能称为最重要的儒家经典。那么孔子的这些儒家观念是如何形成的呢？这仍然要从他的生平聊起。

匡亚明所著《孔子评传》一书把孔子的出身视为"没落的贵族家庭",对于其家传,该专著中简述到:"孔子的祖先,是宋国(国都在今河南商丘县)贵族。宋的始祖是微子启。微子启卒,由弟微仲继位。大概微仲就是传说中可查的孔子远祖。宋国和鲁国毗邻。孔子五代祖木金父因其父孔父嘉在宫廷内讧中被杀,而从宋国避祸奔鲁。孔子父亲叫叔梁纥,自微仲到叔梁纥共计十四代。"

孔子姓孔始自第六代祖先孔父嘉,孔父嘉在一次宫廷斗争中被杀,他的儿子木金父逃到了鲁国,从此定居于鲁国的陬邑。孔子的父亲叔梁纥是一位武将,作战十分勇猛,某次在攻打偪阳城时,守城者突然放下了悬门,使得冲入城中的部队被分成了两部分,在这紧急时刻叔梁纥用手托住了悬门,这才使得冲入城中的部队撤了出来。此事记载于《左传·鲁襄公十年》:"晋荀偃、士匄请伐偪阳,而封宋向戌焉。……丙寅,围之,弗克。孟氏之臣秦堇父辇重如役。偪阳人启门,诸侯之士门焉。悬门发,陬人纥抉之,以出门者。……"

因为叔梁纥立有两次战功,所以被任命为陬邑大夫,不过也有资料说他的官职是陬邑宰。虽然这个职位不是很高,但也算是管理一方的父母官,所以家中的日子过得不错。但是关于他的儿子孔丘——也就是后来伟大的孔子的来由,历史资料记载颇为含糊,以至于引起了两千年的争论。司马迁在《史记·孔子世家》中说:"孔子生鲁昌平乡陬邑。其先宋人也,曰孔防叔。防叔生伯夏,伯夏生叔梁纥。纥与颜氏女野合而生孔子,祷于尼丘得孔子。"

前面的这段叙述倒是没什么问题,最引起争论者乃是"野合"二字。有不少的人认为,叔梁纥是跟颜氏女在野外偷情而后生出了孔子。为什么这样说呢?因为司马迁在《孔子世家》中又说:"丘生而叔梁纥死,葬于防山。防山在鲁东,由是孔子疑其父墓处,母讳之也。……孔子母死,乃殡五父之衢,盖其慎也。陬人挽父之母诲孔子父墓，然后往合葬于防焉。"

看来孔子出生后不久，他父亲叔梁纥就去世了，而后叔梁纥被家人葬到了防山，但不知什么原因，孔子长大后，母亲始终不告诉他父亲葬到了哪里，等到孔子母亲去世后，孔子想让父母合葬，可他依然不知道父亲的葬地。之后他想办法终于知道了父亲墓的具体地点，而后将父母合葬在一起。针对司马迁的这段论述，马宗霍和马巨所著《经学通论》中评价称："倘若孔子并非私生，焉能不知其父之葬于何处？倘若孔子之母'从父命为婚'，为何会对其子隐瞒其父之墓葬所在？"

孔子在儒家心目中早已成为了圣人，他有着这样的出身当然令尊奉他的人觉得不光彩，于是必须对《史记》上的"野合"二字找到另外的解释。于是《孔子家语》一书就有了如下一段说法："伯夏生叔梁纥，纥虽有九女，而无子。其妾生孟皮，孟皮一字伯尼，有足病。于是乃求婚于颜氏。颜氏有三女，其小曰徵在，颜父问三女曰：'陬大夫虽父祖为士，然其先圣王之裔，今其人身长十尺，武力绝伦，吾甚贪之，虽年长性严，不足为疑，三子孰能为之妻？'二女莫对，徵在进曰：'从父所制，将何问焉？'父曰：'即尔能矣。'遂以妻之。"

《孔子家语》称叔梁纥有九个女儿却无子，后来他的妾终于生了个儿子，然而此子的腿天生有残疾，显然这样的儿子无法继承家业，于是叔梁纥就想再娶一妾。他听说颜家有三个女儿，于是前去求婚，颜父问三个女儿谁愿意嫁给叔梁纥，而前两女不说话，只有三女儿颜徵在愿意听从父亲的安排，于是这位颜徵在就嫁给了叔梁纥，而后生了孔子。

这段解释听起来颇为合理，但却无法说清楚"野合"二字，后世热爱孔子的学者就将《孔子世家》和《孔子家语》上的这两处记载合在一起予以叙述。比如唐代司马贞在《史记索隐》中认为："今此云'野合'者，盖谓梁纥老而徵在少，非当壮年初笄之礼，故云'野合'，谓不合礼仪。故《论语》云'野哉由也'，又'先进于礼乐，野人也'。皆言野者是不合礼耳。"

司马贞说"野合"二字的意思，是说叔梁纥年岁大，而颜徵在年岁小，这样的娶法不合礼仪，为此他举出了《论语》上的两个例子来佐证自己的观点。那么叔梁纥娶颜徵在时是多大年纪呢？唐张守节在其所作《史记正义》中有如下解释："男八月生齿，……八八六十四阳道绝。女七月生齿，……七七四十九阴道绝。婚姻过此者，皆为野合。故《家语》云：'梁纥娶鲁施氏女，生九女，乃求婚于颜氏……'据此，婚过六十四矣。"

按照张守节的说法，男人六十四以后和女人四十九之后的婚姻都可以称为野合，但是张守节的这个说法依据何在呢？显然他的这个说法受到了后世的质疑，马氏父子在《经学通论》中质疑道："张守节一席生理大道，貌似言之有理。问题是：男过六十四而婚遂为'野合'之说，根据又何在？依然是荒唐无稽之论、信口雌黄之说。捏造如此这般理论的目的，依然不外是企图掩盖孔子之为私生的真相。"

"野合"的问题解释到这种程度了，那如何来解释颜徵在不告诉儿子父亲墓在哪里这个问题呢？司马贞在《史记索隐》中有如下说法："徵在笄年适于梁纥。无几而（梁纥）老死，是少寡，盖以为嫌，不从送葬，故不知坟处，遂不告耳，非讳之也。"这段解释也很有意思，司马贞说叔梁纥去世的时候，颜徵在还很年轻，所以她就没有去送葬，因此颜徵在也不知道自己丈夫的墓在哪里。她既然不知道，自然也就无法告诉儿子。但这种说法又有了新的问题："颜徵在既然是明媒正娶，怎么可能不给丈夫送葬呢？"这样的解释无论如何也说不通，即便如司马贞所言，颜徵在为了避嫌没有去送葬，但此后的一些年她总能打听到丈夫的墓在哪里。《礼记·檀弓上第三》孔颖达所作注疏中称："于时陬曼父之母，素与孔子母相善。见孔子殡母于外，怪问孔子，孔子因其所怪，遂问陬曼父之母，始知父墓所在，然后得以父母尸柩合葬于防。"

此段话说颜徵在跟陬邑一位车夫的母亲关系很好，颜徵在去世后，孔子把母亲葬在了外面，这件事让车夫之母很奇怪，她问孔子为什么不将父母在一起合葬，孔子告诉她自己不知道父亲的墓在哪里。于是这位车夫的母亲就告诉了孔子叔梁纥的墓的具体地点，而后孔子将父母合葬在了一起。既然车夫之母跟颜徵在是很好的关系，她又知道叔梁纥墓的具体位置，为什么不把这个地点告诉颜徵在呢？难道颜徵在生前就想好她不跟丈夫葬在一起？

显然这些矛盾都让后人的回护出了破绽，其实英雄不问出处，无论孔子是不是私生子，都丝毫不影响他的伟大。毕竟他所创立的儒学影响了中国两千余年，并且成为了中国思想政治界的主流观念，且不管后世有着怎样的批判，都无法动摇孔子观念对中国人文思想的深远影响。因此匡亚明在《孔子评传》中把孔子评价为"中华民族历史上第一个伟大的教育家，在一定意义上说，他也是全人类历史上一个伟大的教育家"。

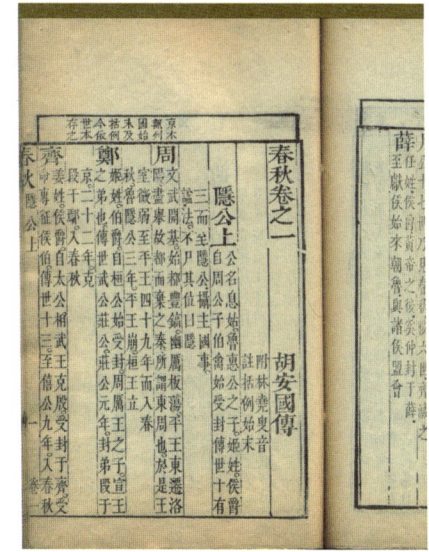
● 孔子撰《春秋》三十卷，明豹变斋刻本

除了教学，孔子最有名的活动乃是周游列国，他用了十四年时间游走于许多国家。关于他见到的国君数量，司马迁在《史记》中称："孔子明王道，干七十余君，莫能用。"但王充觉得这个数量不实，他在《论衡·儒增》中称"言干七十国，增之也。按《论语》之篇，诸子之书，……至不能十国；传言七十国，非其实也。"那么孔子究竟去过哪些国家呢？钱穆在《先秦诸子系年考辨》中统计："孔子自定公十三年春去鲁，至哀公十一年而归，前后十四年，而所仕惟卫陈两国，所过惟曹宋郑蔡。"

看来后世能够统计出的数量，孔子仅去过卫、陈、曹、宋、郑、蔡六个国家，余外他还停留过匡、蒲、陬乡和叶等地，即使把经停之地都算上也无法达到七十这个数量。不管怎么说，孔子的周游列国并不成功，所以他在六十八岁时结束了这样的生活方式，又回到了鲁国。直到他七十三岁去世，他有五年的时间来整理历史文献，而这个阶段他所做出的最重要成就，就是整理出了《春秋》一书。

对于《春秋》一书的历史评价，瞿林东在其编著的《中国史学史纲》中称："孔子所修编年体史书《春秋》，是中国史学上第一部私人撰述的历史著作。"对于该书的价值，瞿林东评价说："《春秋》作为中国现存最早的编年体史书，它的第一个特点是'属辞比事而不乱'，即缀辑文辞、排列史事都有一定的规范，全书井然有序。这是说明《春秋》在编撰形式上的优点，一是讲究用词造句、连缀文辞；二是善于综合、排比史事。此前，尽管周王朝和不少诸侯国都有国史，且亦兼记他国史事，但毕竟都很有限。孔子在综合阅览、研讨各国旧史的基础上，按时间顺序把历史事件一一排比起来，这对于人们从一个长时间里了解不同地区历史发展大势，提供了清晰的轮廓。"

看来晚年的孔子把自己的很多政治抱负都融入了《春秋》一书中。《孟子·滕文公下》中解释了孔子作《春秋》一书的原因："世道衰微，邪说暴行有作，臣弑其君者有之，子弑其父者有之，孔子惧，作《春秋》。《春秋》，天子之事也。是故孔子曰：'知我者，其惟《春秋》

乎？罪我者，其惟《春秋》乎？'"而《史记·孔子世家》中亦称"子曰：'……吾道不行矣，吾何以自见于后世哉？'乃因史记作《春秋》。"

《春秋》一书记载的是鲁隐公元年到鲁哀公十四年，总计二百四十二年的历史，在这么长的时段内，《春秋》全书总计才有一万六千五百多字，俭省到这种程度，太多的历史细节已经无法让后人了解，于是后世研究《春秋》者就对该书作出了许多的补充和阐释，这种补充和阐释的书被称之为"传"，留传后世者有三部传最为有名，分别是《春秋公羊传》《春秋穀梁传》和《春秋左氏传》。因为每家解释的不同，而孔子又不能站出来告诉后人，哪种解释最符合他的思想，于是后人的解释就形成了不同的流派。而这些流派可以划分为今文经学和古文经学两大阵营，但无论哪个阵营，都说他们的解释才最符合孔子的原意。

由以上可知，《春秋》一书对后世的思想观念有着重大的影响，因此胡适在《中国哲学史》中说："中国的历史几千年来，很受了《春秋》的影响。试读司马迁《史记·自序》及司马光《资治通鉴》论'初命三晋为诸侯'一段，及朱熹《通鉴纲目》的正统书法各段，便可知《春秋》的势力了。"

那么《春秋》一书究竟是不是一部合格的史书呢？至少胡适不这么认为："《春秋》那部书，只可当作孔门正名主义的参考书看，却不可当作一部模范的史书看。后来的史家把《春秋》当作史的模范，便大错了。为什么呢？因为历史的宗旨在于'说真话，记实事'。《春秋》的宗旨，不在记实事，只在写个人心中对于实事的评判。"（胡适著《中国哲学史》）为此胡适得出了如下的结论："所以他们作史，不去讨论史料的真伪，只顾讲那'书法'和'正统'种种谬说。《春秋》的余毒就使中国只有主观的历史，没有物观的历史。"（同上）

2012年2月21日，我乘高铁来到了山东曲阜，首先去参观了孔

⊙ 孔林神道前的石牌坊

府。从孔府出来后,准备前往孔林,在孔府门口等客的一位蹬三轮车老者劝我说,孔林距此有几里地远,不如乘他的三轮车前往,收费仅五块钱。老人看上去七十多岁年纪,我不好意思乘他的车,这种想法并不是我的伪善,而是我想到了胡适的那首诗《人力车夫》。胡适听闻那位车夫年仅十六岁,因为年纪太小,所以胡适不忍坐他

⊙ 孔伋墓

的车。而那位年轻的车夫跟他说,您老的好心肠饱不了我的饿肚皮,于是胡适就坐上了车飞奔而去。

在"文革"中批胡适时,这也是他的罪状之一,因为他还是

乘坐了这辆三轮车。按"文革"中批判者的说法：胡适应当给钱而不乘车，因为乘车就欺压了劳动人民。我想自己今日也不应欺压劳动人民，虽然这不是一位年幼者，但"老吾老以及

⊙ 子贡手植楷

人之老"，于是我跟老者说自己不好意思坐他的车，因为我太沉担心他蹬车太累，老人闻我所言咧嘴一笑，露出参差的牙齿："我是电动的。"

从孔府来到孔林附近时，看见有长长的神道。老先生告诉我说，这是中国最长的神道。是否为最长我没印证过，但我眼界所及这段路的确够长。在孔林门口下车，付款后向老先生表示了谢意。虽然现在不是旅游旺季，但来孔林的游客还是络绎不绝，面对此场景我心中无由头地生出了暖意，以至于看到孔林门口的两对瑞兽都觉得它们面貌可亲。旁边有导游说，这些瑞兽本是凶猛之物，后来因为受了圣人的教化而变得温顺起来。

沿路步行 300 米，先看到的是孔子嫡孙孔伋之墓，孔伋字子思，后世均以其字称之，其为孟子的老师，后世所说的思孟学派就是指此二人。然而在唐代韩愈讲道统时，却称孔子直接传道给孟子，大大提高了孟子的地位，形成了后世孔孟并称的格局，而子思的地位却无形中被降低了。我对这位前贤的遭遇感到不平，于是直接到他的墓前给他鞠了一躬。

在子思墓不远处有一棵干枯的树桩，这棵树桩用围栏保护了起来，旁立石碑说明是子贡手植楷。子贡是孔子的爱徒之一，哪怕今

◉ 孔子墓全景

日看到的只是一个枯树桩,但我心中仍有崇敬之情。再向后走几十米,就看到了此行的重中之重——孔圣人之墓。

孔子墓四围已经用花砖环砌,墓前有一高大石碑,小篆涂黄上书"大成至圣文宣王",其碑后仍有一小碑,上面刻着"宣圣墓",但像这种大小碑重叠的立碑方式,我是第一次看到。碑前石供桌上摆着几个花篮,里面插着五彩的塑料花,质量较为低劣,花色也很假。

◉ 孔子墓前的五谷

墓的左手有售货亭一样的小木屋,木头柜台下面贴着"恭请鲜花处"五个大红字,屋檐上挂着两块铜牌,上书:"心香传薪火"和"鲜花奉先师",读之似乎也顺口,每种花标着价格,

⊙ 当年子贡所住的墓庐遗址

假花篮是 90 元一个，而真菊花是 10 元一支，我选择买了一支真花，这倒不是吝啬，总觉得给圣贤先师献花，献支真花要比假花诚心许多。我手持鲜花向圣墓三鞠躬，然后把鲜花插在了供桌前的木架上。

当我插花之时，抬眼一看，供桌上摆着五个塑料盘，每个盘内放着一种植物，有谷、米和小米等。当年孔子周游列国被隐者讥为"四体不勤、五谷不分"，这也是"文革"中批孔者时，认为的孔子主要污点之一，而今日却在其坟前摆上五谷，莫非孔子入土了二千五百年，后人仍然不依不饶地要让他辨识这五谷？不过，这种摆法也可能另有寓意，只是我的孤陋寡闻，无法解读其中的深刻含意。

墓旁边十余米有一间正在维修门窗的小房子，房前立一石碑说明是子贡庐墓处。子贡当年为其师守孝，住在墓庐内，别人守孝三年，而他一住就是六年。此举对中国的孝道文化影响极大。

因为孔子在中国文化史上的超然地位，所以我的整个寻访之旅的第一站，就是来到曲阜祭拜孔子。在曲阜拜完孔子之后，又寻访

⊙ 金钱大道

了曲阜城附近的一些人文古迹，其中当然包括曲阜城东息陬村的孔子作《春秋》处。拜完孔子墓的第二天一早，打的前往息陬村，因为今天启程很早，因此街面上一个人都没有，显得十分空旷与冷清，出租车司机丰先生称，他以前路过此村时，曾经看到过标志，因此未费周折就在马路边看到了立在街边的石碑。石碑很是简单，以水泥砌成，上面刻着"孔子作春秋处"六个大字，每个字填着红漆，下面堆着几块旧石。

石碑的后面是一家私人所开设的小宾馆，名为春秋宾馆。路的另一边，地上堆着七八个用水泥做的小棺材。我问丰先生此为何物，他告诉我说，这是用来放骨灰盒然后再用来埋葬，因为现在不让用棺材土葬，所以村民就改进成了这个样子。时代在变，不知道这算不算是与时俱进。

拍照完这块石碑后，进入村内寻找旧迹，可是转了一圈，未见

⊙ 孔子作《春秋》处

有任何值得一看者,只是地上铺的街砖甚为奇特,是用青石雕造的一个个古钱,字面有泰和重宝、大中通宝、至正重宝等等,宋元明清皆有,也看不出朝代排列规律,可能是随意而就。在村子的中间铺上这样一条金钱大道,估计设计者是想走在上面的人都能够发家致富吧。两千多年前,孔子在这里作《春秋》,而今的村民日踏万金,这应该就是人们所说的时代巨变吧。

左丘明：春秋三传，唯此古文

《左传》与《公羊传》《穀梁传》并称为春秋三传，后两传属于今文经学，《左传》属于古文经学。以问世的早晚及篇幅来论，《左传》均名列第一。夏传才在《十三经讲座》中说："《春秋左氏传》简称《左传》，是《春秋》三传的第一部，全文180273字，在十三经中篇幅最长，称为'大经'。"

其实春秋三传若从立于学官的早晚来看，另外两传都比《左传》要早，因为《公羊传》和《穀梁传》早在西汉就立于学官，而《左传》则是到了东汉时期。最早发现《左传》价值的人乃是刘歆，《汉书》本传中有着如下记载："（成帝）河平中，受诏与父向领校秘书。……歆及向始皆治《易》，宣帝时，诏向受《穀梁春秋》，十余年，大明习。及歆校秘书，见古文《春秋左氏传》，歆大好之。时丞相史尹咸以能治《左氏》，与歆共校经、传。歆略从咸及丞相翟方进受，质问大义。初，《左氏传》多古字古言，学者传训诂而已，及歆治《左氏》，引传文以解经，转相发明，由是章句义理备焉。歆亦湛靖有谋，父子俱好古，博见强志，过绝于人。歆以为左丘明好恶与圣人同，亲见夫子，而公羊、穀梁在七十子后，传闻之与亲见之，其详略不同。歆数以难向，向不能非间也，然犹自持其《穀梁》义。"

刘歆跟父亲刘向均在国家档案馆工作，当时皇帝命刘向修《穀梁传》，刘向在此下了十几年功夫，故对《穀梁传》十分了解。后来刘歆无意间在资料库发现了《左传》，读过之后认为此书写得极好，恰好那时的丞相也喜欢《左传》，于是两人共同对该书进行探讨。再后来，刘歆把《左传》跟《春秋经》合并在一起，从此使得《左传》一书成为了《春秋经》的解经之作。经过刘歆的研究，他认为《左传》一书的作者左丘明跟孔子的观点完全相同，更重要的是左丘明还见过孔子，但是《公羊传》和《穀梁传》的作者就比左丘明晚多了，所以后两传的作者只是从孔子的弟子那里听到的一些传闻，如此比较来说《左传》的价值就要远远大于另外两传了。

刘歆的这个观点对中国经学史而言影响巨大，郭丹在《左传开讲》中说："在刘歆之前，《春秋》与《左传》各自别本单行，刘歆'引传文以解经'，就是将《左传》与《春秋》挂起钩来，成为'解经'之作，《左传》亦厕身'经学'之列，由'传训诂'的训诂之学变成义理之学。"正是因为刘歆的这个行为，才把以前仅被视为鲁国史的《左传》，变成了专门用于解释《春秋经》的专著，将《左传》的地位大大提高。因为在古代，各种史书流传并不少，虽然《春秋》也是鲁国史，但经过了孔子的编修，使得这部鲁国史成为了儒家最为尊崇的"六经"之一，而《左传》成为了解经之作，那其地位就远远与其他杂史不同了。

但是，哪些书是"六经"的解经之作，刘歆说了不算，必须得到皇帝的批准，而后才能成为钦定的标准范本。于是刘歆向皇帝提出要把《左传》《毛诗》《逸礼》《古文尚书》立于学官，皇帝就命刘歆跟五经博士共同讨论这个问题。刘歆的这个提议遭到了今文经学家的强烈反对，比如大司空师丹指责刘歆"改乱旧章"，左将军公孙禄斥责刘歆"颠倒五经，变乱家法"，等等。

刘歆事先没有估计到众大臣反应之激烈，面对此况让他害怕了起来，《汉书》本传上说："惧诛，求出补吏，为河内太守。"刘歆担心皇帝下令杀了他，于是主动要求离开中央到地方去工作，皇帝倒也没为难他，就将其外放。这件事被后世视为古文经学和今文经学的第一次大争论，其结果以今文经学的胜利而告终。

但是此后的一些年，王莽把持了朝政，而刘歆恰好是王莽不错的朋友，也许是王莽想要拉拢自己的人，所以很快就接受刘歆的建议，把《左传》立于学官，这是《左传》第一次成为了官学。可惜王莽在位时间很短，汉武帝即位后又重新提倡今文经学，古文经学博士被取消了，《左传》又成为了私学。而后又经过三次今古经学大争论，在郑玄的努力下，《左传》又再次立于学官。而后虽然再次被取消，但到了西晋初年，杜预作出了《春秋左传集解》，因为杜预是司马懿的女婿，在他的努力下，自此之后的一千多年，《左传》成为了解释《春秋经》最重要的作品之一，而后无论"九经"还是"十三经"，《左传》都包含在内，它跟《公羊传》和《穀梁传》被后世并称为"春秋三传"。

春秋三传全部是解释《春秋》一书的专著，那么《春秋》为什么要靠其他的书来予以解释呢？这是由于孔子编修此书的方式所引起者。对于《春秋》一书的来由，杜预在《春秋左传集解序》中说道"仲尼因鲁史策书成文，考其真伪，而志其典礼。上以遵周公之遗制，下以明将来之法。其教之所存，文之所害，则刊而正之，以示劝戒；其余则皆即用旧史，史有文质，辞有详略，不必改也。"

看来孔子就是根据鲁国史书进行了一番考证而写出了《春秋》一书，孔子作《春秋》的目的则是以此来"劝戒"当时社会上的那些乱臣贼子。杜预的这个判断应当是本自《孟子·滕文公下》："世衰道微，邪说暴行有作，臣弑其君者有之，子弑其父者有之，孔子惧，作《春秋》。"孟子说的这几句话应该是已知孔子作《春秋》的最早记录，而孟子也在这里说孔子作《春秋》的原因就是那时社会的道德沦丧。但是面对这种世风日下的局面，孔子手中无权，所以他只好通过写书的办法来斥责这种行为，但是他又不能写得太过直接明了，否则的话他所作的这部书就会成为禁书，于是他就想出了一种特殊的方式，那就是用极简洁的办法来写书，让自己的这部书看上去表面上没什么问题，然而实际上其中的每字每句都包含着微言大义。经过孔子所修的《春秋》一书记叙了从鲁隐公元年到鲁哀公十四年，总计二百四十二年的历史，叙述了这么久远的一段历史，然而《春秋》一书的全文才一万八千字左右，可见其简洁到了何等的程度。

也正是因为这种简洁，使得后世很少人能够读懂《春秋》一书，于是就有了专门来解释《春秋》的作品，而这些作品中最为著名者就是春秋三传。

何以知道《左传》乃是《春秋》一书的解经之作呢？最早的出处本自司马迁在《史记·十二诸侯年表序》中所言：

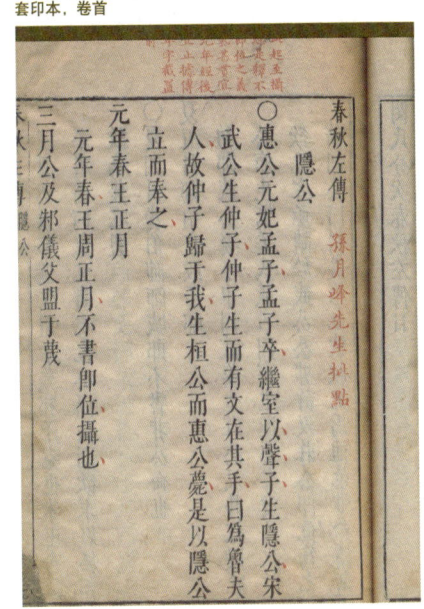

⊙《春秋左传》十五卷，明万历四十四年吴兴闵氏刻朱墨套印本，卷首

> 是以孔子明王道，干七十余君，莫能用，故西观周室，论史记旧闻，兴于鲁而次《春秋》，上记隐，下至哀之获麟，约其辞文，去其烦重，以制义法，王道备，人事浃。七十子之徒口授其传指，为有所刺讥褒讳挹损之文辞不可以书见也。鲁君子左丘明惧

⊙《春秋左传》三十卷，明崇祯四年毛晋汲古阁刻本，书牌

弟子人人异端，各安其意，失其真，故因孔子史记具论其语，成《左氏春秋》。

司马迁首先讲述了孔子作《春秋》的原因，因为该书写得太过简洁，而文字背后的真实历史孔子只能用口授的方法教给他的弟子，以此来避祸。当时鲁国有位叫左丘明的人，担心孔子的弟子们在口授老师所讲时有所差异，于是就根据孔子所作《春秋》一书写了部《左氏春秋》，后世简称为《左传》。

对于司马迁的这个说法，汉代的班固完全表示赞同，他在《汉书·艺文志》中说：

> 周室既微，载籍残缺，仲尼思存前圣之业，……以鲁周公之国，礼文备物，史官有法，故与左丘明观其史记，据行事，仍人道，因兴以立功，就败以成罚，假日月以定历数，藉朝聘以正礼乐。有所褒讳贬损，不可书见，口授弟子，弟子退而异言。丘明恐弟子各安其意，以失其真，故论本事而作传，明夫子不以空言说经也。

按说，司马迁和班固所作的正史中讲述得十分明确：一者，《左传》就是解释《春秋》的作品；二者，该书的作者是鲁国人左丘明。

对于这两点，虽然今文经学家不承认前一点，也就是不承认《左传》是《春秋》的解经之作，但他们并未怀疑《左传》的作者是左丘明。但是到了唐代，竟然有人连后者也开始表示出异议。其实关于左丘明这个名称的史载，比司马迁和班固的记载还要早，《论语·公冶长》中记载了孔子所说的一句话："子曰：'巧言、令色、足恭，左丘明耻之，丘亦耻之。匿怨而友其人，左丘明耻之，丘亦耻之。'"孔子在此两次提到了左丘明的名字，可见历史上实有其人。

但是左丘明跟孔子是什么关系呢？后世有着不同的说法。因为史料中记载左丘明生平事迹的资料很少，为此也就引起了后世的猜测，这些猜测的主要着眼点是左丘明跟孔子的关系。《汉书·楚元王传》中说："歆以为左丘明好恶与圣人同，亲见夫子，而公羊、穀梁在七十子后，传闻之与亲见之，其详略不同。"这段叙述跟刘歆的说法相同，以此可推论左丘明跟孔子是同时代的人。而《后汉书·郑范陈贾张列传》中则说："（陈元奏曰）陛下拨乱反正，文武并用，深愍经艺谬杂，真伪错乱，每临朝日，辄延群臣讲论圣道。知丘明至贤，亲受孔子，而《公羊》《穀梁》传闻于后世，故诏立《左氏》，博询可否，示不专已，尽之群下也。"

这段叙述跟《汉书》不同，《汉书》中称左丘明"亲见孔子"，而《后汉书》则称是"亲受孔子"，这一字之差区别较大。因为前者是平行关系，而后者则是以上传下的关系。那左丘明是不是孔子的弟子呢？这里未曾说明。然而朱彝尊的《经义考》中引用了晋荀崧在《上元帝疏》中所言："孔子作《春秋》，微辞妙旨，义不显明。时左丘明、子夏造膝亲受，无不精究。孔子既没，微言将绝，于是丘明退撰所闻，而为之传，其书善礼，多膏腴美辞，张本继末，以发明经意。信多奇伟，学者好之。"

荀崧的这段话把左丘明跟孔子的弟子子夏并列，显然荀崧认为左丘明是孔子的晚辈。可是其他史料上却有着另外的说法，《经义考》中又引用了严彭祖所言："孔子将修《春秋》，与左丘明乘如周，观书于周史，归而修《春秋》之经，丘明为之传，共为表里。"细品这句话，孔子跟左丘明是朋友关系。然而朱彝尊的《经义考》中还引用了《古今人表》，这里则把左丘明直接列为孔子的弟子："又按《古今人表》，于孔子弟子居二等者，左丘明、颜渊、闵子骞、冉伯牛、仲弓。"

但是今文经学家不承认这一点，比如《新唐书·啖助传》中说："助爱公、穀二家，以左氏解义多谬，其书乃出于孔氏门人。且《论语》孔子所引，率前世人老彭、伯夷等，类非同时。而言'左丘明耻之，丘亦耻之'。丘明者，盖如史佚、迟任者。又《左氏传》《国语》，属缀不伦，序事乖剌，非一人所为。盖左氏集诸国史以释《春秋》，后人谓左氏，便傅著丘明，非也。助之凿意多此类。"啖助喜欢《公羊传》和《穀梁传》，认为《左传》解释经义有不少的错误。并且他认为《左传》不是《春秋经》的解经之作，但这个理由也是本自孔子说的那段话，他认为孔子的那段话表明左丘明是在孔子之前的人物，啖助的言外之意就是说既然左丘明早于孔子，那么他所著的《左传》一书也就不可能是《春秋》的解经之作了。啖助同时又认为《左传》一书的作者只是姓左，但不是左丘明，因为左丘明名气大，所以后世就把姓左的这部著作附会成了左丘明著。而唐代的赵匡也跟啖助有着同样的观念："《论语》'左丘明耻之，丘亦耻之'，夫子自比，皆引往人，故曰'窃比我于老彭'，又说伯夷等六人云'我则异于是'，并非同时人也。丘明者，盖夫子以前贤人如史佚、迟任之流，见称于当时尔。"赵匡认为左丘明跟孔子不是同时代的人，而是早于孔子，以此来否定《左传》乃是解经之作。

持同样观点的还有宋代的叶梦得，《经义考》中引用他所言如下：

"古有左氏、左丘氏,太史公称'左丘失明,厥有《国语》',今《春秋传》作左氏而《国语》为左丘氏,则不得为一家。"叶梦得也是认为《左传》的作者不一定就是左丘明。既然如此,那《左传》一书的作者应该是谁呢?《经义考》中引用宋吕大圭所言:"宗左氏者,以为丘明受经于仲尼,好恶与圣人同。观孔子所谓'左丘明耻之,丘亦耻之',乃'窃比老彭'之意,则其人当在孔子之前。而左氏传《春秋》,其事终于智伯,乃在孔子之后。说者以为与圣人同者为左丘明,而传《春秋》者为左氏,盖有证矣。或以为六国时人,或以为楚左史倚相之后,盖以所载'虞不腊'等语,盖秦人以十二月为腊月,而左氏所述楚事极详,盖有无经之传而未有无传之经,亦一证也。"

吕大圭这里说了句含糊话,他认为《左传》一书的作者有可能是六国时的人,但这位左氏叫什么名称他并不了解。这类说法到了清代依然流行,《经义考》还记载了尤侗的说法:"左氏之为丘明,自迁、固以下皆信之,独啖助、赵匡说以破其非,而王介甫断左氏为六国时人者有十一事。据《左传》纪韩、魏、智伯之事及赵襄子之谥,计自获麟至襄子卒,已八十年。夫子谓:'左丘明耻之,丘亦耻之',则丘明必夫子前辈,岂有仲尼没后七十八年丘明尤能著书者乎?《诗》有大小毛,《书》有大小夏侯,《礼》有大小戴,六国时人岂无左氏,必以丘明实之,亦固矣。"尤侗说宋代的王安石认为这位左氏是六国时的人,并且举出了十一条证据,而后尤侗又根据《左传》一书在最后面记载的内容,以此来认定左丘明是孔子的长辈。

其实,从其他的历史文献来看,左丘明还是跟孔子同时代的人,比如《左传精舍志》中有如下一段记载:

>   赵师圣云：鲁侯欲以孔子为司徒，将召三桓议之，乃谓左丘明。
>
>   左丘明曰："孔丘其圣人欤！夫圣人在政，过者离位焉。君虽欲谋，其将弗合乎？！"
>
>   鲁侯曰："吾子奚已知之？"
>
>   左丘明曰："周人有爱裘而好珍馐，欲为千金之裘而与狐谋其皮；欲为少牢之珍而与羊谋其馐。言未卒，狐相与逃于重丘之下，羊相与藏于深林之中。故周人五年不制一裘，十年不足一牢。何者？周人之谋失矣。今君欲以孔丘为司徒，召三桓而议之，亦与狐谋裘、与羊谋馐也。"
>
>   于是，鲁侯遂不与三桓谋，即召孔子为司徒。

这段记载很有趣，鲁侯想请孔子来做官，准备招集几位高官讨论这件事，左丘明听到后坚决反对，他认为孔子是圣人，让那些非圣人来讨论圣人的任职与否，这些人肯定会反对，鲁侯听从了左丘明的建议，于是未进行讨论直接任命孔子为司徒。这段记载直接说明了左丘明不仅跟孔子是同时代的人，同时还在孔子的就职问题上起过作用。然而清代的马骕怀疑这段记载的真实性，他在《左传事纬》中说："愚按狐羊之喻，类战国策士之言，而孔子之为司徒，不见于《家语》及《太史公书》，无乃后世之所附益，当时未必有其事与？"

除此之外，今文经学家则是从内容上认定《左传》不是《春秋》的解经之作，因为《左传》一书中有一些文字不是解经内容，比如其中有"君子曰"等等。宋代的林栗认为："《左传》凡言'君子曰'是刘歆之辞。"到了清代刘逢禄就是根据这个说法，认定刘歆把先秦古书《左氏春秋》改编为《春秋左氏传》，而后的康有为也坚持这种说法。刘逢禄和康有为都认定《春秋左氏传》一书乃是刘歆伪造，其目的就是为了给王莽篡权找到理论依据。然而经过后世学者的考证，《左传》中的"君子曰"，先秦诸子的著作就有过引用，而司马迁也同样引用过，这就说明《左传》中的"君子曰"早在刘歆之前就已经存在，因此它不可能是刘歆添加上去的，更何况如果刘歆真的要伪造《左传》一书，那他何必要在文中留下破绽呢？

看来要把一个事情搞明白真是太不容易了，好在后世的大多数学者认定《左传》的作者就是左丘明，而该书确实是《春秋》的解经之作。对于这一点，朱彝尊的《经义考》中也引用了不少的前人论断，比如宋胡宁称："左氏释经虽简，而博通诸史，叙事尤详，能令百世之下，具见本末，其有功于《春秋》为多。"而对于《左传》的价值，家铉翁则说"昔者夫子因鲁史而修《春秋》，其始，《春秋》、鲁史并传于世，学者观乎鲁史，可以得圣人作经之意。其后鲁史散佚不传，左氏采摭一时之事，以为之传，将使后人因传而求经也。……经著其略，传纪其详；经举其初，传述其终。虽未能尽得圣人褒贬之意，而《春秋》二百四十二年之行事，恃之以传，何可废也！吁，使左氏不为此书，后之人何所考据以知当时事乎？不知当时事，何以知圣人意乎？"

家铉翁认为如果不是左丘明写出了《左传》一书，后世则很难读懂《春秋》上所记载史实的事情本末。正如汉桓谭所言："《左氏》经之与传，犹衣之表里，相待而成。经而无传，使圣人闭门思之，十年不能知也。"桓谭说得很明确，二者的关系犹如衣服的内和外，如果只读《春秋》而看不到《左传》，哪怕是圣人，用十年来读这一万八千字，恐怕也难以读明白。

对于桓谭的这句话，可由以下的例子论证，比如《春秋》一书隐公元年有"郑伯克段于鄢"这句，仅六个字，这段历史就记载完毕了，但究竟事情如何，如果单纯从这几个字，恐怕没人读得懂，对此左丘明用了上千字来解释这六个字。他从郑庄公的出生讲起，而后讲到他母亲武姜生他的时候因为难产，所以就讨厌这个孩子，并且特别爱自己的另外一个儿子共叔段。然而郑庄公是老大，那个时代只能立长，于是武姜就想方设法替共叔段谋取利益。

武姜先找郑庄公给共叔段要好的地盘，而共叔段一直谋划着推翻哥哥，这个过程中有不少的大臣向郑庄公密报共叔段的谋逆行为。然而郑庄公却认为时机不成熟，一直忍耐着，并且跟大臣们说了一句名句："多行不义，必自毙。"而后这句话响彻了两千年，直到"文革"中还十分地流行。再后来，共叔段觉得时机成熟了，带领部队前去偷袭郑都，同时与母亲串通好，武姜到时会打开城门。而这一切全被郑庄公提前知道了，到此刻他觉得时机成熟了，于是出兵反击，打败了共叔段。接下来的一段记载就变得更有趣了：

> 遂置姜氏于城颍，而誓之曰："不及黄泉，无相见也。"既而悔之。颍考叔为颍谷封人，闻之，有献于公。公赐之食，食舍肉。公问之，对曰："小人有母，皆尝小人之食矣，未尝君之羹。请以遗之。"公曰："尔有母遗，繄我独无！"颍考叔曰："敢问何谓也？"公语之故，且告之悔。对曰："君何患焉？若阙地及泉，隧而相见，其谁曰不然？"公从之。公入而赋："大隧之中，其乐也融融！"姜出而赋："大隧之外，其乐也泄泄！"遂为母子如初。

事发之后，郑庄公当然不能杀掉自己的母亲，于是他就把武姜流放到了别处，并且发誓说不到黄泉不相见，言外之意则是再也不要看到她。可是出于政治上的考量，郑庄公的这种作法有违孝道，他很后悔自己说出了这样的赌气话，然而话已出口无法收回。一位名叫颍考叔的官员特别理解郑庄公的心意，想出了一个既能让母子相见，同时还能让郑庄公表面上做到言而有信的两全之法。这位颍考叔见到郑庄公时先用一条苦肉计引导郑庄公说出了实话，而后抓住时机探问出郑庄公的真实心意，接下来就讲出了自己的计策：何不在地下挖一条隧道，一直挖到泉水，而后母子进内相见，不就符合了郑庄公先前所说的话吗？

颍考叔出的这个妙招肯定让郑庄公听了很高兴，于是他立即让人实施，挖出了一条里面有泉水的大隧道，母子二人在隧道中相见，于是"其乐融融"，这个词也成为了后世广泛使用的成语之一。

这一段记载在《左传》里的原文较长，我只引用了该文的最后一段，但由此也可以看出左丘明的记载是何等生动与具体，原来背后发生了那么多惊心动魄和有意思的故事。可是这一段历史在孔子的《春秋》中仅写了六个字，如果没有左丘明的这段解释，谁能知道真实的历史是如此之丰富呢？

但是直到近代还有人认为《左传》不是《春秋》的解经之作，比如蒋伯潜在《十三经概论》中说了这样一段话："《左传》之释经，不如《公羊》《穀梁》，非特张析所云'有训诂之传（指《公羊》《穀梁》），有载记之传（指《左传》）。训诂之传主于释经，载记之传主于记事'而已；《左传》者，不主为经发者也（用卢植、王接语）。

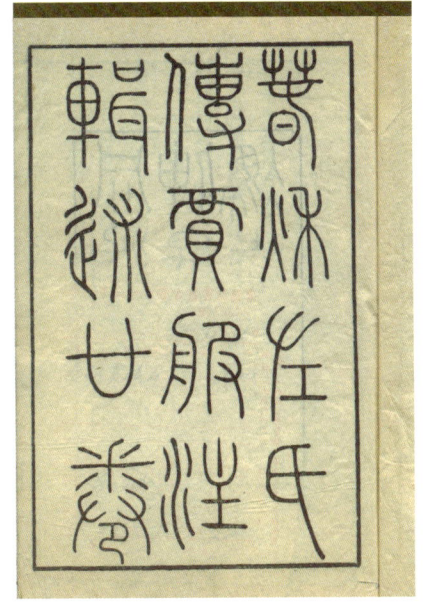

⊙《春秋左氏传贾服注辑述》二十卷，清同治五年刻本，书牌

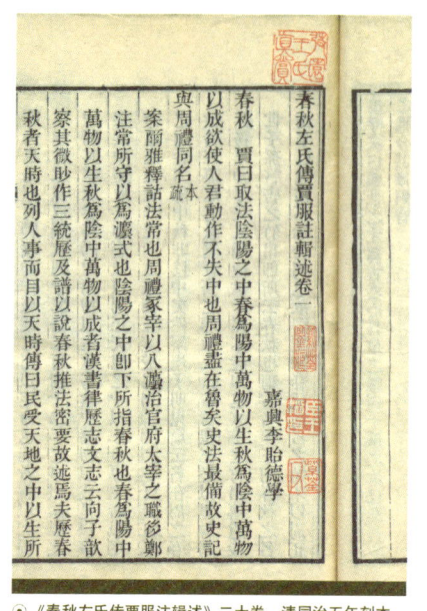

⊙《春秋左氏传贾服注辑述》二十卷，清同治五年刻本，卷首

读《左氏》者，当经自为经，传自为传，不可合而为一（用刘安世语）。其叙事之工，文采之富，不必依傍圣经，可以独有千古（用皮锡瑞语）。盖《左氏》本是太史之流，当与司马迁、班固等列，本非扶助圣言，缘饰经旨者也（用陈商语）。故《左传》与《春秋经》，诚所谓'离之则两美，合之则两伤'矣（用梁启超语）。以经学之地位论，《左传》固不及《公羊》《穀梁》；而其叙事摛文，则远胜《公羊》《穀梁》，在史学与文学方面，固有其特殊之地位者也。"

蒋伯潜在这里引用了不少古人所言，目的就是认定《左传》并不是解经之作，乃是一部独立的史书，并且是一部良史。好在这种说法并非学界的主流，庄大钧在《春秋及其三传》一文中说："《左传》之作，并非于《春秋》之外单成一书，而是左丘明因《春秋》'具论其语'而为之传。总之，孔子因鲁春秋而成《春秋》，左丘明缘《春秋》而著《左传》，其史料来源是相同的。"而赵伯雄在《春秋学史》中亦称："但我们细审《左传》全书，竟有相当多的年份传文是与经文一致的，也就是说这些年的传文都是解经的，并不存在无经之传。"

关于左丘明的姓氏，后世也同样有着不同的说法，比如宋郑樵在《通志·氏族略》中认为左丘明姓左："左氏，姜姓。齐公侯有左、右公子，因以为氏。"《元和姓纂》也持同样的说法。可是司马迁在《史记》中说过一句:"左丘失明,厥有《国语》。"这也意味着他是姓左丘而非左。还有一种说法是认为左丘明姓丘,清俞正燮在《癸巳类稿》中说:"《急就》'丘则刚',宋王应麟补注,及自注姓氏《急就》引同,是丘氏二派,一出太公,一出丘明,丘明子孙为丘姓,义最古,无疑。丘明传《春秋》而曰《左氏传》者,以为左史官之如司马迁今名《史记》也。《春秋》传《公羊》《穀梁》题姓者,《毛诗》《韩诗》之比;《左传》不题姓者,《齐诗》《鲁诗》之比。"

关于左丘明姓丘这个问题,可由《左丘明史料选辑》一书中所收《宋祥符二年平阴县令范讽重修左传精舍记》一文为证:"二年春,余承命来莅兹邑。知县之东古肥子国地即左子故里,古庙犹存。访其遗迹,知此即为传《春秋》之处,故名曰'左传精舍'。洁奠,下询其居守子孙,则后裔丘芳携其旧谱而至。问其家世,乃避新莽之乱,去左袭丘以自晦。因知古人姓氏几为变迁,非得已也。观其庙貌渐颓,因为之重新焉。数月告竣,故为论叙如右,而寿之于贞珉。"宋代的范讽到左丘明家乡去做父母官,在那里找到了左丘明的故居,而后又找到了左丘明后裔,一个名叫丘芳的人。看来范讽也很好奇其后人为什么不姓左而姓丘,丘芳向其解释道,他家祖上为了避王莽之乱,特意改了姓,将左字去掉直接姓丘。然而这

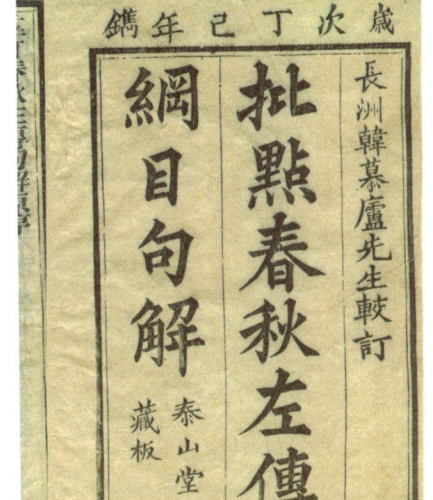

泰山堂藏板《批点春秋左传纲目句解》,牌记

段记载是王莽之乱之后的事情,并不能证明左丘明姓丘,看来姓左或者姓左丘更接近事实。对于这两者之间的选择,胡念贻在《左传的真伪和写作时代问题考辨》一文中说:"《左氏春秋传》是旧称,和《虞氏春秋》《吕氏春秋》一样。复姓简称单姓,古有此例。如春秋时臧孙氏又称臧氏,季孙氏又称季氏。'左丘氏春秋'简称'左氏春秋',并非不合习惯的。至于《七略》称丘明,这或许是由于相沿已久,在人们印象中,认为左丘明是复姓了。何况文人弄笔,故意截搭,如'马迁'之例,原不足怪。司马迁书名取旧称,于姓则仍称左丘,并非矛盾。"

关于左丘明的墓址所在,《左传精舍志·祠墓志》中记载:"先贤左子祠在肥城县城内文庙东南。旧名左传精舍,相传即左子传《春秋》处也。祭用春秋二仲上丁日。"该《志》中又接着说到了左丘明墓距肥城县的具体里数:"先贤左子墓在肥城西南五十里正觉寺之西,墓右都君庄系左子故里。其后裔丘氏族众世居于此。"

在金代,有位叫王去非的隐士写过一首《吊左丘明墓》的诗:"荒草迷离土一堆,坟前古木已凋衰。传留千载英魂渺,每到都君一泪垂。"

到了明天启元年,当时的肥城县知县王惟精又特意写了篇《重修左传精舍记》,该记中称:"天启元年春,余来守兹土,得谒先儒左子庙,复致祭于墓下。因访先儒后裔得太学生云街者,相貌魁梧,举止端方,不愧先贤后裔也。问其家世,言之历历如指诸掌。余甚伟之。"看来,王惟精祭奠了左丘明墓,同时还找到了左丘明的后裔。进入清代,康熙十一年所修《肥城县志》仍有记载:"左丘明一墓在城西南五十里肥河乡都君庄正觉寺之西。"而到了当代,北京大学教授阴法鲁在一封信中称:"余家住肥城石横镇红庙村,距衡鱼左丘明墓地三四里,幼时常去瞻望。牌坊上书'先儒之墓',坟丘高大,墓碑为明朝天启年知县惟精所立,墓地四周古木参天。

当年肥城县衙前有左丘子祠,建筑十分壮观,悬匾为'君子'二字。衡鱼丘氏家族每年都去县城祭祀。"看来,到了现代左丘明墓四周依然古木参天。但是当我去朝拜这位大师的墓时,眼前所见却已经与历史记载有了很大的差异。

左丘明墓的具体位置是山东省肥城市衡鱼村。这一天的寻访计划中最后一个寻访点是东平县的孙奭遗迹,访完之后已是下午四点多,太阳渐渐西沉。我对出租车司机小丰说,不用急着赶路了,反正天也快黑了,因为天黑之后不能拍照,就算访到了也没用,所以不如开到肥城住下后,明天再继续寻访。但是小丰忽然告诉我说,我的寻访名单上还有个左丘明墓,好像就在距离此地不远的地方,如果加紧一点找到的话,明天就可以少访一个。

我查到的资料上说,左丘明墓在肥城县东衡鱼村,我看了看越

⊙ 在文保牌后看不到墓丘

⊙ 左丘明墓前的新修牌坊

来越低的夕阳,怀着半信半疑的心态听从了小丰的建议,请他加快向东行驶。没多久见到路边有几位老农在聊天,于是停车上前打问可有更近的道路,其中一位老人告诉我,左丘明的墓我们已经走过了,需要倒回去一段路。这个结果让我有些意外,因为在我的印象中左丘明墓在肥城县东,而东平在肥城西边,并且现在我们还没有穿过肥城市。到此时方明白是我的断句发生了问题,衡鱼村又有三个自然村,分别为前衡鱼村、后衡鱼村和东衡鱼村,而资料上的"肥城县东衡鱼村"这几个字中,应当理解为肥城县

⊙ 鲁史左丘明墓

的东衡鱼村，而不是县东边的衡鱼村。

老人继续告诉我，我停车问路之处距离东衡鱼村还有二十多公里的路程，我们刚才行驶的路线恰巧路过该村。没办法，只好让小丰立即掉头，边打听边往回急驶。此时太阳已经完全落了下去，就此放弃实在有些不甘心，为了能够赶在天黑之前找到左丘明墓，小丰把车开得飞快，然而每到一岔口都

◉ 另一块墓碑

需要问路，在这空旷的田野间，遇到一位问路人又是小概率事件，好在天不负我，终于在天色大黑之前找到了左丘明墓。

左丘明墓处在一片旷野之中，在这里我没有看到任何参天大树，眼前所见仅是两排刚栽下去的小树，不知何时已经变成了如此模样，而左丘明的墓也是新近作了维修，从墓围上的砖色来看，此次修建乃是近两年的事情。我在周围没有找到想象中的众碑，虽然如此，这一点也不影响左丘明的伟大。遗憾的是我赶到此处之时，照相机快没电了，仅拍了几张，相机就发出了电量不足的警告声，无奈我只好等半分钟重新开机，抓紧又拍一张，接下来就再也不能用了。看来我怀着侥幸的心理匆忙赶到此地，有失对左丘明的恭敬，他才用这种方式来警醒我。

曾子：儒门宗圣，孝闻天下

曾子，名参，跟父亲曾皙共同拜孔子为师。曾子比孔子小46岁，是孔子著名弟子中年纪最小的一位，孔子去世时他年仅27岁。

曾子的父亲曾皙又名曾点，因为《论语》中的一段记载，使他成为了孔子弟子中较为知名的一位。鲁昭公二十年左右，孔子开始收徒讲学，当时曾点就拜孔子为师，后来孔子周游列国，曾点没有随行。到了鲁哀公十一年，孔子结束周游返回到鲁国，曾点又再次到孔子那里学习。

十几年的列国周游，让孔子的心态有了较大的变化。某天，曾点跟子路、冉有、公西华一起陪着老师休息，孔子问这几位弟子，每人有着怎样的志向。子路、冉有、公西华一一作了回答，孔子对他们的回答似乎都不很满意。而在这番对谈过程中，曾点却不声不响，只在一边弹奏乐器。老师问他有什么志向，曾点说："异乎三子者之撰。"

看来曾点并非充耳不闻，虽然他在那里弹奏乐器，但还是听到了另三位同学所言，所以他才能说出自己的人生理想跟另三位不同。孔子鼓励他说，不同也没关系，只不过是每个人说说自己的志向而已，老师这句话的潜台词是让曾点直言自己的志向。于是曾点就说出了一段很有名气的话："莫春者，春服既成，冠者五六人，童子六七人，浴乎沂，风乎舞雩，咏而归。"

曾点的这段话说得十分洒脱，他完全没有讲到自己的政治抱负，他所描绘出的人生美景，令孔子大为赞叹地说了一句："吾与点也！"看来饱经风霜的孔子，到了晚年也有了一瞬间的出世思想，而曾点的这番话特别贴合他此时的心境，所以才令他有了这样的感叹。

正是因为这段话，使得后世大多把曾点视为一位通达之人。但若历史材料对曾点的生平事迹仅记录有这一段话，那么这种认定就能够成立，然而另外一些文献在谈到其子曾参时，却无意地暴露出了曾点的另一面。《孔子家语》和《韩氏外传》中载有如下一个故事，我将《家语》中的一段所记抄录如下：

> 曾子耘瓜，误斩其根。曾皙怒，建大杖以击其背。曾子仆地而不知人久之。有顷，乃苏，欣然而起，进于曾皙曰："向也，参得罪于大人，大人用力教参，得无疾乎？"退而就房，援琴而歌，欲令曾皙而闻之，知其体康也。
>
> 孔子闻之而怒，告门弟子曰："参来，勿内。"曾参自以为无罪，使人请于孔子。
>
> 子曰："汝不闻乎？昔瞽瞍有子曰舜，舜之事瞽瞍，欲使之，未尝不在于侧；索而杀之，未尝可得。小棰则待过，大杖则逃走，故瞽瞍不犯不父之罪，而舜不失烝烝之孝。今参事父，委身以待暴怒，殪而不避。既身死而陷父于不义，其不孝孰大焉？汝非天子之民也？杀天子之民，其罪奚若？"
>
> 曾参闻之，曰："参罪大矣。"遂造孔子而谢过。

某天，曾子在瓜田中干活，他在劳动的过程中，无意间除掉了某条瓜蔓的根，这本来不是件很大的事，但不知道为什么父亲曾皙却为之大怒，顺手抄起一根大木棍就打向曾参的背，曾参倒地昏了过去，过了很长时间才醒过来。曾参醒来第一件事，就是问父亲，你刚才打我那么用力，没有让自己受到伤害吧？而后他回到自己的房间，取过琴来边弹边唱，他故意这么做的原因，是想让父亲听到自己的身体没有受伤，好让父亲不要因此而内疚。

曾参以孝闻天下，以上这段记载正是他至孝的表现。而他孝的观念也正是从孔子那里学来的，后来孔子听说了这件事，按说他的弟子能够做到这种程度，他应当高兴，让人没想到的是，孔子闻听之后却很生气。他跟弟子们说，曾参再来我这里的时候，你们不要让他进来。

曾参听到老师说这番话后，有些诧异，他觉得自己没有做错什么。于是他就请别人去向老师讨教，孔子对来人说了一大段话，他先举出了大禹的例子，大禹在父亲身边时，如果父亲只是想使唤他或批评他，他就在身边陪伴。如果父亲想打杀他，他就迅速地逃跑。大禹为什么这么做呢？因为他不想让父亲失德。然而曾参却不懂这个道理，父亲如果真的把他打死了，这就等于把父亲放在了不义的地位上，这怎么能是孝呢？曾参听闻到他人的转告后，认为老师说得对，于是他就特地向老师去认错。

以上的两段故事，同样都提到了曾皙，他在孔子身边时说了那样一番通达之话，以至于让老师感到正是这位弟子说出了自己的人生理想，然而在下一个故事中，曾皙又如此之暴躁，竟然为一条瓜蔓差点把儿子打死。这段记载不知道是不是中国文献中最早的家暴记录。虽然说这个故事更多的是表现孔子所强调的"过犹不及"，然而却从另一个侧面讲述了曾子是何等的愚孝。

曾子对儒学的一大贡献，是他高度地提倡礼，把礼的观念贯彻了一生。《礼记·檀弓上》有如下一段话：

曾子寝疾，病，乐正子春坐于床下，曾元、曾申坐于足，童子隅坐而执烛。童子曰："华而睆，大夫之箦与？"子春曰："止！"参子闻之，瞿然曰："呼！"曰："华而睆，大夫之箦与？"曾子曰："然，斯季孙之赐也，我未之能易也，元，起易箦。"曾元曰："夫子之病革矣，不可以变。幸而至于旦，请敬易之。"曾子曰："尔之爱我也不如彼。君子之爱人也以德，细人之爱人也以姑息。吾何求哉？吾得正而毙焉，斯已矣！"举扶而易之，反席未安而没。

曾子已经病得很重了，而他身边的一位童子无意中说，他身下的席子很华贵，这让病重的曾子大感不安，因为这种席子只有高官才能用。而曾子没有这样的职位，这让他觉得不合礼制，虽然弟子和儿子都劝他，到这种程度就不要再讲究那么多了，哪怕真的要换也等到天亮的时候再做这件事，曾子坚决不同意，一定要让众人把他扶起来换席子，而席子还没有换完他就去世了。

由以上这段记载可知，曾子是何等讲求礼，而这一点也正是其师孔子所强调者。胡适在《中国哲学史》中称："孔子正传的一派，大概可用子夏、子游、曾子一班人做代表。我不能细说各人的学说，且提出两个大观念：一个是'孝'，一个是'礼'。这两个问题孔子生时都不曾说得周密，到了曾子一班人手里，方才说得面面都俱到。从此以后，这两个字便渐渐成了中国社会的两大势力。"

胡适认为曾子也算儒家正统一派的代表人物之一，这一派有两大观念，一是孝，二是礼。虽然这两个观念乃孔子所提出者，但孔子讲得并不透彻，真正将这两个观念讲得圆满者乃是曾子。因此胡适又在其专著中强调："孔子何尝不说孝道，但总不如曾子说的透切圆满。"

也正因为这个原因，使得后世有人认为，《孝经》和《大学》这两部经典的作者可能是曾子，虽然对此也有着争议。王瑞功主编的《齐鲁诸子名家志·曾子志》中称："曾子名下的著作，先后共有三种，即《曾子》《孝经》与《大学》。《曾子》为曾子著作，《汉书·艺文志》有明确记载；但因中间散佚，《大戴礼记》中的四十九到五十八这十篇与《曾子》十八篇是什么关系有争议。《孝经》作者为谁有四五种说法，《大学》是曾子还是子思或汉代儒生所作也是众说纷纭。"

关于《曾子》一书，文献记载有十八篇与十篇两个版本。班固《汉书·艺文志》载"《曾子》十八篇"。而到了《隋书·经籍志》则为"《曾子》二卷，目一卷，鲁国曾参撰"。这里只提到了卷数而没有说篇数，到了宋代，晁公武《郡斋读书志》以及陈振孙《直斋书录解题》等等著作之中，以上的两种著录方式都有，比如陈振孙说"《曾子》二卷，凡十篇，具《大戴礼》。后人从其中录出别行，慈溪杨简注"。

● 清光绪十六年金陵刻本《曾子家语》，卷首

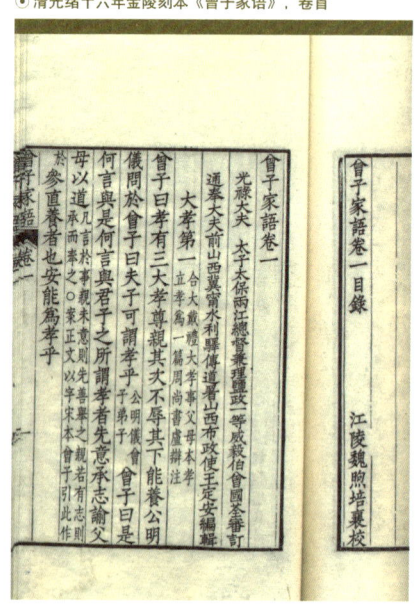

看来两卷本就是十篇本，这十篇是哪里来的呢？王应麟在《汉书艺文志考证》中说："《曾子》十八篇，隋、唐《志》二卷，参与弟子公明仪、乐正子春、单居离、曾元、曾华之徒，论述立身孝行之要，天地万物之理。今十篇，自《修身》至《天圆》，皆见于《大戴礼》，盖后人摭出为二卷。"王应麟认为十篇

本的《曾子》乃是从《大戴礼记》中辑出来的。那么十八篇和十篇本是什么关系呢？王应麟又在《困学纪闻》中说："《汉志》'《曾子》十八篇'，今世所传视汉亡八篇矣。十篇见于《大戴礼》。"看来王应麟认为《汉书·艺文志》中提到的《曾子》十八篇就是后世流传的十篇本，只是其中的八篇在流传过程中丢失了。而到了元代，《曾子》一书的这两个版本都失传了。

⊙《曾子家语》六卷，清光绪十六年金陵刻本，书牌

唐初魏徵等人纂修《群书治要》，该书中摘录了《曾子》一书中《修身》《立孝》《制言》《疾病》四篇中的部分文字。然而《群书治要》一书在宋代也失传了，不过日本却有该书的传本，清嘉庆年间，日本的翻刻本传回了中国，由此可以看到唐代《曾子》传本的部分面貌。

清嘉庆三年，阮元将《大戴礼记》中的第四十九至五十八篇抽出，定名为《曾子十篇》，以便后世能够更加直接地看到曾子的作品。

那么《曾子》十八篇或者《曾子十篇》是否能够确认是曾子的作品呢？至少宋人黄震认为不是，他在《黄氏日钞·读〈曾子〉》中称："曾子之书，不知谁所依仿而为之。言虽杂而衍，然其不合于理者盖寡。若云'与父言，言畜子；与子言，言孝父；与兄言，言顺弟；与弟言，言承兄'。书皆世俗委曲之语；而'良贾深藏如虚'，又近于老子之学，殊不类曾宏毅气象。……特以'天圆地方'之说为非，而谓天之所生上首，上首之谓圆，下首之谓方，虽务博而未必然。"

黄震针对《曾子》一书的思想性表示了怀疑,但如何印证这个怀疑,显然黄震也找不到相应的历史材料来作为佐证。既然这样,那还是将该书视为曾子的作品吧。

同样有着争论的,还有《孝经》一书的著作权,对于这件事,后世争论得更为激烈。《曾子志》一书将各种意见整合为六种,第一种认为《孝经》的作者乃是孔子。班固在《汉书·艺文志》中说:"《孝经》者,孔子为曾子陈孝道也。"这里《孝经》是孔子为了向曾子讲述孝道而写的一部书,这样说来《孝经》的作者是孔子。汉代的郑玄也是这么认为,他在《六艺论》中称:"孔子以六艺题目不同,指意殊别,恐道离散,后世莫知根源,故作《孝经》以总会之。"到了唐代,刘知几也是这么认为,他在《史通》中引用《孝经援神契》中所言"孔子曰:'吾志在《春秋》,行在《孝经》。'于是授《春秋》于丘明,授《孝经》于曾子。"

第二种则称:《孝经》的作者是曾子。比如元代的熊禾在为董鼎所作《孝经大义》一书的序言中称:"孔门之学惟曾氏得其宗。曾氏之书有二,曰《大学》,曰《孝经》。"在这里熊禾明确地说《大学》和《孝经》的作者都是曾子,但其未举出这种说法的证据所在。

明代的吕维祺曾作过一部《孝经或问》,他在回答别人问他孔子为什么把《孝经》传给曾子这个问题时称"曾子平日笃实,又能纯心行孝。此道非曾子不能传,故因闲居而谆谆言之,曾子退而笔记之也。然必有孔子之笔削者。《史记·曾子传》云:孔子以曾参通孝道,与之共著《孝经》,近是。或谓孔子假曾子之问而自著之,或谓曾子之门人为之,皆非。"

吕维祺的这种说法比较特别,他认为孔子能够感觉到曾参特别实施他所提倡的孝道,因此只要有闲暇的时间,就给曾参讲授孝方面的道理,而曾参回家后就把老师的所讲默写了下来,接下来他把自己的听课笔记呈给老师看,老师对此又作了修改,吕维祺认为这就是《孝经》一书的来由。所以吕维祺赞同司马迁所言,认为《孝经》一书应当是孔子跟其弟子曾参合作完成的。而有人称,《孝经》一书虽然里面提到了曾子,其实是假托曾子之名做的自问自答,也有人说《孝经》的作者乃是曾子的弟子,吕认为这两种说法都不对。

吕维祺在这里批评了两种他认为不对的说法,一是指宋邢昺在写《孝经注疏》时所引刘炫在《〈孝经〉述议》中所言:"炫谓孔子自作《孝经》,非曾子请业而对也。……因弟子有请业之道,师儒有教诲之谊,故假弟子之言,以为对扬之体,非曾子实有此问也。"刘炫明确地称《孝经》的作者是孔子,而孔子假托回答弟子之问写出了这部书。明代的姚舜牧也认为《孝经》作者是孔子,其在《孝经疑问》中称:"余读《孝经》,大都出孔子口吻,而汉儒不无附会其间。如'则天之经,因地之利,以顺天下','是以其教不肃而成,其政不严而治'以下等语,似类汉儒之言。且各章皆引《诗》《书》为结,与《韩诗外传》《天禄阁外史》相类。"姚舜牧是从《孝经》一书的口吻上得出的结论,他认为该书中的说话口气,跟孔子在其他文中所言很相像。但是《孝经》在流传的过程中,却掺杂进去一些后人所言。

对于《孝经》一书的作者,元代董鼎在其所撰《孝经大义》中又有着另外的说法:"曾子闻于孔子,而曾子门人又以所闻于曾子者合而记之,以为一经。"董鼎认为《孝经》的内容是曾子从孔子那里听来的,而后曾子把自己所学又传授给了自己的弟子,正是曾子的弟子把这些言论编为了《孝经》一书。清陈澧在《东塾读书记》中也持这种观点:"《孝经》为七十子之遗书,与《礼记》为近。开首'仲尼居,曾子侍'与《礼记》之'孔子闲居,子夏侍''仲尼燕居,子张、子夏、言游侍',文法相同。"

陈澧所说"七十子"乃是曾子弟子的代称，因为曾子曾经有七十位弟子，而《四库全书总目提要》也有着同样的认定："《孝经》之文，去二戴所录为近，要为七十子之徒之遗言。向使河间献王采入《记》一百三十一篇中，则亦《礼记》之一篇，与《儒行》《缁衣》转从其类。"

以上所言，无论作者是孔子还是曾子，都能说明《孝经》一书乃是跟孔子和曾子有关的著作。然而到了清代，有学者提出这部书与这两位先贤根本无关，比如姚际恒在《古今伪书考》中称："出于汉儒，不惟非孔子作，并非周、秦之言也。"姚明确地称《孝经》乃是汉代儒生编造出的一部书。而后他列出了五条证据来佐证自己的断言，姚在前三条中指出了《孝经》中的一些话乃是从《左传》中抄袭而来者，第四条证据则认为古代的这些书并不加"经"字，比如说《易》《诗》《书》都是一个字作为书名，而《易经》《诗经》《书经》等都是后人添加了一个"经"字，但是在古书中却没有一个书名为《孝》。

对于《大学》一书的作者问题，也同样有着争论。清崔述在《考信录》中说："世多以《大学》为曾子所作。朱子分'大学之道'至'未之有也'为《经》，为孔子之言；其余为《传》，为曾子之意而门人所记。"在这里崔述引用了朱熹的观点，因为朱熹认为《大学》一书的主体部分是孔子所言，其余部分是曾子的门人记录下来的。而崔述在该段话的暗喻中认为朱子说得对："《诚意章》云'曾子曰'云云，果曾子所自作，不应自称曾子，又不应独贯此文以'曾子曰'，朱子之说近是。"崔述在《大学》一书中看到了"曾子曰"这三个字，"子"乃是对他人的尊称，曾参不可能自称曾子，给他这样尊称的，只能是曾子的弟子。

事实上，中国的很多典籍在流传过程中都有很多的增添和删改，很难说清楚哪些词句是后世添加的。所以早期的经典如果没有相应的旁证,只从字句上来作判断,显然难以了解到历史的真实。故而王博在其所著《中国儒学史·先秦卷》中有着如下的说法:"从汉代开始曾经流行有《孝经》一书,司马迁以为是孔子向曾子陈孝道之作。这个说法未必符合历史的真实,但《孝经》的成立与曾子学派有关,该是可以肯定的。"

虽然有着这样那样的说法,但它们都不影响曾参是孔子弟子中最著名者之一,他被列为"孔门四圣"之一。这四圣分别是:复圣颜子、亚圣孟子、述圣子思、宗圣曾子。

其实曾参原本在孔子的弟子中并不出名,比如钱穆在《先秦诸子系年考辨》中称:

> 曾子于孔门为后进,孔子死,曾子年仅二十七。孔子称"参也鲁",门人记德行、言语、政事、文学四科,无曾子。则曾子之在孔门,未必夙为群弟子所推崇。其后游、夏、子张欲尊有子为师,强曾子,曾子不肯,其时犹不见尊曾子。曾子既为鲁费君所重,其子曾申又见崇于鲁缪。吴起出曾氏门,显名楚魏。至孟子推尊曾子,后世因谓其独得孔门一贯之传,实不然也。

既然如此,那为什么后来曾参能够在孔子众多弟子中拔萃而出呢?其实曾参有如此高的地位,是到了唐代才逐渐形成的,而真正使其地位提到如此高度的人则是韩愈。韩在《送王秀才序》中称:"吾常以为孔子之道大而博,门弟子不能遍观而尽识也,故学焉而皆得其性之所近。其后离散,分处诸侯之国,又各以所能授弟子,源远而末益分。……孟轲师子思,子思之学盖出曾子。"

韩愈所讲述的儒家道统,使得孟子的地位大为提高,为了推崇孟子，所以韩愈说孟子的老师是子思，而子思是孔子的孙子，显然子思跟孔子中间隔了一代，而中间的这位人物就是曾子。由此可以看出，韩愈串起了如此正统的师承：孔子传曾子，曾子传子思，子思传孟子。且不管这种传承方式在年龄上是否经得住推敲，但是他列出了如此的传承体系，使得孟子成为了孔子的正传，由是而形成了儒家的核心体系——"孔孟之道"。而曾子的的确确是孔子的弟子，也由此突显出他在儒学史上有着极其重要的地位。这一点正是后世儒家最为强调者，比如二程在《河南程氏遗书》中有着这样的明确表述："孔子没，曾子之道日益光大。孔子没，传孔子之道者曾子而已。曾子传之子思，子思传之孟子。"

曾子墓位于山东省济宁市嘉祥县满硐乡南武山村西南。2012年2月23日，上午寻访完何休墓址后，转而前往嘉祥县寻找曾子墓。从济宁到嘉祥县城有30余公里的省道，从嘉祥到南武山约20公里，此段路旁全部是烧石灰之高炉，远远望去很是壮观，然到近处则是烟尘满面。汽车行驶在这厚厚的灰尘路上，每过一辆都会扬起一道道的浓烟。这种情形远比电影大片中的人造场景要逼真得多，以至于我真想将这个场景拍摄下来，然而想到镜头的蒙尘，于是没敢摇下车窗的玻璃。

其实曾子庙正是处在这片烟尘之后，但是因为自己忙着欣赏烟尘以及胡思乱想，出租车从这里驶过也没有察觉。经两次打听才又开回来，在路旁看到了曾子庙的石

寻找曾子墓途中

◉ 宗圣庙牌坊

◉ 碑亭

牌坊，仅一人高，十分的简陋，几乎是我所见过最小牌坊，以曾子的大名，这样的制式显然不对。再往回行一百余米，才在水泥村路上看到了大牌坊，上面写着"曾子故里"，然而却是新造的。

沿着此路前行300米，在右手边看到曾庙，大门紧锁，叩门数次，听不到回响，正踌躇间，门却从里面打开了。先是一位50多岁的矮个男人走了出来，接着他身后跟出了几位客人，从着装看应当是几位乡镇领导，也能够看得出开门人与这些领导很熟。等到这七八位领导离开之后，此人转身问我："你为什么要敲门？"我告诉他自己想来瞻仰曾子墓。此人未再言语，转身走到旁边一个小桌子旁，而后撕下了一张门票："30块！"

我按其所言掏钱买下这张门票，进院后到处寻找着可拍摄之物。整个庙的规制较孟庙还要小一多半，然在旁边又看到曾点庙，将父子俩汇在一起，这倒是很符合人性，只是曾参为曾点之子，子为主庙而父为配享，还是让我觉得有些怪异。在曾点庙的门口，我看见

◉ 由2605个字组成的曾子像　　◉ 亚圣孟子

曾子：儒门宗圣，孝闻天下　　069

⊙ 前往寻找曾子墓

⊙ 曾子墓

了孔子的那句赞叹语——"吾与点也"。

在碑廊见到有新刻曾子像,然而均是用福寿二字组成画面,手法有些俗,不知道是出于怎样的想法,也不知道作者是臆作还是有所本。我仔细端详着曾子像,感觉其有些特别,但又说不出特别在哪里。正观看间,收门票者从旁边走了过来,看我端详此像,于是指着此像说:"这是用2506个字组成的,以纪念曾子诞生2506周年。"原来还有着这样的巧妙构思在。我问他是怎么看出来的,他告诉我自己就是曾庙文管所的所长。

既然是所长,我马上向他请教曾子墓在哪里。他告诉我说曾子墓不在此园之内,而是离这里有一里地的距离。这种情况是我事先未曾想到者,于是立即请他走出曾子庙,帮我告诉出租司机前往曾子墓的详细路径。

⊙ 重新修好的碑石

⊙ 曾子墓文保牌

沿着所长所指之路,果然在山脚下找到了曾墓。墓园不大,占地约四五亩,院内建筑大多为后来建修,所种小侧柏有几千棵,每棵下面均有 30cm×15cm 大小的斜面青石牌,上面刻着种树人的名姓,细观之,全部为曾姓。穿过享殿后,看见了后面的曾子墓,墓冢似乎比孔子墓略大。我看了看四周,右手旁的高山

曾子：儒门宗圣，孝闻天下

⦿ 每棵树下都有种植者的大名

已被采石者挖掉了一半，隐隐还听到放炮炸石声，真担心有一天曾庙也被其铲平。

子夏：为《诗》作序，弘传六经

子夏名卜商，又被称为卜子夏，是孔子的著名弟子之一。子夏比孔子小44岁，是孔子后期的弟子，家境比较贫寒，《荀子·大略》中说："子夏家贫，衣若悬鹑。"正是这个原因，使得子夏养成了孤傲的性格。

《晏子春秋·内篇问上》中称："臣闻仲尼居处惰倦，廉隅不正，则季次、原宪侍；气郁而疾，志意不通，则仲由、卜商侍；德不盛，行不厚，则颜回、骞、雍侍。"这里说，孔子的几位弟子在性格上各有特色，当孔子郁闷的时候，就会有子路和子夏陪在身边。子路为人果敢，在很多时候，对老师起到了保护的作用。孔子曾经说，自从子路成为了弟子之后，就"恶言不闻于耳"，看来子路的勇猛，让一些恶人不敢再欺负老师。而《晏子春秋》在这里将子夏与子路并提，说明子夏也有着同样的性格。

子夏不仅性格勇猛，在传承经典方面，也起到了很大的作用。宋洪迈在《容斋续笔·子夏经学》中称：

> 孔子弟子惟子夏于诸经独有书，虽传记杂言未可尽信，然要为与他人不同矣。于《易》则有《传》，于《诗》则有《序》。而《毛诗》之学，一云子夏授高行子，四传而至小毛公；一云子夏传曾申，五传而至大毛公。于《礼》则有《仪礼·丧服》一篇，

马融、王肃诸儒多为之训说。于《春秋》，所云"不能赞一辞"，盖亦尝从事于斯矣。公羊高实受之于子夏；穀梁赤者，《风俗通》亦云子夏门人。于《论语》，则郑康成以为仲弓、子夏等所撰定也。

洪迈说孔子弟子众多，却唯独由子夏来传承老师的经学著作，比如关于《易经》，子夏有《子夏易传》，对于《诗》，则有《诗序》，同时《毛诗》之学，也是本自子夏，经过四代、五代的递传到了大小毛公那里。而对于《礼经》，子夏则作有《仪礼·丧服》，对于《春秋经》，子夏的贡献更大，因为《公羊传》的作者公羊高和《穀梁传》的作者穀梁赤都是他的弟子。而对于《论语》，按照郑玄的说法，子夏也参与了编订。

子夏对经学竟然有着如此大的贡献，当然也会引起学者的怀疑，比如日本学者泷川龟太郎在《史记会注考证》中称："子夏有功于圣学，洪说略尽之矣。唯至其曰弟子唯子夏有书，则不然。《史记曾参传》云：'孔子以为通孝道，故授之业，作《孝经》'；《汉书·艺文志》云：'《孝经者》，孔子为曾子陈孝道也'；又云：'《曾子》十八篇，名参，孔子弟子''《漆雕子》十三篇，孔子弟子漆雕启撰''《宓子》十六篇，名不齐，字子贱，孔子弟子'。其余尚多，不独子夏也。"

泷川龟太郎赞同洪迈所言的，是子夏对于儒学的贡献，但是他不同意洪迈这段话的第一句"孔子弟子惟子夏于诸经独有书"，因为除了子夏之外，孔子的其他弟子也传承了老师其他的研究成果，比如曾子传了《孝经》等等。

对于泷川龟太郎的这段话，高培华先生认为是泷川没能读懂洪迈这句话的实际意思："这一驳议，实出于对洪迈'惟子夏于诸经独有书'的误读。洪氏强调的是唯独子夏对于'诸经'皆有书，而不单是'有书'，或者是对哪一部经典'有书'。所以，陇川先生

所列举的曾子、漆雕子、宓子'有书',并不足以驳倒洪迈的论点。"(高培华著《卜子夏考论》)

洪迈所言没错,他所列出的子夏的学术成就,每一件都确有其事。对于《诗经》,汉代先后立于学官的齐、鲁、韩、毛四家诗,其中后两家都本源于子夏。汉班固在《汉书·艺文志》中称:"(《诗》)有毛公之学,自谓子夏所传。"而《新唐书·艺文志》则载:"《韩诗》二十二卷,卜商序,韩婴著。"

对于《诗经》学的递传情况,三国吴陆玑在《毛诗草木鸟兽虫鱼疏》中称:"孔子删《诗》,授卜商。商为之《序》,以授鲁人曾申。申授魏人李克,克授鲁人孟仲子,仲子授根牟子,根牟子授赵人荀卿,荀卿授鲁国毛亨。毛亨作《训诂传》,以授赵国毛苌。时人谓亨为大毛公,苌为小毛公。"这段话说,孔子对《诗经》进行了修订之后,将这门学问传授给了子夏,而子夏为《诗经》写了《大序》和《小序》。之后,诗学一路传承到了大小毛公那里。但是,对于《诗经》大小序的真伪问题,从唐代一直争论到了今天,很多学者不承认《毛诗序》的作者是子夏。

《诗大序》是《诗经》前的一段总序,该序中讲述了何为诗:

> 诗者,志之所之也,在心为志,发言为诗。情动于中而形于言,言之不足故嗟叹之,嗟叹之不足故永歌之,永歌之不足,不知手之舞之,足之蹈之也。情发于声,声成文谓之音。治世之音安以乐,其政和;乱世之音怨以怒,其政乖;亡国之音哀以思,其民困。故正得失,动天地,感鬼神,莫近于诗。

这段话论述了诗是社会盛衰的表现,而对于诗内容的分类,《诗大序》又称:

先王以是经夫妇，成孝敬，厚人伦，美教化，移风俗。故《诗》有六义焉：一曰风，二曰赋，三曰比，四曰兴，五曰雅，六曰颂。上以风化下，下以风刺上，主文而谲谏，言之者无罪，闻之者足以戒，故曰风。至于王道衰，礼义废，政教失，国异政，家殊俗，而变风、变雅作矣。国史明乎得失之迹，伤人伦之废，哀刑政之苛，吟咏情性，以风其上，达于事变，而怀其旧俗者也。故变风发乎情，止乎礼义。发乎情，民之性也；止乎礼义，先王之泽也。是以一国之事，系一人之本，谓之风；言天下之事，形四方之风，谓之雅。雅者，正也，言王政之所由废兴也。政有大小，故有《小雅》焉，有《大雅》焉。颂者，美盛德之形容，以其成功告于神明者也。是谓四始，诗之至也。

这段话颇为经典，这里给风、雅、颂一一下了定义，故这段话广泛为后世所引用，正因为其有着如此的重要性，故不同的时代，对此又有着不同的解读，而其解读方式就是通过对于《诗大序》和《诗小序》作者的认定，来决定其论述诗旨的角度。

早在东汉时，大儒郑玄就说："《诗谱》意，《大序》是子夏作，《小序》是子夏、毛公合作。卜商意有不尽，毛更足成之。"在这里，郑玄认为《大序》的作者是子夏，《小序》的作者原本也是子夏，但后世所见者，有一部分内容是大毛公补充完善而成者。三国时王肃在《孔子家语》中也称："子夏叙《诗》义，今之《毛诗序》是。"梁萧统编纂的《昭明文选》中也收录了《诗大序》，对于此文的作者则题为"卜子夏"。唐代成伯玙在《毛诗指说》中又引用萧统的所言："《大序》是子夏全制。其他众篇之首《序》，子夏唯裁初句，至'也'字而止，其下是大毛公自以《诗》中之意而系其辞。"看来，萧统也认为《大序》全为子夏所撰,《小序》中有一些是大毛公增补的。唐陆德明在《经典释文》卷一中亦称:"孔子最先删录,既取《周诗》上兼《商颂》,凡三百一十一篇以授子夏,子夏遂作《序》焉。"

从以上的说法来看,子夏为"大小序"的作者没有问题。然而到了唐代,韩愈却认为子夏不是《诗序》的作者,晁说之在《景迂生集》卷十一引用韩愈的话称:

> 善夫,韩愈之议曰:"子夏不序《诗》之道有三焉,不智,一也;暴中冓之私,《春秋》所不明,不道,二也;诸侯犹世,不敢以云,三也。"

韩愈认为,子夏并非《诗序》的作者,而后他列举三条理由,第一条理由为不智,对于这两个字作何解,历代有不同的说法,有人认为韩愈的"不智"二字,是说子夏没有真正领悟诗旨。第二条理由,乃是《诗序》中直接地揭露了一些为君者的荒淫之事,比如《南山序》称"刺襄公也。鸟兽之行,淫乎其妹。大夫遇是恶,作诗而去之"。这段《小序》认为,《南山》一诗所写的内容,乃是揭露齐襄公与他妹妹文姜通淫之事。而《敝笱序》中也写到此事:"刺文姜也。齐人恶鲁桓公微弱,不能防闲文姜,使至淫乱,为二国患焉。"

对于齐襄公淫乱之事,孔子所作《春秋》在桓公三年一条,记为:"九月,齐侯送姜氏于讙。公会齐侯于讙。夫人姜氏至自齐。"《春秋》中对于齐襄公与其妹妹淫乱的事情,用的词仅是一个"送"字,《春秋》一字定褒贬,这就是后世所说的微言大义。显然用"送"字来说这段淫乱之事,远比《诗序》中所言要委婉隐晦得多。这样相比较,就可以看出《诗序》的风格跟《春秋》相差较大。范处义在《诗补传·篇目》中点出了这两者之间的区别:"大抵《春秋》虽严,而其辞深而婉;

《诗序》虽通,而其辞直以著。"

正是这样的区别,使得韩愈怀疑《诗序》的作者不是子夏,因为子夏是孔子的著名弟子之一,怎么可能对于诗旨的解释跟老师有那么大的区别呢?而这也正是韩愈认为《诗序》的作者不是子夏的第二条理由。他所说的第三条理由,则是从现实而言,因为《诗序》中对一些诸侯进行了无情的讽刺,而那些诸侯的后人在子夏之时仍然在世,若《诗序》为子夏所作,那么这些后人肯定会找子夏算账。因此,料定子夏不敢这样赤裸裸地予以讽刺,由此而推论出《诗序》的作者不可能是子夏。

自从韩愈对《诗序》的作者有了怀疑,很多人就本着韩愈的说法来探究《诗序》作者究竟是谁。对于这些说法,在此不再一一列举。但是到了二十世纪末,郭店楚简的发现以及上海博物馆得到的那批楚竹书,均间接地印证了子夏就是《诗序》一书的作者。

子夏对于《礼经》的贡献,《隋书·经籍志》中称:"其《丧服》一篇,子夏先'传'之,诸儒多为注解,今又别行。"对于这个说法,贾公彦从字句上予以了考证,而后得出了如下结论:

"传曰"者,不知是何人所作;人皆云孔子弟子卜商字子夏所为。案:《公羊传》是公羊高所为,公羊高是

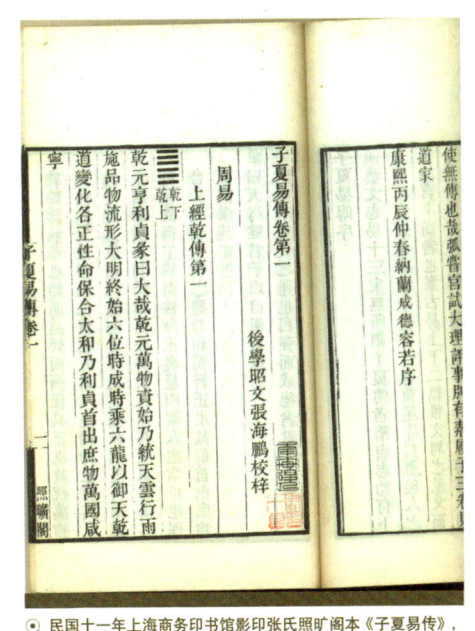

⊙ 民国十一年上海商务印书馆影印张氏照旷阁本《子夏易传》,卷首

子夏弟子。今案:《公羊传》有云"者何""何以""曷为""孰谓之"等,今此传亦云"者何""何以""孰谓""曷为"等之问。师徒相习,语势相遵,以弟子却本前师,此传(即《仪礼·丧服传》)得为子夏所作,是以师师相传,盖不虚也。(郑玄著、贾公彦疏《仪礼注疏》)

宋代大儒朱熹对于此事的认定也与《隋书·经籍志》相同。他的弟子子升问他:"《仪礼》传、记,是谁作?"朱子明确地说:"《传》是子夏作,《记》是子夏以后人作。"(《朱子语类》卷八十四《论修礼书》)然而元代礼学家敖继公,却对这种说法表示怀疑:"先儒以《传》为子夏所作,未必然也。今且以《记》明之。汉《艺文志》言礼经之《记》,颜师古以为七十子后学者所记,是也。而此《传》则不特释经文而已,亦有释记文者焉。则是作《传》者又在作《记》者之后明矣。今考传文,其发明《礼》意者固多,而其违悖经义者亦不少。然则此《传》亦岂必知礼者之所为乎?而先儒乃归之子夏,过矣。"(敖继公《仪礼集说·丧服·记》之"按语")

到了清代,方苞给出了另一种解释,其在《书考定〈仪礼·丧服〉后》中称:"吾

● 子夏后人家中的子夏像

少读《仪礼·丧服传》,即疑非卜氏所手订,乃一再传后门人记述而间杂以己意者。"方苞也怀疑《丧服传》不是子夏所写,但他却又说,有可能是子夏的再传门人追述的子夏所言,同时这位门人又掺杂进了自己的意见。方苞的这个判断,等于说他承认《丧服传》乃是子夏的思想。但是清代经学家任大椿却认为子夏不是《丧服传》的作者,此书乃是刘歆、王莽附会伪造而成。对于任大椿的这个观点,戴震等人予以了驳斥。而清末礼学家曹元弼也认为推论站不住脚,他在《礼经校释》说:"浅妄之徒,因《传》有释记处,遂谓此《传》全出作《记》之后,非子夏所为,致启歆、莽'增窜'之诬,殊可叹也。此《传》既为子夏作,不题'子夏传'者,《诗序》亦不题'子夏序',故陆氏《诗·释文》引沈重云:'案:郑《诗谱》意,大序是子夏作,小序是子夏、毛公合作也。'"

前人对于《丧服传》作者问题的不同观点,杨朝明在《子夏及其传经之学考论》一文中给出的结论是:"史料显示,子夏确实善长丧服古礼。《礼记》的《檀弓上》《曾子问》等篇,《孔子家语》的《终记解》《曲礼子夏问》等篇都记有不少子夏与孔门师友谈论丧服的事情,他向孔子请教相关问题,他本人不仅对丧服制度表现得兴趣浓厚,而且明显地在这方面长于他人。《丧服传》出于子夏的可能性是极大的。"

关于子夏对于《易经》的贡献,《隋书·经籍志》中称:"昔宓羲氏始画八卦,以通神明之德,以类万物之情,盖因而重之为六十四卦。及乎三代,实为三《易》:夏曰《连山》;殷曰《归藏》;周文王作卦辞,谓之《周易》。周公又作爻辞。孔子为《彖》《象》《系辞》《文言》《序卦》《说卦》《杂卦》,而子夏为之《传》。"针对这段论述,高培华在《卜子夏考论》一书中称:

这里，是把子夏与《易》学"四圣"——始画八卦的宓羲（又称作"伏羲"）、作卦辞的周文王、作爻辞的周公、作"十翼"的孔子并列。可见子夏在《易》学史上地位之重要，唐人对其评价之高。

子夏对于《易经》的研究成果，后世流传有《子夏易传》一书，此书在唐代之后亡佚，唐孔颖达的《周易正义》、李鼎祚的《周易集解》等书中有一些片断。可能是因为这个原因，后世否定《子夏易传》的作者是子夏。然而当代学者经过对新的出土文献的研究，终于承认《子夏易传》的确出自子夏之手。比如刘大钧先生在《今、古文易学流变述略——兼论〈子夏易传〉真伪》一文中首先称："《子夏易传》一书，刘向《七略》中已载其对《易》义的解释。"

接下来，刘大钧先生将《子夏易传》上的佚文与帛书《易经》、上博楚竹简《周易》作了字句上的比较，而后得出了如下的结论："其解皆简略明白，确有汉初解《易》者'训诂举大谊'之风，唐时两汉魏晋抄本还在，且《经典释文》所引三十余家《易》著，当时应皆知是真本无疑，故以陆德明之人品学问及识见，是绝不可能引伪书的，此其一；其二，若以今本与近年出土之上博楚竹书《周易》及马王堆帛书《易经》及其他古籍对比而考察《子夏易传》之文字，更可知其确为学有渊源的先秦古《易》传本无疑也。"

相比较而言，子夏与《春秋》的关系，倒没有那么多的争论。《韩非子·外储说右上》中称：

患之可除，在子夏之说《春秋》也……子夏曰："《春秋》之记臣杀君、子杀父者，以十数矣，皆非一日之积也，有渐而以至矣。凡奸者，行久而成积，积成而力多，力多而能杀，故明主蚤绝之。"今田常之为乱有渐见矣，而君不诛。晏子不使其君禁侵陵之臣，而使其主行惠，故简公受其祸。故子夏曰："善持势者，蚤绝奸之萌。"

可见早在先秦时期，就已经流传子夏传《春秋》之事。而《孝经纬·孝经钩命诀》则明确地称："孔子在庶，德无所施，功无所就。志在《春秋》，行在《孝经》。又曰：'某以匹夫徒步以制正法，以《春秋》属商，以《孝经》属参'。"

子夏对《春秋》一书特别地看重，《春秋繁露·俞序》中称："卫子夏言：有国家者不可不学《春秋》，不学《春秋》则无以见前后旁侧之危，则不知国之大柄，君之重任也。"正因为如此，子夏对《春秋》多有弘扬，比如他的弟子公羊高和穀梁赤分别成为了《春秋公羊传》和《春秋穀梁传》的两大作者。李启谦在《孔门弟子研究》中说："《春秋》一书要没有《公羊传》和《穀梁传》的解释就很难读懂，而有了它就大有助于后人的阅读。而这些成就是和子夏有直接关系的。"高培华则进一步说："《春秋左氏传》出于子夏之门，也是一个可能性比较大的推测。"而其文中转述了孔祥骅《子夏与〈春秋〉的传授》一文中所言："刘师培参照汪中考证，进一步列出《孔子传经表》，也认为《春秋》的传授，三传均出子夏一派。"

对于《论语》一书的编订者，清刘宝楠在《论语正义》中罗列出前人不同的说法，而后得出的结论是："要之《论语》之作，不出一人，故语多重见；而编辑成书，则由仲弓、子游、子夏首为商定。故传《论语》者能知三子之名。郑君习闻其说，故于《序》标明之也。撰定者，《礼记·内则》注：'撰，治择之名也。'《广雅·释诂》：'撰，具也，定也。凡有所作述，必具众义，择善从之。故此三训，义皆通也。"看来，子夏也是该书的主要编纂者之一。

由以上的这些情况可知，子夏对经学的传承有着重大的作用。因此到了唐贞观二十一年，唐太宗下诏将左丘明、子夏等二十二位经学家配享孔庙。到了唐玄宗开元八年，子夏又升为"十哲"之一。到了元代，子夏先被封为"河东公"，后来又改封为"魏公"。以此可见他在儒学史上的地位。

孔子去世后，子夏离开山东前往山西等地收徒讲学，将儒学观念传播到了山西等地，由他而组成的这个学术团体，被后世称为"西河之学"。对于此学的地位，李景旺在《论子夏在儒学发展史上的地位》一文中总结道："春秋战国之际，孔门儒学已分化为多个学派，影响最大的是居于鲁的以曾参为代表的洙泗之学与居于魏的以子夏为代表的西河之学，他们从不同角度阐释并发展了儒学。"那么，"洙泗之学"跟"西河之学"有着怎样的区别呢？李景旺在其文中又称："作为孔子思想和实践的直接继承者，西河学派与洙泗学派走出了两条截然不同的道路。洙泗学派从大力提倡'孝道'入手，构建了孝的人生观、伦理观和政治观，力图维护日趋松弛的宗法关系，它偏重于伦理情感。而西河学派则从强化国家机器入手，以积极的事功服务于时代、服务于新君，它强调了功利，渗透着法家精神。这种貌合而神异，表明西河学派对儒学进行了某些质的改造，儒中有法，是儒学的异化。"

对于子夏在西河一地讲学的具体地点，历史记载有不同的说法，比如唐张守节在《史记正义》中称："西河郡，今汾州也，子夏所教处。《括地志》云：'谒泉山一名隐泉山，在汾州隰城县北四十里。'注《水经》云：'其山壁立，崖半有一石室，去地五十丈，顶上平地十许顷。'《随国集记》云：'此为子夏石室，退老西河居此。'有卜商神祠，今见在。"

由此可知，汾州的隐泉山乃是子夏教学之地，而张守节又引用《水经注》上的说法，子夏的具体讲学之所乃是在高山上的一间石洞内。而《太平寰宇记》中又称："汾州西河县，本汉兹氏县，曹魏于此置西河郡，晋改为国、改兹氏为隰城。谒泉山在县东北四十里，一名隐泉山，上有石室，去地五十余丈，顶上平地可十顷，相传以为子夏石室。"

对于以上的这些说法，清顾祖禹在《读史方舆纪要》中认为《史记正义》中所言更为正确：

> 隐泉山在文水县西南二十五里。《文水志》曰："隐泉一名谒泉，其石窟曰隐堂洞，亦曰子夏室。昔子夏'退居西河之上'即此，故山亦兼子夏之称。"又云："隐泉山在汾州府北四十里，山有汤泉，一名汤泉山，或谓之谒泉山。上有石室，相传子夏所居，俗谓之子夏山，与太原府文水县接界。"

既然有如此明确的记载，那么子夏山和那个石洞就成为了我的寻访之点。2013年4月2日，乘车前去寻找子夏隐唐洞，其"隐唐"二字与子夏无关，只是过了千年之后，唐僧前往西天取经，曾经在这个洞里住过，所以才有了这样一个名称。但有些文献上又写作"隐堂洞"，不知道这个"堂"字有什么讲法，也许是读音之讹吧。而此洞的地址则为山西省吕梁市文水县城西南12.5公里处神堂村北子夏山中。

沿307国道南行，进入文水县境，看到了武则天纪念馆的指示牌，这个县的女人本事要比男人大很多，除了武则天还有刘胡兰。前往神堂村要穿过一个军用机场，警卫禁止通过，是已经料想到的事，但既然来到了这里，总要想尽办法对付过去，于是打电话找熟人，几经转折终于得以通行。车从机场穿过，而后开入大山之中。在一片山谷之内,找到了神堂村。

在神堂村打问子夏洞的具体位置,有位军人告诉我,沿此路一直前行即可看到。走到了这条无名路的顶头,看到的都是军事设施,其中有两个巨大的山间飞机库,余外看不到任何痕迹。无奈只好原道返回,在路边看到一棵古柏,从树龄看应在千年以上,我立即让司机停车,而后围着古柏看一圈,没有找到痕迹。

站在原地四处探望,远远地看到山坡的另一侧还有一个村庄。开行到此村之内,听到一个院落里头里面有电锯的声音,走进院内,一位小伙子正在锯木头,另一个正在安装玻璃。我向他们请问子夏洞的走法,两人同时一笑,说他们还真去过。二人告诉我,子夏洞在后面的大山之内,离此有一段路,我提出请他们带路,二人合计了一下说,每人一百元,我觉得有些贵,就问他们可否请其中一位带路,两人说那个地方很难找,一个人去恐怕找不到路径:"这样吧,我们两个人给你带路,你就付一个人的钱。"这么爽快还真是难得。

⊙ 前往子夏山寻访子夏洞

子夏：为《诗》作序，弘传六经　　085

⦿ 两位善良的带路者

开车又通过了那个飞机库，然后从侧面转上了一条土路，路的两边全部是开山后遗留下的碎石，整个山涧变成了巨大的采石场，其中一位告诉我说，本地原来风水很好，变成采石场后，破坏了所有的环境，山间的溪流再也没有水了。我提到了刚才穿越的那个飞机场，二人说我能从机场穿过来的确不容易，其中一位告诉我："村边原有子夏庙，后来被拆掉了，原来庙前的两棵大树，后来死了一棵，在这里建成机场后，出了几次事故，他们就从南方请来一位风水大师，那位大师让在两座山顶上各建了一个

⦿ 在开山采石厂里向上攀爬

● 沿着峭壁攀爬

亭子,又在子夏庙的原址上挂了一些横幅,后来机场就不出事儿了。"看来我刚才看到的那棵古树乃是子夏庙的原物。

开车又回到了那个道路的尽头,下车之后沿着采石场炸山留下的坡地向上爬,这个高坡几乎变成了直立面。碎石酥松,一不小心脚下的石块就往下脱落,不足百米的坡,爬到顶上费力又惊险。来到坡顶什么都没看到,我问二人子夏洞在哪里,他们笑着告诉我爬上这个坡才走了十分之一的路。这句话让我大感气馁,但既然费这么大的力气已经爬了上来,总不能掉头返回,于是跟这二人沿着若隐若现的羊肠小道向山上继续爬行。以这种方式前行了半小时,我已然大汗淋漓。两个带路者也热得把外衣脱了下来,说路径还有很长,不如把衣服扔在路边,回来再拿,因为山上没有人,绝不可能被别人捡走。

沿此继续前行,又翻过了三道山脉,转而慢慢下行,走入一道巨大的山涧。从山涧的另一侧再向上攀爬,完全看不到路径。山体

⊙ 见到的第一个洞

的岩石是纵形生长，可以称得上壁立千仞，整个山体呈七十到八十度角，近乎直立。隐约能够看到前人在石壁上刨出的小坑，以此权作攀登的脚手架。越走我越怀疑，在这万仞高山之上会有读书洞？子夏跟他那众多弟子难道也是如此方式爬上这高高的悬崖？更何况唐僧取经骑着白马，他的那匹马如何能四脚并用地向上攀爬呢？虽然有这样多的疑问，但到了这个地步，我总要看到最终的结果。于是咬着牙继续跟着两位带路人向上攀登。

⊙ 残碑

带路者告诉我，二十年前他们村有一位老汉跟家人吵架，一赌气，背着口锅就离家出走了。家人到处寻找，后来从山上放羊的羊倌

⊙ 改造过的洞口

口中打听到,几天前曾经有个人背着锅上山了。于是此家人发动全村人进山寻找,终于在子夏洞找到了这个人。就是因为那趟寻找,他才来过子夏洞,但因为时间久远,记不清具体的路径了。因此,两人在前进途中,每遇岔路口就开始争论。我无所适从地站在那里喘着气,等待他们争论出结果后继续前行。

终于爬到了另一侧的半山腰,我已完全没有了气力。他们告诉我自己的亲戚前几年来看子夏洞,还没有走出十分之一,就退了回去,因为没有想到路途不仅遥远,还这么险峻,夸奖我能够爬到了这里,已经超出了他们的想象。我反问道:看来你们俩并没指望把我带到

⊙ 小洞内情形

目的地，肯定以为我走不到一半就退回去了，两人听到我的话后笑了起来。既然是这种情况，那我更应当看到最终的结果。

攀爬到一处不足半平方米的小平台上，我双手抓着一棵树，坐在那里喘气，告诉他们自己实在爬不动了。二人鼓励我说："再往上爬一百多米就到了。我们已经走出来了几里地，你剩这一百多米就返回了，岂不太可惜。"我担心的不是这个，而是爬得上去，是否能下得来，因为悬崖太过陡峭，远比华山要困难得多，想了想二人说的也有道理。歇息五分钟后，继续向上爬更为艰难的一段路。我把相机拴在腰间，防备掉入深涧之中。向下望去，自己像悬在半空之中一样。山涧的高度至少有几百米，一旦失手，摔个粉身碎骨那肯定不会有疑问。我双手扒着石壁的小坑儿，努力把身体抬起，用脚踩着下一个小坑，一点点往上挪动。偷偷地向山涧瞥了一眼，果真看不清底下的情形，但奇怪的是我竟然没有眩晕。以往我有恐高症，每走到高楼的外檐，双腿就不由自主地发抖。然而今日的高

在上面看到了子夏的字样

度却比一百层楼房还要高，却完全没有恐惧感，真不知道自己的恐高症何时自愈了。这个感觉让我勇气倍增，向上爬的力气似乎也增大了许多。

爬过最艰难的一段，上面有了横向走的悬崖间小路。又前行了三四百米，我问二人不是说一百多米就到了吗，他们又笑着说："告诉你实话你就没劲儿上来了，不过现在的确走不了多远就到了。"果真在路边看到了很小的一个石洞，石洞的侧壁上摩崖刻着碑记，碑铭为"修古碑记"。上面的字样隐约看到"子夏"二字，这让我兴奋起来。看来路途没有走错，再前行一百余米，看到了山腰间用条石垒起的一面残垣。在这连走路都十分困难的大山里，竟然能垒起石墙。沿着侧面爬上石墙，看到地上有许多的残破石构件，其中竟然还有龙首的排水口，另有一块巨大的残碑倒伏在地上。可惜碑铭朝下，我看不到上面的字样。

在残件的正对面即看到了子夏洞的入口，入口墙壁的顶上有白灰涂抹的痕迹，上面还有图案的残迹，在洞口侧面仍有两个石壁上凿出的佛龛，里面的佛像已被人抱走，洞额上的字迹已经磨泐不清。据说洞体上还有虞世南题写的"石门宕雪"，我寻找了一番，未能找到。

进入洞内，里面比想象的要大许多，我感觉至少能容下三百人。如此说来，子夏在此山洞内给几百位弟子上课肯定能够坐得下。洞内很黑，我没有带闪光灯，用手机微弱的光照着地下的路。地下有很多残破的砖瓦块，尘土至少有两寸厚，但我隐隐地看到，在这尘土之下有着金属光泽的闪动。我问二人，这是什么东西？其中一位带路者用手拂去厚厚的尘土，竟然从土内挖出了一个金色的人头。这个物体把我们仨都吓了一跳，而后用三个手机来照亮此物，端详一番，原来是泥塑佛像的脸部，脸上涂满了金色。

这真是难得的宝物，我本以为二人捡到这个宝物会十分兴奋。

然而意想不到的是，其中一位把这张佛脸支在了前面的砖垛上，两人并排站好齐齐地跪在尘土中，冲着这尊佛像磕头。地上的尘土和着他们的汗水，瞬间变成了泥脸，二人竟全然不顾。我忘记了数数，不知道他们磕了多少个头，然后二人站起身，每人从兜中掏出三元钱，压在了佛像之下。我站在旁边静静地看着他们的这些举动，沿途中的担心顿时消散。因为在这大山之中，两人带路一旦有歹意，我完全难以对付。其二人见到佛像竟然如此虔诚，那么从人性上讲不会差到哪里去。

子夏洞洞体很高，我感觉至少有二三十米。在洞的上方透着光亮，细看之下有一个直径一米多的洞口，像是给大洞开了个天窗。洞里面很干燥，在洞的最后方还有一个用砖头垒起的拱桥状的建筑。何以在洞内建桥，这点我没有看明白。山洞的洞体很特别，其岩石呈蜂窝状，从墙体看不像是天然溶洞，也不像是人工开凿而成者，我感觉似乎是两者的结合。

参观完毕后走到洞口，二人问我是否很满意，我说自己当然很高兴，望着洞外巍峨的群山，能够爬到这么高的大山之上，很有一种成就感。我感谢二人，如果没有他们的带领，绝无可能找到此处这个名胜。我征求二人意见，可否把他们写进文中，二人闻此很高兴，站在洞口让我给他们拍张合影。两人特地把衣服整理了一番，我告诉他们自然些更好，他们说那不行，得注意自己的形象，并且认真地告诉我他们的名字分别叫任建江、任世国。

看着洞口的残破景象，我想象着当年的辉煌，子夏隐居的这座山当年原名叫"隐泉山"，之后改称"大陵山"，到唐朝时玄宗皇帝因为子夏隐居于此，故特将此山改名为"子夏山"，但史料没有记载唐玄宗是否来这个洞朝拜过，以我今天的爬山情形看，他绝无可能御临此洞，因为风险太大，人民不会答应，满朝文武大臣更不

⊙ 洞内的拱桥状建筑

会答应。

拍照一番之后,原路下山,下山虽然体力上省了很多,但难度比上山还要大。我倒转身仍然以上爬的姿势,慢慢往下挪动,速度比上山又慢了许多,但因为上山时体力透支太大,腿软得有些不听使唤。下到第一块小台地,找地方停歇了五分钟。望着眼前的悬崖峭壁,我告诉二人,这是自己爬过的最为惊险的大山。二人对我的赞叹不以为然,说在此处的大山里面,还有更惊险之处,名叫打狼沟。那座山三面都是直立的峭壁,狼如果钻进去,根本跑不出来,而那座山从来没有人能爬上去过。

因为上山前没有料到山路如此惊险,所以今天穿的是一双皮鞋。这双皮鞋在山路上可害苦了我,在山石的磨损下,前面很快就开了口,这让我在下山过程中脚上无法受力。在一处悬崖的转弯处,脚下一滑摔到了崖壁上,在摔倒的一瞬间,本能地用手抓住了崖壁上的一块突出石。顿时感觉手掌钻心的疼,但在那时候全然顾不上这些，保命才是第一要义。二位带路者在我下面，看到此况惊呼起来，其中一位转身用一只手拖住了我的腿，阻止我滑下崖壁。稳住身子，慢慢下到了小平台上，此时才顾得上看看自己疼痛的手掌，左手掌心的两块皮肉被石头削了下去，血迅速涌出，用手根本攥不住。而伤口包扎物都在车上的包里面，看到这种情形，任建江四处寻找，在不远处揪下一些没有见过的树叶，放在嘴中嚼碎，吐出后给我敷在伤口上。他说这种树叶当地人是当茶喝，但一般人喝了会拉肚子，所以药用很强，并说这种树叶有麻醉的作用。果真几分钟后伤口的疼痛减轻了许多。我把衬衣脱下，用石尖将衬衣撕下一角，用这个布条把手缠住，接着慢慢地向下爬行。

走到回程的一半，看到了路边仍然健在的三件衣服。此山感觉海拔很高，没有了汗觉得山风冰凉刺骨，于是将衣服穿上。在我穿衣服时，任世国无意中瞥见草丛内有一个木箱，他顺手把木箱拖了出来。我看到箱体上印有危险品的标志，劝他不要打开，二人忍不住还是慢慢地把木箱打开。里面是用浸过油的牛皮纸包成一个一个的长方块，二人高兴起来，说这是一箱炸药。这种意外收获，他们当然不肯放弃，根本不听我的劝阻，一定要背下山。我问二人在大山中为什么会有这种整箱的炸药，他们说这是开山崩石头用的，肯定是在炸山的时候有人偷偷藏了一箱，等没人的时候再来拿走。二人的言外之意，这炸药不是自己偷的，而是意外拾得者。我说这炸药太过危险，二人让我先走，隔出去二三十米他们再接着走，以此让我放心。其实我清楚，这一箱炸药要爆炸的话，别说三十米，走出三百米都不可能幸免于难，但到此时也只能祈祷这种情况不会发生。

回到山底下，司机看到这一箱炸药，很不愿意装在车上，觉得这样太危险。二人想把炸药先藏起来，回去后自己找自行车再来驮。

他们爬上了大山给我带路很不容易，我不愿意他们再费一番周折，于是对司机劝说一番，终于征得同意，把那箱炸药小心地放在了后备箱。一路上，司机的开行速度很慢，担心因为颠簸而使得炸药爆炸。在这种提心吊胆之下，总算把炸药送到了他们家门口。本是谈妥总计付一百元，我觉得这爬山如此艰难，于是决定每人一百元，感谢他们的辛劳。没想到二人却推托，只取其中的一百元。我郑重地跟他们说，之前并不了解路途这么艰难，因为我曾请一位老者带路，他收了我一百元，而带我到目的地所走过的路程不超过 30 米。而今他二人所付出的辛劳，绝不仅仅是这区区二百元。他们听到我的话后不好意思地接了过去，然后对我说，如果我有朋友再来此处寻找子夏洞，他们还会前去带路。我感谢了他们的美意，但我心里清楚：再不可能爬进这险境环生的子夏山了。

回程路上我又特意去看了子夏庙的原址，原址上盖了一个仓库状的三层楼，门窗已经全部用砖头封起，在墙壁上贴着许多的标语，其中有："龙年飞行第一天全部神灵保平安！""人民的军队在神堂□航三年飞行都平安以后飞行更平安！"等等。

我所查到的史料中，子夏墓有两处，其中之一位于山西省运城地区河津市东辛封村。2013 年 4 月 15 日，我前往此地探访。去河津市之前，已是近午，在周村路边吃饸饹面，本以为山西是莜面的产地，然而这个饭店的饸饹面味道却很不正宗，感觉饸饹里没有多少莜面，基本上是以白面制成，里面仅搀着一点点莜面而已。由此而想起了一个笑话：某人跟送奶员抱怨说，昨天收到的一瓶奶里面全是白水，那位送奶员说："抱歉，忘记往里面兑牛奶了。"而今莜面价格很贵，所以店家也只能示意性地在白面里掺一点莜面。想一想能够吃饱就不错了，出门在外挑剔这些没有丝毫的好处。

饭后上京昆高速，西行 180 余公里。这一趟行程等于在山西的南部，由东向西做了一个横行的穿越，东辛封村距黄河边还有四五公里的路程，河对岸就是陕西的地界。其实去年前往寻访司马迁墓时，也经过此村，但因当时查资料不细，不知道子夏墓就在此村内，结果是我为自己的疏忽付出了几百公里的代价。

从河津西下高速前行不到三公里即进入东辛封村，向在村边摆摊的一位老大爷请教子夏墓的位置，老人很热心地跟我仔细讲解着左转右转的路径，可惜他浓重的乡音，我完全没能听明白，他看到我一脸的茫然，笑呵呵地拍了拍我的肩膀，示意我不用着急，又用很慢的语调重复了一遍，幸亏司机听懂了他的意思，算是给我的窘迫解了围。

于是，谢过老人重新上车，按其所指向村内开去，司机说刚才老人讲在村中看到一棵大槐树就向东转，按其所指，果真有一棵老槐，然而却拐进了别人家的院落，恰巧在这棵老槐树下还有几位乘凉的老大爷，这次我直接让司机去问路，原来是先右转一下再左转。

前行了不到一百米，感觉就驶出了村，在村北的田地里，有一个新盖的大院落，刚想下车前往问路，猛然看到门口站着一条巨大的藏獒，正怒视我等，我从车窗内仔细辨认一番，确认这条大狗拴着铁链，才让自己放下心来，小心地下车，眼睛却紧盯着这条大狗的举动。脚刚落地，就听到了狗的叫声，低头一看，墙根儿还卧着一条菜狗，刚才注意力都在藏獒身上，没注意脚下，差点一脚踏在这条狗的身上，可能是因为我无视它的存在，这条狗以叫声来表达自己的强烈不满。

在拴狗院落的背面，是一条高坡路的侧墙，它的西侧是一片玉米地，因为覆盖着地膜的缘故，玉米已长到了一尺多高，这片玉米地有上百亩大，在地的中央远远地看到了几块碑，穿过一个小水渠，走到了碑的近前，第一块碑用青砖制作了碑券，上面刻着"流芳先

⊙ 山西运城河津市东辛封村的子夏墓

贤子夏之墓"，看来没有找错地方。在这块碑的前方和后方，各聚起一个黄土堆，从土色看应该是近期所为者，细看一番，没明白这两个土堆的作用，但它却给我的拍照寻找最佳角度带来了困难，本想爬上这个土堆，站在顶上给子夏墓区拍个正面的全景，但黄土太过松软，第一脚踏上即没过了半个小腿，鞋里面灌满了黄土，于是放弃这种念头，走出玉米地中远远地给子夏墓拍照。

　　子夏墓区占地面积不大，百十平米大小，总共立有三块碑，均带有碑券，除了刚才的那块之外，另两个碑券是新垒制的，碑文模糊不清。刚才看到的子夏墓碑，另有小字刻有上下款，上款为：大清乾隆四十一年丙申季秋谷旦，下款为：署河津县知县绛州州判马煇敬立。碑高不过两米，但毕竟还算个故物。整个碑的前面还摆着一张石供桌，供桌下面的石板满刻着高浮雕的螭龙纹，从风化程度看，肯定是个老物件。不知何人在上面摆了一摞砖头，不知道有何寓意，

⊙ 子夏墓前的三块碑

在这块墓碑的背面不足两米处还有一块齐腰高的小碑，上面仅刻着一个大大的"墓"字，这块小碑的背面有一个直径不足三米的土堆，这应该就是子夏的墓丘了。

这时我才注意到：自己从玉米地走到墓前，是从墓区的后方进入的。此处有三通碑均有碑券，以品字形排列，前面的那两块较新的碑，两碑之间隔着一米多的空隙，从正前方望去即看到了子夏墓碑。如此说来，这应当是原有的神道，然而今天却已看不到任何痕迹，可是在这两个新碑之前，又新起了一个黄土堆，这个土堆是何意，我却不明就里，可惜四周找不到可以请教的人。

另一处子夏墓位于河南省焦作市温县城西5公里黄庄镇林召乡卜杨门村。2013年4月23日，前往此处探访，在进入卜杨门村之前，我在村边的麦田里已经看到了子夏墓的纪念牌，上面写着"卜商故里纪念园"。此纪念园占地面积挺大，以我的目测至少在十亩地以上，

⊙ 卜商故里纪念园

然而奇怪的是，园中全部种满了麦苗，已丝毫看不出空地，这种节约土地的方式倒是值得赞赏，只是这种做法是否有违对先贤的敬重，却不好推测。

麦田的最东侧留有窄窄的一个长条，宽度约三四米，沿着侧墙一字排开现呈两溜新的碑廊，在碑廊的最前端有个影壁状的介绍牌，大字写着"卜林创建记"，底下的落款是"卜商研究联谊会"。细看两侧的碑文，均是一些歌咏子夏的言语，如"百代垂范""德功维扬"等等。而卜林的顶头即是子夏的墓丘，正中刻着"先贤卜子之墓"，后面的墓丘是用水泥浇铸而不封顶者，在左右两侧还各有一个三角形的凸起，若不是墓前有这块石碑，真让我怀疑这是个废弃的碉堡。

进入卜杨门村，在村边看到了子夏故里的介绍牌，在村内打听子夏后人的居所，几经寻找来到其家。此院的地形也较为特殊，是

◉ 河南焦作林召乡卜杨门村的子夏墓

窄长的一溜,仅在尽头建有二层小楼,前面的窄院子还种着几分地,覆盖着地膜,不知道种的是什么作物。

在院中遇到一位年轻女子,我向她请问:这里是否是子夏后人的居所?她很热情地告诉我的确是,而后把我让进屋内,见到了她的公公卜范贤。卜范贤称自己今年59岁,属马,是子夏的第80代孙。我问他这里是否子夏故居的原址,他肯定地告诉我就是原址,并且带我回到院中指着一块石刻给我看。我这才注意到上面刻着"卜商故里纪念馆"几个字。他又带我转到这块石刻的背面,上面用小字刻着"卜商故里纪念馆创建碑记"。这块碑记上堆着一些废弃的鞋袜及瓶罐,老卜很不好意思,立即动手跟儿媳妇把这些杂物拿开,而后让我来拍照,他向我解释,因为县里没钱建纪念馆,于是就先把他家当纪念馆来使用。

卜范贤家客厅的面积有二十平方米大小,几面墙壁上都挂着一

⦿ 卜子故里

些展板，介绍着联谊会的活动大事记，正墙上挂着先贤卜公子夏的画像，画像的两侧则是卜商的四位著名学生，画像是以线描的方式绘制。我向他请问子夏画像的出处，卜范贤解释称，是请县里的人画的，我请他站在这个画像前给其拍照，他很是配合地按照我的要求站在了画像前。

在带着我四处参观的过程中，卜范贤一直端着一个大瓷碗喝汤，我请他照相时，他把碗递给了儿媳，转身要进里屋去换衣服，我马上劝阻了他，告诉他这样拍照更加自然。卜范贤不好意思地说，因为昨夜下了一场雨，他忙着收拾，所以身上很脏，我看他光脚穿着凉鞋，问他冷不冷，他说没关系。

而展室的东侧另有一间小屋，上面的匾额写着"卜捷昌展室"，卜范贤解释称，卜捷昌是子夏在台湾的后人，此人喜欢绘画，于是拿了一些他的作品放在这里展览。在展室的另一面侧墙上，摆着三个灵位，这些灵位全部用塑料压制而成，中间的一个稍大，高约 30

○ 院中的故里碑

厘米，正中用隶书写着"圣祖卜公商之位"，左右两侧的灵位上分别写着"祖宗三代之位""历代宗亲之位"，这张桌上同样堆着各式各样的杂物，还放着两个简易的防毒面具，我估计是喷农药时所用之物。

卜范贤向我讲解着子夏故里的一些往事，他说自己家的房子的确是旧址重建者，已经几千年了，原来有几进院落，都因为没钱逐步卖掉了，仅剩了这一小块。其问到我何以跑这么远来寻访子夏之墓，我说孔子三千弟子，七十二贤，十二哲，而子夏为十哲之一。卜范贤听我讲到这些大为高兴，向我讲解着子夏后代的一些名人，并称在本村内子夏之后仅余其一家，剩下的大部分在广西、湖南、江苏、河南等地，他指着墙上一个介绍牌让我细看，这个牌子名称为各地负责人一览表，"地"与"责"之间已经剥落，我猜应当是一个"负"字，下面列了三四十位地名和人名，所有的姓氏当然都是卜。

拍照完毕后，我从其家走出，老人和儿媳一直把我送出院门，我问老人的儿媳对子夏的事迹是否了解，她不好意思地说，自己并不太清楚。我赞其能够嫁到子夏后人的家中，真是一种福分，她更加不好意思地笑了。走到其家门口我才注意到，离院门五米远的地方还有一块文保牌，然文保牌的正面让五颜六色的小广告贴得严严实实，看不到任何的字迹，卜范贤立即上前用指甲一块块地抠掉这些小广告，一脸歉意地说："我太忙了，没有注意到他们什么时候把这牌子贴满了。"这一瞬间我仿佛从他身上看到了儒家的礼仪之风。

穀梁赤：《春秋》之传，唯此弱传

⊙ ⊙ ⊙

儒家经典以"六经"最为重要，其中《乐经》失传，故五经成为了儒家思想的总汇。五经中有一部名为《春秋》，该书作者是孔子，而孔子是根据鲁国历代史官的记录，而后加以整理修订写出的该书。他何以起"春秋"这样一个名称，历史上有不同的解读，比如《公羊传疏》引用《三统历》上的说法："春为阳中，万物以生；秋为阴中，万物以成。"还有一种说法也是出自《公羊传疏》，此处引用《春秋说》："（孔子于）哀公十四年春，西狩获麟，作《春秋》，九月书成，以其春作秋成，故云《春秋》。"如此说来，"春秋"就是历史之意。

然而，孔子所做《春秋》一书太过简略，全书讲述了鲁国242年的历史，在这么长的时段内，发生了太多惊心动魄的故事，可是《春秋》全书仅有16000多字。

如此简单的记述，却又如此重要，因为《春秋》是现存至今的第一部编年体史书。由于该书是孔子所作，所以不能以普通的史书来看待，它被后世视之为经。如何解读这部经，后世有着不同的派别，而以学派来论，对于《春秋》一书的解释主要有三大派别，分别为《春秋左氏传》、《春秋公羊传》和《春秋穀梁传》。关于穀梁的"穀"字，古代写作"穀"，今人写作"谷"，但也有两种写法并用，故而该文在引文时会按照原书中的写法照录。

按照学界的看法,《左传》属于古文经学,《公羊》和《穀梁》属于今文经学,由此可知,在学术观点上,后两者颇为相像。对于这三部书的作者,相比较而言,争论最少的是《左传》,一般认为是左丘明,后两书的作者则有着不同的说法,尤其以《穀梁》的作者最为混乱。

班固的《汉书·艺文志》上,《穀梁传》一书的作者写为"穀梁子,鲁人"。此为对《穀梁传》一书的最早记载,显然班固不知道穀梁子叫什么姓名,只知道他是鲁国人。根据他这句话,使得后世认为"穀梁"二字乃是复姓,《四库全书总目提要》就是这样认定者。但也有人认为"穀梁"二字乃是"卜商"的转音,因此,有人说,《穀梁传》的作者其实是子夏。但蔡元培却认为,公羊和穀梁其实是同一个人,因为他发现"公"和"谷"字是双声,"羊"和"梁"字是叠韵。顾颉刚也持这个观点,他在《春秋三传及其国语之综合研究》中写道:"至于《穀梁》,'穀'与'公'为双声,'梁'与'羊'为叠韵。隐五年:'考仲子之宫,初献六羽。'《公羊传》:'初献六羽,……讥始僭公也。……天子八佾,诸公六,诸侯四。'《穀梁传》:'穀梁子曰,舞夏,天子八佾,诸公六佾,诸侯四佾,初献六羽,始僭乐矣。'双声叠韵之名已迹近冒牌为可疑,而其内容往往完全一致,观上所引可知。"

细读顾颉刚的这段话,他

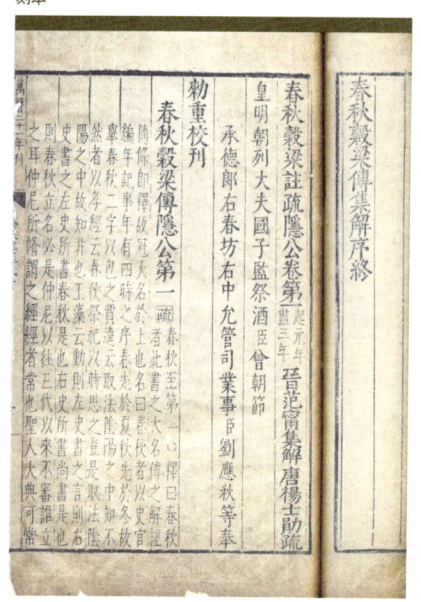

⊙《春秋穀梁注疏》二十卷,明万历二十一年北京国子监刻本

举了一些实例,得出来的结论是,《公羊》和《穀梁》其实是同一位作者,可是他又在文中称:"可知《穀梁传》一定成书于《公羊传》后,且一定多抄袭《公羊传》之书。"这段话显然跟他前面所言发生了矛盾:既然这两本书出自同一个人,那为什么还有抄袭之嫌呢?一个人总不可能自己抄袭自己的书,因此,谢金良在《穀梁传开讲》中说:"既然顾先生已疑《公》《穀》是同出一人,为何还大敢肯定《穀梁传》多抄袭《公羊传》之书呢?莫非这'同出一人'的'一人'不是《公》《穀》的作者?这些问题,顾先生都没有说清楚。"

再后来,还是有人探讨穀梁子到底叫什么名称,比如唐颜师古在《汉书注》中认为穀梁子名"喜",清钱大昭在《汉书辨疑》中认为穀梁子应当名"嘉",更通行的说法则是穀梁子名"赤",这种说法出自桓谭《新论》:"《左氏传》遭战国寝废,后百余年,鲁人穀梁赤为《春秋传》,残略,多所遗失。"除此之外,阮孝绪在《七录》中认为穀梁子"名俶,字元始"。而王充在《论衡·案书篇》中说:"公羊高、穀梁寘、胡毋氏皆传《春秋》,各门异户,独《左氏传》为近得实。……公羊高、穀梁寘、胡毋氏不相合。"

这位穀梁子的名字竟然有六种不同的说法,究竟哪个才是真的呢?皮锡瑞在《经学通论》中称:"岂一人而有四名乎?抑如公羊之祖孙父子相传,非一人乎?名赤,见《新论》,

● 钟伯敬评《穀梁传》,明崇祯九年陶珽刻本为最先，故后人多从之。而据《新论》，后《左氏》百余年，年代不能与子夏相接，而与秦孝公同时颇合。"皮锡瑞认为，一个人不可能有这么多的名称，他猜测有可能"穀梁"一姓是几代相传，所以这些名字很可能指的是穀梁家族不同的传经之人。然而吴承仕又反对皮锡瑞的这个猜测，他在《经典释文叙录疏证》中经过一番推论，而后得出结论是，这些不同的名称其实都是指向一个人，所以他斥责皮锡瑞"不明声类，而妄为说，其过弘矣"。

既然问题这么复杂，并且到如今也未见定论，那就姑妄使用通行的称呼方式，把《穀梁传》一书的作者视之为穀梁赤。接下来的问题则是穀梁赤的师承，也就是说，他的老师是谁。前人大多称穀梁赤的老师是子夏，而子夏又是孔子的得意弟子，因为孔子三千门徒中有七十二位最有成就者，而这七十二人中，又有十位成就最大，被称为"十哲"，子夏则为十哲之一。把穀梁赤视为子夏的弟子，那就可以很近地追溯到孔子，既然孔子把《春秋》写得那么简略，肯定有他不得已的原因，那么孔子有可能会把自己无法写出来的话告诉弟子子夏，而子夏再将此秘闻转述给穀梁赤，那当然他所作的《穀梁传》中的观点，有可能最接近孔子的原意。

宋洪迈在《容斋随笔》中说："孔子弟子，唯子夏于诸经独有书。虽传记杂言未可尽信，然要为与他人不同矣。于《易》则有《传》，……于《春秋》所云不能赞一辞，盖亦尝从事于斯矣。公羊高，实受之于子夏。穀梁赤者，《风俗通》亦云子夏门人。"在这里，洪迈明确地说，《公羊传》的作者公羊高的确是子夏的弟子，但对于穀梁赤，他则仅称是"亦云"，也就是不确定的意思。其实，洪迈的不确定也有些道理，那就是从年龄推断，穀梁赤距子夏隔得太远。虽然关于穀梁赤的生卒年，后世并不知道，然而从相关的旁证资料可知，他的生存年代无法跟子夏相衔接。

如何来解决这之间的差异呢？唐代杨士勋在《春秋穀梁传序疏》中称"穀梁子受经于子夏之门"。杨士勋的这个解释很好，因为他解决了穀梁赤的年龄跟子夏衔接不上的问题，因为杨说穀梁赤是子夏门人的弟子，这之间虽然隔了代，但在年龄上却能作出较为合理的解释。但杨士勋是怎么知道这种情况的，他未曾说清楚，而杨又是《穀梁传》一书最为权威的解释人，那也只能接受他所言。因此，清代《穀梁传》研究大家钟文烝在《穀梁补注·论传》中说："盖穀梁受业于子夏之门人，因遂误以为子夏门人。"显然钟文烝认为杨士勋所言不误。钟文烝何以这么肯定地说，穀梁赤不是子夏的弟子，而是子夏门人的弟子呢？他在《穀梁补注·论传》中先做了如下的推论：

> 如《风俗通》、杨《疏》之言，是穀梁子受业于子夏也；如《新论》、麋《注》之言，是穀梁子不及见子夏也。桓以为"获麟"后百余年，而《史记》"秦孝公渠梁之元年"距"获麟"百有二十一年，其说相合也。王应麟曰："《传》载《尸子》语，而尸佼与商鞅同时，故麋氏以穀梁子为秦孝公时人。然不可考，《汉书》但云'鲁学'而已。"（文烝案：麋南山固无他据，桓君山谓"获麟后百余年"必有据，而应仲瑗之说亦非无因。盖穀梁受业于子夏之门人，因遂误以为子夏门人。《史记·孟子列传》云"孟轲受业于子思之门人"，应劭误以"人"为衍字，应氏之误正相类矣。大抵穀梁子之于子夏、孟子之于子思，事同而时亦相近也。）

但钟文烝的推论是不是正确呢？至少谢金良认为"难以令人信服"。然而钟文烝经过一番推论，其又认为，《公羊传》成书的时间要在《穀梁传》之后,对于这一点,顾颉刚坚决反对,而后顾举了一些例子,以此来证明《穀梁传》上的一些说法是抄袭《公羊传》。将这两书放在一起进行比较,前人认为,两书有十之二三相同者,比如说,《春秋》所载僖十七年"夏,灭项",对于这三个字,《公羊传》的解释是:

孰灭之?齐灭之。曷为不言齐灭之?为桓公讳也。《春秋》为贤者讳,此灭人之国何贤尔?君子之恶恶也,疾始;善善也,乐终。桓公尝有继绝存亡之功,故君子为之讳也。

而同样,《穀梁传》对这三个字的解释与之基本相像:

孰灭之?桓公也。何以不言桓公也?为贤者讳也。项,国也,不可灭而灭之乎?桓公知项之可灭也,而不知己之不可以灭也。既灭人之国矣,何贤乎?君子恶恶疾其始,善善乐其终。桓公尝有存亡继绝之功,故君子为之讳也。

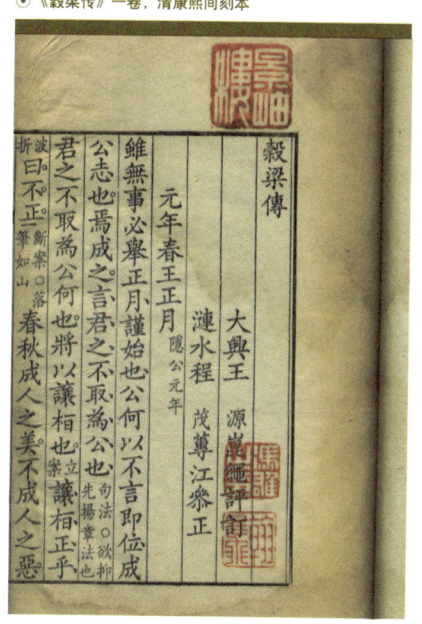

《穀梁传》一卷,清康熙间刻本

在此且不讨论这两种解释是否正确,细读这两段话,确实观点相同,也正因为如此,问题来了:两段叙述相同的话,如何来证明谁先谁后呢?换句话讲,到底谁抄谁,又以什么作为依据呢？然而刘敞在《春秋权衡》中举出了一些传文进行比较，他还是认为"《穀梁》晚见《公羊》之书，而窃附益之"。同样，陈澧也是这么认为，他在《东塾读书记》中说："盖《穀梁》以《公羊》之说为是，而录取之也。《穀梁》在《公羊》之后，研究《公羊》之说，或取之，或不取之；或驳之，或与己说兼存之。其传较《公羊》为平正者以此也。"而后，现代学者杨伯峻、顾颉刚、沈玉成等

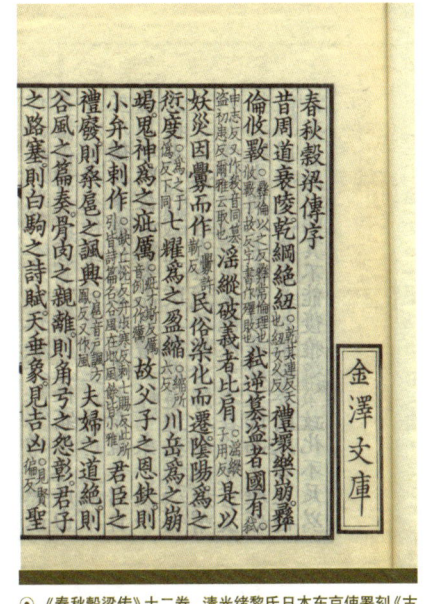

《春秋穀梁传》十二卷，清光绪黎氏日本东京使署刻《古逸丛书》本，序言

也赞同刘敞和陈澧的观点。可是反对者也同样大有人在，比如阮元、钟文烝、刘师培等经过考证，仍然认为《穀梁》要早于《公羊》。

其实无论《公羊》与《穀梁》谁先谁后，总体上说，这两本书，观点类似，虽然在解经方式上有一定的差异，但都属于今文经学，也就是二者都关注《春秋》背后所隐含的微言大义。比如《穀梁传》对《春秋》第一句的隐公元年"春王正月"作出了如下的解释：

虽无事，必举正月，谨始也。公何以不言即位？成公志也。焉成之？言君之不取为公也。君之不取为公，何也？将以让桓也。让桓正乎？曰：不正。《春秋》成人之美，不成人之恶。隐不正而成之何也？将以恶桓也。其恶桓何也？隐将让而桓弑之，则桓恶矣。桓弑而隐让，则隐善矣。善则其不正焉，何也？《春秋》贵义而不贵惠，信道而不信邪。孝子扬父之美，不扬父之恶。

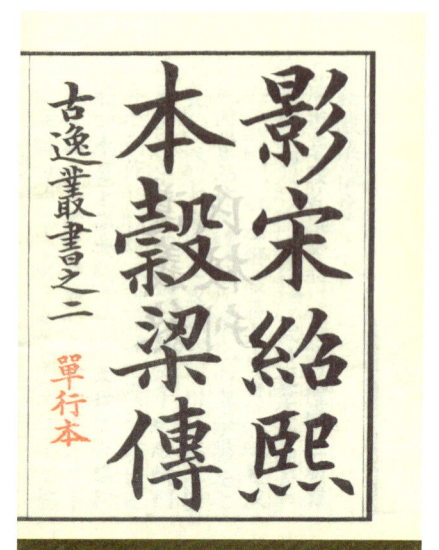

⊙《春秋穀梁传》十二卷，清光绪黎氏日本东京使署刻《古逸丛书》本，书牌

先君之欲与桓，非正也，邪也。虽然，既胜其邪心以与隐矣。已探先君之邪志而遂以与桓，则是成父之恶也。兄弟，天伦也，为子受之父，为诸侯受之君。已废天伦而忘君父，以行小惠，曰小道也。若隐者，可谓轻千乘之国，蹈道则未也。

对于这看似毫无内容的四个字，穀梁赤竟然看到其背后隐藏着这么多的内容，这绝对令人赞叹。更为重要的是，他的这番解释，能够以自证的方式来达到自圆其说。

《公羊传》和《穀梁传》特别重视《春秋》中的日和月，二者都认为孔子在《春秋》中有时写"日"，有时写"月"，有时写季节，这些都有着深刻的含意在，今文经学将这种发现称为"日月时例"。除此之外，他们还发现了《春秋》中的一些其他规律，这些规律被称为"书法"。对于今文经学的这些总结，既有赞同者，也有反对者，比如宋崔子方在《春秋本例序》中称："《春秋》之法，以为天下有中外，侯国有大小，位有尊卑，情有疏戚，不可得而齐也。是故详中夏而略夷狄，详大国而略小国，详内而略外，详君而略臣，此《春秋》之义而日月之例所从生也。著日以为详，著时以为略，又以详略之中而著月焉，此例之常也。"

但也有人不以为然，比如唐人啖助称："《公》《穀》多以日月为例，或以书日为美，或以为恶。夫美恶在于事迹，见其文足以知其褒贬，日月之例，复何为哉！假如书曰春正月叛逆，与言甲子之日叛逆，又何差异乎？故知皆穿凿妄说也。"（陆淳《春秋集传纂例》）。而宋代的大儒朱熹也持类似的观点，《朱子语类》卷八十三中记载朱熹跟弟子们说过这样的一段话："人道《春秋》难晓，据某理会来，无难晓处。只是据他有这个事在，据他载得恁地。但是看今年有甚么事，明年有甚么事，礼乐征伐不知是自天子出？自诸侯出，自大夫出？只是恁地。而今却要去一字半字上理会褒贬，却要去求圣人之意，你如何知得他肚里事！"

针对所谓的义例，朱熹则称："《春秋》传例多不可信。圣人记事，安有许多义例！如书伐国，恶诸侯之擅兴；书山崩、地震、螽、蝗之类，知灾异有所自致也。"同样，对于"日月时例"，朱熹也认为是胡扯："或有解《春秋》者，专以日月为褒贬，书时、月以为贬，书日则以为褒，穿凿得全无义理！"

虽然说，《穀梁传》的这些"例"，除了今文学家认可之外，大多被后人指斥为穿凿附会。然从内容来说，它当然有其价值在，钟文烝在《穀梁补注·论传》中对该书作出了如下的概括性评论："《穀梁》多特言君臣、父子、兄弟、夫妇，与夫贵礼、贱兵、内夏、外夷之旨，明《春秋》为持世教之书也。《穀梁》又往往以心志为说，以人己为说；桓文之霸，曰信，曰仁，曰忌；僖文之于雨，曰闵、曰喜、曰不忧，明《春秋》为正人心之书也。"而对于解经的特殊性，晋代荀崧则称："文清义约，诸所发明，或《左氏》《公羊》所不载，亦足有所订正。"（《晋书·荀崧传》）

关于《穀梁传》的历史递传情况，杨士勋在《春秋穀梁传序疏》中称：

穀梁子名淑，字元始，鲁人。一名赤。受经于子夏，为经作传，故曰《穀梁传》。传孙卿,孙卿传鲁人申公,申公传博士江翁。其后鲁人荣广大善《穀梁》,又传蔡千秋。汉宣帝好《穀梁》,擢千秋为郎,由是《穀梁》之传大行于世。

杨士勋的这段话是从子夏讲起,由子夏传给了穀梁赤,穀梁赤传给了荀子,荀子又传给了鲁人申公,而申公又传给了博士江翁,而后到了鲁人荣广那里,穀梁得以发扬光大,他又传给了蔡千秋。到汉宣帝时,蔡千秋立于朝官,于是《穀梁传》得以大行天下。

正史中对《穀梁传》最早的记载是《史记·儒林列传》:"瑕邱江公为穀梁《春秋》,"对于此后的递传,《汉书·儒林传》中称:"瑕邱江公《穀梁春秋》及《诗》于鲁申公,传子至孙为博士。"这段话应当就是杨士勋所言递传的出处。学问传到了荣广这里,此后不久,朝廷召开了著名的石渠阁会议,当时朝中的重臣韦贤、夏侯胜、刘向等都在《公羊》与《穀梁》的争辩中支持后者,于是穀梁学成为了社会的显学。可是此后不久,《左传》在学界越来越有影响,这种结果使穀梁学受到了打击,渐渐式微了。虽然后世每代也偶尔有研究《穀梁传》者,但毕竟没有形成气候,一直到了清代中后期,今文经学渐渐气势浩大起来,《穀梁传》这才又有了研究者,比如邵晋涵就著有《穀梁古注》,而柳兴恩则有《穀梁春秋大义述》,影响力最大者则有钟文烝的《穀

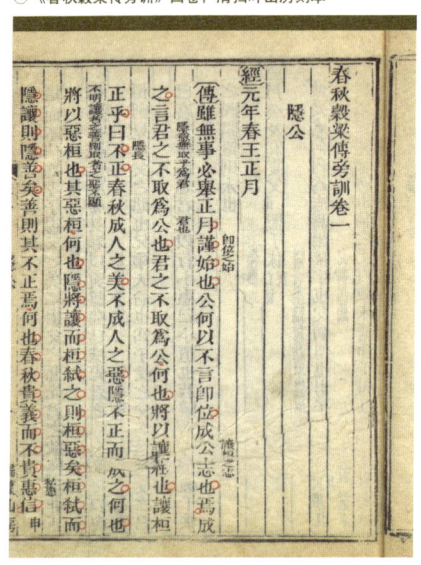

⊙《春秋穀梁传旁训》四卷,清扫叶山房刻本

梁补注》。

对于钟文烝的这部著作,张之洞特别推举,他在《劝学篇·守约》中说:"《春秋穀梁传》只读钟文烝的《穀梁补注》。"可见张之洞对该书推举到何等程度。然而我却于该书无缘,十余年前在上海国际拍卖公司举办的拍卖会上,我见到了钟文烝这部著作的原稿,这本是我必得之物,然而在现场,一番争抢之后,竟然把价格抬到了底价的五倍,转眼视之,原来是熟人在举牌,为此不好意思再争抢下去,结果这部稿本归了上海的博古斋,此稿今日可能仍然存在他们的善本库中。当时若知道这是为书店所买者,真应该当仁不让。而今思之,为之腹痛。

《春秋》三传各有其特色,《穀梁传》亦然。东晋范宁在《春秋穀梁传集解》序言中说:"《左氏》艳而富,其失也巫;《穀梁》清而婉,其失也短;《公羊》辩而裁,其失也俗。"看来这三传各有优劣在。中国古代儒家经典被统称为"十三经",这其中的《春秋》分为了三传,都被纳入了十三经,由此可知,《左传》《公羊》和《穀梁》都有着同等重要的价值,并列于十三经。虽然它们在解经方式上有所不同,正如朱子所言,"《左氏》是史学,《公》《穀》是经学。史学者,记得事却详,于道理上便差;经学者,于义理上有功,然记事多误。"

2012 年 2 月下旬,我乘高铁到达了山东曲阜,而后以此为基点,在山东境内沿着四个方向分别寻访。23 号这一天,是先向西开行,前往济宁寻找何休墓,之后又到嘉祥县去寻访曾子庙、孟母林等。寻找完毕之后,接下来就是定陶县去寻找穀梁赤之墓,而我查得的资料显示穀梁墓位于山东省定陶县陈集镇的两谷庄。

离开曾庙向北开再回嘉祥,上 G15 高速,开行一百余公里,向正西奔菏泽方向,在定陶县陈集镇下高速,打听两谷庄,然问过数人均不知此地有两谷庄之名,终于有一老者称此前几里地有东谷庄、西谷庄等几个谷庄,看来我所找定是其中之一。于是谢过老者继续前行,开到附近时,再接着打问。在路边看到一个铁匠铺,我觉得这样的生意人对当地的各种情况应该最为熟悉,然而没想到的是,他却称自己不知道,好在他告诉我,可到旁边的水泥铺内去打听。

我不清楚他为什么认为水泥铺的人就能了解我的所问,但我还是依言前往。走到此铺前,却发现门关着,敲门几遍,无人答应,无奈只好加大气力使劲地擂门,果真这一招管用,因为我随即听到一声嘹亮的男高音:"使劲!推门进来!"按其所言,果真还就把两扇门推开了,眼前的情形则是一家几口人正在围着桌子吃饭。我连声说着叨扰,同时拿出自己的寻访单来问那位男主人如何寻访。他看都不看就跟我说:"先别说这个,坐下来吃完饭再说。"并立即吩咐家人给我拿碗盛饭。

谷氏纪念堂中的碑券

这种情形令我不知所措,只好连声抱歉地说,自己刚刚在路上吃过饭,我的客气让那位男主人立即制止了要给我盛饭的家人,而后接过我的寻访单,瞥了几眼之后说:"没有两谷庄这个地方,但向西再走50多米右转,倒是有个祠堂,你看看是你要找的吗?"果真遇到了明白人,于是我连声道谢,而后走出其家,主人也不客气,没有站起来送我出

穀梁赤：《春秋》之传，唯此弱传　115

⊙ 谷氏宗祠

门，只是嘱咐一句："把门关好。"如此的不见外，又如此之信任，让我真正感受到了鲁国故地孔子所被之风，延绵不绝。

按其所指前往视之，果真找到一间穀梁氏祠堂。费尽周折终于得见，甚是兴奋，颇有苦尽甘来之味。祠堂很小，仅有京城普通四合院大小之一半，门口坐着五六位老者在打麻将，试着问其中一个：可以进内照相否？其称可。进内视之，基本为新建者，祠堂正中摆着穀梁赤牌位，两旁各摆着几十位白色谷姓各代牌位，两边墙上挂着 2004 年的放大彩照，均为谷姓后人，照片下有一名单，列明捐修此祠捐款人，数额最大者为 500 元，捐 50 元者占四分之一。

祠堂修建甚粗糙，院墙水泥刻龙凤图样是反刻图形，细部以笔绘者，估计用不了两年则痕迹全无。然转念思之，毕竟有痕迹可寻访，这样的远古人物，于今能找到遗迹已然是很幸运的一件事。然而我来此的寻访目标是想看到穀梁赤的墓，现在只看到了祠堂，当然算不上功德圆满，于是出门再去找那位跟我说过话的老人。可是门口的麻将桌上已经看不到他的身影。我注意到祠堂旁边还有一间小房屋,于是向内探看,里面大概有十几位中老年妇女也聚成几堆,忙着打麻将。这种情形,我不知道应该向谁问话,于是茫然地向屋内喊了一句:"谁知道穀梁赤的墓在哪里?"

我的这一嗓子果真把那位让我拍照的老人喊了出来,他说自己知道在哪里,我顺口问他,何以知道这些细节,他淡淡地告诉我,自己就是穀梁赤的后人。这句话让我大感惊异,没想到穀梁赤瓜瓞延绵,至今仍有后人在。于是我立即向他请教穀梁赤一族的传递历史,他却又说自己对此并不十分熟悉,让我自己去找书看。而后他告诉我,穀梁赤的墓就在祠堂后面,让我自己前往看之。

重新回到祠堂,而后从右侧转到了祠堂的背面,这里约有三分地大小的院落,零星地长着几棵小树,余外未能看到我所想象的坟丘,于是重新转到前面,再找到此人,告诉他自己未能看到穀梁赤的墓。他却肯定地告诉我,一定有!无奈,我再次原道返回,在这小树下面细看,果真有一个微微隆起的小土堆,我觉得这个土堆的高度超不过30厘米,若将这一抔土装入水泥袋中,估计装不满三袋,并且在这小土堆之上,还长出了两棵小榆树,树的粗壮程度也就拇指粗细,《春秋》三传之一的作者穀梁赤之墓竟然是如此模样,这真让我难以置信。

拍照完毕后,我又返回来,去找那个人,告诉他眼前所见到的穀梁赤墓跟我的想象差距太大,更何况我在这里没有看到相关部门颁发的文保牌,也没有

⊙ 竟然是出自朱益藩之笔

看到历代前贤所制作的碑石，甚至在这抔黄土之前，连墓碑都没有看到，这如何能证实这个小土堆就是穀梁赤的墓呢？此人对我的问话一点都不吃惊，他只重复一句话："就是这么

● 据说是穀梁赤的墓

小。"我不理解这句话有何特殊的含义，但从其脸色看，他不是在跟我开玩笑，更何况他自称是穀梁赤的后人，应当对其祖上有着本能的尊重，这样推论起来，说不定那个小土堆还真的就是穀梁赤的墓，而这两千多年间的变迁，我就无从知之了。

　　虽然找到了目的地，却并没有令自己心满意足，但即便如此，填饱肚子才是硬道理，何况刚才在那个水泥铺主的家中已经闻到了饭菜香，而今看完了穀梁赤的墓，胃中的召唤又是一阵紧过一阵。然而此镇饭店甚少，让司机开车转二十余分钟仅看到两家，其中一家门口写着"专接红白事宴"，显然不便进餐。走进另一家，向店员索要菜单，店员称："我们这儿，吃饭都是到后厨自己选菜，没有菜单。"我只好从俗，走进了灶间，随意选了两个菜，还未吃完，猛想起祠堂门口的穀梁赤后人对我说，此处的地名叫西谷庄，那我为什么查到的资料是两谷庄呢？细想之下，可能是字形之误，因为"西""两"二字字形极为相近，想到这一层，吃饭完毕后，我让司机又开回到祠堂附近，在一个街角上，我看到一块界碑，上面刻着"西中谷庄"，看来我的猜测果然正确，所谓"两谷庄"，应该是西谷庄才对，孔夫子若地下有知，不知道会不会给我点赞。

子思：思孟并称，疑作《中庸》

子思名孔伋，是孔子的嫡孙，司马迁在《史记·孔子世家》中称："孔子生鲤，字伯鱼。伯鱼生伋，字子思，年六十二。尝困于宋。子思作《中庸》。子思生白，字子上，年四十七。"

孔子的儿子名孔鲤，孔鲤50岁去世，而此时孔子仍在世。孔鲤的儿子叫孔伋，孔伋是否为孔鲤唯一的儿子，后世有不同说法。据考证，他至少还有一位哥哥，但子思的哥哥叫什么，历史上没有记载。同时子思的母亲，也有可能不是孔鲤的正妻。这段猜测本自于《礼记·檀弓下》的一段记载：

> 子思之母死于卫，赴于子思，子思哭于庙。门人至，曰："庶氏之母死，何为哭于孔氏之庙乎？"子思曰："吾过矣！吾过矣！"遂哭于他室。

孔伋的母亲在卫国去世了，孔伋听到后，就到家庙去痛哭。他有一位弟子为此提出了异议，弟子称去世的是庶氏的母亲，您为什么要到孔家的家庙来哭呢？这句话提醒了子思，他马上检讨说自己的行为不对，于是就到别处哭去了。

为什么会出现这样的问题呢？郑玄在《注》中称："子思母，嫁母也，姓庶氏。嫁母与庙绝族。"看来，子思的母亲改嫁到了庶家，按照礼制，转嫁他人的母亲，就与本族没了关系。其去世后，应当由再嫁的那一家后世子孙去吊唁。而孔伋在本家的家庙中吊唁其母，显然有违礼制。

子思的母亲是跟孔鲤离婚后再嫁，还是孔鲤去世后再转嫁，相应资料没有记载。但无论哪种情况，子思都不应当到自己的家庙中去哭丧。然而钱穆先生认为，郑玄的这段注释不对，他的理由本自《礼记·檀弓上》的一段话：

子思之母死于卫，柳若谓子思曰："子，圣人之后也，四方于子乎观礼，子盖慎诸。"子思曰："吾何慎哉！吾闻之：有其礼，无其财，君子弗行也；有其礼，有其财，无其时，君子弗行也。吾何慎哉！"

通过这段话，钱穆得出的结论是："庶氏之母"这四个字，乃指的是子思为孔鲤的庶妻所生。按照礼制的规定，庶母去世后，不可以在宗庙内祭祀。所以子思在家庙中哭母亲，也同样是违反礼制。然而李健胜先生又不同意钱穆的说法，他在其专著《子思研究》中称："依古礼，'为父后者，为出母无服。'（《礼记·丧服小记》）但如若'为母后者'或其父先死，情况未必如此，古礼中也有为出母服丧的礼俗。比较而言，郑玄的看法是符合事实的。"

有意思的是，子思的这段故事延续到了他的儿子子上头上，子上名孔白。孔白的母亲去世后，他没有马上服葬，这件事同样记录在了《礼记·檀弓上》：

子上之母死而不丧，门人问诸子思曰："昔者子之先君子丧出母乎？"曰："然。""子之不使白也丧之，何也？"子思曰："昔者吾先君子无所失道,道隆则从而隆,道污则从而污,伋则安能!为伋也妻者,是为白也母;不为伋也妻者,是不为白也母。"故孔氏之不丧出母,自子思始也。

看来,不让子上为母亲服丧的人也是子思。子思的门人对这件事表示了疑问,子思的回答是:如果她是我的妻子,她当然就是孔白的母亲,但既然她已经不是我妻,那她同样也就不是孔白之母。看来,孔伋也跟子上的母亲离婚了。然而对于这件事,后世也有着不同的看法。比如顾炎武认为,子思不同意孔白为其母亲服丧,原因是孔白之母不是孔伋的正妻,按照周代的礼俗,如果父亲还健在,那么为庶母去世而举办的丧礼则不能过于隆重。而钱穆也同意顾炎武的这个说法。

孔家的这种事情,其实本自孔子,《礼记·檀弓上》称:"伯鱼之母死,期而犹哭。夫子闻之曰:'谁与哭者?'门人曰:'鲤也。'夫子曰:'嘻!其甚也。'伯鱼闻之,遂除之。"孔鲤的母亲去世了,孔鲤听到后大哭,他的哭声被孔子听到了,于是就问谁在哭,弟子们告诉他是孔鲤,孔子认为孔鲤的这种做法有些过了。孔鲤听到了父亲的这个意见,于是马上停止了哭丧行为。孔子为什么要制止儿子哭母亲呢?后世也同样认为,孔子此时已经跟孔鲤的母亲离婚了。

孔家三代人都出现同样的情况,不知道这算不算是一种宿命。当然这种说法也让后世怀疑,但事实究竟如何,因为史料的缺失,也只能让后世随意猜测了。其实不仅如此,包括孔伋的年龄,后世也有着广泛的争论。

如司马迁所言,孔伋去世的年龄是62岁,但后世学者大多不同意司马迁的说法。这是因为根据其他文献的记载,子思做过鲁穆公的老师,比如《礼记·檀弓下》中称:"穆公问于子思曰:'为旧君反服，古与？'"这是两人之间的对话。《孟子·万章下》中有孟子叙述的鲁穆公跟子思间的对话："缪公亟见于子思，曰：'古千乘之国以友士，何如？'子思不悦，曰：'古之人有言，曰事之云乎，岂曰友之云乎？'子思之不悦也，岂不曰：'以位，则子，君也；我，臣也，何敢与君友也？以德，则子事我者也，奚可以与我友？'"

对于子思跟鲁穆公之间的交往，近年出土的郭店楚简有一篇《鲁穆公问子思》，其中也记载了他们两人之间的对话："鲁穆公问于子思曰：'何如而可谓忠臣？'子思曰：'恒称其君之恶者，可谓忠臣矣。'公不悦，揖而退之。"

由以上的这些材料可证，鲁穆公跟子思之间有着密切的交往。对于这一点，首先要从年龄上考证这两人之间有没有时空上的交集，唐司马贞所撰《史记索隐》中引用《孔子家语》上的记载："孔子年十九，娶于宋之亓官氏之女，一岁而生伯鱼。伯鱼之生，鲁昭公使人遗之鲤鱼。夫子荣君之赐，因以名其子也。"

看来，孔子结婚的年龄是19岁，在他20岁时生了个儿子，鲁昭公听到后，特地派人送了条鲤鱼作为贺礼，为此孔子觉得很荣耀，于是就给儿子起名为孔鲤。而对于孔鲤的去世年龄，司马迁在《史记·孔子世家》中明确地说："伯鱼年五十先孔子死。"但是孔鲤生的孔伋，历史资料却没有记载。按照惯常的推论，孔伋出生的时间，应当不能迟于其父孔鲤去世的那一年，而孔鲤的去世年份，却可以根据孔子的年龄推算出来。孔子活了73岁，

⊙ 前往孔林

他去世于公元前479年,而他的儿子孔鲤去世于公元前483年,如果以这一年作为孔伋出生的年份,那么孔子去世的时候,他的孙子孔伋年仅5岁。按照司马迁所言,孔伋去世时为62岁,这样推论起来,孔伋去世最晚是在公元前422年。

经过这样一番推论,大致能确定下来孔伋去世的年份,但由此问题也就来了,因为在公元前422年,鲁穆公还没有继位,这样的话,孔伋也就不可能是鲁穆公的老师。如果这是真实情况的话,那么各种史料上的记载岂不都成了假的?而不同的经典都有这样的记载,并且这些记载又非出于同一个本源,如此说来,那些资料不可能均假。既然如此,那怎样解释子思是鲁穆公老师这件事呢?

对于这种事情,后世所采取的办法是延长孔伋的年龄。因此,不少清代学者认为,司马迁在《史记》中记载的"子思年六十二"这个"六"字,因为传抄的问题发生了错误,正确的写法应当是八,也就是子思活了八十二岁。加上这二十年后,子思的卒年就变成了最晚公元前402年。由此,子思就能够成为鲁穆公的老师了。但是孔德立先生不同意这样的猜测,他在《子思与思孟学派》一书中说了"先秦古文,'六''八'字形相差很大,误写的可能性不大。"

既然,六不可能讹误为八,那孔德立认为应当是怎样的呢?他在书中继续说道:"而'六'和'九'则容易混淆。所以'六十二'可能为'九十二'之误。所以,子思生年为前491年,卒年为前400年。这样,孔子去世时,子思已经是12岁的少年,完全可以从祖父孔子那里得到儒学的真谛。"

由这段话可知,孔德立作出这种推论的原因,主要是针对前人所言,因为不少人都说,孔子去世时,孔伋的年龄仅有几岁,这样的话,他不可能传承孔子的学说。因为孔鲤在儒学传承方面,没有相应的资料记载,因此孔伋不太可能是从父亲那里学到了这些观念。

而为了儒学的传承，就必须要让孔伋跟孔子接续上，但两人在年龄上相差较大，要想实现这种接续，需要在年龄上作出新的推论，以此来证明子思传承了孔子的学说。虽然经过这样的推论，到孔子去世时孔伋也仅12岁，但是史料记载，孔伋十分聪明，以12岁的年龄学得儒家学说也是有可能的。

前人对于这样的推论方式还有多种，比如蒋伯潜在《诸子人物考》中称："495，敬王二十五年，孔鲤、颜回卒。是年为鲁哀公二年。孔伋生于此年。"而后他又接着推论道："406，威烈王二十年，孔伋卒。是年为鲁穆公二年。"按照这种说法，蒋伯潜认为子思生于公元前495年，去世于公元前406年，他活了89岁。

蒋伯潜作出这种推论的方法，也同样是认为司马迁在《史记》中的记载发生了讹误："按：《孔子世家》'伯鱼年五十'，乃'年四十'之误。伯鱼与颜子同卒于哀公二年，孔子年五十九……"蒋先生的方式，乃是把孔鲤的年龄由50岁改为40岁，这样就可以增加孔伋的年龄。

钱穆先生也认为，司马迁所记孔伋活了62年有误，他经过一番考证，认为孔伋的生年是公元前483年，卒年为公元前402年。这样推论起来，子思活了82岁。但这样推论又产生了新的问题，那就是孔鲤的卒年，对于这一点钱穆有着别于他人的解释，钱穆说子思是孔鲤的遗腹子。而后他举出来了四条历史依据，经过一番推论，钱穆得出的结论是："子思生，至迟亦在周敬王三十七八年（公元前484或483年）。"而李健胜认为，钱穆的这个推论"显然受到了清人毛奇龄等人的影响"。

前人为什么要对子思的年龄作出这么多延长性的推论呢？除了能够让他成为鲁穆公的老师，其实还有一个重要的原因，是为了解释他与孟子合成的"思孟学派"。关于子思与孟子的并称，最早出自荀子所言,《荀子·非十二子》中称:"略法先王而不知其统,犹然而材剧志大,闻见杂博。案往旧造说,谓之五行,甚僻违而无类,幽隐而无说,闭约而无解。案饰其辞而祇敬之曰:此真先君子之言也。子思唱之,孟轲和之,世俗之沟犹瞀儒嚾嚾然不知其所非也,遂受而传之,以为仲尼、子游为兹厚于后世。是则子思、孟轲之罪也。"

荀子的这段话说得不好听,因为他在指责子思和孟子取法先王之道,却不明白纲领,他们臆造出"五行"学说,而这样的学说难以让人理解。荀子为什么要痛批同为儒家的子思和孟子呢?孔德立在《子思与思孟学派》中认为"荀子反对孟子,把孟子称为'俗儒',自己则以'大儒'自命,在儒家学派中别立一宗。在继承孔子的同时,荀子又批判和改造了正统儒家思想,没有像孟子从孔子到子思再到子思门人的师承系统,也看不惯子思、孟子动辄称述孔子之言的做法,为了反击孟子,便认为是他们影响了后来世间愚蒙的儒者,歪曲了孔子的学说。"

且不管荀子的动机如何,但他的这段话,却使得子思跟孟子联系在了一起。孔德立称:"后人所说,'思孟学派'却来自荀子此言。"虽然荀子是最早将子思和孟子并提之人,但这两者成为儒学的正统递传则是到了唐代的事,而这件事跟韩愈有很大的关系。韩愈在《原道》中称:"斯吾所谓道也,非向所谓老与佛之道也。尧以是传之舜,舜以是传之禹,禹以是传之汤,汤以是传之文、武、周公,文、武、周公传之孔子,孔子传之孟轲。轲之死,不得其传焉。荀与扬也,择焉而不精,语焉而不详。"

韩愈在这里讲述了儒学的道统,其可谓儒学道统的创始人,因为他第一次以如此清晰的方式,讲述了从尧、舜之后一直到孔子、孟子的传承过程。由此,孔孟得以并称,但是孔子跟孟子之间,从年龄上相去甚远,无论怎样延伸,这两人也不能有所接触,显然韩愈也意识到了自己的这点疏忽，于是他在《送王秀才序》中予以了这样的补充说明："孟轲师子思，子思之学盖出于曾子。"

韩愈在孔子和孟子之间加上了两位，其给出的递传方式是：孔子—曾子—子思—孟子。其实韩愈所言也并非是他杜撰出来的，早在汉代，班固就在《汉书·艺文志》中称："（孟子），名轲，子思弟子，有《列传》。"而刘向也在《列女传》中说："（孟轲）旦夕勤学不息，师事子思，遂成天下名儒。"看来韩愈也看到了这些记录，所以修订了自己先前的说法，而他修订后的这个观点，受到了后世学者的赞赏。比如二程称："孔子没，曾子之道日益光大。孔子没，传孔子之道者，曾子而已。曾子传之子思，子思传之孟子，孟子死，不得其传。至孟子而圣人之道益尊。"（《二程集·河南程氏遗书》卷二十五）

但是，以上的这种道统，也受到了后世的质疑，比如康有为在《南海康先生口说·礼运》中称："著《礼运》者，子游。子思出于子游，非出于曾子。颜子之外，子游第一。"但也有人认为，子思的老师既不是子游也不是曾子，而应当是子贡。王先谦在《荀子集解·非十二子》中引用郭嵩焘所言："荀子屡言仲尼、子弓，不及子游；本篇后云：'子游氏之贱儒'，与子张、子夏同讥，则此'子游'必'子弓'之误。"但李健胜认为，以上的这些说法皆有可能"笔者认为，子思有可能曾经从学于曾子或子游，但也有可能从学于孔子的其他弟子或孔氏家族中的其他成员，即使子思从学于曾子或子游，他的思想主张未必一定要出于曾子或子游"。

关于韩愈所给出的道统，后世之所以有着质疑之声，原因也是出在年龄上面。如果把子思的生年定在公元前483年，而孟子则是生于公元前372年，他们两人之间相差111年，因此无论怎样延长年龄，他们两人都不可能是师徒关系。《孟子外书》中称："曼丘不择问于孟子曰：'夫子焉学？'孟子曰：'鲁有圣人曰孔子，曾子学于孔子，子思学于曾子。子思，孔子之孙，伯鱼之子也。子思之子曰子上，轲尝学焉，是以得圣人之传也。'"

孟子在这里讲述了从孔子以来的递传，他说自己不是直接拜子思为师，而是拜子思的儿子子上为师。但这种说法仍然受到了后世的质疑，因为《孟子·离娄下》中记载了孟子所言："予未得为孔子徒也，予私淑诸人也。"这里所说的"人"是谁，以理推之显然不太可能是子上，因为子上乃是子思的儿子，孟子若是他的弟子，那显然会以此为荣，他当然要点出子思之名，绝不会含混地说出"人"字。而清崔述也正是因此而认定，子思跟孟子之间不是师徒关系：

> 孔子之卒下至孟子游齐，燕人畔时，一百六十有六年矣。伯鱼之卒在颜渊前，则孔子卒时子思当不下十岁。而孟子去齐后，居邹，之宋，之薛，之滕，为文公定井田复游于鲁而后归老，则孟子在齐时亦不过六十岁耳，即令子思享年八十，距孟子之生，尚三十余年，孟子何由受业于子思乎！孟子云："予未得为孔子徒也，予私淑诸人也。"若孟子亲受业于子思，则当明言其人，以见其传之有所自，何得但云"人"而已乎！由是言之，孟子必无受业于子思之事，《史记》之言是也。然孟子之学深远，恐不仅得之于一人，殆如孔子之无常师者然，故但云"私淑诸人"耳。（崔述著《孟子事实录》）

有人认为孟子跟子思在思想性上一致，所以不管他们之间有没有直接的师承关系，很有可能孟子是跟子思的门人学得者。而司马迁正是这样认为者，《史记·列传》中称："孟轲，邹人也。受业子思之门人。"然而，从之前的记载来看，子思和孟子乃是两个单独的儒家派系,《韩非子·显学》篇中称:"世之显学,儒、墨也。儒之所至,孔丘也。墨之所至,墨翟也。自孔子之死也,有子张之儒,有子思之儒,有颜氏之儒,有孟氏之儒,有漆雕氏之儒,有仲良氏之儒,有孙氏之儒,有乐正氏之儒。……故孔、墨之后,儒分为八,墨离为三,取舍相反不同,而皆自谓真孔、墨。"

战国时期,诸子百家中最大的两个派别是儒家和墨家,韩非子说孔子去世后,儒家分为了八个派别,其中两派就是"子思之儒"和"孟氏之儒"。既然将此两者并称,也就说明他们的观念并不完全相同。但也有人说,韩非子所叙述的这八家,并非同时并存,韩非子所言乃是社会上曾经流行的八个儒家体系。如果这种说法无误的话,那么子思和孟子之间也有可能本为同一派别。更何况,他们两人的儒学观有着很相像的一面。那么是谁将这两个不同的儒家体系合二为一的呢?李健胜在《子思研究》中给出了这样的结论:"可能正是在这一背景下,子思后学故意篡改了思、孟二人的关系,将孟子说成是子思的弟子,编造出子思训导孟子的具体情节,将'孟氏之儒'归入'子思之儒',将历史上曾经相对独立的两个学派说成是同门的师徒相传,这本来不过是'子思之儒'的宣传手段,却逐渐被人们所接受,并影响到对思孟学派的理解和判断。"

既然是这样,那荀子为什么要将子思和孟子并提,而韩非子却把他们列为两个派别?梁涛先生在《思孟学派考述》中有着如下说法:"由于韩非子乃法家人物,对儒家情况不可能十分了解,他只注意到了子思、孟子都曾立派,故从旁观者的立场将其分为两派,至于二者关系如何,自然不是他所关心的了。荀子的情况不同,他主要是从儒家内部的派别划分来看待思、孟的关系,认为二者在儒家内部处于同一思想路线。"

关于子思对儒学的贡献,说法之一乃是他为《中庸》一书的作者,

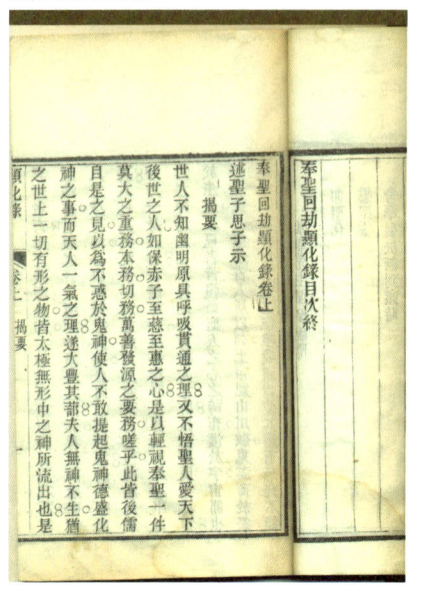

《奉圣回劫显化录》，清光绪二十五年刻天津济生社藏板本，录有子思之言

司马迁在《史记·孔子世家》中明确地说："子思作《中庸》。"但司马迁未曾提及《中庸》一书的篇数，唐李翱在《复性书》中说："子思，仲尼之孙，得其祖之道，述《中庸》四十七篇。"然而，班固在《汉书·艺文志》中则称："《子思子》二十三篇。"那么《子思子》是否就是《中庸》呢？有人认为两者是一回事，清人黄以周就持这种观点，他在《子思子·序》中说："其书唐代犹盛行，文史家、类书家所引或从旧名曰《子思》，或依新题曰《子思子》，此各家体例有不同也。北宋之初其书犹存，《太平御览》采取颇多，而倏称《子思》，倏称《子思子》。一部书中称谓错杂，岂其所引子思语别见于他书与？然检诸古籍，多目为《子思子》，则辑《御览》者人各异题，初无别于其间也。"

但若《子思子》和《中庸》是一回事，那么四十七篇和二十三篇之差的矛盾怎样调和呢？蒋伯潜在《诸子通考》中给出的调和方式是："殆《汉志》所录之《子思子》二十三篇，各分上、下二篇，又加《序录》一篇，故为四十七篇与？"蒋伯潜认为，《汉书·艺文志》所记载的《子思子》就是《中庸》，前者虽然分为二十三篇，但这二十三篇又被后人分为上下两篇，这样就成为四十六篇，如果再加上一篇序目，就正好合四十七篇之数。

为什么不察看原书而要作这样的推论呢？这是因为《中庸》

四十七篇到南北朝时失传了。到了隋唐时期,有人搜集到了一些残存之本,而后又编出了一部名为《子思子》的书,此书共七卷,而后这七卷本的《子思子》又失传了。到南宋时,汪晫又通过各种文献辑出了一部《子思子》。

汪晫重辑的《子思子》总计九篇,然此书在后世评价不高,比如《四库全书总目提要》批评汪晫说:"割裂《中庸》,别列名目。"所以到了清代,黄以周又重新辑出了一部《子思子辑解》,他的这个辑本分为内篇五卷、外篇一卷、附录一卷,合在一起仍然是七卷。

然而子思是否为《中庸》的作者,后世也同样有着质疑之声,比如宋代的欧阳修等人就认为,《中庸》不是子思所作。徐复观认为《中庸》的上篇为子思所作,而下篇"系出于子思之门人"(徐复观著《中国人性论史·先秦篇》)。但朱熹却明确地称,子思就是《中庸》的作者,他在《四书章句》中说:"《中庸》何为而作也,子思子忧道学之失其传而作也。"

总之,子思既是孔子的嫡孙,同时也是儒学传承过程中的重要一环。虽然他的观点均本自孔子,但他对儒学观既有继承也有发展。但不知什么原因,子思在唐代之前,并未受到重视,而自从韩愈提出了这样的道统,子思的重要性才渐渐突显。直到宋徽宗崇宁元年,子思才被追封为"沂水侯",此为子思第一次被封爵。到了宋大观二年,子思从祀孔庙,成为了二十四贤之一。到了宋理宗端平二年,皇帝下令将子思升格为孔门"十哲"之一。到南宋咸淳三年,子思又被追封为"沂国公"。由此,他跟自己的老师曾子一同晋升为"四配"。从此之后,各地孔庙的大成殿内,孔子端坐正中,而四配两边各两位。我到孔府以及衢州的南孔庙,均在大成殿内看到了这样的排列方式。

至此,子思的地位得以最终确立,他成为了孔门中最重要的四位人物之一。这样的变化有着怎样的意味呢?孔德立在《子思与思孟学派》一书中给予了如下的解读："'孔孟'并称代替'孔颜'并称，意味着以义理探讨为主的思孟学派取代了以注疏之学为特色的汉唐经学而成为了儒学的正统，更宣布了继承思孟学说的宋明理学确立了其在中国思想界和意识形态领域的统治地位。这样一来，由孔子开创、思孟定型、宋明理学家发扬光大的'正统'儒家学说逐渐为知识分子所接受，并渗透进百姓的日常生活，深深影响了之后近千年的中国社会。"

我的经学之旅，第一站当然是前往曲阜，在这里的第一位朝拜对象就是孔子。先到孔府内瞻仰一番，在这里找到了孔府家庙，而家庙之中就有子思的牌位。

参观完孔府之后前往孔林，在孔林内首先看到了子思的父亲孔鲤的墓，关于孔鲤，《论语·季氏》中载有如下一段对话：

陈亢问于伯鱼曰："子亦有异闻乎？"对曰："未也。尝独立，

孔府家庙

子思：思孟并称，疑作《中庸》

⊙ 至圣庙牌坊

⊙ 孔鲤像

孔鲤墓

鲤趋而过庭。曰:'学《诗》乎?'对曰:'未也。''不学《诗》,无以言。'鲤退而学《诗》。他日,又独立,鲤趋而过庭。曰:'学《礼》乎?'对曰:'未也。''不学《礼》,无以立。'鲤退而学《礼》。闻斯二者。"陈亢退而喜曰:"问一得三,闻《诗》,闻《礼》,又闻君子之远其子也。"

陈亢为孔子的弟子,他认为孔鲤是老师的儿子,因为常在父亲身边,孔鲤肯定听到过许多别人不知道的事情,所以他想让孔鲤告诉自己,孔子跟他说过哪些别人听不到的话。而孔鲤的回答却让陈亢感到意外,因为孔子并没有整天给儿子灌输知识,只是让他去自学。从孔鲤所言来看,孔子的这种教授方式颇有效果,但为什么孔鲤没能把儒学观念发扬光大呢?这跟他去世得早有很大的关系,因为他在50岁去世的时候,父亲孔子还在世。而眼前我所见的这座孔鲤之墓,占地面积不小,其正前方的墓碑上刻着"泗水侯墓",旁边的介绍牌上写着,孔鲤乃是孔家"二世祖"。

孔鲤墓不远处,有一棵枯树桩,很多人围在那里观看,我凑过去一看,原来这里是子贡亲手种植的一棵树,而今这棵树仅剩了不足一人高的枯树桩。但即便如此,我还是体味到了此树所包含人文价值而突显出的强大气场。

在子贡手植树后不远处,就是子思之墓,此墓从外观看,跟其

子思：思孟并称，疑作《中庸》　　133

⊙ 子思墓

父孔鲤墓完全相同。墓丘占地约一亩大小，正前方的墓碑上刻着"沂国述圣"字样。他的墓前还有两对石像生，这样的制式在孔林中并不多见，也许其他墓的石像生早已在"文革"中被砸毁了。不知什么原因，子思墓前的这些制式却遗存了下来。

⊙ 仅剩这样一小截

孟子：力推孔学，以善为本

在儒学史上，孟子的地位仅次于孔子，被后世并称为"孔孟"。其实这种称呼直到唐代方有之，因为在此之前跟孔子并称者乃是颜渊，这两位大儒合称为"孔颜"，同时孔子又与周公并称为"周孔"。唐玄宗封颜渊为"亚圣"，其意是指颜渊的地位仅次于孔圣人。但是到了元代，元文宗在至顺元年改封孟子为"亚圣"，直到此时，孟子的地位才达其顶点。即此可知，孟子在其当世直至其逝世后的千年，在儒学史上都没有太高的地位。

何以到了唐代，孟子才渐渐受到重视，出现这种结果，跟一位重要的人物有关，那就是韩愈。因为韩愈为了对抗佛教宗派，提出了儒家的"道统"，第一次将孔孟并称，他的这个观点得到了皮日休的赞同。唐咸通四年，皮日休上书朝廷，他建议在科举的"明经"科中去掉《庄子》《列子》，添加上《孟子》。可惜他的这个提议未曾得到批准。

到了宋代，孟子的地位才得到大幅度的提高，这个结果跟范仲淹、欧阳修的鼓吹有很大的关系，并且当时的理学家们也对孟子特别推崇，比如《二程集》中说："孔子没，传孔子之道者，曾子而已。曾子传之子思，子思传之孟子，孟子死，不得其传。至孟子而圣人之道益尊。"

这几句话排列出了孔子观念的传承。二程说，孔子去世后，他的学术由曾子继承，而曾子传给了子思，子思又传给了孟子。由此可以看出，理学家把孟子视之为儒学体系的正传。

进入元代，孟子更加受到重视。如前所言，元文宗把孟子封为"亚圣"，他在谕旨中称："朕若稽圣学，祗服格言，乃著新称，以彰渥典。於戏！诵诗书而尚友，缅怀邹鲁之风，非仁义则不陈，期底唐虞之治。英风千载，蔚有耿光，可加封邹国亚圣公。"到了明代，孟子的地位在明初时期有一个小的反复。当时朱元璋读《孟子》一书时，读到了这样一段话："君之视臣如手足，则臣视君如腹心；君之视臣如犬马，则臣视君如国人；君之视臣如土芥，则臣视君如寇仇。"朱元璋对孟子的这个观点特别反感。

孟子说，作为君王要爱护臣民，如果皇帝把臣民视作手足，那么臣民也会忠于君王，反之，君王不把臣民当回事，那臣民也同样把君王视作仇敌。其实这句话讲述的是人与人之间的相互关系，原本也没啥问题，如果朱元璋之前读到这句话，肯定会认为孟子所言很有道理，可是朱元璋在读《孟子》之时乃是明洪武三年，此时他已成为了君王，再读《孟子》这句话时他当然就感到刺耳，于是他下令罢黜孟子在孔庙中的配享。然而此时孟子的地位已经深入人心，他的这个做法遭到了大臣们的强烈反对，朱元璋无奈，只好在转年再次下令让孟子"配享如故"。到了清代，孟子的地位依然很稳固。清朝各位帝王一直将孟子称之为"亚圣"。

孟子为什么在儒学史上有着如此崇高的地位呢？这当然源于他一直在捍卫和传播孔子的思想。如二程所言，他是孔子之孙——子思的弟子，但是二程的这个说法在历史上有着较大的争议。这个争议来源于司马迁在《史记·孟子荀卿列传》中的一句话："孟轲，邹人也，受业子思之门人。"从字面意思来看，司马迁说孟子乃是子思门人的弟子。如此说来，二程所言的"子思传之孟子"，显然忽略了中间环节。

针对司马迁的这段话,后世争论了上千年,当然,大多数人对司马迁的这句话予以了正解,比如朱彝尊在《曝书亭集》中引欧阳子的一句话:"受业者为弟子,受业于弟子者为门人。"因此朱彝尊认为,司马迁所说的"门人",指的就是"曾子之弟子"。其言外之意乃是说,孟子的老师不仅不是子思,同时也不是子思的弟子,而是子思的再传弟子。但也有人不同意朱彝尊的这个说法,比如金鹗在《求古录》中说:"此说非也。古人著书自有体例,《论语》一书,凡孔子弟子皆称门人,其非孔子之弟子则异其辞,如'子夏之门问交于子张''曾子有疾,召门弟子',不直称门人,所以别于孔子弟子也。夫子语曾子以一贯,此时曾子在夫子门,不得率其门人同侍,则问于曾子者,必夫子门人也。"

其实,早在二程之前就有人认为孟子直接受业于子思,比如《汉书·艺文志》中称:"《孟子》十一篇,名轲,邹人,子思弟子。"而刘向在《列女传》中也称:"孟子旦夕勤学不息,师事子思,遂成天下之名儒。"除此之外,赵岐在《孟子题辞》中亦称:"长师孔子之孙子思,治儒术之道。"

既然司马迁明确地说"受业子思之门人",那以上的这些人又称孟子直接受业于子思,这将如何解释呢?司马贞在《史记索隐》中有一个巧妙的说法:"王劭以'人'为衍字,则以轲亲受业孔伋之门也。今言'门人'者,乃受业于子思之弟子也。"司马贞在这里转述了王劭的说法:王认为司马迁在《史记》中说的这句话,乃是由于后世在传抄时多了一个"人"字。

按王劭所言,司马迁的原话应该是"受业子思之门",如此一解,就让孟子成为了子思的弟子。古人为什么一再强调孟子是子思的弟子呢?因为子思是孔子的孙子,孟子成为他的弟子,当然也就成为了孔子思想的嫡传,若孟子只是子思弟子的弟子,那么孟子的正统性就打了个大的折扣,后世为了提高孟子的地位,当然要强调这一点。

但可惜的是,有人经过一番考察,从年龄上做出一番推断,使得孟子跟子思无法处在同一个时空内,比如明代的焦竑就做出了这样的推衍,他在《焦氏笔乘》卷三中说:"《史记》载孟子受业子思之门人,不察者遂以为亲受业于子思,非也。考之孔子二十生伯鱼,伯鱼先孔子五岁卒。孔子之卒,敬王四十一年,子思实为丧主,四方来观礼焉。子思生年虽不可知,然孔子之卒,子思既长矣。孟子以显王二十三年至魏,赧王元年去齐,其书论仪、秦,当是五年后事,距孔子之卒百七十余年。孟子即已耆艾,何得及子思之门,相为授受乎哉!"这真是无奈的现实。

此后,清代的周广业等人也是通过年龄上的周密推算,使得那些说孟子是子思弟子的人的美好愿望彻底破灭了。而杨泽波则在《孟子评传》一书中列出了一个表格,以此来推算孔子、孔鲤、孔伋及孟子的生卒年,由此而直观地看到,子思112岁时,孟子才出生,而按照历史记载,孟子有"志于学"时,子思已经126岁了。如此看来,哪怕子思真想培养出孟子这样伟大的弟子,他也无法活到这个年龄。

关于这个问题,其实从《孟子》一书中也找到了些旁证,杨泽波在其专著中称:"《孟子》一书中直呼子思的有16次,在这些地方都没有称子思为夫子,如果孟子直接受业于子思,不可能对其师如此无礼。"

这么多的证据使得孟子成为子思的弟子已经没有了可能,但为了能够让孟子成为孔子的嫡传,后世的好心人又制造出了另一个说法,《孟子外书》中称:"曼殊不择问于孟子曰:'夫子焉学?'孟子曰:'鲁有圣人曰孔子。曾子学于孔子,子思学于曾子。子思,孔子之孙，伯鱼之子也。子思之子曰子上，轲尝学焉，是以得圣人之传也。'"

这里引用了几句孟子所言，其让孟子自称是子思的儿子——子上的弟子，虽然接不上子思，但能接上子上，这也同样是孔子的正传。可惜《孟子外书》上的这段话找不到佐证，更何况《孟子》一书中载有孟子的话："予私淑诸人也。"如果孟子果真是子上的弟子，他怎会不直接说明？如此看来，孟子是子上的弟子也没有什么可能。

其实，无论孟子是正传还是私淑，都不影响他在儒学史上的崇高地位。孟子为了推广儒学观念，在方方面面下了很大的气力，而他的很多言语也成为了后世的名言警句，最有名的一句话莫过于："故天将降大任于斯人也，必先苦其心志，劳其筋骨，饿其体肤，空乏其身，行拂乱其所为，所以动心忍性，增益其所不能。"

因为《孟子》一书已经成为了儒家的最高经典"十三经"之一，而他本人也在宋代之后，成为了中国儒学史上的二号人物，他的思想都集中表现在了《孟子》一书之中。然而该书是他亲撰还是跟弟子合撰，历史上同样有着较大的争论，甚至有人认为《孟子》一书根本不是出自孟轲之手，而是其弟子搜集他的言论之后汇集成的。

关于合著这种观点，同样是本自司马迁在《史记》中说的几句话："孟轲乃述唐、虞、三代之德，是以所如者不合。

⊙《孟子集注》十四卷，明成化十六年吉府刻《四书集注》

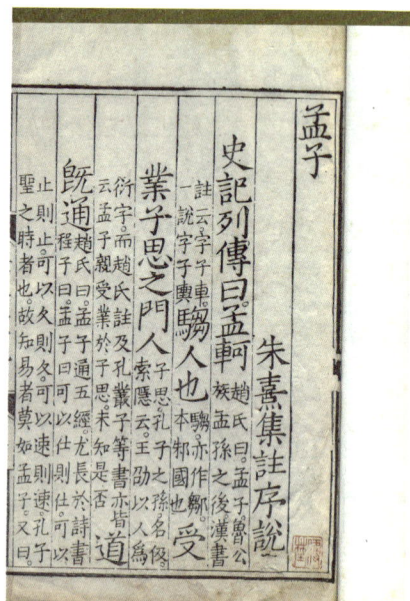

退而与万章之徒序《诗》《书》，述仲尼之意，作《孟子》七篇。"司马迁说，孟子跟万章之徒共同撰写了《孟子》这部书。当然，司马迁说的这句话也可以做多解。细品他的这句话，《孟子》一书有可能是孟子和万章之徒各写了一部分，同样，也可以理解为该书是孟子口授而万章之徒做了笔录。

但无论哪种情况，司马迁的话都可以解读为《孟子》一书乃是孟轲跟弟子合著者。清代

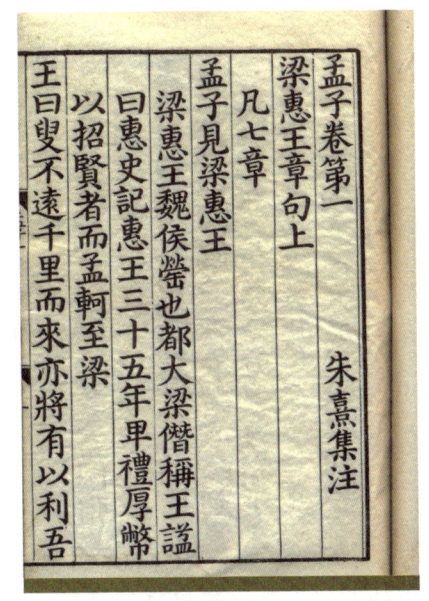

⊙《孟子集注》十四卷，清康熙内府影元刻《四书章句集注》

的周广业也是这样来解读司马迁的这几句话，他在《孟子四考》中说："此书叙次数十年之行事，综述数十人之问答，断非辑自一时，出自一手。……而孟子亦欲垂教后世，取向所进说时王传授弟子者，润饰而删定之。"

但也有人不这么认为，比如赵岐在《孟子题辞》中则直言："此书，孟子之所作也，故总谓之《孟子》。"王应麟在《困学纪闻》中引用朱熹的话说："熟读七篇，观其笔势，如熔铸而成，非缀辑所就也。"朱熹是从文风上做出的判断，他细读了《孟子》一书，感觉到该书的完整性很好，不像是弟子门人拼凑而成者。而清代的阎若璩也认为《孟子》一书全是出自孟轲之手，他的解读颇为别样："《论语》成于门人之手，故记圣人容貌甚悉；七篇成于己手，故但记言语或出处耳。"

阎若璩把《孟子》一书跟《论语》进行了比较，因为《论语》

为孔子的弟子及再传弟子编辑而成的一部书，这一点没有疑义，所以《论语》中有不少地方写到了孔子的容貌，但《孟子》则不同，因为这部书中完全没有提到孟子长什么样。这么推论起来，《孟子》一书只能是孟轲自己的作品，因为作者本人不会在书中描写自己的长相。

对《孟子》一书的作者还有一种说法，认为该书乃是孟子的弟子们追述师说而成者，这种结论的依据乃是《孟子》中记载了一些诸侯的谥号。按照惯例，死后才会有谥号，比如说《孟子》一书中的第一句话就是"孟子见梁惠王"，而这"梁惠王"就是谥号。

孟子当然不能跟一个死去的人进行对话，既然书上有了这样的记录，那只能是后人追述而成的文章，而不可能是孟轲自己的作品。宋代的晁公武就秉持这种观点，他在《郡斋读书志》中说："此书韩愈以为弟子所会集，非轲自作；今考于轲书，则知愈之言非妄发也。其书载孟子所见诸侯皆称谥，如齐宣王、梁惠王、梁襄王、滕定公、鲁平公是也。夫死然后有谥，轲著书时所见诸侯不应皆死。且惠王元年，至平公之卒年，凡七十七年，孟子见梁惠王，王目之曰叟，必已老矣，决不见平公之卒也。故予以愈言为然。"

余外，还有一些证据可以说明《孟子》一书不是出自孟轲之手，比如罗根泽说：《孟子》一书中出现了很多"孟子"的字样，但古人不会自称为"子"，这只能是弟子们对老师的尊称。

由以上这些证据可知，《孟子》确实不是孟轲自撰之书，故而杨泽波在《孟子评传》中得出了如下的结论："我认为，《孟子》一书很可能是孟子为了使自己的思想和事迹不致于失传，从而有意识地师法《论语》，在与万章、公孙丑等讲学过程中，口授自己的经历和观点，并让弟子记录下来，然后自己加以整理删定的结果，当然其间也不排除孟子自己写作一部分，以及汇集其他弟子平日所记的可能。"

既然孟子不是子思的弟子,那他为什么有了如此正统的儒学思想呢?他的师承虽然说不清楚,但是他有一位伟大的母亲,却是人人皆知的事。"孟母三迁"已然成为了教育史上的经典,这个故事来源于《列女传·母仪传·邹孟轲母》:

> 邹孟轲之母也,号孟母,其舍近墓。孟子之少也,嬉游为墓间之事,踊跃筑埋。孟母曰:"此非吾所以居处子。"乃去。舍市傍,其嬉戏为贾人炫卖之事。孟母又曰:"此非吾所以居处子也。"复徙舍学官之旁,其嬉游乃设俎豆,揖让进退。孟母曰:"真可以居吾子矣。"遂居。及孟子长,学六艺,卒成大儒之名。君子谓孟母善以渐化。《诗》云:"彼姝者子,何以予之?"此之谓也。

这位孟母为了让儿子学到好的习惯,竟然连续搬了三次家。看来,那个时代没有限购,这才让他母亲能够随意地搬家。而第三次,他们搬到了学校的旁边,不知那时是否也如当今一样讲究学区房,如果是这样,想来孟母可能也花了一大笔银子。

而跟孟母有关的另一个故事,则是《三字经》中的那几句:"昔孟母,择邻处。子不学,断机杼。"而这后两句的故事则出自《韩诗外传》:

> 孟子少时诵,其母方织。孟子辍然中止,乃复进。其母知其喧也,呼而问之曰:"何为中止?"对曰:"有所失复得。"其母引刀裂其织,以此诫之。自是之后,孟子不复喧矣。

孟母对儿子的教诲,《韩诗外传》中另外还记载着这样一个故事:

> 孟子妻独居,踞。孟子入户视之,白其母曰:"妇无礼,请去之。"母曰:"何也?"曰:"踞。"母曰:"何知之?"孟子曰:"我亲见之。"母曰:"乃汝无礼也,非妇无礼。《礼》不云乎:'将入门,问孰存。将上堂,声必扬。将入户,视必下。'不掩人不备也。今汝往燕私之处,入户不有声,令人踞而视之,是汝之无礼也,非妇无礼也。"于是孟子自责,不敢去妇。

某天,孟子突然回家,他猛然看到妻子不守规矩地盘着腿,随意地坐在那里,孟子转身就出去见母亲,说自己想休妻,母亲问他缘故,他就说到了妻子的坐姿不合礼仪,母亲问他何以知之,孟子说是自己亲见,于是母亲就语重心长地教诲了儿子一番,告诉他:错在你而不在你妻,按照《礼》上的规定,进门前要先打招呼,进门之后眼睛要往下看,总之要给别人留有遮掩的余地,而你完全不吭声,就闯了进去,这正是你不懂礼节的地方。于是孟子认识到了自己的错误,没敢跟妻子离婚。

这个故事颇为奇特。一般而言,婆媳关系难处,而孟母却教育儿子一番,使其不能离婚。更有意思的地方是,孟子提出离婚的理由似乎不值得一提,其妻在自己家里坐姿不正就要离婚,如果他看到其妻"葛优瘫"那还不气得暴跳如雷。当然,《韩诗外传》上记载这个故事更多是想表明,孟子是何等地重视礼节,他不但要求自己,也同样要求妻子,举止言行都要符合礼节。

通过孟母所言,可见孟子的礼仪观念更多是受到了母亲的影响,但如此听母亲话的一个人,对外的言语却有着咄咄逼人的气势。关于他的这个气势是如何而来者,史书却未见载,不过其口才之好已经得到了世人的公认。《孟子》中载:"公都子曰:'外人皆称夫子好辩,敢问何也?'孟子曰:'予岂好辩哉?予不得已也。'"有人直接问他,为什么口才如此之好,孟子解释说,他也不愿如此,只是社会环境逼迫他只能这么做。

细读《孟子》一书,确实跟《论语》有着较大的差异,孟轲所言极有气势,他使用大量的排比句,以层层递进的方式来表明自己的思想与观点,比如那著名的"鱼,我所欲也",该文起首即言:

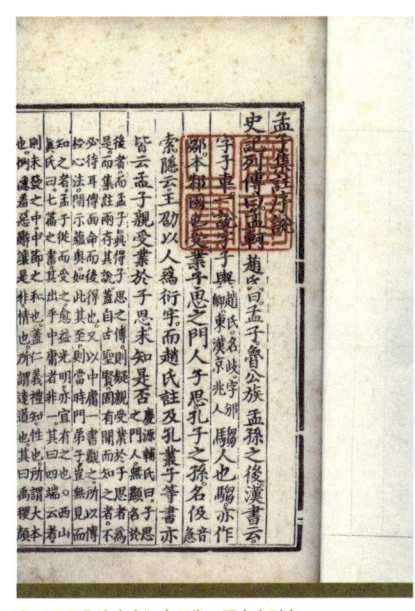
⊙《孟子集注大全》十四卷,明内府刊本

> 鱼,我所欲也;熊掌,亦我所欲也,二者不可得兼,舍鱼而取熊掌者也。生,亦我所欲也;义,亦我所欲也,二者不可得兼,舍生而取义者也。生亦我所欲,所欲有甚于生者,故不为苟得也;死亦我所恶,所恶有甚于死者,故患有所不辟也。

以上的这段话因为选入了课本,因此变得人人耳熟能详。他的言论中有很多词句都成为了后世的成语,比如以下《孟子》中的一段话:

> 天时不如地利,地利不如人和。三里之城,七里之郭,环而攻之而不胜。夫环而攻之,必有得天时者矣;然而不胜者,是

天时不如地利也。城非不高也，池非不深也，兵革非不坚利也，米粟非不多也；委而去之，是地利不如人和也。故曰：域民不以封疆之界，固国不以山溪之险，威天下不以兵革之利。得道者多助，失道者寡助。寡助之至，亲戚畔之；多助之至，天下顺之。以天下之所顺，攻亲戚之所畔，故君子有不战，战必胜矣。

这段话的起首两句被后世引用了无数回，而在这两句的下面，孟子又用了不少的排比句予以阐述，这正是其语言风格所在。

孟子有着民本思想，以下这段话的首句也同样是后世广泛引用者：

民为贵，社稷次之，君为轻。是故得乎丘民而为天子，得乎天子为诸侯，得乎诸侯为大夫。诸侯危社稷，则变置。牺牲既成，粢盛既洁，祭祀以时，然而旱干水溢，则变置社稷。

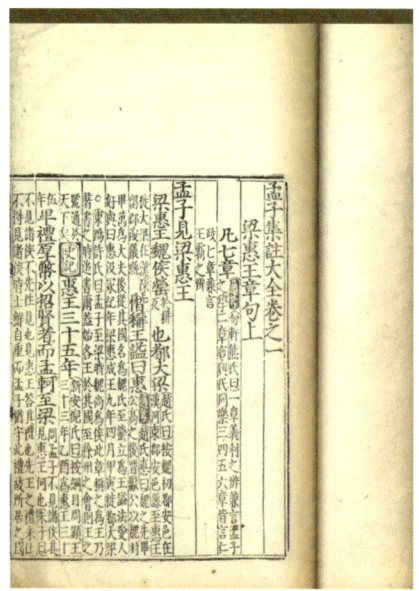
⊙《孟子集注大全》十四卷，明嘉靖八年余氏双桂堂刻《四书集注大全》本

他的这种观念在两千多年前当然是很先进的一种思潮，但是他的一些观点放到两千多年后的今天，依然不过时，比如：

民之为道也，有恒产者有恒心，无恒产者无恒心。苟无恒心，放辟邪侈，无不为已。及陷乎罪，然后从而刑之，是罔民也。焉有仁人在位罔民而可为也？

看来，要想达到社会的普遍安定，则需要由无产者变为有产者。虽然孟子特别强调"礼"，但他也不是个一成不变的人，他也懂得变通，比如《孟子·离娄上》中有这样一段对话：

淳于髡曰："男女授受不亲，礼与？"

孟子曰："礼也。"

曰："嫂溺，则援之以手乎？"

曰："嫂溺不援，是豺狼也。男女授受不亲，礼也；嫂溺，援之以手，权也。"

曰："今天下溺矣，夫子之不援，何也？"

曰："天下溺，援之以道；嫂溺，援之以手——子欲手援天下乎？"

淳于髡是齐国著名的辩士，他的学术观跟孟子不同，于是就有意地设计出了这样的语言陷阱。他首先问孟子：男女之间是不是不能亲手递东西？孟子说：是这样。于是淳于髡接着说：如果嫂子落水了，你该不该把她拉上来？孟子说：那当然，如果见死不救，那还是人吗？同时他马上意识到了淳于髡话中有话，于是他接着解释说：男女之间不相互接触，这是礼节，但嫂子掉到了水中，伸手去救她，这就是变通。而淳于髡就等着孟子说出这句话，他听到之后就亮出了自己的底牌：现在天下都掉到了水里，那你为什么不去救呢？孟子回答说：天下掉到了水中，要用道义去救，而嫂子掉到了水中，就要用手去救，你总不能要求我用手来救天下吧？

通过这段话就可以表明，孟子的言论颇具逻辑性，他通过巧妙

的回答亮明自己的观点。他的整体观念被后世解读为"性善论",而他"性善论"的主要表述就是以下《孟子》中的一段话:

> 乃若其情,则可以为善矣,乃所谓善也。若夫为不善,非才之罪也。恻隐之心,人皆有之;羞恶之心,人皆有之;恭敬之心,人皆有之;是非之心,人皆有之。恻隐之心,仁也;羞恶之心,义也;恭敬之心,礼也;是非之心,智也。仁义礼智,非由外铄我也,我固有之也,弗思耳矣。故曰,"求则得之,舍则失之。"或相倍蓰而无算者,不能尽其才者也。《诗》曰:"天生烝民,有物有则。民之秉彝,好是懿德。"孔子曰:"为此诗者,其知道乎!故有物必有则;民之秉彝也,故好是懿德。"

我的文化寻踪之旅,第一站就来到了山东。在这里,我瞻仰了孔子的一些遗迹,接下来的寻访对象当然就是孟子。孟子故里位于山东省济宁曲阜市小雪镇凫村。出九龙山再驶上104国道,行六公里来到凫村,凫村即是孟子故里,果然在村入口处见到石木结构牌坊,上书"孟子故里"。在村边问村民,当地是否还有跟孟子有关的遗迹,对方回答已完全没有任何遗迹,也有的告诉我说这个牌坊就是,但显然这个牌坊的材质不会过百年。

在村内已没有任何一栋上年纪的老房子,牌坊旁边有凫村中心超市,进内视之,不足20平方米,问老板孟子之事,其回答很干

牌坊的位置有些特别

孟子：力推孔学，以善为本　　147

● 孟子故里牌坊

脆："不知道！"故孟子故里可看者只能是这个仿古牌坊，牌坊的四根柱子上都贴着各种告示，有寻人启事、招工广告、商品销售广告等，估计已成了本村的公告栏和信息发布处。

　　如前所言，伟大的孟子身后有一位更伟大的孟母，但是这位孟母究竟姓什么，历史上却有着不同的记载，施彦士在《读孟质疑》中说："《阙里志》：'孟子父（名）激（字）公宜，娶仉氏。'"看来，孟轲之父叫孟激，但关于他的事迹却极少见载，而孟母却极有名气，此处称孟母姓仉。然也有人说她姓李，《重纂三迁志》中称："旧碑题孟母李氏。旧碑即孙弼《邹国公坟庙碑》。碑云：'公夙丧其父，母李氏以贤德称。'言之凿凿，此碑具在墓侧，似非臆造，第后人磨李改仉耳。"

　　且不管她老人家究竟是姓仉还是姓李，但她的伟大却不容质疑，所以我来到山东要去朝拜这位伟大的母亲。孟母林位于山东省济宁曲阜城南15公里处。再向南行一公里，拐向西行土路不足一公里即

⊙ 孟母林前的石牌坊

是孟母林。到门口买票进入,门票30元。这里与孔林完全不同,孔林内的游客熙熙攘攘,然孟母林内却除了我一人之外未见一个游客,里面景象也同孔林一样,亦是松柏森森,然其松柏与孔林的最大不同,是孟母林的松柏大多树根裸露在外,此奇特景象在孟母林中触目皆是,我却弄不明白这是什么道理。

墓园甚大,我一时找不到孟母墓所在,看到远处有两位老人在清扫墓间的杂草,于是走上前打问。两老人并没回答,反问我门票多少钱,我告诉他们是30元,二人连呼:"不值不值,太贵了!"老人的态度令我一时摸不着头脑,只好半开玩笑

⊙ 墓丘在后面

地说："可惜不认识您二老，否则肯定能省下这 30 元钱。"他们马上笑道："是啊是啊，要是认识我，我告诉你有一条路，进来可以不花钱。"两人边说边摇头，又埋头去扫落叶与杂草，早已忘了我的问题。

这种情形让我想起了孔子命子路去问渡口的故事。当年子路问得的结果与我目前的情形是何等的相似，不知这算不算是历史经典的再现。但我决定不打破这个故事的原有结局，于是没有再进一步地问下去。展眼四望，看到左前端似有房屋，我决定前往那里一看究竟。

果真，在一小院落内见到孟母碑，上书"邾国公邾国宣献夫人孟母墓"，然碑后却无墓，只是围墙，出院墙仍未寻得之，再向左侧向上走约 100 米，见到无围大坟丘，前面立着五六块大碑，均为新刻者，然后面的墓则为孟母墓无疑。

孟轲墓位于山东济宁市邹城四基山西南麓。出孟母林再上 104 国道继续南行，行二十余公里到邹城，由邹城拐向东北，行 12 公里，来到四基山西南麓。此为亚圣孟轲墓所在处，离山还有一段距离就看到亚圣山石牌坊，再向前行，路两边全是巨大古柏，能躲过天灾尤其是人祸，在没有围墙的保护下居然能活下来，真是老天有眼。沿着松柏一路上行百十余米就有一小院子，院内空无一

⊙ 孟母墓碑

⊙ 孟母墓前新刻之碑

⊙ 孟母林

⦿ 孟子墓处在这小院之内

人，穿过正房，后院即是孟子之墓，前院加后院总计不足两亩之地。

孟林之小，大出我所料，以面积论，估计不足孔庙的百分之一，孟子虽非孔子的嫡传，然而对于孔子之道的传播厥功甚伟，也许我的所见并非当年的原貌。

孟林下行几百米有一小村庄，街上有不少的标语都与孟子有关，其中有"读孟子而知天下"，今用此语似乎不甚贴切，如果改为"常上谷歌或百度而知天下"则更贴近事实。

孟子墓的修建其实已经是很晚的事情。宋景祐五年，孔子第三十五世孙孔道辅任兖州知县，他认为孟子对传播孔子思想起到了很大的作用，于是他就修建起了孟子庙，同时寻找到了孟子墓，而后经过一番整修，在那里又建起了祠堂，这才使得后世祭奠孟子时有了可去之处。找到了孟子墓，当然接下来就是寻找孟子庙和孟府。

孟庙和孟府位于山东济宁市邹城城南。下四基山驶入邹城市区，到城南去拜访孟庙和孟府，门票也是 30 元。孟庙里也有我喜欢的松

⊙ 孟子墓

柏森森,在林间有一铭牌,说明孟府孟庙内的古树最早栽种于北宋宣和年间,距今已有九百多年的树龄,而树种除了我认识的松柏和侧柏外,还有流苏、君迁子等名目,这些树种都是我以前不认识者。然而这里的巨大侧柏却有其独特之处:每棵树都长有巨大的树瘤子,在拜访过的其他几个地方都未见此现象。

⊙ 树瘤

孟府的正殿为亚圣殿,这座大殿的前檐也同孔庙一样,用的是石柱而非木柱,但这些石柱均为八菱形的素柱,未见任何雕饰。站在大殿内瞻仰了孟子的雕像,似与孔子等圣贤

◉ 亚圣殿

◉ 棂星门

孟子雕像

长相完全相同,这也可能就是圣人之相或者说是雕塑师心中的圣人之相,大殿的门口挂着一副对联,其上联的尾句是"功绩不在禹下",这让我想起启功先生那方著名的印章——"功在禹下"。

伏生：珍护儒典，今文《尚书》

《尚书》乃是五经之一，经历秦火之后，《尚书》居然保存了下来，而这位保存者就是伏生，王充在《论衡·正说篇》中说：

> 盖《尚书》本百篇，孔子以授也。遭秦用李斯之议，燔烧五经，济南伏生抱百篇藏于山中。孝景皇帝时，始存《尚书》。伏生已出山中，景帝遣晁错往从受《尚书》二十余篇。伏生老死，《书》残不竟。晁错传于倪宽。至孝宣皇帝之时，河内女子发老屋，得逸《易》《礼》《尚书》各一篇，奏之。宣帝下示博士，然后《易》《礼》《尚书》各益一篇，而《尚书》二十九篇始定矣。

秦始皇听从李斯建议，焚烧了儒家经典，伏生冒死把《尚书》藏到了山中，此山后来被称之为"二酉山"。进入汉代，伏生找出他所藏之书，已经残损大半，剩余二十多篇。《史记·晁错传》中称："孝文帝时，天下无治《尚书》者，独闻济南伏生故秦博士，治《尚书》，年九十余，老不可征，乃诏太常使人往受之。太常遣错受《尚书》伏生所。"

到孝文帝时，天下已经没有专家再研究《尚书》，皇帝听说伏生乃是这方面最有名的专家，于是就想派人把他请回朝中教授这门经典，但那时伏生已经九十多岁了，承受不了旅途劳顿，于是皇帝就派晁错到伏生家里去跟他学习。对于这件事，司马迁在《史记·儒林列传》中亦有记载：

> 伏生者，济南人也。故为秦博士。孝文帝时，欲求能治《尚书》者，天下无有，乃闻伏生能治，欲召之。是时伏生年九十余，老，不能行，于是乃诏太常使掌故晁错往受之。秦时焚书，伏生壁藏之。其后兵大起，流亡。汉定，伏生求其书，亡数十篇，独得二十九篇，即以教于齐鲁之间。学者由是颇能言《尚书》，诸山东大师无不涉《尚书》以教矣。

经过伏生的讲授，将要灭绝的《尚书》得以在社会上流传开来。

然而伏生所传的二十九篇《尚书》是否均为秦朝时流传《尚书》的残存呢？郑杰文、傅永军主编的《经学十二讲》中，收录了张富祥的《尚书概说》，该文中说道："据说当晁错受《书》时，伏生因年老而口齿不清，晁错又听不大懂齐地的方言，是靠伏生的孙女作翻译记录下来的。这样来看，伏生所传的'二十九篇'亦未必全为先秦旧本，其间亦不能保证无损失，有些文字可能还是靠伏生的记忆补写而成的。"

经过他人之口的转述，残存的二十九篇《尚书》恐怕不能保证是当年的原本。正因为有这样的一个周折，使得《尚书》的篇数在后世引起了广泛的争论。

关于伏生的生平，历史资料记载较少，以至于张富祥在《尚书概说》中称："伏生，犹言伏先生，相传名胜，字子贱，生平不可详考。"然而程元敏所著《尚书学史》中则称："宓不齐，宓，亦作虙，字通作伏，宓不齐即伏生之先祖。"

关于宓不齐的生平介绍，《史记·仲尼弟子列传》中称："宓不齐，字子贱，少孔子三十岁。孔子谓：'子贱君子哉！鲁无君子，斯焉取斯？'子贱为单父宰，反命于孔子曰：'此国有贤不齐者五人，教不齐所以治者。'孔子曰：'惜哉！不齐所治者小；所治者大，则庶几矣。'"

如此说来，伏生的祖上宓不齐乃是孔子的弟子。宓比孔子小30岁，《孔子家语·七十二弟子解》则称宓不齐比孔子小49岁。但无论他们之间差多少岁，都可以说明伏生乃是孔子弟子的后人。《颜氏家训·书下篇》中也称："今兖州永昌郡城，旧单父地也，东门有子贱碑，汉世所立，乃云济南伏生即子贱之后。是知'虙'之与'伏'古来通字，误以为'宓'，较可知矣。"

关于伏生的老师是谁，程元敏在《尚书学史》中列出了四种不同的说法，其一乃是传自于孔子的弟子子贡、子张、曾子、颜子、漆雕启之中的一位。第二种可能则是伏生家传，其对《尚书》学的传承可以追溯到宓不齐。第三种可能是汉郭宪《洞冥记》中所言："有李克者，自言三百岁。少而好学，为秦博士，门徒万人。伏生时十岁，就克石壁山中受《尚书》，乃以口传授伏子，四代之事，略无遗脱，伏子因而诵之。"

这段话说，伏生是跟李克学来的。但这种说法比较可疑，因为没有其他的旁证在。而对于伏生师承的第四种说法，则是传自荀况，蒋善国在《尚书综述》中持这种说法：

《史记·孟荀列传》说："荀卿，赵人，年五十，始来游学于齐。……田骈之属皆已死齐襄王时，荀卿最为老师。齐尚修列大夫之缺，而荀卿三为祭酒焉。齐人或逸荀卿，荀卿乃适楚，而春申君以为兰陵令。"又《儒林传》说："孝文时欲求能治《尚书》者，天下无有，乃闻伏生能治，欲召之。是时伏生年九十余，不能行。"考荀子做兰陵令，在东周亡后一年，下离秦始皇即位十年，离汉文帝元年七十余年。文帝时伏生已经九十多岁了，那么荀子游齐的时候，伏生已生了约二十年。伏生本济南人，《汉志》说他以《尚书》教于齐、鲁之间。可能他见到荀子。我们虽不能遽以此断定伏生治《书》受过荀子的传授，可是伏生既然是齐国人，而荀子在齐国做了三次祭酒，自难免有些渊源。如果这个推测不错，那么荀子不但与《书》的编纂有关，并且与《书》的传授也有影响。

以上的这些说法，哪一个更接近正确呢？至少我未找到学界的定论。尽管如此，这并不影响伏生在《尚书》学史中的重要地位，《汉书·儒林传》中称：

⦿ 伏生撰《尚书大传》四卷，清嘉庆五年刻爱日精庐藏板本，牌记

汉兴，言《易》自淄川田生；言《书》自济南伏生；言《诗》，于鲁则申培公，于齐则辕固生，燕则韩太傅；言《礼》，则鲁高堂生；言《春秋》，于齐则胡毋生，于赵则董仲舒。及窦太后崩，武安君田蚡为丞相，黜黄老、刑名百家之言，延文学儒者以百数，而公孙弘以治《春秋》为丞相封侯，天下学士靡然乡风矣。

进入汉代，儒学勃兴，五

经均得以流传,其中传《尚书》者则是伏生,至于伏生之后的递传,司马迁在《史记》中写道:"伏生教济南张生及欧阳生,欧阳生教千乘兒宽。兒宽既通《尚书》,以文学应郡举,诣博士受业,受业孔安国。"

虽然说这些递传乃是《尚书》的二十九篇残本,但它却是今文经学中《尚书》一书的最早传本,张富祥在其文中说道:"不过伏生既曾为秦博士,这'二十九篇'应该基本上出于秦朝时的官本,此殆无疑问;同时'二十九篇'之外,还有一篇《书序》,未计在篇数之内。由于伏生的传授和晁错的记录用的是汉初已开始流行的隶体字,因此这'二十九篇'后来就被称为今文《尚书》,是为汉代今文《尚书》的祖本。"

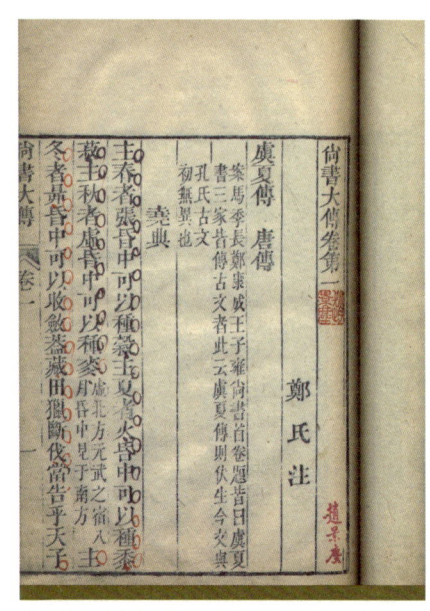

⦿ 伏生撰《尚书大传》四卷,清嘉庆五年刻爱日精庐藏板本,卷首

然而可惜的是,伏生所传的二十九篇本的《尚书》到后来失传了,因为这个缘故,伏生所传的二十九篇分别是哪些篇章,引起了后世的广泛争论,甚至有人说他所传是二十八篇。

要说清楚这件事,就要先从古文《尚书》的出土谈起,《前汉纪·成帝纪》中说:

> 《尚书》本自济南伏生,为秦博士。及秦焚书,乃壁藏其书。汉兴,伏生求其书,亡数十篇,得二十九篇。文帝欲征,伏生时年九十余,不能行,遣晁错往受之。千乘人欧阳和伯传其学。

⊙ 伏生撰《尚书大传》三卷，清同治刻《古经解汇函》本，书牌

而济南张生传《尚书》，授夏侯始昌，始昌传族子胜，胜传从兄子建，建又事欧阳高，颇与胜异。由是为大、小夏侯之学，宣帝时立之。鲁恭王坏孔子宅以广其宫，得古文《尚书》，多十六篇。

此段记载的前一部分回溯了今文《尚书》递传情况。而后谈到了鲁恭王为了扩大自己的宅院，拆了孔子的老屋，而后在夹壁内得到了一批用古文所写之经，《后汉纪·章帝纪》中又说：

> 《古文尚书》者，出孔安国。武帝世，鲁恭王坏孔子宅，欲广其宫，得《古文尚书》及《礼》《论语》《孝经》数十篇，皆古字也。恭王入其宅，闻琴瑟钟磬之音，瞿然而止。孔安国者，孔子之后也。尽得其书，《尚书》多于伏生所传十六篇，安国献之。

鲁恭王在拆孔子老屋时，突然听到了隐隐传来的音乐之声，吓得他没敢拆下去，但是夹壁内的藏书却被人发现了，这些书后来归了孔子的后人孔安国，而所得之书中就有《尚书》。

因为孔子夹壁所出之书都是用古字写成者，所以这部壁中发现的《尚书》就被称为"古文《尚书》"，而伏生所传的《尚书》因为是用汉代流行的字体书写成者，所以伏生所传就被称之为"今文《尚书》"。然而这两者之间的区别不仅是字体,在内容方面也有差异。

再后来,孔子旧宅夹壁内出的古文《尚书》也失传了,于是又有人伪造了一部古文《尚书》,这部书被后世称为"伪《孔传》"。这部"伪《孔传》"后来收录进了"十三经"中,故而流传广泛。虽然后世对其有怀疑,但直到清初经过阎若璩的考证,才证明了该书乃是伪本。因此后代考证《尚书》一书的篇数,大多是以"伪《孔传》"作依据,《十三经注疏》中收录的唐孔颖达给《尚书注疏》所写的序中称:

> 至鲁恭王好治宫室,坏孔子旧宅以广其居,于壁中得先人所藏古文虞、夏、商、周之书及《传》《论语》《孝经》,皆科斗文字。王又升孔子堂,闻金石丝竹之音,乃不坏宅,悉以书还孔氏。科斗书废已久,时人无能知者,以所闻伏生之《书》考论文义,定其可知者为隶古定,更以竹简写之,增多伏生二十五篇。伏生又以《舜典》合于《尧典》,《益稷》合于《皋陶谟》,《盘庚》三篇合为一,《康王之诰》合于《顾命》,复出此篇,并序,凡五十九篇,为四十六卷。其余错乱摩灭,弗可复知,悉上送官,藏之书府,以待能者。

⊙ 伏生撰《尚书大传》三卷,清同治刻《古经解汇函》本,卷首

关于伏生所传《尚书》的

篇数，如《史记》和《汉书》所言，为"二十九篇"，但后世却有人认为是"二十八篇"，那差出的一篇是怎么回事呢？针对不同的说法，杜泽逊主编的《儒家文明论坛》第一期《伏生〈尚书〉传本研究》一文中，详列出了后世对伏生所传《尚书》篇数的不同意见，比如清程廷祚在《青溪文集·伏生尚书原委考》中认定伏生所传就是二十八篇：

> 余尝疑伏《书》止于二十八篇，当有其故；以为壁中之幸存者非也。……余窃揣之，盖自孔、孟既没，战国大乱，夏、商之《书》以历年久远，《周书》以简册繁重，其时盖已缺而不全，儒者惴惧，乃取其最关治道者典、谟、贡、范与周人誓、诰之文，凡二十八篇，以备四代之典籍，而藏于家。此于事理有可得而推者，非伏氏亡其余书，而所存独此也。否则海内之大，能默然而已乎？

程廷祚认为，当年的二十八篇并不是残存的部分，而是当时刻意保留下来的数量。为什么这么说呢？程又在该文中解释道：

> 又考汉之《尚书》，有中古文、有河间献王之古文，惟孔安国之古文增多十六篇耳，他皆与伏《书》同数，而不闻其殊异；有则儒者必言之矣。然则二十八篇之数，谓肇自伏氏以前，此非其明征乎？余故疑史言之不足信也。

程廷祚所言倒也有些道理。他认为既然是残存的书，那么其他的传本在残存数量上应该多寡不一，为什么却都是二十八篇呢？即此说明，这二十八篇不是残存，原本就应当是这个数量。而廖平也是这么认为者，只是他认为这二十八篇《尚书》，就是孔子经过删减后的数量,其言外之意,后世所传的二十八篇《尚书》并非是秦火之后的残余。

作为今文学家的康有为,当然也本持这个观点,他在《新学伪经考·辨孔子〈书〉止二十八篇》中称:"孔子定《书》二十八篇,传在伏生,纯备无缺,故博士之说皆以为备。尝推究其说,以为二十八篇即孔门足本,《书序》之目伪妄难信。"

后世对《尚书》篇数的另一种说法是二十九篇。关于这二十九篇的具体内容,同样主要也有四种不同的说法。第一种说法认为,伏生所传的二十九篇《尚书》,其中有《泰誓》一篇,而《顾命》《康王之诰》合为一篇,这样加起来正好是二十九篇,比如孙星衍在《尚书今古文注疏》中称:"《泰誓》在伏生二十九篇中,《尚书大传》《史记》皆引之,不似武帝未始得于民间者。"

孙星衍的观点很明确,他举出了《史记》中所载。因为司马迁明确地称,伏生得到的残本就是二十九篇。而王引之则是从内容上予以分析:

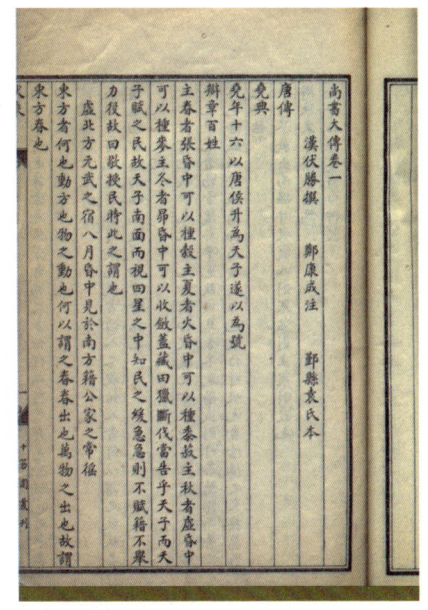

● 伏生撰《尚书大传》三卷,民国十四年十笏园丁氏石印本

> 伏生二十九,本书原有《大誓》,故董仲舒、欧阳《尚书》派学者平当及小夏侯《尚书》派学者班伯全引今文《大誓》,武帝元朔元年有司奏议引《大誓》,《史记》引《大誓》文,《尚

书大传》引《大誓》,且《大传》有曰"六誓可以观义,五诰可以观仁",夫六誓者,《甘誓》《汤誓》《大誓》《牧誓》《费誓》《秦誓》也;五诰者,《大诰》《康诰》《酒诰》《召诰》《洛诰》也;皆伏生《书》所有也。如谓伏生《书》无《大誓》,则《大传》当称五誓,不得称六誓矣。曰"伏《书》有《大誓》,则《别录》何以谓武帝末民间献《大誓》与博士,使读说之,传以教人乎?刘歆又何以言《大誓》后得乎?"曰"此向、歆传闻之为也。伏生《书》本有《大誓》,民间纵有献者,亦与之同。"(《经义述闻》卷四)

本持"二十九篇说"者,还有今人蒋善国,他在《尚书综述》中称:"我认为伏生在文帝时所传的《尚书》原是二十九篇,里面原有《太誓》,惟只存两篇,到了武帝末年后得一篇《太誓》,才完成了三篇。武帝初年所立的欧阳《尚书》,原是二十九篇卷,到了武帝末年虽增加了一篇《太誓》,篇目仍旧是二十九。对于伏生所传的篇目和卷数,毫无变动,仅在实际篇数方面增一篇罢了。"

而《尚书》二十九篇的第二种说法则认为,今文《尚书》原本是二十八篇,只是加上《书序》才合为二十九篇,明梅鷟说:"《艺文志》所言……见

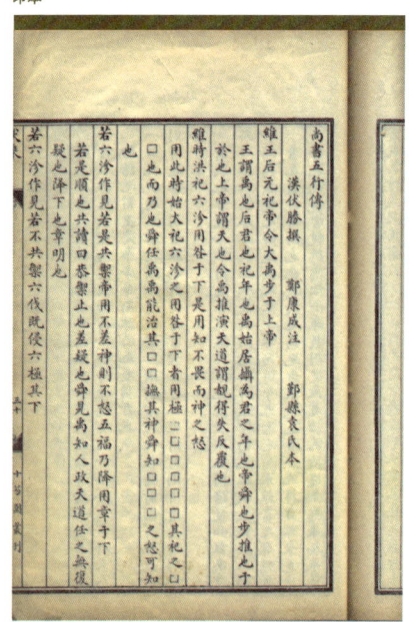

⦿ 伏生撰《尚书五行传》一卷,民国十四年十笏园丁氏石印本

百篇之《书》共《序》为百一篇，亡失者七十二篇，止求得二十九篇。二十九篇之内，二十八篇为《尚书》经，而一篇为《序》，其言明甚。"（《尚书考异》卷一）

朱彝尊的观点跟梅鷟相同，他在《经义考》卷七十四中说："伏生所授止二十八篇，故汉儒以拟二十八宿。……疑生所教二十九篇，其一篇乃百篇之《序》，故马、郑因之，亦总为一卷。"

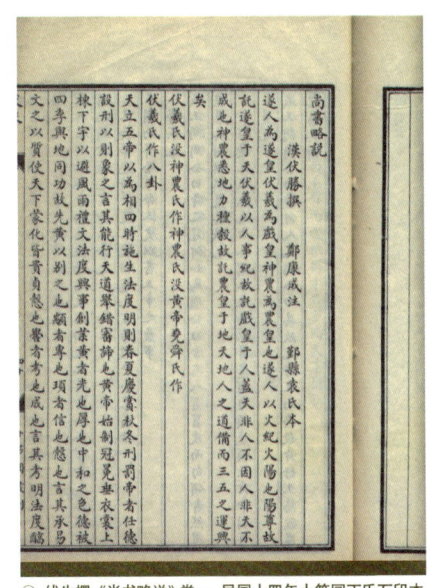
伏生撰《尚书略说》卷一，民国十四年十笏园丁氏石印本

二十九篇的第三种说法，则是认为其中没有《泰誓》篇，而《顾命》和《康王之诰》各为一篇，这样不包含《书序》就已经凑够了二十九篇。王先谦本持这种说法，他在《尚书孔传参正·序例》中说：

> 《汉书·艺文志》〈尚书〉类下云"《经》二十九卷"，班自注"大、小夏侯二家"。颜注"此二十九卷，伏生传授者"。先谦案："此一篇为一卷也。"紧下即列次"伏生之二十九篇"篇目，其中无《太誓》，《顾命》《康王之诰》各独自为一篇目。先谦自注且云："《史记·周本纪》'作《顾命》、作《康诰》'，明为二篇，则二十九已足，并无《大誓》在内。……《释文》云：'《太誓》与伏生所诵，合三十篇。'"

而二十九篇的第四种说法，则认为其中没有《泰誓》篇，也没有《书序》，只是《顾命》和《康王之诰》各为一篇。程元敏本持此说，他在《尚书学史》中称：

> 伏生本《尚书》，兵灾散失，传至汉，残存二十九篇，其中《顾命》《康王之诰》各自独立为一篇，无《泰誓》篇，亦无《书序》。前人说伏生本原为二十八篇，《顾》《康》合为一篇，误；或说伏本有《泰誓》（而《顾》《康》合一），据《尚书大传》及武帝末前后之人引《泰誓》以证源出于伏本，皆非。……或又说伏《书》二十九篇，其中一篇为《书序》，本经止二十八篇，陈寿祺立十七证以明之，附从者有人，其证今文欧阳本有《序》则可，证伏生本有《序》则不足。夫伏生二十九篇而《序》在外，《书大序》《释文》《正义》具明文，更依《汉志》著录体例，张霸所自采《书序》诚皆出伏二十九之外。又无论孔壁古文原本，马、郑传写本《书序》，汉石经《书序》，皆总附全经之末，《伪孔本》始析弁各篇之首，高邮王氏等以伏本有《书序》分冠篇首，不自为篇卷，殊失！

余外还有其他的说法，比如刘师培认为今文《尚书》的篇目虽然是二十九篇，但是内容却仅有二十八篇，他在《驳〈泰誓〉答问》中称："伏生所得之古文虽二十八篇，其实有二十九篇之目，故《儒林传》谓伏生独得二十九篇也。其存目而无书之一篇即《泰誓》也。伏生之《泰誓》即孔壁之《泰誓》，亦即民间所献之《泰誓》。但伏生有意无书，以意说之，如见于《大传》者是也。"

一部《尚书》的篇数竟然有着这么多的不同意见，那究竟哪个是正确的呢？至少到今天还没看到最终的结论。

而其中的《泰誓》篇，究竟是不是二十九篇中的一篇？早在东汉就有着争议，汉刘向在《别录》中称："武帝末，民有得《泰誓》书于壁内者，献之，与博士使读说之，数月皆起，传于教人。则《泰誓》非伏生所传。"刘向认为，到汉武帝末年才出现了《泰誓》，所以这一篇肯定不是伏生二十九篇中的一篇。而刘歆也同样本持这种观点，他在《移让太常博士书》中说：

> 至孝武皇帝，然后邹、鲁、梁、赵颇有《诗》《礼》《春秋》先师，皆起于建元之间。当此之时，一人不能独尽其经，或为雅或为颂，相合而成。《泰誓》后得，博士集而读之，故诏书曰："礼坏乐崩，书缺简脱，朕甚闵焉。"时汉兴已七八十年，离于全经固远矣。

以上的两种说法都认为《泰誓》一篇本是《尚书》中的内容，只是出现得晚，而现代学者徐复观认为刘歆的所言有道理，他在《中国经学史的基础》中说道：

> 我断定伏生独得二十九篇……其中没有《泰誓》。第一，若伏生传有《泰誓》，则此《泰誓》必周室的旧典，与先秦诸家所引用者吻合。……则汉之《泰誓》非先秦之《泰誓》可知。第二，刘歆移书让太常博士，这是面对博士集团讲话，其中直接与博士有关的不敢以无实之言致自招罪戾。书中明言"《泰誓》后得"，其不出于伏生至为明显。

然而，马融则怀疑《泰誓》根本就不是《尚书》的本经：

> 《泰誓》后得，案其文，似若浅露。又云"八百诸侯，不召自来，

不期同时，不谋同辞"，及"火复于上，至于王屋，流为鵰；五至，以谷俱来"。举火神怪，得无在子所不语中乎？又《春秋》引《泰誓》曰："民之所欲，天必从之。"《国语》引《泰誓》曰："朕梦协朕卜，袭于休祥，戎商必克。"《孟子》引《泰誓》曰："我武惟扬，侵于之疆，取彼凶残，我伐用张，于汤有光。"孙卿引《泰誓》曰："独夫受。"《礼记》引《泰誓》曰："予克受，非予武，惟朕文考无罪；受克予，非朕文考有罪，惟予小子无良。"今文《泰誓》皆无此语。吾见书传多矣，所引《泰誓》而不在《泰誓》者甚多，弗复悉记，略举五事以明之，亦可知矣。（《尚书·泰誓·疏》引文）

马融是从文意上对《泰誓》进行分析，认为此篇文章跟其他的二十八篇比起来，显得太过肤浅。而后又举出了五个不同的例子来印证自己的判断，其言外之意，《泰誓》一篇是伪造的。可是清代王引之不认可马融的判断，他认为《泰誓》是真的，在《经义述闻》中说："伏生本书有《泰誓》，此说亦有据乎？曰：有。董仲舒对策在武帝即位之七年，是时民间犹未献《泰誓》也。"

接下来，王引之举出了12条证据，以此证明伏生所传二十九篇中，原本就有《泰誓》一篇。对于这种说法，胡鸣、邹积意所著《尚书开讲》一书认为："王引之以时间之序为证，认为在此之前的书籍、人物引《泰誓》，知非后人伪托，当系伏生本所有。但是，汉高祖时娄敬说高祖，其时伏生书犹未出，而娄敬已有《泰誓》之文，说明王氏之证恐有可商。不过，这也不能证明马融及后来者的怀疑有充分依据。一种可能的原因是《泰誓》原来即有，伏生本中亦有《泰誓》，但《泰誓》共有三篇，而伏生本可能亡佚一二篇，故后来献者统称《泰誓》，致使伏生本《泰誓》成为一大公案。"

除了关于《泰誓》的争论，而《尚书》究竟有没有《书序》？这也是后世学者争论的焦点。

关于《书序》的作者是谁？后世也有着不同的说法。班固认为《书序》的作者乃是孔子，此后的王充、马融、郑玄都持这种观点，但明代的梅鷟则认为："虽非孔子亲笔，然先秦战国时讲师所作无疑。"看来，梅鷟认定《书序》不是孔子所为，乃是先秦战国时的经师所写，清代的朱彝尊则说："周官外史之职，掌达书名于四方，此《书》必有序。而今百篇之序，即外史所以达四方者，其由来也古矣。"（《曝书亭集》卷五十九）

余外，康有为认为《书序》乃是刘歆伪造的："《书序》与古文同出，古文为刘歆之伪，则《书序》亦为歆伪无疑。"（《新学伪经考》）

在康有为这里，所有古文经都是刘歆伪造的，所以他就认定《书序》也是这种情形。

以上探讨的是《书序》的作者问题，这种探讨首先是承认《尚书》有《序》，而朱熹则从根本上怀疑今文《尚书》有可能根本就没有《序》："《尚书》小序不知何人作，大序亦不是孔安国作，怕只是撰《孔丛子》底人作。《书序》是得书于屋壁，已有了。想是孔家人自做底，如《孝经序》乱道，那时也有了。《书序》不可信，伏生时无之。其文甚弱，亦不是前汉人文字，只似后汉末人。"（《朱子语类》）

而清代的王懋竑也明确地称："伏生《书》无之，当出孔壁。"（《白田草堂存稿》）

其他的说法还有许多，在此无法一一引用了。

由以上的这些情况，即此看出，一部《尚书》在后世的流传过程中产生了何等多的不同说法，而其争论的焦点几乎全都会涉及伏生所传的今文《尚书》，由此也可看出他在中国经学史上是何等之重要。

伏生墓位于山东省滨州市邹平县魏桥镇冢子村。前一晚住到了济南，早上7点起床，8点钟刚到，出租车司机张红心已到楼下。天气骤冷，下楼打一哆嗦，宾馆系旧楼改造者，无早餐，好在书包里还有几块饼干，就着瓶水吃下去，边吃边奔魏桥镇冢子村而去。

冢子村在邹平县北部，开车走220省道，一小时即到魏桥镇。此镇面目完全不同于以往所见各乡镇：进境即见高大双抛物线塔数个，高大的烟囱成片地插向天空，马路地面满是煤灰末，电厂规模之大远超中等地级市。张红心称，邹平是中国百强县之一，且排在前几名，而魏桥又是该县的主要税源地。然与此镇繁荣的工业反差巨大者，乃是除几家巨大工厂外，街景零落，商业完全不成气候，发展的不平均在这个镇能够明显地看出来。

几经打问，从巨大厂区向正北不到一公里即找到冢子村，在村头遇到一位70余岁老者，下车向其打问伏生墓所在。老者还未回答，旁边恰好驶过一辆大型电动三轮货车，司机可能听到了我的问题，他立即停车，而后走下车向张红心解释如何前行，其热心程度确实令人感动。

可惜这位指路者讲解一番，张红心还是不得要领，站在旁边的那位老大爷接口说："跟我走！"之后他转身坐在了原本我所坐的副驾驶座上，我只好坐到后排，请张红心听老人指挥。而后我们的车在冢子村内穿行而过。

驶出村外来到了村西，然而眼前的路已经变得无法行车，老人下车后步行在前带路，又走了几分钟，他指着前面一大片树林称："就在林子中间。"而后他摆摆手，转身往回返。我立即喊住老人，说自己拍完照后再把他送回来时的地方，他头也不回地冲我摆了摆手，示意用不着，我只好高声地向老人表示了我的谢意，而后跟张红心一同走入了林中。

伏生：珍护儒典，今文《尚书》

⦿ 伏生墓文保牌

此林百十余亩，均为手腕粗之树，我问司机张红心此为何树，其称是杨树，但我认为肯定不对，毕竟杨树我还是见过不少品种，但以往所见都不像眼前这些树的树皮那样粗糙。此树皮颜色深褐，似有钝刺，类花椒而无刺者，司机称可能是杨树的特殊品种。既然如此，那也只能相信这就是杨树吧。

看来这片树林很少有人进入，因为地面堆积着两寸厚的落叶，而地上的枯叶确实像杨树叶。前行近百米，地面出现缓坡式渐隆起，远处出现了一块文保牌，走近后细看，果然是伏生墓的文保牌，乃是1983年邹平县人民政府所立。附近的地上还

⦿ 躺在地上的断碑

⊙ 隐隐看清了碑文

卧着半块残碑，上面铺着厚厚的灰尘和一些落叶，难以辨认出碑上的字迹。司机见状立即上前用手拂开，此时的天气颇冷，我劝他不要用手，因为太冷太脏又无处洗手，说着向四周看有没有适合的树枝等物。司机却说他一点儿也不冷："你这么远来找，好不容易找到了，当然要看清。"整理干净之后，碑上的文字露出来，原来是"徵君伏生墓"，而最上的"徵"字已不见了一半。

正在拍照间，两个当地汉子走进林中，一脸的警惕之色，严肃地问我们在此做什么，听口气来者不善。我一时未能想出恰当的回答方式，其中一人接着问我是不是想到这里来搞开发。张红心立即回答道："不是，他是来检查古墓的保护情况的。"二人将信将疑地看着坟冢，又对我们审视一番，没再说什么话，转身离去了。

张苍：传承《左传》，规范章程

张苍是西汉时的丞相，同时也是《春秋左氏传》的重要传人。吴雁南、秦学颀、李禹阶主编的《中国经学史》中称："西汉时期，《春秋》最为兴盛，有公羊、穀梁、左氏、邹氏、夹氏五家之学。邹氏无师，夹氏有录无书。左氏学为张苍所传，授予贾谊。贾谊作《左氏传》训诂，世传其学，以为宗业。"

由这段话可知，张苍把《左传》之学传授给了贾谊。对于这样的传承，本田成之的《中国经学史》中予以了如下的描述："《左氏传》，张苍、贾谊等早已读过，谊作《左氏训诂传》以授赵人贯公，贯公为河间献王博士，其子长卿授张禹，禹因与萧望之同时为御史，所以望之评判左氏。为此，望之也善《左传》，屡上书宣扬，宣帝因此召禹待诏，适病卒。禹之学传于尹更始，数传而传于刘歆。刘歆与房凤、王龚共运动立左氏《春秋》为博士，哀帝嘉纳之。"

既然张苍在《春秋左氏传》的传承系统中有着如此重要的地位，那么他的这门学问是从哪里学来的呢？也就是说他的老师是谁呢？本田成之在《中国经学史》中以图表的形式描绘出如下两个系统：

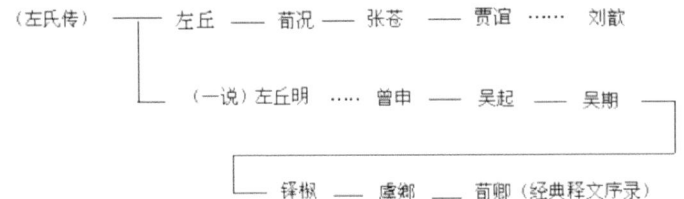

看来，张苍的老师乃是著名的大儒荀子，而后张苍把这门学问传给了贾谊，又经过几代递传，《左传》之学传到了刘歆那里，刘歆由此而成为了古文经学的重要传人。因此《汉书·刘歆传》中称："初，《左氏传》多古字古言，学者传训故而已。及歆治《左氏》，引传文以解经，转相发明，由是章句、义理备焉。"

对于张苍传承《左传》之学，历史史料都有记载，《汉书·儒林传》中称："汉兴，北平侯张苍及梁太傅贾谊、京兆尹张敞、太中大夫刘公子皆修《春秋左氏传》。"而东汉许慎在《说文解字序》中也称："北平侯张苍献《春秋左氏传》。"看来张苍是在秦朝焚书坑儒之后，首先献出《左传》之人。他为什么珍藏有此书呢？赵伯雄在其专著《春秋学史》中分析："这是说西汉时《左传》行世，最早当从张苍献书开始。张苍本为秦朝的御史，接触过各种图书，私藏有《左传》是完全可能的。而且他的献书，还不一定是在惠帝除挟书律之后。"

对于赵伯雄的这种猜测，可由刘师培在《左氏学行于西汉考》一文中所言为证："苍当高帝之世，已为御史大夫，以大臣献书，不必限于书禁之开否也。观《新语》进于高帝时，此其征矣。"而关于张苍把这门学问传给贾谊之事，其他的史书中也有记载。《春秋左传注疏》中引用了刘向所言："左丘明授曾申，申授吴起，起授其子期，期授楚人铎椒，铎椒作钞撮八卷授虞卿，卿作钞撮九卷授荀卿，荀卿授张苍。"刘向的这段话系统地讲述了从左丘明到张苍的递传过程。左丘明写出《春秋左氏传》后，经过了八代的传承，历时约250年，传到了张苍这里。

除了刘向的这段记载之外，关于张苍学《左传》于荀子的记载，还有多处，薛志清在《从阶下囚到大汉丞相——张苍的"相貌"与社会流动关系之探究》一文中有着如下的罗列：

首先，张苍深谙经典，尤其擅长《左氏春秋》。《史记》记载："汉相张苍历谱五德。"《汉书》载："汉兴，北平侯张苍及梁太傅贾谊、京兆尹张敞、太中大夫刘公子皆修《春秋左氏传》。"《梁书》载："张苍之传《左氏》，贾谊之袭荀卿，源本分镳，指归殊致，详略纷然，其来旧矣。"《文献通考·经籍考》载："而《左氏》，汉初出于张苍之家，本无传音，至文帝时，梁太傅贾谊为训诂，授赵人贯公。"如此记载不胜枚举。既然是家传的学说，张苍精通于此不用言表。

即此可知，张苍在《左传》的传承史上有着十分重要的地位，然而因为他在《左传》传承方面的研究成果今日已无法看到，以至于有人认为，张苍对《左传》的传承没能起到多大的作用。马宗霍、马巨所著《经学通论》就本持这种观点："伏生之传授《尚书》，张苍之传授《左氏春秋》，浮丘伯之传授《诗》，皆'经由故老传授'之例。不过，《左氏春秋》在当时未曾立于学官，后来居上的《左氏春秋》学派未必同张苍有多少瓜葛，故张苍于经学的影响远在伏生之下。"

虽然如此，如果没有张苍，恐怕在汉初《春秋左氏传》这部重要的著作就失传了，所以赵伯雄在《春秋学史》中明确地称："汉代《左传》的传授，最早可以追溯到张苍。"仅凭这一点，即可证明张苍乃是中国经学史上不可或缺的人物。其实不仅如此，他对于中国儒学的典章制度，甚至对于数学的研究，也作出过许多的贡献，这件事要从他的生平履历上讲起。

班固在《汉书·张周赵任申屠传》中称："张苍，阳武人也，好书律历。秦时为御史，主柱下方书。有罪，亡归。及沛公略地过阳武，苍以客从攻南阳。苍当斩，解衣伏质，身长大，肥白如瓠，时王陵见而怪其美士，乃言沛公，赦勿斩。遂西入武关，至咸阳。"

张苍在年轻之时，就喜好研究律法，在秦朝时，他在朝中做御史，主管各类文书，后来因为犯了罪，就逃回了故乡。后来刘邦反秦，张苍就加入了刘邦的队伍，一同去攻打南阳。再后来他因为犯了军令，被处以腰斩之刑。行刑之时，士兵脱了他的衣服把他按在铡刀之下，而此时的监斩官王陵看到张苍白皙的身体，觉得他又长得十分高大、一表人才，将要被腰斩，有些于心不忍，于是立即找到了刘邦，讲述了这种情况，刘邦也觉得张苍很可能是位重要人才，于是就赦免了他的死罪。

王陵的眼光看来确实独到，而后的张苍果真为汉朝的建立做出了较大的贡献。《汉书》中描绘道："沛公立为汉王，入汉中，还定三秦。陈余击走常山王张耳，耳归汉，汉以苍为常山守。从韩信击赵，苍得陈余。赵地已平，汉王以苍为代相，备边寇。已而徙为赵相，相赵王耳。耳卒，相其子敖。复徙相代。燕王臧荼反，苍以代相从攻荼有功，封为北平侯，食邑千二百户。"

张苍虽然是文官，但他却跟随刘邦的大部队南征北战，刘邦每攻下一地，都命张苍安抚当地的百姓。而刘邦也对张苍一路提拔，"迁为计相，一月，更以列侯为主计四岁。是时萧何为相国，而苍乃自秦时为柱下御史，明习天下图书计籍，又善用算律历，故令苍以列侯居相府，领主郡国上计者。黥布反，汉立皇子长为淮南王，而苍相之。十四年，迁为御史大夫。"再后来，张苍一直做到了丞相的高位，司马迁在《史记》中专有《张丞相列传》："苍与绛侯等尊立代王为孝文皇帝。四年，丞相灌婴卒，张苍为丞相。"

从犯了军令准备被腰斩的囚徒，一直做到了大汉的丞相，这样的巨大反差确实十分富有戏剧性。而薛志清则在其论文中，以相貌来分析张苍的这个必然结果，这是很有意思的一个视角。薛志清认为：

"汉代皮肤白的人不多，甚者可以说绝无仅有，才会让王陵和刘邦等人备受触动，改死刑为无刑。汉人皮肤多黑色可以从汉简中找到依据。"而后薛志清罗列出汉简中多条记载，我引用两条如下：

> 葆鸾鸟息众里上造颜收，年十二，长六尺，黑色。
> 魏郡繁阳高忘里大夫谢牧，年卅，长七尺二寸，黑色。

难道汉代的人大多都是皮肤黝黑？以前还真没留意过这个问题，但无论怎样，张苍确实是因为自己长得帅而活了下来。但真相是否确实如此呢？难道刘邦真的因为张苍皮肤白就没有杀他？看来刘邦不杀张苍的原因，后世也只能作出各种各样的猜测了。而薛志清的猜测则是："或者是本来刘邦就不想杀张苍，只是为严明军纪在作秀；或是刘邦和当时任监斩官的王陵事先已经有了某种默契，而张苍的身长和肤色恰恰提供了很好的理由。"

但不管怎么说，王陵也算是张苍的救命恩人，张苍同样也不是位忘恩负义之人，《史记》中称："张苍德王陵。王陵者，安国侯也。及苍贵，常父事王陵。陵死后，苍为丞相，洗沐，常先朝陵夫人上食，然后敢归家。"

此后的张苍一直把王陵看作自己的再生之父，王陵去世后，张苍虽然贵为丞相，每逢五日假期，都要向王陵的夫人献上美食，而后才敢回家。

刘邦打下天下后，建立了汉朝，而后"命萧何次律令，韩信申军法，张苍定章程，叔孙通制礼仪，陆贾造新语"，由此可知，张苍负责制订新王朝的各类章程。关于"章程"二字，古今有着差异，颜师古在《注引》中写道："如淳曰：'章，历数之章术也。程者，权衡丈尺斗斛之平法也。"看来"章"原本是指数学的计算方式，而"程"

则是指的度量衡。

关于"章",张苍和耿寿昌共同完善了中国历史上著名的数学著作——《九章算术》。对于该书的价值,郭书春在其所著《中国传统数学史话》中称:"《九章算术》是中国古代最重要的数学经典,含有方田、粟米、衰分、少广、商功、均输、盈不足、方程、勾股九卷。它含有近百条十分抽象的公式、解法。其中分数理论、比例、盈不足、开方、线性方程组、正负数加减法则及解勾股形等算法都是具有世界意义的成就。它奠定了中国传统数学的基本框架和长于计算,以算法为中心,算法具有机械化、程序化、构造性的特点,以及数学理论密切联系实际的风格。"

《九章算术》这么重要,然而对该书的作者,学界却有着不同的说法,郭书春在其专著中说:"关于《九章算术》的编纂,是学术界长期争论的重大问题。现有史料中,《九章算术》之名最先见之于东汉灵帝光和二年(公元179年)的大司农斛、权的铭文。"看来张苍并不是《九章算术》的创作人,那么他对该书的贡献是什么呢?魏晋时刘徽在《九章算术注》中称:"周公制礼而有九数。九数之流,则《九章》是矣。往者暴秦焚书,经术散坏。自时厥后,汉北平侯张苍、大司农中丞耿寿昌皆以善算命世。苍等因旧文之遗残,各称删补,故校其目则与古或异,而所论者多近语也。"

看来张苍和耿寿昌找到了残存的《九章算术》一书,而后对该书作出了订补,他们两人的工作不只是编辑,并且融进了个人的观念,而更为重要者,张、耿二人规范了数学的表述方式。对于他们二人的贡献,我引用郭书春在《史话》一书中的如下描绘:"《数》《算数书》等秦汉数学简牍的数学表达方式十分繁杂,没有同一的格式。张苍、耿寿昌编定《九章算术》时才完成了数学术语的统一与规范化。他们统一了分数的表示,将非名数分数 $\frac{a}{b}$ 统一表示为 'b 分之 a',

将名数分数 $m\frac{a}{b}$ 尺（或其他单位）表示为 'm 尺 b 分尺之 a'。他们统一了除法的表示，先指明'法'，再指明'实'，而对抽象性的术文说'实如法而一'或'实如法得一'，对非抽象性的具体运算说'实如法得一尺（或其他单位）'。而对发问，则用'问：……几何？'或'问：……几何……？'对问题的答案，张苍等统一采用'答曰'来表示。这些工作实现了中国数学术语在西汉的重大转变，是规范中国传统数学术语的巨大贡献。"

以上所言乃是张苍在数学的具体描述上作出的规范，对于他所作出这种规范的价值，王星光、尚群昌所撰《张苍学术贡献略论》一文予以如下的总结："张苍等学者对《九章算术》的用语统一，规范数学学术名词所做的贡献意义非常重大，它标志着中国传统的数学发展到了一个新的阶段。此后直到 20 世纪初期中国传统数学中断，中国数学著作中，分数、除法的表示一直沿用《九章算术》的模式。"由此可见，张苍对中国数学史的贡献有着何等重要的影响。而他的这个影响甚至传播到了国外，《略论》对此有着如下的描述："《九章算术》在隋唐时传到朝鲜、日本，并成为当时这些国家的数学教科书，它的一些成就如十进位制、今有术、盈不足术等传到印度、阿拉伯及欧洲，从而促进了世界数学的发展。张苍对《九章算术》的删补意义重大，表明他在数学方面的杰出成就，不愧是我国古代著名的数学家。"

关于张苍在"程"方面的贡献，按照史书的记载，总计有五项："一是备数，二是和声，三是审度，四是嘉量，五是权衡。"对于这五项的内容，《汉书·律历志》中称：

度者，分、寸、尺、丈、引也，所以度长短也。本起黄钟之长。以子谷秬黍中者，一黍之广，度之九十分，黄钟之长。一为一分，十分为寸，十寸为尺，十尺为丈，十丈为引，而五度审矣。

量者，龠、合、升、斗、斛也，所以量多少也。本起于黄钟之龠。用度数审其容，以子谷秬黍中者千有二百实其龠，以井水准其概。合龠为合，十合为升，十升为斗，十斗为斛，而五量嘉矣。

权者，铢、两、斤、钧、石也，所以称物平施，知轻重也。本起于黄钟之重。一龠容千二百黍，重十二铢，两之为两。二十四铢为两。十六两为斤。三十斤为钧。四钧为石。

对于《律历志》记载的这段话，桑金科主编的《河南历代名人》一书中给出了如下的解读："就是一、十、百、千、万这些自然数。这是计算长度、面积、重量等数量时的基本数字。和声是讲宫、商、角、徵、羽五声之间的关系，也推广到解释自然界天、地、人之间的关系。审度是讲分、寸、尺、丈、引这些长度的名称，规定了以十进位的法则：以一为分，十分为寸，十寸为尺，十尺为丈，十丈为引。而且还叙述了计算分寸尺丈引的用具和方法。嘉量，量是指以龠、合、升、斗、斛为计量单位。规定十进位制，十龠为合，十合为升，十升为斗，十斗为斛，并且叙述了量的用具和方法。权衡，权是指铢、两、斤、钧、石称重量的单位，进位制是二十四铢为两，十六两为斤，三十斤为钧，四钧为石。"

除以上的这些贡献之外，张苍还对律历有着深入的研究，司马迁在《史记·张丞相列传》中称："自汉兴至孝文二十余年，会天下初定，将相公卿皆军吏。张苍为计相时，绪正律历。以高祖十月始至霸上，因故秦时本以十月为岁首，弗革。推五德之运，以为汉当水德之时，尚黑如故。吹律调乐，入之音声，及以比定律令。若百工，天下作程品。至于为丞相，卒就之，故汉家言律历者，本之张苍。"

在秦之前，中国有六种历法，其分别为：《黄帝历》《颛顼历》

《夏历》《殷历》《周历》和《鲁历》。张苍因为精通历法，认为这六种历中以《颛顼历》为最佳，于是建议刘邦采用此历，所以司马迁把张苍视为汉代第一位研究历法的人。而张苍同时又认为汉代为五德之运中的水德，为此他给自己招来了大麻烦，《张丞相列传》中写道：

> 苍为丞相十余年，鲁人公孙臣上书言汉土德时，其符有黄龙当见。诏下其议张苍，张苍以为非是，罢之。其后黄龙见成纪，于是文帝召公孙臣以为博士，草土德之历制度，更元年。张丞相由此自绌，谢病称老。苍任人为中候，大为奸利，上以让苍，苍遂病免。苍为丞相十五岁而免。孝景前五年，苍卒，谥为文侯。

苍在担任丞相期间，鲁国有位叫公孙臣的人，给朝廷上书说，汉代应当属于土德而非水德，他预测此后不久，当有黄龙出现。孝文皇帝于是下诏让张苍讨论这件事，也就是是否将汉朝的五德之运由水德改为土德。公孙臣的观点与张苍所言不同，所以张苍认为土德说很荒谬，于是他就免除了公孙臣的官职。

到了孝文十五年，天水郡的成纪县果真出现了黄龙。孝文帝感到公孙臣的预言很准，于是立即把他招回任命为博士，由他起草顺应土德的历法，同时改元。此况让张苍大失颜面，于是他就说自己年老有病，此后不再上朝。接下来又发生了一件倒霉事，因为张苍此前保举的一位官员犯了法，皇帝拿这件事来责问张苍，于是张苍借机提出了辞职，这样算起来他担任丞相一职达十五年之久。

关于张苍一表人才之事，司马迁在《史记》中也有记载："初，张苍父长不满五尺，及生苍，苍长八尺余，为侯、丞相。苍子复长。及孙类，长六尺余，坐法失侯。苍之免相后，老，口中无齿，食乳，女子为乳母。妻妾以百数,尝孕者不复幸。苍年百有余岁而卒。"

司马迁的这段话比较有意思,他说张苍的父亲身高不满五尺,没想到却生了个八尺多高的儿子,而张苍的儿子个子很高,到了他孙子那一代又变得很矮,看来张苍的出现乃是张家的异数。而张苍辞职之后,回到家中又活了许多年,他因为年纪大牙齿都掉了,所以找来许多女子,喝这些人的奶,而他的妻妾有百人之多,只要她们怀了孕,张苍就不再与之亲近,可能正是这种特殊的养生之道,使他活了一百岁。很可能他是中国历代丞相中最长寿的一位。

不管怎么说,张苍无论对经学还是数学及计量之学,都作出过重要的贡献。想一想那位王陵岂止是伯乐,如果不是他的阻拦,这么多绝学也就此而失传。他所为正应了韩愈的那句名言:"世有伯乐,然后有千里马,千里马常有,而伯乐不常有。"

张苍墓位于河南省原阳县城东北2公里的谷堆村,2012年3月15日,我从郑州市包下一辆出租车,前往此地寻找张苍墓。今天天气不好,一路上下着小雨,前行不远就跨过了黄河大桥。而后驶上了绕城南外环路,前行十余公里,来到了谷堆村。在村内没有费什么周折,很快就在谷堆村的西南角找到了张苍墓。

张苍墓前立有保护碑,不知什么原因,这个文保牌前后都变得很花,仔细辨认才能看清上面的字迹。此为河南省级文保单位,然文保的内容则是"谷堆文化遗址"。这几个字的下面用括弧写着"包括张苍墓碑",看来这里的确是张苍墓所在地。

文保牌的背面对此有着相应的介绍文字,可惜这些文字辨识起来比正面还要困难,我模模糊糊地读完了,大概明白了上面所言,其称此处为龙山文化遗址,而张苍墓就在遗址之上,并且说明前几年对此遗址进行过发掘,故张苍墓丘实已不存在,而在墓的后面建立了一个祠堂,名称是张苍纪念堂。

⊙ 屋檐已经坍塌

细看这座纪念堂,已经破烂到了快要倒塌的程度。因为堂前的房檐已圮,有一根木棍搭在了堂匾前,无论从哪个角度拍照,都躲不过这根木棍。纪念堂的大门紧闭着,无法看清楚里面的情形,只好在外围拍照。不知什么原因,在纪念堂前面的广场上,立着三根铁杆,并且每根杆顶上挂着彩旗,不明白这样的装饰有着何等特殊的寓意。

站在外围观看,整个遗址所占面积超不过两亩,我原本以为,既然是有名的历史遗迹,应当有很大的占地面积,现实所见与我的想象相去甚远。既然张苍曾位极人臣,他的墓占

⊙ 模糊的文保牌,总算在上面辨识出张苍墓三个字

⊙ 纪念堂的侧旁

⊙ 彩绘水泥柱

地面积应该十分庞大，更何况他有上百位妻妾，故而我想象中他的墓园至少应当有上百亩地的面积。但随着历史的变迁，到如今仅余了这么一个小角落，而在这里我也仅看到了几块新刻之碑，真正的古碑已经不知运到哪里去了。

张苍：传承《左传》，规范章程　　185

⊙ 这个简介略为能够辨识

⊙ 一些新的碑刻

毛苌：不以国名，独传《诗经》

《诗经》是中国第一部诗歌总集，经过孔子的修订之后，又成为了儒家经典——"六经"之一，《论语·子罕》上说："吾自卫返鲁，然后乐正，《雅》《颂》各得其所。"

这一年，孔子69岁了，他返回了鲁国，对《诗》进行了编辑整理。因为经过了大儒孔子的整理，所以这部诗歌总集就被后世称之为"诗经"。孔子是如何整理诗的呢？司马迁在《史记·孔子世家》中说："古者诗三千余首，及至孔子，去其重，取可施于礼义，上采契、后稷，中述殷、周之盛，至幽、厉之缺，始于衽席……三百五篇，孔子皆弦歌之，以求合《韶》《武》《雅》《颂》之音。"

司马迁的这段话十分重要，他说到了孔子时代，诗总计三千多篇，孔子经过一番删减，仅余下了三百篇。一删就删掉了十分之九，这种删改方式在后世当然会引起较大的争论。当然，这里说的三百篇只是取个整数。因为流传后世的《诗经》，实际上有305篇之多，另外还有6篇仅有题目没有内容，即便把这6篇加上，也仅311篇而已。

孔子为什么删掉了这么多诗？对于这一点，没人能说得清楚，后世争论的焦点，乃是司马迁说的到底对不对——孔子是否真的删掉了十分之九的上古诗歌？对此有人认为确实是这么回事，也有人认为不可能。东汉的王充持赞同的态度，他在《论衡·正说篇》中称：

"《诗经》旧时亦数千篇，孔子删去重复，正而存三百五篇。"东汉的班固也赞同这种说法，《汉书·艺文志》上说："古有采诗之官，王者所以观风俗，知得失，自考正也。孔子纯取周诗，上采殷，下取鲁，凡三百五篇。遭秦而全者，以其讽诵，不独在竹帛故也。"

除此之外，唐代的陆德明、宋代的王应麟等人，都赞同孔子删诗说。最早对此提出这个怀疑者，乃是唐代孔颖达，他在《毛诗正义·诗谱序疏》中称："书传所引之诗，见在者多，亡逸者少，则孔子所录，不容十分去九。马迁言古诗三千余篇，未可信也。"看来，孔颖达认为孔子删的数量太多了，所以他说司马迁的这番话不可信。

针对孔颖达的这个说法，宋代的欧阳修明确表示反对，《吕氏家塾读诗记》中引用了欧阳修如下的说法："马迁谓古诗三千余篇，孔子删存三百，郑学之徒，以迁为谬，予考之，迁说然也。今书传所载逸诗何可数也？以《诗谱》推之，有更十君而取一篇者，有二十余君而取一篇者，由是言之，何啻三千？又删《诗》云者，非止合篇删去，或篇删其章，或章删其句，或句删其字。"

欧阳修说，他经过考证，认为古代流传下来的诗不止是三千首，而《诗经》仅收了305首，确实说明孔子删掉了绝大部分。然而欧阳修的这个说法仅是一种推论，当然，他的态度就不能受到后世的信服，因此宋代的朱熹、叶适，清代的崔述、朱彝尊、魏源、梁启超等，都不相信孔子删掉了这么多的诗。事情的真相究竟如何？也只能让专家们继续争论下去了，至少到了今天还未看到争论的结果。

到了秦代，秦始皇接受丞相李斯的建议，实行焚书坑儒，《史记·秦始皇本纪》上称："非博士官所职，天下敢有藏《诗》《书》百家语者，悉诣守、尉杂烧之。有敢偶语《诗》《书》者弃市。以古非今者族。吏见知不举者与其同罪。令下三十日不烧，黥为城旦。所不去者，医药、卜筮、种树之书。若欲有学法令，以吏为师。"

看来，除了朝廷规定的少数人之外，所有人不允许藏有《诗经》等书，必须拿出来烧掉。同时朝廷规定，即使是偶然在言语中引用了《诗经》中的句子，也要被砍头。这等严酷的法令使得《诗经》难以在市面上见到，但好在《诗经》中的篇章大多朗朗上口，虽然人们不敢公开地背诗，但私下里总能默诵。也正因如此，经过秦火之后，儒家经典大多受到了损失，唯有《诗经》基本完好地保留了下来，因此《汉书·艺文志》中说："遭秦而全者，以其讽诵，不独在竹帛故也。"

好在秦朝的统治期很短，到了汉文帝时，《诗经》得以再次公开讲授和流传，当时讲授《诗经》最有名者有四大家，他们分别是申培、辕固、韩婴和毛亨、毛苌，这四家分别被称为《鲁诗》《齐诗》《韩诗》《毛诗》，而后世将此并称为"齐鲁韩毛"。

这样的简称来源于前二者原属的国家，比如申培是鲁国人，故而称为"鲁诗"；辕固是齐国人，所以他讲授的《诗经》被称之为"齐诗"。但是韩婴本是燕国人，不知为何，他的讲授不称之为"燕诗"；而毛亨本是鲁国人，但毛苌却是赵国人，同样，也没被称之为"赵诗"。为什么这种命名方式不能一以而贯之？看来，自有其历史的渊源在。

然而《齐诗》《鲁诗》《韩诗》原本就立于学官，因此这三家被称之为"今文三家"，其简称为"三家诗"，唯有毛诗乃属古文经学。对于这两者之间的区别，周予同在给皮锡瑞《经学历史》所作的序言中说："今文学以孔子为政治家，以六经为孔子致治之说，所以偏重于'微言大义'，其特色为功利的，而其流弊为狂妄。古文学以孔子为史学家，以六经为孔子整理古代史料之书，所以偏重于'名物训诂'，其特色为考证的，而其流弊为烦琐。"

周予同的这段话是总括六经的说法，而单纯就《诗经》而言，于兴在《诗经研究概论》一书中则称："今文三家与古文毛诗在本质上是相同的,都是将《诗经》奉为政治经典,都是借解说《诗经》来发挥比附儒家教义来为封建统治服务。但今文三家与汉代政治结合得更加紧密,故随汉亡而亡。毛诗虽与汉代政治关系稍远,但却普遍适用于任何封建朝代。"

由此可知,齐、鲁、韩三家诗到了汉代的末年就基本消亡了,唯有《毛诗》流传到了今天,因此说,我们今天读到的《诗经》中的篇章,其实都是来自于《毛诗》。

对于《毛诗》的传承情况,夏传才在《十三经讲座》中称:

> 《毛诗》由毛亨、毛苌所传,称大毛公、小毛公。传说荀子《诗》学传自子夏,毛亨承自荀子。他在西汉初年开门授徒,著《诗故训传》(后简称《毛传》),传于赵人毛苌。河间献王任毛苌为博士,献《毛诗》于朝廷,但不被立为官学,长期在民间传授。东汉后期《毛诗》立为官学,取代了三家《诗》的地位。以后,三家《诗》衰亡,《毛诗》兴盛于世。我们现在读的《诗经》,就是《毛诗》。

看来,《毛诗》在汉代并未受到重视。虽然《毛诗》被河间献王贡献给了朝廷,但朝廷却没有把它列为官学,所以《毛诗》最初是在民间传授,直到东汉后期,《毛诗》才取得了官学的正统地位。夏传才的这段话应当是本自汉班固在

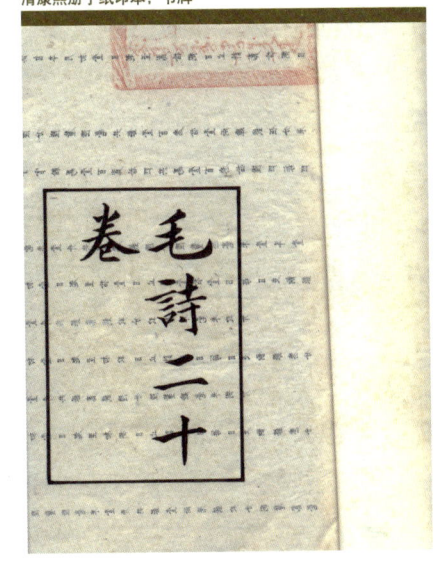

⊙《毛诗》二十卷,民国上海涵芬楼影印《四部丛刊》本,清康熙册子纸印本,书牌

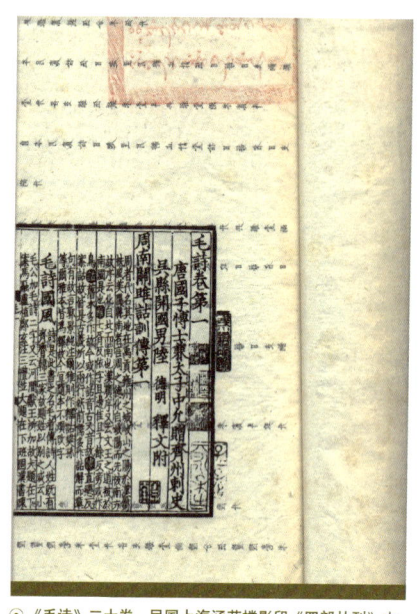

⊙《毛诗》二十卷，民国上海涵芬楼影印《四部丛刊》本，清康熙册子纸印本，卷首

《汉书·艺文志》中所言："《毛诗》二十九卷。《毛诗故训传》三十卷。……汉兴，鲁申公为诗训故，而齐辕固、燕韩生皆为之传。或取《春秋》，采杂说，咸非其本义。与不得已，鲁最为近之。三家皆列于学官。又有毛公之学，自谓子夏所传，而河间献王好之，未得立。"

班固在这里没有点明，他只是说《毛诗》是毛公所传，并且毛公说他的学问是本自孔子的弟子子夏。

关于毛公是哪国人，班固在《汉书·儒林传》中又说："毛公，赵人也。治《诗》，为河间献王博士，授同国贯长卿。长卿授解延年。延年为阿武令，授徐敖。敖授九江陈侠，为王莽讲学大夫。由是言《毛诗》者，本之徐敖。"这里明确点出，毛公是赵国人。然而毛亨是鲁国人，只有毛苌是赵国人，如此说来，《儒林传》中所说的赵人毛公，乃是指的毛苌，可惜班固没有点明这句话。

而后到了三国吴陆玑那里，才点出了毛苌之名。陆玑在《毛诗草木鸟兽虫鱼疏》中说：

> 孔子删诗，授卜商，商为之序，以授鲁人曾申，申授魏人李克，克授鲁人孟仲子，仲子授根牟子，根牟子授赵人荀卿，荀卿授鲁国毛亨，亨作《故训传》以授赵国毛苌。时人谓亨为大毛公，苌为小毛公，以其所传，故名其诗曰《毛诗》。

对于毛苌之后《毛诗》的递传情况，陆玑又在文中有如下的讲述：

> 苌为河间献王博士，授同国贯长卿。长卿授阿武令解延年。延年授徐敖，敖授九江陈侠，为新莽讲学大夫。由是言《毛诗》者本之徐敖。时九江谢曼卿亦善《毛诗》，乃为其训。东海卫宏从曼卿受学，因作《毛诗序》得风雅之旨，世祖以为议郎。济南徐巡师事宏，亦以儒显。其后郑众、贾逵传《毛诗》，马融作《毛诗传》，郑玄作《毛诗笺》。然齐鲁韩诗三氏皆立博士，惟毛诗不立博士耳。

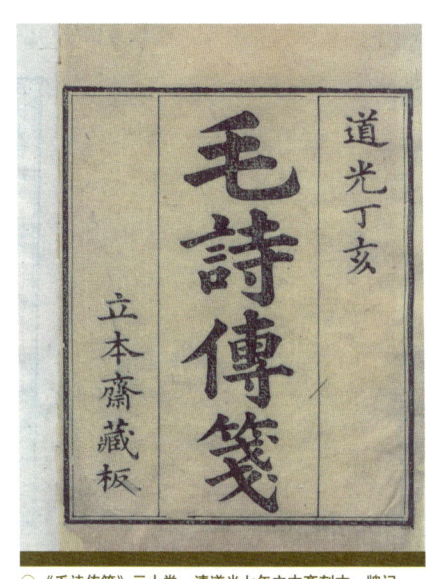

◉《毛诗传笺》三十卷，清道光七年立本斋刻本，牌记

由以上可知《诗经》的大致递传情况。但是今文经学家大多不承认陆玑的这个说法，比如皮锡瑞在《经学通论》中说："若毛公为六国时人，著有《毛诗故训传》，史迁无缘不知。又郑君始言大小毛公有二；陆玑始著大小毛公之名。郑，汉末人，不应所闻详于刘（歆）班（固）；陆，吴人，不应所闻又详于郑。"

皮锡瑞认为，陆玑是三国时的人，陆怎么知道有着这样的完整递传？对于皮锡瑞的这个怀疑，蒋伯潜也表示赞同，他在《十三经概论》中说："按唐人陆德明之《经典释文叙录》，始详记《毛诗》之传授；但共载二说，所引徐整之言与另一说又不同。徐整亦吴人也。

且徐氏以大毛公为河间人,亦与郑、陆二氏以为鲁人者异。是古文《毛诗》之来历,未可信也。"既然这样的递传不可信,那怎样的递传才是正确的呢?今文经学家当然有他们的说法,但这种说法显系有着门户之见。

《诗经》一书在后世广泛争论的问题还有一个,那就是《毛诗序》。流传后世的《毛诗》,其在首篇之前有几百字的序言,而在每一篇中,又有一两句话的概括文字,因此前者被称为"大序",后者则叫"小序"。

关于诗《序》的作者是谁,在后世同样也有着广泛的争论,有人说是孔子,也有人说是子夏,还有人说是毛亨和卫宏的合作等等,胡朴安统计出13种不同的说法,而张西堂则统计出16家之多。由此可见,诗《序》的作者也是千百年来主要争论的话题。

可惜这个争论也同样没有达成统一意见,以至于有人提出应当废掉诗《序》。虽然说北宋时欧阳修和苏辙就已经对诗《序》产生了怀疑,但真正提出废《序》的人,却是南宋的郑樵。而朱熹也赞同废《序》,他的《诗集传》就不录诗《序》。朱熹之后的几百年,《诗集传》成为了正统的课本,所以朱熹的观点对后世影响极大。

其实早在南宋之时,也有人主张存《序》,比如朱熹的好友吕祖谦就认为:"学《诗》而不求《序》,犹欲入室而不由户也。"从《诗大序》的内容来看,很多观点颇为后世所

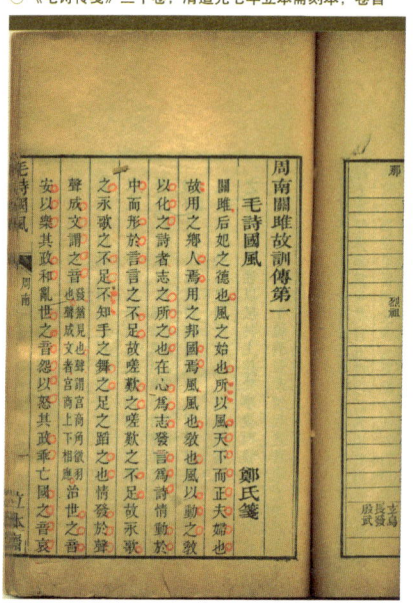

◉《毛诗传笺》三十卷,清道光七年立本斋刻本,卷首

毛苌：不以国名，独传《诗经》　　193

肯定，比如上面说："诗者，志之所之也，在心为志，发言为诗。情动于中而形于言，言之不足故嗟叹之，嗟叹之不足故永歌之，永歌之不足，不知手之舞之，足之蹈之也。"

然而对中国诗歌史做出了这么大贡献的毛亨与毛苌，应该到哪里去寻找他们的遗迹呢？我从网上查得毛苌的墓位于君子馆村，而后在那里费了点小周折终于得见，可是，在毛苌墓的现场，我却未曾看到文保牌，并且在那个幼儿园内我也未曾找到可以打问之人。

两年之后，沧州市的梁振刚书记介绍我认识了河间市文化局局长田国福先生，田局长致力于搜集跟《诗经》有关的各种版本，为此建起了"诗经斋"。那次的会面让我了解到了更多的细节，田局长还赠送了我一本他所编的专著，此书名为《诗经在河间》。我在此书内读到了许多信息，由此让我知道了毛苌的墓究竟在何处，但我也从中读到，对于毛苌墓的认定，业界仍然有着争论。而田国福先生在"第五届中国诗经国际学术研讨会"上的发言，则称我在君子馆村所见到的毛苌墓乃是衣冠冢，田国福的这篇发言为"毛苌与毛公书院"，其在文中说：

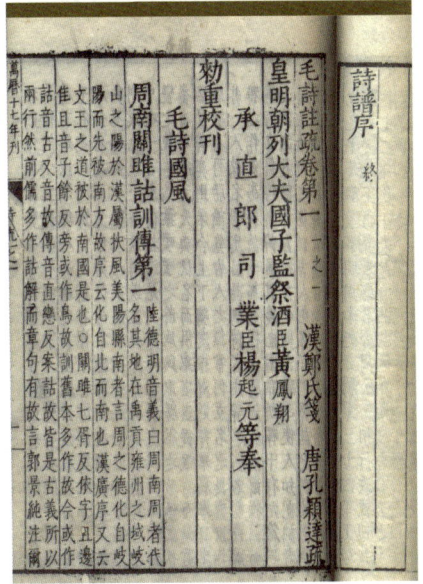
⊙《毛诗注疏》二十卷，明万历十七年北京国子监刻《十三经注疏》本，卷首

　　毛苌卒年无人查考，但他死后未能葬归故里。一说毛苌后来官居北海太守（今山东昌乐东南）；一说其最后出任河间太傅，卒后葬于国都乐城附近。

不过，家乡的人们为了崇仰祭奉，于诗经村及君子馆的西北面修建了一座毛苌衣冠冢，称"毛精垒"，《河间府志》《河间县志》均有记载。为了表示对毛公和刘德的崇敬，村名崇德里。直到雍正三年，由于递铺设此，方改称三十铺（今河间市三十里铺村）。

对于如何有这样的结论，田国福又在文中说：

> 现经实地勘察，诗经村、君子馆、三十里铺三村毗邻，古洋河从其东面由南北蜿蜒流过，国道北京至大名公路从中穿过。毛苌当年讲经的诗经村，现分东、西诗经村，西诗经村位于河间市府驻地之北偏东11.4公里处，东诗经村位于西诗经村之东偏北不足1公里处。君子馆即献王所设招贤馆，位于西诗经村之西偏北1.2公里处。毛公书院及毛公祠墓所在之三十里铺，在今县城北，祠址为南北长约150米、东西宽约60米、高约3米的长方形土丘，前为书院，后为祠墓。

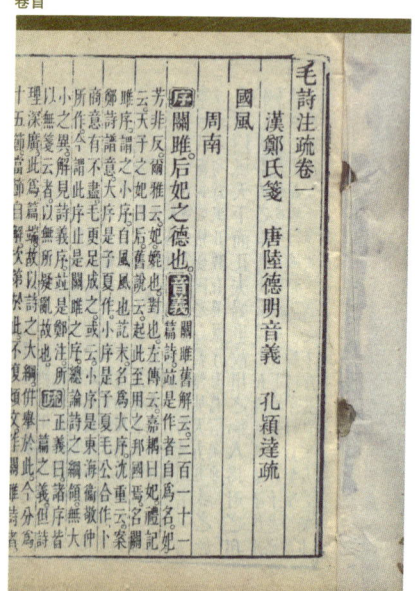

⦿《毛诗注疏》三十卷，清乾隆四年武英殿刻十三经注疏本，卷首

可是我在现场探访的结果，却未看到有这么大的祠堂在。田国福在文中解释道："惜毛公书院于'文革'中几遭破坏，现仅存顺治十二年和乾隆年间重修毛公祠、毛公书院石碑两

通;同治三年'汉博士毛苌公讲经处'石碑一通;石狮一对;'毛公学堂'匾额一方。其遗址现为三十里铺初级中学。旁诗经村也有中学一所,书声琅琅,亦可算是承继了当初毛公设馆传习的优良之风。"看来,他探访此地时,这里还是一所初中。而我所见到时,此处已经变成了幼儿园。

但是毛苌是否真的是本地人呢?复旦大学教授周振鹤先生在《西汉河间国封域的变迁及其他》一文中说:"其实,《汉书》所载不著名之毛公是最可靠的信息,而其后层累叠加之记载不一定靠得住。至于晋人著《博物志》说毛公苌为北海太守,唐人著《隋书·经籍志》说毛苌是河间太守,更是难于凭信。由于有种种疑点,《四库全书总目提要》只好折衷诸说,确定《毛诗》为毛亨所作,此结论并非有铁定依据,而是因郑玄是汉末人,陆玑是三国时人,去西汉较近,易于取信而已。"

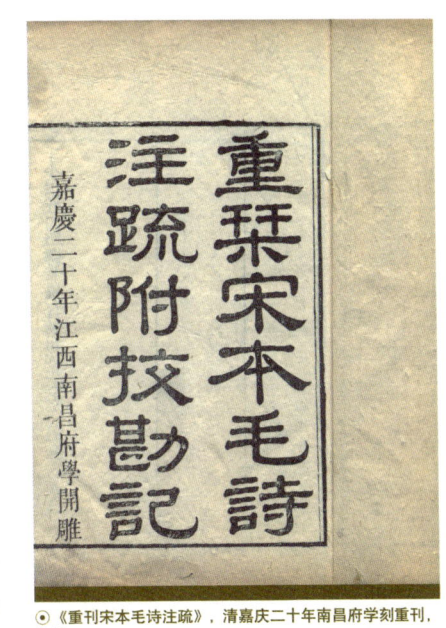

⊙《重刊宋本毛诗注疏》,清嘉庆二十年南昌府学刻重刊,牌记

既然不能确定毛苌做过河间太守,那么他是不是赵国人呢?周振鹤又在其文中称:"但即便我们现在暂时相信毛苌为传《毛诗》者,我们也无法断定其准确的籍贯。依《后汉书》所言,只能知道他是赵人,汉初赵之疆域颇大,今河北省南部尽为其境(一度连山西北部亦属赵),我们至多只能笼统说他是今河北人,而不能确定其为某县之人。"

看来,称毛苌是赵人也只是个笼统的说法。但即便如此,早在明中期,《嘉靖河间府志》就对此有记载:"毛公书院在县西北尊福乡，祀汉毛苌，元总管王思诚至正间奏建书院，设山长，又有墓在祠后，即毛精垒。"

而在此之前，《元史·王思诚传》中则说："思诚……所辖景州广川镇汉董仲舒之里也，河间尊福乡博士毛苌旧居也，皆请建书院，设山长。"

看来，在元代时，河间路总管王思诚就找到了毛苌的旧居，所以他在这里建成了一所毛公书院。如此说来，我所寻得之处乃是毛苌的讲学之所，

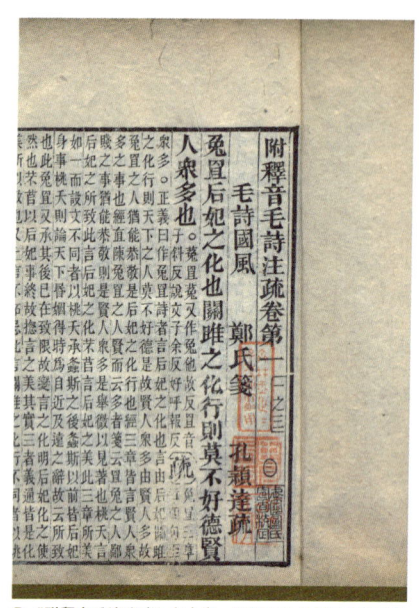

⊙《附释音毛诗注疏》七十卷，清嘉庆二十年南昌府学刻重刊，卷首

至少后世也是这样认定者，比如乾隆皇帝就写过多首关于毛苌的诗作，其中的毛精垒他就写过两首，我录其第二首如下：

> 大毛当传小毛说，博士河间领搢绅。
> 谁识诗坛尊揖让，积薪还右后来人。

其实"毛精垒"有时也被称为"毛公垒"，清代的李燧就以此题写过一首诗：

> 荒凉故垒说毛精，风雅千秋仰汉廷。
> 卜氏渊源传绝学，郑家笺注有先型。
> 望崇博士名原称，村号诗经地亦灵。
> 我过业祠频酹酒，野花无主草青青。

田国福编著的《诗经在河间》一书中，收录了不少前人歌咏毛公书院及毛精垒的诗作。既然皇帝以及那么多的前贤都肯定毛苌的墓在这里，且不管它是衣冠冢还是讲学之地，如今想找到《毛诗》的源头，毛亨的遗迹已然查不到，只能以此地来作为感情依托了。

毛苌墓的具体位置是河北省沧州河间市君子馆村托儿所院子里。出诗经村，再上106国道，北行 4 公里，找到君子馆村，在这里没有找到村名牌，村中一大特色是所有村道均为红砖路面，排列整齐，以前见过某些小院落有如此铺地者，然而整个村子的路面如此铺就，为我平生第一次得见。

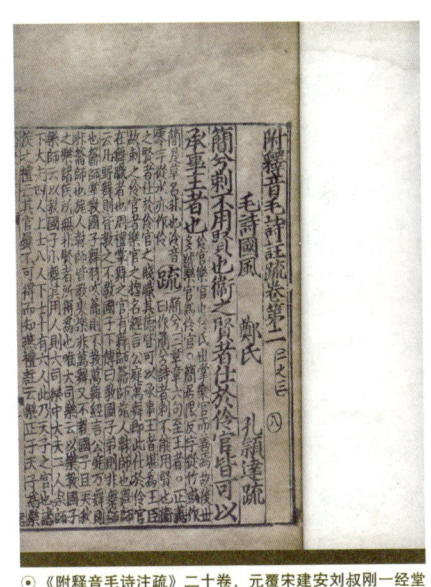

《附释音毛诗注疏》二十卷，元覆宋建安刘叔刚一经堂刊本，卷首

在村内东问西问，终于打听到：毛苌的墓就在村托儿所院子里！一名人古墓在儿童的院内，也是我在此前未曾听闻者。来到了托儿所大门口，这里却大门紧闭，门口有一年轻女子在摊煎饼，问其如何进入，其头也不抬忙着自己手里的活儿："敲门！"

她的口气威严而不容置疑，我差点儿条件反射地说了句"遵命"，而后就来到门前用力地捶门。但无论我怎样敲击，却听不到任何回响，于是从门缝向里张望，只见两排房舍整齐地排在两边，很像兵营，正中后方即有高广大碑。料想，这一定为毛苌之墓。

费尽周折找到而不能入，这当然让我备感焦急，于是我先用脚顶着门，努力地将门缝扩大些，用相机顺缝拍照几张，然距离太远，后悔未带来大相机。拍了几张，视之，效果均不佳，不死心，再问煎饼女是否还有其他门，她仍然是头也不抬地给我下了新指令："去敲东门！"

按其所言，我跑到了幼儿园的东边，果然有小铁门，样式与大门完全相同，仅是号小了许多，用力敲击，听里面有一女声断喝："什么人乱敲！放假了！不开门！"听到这几句训斥的话，我不但不生气，反而高兴了起来，于是我笑着告诉她，自己是来拜访毛苌的。

看来，我的言语中缺乏了应有的威严，此女不开门，只是告诉我：要找校长批准才能给开。我当然不知道要到哪里去找校长，于是隔着铁门向她讲述自己寻访是何等的不易，跑了这么远的路却不能朝拜到这位伟大的前贤，我心中之难受料想她能够理解。可能是我打的这张悲情牌起了作用，其竟将门开了锁，这当然令我很兴奋，同时我向她保证，自己20分钟之内肯定出来，绝不让校长知道其徇私情。

⦿ 墓碑上面看到了毛苌的字样

毛苌：不以国名，独传《诗经》　　199

◉ 空阔的院落

　　学校的格局十分简单，前面两排教室，外墙涂上了黄色，大概是希望小孩子看起来心情舒畅一些。两排教室的后面就是一墓园，正中就是毛苌之墓。眼前的毛苌墓并不大，只是个直径两米大小的土堆，其墓围则用石板砌起，在下围贴一圈假蘑菇石，然而太过现代，中间竖立的大碑也是后刻者，不知是否原碑已被砸烂。两侧几通碑从制式上讲，级别都不高，其中一通则刻着"汉博士毛苌公讲经处"，立碑的时间则是 2005 年 3 月。看来，该处确实跟毛苌传授《诗经》有一定的关系。

　　毛苌墓上有数株植物，不知是否为了贴合"蒹葭苍苍"之语。在大墓的右端有一简陋公厕，此亦为我所看到离墓最近之厕所，但想到这里是一间学校，大家都有需要，也就释然了。

　　道谢出村，再上 106 国道北行，17 公里后到任丘西外环，车流乱穿，看司机动作有些慌乱，告其慢开无妨，其实我心里也急着赶路，又担心其车技不佳出事反欲速不达。司机称自己 21 岁，开车已快两

汉博士毛苌公讲经处

年。然而我在途中拿出地图告其如何前行时,他却称:"我不会看地图,从一开车就用导航仪,它错了我再退回来。我真佩服你看着地图就能估算出里程来,我用导航偷偷测过了,你说得真准。"我没好意思告诉他,自己的车龄比他的年龄还要大。

再行十余公里,请司机去打听鄚州镇,他问了几个人都说不知,司机开始疑惑,嘟囔着说是不是没有这么个地方。但我认为不可能,因为鄚州在地图上标示得并不小,绝非不知名的小村。司机委屈地说:"人家真的说没有鄚州,但告诉我前面有个镇叫'冒'州。"他这么一说,我猛然醒过味了,看来是自己读了白字,"鄚"的正确读音应当是"mào",难怪其称导航仪上搜不到此地,我向其道歉,告诉他是我读错了。他再到导航上一搜,果真有,立刻笑了起来:"看来你也不是什么字都认识嘛。"在毛苌面前,我哪敢说自己认字?!

韩婴：《韩诗》之祖，以《易》解《诗》

汉代对于《诗经》的解读分为齐、鲁、韩、毛四大家，其中前三家为今文经学，唯有《毛诗》为古文经学。前三家被后世通称为"三家诗"，但完整流传至今者只有《毛诗》，今文三家诗基本上失传了。《隋书·经籍志》上称："齐诗魏代已亡，鲁诗亡于西晋。韩诗虽存，无传之音。唯《毛诗》郑笺，至今独立。"而唐陆德明在《经典释文》也称："前汉鲁、齐、韩三家《诗》列于学官，平帝世，《毛诗》始立。《齐诗》久亡；《鲁诗》不过江东；《韩诗》虽在，人无传者；唯《毛诗》郑笺独立国学，今所遵用。"由此可知，《齐诗》和《鲁诗》失传后，《韩诗》留传了下来，但实际情况是《韩诗》仅有部分留传了下来，留传至今的这一部分被称为《韩诗外传》。

《汉书·艺文志》载："《韩内传》四卷，《韩外传》六卷。"看来，本书在原本之初就分为了《内传》和《外传》两个体系，然而在留传的过程中，《内传》失传了，我们今天能够看到的仅是《外传》，但是今日得见的《外传》却跟《汉书·艺文志》上所载的卷数不同，由此记载可知，外传本来应当是六卷，但今天看到的《韩诗外传》却是十卷。

为什么出现了这么大的差异？为此后代学者有着不同的解读。比如有的人认为六卷本的《外传》在流传的过程中被人拆分成了十卷，言外之意就是《韩诗外传》自古至今是完整的。而第二种说法，则是认为《外传》原本就是六卷，只是在留传的过程中有人把不属于《外传》中的内容掺杂进了此书之中，所以才变成了十卷。而第三种说法，则是认为后世将《内传》四卷与《外传》六卷合并在了一起，其合并方式是将《内传》并入了《外传》，于是就成了后世所看到的十卷本。

以上的三种说法哪种更正确呢？李学勤在《韩婴〈易〉学探微》一文中称："《儒林传》说韩诗内、外《传》都是推阐诗人之意，看来二者体例并无根本差别。因此，有学者提出《艺文志》《内传》四卷、《外传》六卷加在一起，正好十卷，今本《外传》十卷实际是把《内传》包含在内，《内传》并未亡佚。这个推测是不无可能的，但没有更坚强的证据。"那么到底《内传》是不是真的并入了《外传》呢？李学勤接着分析道："古书划分内、外，如《晏子春秋》《庄子》之类，一般都有内容的差异，韩诗内、外《传》不应完全没有，而且《外传》怎样会把《内传》包括在内，使用一个书题，也很难理解，所以这一想法现在还是无法证实的。古书卷数分合常有变化，由六卷分为十卷也是有可能的事，不能以为是后人的增补。"看来想搞明白这个问题并非易事，至少到今天还没有统一的结论，那只好将这几种说法并存了。

《韩诗外传》的作者乃是汉代的韩婴，《汉书·儒林传》中载有他的生平，其全文如下：

> 韩婴，燕人也。孝文时为博士，景帝时至常山太傅。婴推诗人之意，而作内、外《传》数万言，其语颇与齐、鲁间殊，然归一也。淮南贲生受之。燕、赵间言《诗》者由韩生。韩生亦以《易》授人，推《易》意而为之《传》。燕、赵间好《诗》，故其《易》微，唯韩氏自传之。武帝时，婴尝与董仲舒论于上前，

其人精悍，处事分明，仲舒不能难也。后其孙商为博士，孝宣时，涿郡韩生其后也，以《易》征，待诏殿中，曰："所受《易》即先太傅所传也。尝受《韩诗》，不如《韩氏易》深，太傅故专传之。"司隶校尉盖宽饶本受《易》于孟喜，见涿韩生说《易》而好之，即更从受焉。

这段记载说得比较简略，因为它没有谈到韩婴的出身以及师承，只说他是燕国人。但燕国的边界在历史上多有变迁，因为此处没有说他出生在燕国的哪个具体地名，为此后世又引起了较多的争论。然而他已经成为了汉代的诗经国士，这在当时也是很受人尊崇的地位，可见他是那个时代著名的大学者。尤其他在《诗经》方面的研究有着很大的名气，《汉书·艺文志》上对于韩婴著作的记载除了《内传》四卷、《外传》六卷之外，另外还有《韩故》三十六卷、《韩说》四十一卷。可惜这两部大部头的著作后来都失传了，但从此也可看出他是位勤奋的学者。

⊙ 韩婴撰《韩诗外传》十卷，清光绪元年望三益斋刻本，书牌

韩婴讲说《诗经》的方式与《齐诗》《鲁诗》不同，宋陈振孙在《直斋书录解题》中认为《韩诗外传》一书："多记杂说，不专解诗。"看来这是《外传》最受后世所关注的特点。他所发明的解《诗经》方式在中国的北方颇为流行。周振国、王永祥主编的《燕赵思想家研究·先秦两汉卷》中称："他是

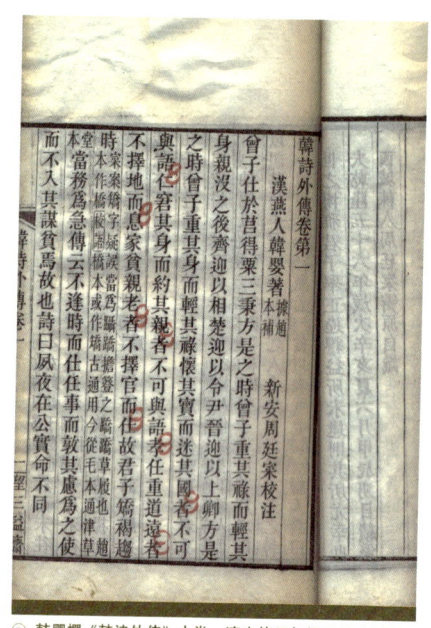

⊙ 韩婴撰《韩诗外传》十卷，清光绪元年望三益斋刻本，卷首

汉初今文韩诗学的创始人，燕赵地区研究《诗》的人均以韩诗为宗。"

在汉武帝时，韩婴曾经跟大儒董仲舒在皇帝面前争论学术问题，看来韩婴的口才和学问都比董仲舒好，以至于他们争论的结果是董落败。韩婴除了对《诗经》的研究，对《周易》也作了深入的探讨，以至于有人认为他在易学方面的研究成果超过了《诗经》。

虽然韩婴在易学上有这么丰硕的成果，但后世却更为关注他在《诗经》方面作出的成就，为什么会出现这样的结果呢？李学勤先生在《韩婴〈易〉学探微》中说："韩婴的《易》学则不如《诗》学盛行，只是韩氏的家学，这和孔安国以来古文《尚书》成为孔氏家学的情形是类似的。据宣帝时涿郡韩生所说，《韩氏易》比《韩诗》更深，故韩婴专以之传授后裔，未在世间流传。盖宽饶从韩生受《易》，是韩氏以外第一传人。"既然《韩氏易》是家学，那么后世当然更关注他的《诗》学了。故而李学勤说："韩婴的经学有《诗》《易》两方面，都有其独立性，无所依傍。他的《诗》学与《鲁诗》《齐诗》不同，直接传承其学的是淮南人贲（音'肥'）生、河内人赵子，成为富于特色的《韩诗》学派，特别流传在燕、赵之间。"

如前所言，韩婴解读《诗经》的方式与他人都不同，因为他的《韩诗外传》不仅仅是用来解读《诗经》，同时还掺杂进一些自己在《诗经》之外的观念。肖仕平所著《社会的平民化变迁与儒学变化·对汉初儒学的一种审视》一书中称:"韩婴解读《诗经》,一不训诂字句,二不探求本事,恰如《孟子·万章上》孟子所谓:'说《诗》者不以文害辞,不以辞害志。'完全是借《诗》阐发己见。"

翻看十卷本的《韩诗外传》,能够看得出韩婴解读《诗经》的方式。于淑娟所著《韩诗外传研究——汉代经学与文学关系透视》一书中对于《韩诗外传》的特色予以如下的总结:"今天流传于世的《韩诗外传》共十卷,每卷约有三十章,每章字数少则数十,多则数百。全书的内容以故事为主,约占全书篇章的三分之二,另外少部分则是论述或杂引各家的学说。全书形式上颇具特点,往往在章节篇末都附有一两句《诗经》诗句,全书仅有二十八章无附诗。"这倒是很有意思的一种行文方式,比如《诗经》中《淇奥》一诗首章"瞻彼淇奥,绿竹猗猗。有匪君子,如切如磋,如琢如磨。瑟兮僴兮,赫兮咺兮。有匪君子,终不可谖兮。"此诗中的其中两句就出现在了《韩诗外传》卷二第五章中:

> 闵子骞始见于夫子,有菜色,后有刍豢之色。子贡问曰:"子始有菜色,今有刍豢之色,何也?"闵子曰:"吾出蒹葭之中,入夫子之门。夫子内切瑳以孝,外为之陈王法,心窃乐之。出见羽盖龙旂,旃裘相随,心又乐之。二者相攻胸中而不能任,是以有菜色也。今被夫子之教寖深,又赖二三子切瑳而进之,内明于去就之义,出见羽盖龙旂,旃裘相随,视之如坛土矣,是以有刍豢之色。"《诗》曰:"如切如磋,如错如磨。"

在这里韩婴讲述了一个完整的小故事。他说,闵子骞刚刚拜孔子为师时,脸色还不好看,后来在孔子的言传身教下渐渐懂得了很多道理，脸色也慢慢地红润了起来，看来他在孔子那里真可谓物质与精神双丰收。于是韩婴就在此段故事的卷末引用了《淇奥》一诗中的两句，以此来说明《诗经》上的这两句诗究竟为何解。

又比如《诗经·郑风》中的《羔裘》："羔裘如濡，洵直且侯。彼其之子，舍命不渝。羔裘豹饰，孔武有力。彼其之子，邦之司直。羔裘晏兮，三英粲兮。彼其之子，邦之彦兮。"

《韩诗外传》卷二第十三章中就引用了《羔裘》中的四句，而其在引用前仍然是讲述了一个完整的故事：

> 崔杼弑庄公，令士大夫盟。盟者皆脱剑而入。言不疾，指不至血者死，所杀者十余人。次及晏子。晏子捧杯血，仰天而叹曰："恶乎！崔杼将为无道而杀其君。"于是盟者皆视之。崔杼谓晏子曰："子与我，吾将与子分国。子不与我，杀子。直兵将推之，曲兵将钩之。吾愿子图之也。"晏子曰："吾闻留以利而倍其君者非仁也，劫以刃而失其志者非勇也。《诗》曰：'莫莫葛藟，延于条枚。恺悌君子，求福不回。'婴其可回矣？直兵推之，曲兵钩之，婴不之革也。"崔杼曰："舍晏子。"晏子起而出，援绥而乘。其仆驰。晏子抚其手曰："麋鹿在山林，其命在庖厨。命有所县，安在疾驰？"安行成节，然后去之。诗曰："羔裘如濡，恂直且侯。彼已之子，舍命不偷。"晏子之谓也。

这个故事是讲述晏子如何的临危不惧，他冒着砍头的危险依然劝说着反叛者崔杼，晏子在劝说的过程中引用了《诗经》上的诗句，他的劝说果真起了作用，崔杼未杀晏子，并且放了他。晏子乘车缓缓地离开时，他的仆人觉得终于捡了条命，想飞奔离去，晏子安抚他用不着这么慌张。韩婴认为《羔裘》中的其中四句正可以用来比喻晏子的行为。

看来韩婴解诗并不是为解而解，他是通过讲述一段历史故事，用这个故事本身来解读《诗经》中的某句诗，而这句诗原本的整体概念又与他所讲述的故事并没有直接的关联性。因此于淑娟在其专著中说："《韩诗外传》更是一本可以完全独立于《诗经》存在的文学著作。韩婴对《诗经》诗句的解说并不拘泥于《诗经》本身，而是以微言大义的方式来阐释诗句。"而郑国瑞在《两汉黄老思想研究》中亦称："《韩诗外传》是一部解释《诗经》之书，其体例是纂录前人故事，最后引诗以证。其取材广泛，遍及经、史、子诸部。"郑国瑞在其文中统计出《韩诗外传》引用的前人著作达几十种之多，而后其又称："《韩诗外传》尽管属于解经之作，实际上与字句训诂不同，更贴切地说，它更接近'赋诗言志'的传统，借用《诗经》字句，来表达自己的思想。"

既然如此，那《韩诗外传》一书究竟算不算是解释《诗经》的专著呢？郑国瑞在其书中引用了徐复观在《两汉思想史》卷三中的一段话："由先秦以及西汉，思想家表达自己的思想，概略言之，有两种方式。一种方式，或者可以说是属于《论语》《老子》的系统。把自己的思想，主要用自己语言表达出来，赋予概念性的说明。这是最常见的诸子百家所用的方式。另一种方式，或者可以说是属于《春秋》的系统。把自己的思想，主要用古人的言行表达出来：通过古人的言行，做自己思想得以成立的依据。这是诸子百家用作表达的一种特殊方式。"

看来西汉之前的思想家在表达自己的观念时大概分两种方式，徐复观把它们归纳为《论语》《老子》方式和《春秋》方式。前者则是直接用语言表达自己的观念，后者则是像孔子那样通过整理前人的著作把自己的思想融汇进去。那《韩诗外传》属于哪种呢？郑国瑞的结论是："《韩诗外传》属于《春秋》系统的表达方式，因此，此书虽然说'推诗人之意而作'，且多采前人文章而成篇，而由其采撷编辑，兼作释说，'以之作为教训的证言，视为格言法语，供人习效'之意，适足以从中见出韩婴的思想。"

翻看徐复观的《两汉思想史》，其中谈到《韩诗外传》时，徐复观称："西汉附丽于经之所谓传，皆所以发明经的微言大义。由此可以了解，《韩诗外传》，乃韩婴以前言往行的故事，发明《诗》的微言大义之书。此时《诗》与故事的结合，皆是象征层次上的结合。"由此可知属于今文经学的《韩诗》的确是用微言大义来解读《诗经》，而它的解读方式正如徐复观所言："韩氏乃直承孔门'诗教'，并不否定其本义，但不仅在说诗，使诗发挥更大的教育意义。"

既然韩婴有着如此的解经方式，那么他的这种方式是从谁那里学来的呢？皮锡瑞在《经学通论》中说："《史记》载三家，以申培、辕固、韩婴为初祖；而三家传自何人，授受已不能详。三家所以各成一家，异同亦无可考。"

看来后世只知道齐、鲁、韩三家的初祖，但是他们是哪里学来的这样的观念却未见史书记载，而皮锡瑞也说，由于这今文三家的诗大多失传了，所以他们三者之间，既然分成了三家，那肯定在学术观上有着差异，究竟有着怎样的差异今天已经无法了解。

但徐复观认为齐、鲁、韩三家从整体思想性上来说，其实没有太大的区别，他在《两汉思想史·〈韩诗外传〉的研究》一篇中说："按镂板盛行以后，同一典籍，在版本上尚有异同。由此可以推知，在先秦以逮汉初，典籍因传抄的分布流传，而文字上有所出入，有如帛书《老子》甲本乙本的情形，乃意料中事。至于训诂上的不一致，即五经博士成立以后，同说一经，博士间亦不能无异说。所以三家《诗》在传本上文字训诂的小有异同，决不能成为分门立户，各成一家的根据。皮氏论《诗经》,主要在说明三家《诗》皆有《诗序》,而《诗序》'同出一原',其论证皆可成立。惟其用意则在联合三家为同一阵线,以加强对《毛诗》的贬抑,则出自清代今文家的成见陋见,此处不必辩难。"

徐复观认为古籍在传抄的过程中总会有文字上的差异,但这不能构成本质上思想性的差别,他认为皮锡瑞谈到齐、鲁、韩三家的共同性则是都有《诗序》。总之,徐复观根据《汉书·艺文志》中所言"《诗经》二十八卷,齐、鲁、韩三家"之说,而后他得出了这样的结论:"这说明三家的经文是完全相同的。"(《徐复观论经学史二种》)

针对徐复观的这个结论,于淑娟在其专著《韩诗外传研究》中则称:"其谬误是很明显的。"对于这个结论,于淑娟进一步解释道:"这里应是指各家当时皆有自己的经文,但在卷数上当同为二十八卷。三家往往存在相当数量的异文,观其相异之处,当各有所本。"

⊙《韩诗外传》,民国十一年上海商务印书馆影印张氏照旷阁本,书牌

既然如此,那韩婴的思想观究竟如何呢?河北大学学报2004年第一期上有肖仕平《折中孟荀——韩婴修身思想论要》一文,其题目就能说明观点,作者认为韩婴受孟子和荀子的思想影响较大。而徐复观也称:"(韩婴)接受了孟子以心善言性善的主张。"《韩诗外传》

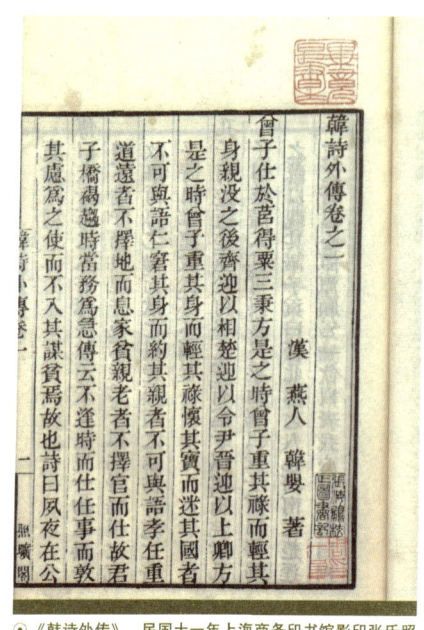

⊙《韩诗外传》，民国十一年上海商务印书馆影印张氏照旷阁本，卷首

中常引用孟子的观念，比如《孟子·告子上》中称："仁，人心也；义，人路也。舍其路而弗由，放其心而不知求，哀哉！人有鸡犬放，则知求之；有放心而不知求。学问之道无他，求其放心而已。"而《韩诗外传》卷四中有如下一段话："孟子曰：仁，人心也；义，人路也。舍其路而弗由，放其心而不知求，哀哉！人有鸡犬放，则知求之；有放心而不知求。其于心为不若鸡犬哉？不知类之甚矣。学问之道无他，求其放心而已。"两相比较可以看出，《韩诗外传》中的这段话基本是照抄孟子的原文。而同样《韩诗外传》中的一些表述，也能看出韩婴部分地接受了荀子的观念，为此徐复观在《两汉思想史》中作出如下统计："他在《外传》中共引用《荀子》凡五十四次，其深受荀子影响，可无疑问。即《外传》表达的形式，除继承《春秋》以事明义的传统外，更将所述之事与《诗》结合起来，而成为事与诗的结合，实即史与诗互相证成的特殊形式，亦由《荀子》发展而来。"

看来韩婴不但受到了荀子思想的影响，《韩诗外传》的写作形式也同样模仿《荀子》一书，因为该书也是时常有引用《诗经》上的诗句来证实的特点。然而孟子是性善论，荀子是性恶论，韩婴对此如何作出折中呢？徐复观认为："（韩婴）未尝取荀子化性起伪之意。"看来韩婴果真是选择性地接受。

如前所言,韩婴除了在《诗》学方面有着独特见解外,他对《易经》也深有研究,可惜他的《易》学著作失传了,而《韩诗外传》虽然研究的是《诗经》,但在某些部分也会融汇进去他的《易》学观念。比如《韩诗外传》卷六第十三章:

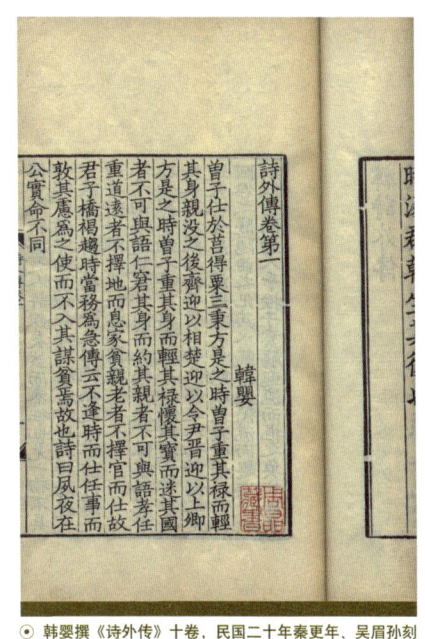
韩婴撰《诗外传》十卷,民国二十年秦更年、吴眉孙刻本,卷首

《易》曰:"困于石,据于蒺藜,入于其宫,不见其妻,凶。"此言困而不见据贤人者也。昔者秦缪公困于殽,疾据五羖大夫、蹇叔、公孙支而小霸;晋文公困于骊氏,疾据咎犯、赵衰、介子推而遂为君。越王勾践困于会稽,疾据范蠡、大夫种而霸南国;齐桓公困于长勺,疾据管仲、宁戚、隰朋而匡天下。此皆困而知疾据贤人者也。夫困而不知疾据贤人而不亡者,未尝有之也。《诗》曰:"人之云亡,邦国殄瘁。"无善人之谓也。

这一章首先引用了《易经》上的原文,而后以此讲述了一段历史,最后他又以《诗经》的原句作为结尾说明。因此李学勤在《韩婴〈易〉学探微》中评价说:"此章以春秋史事论证《困》卦六三经文,是'取《春秋》'的佳例。全文实际不论《诗》,而是说《易》,所引《诗·瞻卬》两句,反而是用来印证《易》文的。这当然是因为韩婴深于《易》,他的《诗》传也为《易》学所影响的缘故。"

既然韩婴的观念中融汇了荀子的思想，而有意思的是他在《韩诗外传》内把荀子观念和《易》学观念一同用在了《诗经》的解释上，因为荀子也有他的《易》学思想，而韩婴将此也一并用在了《韩诗外传》中。比如卷三第十九章：

> 故天不变经，地不易形，日有昭明，列宿有常。天施地化，阴阳和合，动以雷电，润以风雨，节以山川，均其寒暑。万民育生，各得其所，而制国用。故国有所安，地有所主。圣人刳木为舟，剡木为楫，以通四方之物，使泽人足乎木，山人足乎鱼，余衍之财有所流。

对于这段话，李学勤评价说："不难看出，此文前半袭用《荀子·天论》，而后半引《系辞下》与《荀子·王制》。按《韩诗外传》引《荀子》之处甚多，以至清人汪中说《韩诗》为'荀卿子之别子'。看来韩婴的《易》学也受荀子的影响。"

关于韩婴的生平记录，如前所言班固在《汉书·儒林传》中仅说他是"燕人也"。但其具体方位在哪里班固却未曾提及，为此这位历史上的大名人就被后世拉入了不同的区域内。秦进才先生所撰《常山太傅韩婴籍贯初探》一文对此进行了全面的分析，其在文中称："由于韩婴籍贯没有属于燕国何郡何县的直接、可靠的记载，因此，后人对于韩婴的籍贯有多种多样的说法。在认同韩婴是燕人的前提下，宋朝人乐史把韩婴归为幽州人，潘自牧称韩婴为燕山府路'郡人'；明代李贤等人把韩婴归为京师顺天府人；《大清一统志》《畿辅通志》把韩婴归为顺天府人。"

既然如此，那韩婴墓的具体位置究竟在哪里呢？而今留下来的资料以顾野王在《舆地志》中的记载为最早："鄚县有韩婴冢。韩婴，燕人，汉为常山太傅，作《诗》内外传。"看来韩婴的墓处在河北境内的鄚县。后世沿用了这种说法，比如明嘉靖《河间府志》卷二十四《人物志·儒林》所载："韩婴，燕人也。任丘，本燕地。今其地有韩婴墓见存。"对于这些记载，秦进才在其文中表示了怀疑："身处南朝的顾野王根据何种史料说'鄚县有韩婴冢'，现在已经不得而知。但其说法被宋人乐史撰《太平寰宇记》所引用传播。这是目前笔者所见比较早的记载，但距离韩婴生活的西汉时代已经过去了600多年，说鄚县有韩婴冢而没有记载具体的乡里、方位等。"

然而元代的刘因曾写过名为《乡先生汉韩太傅婴墓》的诗：

> 章句区区老益坚，百年轲死已无传。
> 四诗今并毛公废，三策聊存董相贤。
> 祀典曾闻乡社在，荒坟重为里人怜。
> 弦歌燕赵今谁见，高咏《周南》独慨然。

看来在元代时，韩婴墓仍然存在，刘因看到后特意写了这首诗用以感慨。此墓到明万历年间仍然存在，万历版的《河间府志·人物志》中称："韩婴，燕人也。任丘，故燕地，今婴墓在任丘。"然而到了清雍正年间所修的《古今图书集成》则称："韩婴墓，在任丘县境上，今失其地。"看来到此时韩婴墓已经找不到具体方位了。而清人边连宝所撰《韩婴墓》一诗也称："结发攻诗老未成，竭来展谒古先生。堂封五尺今何处，秋树斜阳空复情。"看来边连宝也未找到韩婴墓的具体位置，于是他在那里发了一顿感慨，为此秦进才在其文中称："从南朝顾野王记载鄚县有韩婴冢，至宋朝初年晏殊记载韩婴墓在归信城西北五里，乐史记载在任丘县界，明嘉靖年间以来方志就有不知其具体位置的记载，边连宝的《韩婴墓》诗只是感叹韩婴墓不可见，抒发思古之情了。"

可是，到了现代所修的《任丘市志》中，韩婴墓又被再次发现："韩婴墓：位于鄚县镇韩家村东南，地名'韩家坟'。1966年平掉封土，现保存较好。"可惜这个"再次发现"在"文革"中被平掉了。虽然如此，那我也到当地去探访一番，看看能否有运气找到一些痕迹。

对于韩婴墓的位置，乾隆《河间府志》称找不到了："汉韩婴墓，在任邱县。今失其处。"然而该志中又讲到："韩太傅墓在任邱，古鄚县也。鄚，汉时属涿郡，婴当即鄚人矣。"看来今日任丘市的鄚州就是《府志》上所讲的鄚县。

我在沧州包下一辆出租车，而后一路打听来到了鄚州，眼前所见是一片古老的城墙，我在城墙的入口向一位出租司机打听韩婴墓址在哪里，他说自己不了解，于是我只好在城墙附近转了一圈。以我的想象，古人的墓总应当在城门之外，可是我在这一带却找不到任何古墓的痕迹，只好站在那里为这段古城墙拍了照。

老城门

韩婴：《韩诗》之祖，以《易》解《诗》   215

◉ 残存的老城墙

在拍照的过程中，旁边有一位卖糖葫芦者可能因为百无聊赖，一直盯着我的举动，他突然张口问我："这个城门有一千年吗？"我告诉他说，从城墙的式样以及砖块的大小来看，这座城门的年龄应该超不过三百岁。闻我所言，这人脸上一笑，而后伸出大拇指说："你眼力不错！"原来他是在考我，但至少也说明他对历史考证还颇为在行，他对我的这句赞誉让我失望的心情得以缓解。于是我问他，糖葫芦多少钱一串？他伸出了两根手指，其手势很像做大V状的剪刀手。我觉得他制作的糖葫芦尺寸较大，于是递上去20元，他有些吃惊地问我，你要买10根？这么大的数量

◉ 来到了郑州镇政府

⊙ 来到了药王庙

显然无法消受，于是告诉他仅需要一根而已，他让我随意挑选，我也不确定哪一根最为美味，但我看到每一支上面都蒙着一层不薄的灰尘，于是我挑选了一支附着尘土较少者，当着他的面有滋有味地吃了起来。他不错眼神地望着我，看着看着突然就笑了。

风味独特的糖葫芦吃完了，韩婴墓址却还未找到。想了想于是开车前往镇政府，在镇政府门口遇到了几位修车人，其中一人告诉我，在镇北两里外有一个大庙，庙前有坟，有可能是我寻找的古墓。打听到这样一个信息，当然让我很高兴，于是立即开车前往，果真在那里看到了一处古建，然而门楣上却挂着"药王庙"的匾额。按照资料记载，乾隆二十六年，任丘县沙村修建了韩太傅祠，而今这个祠堂也没有了踪影，显然我眼前所见不是韩婴的祠堂。

药王庙前有一片树林，走进林中，果真看到几个坟头，但从制式来看应该跟韩婴没有丝毫的关系。想到新《志》上的记载，韩婴墓已经在1966年被平掉了，如此说来眼前见到的这几座坟也应当跟

药王庙门前的树林

韩婴无关,想一想真觉得沮丧。

让司机开车重新驶上106国道,而后掉头向南,再次走到任丘市的城乡接合部,在路边看到了一家河间驴肉火烧店,这可是当地最有名的小吃之一。今天早上在酒店时,早餐吃得很饱,到此时我还没有饥饿感,但我考虑到司机的辛苦,于是请其将车停在了此店的门口。我二人在店内点了六个烧饼和两碗馄饨,他一声不吭地吃了四个,喝下一碗馄饨后开始坐下来跟我聊天。他说自己在小学还没有毕业的时候就辍学了,因为父亲办了一个杂技演出团,他也就进杂技团算是有了工作。"我们家的团杂技、舞龙、舞狮都有,还上过中央音乐台呢。"能够看得出他对自己的家业颇感自豪,但他也说有时找不到演出的机会,所以就出来开黑车赚些钱。

有时候人的经历确实难以用一种观念来予以评价,多年的寻访过程让我看到、听到和了解到太多以往所不知道的活法,但我能从这些人的脸上看到别样的快乐,这让我开始"怀疑"幸福二字其实没有一个标准答案,正如我前来寻访韩婴墓,因为找不到结果让我会有些失落。但我的失落却让这位司机完全不能理解,他甚至一直在劝我,寻找的过程就挺开心的,为啥非要找到结果呢?一瞬间我觉得他的这句话足可以成为至理名言。

辕固：《齐诗》之祖，最先结束

进入汉代，对于《诗经》的传承总共分为齐、鲁、韩、毛四大家。对于这四大家的初始情况，1995年第二期的《山东大学学报刊》有王洲明的《汉代〈齐诗〉传授的特点》一文，该文中称："《诗》在汉代的传授有四家：鲁诗、齐诗、韩诗、毛诗。鲁之申培公、齐之辕固生、燕之韩婴、赵之毛苌，就是它们最早的经师。特别是在文、景之际，鲁、齐是最重要的两大宗。"王洲明点出了这四家诗，每一家最早的经师。关于《齐诗》的创始人，清毕沅在《传经表》中明确地说："《齐诗》始于辕固生，七传而至伏恭。"而辕固生就是辕固。王长华、刘明在《〈诗纬〉与〈齐诗〉关系考论》一文中亦称："汉代《齐诗》的创始人是辕固。"

看来，称辕固为《齐诗》的创始人这句话没什么问题。关于辕固之后《齐诗》的传承，根据毕沅的研究，《齐诗》总计传承了七代，对于七代的传承情况，毕沅详列在了《传经表》中。我将此表转录如下：

1. 辕固生；
2. 夏侯始昌；
3. 后苍（近君，郯人）；
4. 翼奉（下邳人）、白奇、萧望之（按：望之又事白奇，望之又从夏侯胜受《论语》、礼服。字长清，东海兰陵人）、匡衡（稚归，东海人）；

5. 匡咸（匡衡授）、师丹（同上，琅琊人）、伏理（游君，同上，琅琊人）、班伯（扶风人）、满昌（君都，按：《儒林传》作"满"，《东观记》作"蒲"，具云颖川，当是一人，姓有误耳。颖川人）；

6. 伏湛（惠公，伏理授）、伏黯（稚文，同上）、张邯（满昌授，九江人）、皮容（同上，琅琊人）、马援（同上，扶风人）；

7. 伏恭（叔齐，按：湛四世孙无忌亦传《齐诗》）。

毕沅这里将辕固列为第一代，但后面又注明，他也不知道辕固的老师是谁。总之，辕固成为了《齐诗》的源头。清陈乔枞在《三家诗遗说考》中，对于《齐诗》的传承予以了如下的考证："《汉书·艺文志》云：'《诗经》齐家二十八卷，《齐后氏故》二十卷，《齐孙氏故》二十七卷，《齐后氏传》三十九卷，《齐孙氏传》二十八卷，《齐杂记》十八卷。'据《艺文志》言辕固生为之传。荀悦《汉记》亦言辕固生作《诗内外传》，是《齐诗》之有内外传也明甚。《志》叙六家，只有《后氏》《孙氏》而不及辕固生者，盖后氏《故》《传》即本诸辕固生也。"看来，关于《齐诗》的传承，最终都能追溯到辕固那里，故而司马迁在《史记》中明确地说："齐言《诗》者皆本辕固生，诸齐人以《诗》显贵，皆固之弟子也。"为此，在2008年第二期的《聊城大学学报》上所刊胡建军的《"齐诗"源流考》一文得出结论：

"齐诗"的形成应从辕固生说起，《史记·儒林传》曰："清河王太傅辕固生者，齐人也，以治《诗》，孝景时为博士。"其从何人受《诗》，并无明确史料记载，但其"齐诗"创始人的地位却是历代学者所公认的。

《齐诗》的第二代传人是夏侯始昌,《汉书·夏侯始昌传》中称:"始昌,鲁人也。通五经,以《齐诗》《尚书》教授。自董仲舒、韩婴死后,武帝得始昌。始昌明于阴阳,先言柏梁台灾日,至期日,果灾。"夏侯始昌本是鲁人,但他不学《鲁诗》,却成为了《齐诗》的重要传人,因为他对经学的精通,使得他成为了董仲舒、韩婴之后最重要的经师,为此而受到了汉武帝的重视。夏侯始昌在《齐诗》史上最重要的作用是把他的学问传给了后苍,自后苍之后,《齐诗》得以广泛的传承。但不知道什么原因,清魏源在《诗古微》中《齐诗传授考》一文把后苍列在了夏侯始昌的前面,而其在《传授考》中并没有解释这种排列方式的原因,他在该书的引文中也称:"后苍,字近君,东海郯人也,事夏侯始昌。"

既然在这里明确地说后苍的老师是夏侯始昌,那为什么要将弟子排在老师的前面呢?也许魏源认为后苍在《齐诗》史上的作用要高过其师吧。对于这一点,清陈乔枞也有这样的说法:"《齐诗》传自后苍。《汉书·艺文志》言《礼》家自汉兴讫孝宣世,后苍最明,戴德、戴圣、庆普皆其弟子。三家立于学官,翼、匡受《诗》后氏,故其《诗》学并善于《礼》。"(陈乔枞撰《齐诗翼氏学疏证·叙录》)

其实,魏源在《传授考》一文中,引用的全是史书上的记载。关于后苍他所引用者,乃是《汉书·儒林传》:

> 后苍,字近君,东海郯人也,事夏侯始昌。始昌通五经,苍亦通《诗》《礼》,为博士,至少府。授翼奉、萧望之、匡衡。奉为谏大夫,望之前将军,衡丞相,皆有传。衡授琅邪师丹、伏理斿君、颍川满昌君都。君都为詹事,理高密太傅,家世传

业。丹大司空，自有传。由是《齐诗》有翼、匡、师、伏之学。满昌授九江张邯、琅邪皮容，皆至大官，徒众尤盛。

以上的这两段引文，简略地列出了《齐诗》的递传情况。后苍所传弟子，历史记载有四位，其分别是白奇、翼奉、匡衡和萧望之，而这四位中后三位在历史上均很具名气。但论这四位弟子在经学史上的作用而言，以翼奉最具名气。关于他的生平，《汉书》本传中称："翼奉字少君，东海下邳人也。治《齐诗》，与萧望之、匡衡同师。三人经术皆明，衡为后进，望之施之政事，而奉惇学不仕，好律历阴阳之占。元帝初即位，诸儒荐之，征待诏宦者署，数言事宴见，天子敬焉。"而对于萧望之的生平，《汉书》中又称："萧望之字长倩，东海兰陵人也，徙杜陵。家世以田为业，至望之，好学，治《齐诗》，事同县后仓且十年。"

看来，萧望之成为了朝中重臣，他有太多的精力用在了帮助皇帝治国安邦方面，而翼奉则将其主要精力用在了发展《齐诗》理论方面。但是，正是因为翼奉的发展，使得《齐诗》融入了更多的谶纬观念，而为其消亡埋下了隐患。

对于《齐诗》的谶纬观念，清皮锡瑞在《经学历史》中称："汉有一种天人之学，而齐学尤盛。"对于这一特点，钱万成、王确在《〈齐诗〉学与汉代政治之关系考论——兼论〈齐诗〉与谶纬神学之关系》一文中从汉初的儒学地位分析起，而后讲述了《齐诗》学者利用诗学理论来解释政治规律：

> 在《齐诗》学者看来《诗》乃是"天地之心，君德之祖，百福之宗，万物之户"，他们构建起一套完整的以阴阳、五行说《诗》的理论——"四始""五际"说。简言之"四始""五际"说是"以

'四始'为之纲,'五际'为之纪",以阴阳、五行的对立转化和相生相克为阐释原理,以《诗》所载的周王朝史实为历史材料探求历史兴衰、朝代更迭的规律。

这段话中所说的"四始",其实不仅是《齐诗》有之,其他三诗也同样有,谭德兴、杨光熙在《〈齐诗〉诗学理论新探》一文中说:"汉代四家诗都有'四始'之说,但《齐诗》'四始'说与《鲁诗》《毛诗》等迥异,其理论基础来源于阴阳家学说。《诗纬泛历枢》曰:'《大明》在亥,水始;《四牡》在寅,木始;《嘉鱼》在巳,火始;《鸿雁》在申,金始。'这便是《齐诗》的'四始'说。"而对于"四始"的观念,王洲明在《汉代〈齐诗〉传授的特点》一文中又有着这样的解释:

> 《齐诗》的"四始"就复杂得多。《大明》《四牡》《嘉鱼》《鸿雁》分别为《大雅·文王之什》,以及《小雅》的《鹿鸣之什》《南有嘉鱼之什》《鸿雁之什》的篇名。《齐诗》是把《诗》的这些篇与十二辰即:子、丑、寅、卯、辰、巳、午、未、申、酉、戌、亥联系在一起,并且均衡地把它们排在亥、寅、巳、申的位置上,而且和阴阳五行的相克相生连在一起。

《齐诗》学者是怎样解释天人关系的呢?下面引用《齐诗》重要传人翼奉所说的一段话:

> 天地设位,悬日月,布星辰,分阴阳,定四时,列五行,以视圣人,名之曰道。圣人见道,然后知王治之象,故画州土,建君臣,立律历,陈成败,以视贤者,名之曰经。贤者见经,

然后知人道之务，则《诗》《书》《易》《春秋》《礼》《乐》是也。《易》有阴阳，《诗》有五际，《春秋》有灾异，皆列终始，推得失，考天心，以言王道之安危。

在翼奉看来，《诗经》中包含着重要的政治观念，上天的星辰排布以及君臣之间的关系，都能够从《诗经》中找到相应的解释，这就是《齐诗》学者所说的微言大义。而《齐诗》学者正是通过这种方式，来影响皇帝的政治抉择。他们所说的"四始"，则是五行中的木、火、金、水。那五行中的土去哪里了呢？清迮鹤寿在《齐诗翼氏学》中称："土为五行之君，周流于四者之间，循环无端也。"看来"四始"中已经包含了土，为何要作出这样的解释呢？钱万成、王确在其文中称：

> 汉承秦制，也将邹衍为秦始皇设计的"受命改制"理论继承下来。文帝时期，贾谊、公孙弘等人提出，按照"五德始终"理论，汉代当为"土德"，其说甚为统治者所欣赏并于武帝朝最终施行。《齐诗》学以土为"五行之君"，表现出他们对以土为"德"的汉代政权的尊崇；其土"周流于四者之间，循环无端"的学说，是对汉代政权超越历史兴衰、王朝更迭规律所作出的理论期许。从中我们不难发现《齐诗》诗学理论重视为政治服务的特点。

原来土德乃是汉代统治者所尊奉者，所以《齐诗》学者就把土德解释为五行中最重要的一行。然而翼奉的这些解释是否为《齐诗》的创始人辕固生所设计呢？至少王长华、刘明不那么认为，他们在文中称："至于《翼奉传》所载翼奉'四始五际六情'之说，乃受夏侯始昌以阴阳五行傅会《洪范》言灾异的影响，他把这一趋向拓展于《诗》的领域,而更向旁枝曲径上推演,以成怪异不经之说,既无与于《诗》教,亦非辕固之所及料。"

虽然把谶纬观念大量地融入诗中并非辕固所料,然而几传之后,这样的观念成为了《齐诗》的主流。比如《汉书·萧望之传》中称:

> 时大将军光薨,子禹复为大司马,兄子山领尚书,亲属皆宿卫内侍。地节三年夏,京师雨雹,望之因是上疏,愿赐清闲之宴,口陈灾异之意。宣帝自在民间闻望之之名,曰:"此东海萧生邪?下少府宋畸问状,无有所讳。"望之对,以为"《春秋》昭公三年大雨雹,是时季氏专权,卒逐昭公。乡使鲁君察于天变,宜亡此害。今陛下以圣德居位,思政求贤,尧舜之用心也。然而善祥未臻,阴阳不和,是大臣任政,一姓擅势之所致也"。

天上下冰雹,萧望之都能引经据典地解释出这是怎样的天人感应,《齐诗》学者到后来更是大力发展这样的学术观,故胡建军在《汉代"齐诗"与孟子渊源考辨》一文中将《齐诗》的特点总结为三条,而后又作出了如下的结论:

> "齐诗"学派解《诗》的逻辑就是:阴阳五行→微言大义→通经致用。就是用把阴阳五行与自然界的灾异相比附的形式来阐释《诗经》里的"微言大义",而阐述《诗经》中"微言大义"的最终目的即是"通经致用",即借以达到在政治上警射最高统治者的目的。这三者是相辅相成的,"通经致用"是目的,"微言大义"是手段,"阴阳灾异"是形式。

胡建军的此文,把《齐诗》的源流追溯到了孟子那里,其文中引用了王葆玹在《今古文经学新论》中所言，王葆玹在其文中明确地称："汉初齐学与孟子有较为密切的关系。"而后其又在齐学的传系跟统治齐国的陈氏家族中找到了关联性："传《春秋》的公羊氏属战国时期齐国的公族，当是封公的陈氏人物之后；胡毋生的祖先或为齐宣王亲弟，或为其母弟，与陈氏血缘关系也很密切；《齐诗》的辕固生是辕涛涂的后人，辕涛涂则是陈胡公的后代；至于传《易》的田氏，即为陈氏，统治齐国的陈氏之'陈'在《史记》写为'田'……传《易》的田何、田王孙都是齐国王室陈氏的后裔。"为了佐证自己的这种联想，王葆玹又在文中举出了三条证据：

（一）《孟子》书多引《诗》《书》而罕言礼乐……长于《诗》《书》而罕言礼乐，不合鲁学的传统，当是齐学的风格。

（二）《荀子·非十二子》称子思、孟柯"才剧志大，闻见杂博，案往造旧说，谓之五行"，所谓"杂博"，正合乎齐国学术的特点，而"五行"在这里不论是指五常，还是指五伦与"五德终始"的比附，都与汉初齐地《尚书》学的内容接近。

（三）西汉齐学以《春秋》公羊为重点，而《春秋》之受到推崇始于孟子，《孟子》书中反复申说孔子作《春秋》的重要意义。

经过一番推论，王葆玹先生得出的结论是："孟子为汉初齐学的祖师。"但孙家洲先生反对王葆玹先生的这个论断。然无论《齐诗》是否可以追溯到孟子那里，但把辕固视之为《齐诗》的创始人，都成为了后世学者的主流看法。虽然《齐诗》曾经是西汉时期最受重视的一门学问，因为很多《齐诗》学者都在朝中做高官，然而齐、鲁、韩、毛四家诗最早衰落者恰恰正是曾经最火的《齐诗》。对于四诗的衰落情况，《隋书·经籍志》中称："'齐诗'魏代已亡，'鲁诗'亡于西晋；'韩诗'虽存，无传之者。"

《齐诗》在三国时代就消亡了，而《鲁诗》则是到了西晋，关于《韩诗》虽然唐代写《隋书》时还未消亡，但《四库全书总目提要》在《三家诗拾遗提要》中说："宋修《太平御览》多引'韩诗'，《崇文总目》亦著录，刘安世、晁说之尚时时述其遗说，而南渡儒者不复论及，知亡于政和、建炎间矣。"

看来，《韩诗》消亡于南宋、北宋交替时期。是什么原因使得《齐诗》消亡得最早呢？洪湛侯在《诗经学史》中称："在流传过程中，（'齐诗'）阴阳谶纬等迷信成分日益增多，章句也日益烦琐，很少学术价值，因而在三家《诗》中，衰亡最早。"对于洪湛侯的这段解释，李梅、俞艳庭在《东汉"齐诗"衰落的原因》一文中认为："以上论说只能解释'齐诗'因何亡佚，并不能解释它何以早亡。"那么李梅、俞艳庭认为《齐诗》早亡的原因是什么呢？他们在文中称："发现'齐诗'由盛转衰的关结点，竟在于王莽篡汉。"而后，该文中分别谈到了《齐诗》的第六代和第七代传人跟王莽之间的关系，比如，伏理的儿子伏湛和伏黯都曾到王莽手下任职，而张邯曾被王莽任命为大司徒，经过这样的关系分析，而后该文得出如下结论：

> 综上所述，西汉末年，见于记载的"齐诗"学者大都为王莽所用，"齐诗"学派也因此形成了短暂的畸形繁荣局面，这几乎成了"齐诗"在政治上的一大"污点"。东汉政权建立后，"齐诗"从此一蹶不振，其原因也就可以理解了。

看来学术跟政治靠得太近就很容易卷入政治旋涡中，这样的做法能够使得学术得以迅速地推广，但随着政局的变化也会迅速得以消亡，而《齐诗》的消亡正印证了这样的说法。

我们再说回齐诗的起点辕固,虽然后世难以知道辕固的师承,但他的确是以研究《诗经》起家者,《汉书·儒林传》中称:

> 辕固,齐人也。以治《诗》孝景时为博士,与黄生争论于上前。黄生曰:"汤、武非受命,乃杀也。"固曰:"不然。夫桀、纣荒乱,天下之心皆归汤、武,汤、武因天下之心而诛桀、纣,桀、纣之民弗为使而归汤、武,汤、武不得已而立,非受命为何?"黄生曰:"'冠虽敝必加于首,履虽新必贯于足。'何者?上下之分也。今桀、纣虽失道,然君上也;汤、武虽圣,臣下也。夫主有失行,臣不正言匡过以尊天子,反因过而诛之,代立南面,非杀而何?"固曰:"必若云,是高皇帝代秦即天子之位,非邪?"

辕固因为研究《诗经》而名闻天下,于是在朝中做了博士。但是汉景帝时,黄、老之学颇为盛行,为此,辕固跟黄生在皇帝面前有了一次著名的争论。黄生认为,商汤和周武王乃是推翻前朝而登基者,这样的人不值得后世夸赞。辕固反对黄生的说法,他认为,桀、纣不是真正的好皇帝,而汤、武除掉这样的恶人,乃是顺应民意,所以他们接着做新朝的帝王,这也同样是上天的安排。辕固的这种说法,本自于孟子所言:"齐宣王问曰:'汤放桀,武王伐纣,有诸?'孟子对曰:'于传有之。'曰:'臣弑其君,可乎?'曰:'贼仁者谓之贼,贼义者谓之残,残贼之人谓之一夫。闻诛一夫纣矣,未闻弑君也。'"孟子也认为汤、武杀掉这样的恶人不算弑君。

黄生反对辕固所言,他先引用了《周易》中的所言:"黄帝、尧、舜垂衣裳而天下治,盖取诸乾坤。"对于这句话,晋韩康伯在《注》中说:"垂衣裳以辨贵贱,乾尊坤卑之义也。"所以黄生认为,帽子再破也是戴在头顶上的,而鞋再新也是穿于脚下,这就是上下有别。

尽管桀和纣虽然是恶君，但他毕竟是君主，而汤、武再贤良他也是臣子，所以臣杀君就是一种越位。针对黄生的这段话，辕固的反驳极有力量，他以其人之道还治其人之身，跟黄生说，如果按你的理论来推，那么本朝的汉高祖刘邦岂不也成了篡权？显然辕固的这几句话，让黄生闭上了嘴。他俩的这番争论让皇帝也不好评判，只好说了一番和稀泥的话。但是辕固还是为自己的耿直付出了代价：

>窦太后好《老子》书，召问固。固曰："此家人言耳。"太后怒曰："安得司空城旦书乎！"乃使固入圈击彘。上知太后怒，而固直言无罪，乃假固利兵。下，固刺彘正中其心。彘应手而倒。太后默然，亡以复罪。后上以固廉直，拜为清河太傅，疾免。

毕竟汉初的朝中以信奉黄、老之术为主，恰好窦太后对此最感兴趣。某次窦太后问辕固怎么看待《老子》一书，辕固当然知道窦太后希望他说几句夸赞的话，然而辕固绝不这么干，他直截了当地跟窦太后说，《老子》这部书不过就是普通百姓喜欢的家常话。他的这个回答让窦太后极为恼怒，于是命人把辕固放在野猪圈内，让其跟野猪决斗。

辕固毕竟是一位书生，显然战胜凶猛的野猪不是他所擅长的事，而皇帝也明白这一点，但皇帝知道此时的太后正在愤怒之中，他不便去劝解，于是他派人拿给辕固一把锋利的兵器，而辕固果真用这把锋利的兵器刺中了野猪的心脏。面对这个结果，太后也没话说。后来，虽然辕固又有起落，但最终还是以身体原因退休。

后来汉武帝继位后，又把辕固召回了朝中，《汉书·儒林传》载："武帝初即位，复以贤良征。诸儒多嫉毁曰固老，罢归之。时固已九十余矣。公孙弘亦征，仄目而事固。固曰：'公孙子，务正学以言，无曲学以阿世！'诸齐以《诗》显贵，皆固之弟子也。昌邑太傅夏侯始昌最明，自有传。"此时的辕固已经超过了九十岁，但他的脾气却并没有缓和多少，为此遭到了嫉妒者的诋毁，最终他还是被撤了职。然而那时的《齐诗》经过辕固的努力，已经成为朝中最受重视的学问，以至于他的弟子大多成为了朝中的显贵，其中传承他学问最有名的一位就是夏侯始昌。

由这些记载可知，《齐诗》的创始本自辕固，同时能够使《齐诗》取得重要的社会地位也是经过辕固的努力，以此足可说明，辕固乃是《齐诗》一派最重要的人物。

关于辕固墓的具体位置，《山东省桓台县建筑志》中称：

> 该墓位于县城西北15公里田庄镇辕南村西南隅，俗讹为牛固塚。
>
> 辕固，西汉齐人，以治诗为景帝（公元前156—150年）博士，死后葬此。塚墓为夯土筑成，占地十余亩，高二十余米。登临可俯瞰附近村落。远眺马踏湖全景。

由此而定下了我的寻访目标。今日之寻访乃是从济南市包下一辆出租车，先去寻找了伏生墓，接下来就是去寻找辕固墓。

出冢子村返回G20高速，过刁镇，正遇集日，在马路上摆摊者竟有三层，完全不顾车慢如牛，面对此况急也无用，只好让司机小心前行，用了将近一小时方穿过这个集市。而后前行30公里，终于找到了高速路入口，站口的名字为章丘，这让我有着唯一的联想乃是大葱。但司机张师傅却告诉我，此处是滨州地界，而滨州最有名的特产乃是杨树，其次则是沾化冬枣。沾化冬枣是我爱吃的，可惜今天来得不是时节。

在高速路上，看到"孙子兵法城"广告牌，知此为孙子故里，二十分钟后过周村。张师傅问我是否知道周村有"天下第一村"的称号，我告诉他的确听到过，但不明白为什么会有这样一个称号。张师傅的回答令我有些意外，他说这个名称来源于当地的烧饼："周村的烧饼很有名，但现在都改良过了。我们小时吃的是中间高四周薄，像个草帽，并且只有高起的那一点有芝麻，现在全做成一样薄，并且全是芝麻了。"

东行一个多小时近百公里，到桓台县田庄镇。在当地经打听方得知，田庄有元南、元北和元文三个村，而三村均为辕固故里，墓在元南村。来到此村，在村中遇到一位老人，我向其打听辕固墓所在，这位老人没有直接回答我，而是给我细讲这三村的历史来由。等他讲完之后，我依然向其追问辕固墓在哪里，他依然不回答，只是跟我说："你再向前走一里地，就能看到辕固药店，到那里你再接着问吧。"

辕固药店

两千年过去了,竟然还有人以辕固之名做招牌,足见其影响力一直穿越到了今日。果真很快就找到了这家药店,从外观看,店面还不小。走入店中,里面仅有一位年轻女士,以

● 前往这一带继续打问

我的经验,年轻人,再加女士者,若向其打问历史遗迹往往都会不得要领。但今日这位店主人却用事实批驳了我的偏见。

女士闻我所言,很认真地告诉我,辕固墓已经被挖平了,而今那个墓址成为了一个大坑,她同时跟我说,去年桓台电视台来了几个人,特地来拍摄辕固故里,他们也找过辕固墓,但同样没结果。而今我来到这个药店的时间是2012年2月25日上午11点34分,那也就是说,在此前的一年,就已无法找到辕固墓所在。我问女士辕固墓被拆平的具体时间,她说自己也不清楚,这样说来,《桓台县建筑志》所记载的情况已经是多年前的情形。

但我还是想了解到辕固墓被拆毁的具体时间,女士建议我可以到村北去找本村的老人了解情况。我谢过她的指点,而后上车,让张师傅开到了村北。还未停车之时,迎面遇一骑电三轮卖货之人,此人骑电三轮的水平很高,因为我看到他左手拿着一截木棒,右手中则拿着一根较细的木棍,他时不时地腾出右手来敲击那截木棒,而此木棒发出很响的哪哪之声。看来那根木棒已经做成了中空,此木棒发出的响声短促而响亮。我问张师傅此人这是在做什么,他告诉我说,这是卖豆腐的。他的这句话突然让我明白了小时候的那句谚语。我记得小孩们经常在一起玩看手相,就是看手指上有几个斗

⊙ 坍塌的院落

和几个簸箕。看完之后,都会背那个口诀:"一斗穷二斗富,三斗唪唪卖豆腐……"其实我当时始终弄不明白,为何要在卖豆腐的前面加唪唪二字,今日所见,终于让我懂得了这些口诀有着何等浓厚的生活气息。

我立即下车拦下此人,向他请问辕固墓的历史,唪唪声戛然而止,他停顿了一下说自己也不了解,让我问本村村民,而后他指着旁边的院落说,你去那里问一问。话音还未落,他又开始敲击手中的木棒。顺其所指,我看到那个院落有一扇关闭的铁门,而铁门旁边的几间房屋已经坍塌,这样的院落几乎没有住人的

⊙ 简易的围墙

辕固：《齐诗》之祖，最先结束　　233

◉ 仅剩余门框

迹象。于是继续向前走，遇到了两位小孩，他们对我的问话当然一无所知，但他们却让我推开大铁门进院去问，因为里面有人。

　　重新来到院门口，试着敲击了几遍，里面无人应答，稍一用力门却推开了。进入院中，眼前所见是横七竖八地拉着很多的挂绳，而这些挂绳很低，我只好低头弯腰，小心地走到了正房前，站在门口再次敲门，还是无人应答。于是我接着推门入内，在里面见到了一位老太太，她对我这位不速之客没有表现出丝毫惊讶。因为屋内光线很暗，大约过了一分钟，我方看清楚里面的情形，房间内凌乱不堪，而她在铁锅边，正在烤馒头片。她见我进

◉ 再次来到了大街上

● 辕固墓址

内,站起身来放下手中的馒头片,而后跟我说了一段话,可惜她所说的方言我一句也没能听懂。因为此时忘记让张师傅进来做翻译,我也不想再低头弯腰地穿过那些绳索。于是只好自说自话地提出了自己的问题,但从老太太的眼神中,我感觉到她大约听懂了我的来意。

于是老太太又向我做了一番解释,显然为了让我能够听懂她的话,她放慢了语速,可惜的是我依然不得要领。于是老太太一转身示意我跟着她重新来到了院外,把我带到一位扫街的老汉面前,她跟老汉说了几句话,那位老汉放下扫帚告诉我说:"此街就是辕固坟的西边,坟的中心也就相当于十字街的中心,坟的位置就是前面的那堆柴禾垛,柴禾垛的后面就是被挖掉的坟坑。"

老汉很认真,他边说边挥动双臂,给我比划着辕固墓以前的巨大范围。他的语句中充满着自豪,看来有这样的先贤在,乃是本村人的骄傲。而正在说话间,天上突然飘起来了雪花,我感觉到风也凉了很多。我请老汉给我带一带路,他很爽快地带着我来到了一个巨大的凹地面前,里面堆满了各种各样的垃圾,他告诉我说,这个大坑就是当年的辕固墓。面对如此巨大的垃圾坑,想象着当年吟诵《诗经》的辕固,我不知该发出什么样的感慨。在我拍照期间,村里一些妇女三三两两地围了过来,好奇地看着我面对一个垃圾坑拍照,那位老太太也站在旁边,一动不动地看着我所有举措,可我从她的脸上看不到任何的悲喜之色。

董仲舒：大一统论，天人感应

董仲舒是中国经学史上很重要的人物，王永祥在《董仲舒评传》中做出了如下总结："董仲舒之成为汉代的大儒，《公羊春秋》的大师，主要就在于首推阴阳，错纵五行，广纳博采，以'微言大义'的形式来解《春秋》经，从而构筑了一套新的儒学体系。特别是他又提出'罢黜百家，独尊儒术'的创议，把注经与选士、任贤结合起来，从此便结束了先秦的子学时代，开创了一个以治经、解经为治学方式的经学时代。"

董仲舒在经学上的贡献主要是在春秋公羊学方面，因此黄开国在《公羊学发展史》一书中称："由董仲舒所创立的春秋公羊，是春秋公羊学发展史上第一个系统的理论，在中国经学史上具有里程碑的意义，春秋公羊学其后的发展基本上是沿着董仲舒所开创的方向而来的。"关于董仲舒的生平，后世所见最早的记载乃是《史记·儒林列传》："董仲舒，广川人也。以治《春秋》，孝景时为博士。下帷讲诵，弟子传以久次相受，或莫见其面，盖三年董仲舒不观于舍园，其精如此。进退容止，非礼不行，学士皆师尊之。"看来董仲舒研究《春秋》特别刻苦，并且在当时有着很大的名气，因为有很多人都拜其为师，但是他的很多学生竟然很长时间没有见过老师的面，这其中的原因并不是因为他不愿意见弟子，而是因为他曾经三年不出家门，把精力都用在了研究学问方面。

但是,他的研究也给自己带来过大麻烦。《史记》中接着写道:

> 以《春秋》灾异之变推阴阳所以错行,故求雨闭诸阳,纵诸阴,其止雨反是。行之一国,未尝不得所欲。中废为中大夫,居舍,著《灾异之记》。是时辽东高庙灾,主父偃疾之,取其书奏之天子。天子召诸生示其书,有刺讥。董仲舒弟子吕步舒不知其师书,以为下愚。于是下董仲舒吏,当死,诏赦之。于是董仲舒竟不敢复言灾异。

看来董仲舒是通过《春秋》来研究天下的灾异变化,甚至能用《春秋》来求雨,不知什么原因他被贬官回家,在家中他更加深入地研究这方面的问题。恰在此时辽东高庙发生了火灾,一位叫主父偃的人偷拿了董仲舒所著的《灾异之记》呈献给皇帝,皇帝于是命几位书生研究这部书,这些人中有董仲舒的弟子吕步舒,吕不知道这部书是他老师的作品,跟皇帝说这部书写得很糟糕。而后董仲舒被判了死刑,但皇帝最后还是赦免了他。这个意外把他吓得够呛,从此他就闭口不谈灾异之事,而将其所有的精力都放在研究《公羊传》方面。

对董仲舒生平记载较为详细的史料乃是班固的《汉书》,该书首次给董仲舒列出了单独的传记,此传记几乎抄录了《史记·儒林列传》中关于董仲舒的全部资料,然后补充了很多新材料,从字数上说比《史记》多了好几倍。这部分补充的材料,最受后世看重者就是收录了汉武帝的三次制文以及三次对策,这段事被后世称之为"天人三策"。

关于何为天、何为人,董仲舒有着他独特的解释,比如他说:"天地者,万物之本,先祖之所出也。广大无极,其德昭明。历年众多,永永无疆。天出至明，众知类也，其伏无不照也。地出至晦，星日为明，不敢暗。君臣、父子、夫妇之道取之，此大礼之终也。"（以下引董仲舒语均出自《春秋繁露》，不再一一注出）

关于天是怎样构成的，董仲舒又有着如下的解释："天有十端，十端而止已。天为一端，地为一端，阴为一端，阳为一端，火为一端，金为一端，木为一端，水为一端，土为一端，人为一端，凡十端而毕，天之数也。"在这里董仲舒把天分成十个组成部分，然而这些组成中竟然第一个还是天，不过他这里"总的天"和"分的天"有着怎样的外延和内涵区别，他未曾解释，但二者之间肯定有所不同。而董仲舒把天分成了十个组成部分，分别是天地、阴阳、五行和人，人也是天的一部分，不知道这是不是他"天人合一"的理论基础。

天跟人是怎样的关系呢？董仲舒认为人的身体都跟天相呼应，比如"人亦十月而生，合于天数也。是故天道十月而成，人亦十月而成，合于天道也"。母亲怀胎十月而后生产，这十月恰好跟董仲舒所强调的天是十个组成部分相呼应，所以他强调人一出生就符合天道："人之形体，化天数而成；人之血气，化天志而仁；人之德行，化天理而义；人之好恶，化天之暖清；人之喜怒，化天之寒暑；人之受命，化天之四时。人生有喜怒哀乐之答，春秋冬夏之类也"。人的血气、好恶、喜怒这一切又跟春夏秋冬四季相呼应："物疢疾莫能偶天地，唯人独能偶天地。人有三百六十节，偶天之数也；形体骨肉，偶地之厚也。上有耳目聪明，日月之象也；体有空窍理脉，川谷之象也；心有哀乐喜怒，神气之类也"。

在他看来，人有三百六十个关节恰好符合天数，而人由骨肉构成，这恰好又跟地相符，人的耳朵和眼睛如同天上的日月，人的五脏六腑又跟大自然的山川河谷相符合。"人之身有四肢，每肢有三节，三四十二，十二节相持而形体立矣。天有四时，每一时有三月，三四十二，十二月相受而岁数终矣。官有四选，每一选有三人，三四十二，十二臣相参而事治行矣。以此见天之数，人之形，官之制，相参相得也。人之与天，多此类者，而皆微忽，不可不察也。"人有四肢，每肢又分三节，这样加在一起是十二节，这十二又符合了一年的月数，总之在董仲舒的眼中，人跟天有太多的可呼应之处，而董仲舒把这样的呼应扩展到了整个社会的方方面面。当年汉武帝在策问时提出："三代受命，其符安在？灾异之变，何缘而起？"于是董仲舒回答道："臣闻天之所大奉使之王者，必有非人力所能致而自至者，此受命之符也。天下之人同心归之，若归父母，故天瑞应诚而至。《书》曰：'白鱼入于王舟，有火覆于王屋，流为乌'，此盖受命之符也。周公曰：'复哉！复哉'，孔子曰：'德不孤，必有邻'，皆积善累德之效也。及至后世，淫佚衰微，不能统理群生，诸侯背畔，残贼良民，以争壤土，废德教而任刑罚。刑罚不中，则生邪气；邪气积于下，怨恶畜于上。上下不和，而阴阳缪戾而妖孽生矣。此灾异所缘而起也。"（《汉书·董仲舒传》）

董仲舒认为只要皇上积德行善，就能够有向心力，而上天也同样会降吉祥，如果不这样做，只是一味地残害百姓，那么人心就会离散，诸侯也会背叛。如果出现了这种情况，"国家将有失道之败，而天乃先出灾害以谴告之，不知自省，又出怪异以警惧之，尚不知变，而伤败乃至。"（《汉书·董仲舒传》）由此可知这就是董仲舒说的天人感应，如果人做的好，天就会帮助，否则的话天就会以灾害来做为警告，如果依然不改正，那就会出现天下大变的情况。

对于董仲舒的这个观念，侯外庐等著的《中国思想通史》认为："这种天人感应论，在宗教上是天的神权的最高证件。"而王永祥则认为这样的结论"有失偏颇"。为什么这样说呢？王永祥在《董仲舒评传》一书中做出了两点总结，其第一点为："在儒学的创始人孔子那里就具有着不折不扣的'天命'论,可是至今没有人说孔子的儒学是神学或宗教神学,董仲舒则不过是把孔子的天命论与阴阳五行说结合起来,加以发挥,提出了一个'天人感应'说,便如此厚非,这是有欠公允的。"

关于孔子著《春秋》的本意,历史上有着太多的不同说法,其中之一就是今文经学家最为强调的"改制说"。冯友兰在《中国哲学史新编》中称:"春秋公羊学的基本精神是'改制'。"而黄开国先生则称:"改制说的创立者就是董仲舒。"(《公羊学发展史》)为什么要这样说呢,黄开国接着解释道:"《公羊传》并没有《春秋》改制之说,此说的发明权无疑也应该归功于董仲舒。"

在董仲舒的观念中,《春秋》一书最后一句的"西狩获麟",正是孔子受命于天的象征:"然后托乎《春秋》正不正之间,而明改制之义,一统乎天子,而加忧于天下之忧也,务除天下所患,而欲以上通五帝,下极三王,以通百王之道,而随天之终始,博得失之效,而考命象之为,极理以尽情性之宜,则天容遂矣。"因此董仲舒认为孔子写《春秋》一书,不是一般的著书立说,而是受天命要进行改制,所以孔子著《春秋》乃是天意的表现。

为什么要这样说呢?董仲舒又在《春秋繁露》中做出了这样的解释:"今所谓新王必改制者,非改其道,非变其理,受命于天,易姓更王,非继前王而王也,若一因前制,修故业,而无有所改,是与继前王而王者无以别。受命之君,天之所大显也;事父者承意,事君者仪志,事天亦然;今天大显已,物袭所代而率与同,则不显不明,非天志,故必徙居处,更称号,改正朔,易服色者,无他焉,不敢不顺天志,而明自显也。若夫大纲、人伦、道理、政治、教化、习俗、文义尽如故,亦何改哉!故王者有改制之名,无易道之实。"

对于董仲舒的这段话,黄开国在其专著中做出了如下的解释:"新王是受命之君，非继前王之君，为了表示与前一王朝的不同，新王必须通过改制来表示自己与前朝的区别，以表明自己的受命于天。但改制不是完全去除前朝的一切，而只是变更居处、称号、正朔、服色等，至于人伦大纲、政治教化等都没有变化，所以，改制并不意味道、理的改变。也就是说，无论历史朝代如何改变，其中都有一个永恒不变的道、理在其中。董仲舒此说即后来道统说的滥觞。"

以上谈论的对象都是帝王，但孔子未曾坐到这个位置上，那他怎样受命于天呢？董仲舒想到了一个方式，那就是把孔子视为素王。他在《天人三策》中说，"孔子作《春秋》，先正王而系万事，见素王之文焉"。但是对"素王"二字，董仲舒并未做出相应的解释，而后的经学家则将其解释为：孔子受命于天，虽然他有天子之德，但他却没有天子之位。

其实"素王"二字并非董仲舒的发明，但他却是第一个把孔子称为"素王"的人。但也有人不承认董仲舒的这个发明，比如宋叶梦得在《春秋考》卷十四中说："《春秋公羊》素王之论……盖起于《家语》齐大史子余美孔子云：'天其素王乎？'儒者因之，遂以孔子为素王，而以左丘明为素臣。盖虽杜预犹知其非也。《春秋公羊》妖妄，本不至于是。然作俑之始，实有以开其端。"

叶梦得认为，《孔子家语》一书中就已经把孔子视之为素

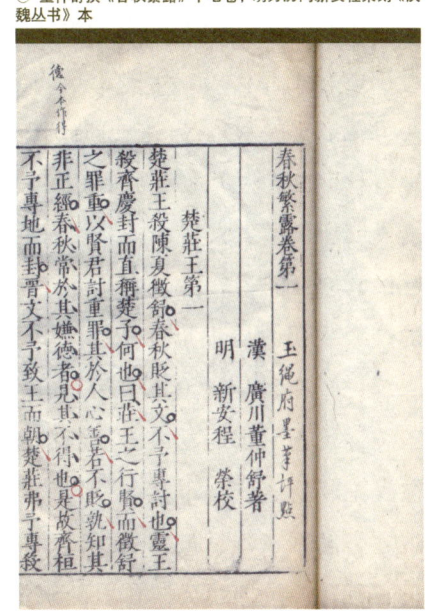

⊙ 董仲舒撰《春秋繁露》十七卷，明万历间新安程荣刻《汉魏丛书》本

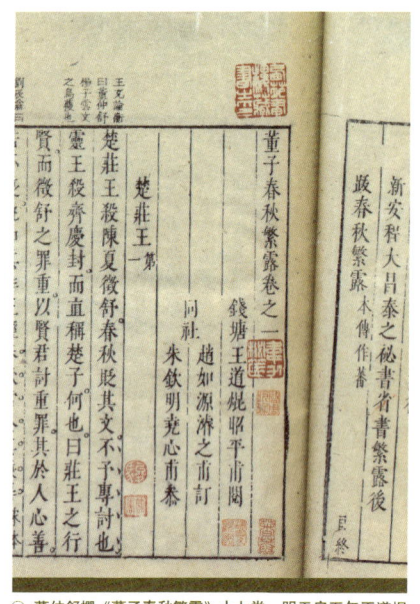

● 董仲舒撰《董子春秋繁露》十七卷，明天启五年王道焜等刻本

王，查该书，其卷九确有如下段落："孔子生于衰周，先王典籍错乱无纪，而乃论百家之遗记，考正其义，祖述尧、舜，宪章文、武，删《诗》述《书》，定《礼》理《乐》，制作《春秋》，赞明《易》道，垂训后嗣，以为法式，其德著矣。然凡所教诲，束修已上三千余人，或者天将欲与素王之乎？夫何其盛也。"然而，《孔子家语》经过后世的研究，乃是三国魏王肃伪造的一部书，所以该书内"素王"二字，远远晚于董仲舒在《天人三策》中所言。因此首先给孔子戴上素王桂冠的人依然是董仲舒。董仲舒这么做的目的是什么呢？黄开国的结论是："孔子素王说的提出，使孔子成为具有天命承担者与无冕之王的双重身份，由此也提升了孔子著《春秋》的重大意义。《春秋》也成为天命与君主治道完美的体现。这就给人们从《春秋》去发明所谓微言大义，提供了理论支撑。"

董仲舒的另一大发明则是"三统"说。哲学家冯友兰把董仲舒的这个发明看得很重要，在《中国哲学史》中认为："（董仲舒的三统说）在哲学史上不失为一有系统的历史哲学。"在董仲舒提出三统说之前，那时社会上流行的是"五德终始说"，但这种说法不被汉王朝所喜欢，于是董就用三统说来替代五德终始说，并用这个观念来解释《春秋》一书。比如《春秋》一书的第一句是"元年春王正月"，按照《公羊传》的解释，这几个字包含着及其深刻的微言大义:"元年者何?君之始年也。春者何?岁之始也。王者孰谓?谓文王也。曷为先言王而后言正月?王正月也。何言乎王正月?大一统也。"

其实这句话原本只是说鲁国国君在这一年的第一个月,但《公羊传》不这么认为,它认为为什么要说"正月"而不是说"一月"?而同样董仲舒认为《春秋》将第一年不称为"一年"而称为"元年",这里面也包含了孔子的深远用意:"'王者孰谓?谓文王也。曷为先言王而后言正月?王正月也。'何以谓之王正月?曰:王者必受命而后王。王者必改正朔,易服色,制礼乐,一统于天下,所以明易姓,非继人,通以己受之于天也。王者受命而王,制此月以应变,故作科以奉天地,故谓之王正月也。"

董仲舒为什么要强调这一点呢?他正是想以此来强调大一统的观念,通过这样的强调,以便建立起他的社会价值观,那就是儒家才是受命于天的最正统观念,而儒家之外的学说都非正统,而后他用这个理论提出了对后世影响至深的观念——"罢黜百家,独尊儒术"。他的这个观念在此后的中国影响长达两千年。

中国经学体系最讲师承,董仲舒既然有这等宏大的思想,他的老师会是谁呢?对于这一点,相关的研究者做了一系列的探讨,比如有人说,董仲舒

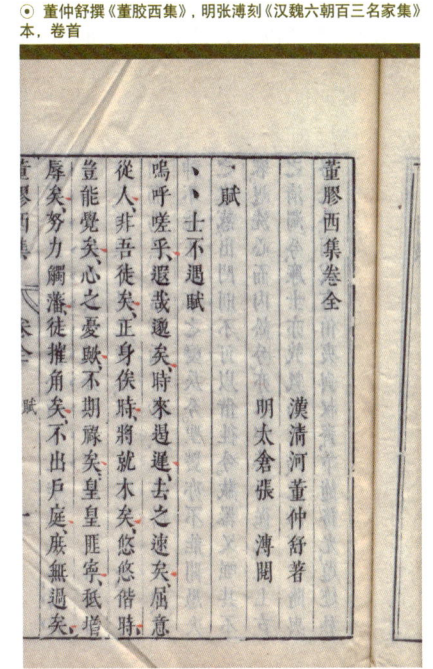

⊙ 董仲舒撰《董胶西集》,明张溥刻《汉魏六朝百三名家集》本,卷首

的老师是胡毋生,这种结论本自唐徐彦在《公羊传序》的书中所说的一句话:"胡毋生本虽以《公羊》经、传传授董氏,犹自别作《条例》。"为此后人认为胡毋生跟董仲舒是师生关系。清代的凌曙也采用这种说法,但徐复观先生认为这种结论不正确,他在《中国经学史的基础》中称:"汉代《公羊传》的传承统绪出于董仲舒而非胡毋。"而《汉书·儒林传》中在谈到胡毋生时写道:"治《公羊春秋》,为景帝博士。与董仲舒同业,仲舒著书称其德。"

由此有些人认为董仲舒和胡毋生是同学关系,究竟情况如何,黄开国的解释是:"故董仲舒之学,非出自公羊寿,当出自秦末汉初一位佚名的公羊学大师。"

且不管董仲舒是谁的弟子,他的观念都对中国影响至深,甚至有些人把他视为孔子的正传。比如王充在《论衡·案书篇》中说:"谶书云'董仲舒乱我书',盖孔子言也。读之者或为'乱我书者,烦乱孔子之书也',或以为'乱者,理也,理孔子之书也'。共一'乱'字,理之与乱,相去甚远。然而读者用心不同,不省本实,故说误也。夫言'烦乱孔子之书',才高之语也。其言'理孔子之书',亦知奇之言也。"孔子在去世前留下了遗言:"董仲舒乱我书。"而如何解释这个"乱"字,仅在东汉就有三种不同的说法,有人认为这是指把孔子所编之书都弄乱了,但也有相反的解释,那就是把"乱"字解释为理顺,其意是说孔子预言今后有一个叫董仲舒的人会传承和整理自己的观念。

对于这一点,后世记载更为详尽者乃是郦道元在《水经注》的所载,该书卷二十五《泗水·西南过鲁县北》中称:

> 永平中,钟离意为鲁相,到官,出私钱万三千文,付户曹孔䜣,治夫子车,身入庙,拭几席、剑履……孔子寝堂床首有悬瓮。

意召孔䜣，问："何等瓮也？"对曰："夫子瓮也，背有丹书，人勿敢发也。"意曰："夫子圣人，所以遗瓮，欲以悬示后贤耳。"发之，中得素书，文曰："后世修吾书，董仲舒；护吾车、拭吾履、发吾笥，会稽钟离意。"

汉永平年间，有位叫钟离意的人到鲁国为相，他来到孔庙中看到了一个悬瓮，在此之前谁也不敢动此瓮，而钟离意却让人打开，在此瓮内发现了"素书"，上面写着一句话，看来此话乃是孔子所说，大意是到了后世会有一个叫董仲舒的人整理我的著作。当然孔子那个时代应当是用竹简来书写，那么这个悬瓮内发现的"素书"很有可能是写在一个小竹片上。

且不管是不是竹片，编这段话的人显然是要把董仲舒视为孔子的正传，因为董写出了《春秋繁露》一书，而这部书正是解释孔子所著的《春秋》，此书也是董仲舒流传至今唯一的著作。但是到了宋代，人们开始怀疑这部书的作者不是董仲舒，这种说法对后世产生了很大的影响，比如《春秋繁露义证》一书转引了宋程大昌的一句话："辞意浅薄，间掇取董仲舒策语，其中，辄不相伦比，臣固疑非董氏本书矣。"

程大昌是从《春秋繁露》一书的语言风格上着眼，他认为该书的内文写得有些浅薄，这不应当是出自大儒董仲舒之手。同样宋代的欧阳修在给《春秋繁露》一书所写的跋语中，也有如下说法："《汉书·董仲舒传》载仲舒所著书百余篇，第云《清明》《竹林》《玉杯》《繁露》之书，盖略举其篇名，本其才四十篇，又总名《春秋繁露》者，失其真也。予在馆中校勘群书，见有八十八篇，然多错乱重复，又有民间应募献书者，献三十余篇，其间数篇在八十篇外，乃知董生之书流散而不全矣"。

欧阳修认为《春秋繁露》一书散乱不全了，恐怕里面掺杂进了其他人的著作。到了清代，四库馆臣也持同样的意见，《四库全书总目提要》中写道："其书发挥《春秋》之旨，多主《公羊》，而往往及阴阳五行。考仲舒本传，《蕃露》《玉杯》《竹林》皆所著书名，而今本《玉杯》《竹林》乃在此书中，故《崇文总目》颇疑之，而程大昌攻之尤力。今观其文，虽未必全出仲舒，然中多根极理要之言，非后人所能依托也。"

但不管怎样，董仲舒的这部《春秋繁露》受到了后世今文经学家的高度夸赞，比如皮锡瑞在《经学通论》中赞誉该书说："汉人之解说《春秋》者，无有古于是书，而广大精微，比伏生《大传》《韩诗外传》尤为切要。"而苏舆则在《春秋繁露义证例言》中直接把该书视之为"西汉大师说经，此为第一书矣"。

虽然董仲舒在中国经学史上有着如此重要的地位，然而关于他的生平，后世却知之甚少，比如他的生卒年就有着多种推论，对于他的故里也同样有着各式各样的说法。《史记》和《汉书》都把董仲舒的故里写为："广川人也。"但是广川在哪里，因为历史的变迁，也同样有着不一样的说法。《畿辅通志》上说："德州、枣强、景州三处，郡名皆曰广川。"故而这三处均说他们那里是董仲舒的故里，为此《畿辅通志》上做了如下的解释："夫德州之曰广川，以晋武时改广川为长河，移属平原故也；枣强之曰广川，以汉景时分广川为枣强，后复并枣强入广川故也；景州之曰广川，以广川来属故也。其实，董子所生之董家庄，在汉为广川县地，时未置枣强，亦不属脩，故太史公直书曰'广川人'。后代既以广川割属景州，则庙食者自在此不在彼矣。"

除此之外，《畿辅通志》上还称："汉董仲舒墓，旧《志》云：在董家里。按董子本传：'年老以寿终于家。家徙茂陵，子及孙皆以学至大官.'则其家故在茂陵也。且何以知非其子若孙徙去者？曰：《传》言：'董仲舒在家，朝廷如有大议，使使者及廷尉张汤就其家而问。'朝廷大议，张汤贵臣。苟非其家近在茂陵，何以能数数就问耶？家既徙，徙而后终，何以知其不反葬也？曰：孟坚书法，'家徙茂陵'，在'寿终在家'下，天下有反葬其父而超然去此者乎？学而至大官者不为也。故《志》之误，《通志》仍其误。旧《志》又云：'董家里墓，往年被发，石椁砖圹。其圹穴连环状。正德初有亲闻其事者。石椁遂焚毁不存'。"

看来董仲舒的墓处在西安，雍正版的《陕西通志》中有《江都相董仲舒墓》一节："在城内胭脂坡下（县志）、虾蟆陵在万年县南六里。韦述《西京记》：'本董仲舒墓。'李肇《国史补》曰：'昔汉武帝幸芙蓉园，即秦之宜春苑也。每至此墓下马，时人谓之下马陵。岁月深远误传为"虾蟆"耳（宋敏求：《长安志》）。'……按：下马陵在西安府城内。《渭南县志》亦载有董墓，非也。至《通许县志》谓'邑有仲舒冈，冈上有祠，祠北为墓者'，尤非。"既然有这么多地点，每个地点都说那里有董仲舒墓，那我也只能一一去访之。

查得的资料称，董仲舒祠位于今日河北省衡水市枣强县王常乡旧县村，而董仲舒的故里则位于河北省衡水市景县广川镇董故庄。

此次的河北寻访之旅已经走了三天，当晚住在了安平县的县宾馆内，据上次来此地已经过了十年，而今这里发生了很大的变化。昨晚的睡眠还算不错，今日6:30起床，7:00早餐，竟有红枣一大盘，品之乃蒸熟者，在枣乡河间未食到，没想到在这里却吃到了此物。

8:00上车，沿衡枣市道南行，司机聊到衡水特产，称有内画鼻烟壶，老白干酒，武强年画及金鱼。前三种我早已听说过，而唯有金鱼初闻，想起宾馆大堂有两大缸红色鱼，细想似是热带鱼名罗汉者，而非金鱼。王习三的内画壶在二十多年前就很出名，曾是外贸出口之名品，当时工艺品公司的朋友曾送给我几个样品，九十年代初我到日本出差时，送给了日本的朋友。衡水老白干则是白酒中的名品，尤其在中国北方地区，嗜酒者必赞其酒有劲儿。

路过枣强县一个镇时，司机告诉我这个镇叫嚣张，我诧异居然有如此霸气的镇名，听司机解释，方知是肖章。老祖宗发明了这么多同音不同义的字，才让许慎等大师以及后来的小学家们大费周章，去做各种文字考证，到今日又让我大费周章地去寻找他们的遗迹。

出肖章镇东转，沿一条河边路前行，竟与小河伴十余公里，河里结着厚冰，从裂口看，竟有十厘米之厚，小河转弯处有一村，司机称此村即是我寻找之枣强县王常乡。路过一小学门口，牌子所写显然不是王常乡，下车细打听，方知王常乡离此地还很远，只好边走边打听。南行两公里进沈家村，再问之，两个人两个不同的方向说法，不知从谁，我请司机随便信哪个都可以，再西行一公里余，重新由窄路驶上双向柏油路，向景县方向行驶，10余公里到毛庄，再转向南行5公里，进仓房口村，在村中转向东，过一条河，河水潺潺完全无冰，两地如此之近竟两个气候，真是奇哉。忆起小时候曾去过张家口市城西北之水母宫，此宫有三洞：风洞、水洞和冰洞，每洞相距2米并排而列，风洞确有凉风飕飕。记得我去时是8月份，水洞内水流清澈见底，而与之相邻的冰洞却冰坚如石，我踏进洞内迈十几步，地面便一层厚冰，无一滴水。当时对此奇异自然景象好奇之极，今日始明白，自己不懂之事为九九成。

终于找到旧县村，在其村西北角有一片小高地，侧坡上满种槐树，小高地坡很陡，车开不上去，请司机停下，徒步登上高地，上面约两亩地大小，靠北盖着小祠一间，四周环视，仅二十平方米大小，门口文物保护单位铭牌标此处为"董仲舒石像"，然小高地上除有两块碑外并无石像，估计是在小祠内，然祠门紧锁，从锁的锈迹看，应该很长一段时间未曾开启过,抠门缝向里望,黑漆漆看不到任何物件。只好围着小祠拍照一通而离开。

从我所查资料来看,董仲舒的故居,一在枣强县王常乡旧县村,即此所寻得者;二在景县广川镇的大董故庄,虽分属两县,然在实际地理上却相邻而居。故出旧县村,向东奔大董故庄而去,两村实际相距不到一公里,然因分属两县,使得这两个村之间连接的小路,谁也不肯掏钱来修,因此至今仍是一条大坑连连的土路,车行尚不及徒步快。

在村中打听董故庄路时,问村民本村除了那个小祠堂外是否还有其他董仲舒遗迹,村民说以前有一个石像,头被砸掉了,现在归了县文化馆,不容易看到,余外就是董故庄的那个祠堂了。从文献记载看,董仲舒的故里就有此两处,而墓葬则有三处,太过复杂。对我来说,是想通过考察先贤大儒的遗迹来表达自己对他们的敬仰,若能找到他们每一处的遗迹,我才觉得自己功德圆满。

旧县村的董仲舒祠

250　觅经记

⊙ 不知为什么，董子祠孤零零地处在荒野之间

在董故庄时，当地村民都自称此庄为大董庄，我没太搞清楚"大"字是形容词，还是村名的组成部分之一。在村中见到一个五六平方米大小的小商店，店名是"老卖部"，此种称呼令我耳目一新，小卖部似乎才是约定俗成，但谁能管得了我叫老卖部呢？这种突破值得赞赏。进门向店家打听董仲舒故里的标志，他爽快地说："没有！不过这里有个董子祠，也是新建的。"问其所在，其顺手往屋外一指说："前面。"

⊙ 文保牌

我顺其所指向前一看，是老卖部门前的一堵墙，只好出门再向人打问，然此段街等候几分钟也未见有村民路过，瞥见旁有一院门虚掩着，推门而入，走到

正房敲门，出来一五十多岁汉子，人长得清瘦而和善，向其请教如何找到董子祠，其先反问我找此祠为何事。我只好将这数天来说过无数遍的冠冕堂皇理由再"放一遍录音"，其眼睛一亮说："我家里还有一本关于介绍董仲舒的书呢。"其语气间颇有遇知音之感。而后他接着问我为什么要来此寻访，于是我讲到了董仲舒在历史上的伟大。我的夸赞令他大为兴奋，他用手在土地上画出双行道路走向，仔细地讲解着

● 新碑刻

如何能够找到该祠，然而他说了两遍我跟司机依然很茫然，于是他果断地把手一挥："走，我带你们去！"

有人带路当然好，于是马上请其上车，然其摆摆手，骑上自行车在前面引路，头也不回，仅左臂往前一挥，意即："跟上。"随其左拐右拐，在村中窄路上转了七八道弯，终于在村北高地上看到了所说的那个小祠堂。汉子停在路边，我没像以往那样跑上去拍照，先给他做了一个采访录音。他自称姓白，自小生活在此村，其讲道："这个村在我小时候名叫董子故里，几十年前才改叫董故庄。这个祠堂是十几年前村民们集资建的，没有什么古物在，但我们村和附近的这些村子都很崇拜董仲舒，每年都有人来祭拜他，你看那个祠前放了很多的炮仗，祠堂平时不开，钥匙在本村的一个热心村民手里，但他今天到别的村去了，不能打开让你们看了。"

采访过后，接着去寻找祠堂，从村边路走进田地，远远地看到在百十米外的田间有着一座建筑物，白先生告诉我那就是祠堂。祠堂占地面积也在20平方米以内，远看上去很像个小土地庙，离祠前10余米，有一地坑，里面有碑座而无石碑，离此碑座5米处有一棵老槐树，老枝横斜，看上去大概有三百岁，此为董子祠周围的唯一老物了。也许这是董子祠旧址的证物，放眼望去，祠西边有一片再生杨树林，有四五个村民正忙着伐树，已放倒一大片，看着让人心疼。

与白先生道别，今日所访可谓最费周折的一天，然而收获也是最小，总觉心有不甘，故再三问白：除此两处外，哪里还有和董子相关的建筑或碑记？老白想了想说："广川镇好像正在修建一个董子大庙，但是否建好我不知道，你可以去看看。"其边说边又用手在地上画路线，告诉司机如何由此村走到广川镇，其待人之真诚令吾感动不已，司机亦受感染，从兜里掏出半包烟，一定要塞在老白手中。老白坚决不要，脸上有一丝不悦，似乎是对他人格的不尊，我马上上前要跟老白握手，可能他觉得自己手上尽是土，因此也不伸手回应，我不顾礼节主动攥着他的手，用力地跟他握上三握，真诚地谢谢他。

按照老白所指的路线，沿村北小路向北开行，约走行6公里进入广川镇。司机说广川镇的人很有钱，因为这个镇很多人都做各种铁塔，闻其所言向车外望去，果真许多院落中都高高耸立着一座铁塔，上面挂着个头不小的卫星天线锅盖，看来这些村民所获得的国际资讯要比我等多数倍。

在镇内打问，很容易地找到了一座还未完工的大庙，远远望去金碧辉煌，其制式及规模跟紫禁城的太和殿也有一比。可能是因为天气还未暖和起来，整个工地是停工状态，旁边立着大广告牌，写着这个广场的规划，然而广告牌上的蒙布被大风刮掉了一半，看不

董仲舒：大一统论，天人感应　　253

◉ 仅建起了一座大殿

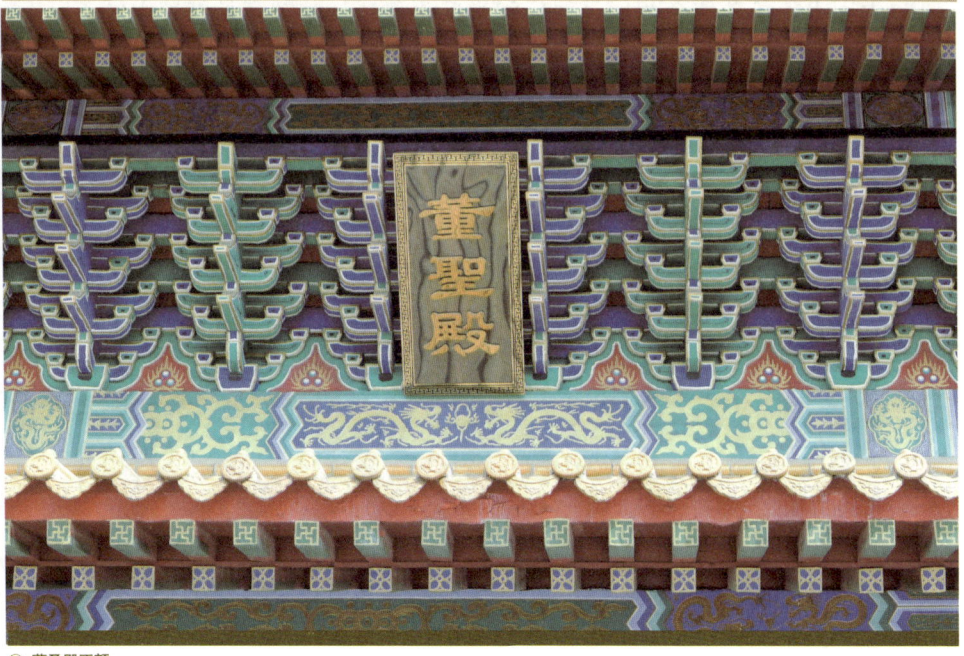

◉ 董圣殿匾额

清楚上面内容。司机见此,二话没说爬上了广告牌的铁架将广告布拉起来扯平让我拍照,他的举措又让我感动了一番,今日虽然没有见到欲寻之古物,但却遇到了几位古道热肠之人。

登上大殿台阶向内张望,正门有一座董仲舒雕像,当然是新物,门上着锁,只能隔着玻璃拍几张照片,大殿上挂着的匾额是"董圣殿",台阶上摆着石雕香炉,上面的图案却是陈抟老祖发明的八卦图,摆在董子祠前颇觉怪异。按照广告牌所说,整个项目建筑完约有4万平方米,估计又是个旅游项目或政绩工程,但不管它,只要能知道董子是一定不能忘记的先贤就足矣。

几个月后我又来到了西安,这次的寻访计划中当然包括了董仲舒墓,此墓位于陕西省西安市碑林区和平门内下马陵干休所。

干休所大门在和平门内,离和平门仅30余米,门口为仿古门楼,然均是用水泥所制者,门口铭牌却是铜板所制,为政府衙门式竖版:中国人民解放军兰州军区西安和平门干休所。牌楼上悬红漆木匾,

⊙ 司机帮我拉起了广告布

董仲舒：大一统论，天人感应　　255

⦿ 大殿内的雕像

隶书"和谐园"。看院内无人，我径直往里走，作熟门熟路状，刚走进三五步，耳后闻断喝声："站住！找谁！"看来此招失灵了。刚才去西安交大时，门卫就盯着我，我做坦然状阔步从其面前径直走过，其果真未言语，看来衙门不同，结果也迥异。在此我只好做书生不谙世事状，称自己来找董仲舒之墓，其严肃地问谁同意我来者，我称自己为写书配图，需拍照此墓照片，其直视我约十余秒，认定我之呆状是真而非装相，语气稍缓："看看可以，但拍照就别了。"我不知说什么好，恰此时有一女军官过来问门卫老头何事，其马上称："他来拍照董仲舒的墓，说是写书用。"

⦿ 董仲舒墓处在此院之内

从衣着的颜色看,女军官应是空军,人很干练,闻此言,张口就说:"让他去照吧。"老头马上指着院子中间的小花园说:"就在这个房子后面。"

来到花园后面,看到花池子大小的一抔封土,墓丘之小大出我之所料,算上花砖也就三立方米大小,紧贴着墓有一块碑,碑离墓与墙均不足半米,从哪个角度都无法照相,整个碑用玻璃完全罩起,趴在玻璃上欲看清字迹,然原碑风化过甚,竟完全不能辨识。转到前院,才知道碑前后墙是文化活动中心,后墙根堆着一些残碑构件,应该是董墓旧物。活动中心正门对着像影壁一样的檐墙,细观之,乃是被堵之门。出院门,才明白影壁原是墓之正门,门旁墙上嵌着"董仲舒墓",陕西省第一批文物保护单位。没想到大儒之墓竟包存于干休所院内,看来无神论者的确不以此为意。

按照资料记载,西安还有一处董仲舒墓,此墓位于陕西西安市茂陵东北 625 米处。上车南行,司机称西安有帝王陵 27 座,仅两座

◉ 找到了文保牌

董仲舒：大一统论，天人感应

⦿ 登顶远眺

未被盗：秦始皇陵及武则天陵。20公里后到达茂陵，来此处也是为了找董仲舒之墓，按说一人不能同时葬在两处，但为什么董仲舒墓仅在西安一地就有两座，孰真孰假，那是考古学家的任务，我当然不敢置喙。且资料说得如此详细，连具体米数都已丈量出来，应该不会有问题。

但茂陵之大我事先却未曾估计到，围着茂陵转了大半圈，仅看到一座陪冢在其南侧，然而这个墓是不是董仲舒我却不敢确定，恰好有一位蹬三轮的老乡从此路过，他明确告诉我这不是董仲舒墓。没办法只好继续探寻。从田间路走到此墓前，穿越过一片桃树林，树的枝条还未发芽，已修剪过，低头走在其间，忆起前些年在桂林被树枝伤眼角事。

走了一会儿，还真让我找到了一块墓碑，而墓碑刻着的名字却不是董仲舒。爬上此冢顶，二三十米高，放眼四望，四周皆是麦田，未见任何封丘，真不能知道文献数据是从何来者，当然，也不一定是文献不对，也有可能是我太笨或运气太差。总之，这一程无功而返。

匡衡：师从后苍，弘传《齐诗》

关于匡衡的故事，以《太平广记·俊辩篇》所载最为生动：

> 匡衡字稚圭，勤学而无烛。邻舍有烛而不与，衡乃穿壁引其光，以书映光而读之。邑人大姓文不识，家富多书，衡乃与其佣作，而不求直。主人怪而问之，衡曰："愿得主人书，遍读之。"主人感叹，资给以书，遂成大学。能说《诗》，时人为之语曰："无说《诗》，匡鼎来，匡说《诗》，解人颐。"鼎，衡小名也。时人畏服之如此，闻之者皆解颐欢笑。衡邑人有言《诗》者，衡从之，与语质疑，邑人挫服，倒屣而去。衡追之曰："先生留听，更理前论。"邑人曰："穷矣。"遂去不顾。

这就是成语"凿壁偷光"的原始出处，儿童励志读物中多会引用这个故事，而匡衡也就成了广为咏唱的励志少年。看来那时的匡衡家中很贫穷，他勤于读书，然而家里却没钱买蜡烛，匡衡注意到邻居家晚上有烛光，于是在墙壁上钻了个洞，以此借光来读书。

这个故事也可以说明当年房屋的墙壁很薄，否则的话在墙上凿个洞恐怕没那么容易。唐代大诗人元稹也发现了这个问题，他在《献荥阳公诗五十韵》中感慨道："惜日看圭短，偷光恨壁坚。"看来元稹也曾试图凿墙偷光，但因为墙壁太坚实，这个企图未能实现。

但是匡衡在墙上凿个洞，难道邻居就没有发现吗？不知道那个时代有没有侵害隐私权这个概念。

光有了，但书却没有多少，毕竟买书也是一笔不小的开支，他那个时代也是富人家才有大量的藏书，匡衡于是就到有书人家去打工。他打工不要薪水，这让主人家很奇怪，问他为什么，匡衡就提出条件说，可以免费给东家干活，但希望让他看遍家中的藏书。他这样勤奋好学感动了东家，于是主人让他随便看书，终于使匡衡成为了一位大学问家。

匡衡虽然博览群书，但也有自己的偏好，他对《诗经》最为喜欢，因此他对于《诗经》的研究下了很大的功夫，以至于他能解释出《诗经》中很多的疑问。这个名声渐渐传了出去，而后很多人都找他请教《诗经》，匡衡均能给出让对方感到满意的答案。当时，匡衡的家乡也有一位研究《诗经》的人，匡衡听说后，专门前去听讲，同时向他提出许多自己的疑问，这些疑问让那位讲《诗经》者回答不上来，觉得终于遇到了对手，于是就仓皇退席。匡衡依然沉湎在自己的问题之中，竟然追了出去请那人留步，要做进一步的探讨，对方坦诚地跟匡衡讲，自己的学问比不过他，然后毅然地掉头而去。

从这一点就可得知，匡衡研究《诗经》已经到达了很高的程度。但是，匡衡的经学概念是从哪里来的呢？《太平广记》上未曾谈得，而《西京杂记》中的记载与之完全相同，人们对这个故事的真实性始终有着怀疑。根据这段故事中所言，似乎匡衡是靠自学而研究《诗经》。其实真实情况并非如此，班固在《汉书·儒林传·后苍传》中说："后苍字子近君，东海郯人也。事夏侯始昌，始昌通五经，苍亦通《诗》《礼》，为博士，至少府，授翼奉、萧望之、匡衡。"

后苍乃著名的《齐诗》传人，他有三位著名的弟子：翼奉、萧望之和匡衡。这三位弟子对于《齐诗》的传承，谁的作用更大呢？

范玉秋在其所著《汉魏兰陵经学研究》一书中称："匡衡师后苍，博通儒经，说《诗》精妙，早年即以善于解说《诗经》而称誉儒林，声望甚高；后又为朝廷所用，身居高位，所以天下士子儒生靡然向风，皆愿从匡氏游。与其同时代的萧望之、翼奉虽然也是后苍的著名弟子，诗学名家，但萧望之专注于政事，无暇授徒传经；而翼奉又自秘其学，不肯轻易示人，故二人后学不昌。西汉后期的《齐诗》名家，大多都是出自匡衡之门。"范玉秋的这段论述可由《汉书·眭两夏侯京翼李传》中谈及翼奉时的一段话为证："三人经术皆明，衡为后进，望之施之政事，而奉惇学不仕，好律历阴阳之占。"匡衡虽然跟后苍学习《齐诗》的时间较晚，但其成就却并不低。

看来，匡衡才是这三人中对《齐诗》传承作用最大的一位。《汉书·儒林传》中称："衡授琅邪师丹、伏理斿君、颍川满昌君都。君都为詹事，理高密太傅，家世传业。丹大司空，自有传。由是《齐诗》有翼、匡、师、伏之学。满昌授九江张邯、琅邪皮容，皆到大官，徒众尤盛。"经过这样的传承，匡衡所传的《齐诗》有了自己的特点，由此而成为单独的一个派别。故而，王春华在其所作《沂蒙儒学史》中称："《汉书·儒林传》曰：'由是《齐诗》有翼、匡、师、伏之学。'可知匡衡创立了解释《诗》的一个学术流派。"

既然匡衡在诗学传承方面独创一派，而他跟翼奉、萧望之一同师事后苍，那么他们之间的解诗观念有着怎样的区别呢？日本学者加藤实在《关于西汉诗经学说的发展——匡衡的诗说和刘向的诗说》一文中说："元帝时代初期，齐诗学派的匡衡跟翼奉一起登上官场。但两人的诗说截然不同。翼奉运用'六情十二律'的理论，提出灾异说。而匡衡的学说则是为了陈述政治方针而提出的，他并不把翼奉所主张的灾异说看作其主要目的。"而对于匡衡对《诗经》研究的贡献，加藤实在其文中又称："匡衡在其诗说中称赞二南诗篇，并且对《郑风》、《秦风》作了否定性批判,因此我们可以说,三家诗说在从武帝时代过渡到元帝时代之间,是足见其发展的。"

匡衡为什么对《齐诗》作出了较大的贡献呢?这跟他的工作履历有很大的关系,因为他从一个穷孩子一直做到了位极人臣的丞相之位。而他正是利用自己的这个位置,向皇帝和社会来宣扬他的史学观念。对于匡衡生平履历的记载,后世见到的最早出处,应当是司马迁在《史记·张丞相列传》中所言:

> 丞相匡衡者,东海人也。好读书,从博士受《诗》,家贫,衡佣作以给食饮。才下,数射策不中,至九,乃中丙科。其经以不中科故明习。补平原文学卒史。数年,郡不尊敬。御史征之,以补百石属荐为郎,而补博士,拜为太子少傅,而事孝元帝。孝元好《诗》,而迁为光禄勋,居殿中为师,授教左右,而县官坐其旁听,甚善之,日以尊贵。御史大夫郑弘坐事免,而匡君为御史大夫。岁余,韦丞相死,匡君代为丞相,封乐安侯。以十年之间,不出长安城门而至丞相,岂非遇时而命也哉!

匡衡通过苦学,百折不挠地考上了官员,而后赶上汉孝元皇帝刘奭喜爱《诗经》,于是匡衡很快就得到了提拔,再后来,他成为了丞相。匡衡既无军功也无政绩,也没有到地方任职的经验,他仅因为能在京城之内讲《诗经》,就坐到了丞相之位,这让司马迁大为感慨。

然而,在司马迁生前,匡衡还没有当到丞相一职,据后世学者研究,这段记载应当是后人的补记,故而这些感慨也并非司马迁所发者。因此对于匡衡生平履历的记载,以班固在《汉书·匡张孔马传》最为可信。《汉书》本传中对于匡衡的记载,其首先称:

> 匡衡字稚圭，东海承人也。父世农夫，至衡好学，家贫，庸作以供资用，尤精力过绝人。诸儒为之语曰："无说《诗》，匡鼎来；匡语《诗》，解人颐。"

看来这段话乃是《西京杂记》《太平广记》等描绘匡衡故事的原始出处。而匡衡也的确是靠苦读而步步高升者。《汉书》接着说：

> 衡射策甲科，以不应令除为太常掌故，调补平原文学。学者多上书荐衡经明，当世少双，令为文学就官京师；后进皆欲从衡平原，衡不宜在远方。事下太子太傅萧望之、少府梁丘贺问，衡对《诗》诸大义，其对深美。望之奏衡经学精习，说有师道，可观览。宣帝不甚用儒，遣衡归官。而皇太子见衡对，私善之。

看来匡衡能够得到朝官的赏识，跟萧望之有一定的关系，因为两人原本就是同学，但是萧望之向皇帝推举匡衡，最初却没有起到太大的作用，因为那时的汉宣帝对儒生不感兴趣，但是皇太子却很喜欢匡衡。

宣帝驾崩后，元帝刘奭继位。萧望之原本是元帝的老师，故而元帝非常信任他，但那时的史高主持朝政，他跟萧望之之间有些矛盾。长安令杨兴认为史高虽然地位高，但声望却一般，主要原因是因为史高以权谋私，不断在朝廷中安插自己的亲朋。虽然如此，杨兴却跟史高私交甚好，于是他私下建议史高要提拔像匡衡这样的人才，以此来堵天下人之嘴。杨兴跟史高说："平原文学匡衡材智有余，经学绝伦，但以无阶朝廷，故随牒在远方。将军诚召置莫府，学士翕然归仁，与参事议，观其所有，贡之朝廷，必为国器，以此显示众庶，名流于世。"

看来，杨兴很看重匡衡的才学，同时他说匡衡在经学方面很有才能，如果把这样的人推荐给皇帝，那肯定能够服众。史高认为杨兴说得很有道理，于是就将匡衡推荐给皇帝，而后匡衡渐渐受到了元帝的重视。

匡衡成为了皇帝的近臣，由是他在朝中任职期间，开始用自己的诗学观念影响到朝廷大事的各个方面。比如他入朝后不久，天下发生了日蚀和地震，因为汉代重视天象地理的变化，百姓都相信天象跟政治的得失有一定的关联。此种情况发生后，皇帝让大臣们检讨在政令方面有什么失误，于是匡衡就给皇帝上疏，他先讲述了一番大道理，而后接着称：

> 臣窃考《国风》之诗，《周南》《召南》，被贤圣之化深，故笃于行而廉于色。郑伯好勇，而国人暴虎；秦穆贵信，而士多从死；陈夫人好巫，而民淫祀；晋侯好俭，而民畜聚；太王躬仁，邠国贵恕。由此观之，治天下者，审所上而已。今之伪薄忮害，不让极矣。臣闻教化之流，非家至而人说之也。贤者在位，能者布职，朝廷崇礼，百僚敬让。道德之行，由内及外，自近者始，然后民知所法，迁善日进而不自知。是以百姓安，阴阳和，神灵应，而嘉祥见。《诗》曰："商邑翼翼，四方之极；寿考且宁，以保我后生。"此成汤所以建至治，保子孙，化异俗而怀鬼方也。今长安，天子之都，亲承圣化，然其习俗无以异于远方，郡国来者无所法则，或见侈靡而放效之。此教化之原本，风俗之枢机，宜先正者也。

到此时，匡衡开始引经据典地来说问题，而他所引正是《诗经》

上所言。匡衡通过这些诗句来指出,发生这样的天象,更多的原因乃是出自朝廷的管理不善。他认为赋敛太多,百姓负担过重,朝廷应当努力节俭,任用贤才,这才能达到天下大治的局面。而皇帝对匡衡的这篇奏章特别欣赏,为此元帝又把匡衡提拔为光禄大夫、太子少傅。

虽然汉元帝喜好儒学,也有重振朝纲的想法,然而他却不重视皇宫内的秩序,宠幸傅昭仪和其子定陶王,同时疏远了皇后和太子,这使得外戚势力得以扩张。面对这样不稳定局面,匡衡上疏劝谏,他在《论治性正家疏》中首先称:

> 臣闻治乱安危之机,在乎审所用心。盖受命之王,务在创业垂统传之无穷,继体之君,心存于承宣先王之德而褒大其功。昔者成王之嗣位,思述文、武之道以养其心,休烈盛美皆归之二后,而不敢专其名,是以上天歆享,鬼神祐焉。其《诗》曰:"念我皇祖,陟降廷止。"言成王常思祖考之业,而鬼神祐助其治也。

在这里匡衡仍然是引用《诗经》上的诗句来说明,天下要达到大治必须要遵从先王制定的旧制。而后他同样引用《诗经》上的句子来说明,继承先王旧制是何等之重要:

> 陛下圣德天覆,子爱海内,然阴阳未和,奸邪未禁者,殆论议者未丕扬先帝之盛功,争言制度不可用也,务变更之,所更或不可行,而复复之,是以群下更相是非,吏民无所信。臣窃恨国家释乐成之业,而虚为此纷纷也。愿陛下详览统业之事,留神于遵制扬功,以定群下之心。《大雅》曰:"无念尔祖,聿修厥德。"孔子著之《孝经》首章,盖至德之本也。传曰:"审

好恶，理情性，而王道毕矣。"能尽其性，然后能尽人物之性；能尽人物之性，可以赞天地之化。

接下来，匡衡依然是用《诗经》中所言来讲述，人伦之情是何等之重要：

> 臣又闻室家之道修，则天下之理得，故《诗》始《国风》，《礼》本《冠》《婚》。始乎《国风》，原情性而明人伦也；本乎《冠》《婚》，正基兆而防未然也。

看来匡衡的这种劝法没有遭到皇帝的反感，因为在此后的几年，他一路升迁。建昭三年，他替代韦玄成当上了丞相，终于位极人臣。汉元帝驾崩之后，成帝刘骜即位，依然重用匡衡，而匡衡依然忠实于朝廷。成帝荒淫无度，不仅在宫中沉湎酒色，还经常微服到民间去寻花问柳。刘骜在当太子的时候，匡衡曾做过他的师傅，而今他当上了丞相，所以从哪个角度而言，他都应当对皇帝的行为予以规劝。于是他给成帝上了《戒妃匹劝经学威仪之则》的奏章，匡衡的劝法仍然是以《诗经》中的句子作为自己的立论依据。其在此奏章中首先称：

> 陛下秉至孝，哀伤思慕，不绝于心，未有游虞弋射之宴，诚隆于慎终追远，无穷已也。窃愿陛下虽圣性得之，犹复加圣心焉。《诗》云"茕茕在疚"，言成王丧毕思慕，意气未能平也，盖所以就文、武之业，崇大化之本也。

接下来，匡衡又用《诗经》中的句子来劝谏皇帝戒声色：

臣又闻之师曰："妃匹之际，生民之始，万福之原。"婚姻之礼正，然后品物遂而天命全。孔子论《诗》以《关雎》为始，言太上者民之父母，后夫人之行，不侔乎天地，则无以奉神灵之统而理万物之宜。故《诗》曰："窈窕淑女，君子好仇。"言能致其贞淑，不贰其操，情欲之感无介乎容仪，宴私之意不形乎动静，夫然后可以配至尊而为宗庙主。此纲纪之首，王教之端也。自上世已来，三代兴废，未有不由此者也。愿陛下详览得失盛衰之效，以定大基，采有德，戒声色，近严敬，远技能。

在这篇奏章中可以得知，匡衡不仅是研究《诗经》，同时他对另外的五经也颇为熟悉：

窃见圣德纯茂，专精《诗》《书》，好乐无厌。臣衡材驽，无以辅相善义，宣扬德音。臣闻六经者，圣人所以统天地之心，著善恶之归，明吉凶之分，通人道之正，使不悖于其本性者也。故审《六艺》之指，则天人之理可得而和，草木昆虫可得而育，此永永不易之道也。及《论语》《孝经》，圣人言行之要，宜究其意。

而他的劝谏的确起到了作用。虽然如此，但他在朝中任职阶段，也有很多不得已的事情。

汉元帝时，石显专权，而那时的丞相韦玄成和匡衡等人都害怕石显，纷纷私下里跟石显搞好关系。汉元帝驾崩后，石显失势，于是匡衡就跟御史大夫甄谭联名举报石显，逐条列出其罪状。匡衡的这种行为，令其他官员的不满，司隶校尉王尊而后弹劾匡衡，指其行为前后不一。但成帝却阻止了这样的弹劾，不同意匡衡提出辞职的请求。可是又过了几年，匡衡的儿子匡昌因醉酒杀人被捕入狱，另一个儿子却图谋劫狱救出哥哥。此事未能成功，但却让他人得知，这个事情太过严重，匡衡知道自己必受牵连，但皇帝依然没有处罚他。此后不久，又有人状告他"专地盗土"，匡衡终于因此事被免职。

且不论匡衡的免职是否因为朝中的斗争，但他利用《诗经》中的观念来讲解政事，可以看出他对《诗经》之学的研究是何等之深。

2012年2月22日，看罢薛城故址已过正午，下一站是前往枣庄泥沟镇寻访孔广森墓，请出租司机在路边的一家拉面馆内吃拉面，3元一碗，味道颇为正宗，又买20元羊肉分而食之。出张汪镇继续南行20公里，从微山县东侧穿过。从地图上看微山湖就在路西不足200米处，小时候最喜欢看打仗的电影，而《铁道游击队》是儿时每演必看的打仗片，其中主题歌唱道："西边的太阳就要落山了，微山湖上静悄悄，弹起我心爱的土琵琶……"这都是自己至今能吟唱的老歌，但今天突然意识到，此时再唱这首老歌已经不合时宜，因为出门寻访时时都在跟太阳争时间，真要落山了，所找到的地点就无法拍摄，一念及此，我立即闭上了正要唱歌的嘴。因为今天欲访的地点还有好几处，所以这耳熟能详的微山湖也不能前去观赏一番了。

⊙ 文官

● 远远地看到了石牌坊

继续急驶,从微山县转向东驶上348省道,行8公里再转向南上352省道,接着东行70公里,在枣庄市峄城区西侧不足一公里的地方有一个小村庄名王庄,过王庄不久,看到田野中有一处古建筑,依我的直觉,那里很像是古代的祠堂。远远望去,田野中还有一个巨大的石牌坊,我决定前往探看,然而石牌坊上未曾看到字迹,而路的两旁却看到了石像生。看来此处定然有一座古墓,说不定就是我要找的孔广森墓。

沿着神道,一路向前走,看到有些石像生已经倒伏在田地中。而路的两边新种起了一些松树,此路的尽头有一座庙宇状的建筑,匾额上写着"匡衡祠",见此既让我意外,又大为兴奋。没想到无意间,遇到了凿壁偷光的匡衡。

祠堂的门口站着几个人正在谈话,我走到近前,他们完全没有搭理之意。我在门口的拍照过程中,听到几人正在商议工程的细节,

匡衡：师从后苍，弘传《齐诗》

⊙ 匡衡祠

看来他们要对这个祠堂进行维修。于是我向其中一位请教：是否能够进祠堂内拍照。其中一位年岁较大者回答我说："要看就赶紧看吧，从明天开始就要封闭起来改造了，再来就要收费了，这个庙被我们当地的一家集团公司包了起来，准备改造成景点收费了。"

我不清楚收费后会是怎样的价钱，所以无法确认今天捡了多大的便宜，但我觉得如果能将这匡衡祠堂予以整体的保护，哪怕是收一定的费用也并非什么坏事。然而我却注意到祠堂的门紧闭着，老者示意我从旁边的门可以入内。走进院内视之，眼前所见荒草蔓地，院内的古树也早已枯死，屋檐上的琉璃瓦不知何时已变成了两个大窟窿，门上的合页也掉了一半，让人担心门扇随时坠下，看来真到了非维修不可的程度了。走入祠堂内，匡衡端坐在那里，其塑像的制作手法颇为粗糙，但身上却披着一块红布，而祠堂的侧墙上则是用漫画的手法讲述着匡衡的生平。

⦿ 由此进入祠堂

从祠堂走入后院,在这里果真看到了匡衡墓。古墓做过整修,旁边有省级文保牌。墓碑上用小篆体刻着"汉丞相匡衡之墓"。墓上长满了杂树,看来已经长久没有人做过整修。

关于匡衡祠和匡衡墓,清乾隆二十六年所刻《峄县志》上称:"匡丞相祠:有二。一在县东郭北;一在县西南十三里公墓左,俱宋宣和间承县令牛邦光建。"

 匡衡坐像

看来匡衡祠在北宋宣和年间既已有之,而明代人傅尔德曾来祭拜过匡衡之墓,而后他写了首名为《匡丞相墓》的诗:

古墓平田阔，遗闻相国贫。
汉家终有赖，经术更何人。
蔓草生晴日，野花砌锦茵。
匡谭名未已，客到一沾巾。

匡衡墓到了明代又做过整修，明人李重华在《重修汉丞相匡衡墓记》中称：

● 墓碑

> 岁戊戌秋，邑大夫解使君谒公墓，礼成而四眺曰："何荒凉若此？"爰命公里人蠲其杂役，为碑亭于墓上，筑草房于墓侧，为祀公时盥沐之所，仍立石以纪其盛。役成，邑庠彦瑞亭与其兄岳君洎率里人持一缣抵予舍，索言以刻贞珉。

看来，到了明代匡衡墓就已经荒芜。当时的地方官员看到这种情况，命人重修匡衡墓，并且在这里建了碑亭，而今我却未能看到这座碑亭在哪里。真希望今后再来此地时，能够恢复到明代时的面貌。

戴德、戴圣：纂修《礼记》，兼汇古今

"十三经"为儒家的核心经典，而《礼经》就占了其中的三个——《周礼》《仪礼》和《礼记》，可见礼学在儒学体系中有着何等重要的地位。郑杰文、傅永军主编的《经学十二讲》中收录了丁鼎所撰《三礼概说》一文，此文开头即称："中国自古以来就以'礼仪之邦'著称于世。'礼'是中国古代儒家思想体系中的核心价值观念，也是中国古代传统文化的主体内容。它不仅包含了我国古代社会生活各个领域的制度和规范，而且还包容了与这些制度和规范相适应的思想观念。'三礼'就是记载我国古'礼'的三部极其重要的典籍。"

为什么礼学这么重要呢？丁鼎又在其文中做出了如下阐述："'礼'是孔子创立的儒家思想体系的核心价值观念。礼乐文化是中国传统文化的主体内容，也是中国传统文化有别于西方文化的特质。如果借用美国著名科学哲学家和科学史家托马斯·库恩（Thomas Sammal Kuhn，1922-1996）在《科学革命的结构》一书中所提出的'范式'（paradigm）理论来审视的话，甚至可以说中国古代自周朝初年直至明清时期的长时段中，一直处于'礼乐文化'的范式之中。"

对于"礼"的起源以及"三礼"的来由，钱基博在《经学通志》中说：

礼起于何也？曰："人生而有欲，欲而不得，则不能无求；

求而无度量分界，则不能不争；争则乱，乱则穷。先王恶其乱也，故制礼义以分之，以养人之欲、给人之求，使欲必不穷乎物，物必不屈于欲，两者相待而长，是礼之所起。"而帝王质文，世有损益。至周曲为之防，事为之制，故曰"经礼三百，曲礼三千"。经礼三百，《周礼》是也；曲礼三千，《仪礼》是也。

而对于"三礼"一名的来由，李源澄在《经学通论》中说：

> 汉世所谓《礼经》，乃今世所谓《仪礼》，《大戴》《小戴》与《周官》，皆不与焉。郑玄兼注《礼经》《小戴》《周官》三书，始有"三礼"之名。《仪礼疏》引郑《序》"著《三礼》七十二篇"是也。其后阮谌之《三礼图》，王肃之《三礼音》，崔灵恩之《三礼义宗》，皆以"三礼"名。

本文所讲则专谈"三礼"之一的《礼记》。对于《礼记》一书的最早记载，是《汉书·艺文志》中所言："《记》百三十一篇，七十子后学者所记也。"班固的这句话提供了两个信息，一是《礼记》合计有131篇，二是该书所收录的内容为孔子的弟子所记录下来的文献。

关于《礼记》的篇数，后世有较大争论，东汉郑玄说："戴德传《记》八十五篇，则《大戴记》是也；戴圣传《记》四十九篇，则此《礼记》是也。"郑玄在这里明确地称，戴德编纂的《礼记》总计有85篇，这部书被称之为《大戴礼记》；而戴圣所编纂的《礼记》有49篇，此就是后世流传的《礼记》，而今的"十三经"中所收的《礼记》，就是戴圣编纂的49篇《小戴礼记》。

但是，将《大戴礼记》和《小戴礼记》的篇数相加，85篇加49

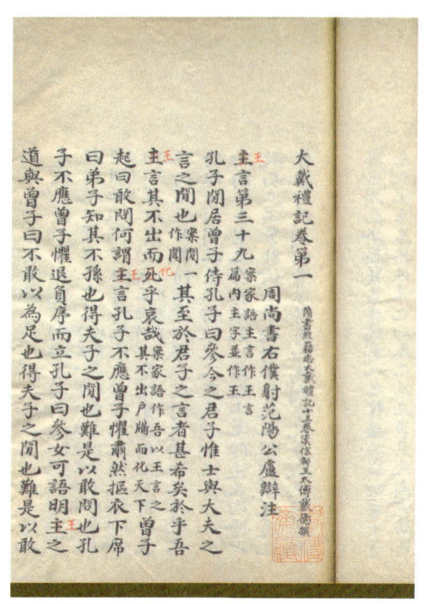
⊙《大戴礼记》十三卷，清乾隆间抄本，卷首

篇等于134篇，这就比《汉书·艺文志》上所记载的131篇多出来了3篇。

关于《大戴礼记》和《小戴礼记》这间的关系，说法之一是认为《小戴礼记》是根据《大戴礼记》删减而成者，这种观点最早是由晋代的陈邵提出，唐陆德明的《经典释文·序录》中引用了陈邵所撰《周礼论·序》，该序中称："戴德删古《礼》二百四篇为八十五篇，谓之《大戴礼》；戴圣删《大戴礼》为四十九篇，是为《小戴礼》。后汉马融、卢植考诸家同异，附戴圣篇章，去其繁重及所叙略而行于世，即今之《礼记》是也。"

陈邵在这里提出，戴德收集了古代的礼书204篇，而后他经过删减，留存下来85篇，这就是后世所说的《大戴礼记》；此后戴圣又根据这85篇《大戴礼记》再次删减，成为了49篇的《小戴礼记》；而后马融、卢植等又添加进了一些篇章，成为了后世所看到的《礼记》一书。

陈邵如何知道《大戴礼记》和《小戴礼记》是如此衍变而来者，他未做出解释，但是《隋书·经籍志》却肯定了陈邵所言，并且做出了进一步的解释：

> 汉初，河间献王又得仲尼弟子及后学者所记一百三十一篇献之，时亦无传之者。至刘向考校经籍，检得一百三十篇，向

因第而序之。而又得《明堂阴阳记》三十三篇、《孔子三朝记》七篇、《王史氏记》二十一篇、《乐记》二十三篇，凡五种，合二百十四篇。戴德删其烦重，合而记之，为八十五篇，谓之《大戴记》；而戴圣又删大戴之书为四十六篇，谓之《小戴记》。汉末，马融遂传小戴之学。融又足《月令》一篇、《明堂位》一篇、《乐记》一篇，合四十九篇。

这段论述跟陈邵所谈基本相像，但他明确地点出《礼记》中的《月令》《明堂位》和《乐记》这三篇是汉末马融添加进去的，如果把这三篇去掉，那么《小戴礼记》就由49篇变成了46篇。这个变化很重要，因为这46篇《小戴礼记》再加上85篇的《大戴礼记》，恰好符合《汉书·艺文志》中所说的131篇。

这样的巧合当然受到了后世的质疑，这似乎是为了符合历史最早的记录而刻意凑出来的数字，并且这种凑法也有其他的毛病在，刘松来、唐永芬所著《礼记开讲》中称："这种解释表面上看来似乎已经弥合了郑玄《六艺论》与班固《汉书·艺文志》关于大、小戴《礼记》篇目总数相互矛盾的漏洞，但实际上附会臆测之处是显而易见的。因为据《汉书·成帝纪》记载，刘向受诏校书是在汉成帝河平三年（公元前26年），此时《礼记》四十九篇早已由戴圣编辑

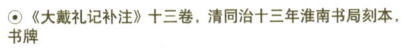
⊙《大戴礼记补注》十三卷，清同治十三年淮南书局刻本，书牌

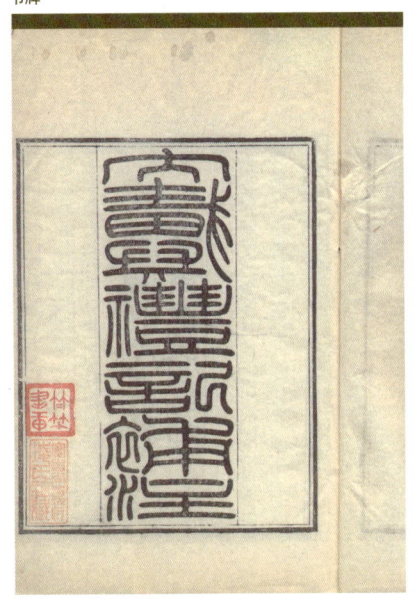

定型，所以根本不可能存在删刘向所校定书的问题。"

前面提到，陈邵说《小戴礼记》是根据《大戴礼记》删减而来者，此后的一千多年，学界都本着这种说法，可是到了清乾隆之后，有些学者对这种说法提出了质疑，戴震就认为《小戴》不是从《大戴》删减而来者，他的理由是：刘向的《别录》中已经提到了《礼记》就是49篇，另外《后汉书·桥玄传》中又称："七世祖仁，著《礼记章句》四十九篇，号为桥君学。"而这里提到的桥玄的七世祖桥仁，正是戴圣的弟子。可见，在戴圣弟子的时代，桥仁所撰的《礼记章句》也是49篇。这样的话，就等于说《小戴》原本就是49篇，而非《隋书·经籍志》上所说的46篇，直到汉末马融加上3篇之后才成为了49篇。

除了这两条证据之外，戴震还通过文本的比较得出了如下的结论："凡大、小戴两见者，文字多异。《隋志》以前，未有谓小戴删大戴之书者，则《隋志》不足据也。"（戴震撰《大戴礼记目录后语》）

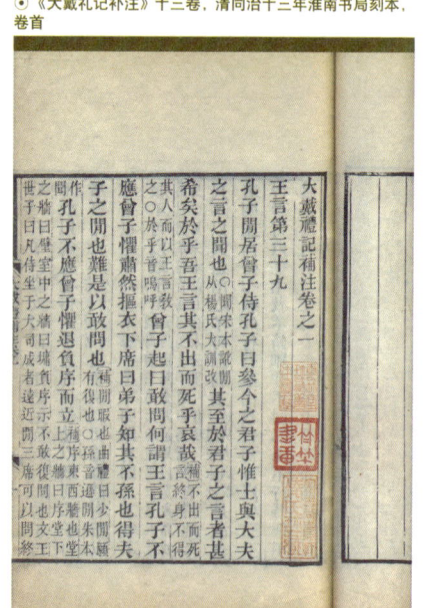
◉《大戴礼记补注》十三卷，清同治十三年淮南书局刻本，卷首

如此说来，如何解释46篇和49篇的数字之差呢？钱大昕提出了一种解释方法，他认为《小戴礼记》确实是46篇，但是由于其中的《曲礼》《檀弓》和《杂记》三篇篇幅过长，因此有人将这三篇文章各分为了上、下。这样算起来，就多出了3篇，加在一起就正好符合了49篇之数，而后再加上85篇的《大戴礼记》，也就与《汉书·艺文志》上的131篇完

全相符了，钱大昕在《廿二史考异·汉书考异》中说："《小戴记》四十九篇，《曲礼》《檀弓》《杂记》皆因简策重多，分为上下，实止四十六篇。合大戴之八十五篇，正协百卅一之数。《隋志》谓《月令》《明堂位》《乐记》三篇为马融所足，盖以《明堂阴阳》三十三篇、《乐记》二十三篇别见《艺文志》，故疑为东汉人附益，不知刘向《别录》已有四十九篇矣……"

而对于《大戴》和《小戴》之间的关系，钱大昕认为这两部书并行于世，不存在《小戴》删《大戴》的问题。而后的陈寿祺也赞同钱大昕的观点，但他对钱所言进行了修订，他经过一番推论后，得出的结论是："窃谓二戴于百三十一篇之说，各以意断取；异同参差，不必此之所弃即彼之所录也。"（《左海经辨》卷一）

既然是这样，那班固为什么在《汉书·艺文志》中把《大戴礼记》和《小戴礼记》合在一起著录篇数呢？后世学者又有着一大堆的争论。而到了当代，著名学者李学勤先生根据新出土的文献，做出了如下的结论："实际上，大、小戴《礼记》互有重复之处……只能说是传本不同，不能用小戴删大戴解释……《汉志》的'记百三十一篇'便包括孔壁所出和河间献王所得两个来源。清钱大昕有一个非常重要的看法，他指出'《小戴记》四十九篇，《曲礼》《檀弓》《杂记》皆因简策重多，分为上下，实止四十六篇。合大戴之八十五篇，正协百卅一之数'。这很可能是对的。"（《郭店简与〈礼记〉》）

李先生通过出土的汉简印证了钱大昕的推论，他认为钱的说法很可能是对的。而后，李学勤又做出了这样的综述："大、小戴《礼记》是西汉前期搜集和发现的儒家著作的汇编，绝大多数是先秦古文，个别有汉初成篇的。当时简帛流传不易，书籍常以单篇行世，不管是孔壁所出，还是河间献王所得，必有许多书的单篇，都被二戴分别编入《礼记》。"

篇数问题基本说清楚了，接下来再聊作者问题。关于这两部《礼记》的编辑者，两千多年来的学者大多认定是戴德和戴圣，但也有人不这么看，其理由是：流传至今的《礼记》一书，有几篇文章是马融和卢植编进去的。而三国时期魏国的张揖在《上〈广雅〉表》中说："爰暨帝刘，鲁人叔孙通撰置《礼记》，文不违古。"张揖认为，《礼记》一书的作者是西汉初年的叔孙通。这种说法的依据在哪里，张揖未曾说明。所以，他的这个说法未被后世所采用。

其实从《礼记》一书的内容来看，该书中收有多人的作品，比如其中的《哀公问》等4篇，就被视为孔子的作品，吕思勉在《经子解题》中说道："此三篇文体相类，盖一家之书也。《哀公问》篇前问政，后问礼。《仲尼燕居》篇记孔子为子张、子贡、子游说礼乐。《孔子闲居》篇则为子夏说《诗》。皆反复推论，词旨极为详尽。"

余外，《礼运》一篇则被视为孔子的弟子子游的作品，龚敏在《〈礼记·礼运〉篇的作者问题》中称："《礼运》为周秦之际，子游氏之儒所作，其出约稍晚于《系辞》《中庸》，而略早于《孟》《荀》。"

如此说来，戴德和戴圣不是《礼记》一书的作者，更准确地说，他们应该是编者。对于他们二人的生平，《汉书·儒林传》中称：

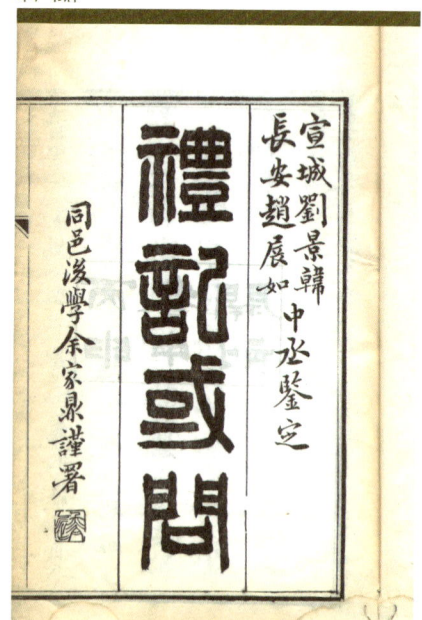

⊙《礼记或问》八卷，清光绪二十二年刻《汪双池先生丛书》本，书牌

孟卿，东海人也。事萧奋，以授后苍、鲁闻丘卿。苍说《礼》数万言，号曰《后氏曲台记》，授沛闻人通汉子方、梁戴德延君、戴圣次君、沛庆普孝公。孝公为东平太傅。德号大戴，为信都太傅；圣号小戴，以博士论石渠，至九江太守。由是《礼》有大戴、小戴、庆氏之学。通汉以太子舍人论石渠，至中山中尉。普授鲁夏侯敬，又传族子咸，为豫章太守。大戴授琅邪徐良斿卿，为博士、州牧、郡守，家世传业。小戴授梁人桥仁季卿、杨荣子孙。仁为大鸿胪，家世传业，荣琅邪太守。由是大戴有徐氏，小戴有桥、杨氏之学。

根据这段记载，戴德和戴圣的关系似乎是同学，然而《后汉书·儒林传》中又说："《前书》鲁高堂生，汉兴传《礼》十七篇。后瑕丘萧奋以授同郡后苍，苍授梁人戴德及德兄子圣、沛人庆普。"

这句话说戴圣是戴德哥哥的儿子，如此说来，大、小戴是叔侄关系，而他二人共同拜了后苍为师学习礼经。

《隋书·经籍志》上，对他二人的关系又有如下的记载："自高堂生，至宣帝时后苍，最明其业，乃为《曲台记》。苍授梁人戴德，及德从兄子圣、沛人庆普，于是有大戴、小戴、庆氏，三家并立。"

这段记载比《后汉书》多了一个"从"字，大、小戴之间的关系由亲叔侄变为了表叔侄，

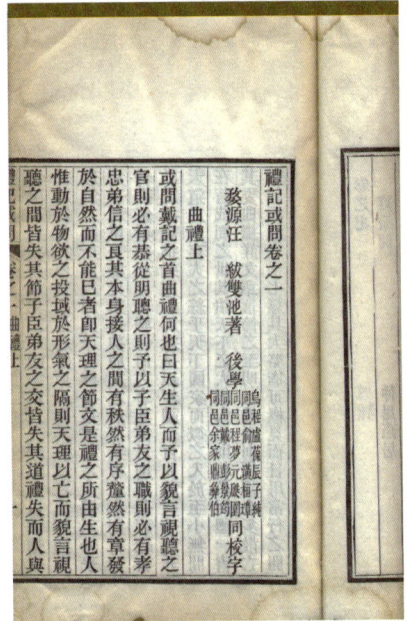

⊙《礼记或问》八卷，清光绪二十二年刻《汪双池先生丛书》本，卷首

而这种说法被后世所采用,比如孙显军在其所撰《两戴生平及关系考》一文中,做出了如下的结论:"戴德与戴圣为从叔侄关系,戴德年长于戴圣,早于戴圣师从后苍学《礼》,曾为兴都王傅,先后有弟子徐良、桥仁;但阳朔二年前后,先于戴圣而亡,后来弟子桥仁遂又师事戴圣学习,号为'桥君学'。从后苍弟子间的年龄关系看,戴德、萧望之、冀奉差不多同年,而戴圣与匡衡差不多为同年人。从学术地位和影响来看,为'大儒'、参加石渠阁会议、两为博士的戴圣,显然要比叔父戴德高出许多。"

关于大、小戴的生平事迹,王锷在其论文《〈礼记〉成书考》中有着较为详细记载,对于戴德,王锷给出了这样的总结:"从年龄上推算,戴德侄戴圣于甘露三年(公元前51年)参加石渠阁会议,戴德为圣之叔,其为'信都太傅',应该是信都王刘兴的太傅,时间在汉元帝建昭二年(公元前37年)元月至汉成帝阳朔二年(公元前23年)之间,故戴德治学、从政主要在汉元帝、成帝时期。"

相比较而言,戴圣的资料比戴德要多一些,该文中引用了《汉书·何武王嘉师丹传》中的记载:

> 太仆王音举武贤良方正,征对策,拜为谏大夫,迁扬州刺史。……九江太守戴圣,《礼经》号小戴者也,行治多不法,前刺史以其大儒,优容之。及武为刺史,行部录囚徒,有所举以属郡。圣曰:"后进生何知,乃欲乱人治!"皆无所决。武使从事廉得其罪,圣惧,自免。后为博士,毁武于朝廷。武闻之,终不扬其恶。而圣子宾客为群盗,得,系庐江,圣自以子必死。武平心决之,卒得不死。自是后,圣惭服。武每奏事至京师,圣未尝不造门谢恩。……为刺史五岁,入为丞相司直,丞相薛宣敬重之。

戴圣虽然是研究"礼"的专家，但看来在实际行动中，他做得并不好。戴圣在任九江太守期间为非作歹，何武任扬州刺史期间查办此事，戴圣知道自己惹了麻烦，于是赶快辞职。后来戴圣又在朝中任博士，于是借这个机会打击报复何武，何武听到这个消息后，并没有予以还击。再后来，戴圣的儿子又跟着一帮人为非作歹，被有关部门抓了起来，戴圣觉得何武肯定会将其子置于死地，没想到这位何武依然能够秉公办事，没有将戴圣的儿子处死。显然，何武的做法让戴圣未曾想到，于是他很感激何武这个人。每当何武来京公干，戴圣都必定到其住处表示感谢。

这段记载虽然有损戴圣的光辉形象，然而通过对何武任职的时间确认，可以推论出戴德、戴圣的大致生卒，因为对于这两人的生卒年记载，找不到直接的材料。王锷在其文中写道："据《汉书·何武王嘉师丹传》记载，汉宣帝五凤元年（公元前57年），何武年十四五岁，到阳朔三年（公元前22年）时，何武已经在五十岁左右。当时戴圣斥何武为'后进生'，其年龄起码在六十岁以上，由此上推，戴圣约出生于汉昭帝始元六年（公元前81年）或者更早。戴德、戴圣是叔侄关系，年龄差距也不会太大。按照规定，'年十八以上补博士弟子'，则戴德、戴圣从后苍学习今文《礼》，当在汉宣帝时期。"

如果确认《汉书·何武王嘉师丹传》中的记载无误的话，那么这里又有了新的矛盾：因为汉宣帝甘露三年召开了著名的"石渠阁会议"，而当时戴圣也参加了此会，按照《汉书·儒林传》上的记载，戴圣是先当了博士，而后又任九江太守，可是《何武王嘉师丹传》中却说："太守自免，后为博士。"

那么，戴圣究竟是先当博士之后才去做了九江太守，还是他辞去太守之后又去做了博士呢？对于这两者之间的矛盾记载，徐耀环在《戴德、戴圣生卒年代的推测》给出了如下的说法：

> 博士，汉时为官爵，非如现今之博士为终身名誉。《汉书》中记载戴圣曾做过两次博士，一在《儒林传》云："圣号小戴，以博士论石渠，至九江太守。"一在《何武传》云："九江太守戴圣……武使从事，廉得其罪，圣惧，自免。后为博士。"一言其先做博士，后为九江太守；一言为九江太守，后为博士。今察诸《汉书·百官公卿表》云："秩比六百石以上，皆铜印黑绶，大夫、博士、御史、谒者、郎无。"知博士为一官职，领有薪俸。既为一种官职，则可随时辞职，或复职等。如《汉书·翟方进传》云："河平（汉成帝年号）中，方进转为博士，数年，迁朔方刺史。"知翟方进曾由他职转任博士官，再由博士官迁为朔方刺史。故知博士为官职，非为终身名誉。是以，戴圣先以博士官论礼石渠阁经学会议，后迁为九江太守，再由九江太守，转为博士一职，有何不可？是以戴圣两度为博士，并非史书记载错误。

看来，此博士非彼博士也。今天的"博士"乃是学位，而古代的"博士"则是官职，既然是官职，那几起几落也没什么不正常。而王锷也有着同样的认定，他在《〈礼记〉成书考》中说道："戴圣约生于汉昭帝始元六年（公元前81年）或更早，汉成帝阳朔三年（公元前22年），他已经是六十岁以上的老人。所以，戴圣治学、从政主要在汉宣帝甘露年间（公元前53～公元前50年）以后，即汉元帝、成帝时期。他先后两次为《礼》经学博士，官至九江太守。在传习今文《礼》的同时，编纂了《礼记》四十九篇，教授弟子，并有《石渠礼论》四卷、《群经疑义》十二卷等著作。"

经学分为"古文经学"和"今文经学"两大派别，那《礼记》

属于哪一派呢？王国维对此有着如下的论述：

> 《汉志》及《说文叙》皆云孔壁中有《礼记》，乃谓《礼古经》五十六卷。此（指《景十三王传》）既言"《礼》"，复言"《礼记》"，《礼》盖谓《礼经》，《礼记》盖谓《汉志》"礼家《记》百三十篇"之属。《隋书·经籍志》云："刘向考校经籍，得《记》百三十篇、《明堂阴阳记》三十三篇、《孔子三朝记》七篇、《王史氏》二十一篇、《乐记》二十三篇，凡五种，二百十四篇。"《经典释文叙录》引刘向《别录》云："古文《记》二百十四篇。"数正相合。则献王所得《礼记》，盖即《别录》之古文《记》。是大、小戴《记》本出古文。（《观堂集林》上册）

王国维经过一番分析认为，无论《大戴礼记》还是《小戴礼记》，都属于古文经学，然而从二戴的师承来看，他们又属于今文经学的正传。如何来解释这之间的矛盾呢？廖平认为，《礼记》一书中既收录了属于古文经学家的著作，同样也收录属于今文经学家的著作。廖从中选择了如下九篇今文经学著作：《王制》《冠义》《昏义》《乡饮酒义》《射义》《燕义》《聘义》《祭统》《丧服四制》。除此之外，他又选出了23篇属于古文经学的篇章。那剩余的部分属于什么呢？廖平又将其分为了两类，他认为其中有4篇是今文经学和古文经学混杂在一起的篇章，余下的10篇，廖平认为是古文经学和今文经学完全相同的篇章。廖平的这种分法可谓是一种创见，他的这个观点得到了业界大多数人的赞同，但也有人认为廖平的说法不一定完全正确，比如皮锡瑞就说"未必尽可据"。

《礼记》一书虽然是"十三经"之一，然而后世的评价却有褒有贬，比如陈澔认为《礼记》一书："千万世道学之渊源，其四十七篇之文，虽纯驳不同，然义之浅深同异，诚未易言也。"

但也有人对此不以为然，《朱子语类》卷八十四中载有朱子对《礼记》的评价："《仪礼》，体之根本，而《礼记》乃其枝叶……《仪礼》旧与六经三传并行，至王介甫始罢去。其后虽复《春秋》，而《仪礼》卒废。今士人读《礼记》，而不读《仪礼》，故不能见其本末。"

看来，朱熹认为《仪礼》要比《礼记》重要得多。可是，理学家们最看重的"四书"，其中有两书——《大学》《中庸》却是从《礼记》中摘录出来的。既然其中有这么重要的篇章在，那为什么对它却不重视呢？《四库全书总目提要》中称："朱子《乞修三礼札子》所云：'以《仪礼》为经，而取《礼记》及诸经、史、杂书所载有及于礼者，皆以附于本经之下，具列注疏，诸儒之说，略有端绪。'即是书也。"

看来，朱熹真的不喜欢《礼记》，他甚至提出把《礼记》的篇章拆散后重新编入《仪礼》中。宋代的郑樵也对《礼记》颇为不满，他在《六经奥论》卷五中说：

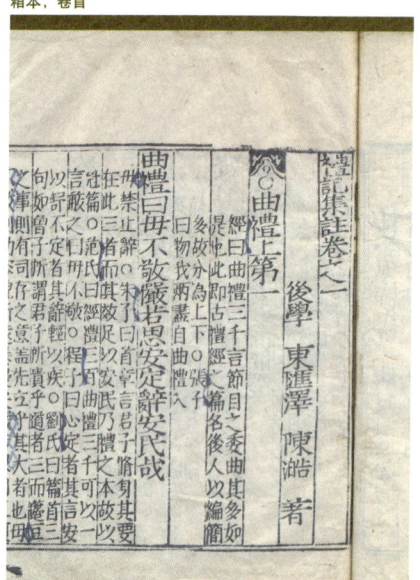
⊙ 陈澔撰《礼记集注》十卷，明万历建邑书林兴正堂刻巾箱本，卷首

《礼记》一书，《曲礼》论撰于曲台，而不及五礼之大本；《王制》著述于博士，而尽失先王之大意；《月令》摘于《吕览》，而录秦世之官；《缁衣》本乎尼子，而改《鲁论》之文；《礼运》载夫子之说，有亏于名教；《经解》引《易》之纬书，而尝禘之说多牵夫子之绪论；《明堂位》论周公践阼，世世祀以天子礼乐；《檀

弓》载舜葬苍梧,夫子墓马鬣封之类,皆流俗之妄语;《儒行》全无义理,如后世游说之士所夸太者;《玉藻》一篇颠倒错乱,且不可以句读。

虽然如此,《礼记》在后世还是受到了重视,比如南宋的卫湜用了20年时间写出了160卷本的《礼记集说》,此书摘引了144家前人的经说,可谓是《礼记》文献集大成之作。

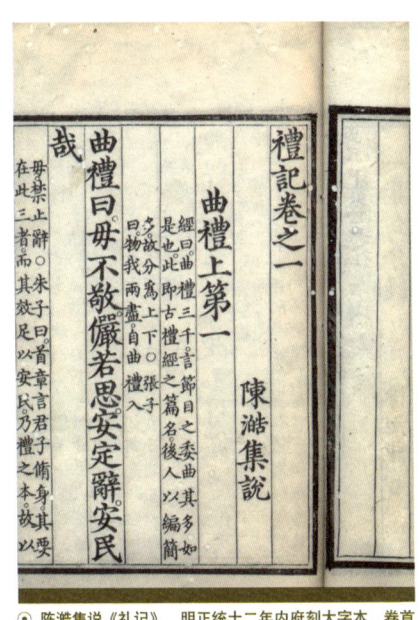
⊙ 陈澔集说《礼记》,明正统十二年内府刻大字本,卷首

而陈澔也作过一部《礼记集说》,此书也称《礼记集注》或者《礼记集传》。但是陈的该书主要是本着朱熹的观点,追求的是通俗易懂。

对于陈澔的这部书,《四库全书总目提要》予以了如下公允的评价:

> 盖说《礼记》者,汉唐莫善于郑、孔,而郑注简奥,孔疏典赡,皆不似澔注之浅显;宋代莫善于卫湜,而卷帙繁富亦不似澔注之简便。又南宋宝庆以后,朱子之学大行,而澔父大猷师饶鲁,鲁师黄榦,榦为朱子之婿,遂藉考亭之余荫,得独列学官……澔所短者,在不知礼制当有证据,礼意当有发明,而笺释文句一如注《孝经》《论语》之法。故用为蒙训则有余,求以经术则不足。朱彝尊《经义考》以"兔园册子"诋之,固为已甚。要其说,亦必有由矣。特《礼》文奥赜,骤读为难,因其疏解,

得知门径，以渐进而求于古。于初学之士，固亦不为无益。

清代乾隆年间，礼学大受重视，在乾隆元年就开办了"三礼馆"，并出版了一系列的著作，为此也带动了民间的研究，《〈礼记〉开讲》一书统计出了清代的研究专著有250多部。

对于戴德、戴圣的故里，《后汉书·桥玄传》中说："桥玄字公祖，梁国睢阳人也。七世祖仁，从同郡戴德学，著《礼记章句》四十九篇，号曰'桥君学'。"

桥玄是梁国人，而戴德跟他同郡，以此推论出戴德也是梁国人，《初学记》中也有这样的明确记载："后仓传于梁国戴德及德从子圣。"

然而戴德究竟居住在梁国的哪里？《新唐书·宰相世系表》中则称："至汉信都太傅戴德，世居魏郡斥丘。裔孙景珍。景珍，后魏司州从事。仲孙胄。胄字玄胤，相太宗。孙至德，相高宗。戴氏宰相二人，胄、至德。"看来，戴德居住在斥丘。

对于斥丘，马晓玲在《大小戴姓氏谱系及故里考述》一文中说："斥丘县，王莽时改为利丘，东汉复名斥丘，仍属魏郡；北齐天保年间更名成安属清都尹；隋朝仍名成安属相州，唐初属磁州，贞观初，改属相州，天佑二年（905年）复名斥丘，三年改属魏州；五代后唐复改为成安县，仍属魏州。斥丘故址在今河北省成安县。大、小戴故里位于成安县北乡义村。"

这段话明确地说，大、小戴的故里在今天的成安县，而民国年间所修《成安县志·金石》中则载："城东北二十里北乡义村有汉大儒二戴碑，代远年湮，风霜剥蚀，字迹模糊，莫可辨识，惟中间云：汉大儒大、小戴故里。"

《县志》中所载的这块碑是哪里来的呢？马晓玲又在文中说："北乡义《刘氏家谱》记载着二戴碑的来历：明朝礼部尚书刘公遭祸变

被满门抄斩,其孙刘士元逃至北乡义村,被二戴后裔收留,因感叹民风醇厚遂定居于此。清代中期刘姓成为大姓,而戴氏家族已经无人,刘氏追思戴氏救祖之恩,便于村南官道北侧立'汉大儒大小戴故里'碑一通以资纪年。至今当地仍流传着'戴家碑,刘家修'之说。"

对于这块碑的今况,马晓玲在该文的末尾说道:"'文革'期间,二戴碑不知所向。1992年成安县政府重新建立'汉大儒大小戴故里碑',并于碑阴刻写了大小戴辑注《礼记》的功绩:'礼记二人辑,载入成安,百姓从来钦大圣;宋朝三字经,述评戴著,九州总是仰高贤。'成安县北乡义村作为大小戴故里受到世人的追寻和景仰。"看来,大、小戴故里碑又刻了一块竖立在了本村。那么,这里也就成为了我景仰戴德、戴圣的朝拜之地了。

2012年3月16日星期五,这一天我在河南安阳包下了一辆出租车,驶向河北成安县北乡义村前往寻找"汉大儒大小戴故里碑"。穿过大名县城,在入县城路口的转盘上,立有汉白玉雕的麒麟,看来,县里的确把卢俊义看成大名县的大名人。只可惜雕造得有些比例失调,手法也较为粗糙。不过话又说回来,麒麟究竟长得什么模样,谁也不知道。孔夫子的代表作《春秋》,该部宏作的最后一个字就是"麟",按史书记载,他老人家确实见过麒麟,然此后还有谁见过这种瑞祥之物,我就不了解了。

驶到魏县,离县城还有二三公里时,遇到大堵车,马

汉大儒大小戴故里碑

⊙ 此碑就竖在街边

上让司机停下,我跑上前找警察打听。一警察告诉我,因为村民打群架把路堵死了,不知何时能解决,建议我从南边绕行。我看了一下地图,感觉从北面绕行应该更近,结果上了地图的当,几公里的路走了近一小时,除了路面大坑连连的原因外,还因为车前有一辆拉玉米芯的蹦蹦车,其装车的技术十分高超:车厢上的玉米芯装在巨大蛇皮袋里,蛇皮袋码在车厢上,高和宽至少是车厢的三倍。

此路极窄,被其将整条路占满,自行车都错不过去,他可能是担心货物颠落,竟把车开得比乌龟还慢,时速绝对不会超过两公里,司机拼命鸣笛,其实我知道一点儿用都没有,你总不能把他的车掀到地里去吧?!

终于到达北乡义村,没想到这也是失望的一程。在村中唯一的大道上,终于找到了戴德、戴圣的这块碑,此碑既无碑亭也无碑座,孤零零地处在人行便道上,那个惨样像个拴马桩,车来人往,经过的人没有一个会瞥它一眼。我站在路边静静地看着这块蒙尘的碑,心下黯然。碑的背面是一排门脸房,听其中一位店主介绍,原碑早被县里收走了,听说是为了保护起来,现在立的这块儿是十几年前重刻的。寻找大、小戴碑是我"经学之旅"第二程的最后一站,没想到访得者竟是个仿制品。

虽然我从马晓玲的文章中已经知道这块碑是1992年成安县政府重新刻制的,但我总觉得政府既然在此刻起了一块碑,总应当再建起一座碑亭,以便增加人们对这两位前贤的敬意。我写此文时,已距我的寻访时间过了四年,真盼望着在这四年时间里这里又有了新的变化,以便能够让更多到此寻访故里碑的人不再失望。

石渠阁：论辩五礼，《穀梁》得立

石渠阁原本是西汉王朝建立的国家图书馆，《三辅黄图》中称："石渠阁，萧何造，所藏入关所得秦之图籍；至于成帝又于此藏秘书焉。"萧何帮助刘邦灭掉了秦朝，而后把秦宫内所藏的文书档案搜罗在一起，接着建造起了一座名为"石渠"的藏书楼，而后把这些书籍藏在了这里。这个藏书之所曾开过几次重要的经学会议，因此该阁的名声跟经学史联系在了一起。

西汉宣帝时期，皇帝下令，在石渠阁召开经学研讨会。关于此会的目的，丁凌华在其论文《西汉石渠阁会议考论》一文中称："从现存史料分析，笔者以为汉宣帝召开石渠阁会议的直接目的有二：一是振兴鲁学，特别是立《穀梁春秋》学博士；二是讨论丧服学的内容。而这两个目的都与宣帝的身世有关，也就是说石渠阁会议的成因中，偶然性占主导。"

在这里丁凌华把宣帝召开石渠阁会议的目的总结为两种，一是确立《穀梁传》博士，二则是出于宣帝本人的特殊原因。丁凌华认为，石渠阁会议的召开更多者是出于一种偶然性，而这偶然性的出现，则是由于汉宣帝的特殊人生经历。

关于汉宣帝的生平，班固在《汉书·宣帝纪》中首先称：

> 孝宣皇帝，武帝曾孙，戾太子孙也。太子纳史良娣，生史皇孙。

皇孙纳王夫人，生宣帝，号曰皇曾孙。生数月，遭巫蛊事，太子、良娣、皇孙、王夫人皆遇害。语在《太子传》。曾孙虽在襁褓，犹坐收系郡邸狱。而邴吉为廷尉监，治巫蛊于郡邸，怜曾孙之亡辜，使女徒复作淮阳赵征卿、渭城胡组更乳养，私给衣食，视遇甚有恩。

汉宣帝刘询乃是汉武帝的曾孙，他刚出生就卷入了一场宫廷内斗，他的爷爷刘据乃是皇太子。然而在征和二年，江充诬告皇太子在宫中埋有木人，以此来诅咒武帝。诬告使得刘据大为恐惧，于是杀了江充，他的行为使武帝认为皇太子果真有其事，于是派兵追杀刘据，刘据兵败而自杀。而后，皇太子家人大多遇害，那时的刘询才出生几个月，也被收进了监狱。

当时，负责管理监狱的人为廷尉监邴吉，邴吉看到这个小孩后，觉得他很可怜，于是就派几位女犯人轮流乳养刘询，同时邴吉又用自己的薪水为刘询买食品和衣物，这才使得这个婴儿活了下来。

但是这场巫蛊案迟迟未能了结，武帝后元二年，皇帝渐渐感觉到身体不行了，于是在长杨宫和五柞宫之间轮换居住。正在这个阶段，他身边有一位会望气的人告诉他，长安郡的监狱中透显出了天子之气。武帝当然不爱听这样的话，这等于是说有人要将他的皇位取而代之。于是武帝立即派人前往长安郡的监狱，将关押在狱中的犯人，无论轻罪或者重罪一律处死。武帝所派的郭穰在半夜里来到了长安郡的监狱，前来执行皇帝的命令，但邴吉紧闭监狱大门拒绝郭穰入内。正是由于邴吉的坚持，使得刘询跟监狱里的犯人得以活命。没过多久，武帝就下令大赦天下，于是邴吉就将刘询送到了他外祖母家中。

汉武帝去世前留下遗诏：将皇曾孙刘询交到掖庭抚养。当时的掖庭令是张贺，而张贺曾经侍奉过皇太子刘据，因此张贺对刘询特别的关照，拿出自己的俸禄供给刘询读书，等刘询长大后，他又为刘询娶了暴室啬夫许广汉的女儿。也正因为如此，刘询十分了解民间百姓的生活。虽然，刘询混迹在百姓中，但还是有人发现他的特别之处，比如他脚上长着长毛，当他躺下休息时那些毛就会发亮。因此他每次外出去买炊饼，店家都会多给他一些，这让刘询也觉得奇怪。

元平元年四月，汉昭帝驾崩，因为昭帝没有子嗣，大将军霍光奏请孝昭皇后，建议让昌邑王刘贺继承皇位。两个月后刘贺接受了皇帝的玺印和绶带，尊上官皇后为皇太后。然而没过多久，霍光就发现刘贺完全不尊礼制，因为刘贺来到长安时，本是为昭帝主持丧礼，然而他来京的路上带着大批随从，一路上骚扰百姓，并且拉着整车的美女一路享乐。刘贺更为违反礼制的是，即位二十七天就跟汉昭帝的宫女进行淫乱。他的这些所为，让霍光等人觉得不能将天下交给这样的皇帝。于是霍光、田延年等就奏请太后，废除刘贺的帝位。故而刘贺在皇帝的宝座上坐了不到一个月就被赶下了台，后来他被封为了海昏侯。近年他的墓被发现了，墓中出土文物数量之多、质量之高令人瞩目。然而就是这位刘贺的意外下台，才使刘询有机会成为了皇帝。

《汉书·宣帝纪》中称：

秋七月，光奏议曰："礼，人道亲亲故尊祖，尊祖故敬宗。大宗毋嗣，择支子孙贤者为嗣。孝武皇帝曾孙病已，有诏掖庭养视，至今年十八，师受《诗》《论语》《孝经》，操行节俭，慈仁爱人，可以嗣孝昭皇帝后，奉承祖宗，子万姓。"奏可。遣宗正德至曾孙尚冠里舍，洗沐，赐御府衣。太仆以軨猎车奉迎曾孙，就齐宗正府。庚申，入未央宫，见皇太后，封为阳武侯。

已而群臣奉上玺、绶，即皇帝位，谒高庙。

刘贺被赶下台不到一个月，霍光就向太后提议，请刘病已来继承皇位，而病已就是刘询早年的名字。霍光说刘询年已十八岁，并且学习了很多儒家经典，有很好的操行。太后同意了霍光所请，于是刘询就成为了汉宣帝。但是成为汉宣帝的刘询，为何要召开石渠阁会议呢？丁凌华认为："由于昌邑王的意外被废以及邴吉的推荐，十八岁的长于民间的刘病已极为偶然地登上了皇位，在辈分上，他是昭帝的长兄之孙即侄孙，而年龄上仅比昭帝小四岁。他对刘贺被废的理由一定是印象深刻、终生难忘的，他对导致自己登基的丧服礼制即使不顶礼膜拜，也一定是要发扬光大的，以证明刘贺被废与自己登基的双重合法性。而石渠阁会议就是要达到这样的目的。"

但是从相关的历史记录来看，刘询其实对儒学并没什么兴趣，可是他的儿子刘奭也就是后来的汉元帝却对儒家有着偏好，而汉宣帝更多者是喜好法家。所以刘奭在做太子的时候，就在一次宴会上对父亲说："陛下持刑太深，宜用儒生。"刘询听到这句话后大为不高兴："汉家自有制度，本以霸王道杂之，奈何纯任德教，用周政乎？且俗儒不达时宜，好是古非今，使人眩于名实，不知所守，何足委任？"（《汉书·元帝纪》）

正因为这件事，使得刘询有了废太子的想法，因为他觉得："乱我家者，太子也！"由此可知，刘询对儒家特别不感兴趣。但既然这样，那他为什么还要召集儒家，举办石渠阁会议呢？这件事也跟他的身世有很大的关联，因为刘询继位后，很快就给自己的父亲、祖父母等等予以平反。他分别给这些人定谥，比如祖父卫太子的谥号是"戾"，所以刘据又被后世称为戾太子。然而这位戾太子却喜好儒学，《汉书·武五子传》中称："戾太子据，元狩元年立为皇太子，年七岁矣。

初，上年二十九乃得太子，甚喜，为立禖，使东方朔、枚皋作禖祝。少壮，诏受《公羊春秋》，又从瑕丘江公受《穀梁》。及冠就宫，上为立博望苑，使通宾客，从其所好，故多以异端进者。"

刘据在年轻时候，学习的是公羊学，后来他又师从瑕丘江公学习《穀梁传》。刘询虽然对儒家不感兴趣，但是他认为祖父的爱好不能失传，于是就派大臣寻找懂得《公羊传》和《穀梁传》的学者，让这些学者进行辩论，最终使刘询觉得《穀梁传》要好过《公羊传》，于是决定使将要失传的穀梁学再继续下去，而后刘询就提拔了一些穀梁学者。

十几年后，到了汉甘露元年，汉宣帝命太子太傅萧望之召开学术论辩会，此会的参与者有四名公羊学博士和四名穀梁学者。萧望之准备了三十多个问题，让这两派学者进行辩论。《汉书·儒林传》中称：

> 至甘露元年，……乃召五经名儒太子太傅萧望之等大议殿中，平《公羊》《穀梁》异同，各以经处是非。时公羊博士严彭祖，侍郎申挽、伊推、宋显，穀梁议郎尹更始、待诏刘向、周庆、丁姓并论。公羊家多不见从，愿请内侍郎许广，使者亦并内穀梁家中郎王亥，各五人，议三十余事。望之等十一人各以经谊对，多从《穀梁》，由是《穀梁》之学大盛，庆、姓皆为博士。

会议经过一番讨论，论辩双方又各增加了一位学者，经过一番论辩，显然是穀梁学者占了上风，自此之后，穀梁学大行于天下。

关于石渠阁会议讨论的内容，其实当时都有相应的记录，按照《汉书·艺文志》所载，石渠阁会议产生的文本有书《议奏》四十二篇，礼《议奏》三十八篇，春秋《议奏》三十九篇，论语《议奏》十八篇。

可惜的是，这些《议奏》都失传了。皮锡瑞在《经学历史》中称："《石渠议奏》今亡，仅略见于杜佑《通典》。《白虎通义》犹存四卷，集今学之大成。"

石渠《议奏》虽然失传了，但是杜佑的《通典》，梁刘昭注《后汉书·舆服志》，唐孔颖达疏《毛诗正义》与《礼记正义》也保留了《议奏》的一些片断。由这些片断的史料，能让后世大约知道他们讨论的具体内容。比如杜佑的《通典》中录有如下对话：

> 汉《石渠礼议》："（问）曰：'《经》云：宗子孤为殇。言孤何也？'闻人通汉曰：'孤者，师傅曰，因殇而见孤也，男子二十冠而不为殇，亦不为孤，故因殇而见之。'戴圣曰：'凡为宗子者，无父乃得为宗子。然为人后者，父虽在，得为宗子，故称孤。'圣又问通汉曰：'因殇而见孤，冠则不为孤者，《曲礼》曰：孤子当室，冠衣不纯采。此孤而言冠，何也？'对曰：'孝子未曾忘亲，有父母、无父母衣服辄异。《记》曰：父母存，冠衣不纯素；父母殁，冠衣不纯采。故言孤。言孤者，别衣冠也。'圣又曰：'然则子无父母，年且百岁，犹称孤不断，何也？'通汉对曰：'二十而冠不为孤，父母之丧，年虽老，犹称孤。'"

这段对话记录的是闻人通汉和戴圣之间的观点交锋。按照周代礼制，二十岁之前的夭折称为"殇"，而"殇"又根据年龄的不同分为四级。十六到十九岁去世者，称为"长殇"。十二到十五岁去世者，称为"中殇"。八到十一岁去世者，称为"下殇"。而不满八岁去世者，称为"无服之殇"。对于"宗子孤为殇"，在丧服制度中，有降服的说法。对于具体的降服方式，戴圣有着自己的观点，于是他跟闻人通汉分别引用《曲礼》和《礼记》上的内容予以争辩。

为什么要讨论这样的内容呢？因为这关涉到继位的合法性问题，比如杜佑《通典》中还录有如下一段讨论内容：

> 汉《石渠议》："（问曰：）'大宗无后，族无庶子，己有一嫡子，当绝父祀，以后大宗不？'戴圣云：'大宗不可绝，言嫡子不为后者，不得先庶耳。族无庶子，则当绝父祀以后大宗。'闻人通汉云：'大宗有绝，子不绝其父。'宣帝制曰：'圣议是也。'"

这段话讨论的是，族子是否应当绝家祀以事大宗的问题，《仪礼·丧服》中称："大宗者，尊之统也，大宗者，收族者也，不可以绝，故族人以支子后大宗也。"戴圣同意这种观点，他认为族子应当绝父祀以事大宗。但闻人通汉反对戴圣的观点，他认为不应当这么做。对于这两人的争论，汉宣帝支持戴圣的观点，因为这跟他的继承皇位的特殊性，有着很大的相似点。

元平元年，汉昭帝驾崩，年仅22岁，他去世时无子。而汉昭帝本人是汉武帝的小儿子，他有五个哥哥，汉昭帝去世后，汉武帝的六个儿子中，仅有广陵王刘胥在世。既然昭帝无子，那么刘胥继位变得顺理成章，但这位刘胥却是个游手好闲之士。霍光等人认为，不能让刘胥这样的人做皇帝，所以才改为选择了昌邑王刘贺。刘贺原本是汉昭帝的哥哥刘髆之子，但此人同样因为不成器，才被霍光等人废掉，这才有了刘询继位的可能性。也正是因为这个原因，所以刘询很在意他继位的合法性，这使得该问题成为了石渠阁会议讨论的主题。而参加讨论的这些学者中，也有人曾为他的登基做出过贡献，比如大小夏侯。当年刘贺在位期间，夏侯胜以灾异说来解释行废立太子事："天久阴而不雨，臣下有谋上者，陛下出欲何之？"

夏侯胜的话令刘贺十分愤怒，甚至想将夏侯胜杀掉，而正是这个阶段，大将军霍光想废掉刘贺，夏侯胜说："在《洪范传》曰'皇之不极，厥罚常阴，时则下人有伐上者'，恶察察言，故云臣下有谋。"他的这段话令霍光认为大有道理，于是把这段话转奏太后，由此而废掉了刘贺。正是因为这个原因，刘询才有了继位的可能。

夏侯胜不仅做出过这样的贡献，他还是个刚直不阿的人。汉宣帝继位后，大搞劳民伤财的工程，众大臣不敢言语，而夏侯胜却勇敢地站出来反对汉宣帝的这种行为："武帝虽有攘四夷、广土境之功，然多杀士众，竭民财力，奢泰无度，天下虚耗，百姓流离，物故者半，蝗虫大起，赤地数千里，或人民相食，畜积至今未复；无德泽于民，不宜为立庙乐。"

这些话令刘询很不高兴，于是夏侯胜被关进了监狱，然而在狱中，夏侯胜也不忘研究《尚书》。他在狱中收黄霸为弟子，继续研究学问。后来汉宣帝还是把他放了出来，而后夏侯胜一路做到了太子太傅的高位。而也正是在石渠阁会议上，把夏侯立为了博士。

由以上可知，不喜好儒术的汉宣帝竟然召开了这么重要的儒学会议，而对于其召开此会的目的，丁凌华在其论文中总结道："振兴穀梁学完全是汉宣帝故意之举，一是稍可告慰祖父卫太子生前之愿，二是稍泄对曾祖父武帝是非不分、黑白颠倒之不满。难得的是宣帝用十余年时间耐心地不露声色地做了这么一件事，充分显示了其韬略雄才。"

且不管汉宣帝的真实目的如何，但石渠阁会议成为了中国经学史上一场十分著名的学术研讨会。对于此会的召开时间，前人也有着不同的意见，综合来说，有甘露元年和甘露三年两种说法。前面引用的《汉书·儒林传》上所言，乃是甘露元年的出处，而《汉书·宣帝纪》又称："甘露三年，诏诸儒讲五经同异，太子太傅萧望之等平奏其议，上亲称制临决焉。乃立《梁丘易》、大小《夏侯尚书》、

《穀梁春秋》博士。"

究竟哪一年更为准确，丁凌华认为，在石渠阁开会可能有多次，而有些会议也可能不是在石渠阁内所开者。然从其他的史料来看，当时的石渠阁内确实开过经学会议。比如《后汉书·杨终传》称：

> 终又言："宣帝博征群儒，论定五经于石渠阁，方今天下少事，学者得成其业，而章句之徒，破坏大体。宜如石渠故事，永为后世则。"于是诏诸儒于白虎观论考同异焉。

以及《后汉书·儒林传》：

> 建初中，大会诸儒于白虎观，考详同异，连月乃罢。肃宗亲临称制，如石渠故事。顾命史臣，著为《通义》。

除此之外，元代龚端礼在《五服图解》引佚书《礼制》所言："元康二年（前64年），西汉宣帝登石渠阁集群臣讲论丧服。"看来，石渠阁内曾召开过多次关于经学的学术研讨会，而这也正是该阁在中国经学史上的特殊地位所在。

对于石渠阁遗址的情况，2001年5月15日的《西安日报》刊有郑富林所撰《汉石渠阁遗址在哀鸣》一文，该文中说道："1961年被国务院列为全国第一批重点文物保护单位。历经二千年风霜的石渠阁，至今东西长72.5米，南北宽73米，高约40米的土夯台。然而由于缺乏保护，遗址周围被未烧完的玉米秆所包围，遗址北坡成了坟地，立着几十处坟头。遗址最高处也因无防护栏，成了随地方便的地方。1961年，西安市人民政府立的黑色石碑已成白色，石碑上裂痕斑斑，有的字也已被毁。"

石渠阁：论辩五礼，《穀梁》得立　299

看来，石渠阁遗址虽然没有得到完好的保护，但毕竟还有痕迹在，于是在2012年3月9日，我特意来到了原址，来参观这处著名的开会地点。

● 天禄阁成了小学的名称

石渠阁遗址位于陕西省西安市未央区柯家寨村西边，此程的寻访是住在了西安市内，而后包租下一辆面包车每天一个方向，探寻西安周围的历史遗迹。今早六点半起床，可能是阴天之故，再加上此时乃是初春，从酒店的窗户向外望去，到处漆黑一片。

七点刚到，司机来电称已在门口，来不及吃早餐，下楼找车，未见有轿车停在楼下，仅一辆中巴在坡道上。昨天订车时，我已告诉租车公司，乘客仅一人，所以不可能开了一辆这么大的车，于是打电话给司机。没想到他就从那辆中巴车中下来，我问他为什么要开来这么大一辆车，他笑着跟我说："不大，仅九座，因为其他车堵在里面，只能开这辆来。"既然如此，也只好上车，但我一上车就感到这辆车绝不仅是九座，因为几排座位的后面空着一大截。司机又笑着说，这是把后面的几排座椅拆掉了。

● 遗址图

既然如此，也只好乘上这辆大车先跑上一天，根据具体情况再做

⊙ 未央宫遗址公园

相应的调整吧。司机陈姓，普通话说得挺标准，称是因公司培训所致，看来租车公司越发的规范。这当然是好事情，我也就不再诟病这辆大车的问题。昨天的寻访计划中原本就有石渠阁，但因为路程关系，未能前往，所以今天的寻访就将石渠阁遗址列在了第一站。我本以为此处遗址颇具名气，而司机又是本地人，应该寻找起来很顺利。然实际情况跟我的预料相反，这位陈先生完全不知道石渠阁在哪里。而他又不喜欢向路人打问，没办法，只好每遇路人我都让其停车，而后下车去了解细节。有时候，对方所言让我不明就里，我喊他下来一并听之。然而他却坚决不下车，不清楚这是怎样的心理。

虽然费了些周折，但总算找到了地点。石渠阁在未央宫乡小刘寨村西南公路边，距周家河湾村约500米，眼前所见，这处遗址像一个大土堆，可能是因为历代挖土的原因，这个土堆已经看不出具体的形状。而今的土堆用铁护栏围了一圈，已经无法入内登上顶端。

石渠阁：论辩五礼，《穀梁》得立　　301

◉ 国家级文保单位

◉ 铁栏杆围了起来

我只好围着栏杆四处拍照,在这里看到了文保牌,此牌的背面写着两段文字,其中下一段是:

> 石渠阁内收藏着入关时所得秦之图籍,成帝时又将搜求天下的遗书也藏于此。伟大史学家司马迁的《史记》,就是参考这里的档案图籍写成的。著名学者刘向也曾在此讲论五经。

原来司马迁写《史记》也使用过这里的图书,而刘向也曾在这里讲经。这两条历史记录已足可显现石渠阁的伟大,但缺憾的是其未曾提到这里曾经召开过重要的经学会议。

其实石渠阁遗址距西安城区并不远,从西安环城路到此遗址也就是五六公里的路程。我到访时这里的路况较差,司机陈先生说,这一带从去年开始已经准备拆迁,但正赶上世博园会就停了下来。而今我在写此文的时候,已经距离那次寻访过了五年的时间,不知道这里的拆迁工程进行得怎样了,希望路况变得更好吧。参观完毕后,前往下一程,司机走了另外一条路。路过东张村在村南左转到马寨村右转,再穿过西马寨村,在路边看到有一家天一阁拉面馆,这应该是宁波人开办的面馆,但宁波是否有拉面我倒并不了解。也许这位开面馆者,知道石渠阁曾经是汉代的图书馆,所以他将自己的面馆起名为"天一阁",也想与之媲美。

许慎：统研汉字，以驳今文

许慎是《说文解字》的作者，这部书被称为中国第一部字典，该书所收文字均是以小篆书写，故其也是今天研究早期文字的最重要工具书之一。

关于许慎的生平，历史资料留下来甚少。《后汉书·儒林传》对于许慎生平的记载仅有如下一段话：

> 许慎，字叔重，汝南召陵人也。性淳笃，少博学经籍。马融常推敬之。时人为之语曰："五经无双许叔重。"为郡功曹，举孝廉，再迁除洨长，卒于家。初，慎以五经传说臧否不同，于是撰为《五经异义》，又作《说文解字》十四篇，皆传于世。

以上这段记载已然成为了许慎最为详尽的一段传记，除此之外，许慎在《说文解字·后叙》中也谈到了他的出身："曾曾小子，祖自炎神。缙云相黄，共承高辛，太岳佐夏，吕叔作藩，俾侯于许，世祚遗灵；自彼徂召，宅此汝濒。"

许慎说他的祖先是炎帝神龙，而神龙的后裔缙云曾经辅佐过黄帝，再后来其后裔被封为许侯，世代相传就到了许慎这一代。许慎从小就研读各种儒家经典，当时的经学大师马融对许慎的研究结果特别推崇，社会上的人认为许慎对五经的研究天下无双，而许慎的著述则有《五经异义》和《说文解字》。

但是对于许慎的生卒年等相关问题，各种史料均未记载，为此后世有着各种推论，比如清诸可宝撰有《许君疑年录》，他的推论方式是依据许慎之子许冲《上〈说文解字〉表》的时间。诸可宝认为许冲能给皇帝奏表，年龄应当在三十岁以上，而按照汉朝的制度，男人三十而娶，如果许慎转年生了儿子，那么许冲三十岁的时候，许慎必然在六十岁以上，而许冲写《上〈说文解字〉表》的时间是汉安帝建光元年（公元121年），以此上推，许慎大约出生于汉建武三十一年。

清严可均则认为许慎应当生于汉明帝永平年间，他在《许君事迹考》中说："《说文解字·后叙》作于永元十二年（公元100年），彼时许君不得甚少，即年未三十。亦必生于明帝朝也。"而陶方琦则在《许君年表》中根据许慎的师友弟子贾逵和马融的年龄来加以推算，他认为许慎应当生于汉明帝初年。洪亮吉则根据许冲《上〈说文解字〉表》中的情况，认定许慎必定生于东汉初年。

对于以上的这些说法，耿鹏坤在其硕士论文《谈谈许慎和〈说文解字〉的几个问题》中予以了综合分析，他认为许冲也不一定就是许慎的长子，再加上汉代也没有严格规定必须到三十才结婚，而后其又称："严铁桥说许慎写《说文解字》时三十岁，实无确凿依据。按贾逵和马融的年龄推算许慎的年龄，似有可取。但在后汉，年逾花甲仍在太学学习者不乏其人。《灵帝记》：'熹平五年（公元176年）试太学生年六十以上百余人。'"既然如此，那耿鹏坤认为许慎应当生于何年呢？他给出的结论是："许慎应生于光武帝建武三十年"，而后他举出来了一系列证据以此来佐证自己的结论。

虽然对于许慎的生平有着各种各样的争论，但他的《说文解字》成为千古名著，却是没有任何疑问的。许慎为什么要编这样一部字典呢？他在该书的序言中予以了说明，他首先解释了何为"文"、何为"字"以及何为"书"：

> 仓颉之初作书，盖依类象形，故谓之"文"。其后形声相益，即谓之"字"。"文"者，物象之本也；"字"者，言孳乳而浸多也。著于竹帛谓之书。书者，如也。

然而在许慎之前，其实已经有了不少的字书存在，对于这些字书的来由，许慎在序中说道：

> 其后，诸侯力政，不统于王，恶礼乐之害己，而皆去其典籍，分为七国。田畴异亩，车涂异轨，律令异法，衣冠异制，言语异声，文字异形。秦始皇初兼天下，丞相李斯乃奏同之，罢其不与秦文合者。斯作《仓颉篇》，中车府令赵高作《爰历篇》，大史令胡毋敬作《博学篇》，皆取史籀大篆，或颇省改，所谓小篆者也。是时，秦烧灭经书，涤除旧典，大发吏卒，兴戍役，官狱职务繁。初有隶书，以趣约易，而古文由此绝矣。自尔秦书有八体：一曰大篆，二曰小篆，三曰刻符，四曰虫书，五曰摹印，六曰署书，七曰殳书，八曰隶书。

许慎在这里首先提到战国七雄各自为政，文字也各不相同，秦始皇统一天下之后，命令李斯发明了小篆，此后有些人就根据小篆写出了一些字书。再后来秦始皇毁灭经书，并且大兴牢狱，而那些狱卒因为公事繁多，嫌小篆书写太过麻烦，于是就发明出来一种笔画简单的文字，这就是隶书。

到了汉代，隶书成为了通行字体，使得很多人不再能够认识古字，

《说文解字·序》又说道：

> 壁中书者，鲁恭王坏孔子宅，而得《礼记》《尚书》《春秋》《论语》《孝经》，又北平侯张苍献《春秋左氏传》。郡国亦往往于山川得鼎彝，其铭即前代之古文，皆自相似。虽叵复见远流，其详可得略说也。而世人大共非訾，以为好奇者也。故诡更正文，乡壁虚造不可知之书，变乱常行，以曜于世。诸生竞逐说字解经谊，称秦之隶书为仓颉时书，云父子相传，何得改易。乃猥曰：马头人为"长"，人持十为"斗"，"虫"者，屈"中"也。廷尉说律，至以字断法，"苛人受钱"，"苛"之字"止句"也。若此者甚众，皆不合孔氏古文，谬于史籀。俗儒鄙夫，玩其所习，蔽所希闻，不见通学，未尝睹字例之条，怪书艺而善野言，以其所知为秘妙，究洞圣人之微旨。又见《仓颉》篇中"幼子承诏"，因曰"古帝之所作也，其辞有神仙之术焉"，其迷误不谕，岂不悖哉！

鲁恭王为了扩大宅院拆了孔子的院落，而后从墙壁中得到一批古经书，由于这些经书所写之字很多人不认识，所以他们就不承认这种真正的古经。而当时社会上的人们又往往认为隶书是仓颉造出来的古字，认为这种古字代代相传不可能有错，于是有些人就根据隶书的字形来解读字意，甚至有些人在判案的时候，也利用隶书的字形来进行裁断。面对此况许慎感觉到大为痛心，所以决定用篆字写出一种字典，并且作出相应解释，以便让人们能够真正认识到每个字的原始意义究竟是什么。他认为只有这样才能解读出古代经典的本意：

今叙篆文，合以古籀，博采通人。至于小大，信而有证，稽撰其说。将以理群类、解谬误、晓学者、达神旨，分别部居，不相杂厕也。万物咸睹，靡不兼载。厥谊不昭，爰明以谕。其称《易》，孟氏；《书》，孔氏；《诗》，毛氏；《礼》，周官；《春秋》，左氏；《论语》《孝经》，皆古文也。其于所不知，盖阙如也。

⊙ 许慎撰《说文解字》十二卷，明万历二十六年陈大科刻吴陵宫氏补遗本，书牌

从这段叙述可知，许慎写《说文解字》一书，其主要目的是针对当时的今文经学家根据隶书来解读经典，他认为这是一种不能接受的错误。因为"许慎生活的年代正是今古文之争颇为激烈的时期。在这场论战中，许慎是以'古文经派'的面貌出现的。当时，今文经派的儒生竞相说字解经，他们依据隶书的形体，臆测文字的起源和结构。"（吴平、钱荣贵《中国编辑思想发展史》）

由这段话可知许慎属于古文经学派，然而他在年轻时也曾学习过今文，直到中年拜贾逵为师才改学古文。所以说许慎对古文和今文都较熟悉，为此《中国编辑思想发展史》一书中说："许慎在编《说文解字》之前，曾撰有《五经异义》一书，此书虽已亡佚，但从书名和后世辑本来看，许慎对古、今两派经学都是非常熟悉的。清人陈寿祺辑存的《五经异义》中有'古尚书说''今尚书欧阳、夏侯说''古毛诗说''今诗齐、鲁、韩说''古春秋左氏说''今春秋公羊说''古

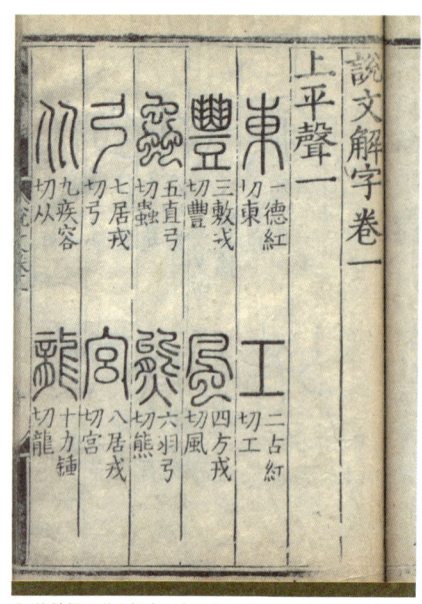

⊙ 许慎撰《说文解字》十二卷，明万历二十六年陈大科刻吴陵宫氏补遗本，卷首

周礼说''今戴礼说'，等等，从中可以看出，《五经异义》的'异义'是指经义的古今之别。许慎撰《五经异义》就是要臧否五经传说之不同。《后汉书》云：'初，慎以五经传说臧否不同，于是撰为《五经异义》。'由此可以看出，许慎的古文经派立场前后是一贯的，从《五经异义》到《说文解字》反映出许慎不断深化的古文经派思想。"

但许慎仍然是站在古文经学派的立场上来批驳今文经学派，而他所撰《说文解字》一书，也正是以此来给自己的观念找到立论依据。故而范文澜在《中国通史》中评价《说文解字》时说："这部巨著，集西周以来文字之大成，也集古文经学训诂之大成，对不懂文字形义，依据隶书穿凿附会的今文经学说来，是一个严厉的驳斥。《说文解字》的编成，正显示古文经学有坚实的基础，有力量排斥今文经学。"

但是许慎也提到那个时代还留传有其他的古字，既然如此，许慎为什么要用小篆来作《说文解字》的对象呢？对于这件事，清代的段玉裁有着这样的解读："小篆之于古籀，或仍之，或省改之，仍者十之八九，省改者十之一二而已。"（《说文解字注》）对于段玉裁的这种解释，《中国编辑思想发展史》一书中评价道："对'省改者十之一二'的古文和籀文，许慎并非有丢弃，而是兼而录之，并以'重文'形式出现。许慎'今叙篆文，合以古籀'乃汉代通经、正经之正途,既是可行的,也是妥帖的。'鄙夫俗儒'以汉之隶书来解字说经,注定只能陷入'迷误'的境地。至于段玉裁所说《说文解字》'以小篆为质'是出于'法后王,尊汉制'的考虑,倒是有附会牵强之嫌。"

许慎就是本着这种理念,用其后半生的时间写出了《说文解字》,这部书总计收字9353个,另有"重文"也就是异体字1163个,两项合计10516个。许慎将这些字分为了540个部首,同时将这所有的字分为六种造字之法:

《周礼》:八岁入小学,保氏教国子,先以六书。一曰指事,指事者,视而可识,察而见意,上下是也。二曰象形,象形者,画成其物,随体诘诎,日月是也。三曰形声,形声者,以事为名,取譬相成,江河是也。四曰会意,会意者,比类合谊,以见指㧑,武信是也。五曰转注,转注者,建类一首,同意相受,考老是也。六曰假借,假借者,本无其字,依声托事,令长是也。
(《说文解字·序》)

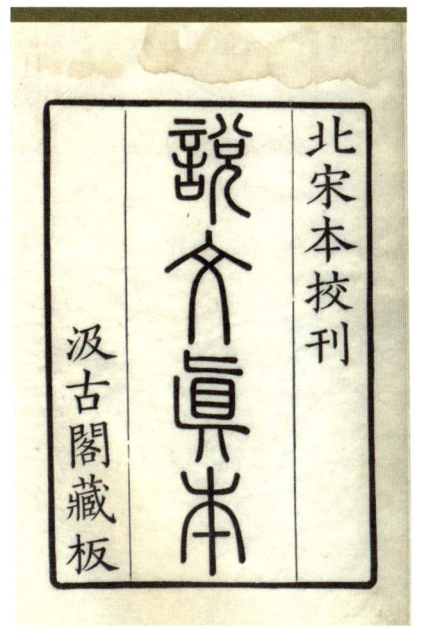
● 许慎撰《说文解字》十五卷,明末清初毛氏汲古阁刻本,书牌

许慎在《说文解字·序》中说的这段话十分经典,后世把他的这段话总结为"六书":指事、象形、形声、会意、转注、假借,但是对于"六书"的顺序,

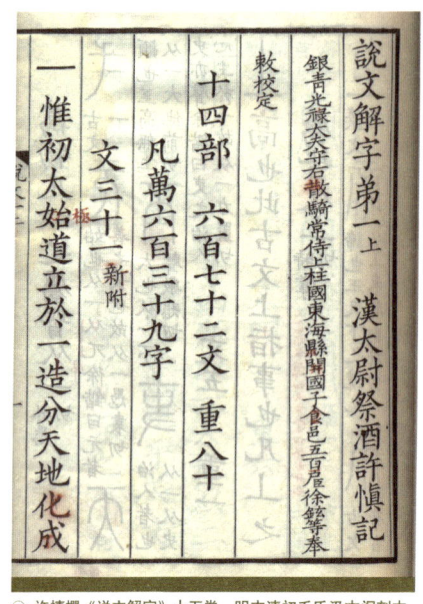

◉ 许慎撰《说文解字》十五卷，明末清初毛氏汲古阁刻本，卷首

后世有不同的排列方式，不过研究学者大多数把前四种称为"造字之法"，后两种称为"用字之法"。虽然说"六书"早在春秋时代就已经出现过，但只有到了许慎这里，才对这"六书"有了明确的定义。

有人认为许慎的这"六书"也有缺点，比如华强在《汉字造字进化论》一书中称："《说文解字·序》中的这个许氏经典定义有一个缺点，就是基本没有考虑音训在造字中所起的作用。"不知道这种说法是不是对古人的苛求，但华强在其专著中又指出许慎这段话中的另一个缺憾："它还有一个缺憾，就是每种造字方法仅仅举出两个汉字的例子。后世很长的一个历史时期内，学者们一直误认为汉字'考''老'之间是互为转注的关系，其实许慎在这里所要表达的是汉字'考''老''孝''耋'等字的上部结构共用了同一个部首而已。"

且不管怎样，许慎的《说文解字》的确是一部伟大的著作，因为他对中国的古汉字作了系统的分门别类，我摘引苏英霞主编的《汉字教学方法与技巧》一书的举例如下，比如造字法之一的象形，苏英霞主编之书就用对应手法举出了如下的例子：

而对于"指事"该文中举出了如下三个下例子:

(甘):在口内加一点,表示口中含有甘美的食物;
(亦):用两个点指出腋下位置;
(母):用两个点指示乳房,表示成年女性为人母者。

相比较而言形声字则大大地增加了字的数量,形声字基本上是用形旁和声旁合并为一个字,这种合并方式可分为六种:

① 左形右声:河 晴 财 购 优 征
② 右形左声:都 切 致 胡 战 剃
③ 上形下声:空 芳 宇 爸 翠 箱
④ 下形上声:勇 盛 基 袋 盒 照
⑤ 外形内声:阁 固 匣 囤 赴 廷
⑥ 内形外声:闻 问 辩 辨 赢 赢

除此之外,许慎还有其他的几种造字之法,而能将这么多的字进行分门别类,并作出解释,这的确是件不容易的事情,因为在《说文解字》之前中国只有"文字书"而没有"文字学",这也正是该书的伟大之处。更何况单纯从收字数量来说,《说文解字》也是他那个时代之最。在此之前的字书,已知者有李斯的《仓颉篇》、赵高的《爰历篇》以及胡毋敬的《博学篇》,这三部书被合编为《仓颉篇》,

⊙ 许慎撰《说文解字》十五卷,明末清初毛氏汲古阁刻本,批校

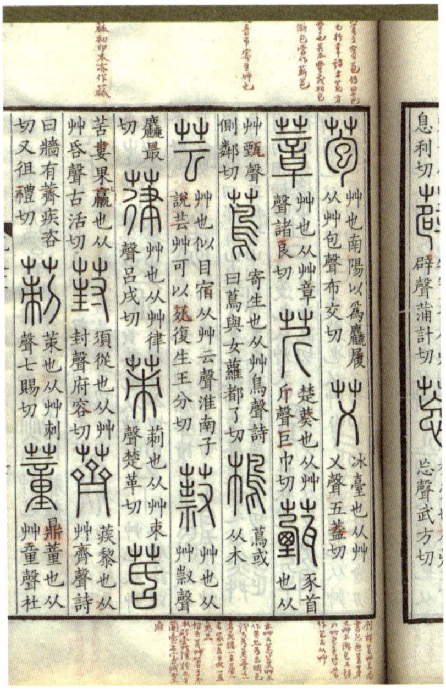

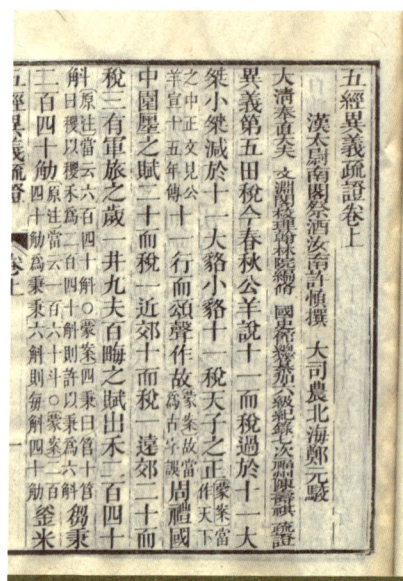

● 陈寿祺撰《五经异义疏证》，清嘉庆道光间刻本

总计收字3300个。而西汉末年，扬雄的《训纂篇》则收字5340个，东汉贾鲂的《滂喜篇》则收字7380个，这些都比不过《说文解字》的10516个。更何况《说文解字》还有着系统的分类及释义，其编排方法就是发明了540部首，对于这些部首，《说文解字·后序》中称："其建首也，立一为端，方以类聚，物以群分，同条牵属，共理相贯，杂而不越，据形系联，引而申之，以究万原。毕终于亥，知化穷冥。"

因为后世学者可以通过《说文解字》来认读上古文献，而古人通过认字来分析词意，再通过词意来构成完整的思想，所以认字成为了解读古人思想的第一步，这也正是《说文解字》的价值所在。清代朴学大兴，文字学成为了乾嘉学派最重要的研究内容之一，而《说文解字》又成为了文字学研究中的重点，为此这个时期产生了多位研究《说文解字》的专家，其中四位研究成果最高的人物被并称为"说文四大家"，这四大家分别是段玉裁、桂馥、王筠和朱骏声，可见《说文解字》一书对于清代学术有着何等重要的价值在。

但是，清华大学的彭林教授认为："许慎首先是经学家然后才是文字学家。"彭林在《论许慎的学术定位》一文中首先引用了《后汉书·儒林传》对许慎的那段介绍文字，而后评价道："许慎在经学上一定有不同凡响的识见，否则岂能令马融'常推敬之'？马融乃东汉经学大师,《后汉书》说他'才高博洽,为世通儒。教养诸生,常有千数'。当初,郑玄兼学今古文,以为'山东无足问者,乃西入关',师事马融,'融素骄贵,玄宗门下,三年不得见',而马融居然如此推戴许慎;不仅如此,许慎还赢得了学界与社会'五经无双'的赞誉,其在经学领域的成就之高,于此可以窥知。"

彭林用这段话中的评语来证明许慎在他的那个时代是著

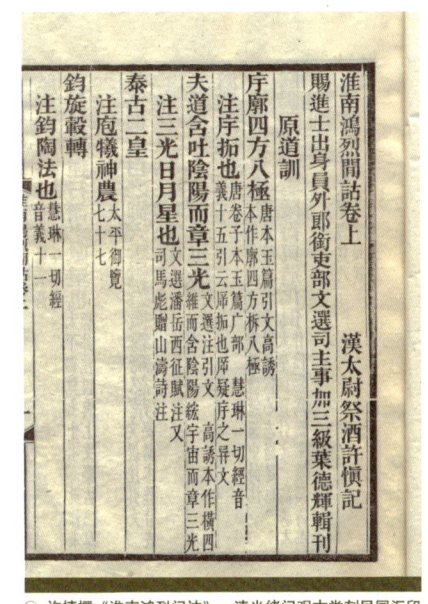

⊙ 许慎撰《淮南鸿烈间诂》,清光绪间观古堂刻民国汇印《郋园先生全书》本

名的经学大家,因此彭林说:"许慎学术的代表作是《五经异义》,然后才是《说文》。"但是,后世主要还是把许慎目之为最重要的文字学家之一,这让彭林感慨地说:"许慎以经学见重于汉代,却以小学名闻于今世,令人感伤。"

为什么能有这样的断语呢?彭林在文中统计出:"据粗略统计,全书征引《诗》《书》《礼》《易》《春秋》《孟子》以及孔子之说者,约1000次。"而后该文中用较长的篇幅罗列出《说文解字》一书以传统经典来做注释的实力,我摘引其中一段如下:

祏:宗庙主也。《周礼》有郊宗石室。

祫:大合祭先祖亲疏远近也。从示、合声。《周礼》曰:三岁一祫。

衡:牛触横大木其角。从角、从大,行声。《诗》曰:设其福衡。

觿：佩角锐耑，可以解结。从角、巂声。《诗》曰：童子佩觿。

璿：美玉也。从玉、睿声。《春秋传》曰：璿弁玉缨。

琥：发兵瑞玉，为虎文。从玉、从虎、虎亦声。《春秋传》曰：赐子家双琥。

龤：乐和龤也。从龠、皆声。《虞书》曰：八音克龤。

琨：石之美者。从玉、昆声。《虞书》曰：扬州贡瑶琨。

玗：琅玗也。从玉、于声。《禹贡》：雍州球琳琅玗。

可惜许慎在经学方面的研究著作大多失传了，而他所撰的《五经异义》也仅有后人辑佚的一些片段，好在《说文解字》一书完整地留传到了今天，虽然在版本方面前人有着不同的态度和观点，但总体上说今天所见的《说文解字》跟当年许慎所编差异不大，难怪后人把他视之为中国古代著名的文字学家。

关于许慎墓的位置，清孟瑞堂在《创修后汉许公祠碑记》中称："安帝末年卒于家，公墓在郾城县三十五里召陵城西黑许村即汉之万岁里。"而清末许同莘所撰《汉南阁祭酒许慎祠墓宜复奉祀生议》中所记更为详细："河南郾城县治之东一十九里，有汉召陵故城，城西六里有庄，曰黑许庄，村之东有汉南阁祭酒许慎墓，围四十余步，高丈许，清顺治十三年，知县荆其淳重修墓道，康熙四十六年三月，知县温德裕立碑，文曰：'汉孝廉许公之墓。'"而这个地点就是今天的河南漯河市召陵区姬石乡许庄村东土岗上许慎文化园。

昨晚一夜睡得安稳，可能是今天不用赶早的原因，但 7 点刚过还是醒了。昨天的寻访中不小心把腿弄破了，今早腿上的破口有些疼，到餐厅吃早饭时想找点盐回来洗洗，以防止感染化脓。我问煎鸡蛋的那位师傅要盐，借口说想在蛋上洒点盐，师傅说吃煎蛋的人从来没有往上洒盐的，所以从来没有备过。偶在餐桌上看到一排佐料小瓶，

◉ 宽阔的广场

找到盐瓶抠开底盖,用餐巾纸摊在桌上倒了一些出来,装进兜里很有快意,因为我想起了小时候背着父母打架的胜利。回到房间用纯净水溶盐洗了洗伤口,接着补写日记,直写到手疼为止。

12:40乘火车前往漯河,一出站就感到了当地的混乱,整个广场上除有一辆正规出租车外,其余全是黑车,于是跟这仅有的一辆出租车司机谈妥包车价钱,乘车前往许慎墓。当时司机一听说我要前往许慎墓时,第一句话就是:"写《说文解字》的那个是吧?"这句问话虽然漫不经心,但在我听来却很受鼓舞,因为这至少说明许慎在当地人们心中,有个清晰的形象,知道他曾经做过什么。司机看见了我对他的首肯,有些得意,告诉我说就在十几年前,许慎墓还是一片田地中的孤坟,仅种着两棵柏树,现在修成了公园,面积扩大了上百倍。

车从交通路上桥跨过沙河,右转上黄河道,南行1公里左转上金山路,2公里后右转再行3公里即看到了所说的公园,今名"许慎

316 觅经记

◉ 字学宗师

◉ 这位许慎有些古气

许慎：统研汉字，以驳今文　317

◉ 许慎墓全景

文化园"。在门口停着一辆中巴，车身的广告语是：参观许慎文化园，乘车不要钱。我问司机为什么不要钱，司机含糊其词，可能是怕我去乘这个免费车吧。

　　公园面积不小，占地不下百亩，门票10元，偌大园区内仅有我一名游客。在掏钱买票时司机一直说："不要买票，你给他看记者证，就不用掏钱了。"他何以把我当成了记者，我不得而知，但也没多解释，含糊其词地说就10元，买票算了。

　　许慎文化园修造得气势颇大，进入园区后，第一眼所见，有河流造型的汉字大道，从大殿一直铺到广场，细看，上写着一些文字及符号，走到了大殿前，才意识到这个造型并不是河流，而是一卷长轴，象征着许慎的《说文解字》，可见设计者的确用了心思。正殿上的匾额是欧阳中石写的"字圣殿"，然而许慎被封为"字圣"是什么时候的事，我却没有考证出来。殿中供奉着许慎的金身坐像，手中握着一卷竹简。字圣殿的旁边就是墓园，十分开阔，墓冢前有

⊙ 很有创意的汉字大道

三座碑亭以及许慎的立像,看得出这座立像也很用心思,较此前刚刚拜访过的李颙像生动许多。然而可惜的是,在我入园拍照到出园的整个过程中,除了我自己,一位游客和工作人员都没有见到。

白虎观：整合今古，皇帝亲裁

中国经学史以东汉最为兴盛，皮锡瑞在《经学历史》中说："经学自汉元、成至后汉，为极盛时代。"这种局面的出现跟当时的社会环境有很大的关联度。

王莽篡汉以及绿林、赤眉造反等事件使得社会出现了大动荡，西汉的经学斗争也随之消歇。东汉建立后，社会秩序渐渐地条理化，而光武帝、明帝、章帝等几位皇帝都对经学十分地重视，《后汉书·儒林传》中称：

> 昔王莽、更始之际，天下散乱，礼乐分崩，典文残落。及光武中兴，爱好经术，未及下车，而先访儒雅，采求阙文，补缀漏逸。先是，四方学士多怀协图书，遁逃林薮。自是莫不抱负坟策，云会京师，范升、陈元、郑兴、杜林、卫宏、刘昆、桓荣之徒，继踵而集。于是立五经博士，各以家法教授，《易》有施、孟、梁丘、京氏，《尚书》欧阳、大小夏侯，《诗》齐、鲁、韩，《礼》大小戴，《春秋》严、颜，凡十四博士，太常差次总领焉。建武五年，乃修起太学，稽式古典，笾豆干戚之容，备之于列，服方领习矩步者，委它乎其中。中元元年，初建三雍。

光武帝对于经学的重视，其中一个重要原因是为了稳定社会以及统一学术思想，他在民间广泛征集经典，而后立五经博士，所立的十四博士其实都是今文学派。

为什么会出现这样的结果呢？以我的看法，这跟王莽所推行的古文经学有较大的关系。王莽专权之时，利用刘歆广泛地推行古文经学，班固在《后汉书·王莽传》中称："莽意以为制定则天下自平，故锐思于地理，制礼作乐，讲合六经之说。"赵伯雄在《春秋学史》中称："平帝时立古文博士，是与王莽的篡汉相联系的，而刘秀的政权，自称是汉室的延续，是以拨乱反正自命的，当然不会去立那王莽曾经鼓吹过的经典。"

而光武帝本人原本就是太学生，他对经学派别当然很清楚，可能是这个原因，所以刘秀当了皇帝之后就开始推行今文经学。

汉明帝刘庄乃是光武帝第四子，他在10岁时就已经通读了《春秋》，他的老师乃是当时的经学大师桓荣，而桓荣乃是《尚书》专家，明帝对老师极其尊崇。桓荣80多岁时，因年老多病在家休养，明帝多次到家探问，《后汉书·桓荣传》载，皇帝的銮驾还未到桓荣家门口，明帝就下车步行来到桓荣家："入街下车，拥经而前，抚荣垂涕。"

正是因为明帝对大儒的敬重，使得天下尊儒生之风广为盛行，《汉书·儒林传》中说：

> 明帝即位，亲行其礼。天子始冠通天，衣日月，备法物之驾，盛清道之仪，坐明堂而朝群后，登灵台以望云物，袒割辟雍之上，尊养三老五更。飨射礼毕，帝正坐自讲，诸儒执经问难于前，冠带缙绅之人，圜桥门而观听者盖亿万计。其后复为功臣子孙、四姓末属别立校舍，搜选高能以受其业，自期门羽林之士，悉令通《孝经》章句，匈奴亦遣子入学。济济乎，洋洋乎，盛于永平矣。

上行下效，天下向学之风大为盛行，周德良在其所著《〈白虎通〉谶纬思想之历史研究》中称：

> 明帝则在光武之后，行明堂辟雍之礼，冠通天冠，著古礼服，自讲经书，并与诸儒相问难，观听者以亿万计，盛况空前；自武帝"独尊儒术"后，以天子名义倡导经学并身体力行者，莫此为甚。

汉元和二年，汉章帝来到了孔府，在此举行了大型的祭孔活动，而后接见了孔氏后裔，其中20岁以上者63人。《后汉书·儒林传》记载了汉章帝跟孔僖之间的一段对话，当时汉章帝问孔僖："今日之会，宁于卿宗有光荣乎？"看来，汉章帝对自己光临孔府认为是一种礼贤下士的表现，他觉得皇帝的亲临肯定让孔府中人大感荣幸。没想到，孔僖的回答却有着弦外之音："臣闻明王圣主，莫不尊师贵道。今陛下亲屈万乘，辱临敝里，此乃崇礼先师，增辉圣德。至于光荣，非所敢承。"

林聪舜认为，孔僖在这段话中所说到的"增辉圣德"中的"圣"字乃是个双关，这个"圣"字既可指汉章帝，也可以解读为指的是孔圣人。汉章帝也是位聪明人，他应当听懂了孔僖言语中的内涵，于是他大笑着说："非圣者子孙，焉有斯言乎！"

他们之间的这番言语交锋表明了什么呢？林聪舜在《汉代儒学别裁——帝国意识形态的形成与发展》中认为："'增辉圣德'的'圣'字双关，既可指孔圣，更可指当今圣上，'崇礼先师'的作用在'增辉圣德'，亦即尊孔、祀孔的目的在增加帝王的光辉，增强统治权力的正当性。事实上，帝王的尊儒举动，一直是含有政治目的，孔僖只是能够巧妙点出章帝用心，表现孔家不卑不亢的风骨，又不伤害章帝的尊严，所以章帝乐得送个顺水人情。"

到了汉章帝刘炟更加爱好经学，然而这位汉章帝却与前几位汉代帝王不同，他喜好的是古文经学。汉章帝尤其偏好《古文尚书》和《左传》，因此他特别看重古文经学家贾逵，而贾逵特别强调《左传》一书对于维护统治秩序有着何等的重要性，《后汉书·贾逵列传》中收录了贾逵向皇帝讲解《左传》一书的妙处所在：

> 臣谨摘出《左氏》三十事尤著明者，斯皆君臣之正义，父子之纪纲。其余同《公羊》者什有七八，或文简小异，无害大体。至如祭仲、纪季、伍子胥、叔术之属，《左氏》义深于君父，《公羊》多任于权变，……凡所以存先王之道者，要在安上理民也。今《左氏》崇君父，卑臣子，强干弱枝，劝善戒恶，至明至切，至直至顺。……五经家皆言颛顼代黄帝，而尧不得为火德。左氏以为少昊代黄帝，即图谶所谓帝宣也。如令尧不得为火，则汉不得为赤。其所发明，补益实多。

汉章帝读到贾逵的这份奏章后，龙颜大悦，于是赐给贾五百匹布，同时命贾从学习《公羊传》的学生中选出20人来转学《左传》。

虽然皇帝有着自己的偏好，但毕竟当时的学术氛围还是今文经学占主导，除此之外，也有古文经学在民间流传，另外还有谶纬之学，而这三股势力被后世学者称为东汉经学的三大系统。

由于三种观念对立，使得当时的思想界产生了混乱，再加上每个系统内的派别众多，对于经典的解读就变得各自为政，林聪舜在其专著中称："儒学内部分为三大系统，各自争取对经学的解释权，以巩固自己的地位，结果是众说分歧，既趋于烦琐，甚至曾出现不利统治阶级的论点,因此就统治者的立场而言,需要将不同派别的经学理论加以整合,才能提出有力的论点,作为统治秩序的总纲领。"

这样的局面显然不利于社会观念的统一,因此汉章帝很想调和经学派别之间的矛盾,更何况他本人偏好古文经学,当然希望通过一番整合,能够使得古文经学成为朝中的主流学派。

但要举办这样的大型思想协调会,总需要一个契机,在这关键时刻有一位大臣提出了相似的请求,此人名叫杨终。杨终本是成都人,早年在地方做小官,后来到京城学习《春秋》,汉章帝时当上了校书郎,他在建初初年给皇帝上奏章称:"宣帝博征群儒,论定五经于石渠阁。方今天下少事,学者得成其业,而章句之徒,破坏大体。宜如石渠故事,永为后世则。"(《后汉书·杨终传》)

杨终认为,当时的社会对于经典的解读十分复杂,他建议皇帝能够统一思想,确定出一种官方解释,以便在天下推行。他的建议最终被章帝所采纳。建初四年十一月,章帝下诏称:

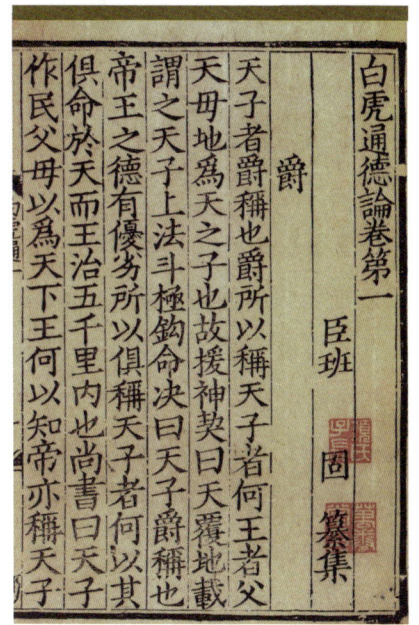

上海图书馆藏元大德九年无锡州学刻本《白虎通德论》

> 盖三代导人,教学为本。汉承暴秦,褒显儒术,建立五经,为置博士。其后学者精进,虽曰承师,亦别名家。孝宣皇帝以为去圣久远,学不厌博,故遂立大、小夏侯《尚书》,后又立京氏《易》。至建武中,复置颜氏、严氏《春秋》,大、小戴《礼》

博士。此皆所以扶进微学，尊广道艺也。中元元年诏书，五经章句烦多，议欲减省。至永平元年，长水校尉儵奏言：先帝大业，当以时施行。欲使诸儒共正经义，颇令学者得以自助。孔子曰："学之不讲，是吾忧也。"又曰："博学而笃志，切问而近思，仁在其中矣。"於戏，其勉之哉！（《后汉书·章帝纪》）

这份诏书回溯了秦汉以来的经学衍变过程。由于经学派别众多，到了光武帝晚年，也就是汉中元元年，皇帝曾下诏要求对繁琐的章句进行减省，可惜这个计划未曾实施。两年之后，也就是永平元年，樊儵给朝廷上书，也希望能够减省章句，可惜此事也未进行。

樊儵的这份奏章到章帝下此诏时，又过了20年的时间，章帝下决心要解决这个久拖未决的问题：

于是下太常，将、大夫、博士、议郎、郎官及诸生、诸儒会白虎观，讲议五经同异，使五官中郎将魏应承制问，侍中淳于恭奏，帝亲称制临决，如孝宣甘露石渠故事，作《白虎议奏》。（《后汉书·章帝纪》）

皇帝决定在首都洛阳的白虎观召开会议，命诸儒生来探讨经学上久拖未决的问题。这次会议在中国经学史上极其重要，后世就以召开地将该讨论会命名为"白虎观会议"。

白虎观会议召开得旷日持久，《后汉书·儒林传》中称："建初中，大会诸儒于白虎观，考详同异，连月乃罢。"看来，这是一个会期很长的大型会议。然而因为相应史料的缺失，今日仅知道有十几位确切参加此会之人。虽然记载的人数少，然而汉章帝却亲自参与了此事，更为重要者，章帝命古文和今文两派儒学进行论辩，如果两派达不成统一的意见,则由皇帝本人做总裁判。

这样的学术讨论会可谓极其罕见,但由此也可知,白虎观会议的成果是由天下名儒进行讨论,而最终由皇帝来终审者,故而《古代历史文化辑刊》六编中总结道:"东汉建国之后,经学分成三大系统:今文经学、古文经学及谶纬。今文经学是两汉的官学,是学子们入仕的重要渠道,地位固然十分重要。然而,对民间影响力更大的,却是不被列为学官的古文经。今文经、古文经之间的歧异与争执,影响了帝国意识形态的统一,也迫使东汉皇帝们出面调和古文经与今文经之间的纷争,运用皇权的力量来整合经学内部的分歧。"

这也正是汉章帝重视此会议的真正原因吧。

本次会议的参加者有著名的儒生丁鸿、贾逵、李育、杨终、班固等十几人,而那时的杨终因为犯了事正被关在监狱中,贾逵等人认为杨终对《春秋》学的研究很深,于是向皇帝保举,请杨终出狱来参加此会。章帝立即同意了贾逵等人的请求,将杨终放出,让其来到了白虎观。

丁鸿也是位著名的学者,他以善辩著称,《后汉书·丁鸿传》中称:"鸿以才高,论难最明,诸儒称之,帝数嗟美焉。时人叹曰:'殿中无双丁孝公。'"李育和贾逵更是当时的著名学者,《后汉书·儒林传》中说:"(李)育以《公羊》义难贾逵,往返皆有理证,最为通儒。"

白虎观会议的开法也很特别,看来皇帝因为日理万机,所以并不天天到会议现场。既然这样,汉章帝是怎样主持会议的呢?那个时候显然无法开电话或者视频会议,但主持人若不在场,而现场的与会者又属于不同的派别,这样争论起来,肯定会使得话题漫无边际,于是汉章帝想出了一个奇特的办法,那就是由他本人提出话题。

但因皇帝本人不在场,于是就派了一位名叫魏应的大臣来做提问官，也就是由魏应宣读皇帝的问题，由众大臣来讨论，而淳于恭则把众大臣的讨论意见再报给章帝，如果章帝同意众大臣的讨论结果，那么这条议案就算通过，如果章帝不同意讨论结果，那章帝就再宣布自己的标准答案。

经过连月的争论，白虎观会议得以圆满结束。这次会议的讨论内容由班固记录了下来，这部会议记录被称之为《白虎通义》，又被简称为《白虎通》，同时这份记录也有人说叫《白虎议奏》，或者叫《白虎通德论》。

为什么出现了这么多不同的名称？其实范晔的《后汉书》中就出现了三种不同的称呼方式，该书的《章帝纪》中称《白虎议奏》，而该书的《儒林传》中则称之为《通义》，到了《班固传》又被称为《白虎通德论》。

那么，这三个名称是三部书呢，还是一部书的三个不同名称？后世对此有着不同的看法。清周广业认为，班固写过《白虎通》，另外还写过一部《功德论》。周广业是根据李善给《文选》一书所作注中，引用了班固的《功德论》中的语句，以此证明班固还有一部名为《功德论》的书。但是《功德论》跟后世通行的《通德论》差了一个字，周广业的解释是：范晔在给班固写《传》时把《白虎通》和《功德论》两书写入了《传》中，但范在写作时漏写了个"功"字，所以后世把这两个书名连在一起，读成了《白虎通德论》。

然而庄述祖不这么认为，他觉得《白虎议奏》与《白虎通义》是两部书，庄述祖的依据是汉蔡邕所撰《巴郡太守谢表》中的一句话："诏书前后赐石镜奁、《礼经素字》《尚书章句》《白虎议奏》，合成二百一十二卷。"

庄述祖认为《白虎议奏》的部头很大，而《白虎通义》却部头很小，这两部书不可能是一回事，所以他的结论是：《白虎通义》仅是《白虎议奏》的省略本。

而孙诒让不同意周广业和庄述祖的判断，他认为《白虎通义》是该书最早的名称，到了六朝时被人改名变为了《白虎通德论》，而《白虎通》则是《白虎通义》的简称。关于《白虎通义》的来由，孙诒让认为该书乃是班固根据《白虎议奏》中的"《五经》杂议"改编而成者。可惜的是，《白虎议奏》中专门讨论"经"的部分后来失传了，所以后世只能根据"《五经》杂议"部分改为《白虎通义》，后世将其简称为《白虎通》。

由以上的这些说法可知，而今所看到的《白虎通》并不是白虎观会议讨论的全部议题，更为可惜的是，这个会议的主旨，也就是统一经学思想问题的部分失传了，故后世对《白虎通》一书的研究其实基本上属于非经学体系内容。这真是个大遗憾。

那么，流传至今的《白虎通》究竟谈了些什么问题呢？王四达在《是"经学"、"法典"还是"礼典"？——〈白虎通义〉性质的辨析》中称："就现存的《白虎通义》的内容来看，它根本不涉及对《五经》章句的减省，因为它并没有针对各经重新进行简约的注疏，而只是零散地引用经文对国家礼制的有关问题进行斟酌、讨论，并由皇帝作出裁决性的解释。"

从留存至今的《白虎通》一书来看，本书主要是对43个条目的详细解释，这些条目设定的内容主要集中在政治制度、礼仪制度以及伦理道德方面，比如该书内探讨了天、地、人之间的关系：

> 天者，何也？天之为言镇也，居高理下，为人镇也。地者，元气之所生，万物之祖也。地者，易也，万物怀任，交易变化。

《白虎通》基本是用这种问答的方式，来对于一些历史名词给

出明确的定义,比如儒家最为强调的"三纲五常",其中的"三纲"则是:

> 三纲者何谓也?谓君臣、父子、夫妇也。六纪者,谓诸父、兄弟、族人、诸舅、师长、朋友也。故《含文嘉》曰:"君为臣纲,父为子纲,夫为妻纲。"又曰:"敬诸父兄,六纪道行,诸舅有义,族人有序,昆弟有亲,师长有尊,朋友有旧。"

对于"五常",《白虎通》中则称为"五性":

> 五性者何谓?仁义礼智信也。仁者,不忍也,施生爱人也。义者,宜也,断决得中也。礼者,履也,履道成文也。智者,知也,独见前闻,不惑于事,见微知著也。信者,诚也,专一不移也。故人生而应八卦之体,得五气以为常,仁义礼智信也。

此处对"五性"一一做出了解释。更为有意思的,"五性"又跟人的五脏一一予以了对应:

> 五藏者,何也?谓肝、心、肺、肾、脾也。……五藏,肝仁,肺义,心礼,肾智,脾信也。

而"五性"又与《五经》进行了匹配式的关联:

> 《乐》仁,《书》义,《礼》礼,《易》智,《诗》信也。人情有五性,怀五常不能自成,是以圣人象天五常之道而明之,以教人成其德也。

在伦理方面,《白虎通》又界定出了夫妇之间的婚姻关系:

> 嫁娶者,何谓也?嫁者,家也,妇人外成,以出适人为家。娶者,取也。男女者,何谓也?男者,任也,任功业也;女者,如也,从如人也。在家从父母,既嫁从夫,夫殁从子也。《传》曰:"妇人有三从之义焉。"夫妇者,何谓也?夫者,扶也,扶以人道者也;妇者,服也,服于家事,事人者也。妃者,匹也。妃匹者何谓?相与为偶也。婚姻者,何谓也?婚者昏时行礼,故曰婚。姻者,妇人因夫而成,故曰姻。

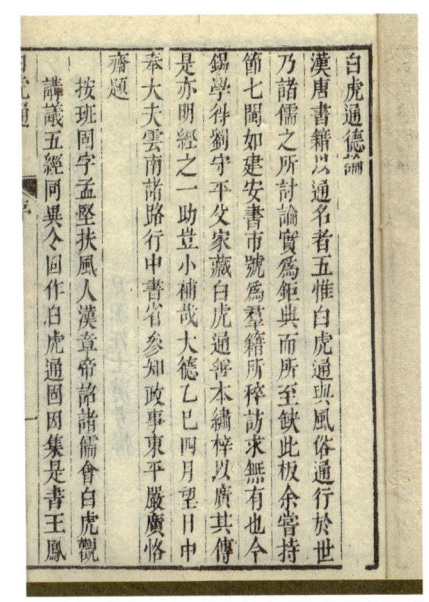

⊙《白虎通德论》二卷,清嘉庆九年新安汪氏重刻《秘书廿一种》本,序言

在这里,对于夫妇间的关系依然强调的是"三从"。

由这些讨论可知,《白虎通》一书强调的是人与人之间的秩序,它延续了孝道治天下的整体观念,并通过"三纲六纪"来作为整个社会的中心思想,故林存光在其主编的《中国政治思想通史》中做出了如下的断语:

> 目前,学术界对《白虎通》主要内容的看法有二:一种观点认为《白虎通》主要讲经学和神学。这种观点为众多学者所认同。如侯外庐就把《白虎通》看作是"庸俗的经学和神学的混

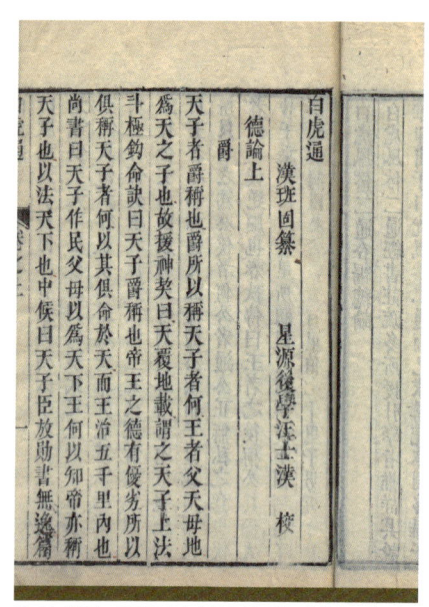

⊙《白虎通》，清嘉庆九年新安汪氏重刻《秘书廿一种》本，卷首

合物"。任继愈等也说："总的说来，《白虎通》是神学经学化，经学神学化双重关系指导编纂的一部经学官方答案。"另一种观点则认为《白虎通》主要讲礼制人伦。如林丽雪认为《白虎通》的真正意义是"在引经书以定礼制，以为治国的凭借""礼制人伦的制定才是最主要的目的"。

两种观点之中，我们认为第二种观点是比较确切的，因为就《白虎通》全书的篇目来看，是以"礼名为纲，不以经义为区"。经义是为礼制服务的，而礼制是为规范人伦服务的。

而对于"三纲六纪"，该书中又称："'三纲六纪'不仅是《白虎通》的核心思想，而且在中国传统文化中占有重要的地位，它是中国传统文化的核心部分。"

对于"三纲六纪"，前人站在不同的角度给出了不同的评价，比如谭嗣同在《仁学》中痛斥道："数千年来，三纲六纪之惨祸烈毒，由是酷焉矣。"显然，这种说法是站在反抗封建礼教的角度而言者。然在近两千年前，能够有这样的礼教思想，则应当说是那个时代世界上的先进观念之一，因此，陈寅恪在《冯友兰的〈中国哲学史〉下册审查报告》中称："吾中国文化之定义，具有《白虎通》三纲六纪之说，其意义为抽象最高之境，犹希腊柏拉图所谓 Idea。"

这样说来，白虎观会议并非仅是讨论经学上的不同观点，同时更多地是制定出了一种社会思想规范，徐广东在其所著《三纲五常的形成和确立：从董仲舒到〈白虎通〉》一书中称："它并不是一次纯学术性的会议，而是由封建朝廷直接出面，为思想界、学术界立法的政治性极强的会议。"

但既然如此，那这场会议最终的结论是怎样的呢？对此学界并未达成统一的意见，因此

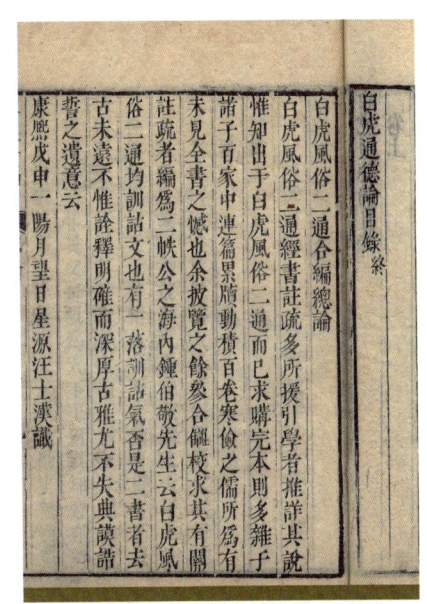
⊙《白虎风俗二通合编总论》，清嘉庆九年新安汪氏重刻《秘书廿一种》本

徐广东在其专著中又说道："目前，学术对《白虎通》主要内容看法并不一致，一种主要观点认为《白虎通》真正意义在于引经以定礼制，以为治国的凭借，礼制人伦的制定才是最主要目的。从东汉初社会政治状况来看，这种提法无疑是客观的。纵观《白虎通》全篇，它以董仲舒的阴阳五行为基本骨架，核心则是论证封建伦理纲常和封建统治秩序的天然合理性。"

如前所言，汉章帝偏好古文经学，然而在白虎观讨论会议中，十几位大儒却大多是今文经学家，而他们达成的最终结论竟然也是今文经学观念。赵伯雄在《春秋学史》中说："今所见《白虎通》中，凡涉及《春秋》之处，几乎都用《公羊》之义，也有的地方间采《穀梁》之说，但绝无用《左传》之义者。这说明当时朝廷上下，还是主要认同《公羊》学说，《左传》学派的影响尚弱。即使皇帝个人偏好，也还无法一下子扭转多数人的传统意识。"

看来，汉章帝没有达到他最初召开会议的目的。既然他是这个会议的裁判员，为什么没能实现自己的想法呢？这只能从另一个侧面分析这个结果：看来，那时的今文经学势力太强大了。

但也有人认为实际情况并非如此，比如林聪舜在其专著中说："在这个问题上，安居香山承日本《公羊》学权威日原利国的说法指出，白虎观会议表面上采用今文学家（包含谶纬思想），实质上倾向于古文经、《左氏》的立场，采用了经书的国家主义的解释。此一论点敏锐地看到了白虎观会议的政治意图。"

本持这种观点者还有何耿镛先生，他在《经学简史》中说："《白虎通义》向来被看成是集今文经学之大成，是董仲舒以来今文经学的延伸和扩大。但是，不能否认，它也反映了古文经学的某些观点。比如说，谶纬把古代传说中的伏羲氏、神农氏、燧人氏都看作是神，《白虎通义》则说他们是兴民利，促进社会生产和文明发展的首领，是人而不是神；伏羲的功绩在于'因夫妇，正五行，始定人道，画八卦以治天下'，神农的功绩是'制耒耜，教民农作'，燧人氏的功绩是'钻木取火'、教民熟食等等，这些说法基本上都是古文学派的观点。"

而对于《白虎通》的论述"黄帝师力牧，帝颛顼师绿图，帝喾师赤松子，帝尧师务成子，帝舜师尹寿，禹师国先生，汤师伊尹，文王师吕望，武王师尚父，周公师虢叔，孔子师老聃"，何耿镛评价说："恢复了孔子作为人、作为学术先师的本来面目，这也是古文学派的观点。"更何况，按照《后汉书·贾逵列传》所载，白虎观会议后不久："乃诏诸儒各选高才生，受左氏、穀梁《春秋》《古文尚书》《毛诗》，由是四经遂行于世。"

且不论以上的观点哪一种更接近史实，但有一条足可以说明，"白虎观会议"对于中国的经学史，尤其是对中国的政治史，产生过极大的影响，因此这里也就成为了我经学之旅的寻访之处。

白虎观遗址位于河南省洛阳市中州中路北侧王城公园。早上8点钟司机来到宾馆门口，今天的第一站是去找白虎观遗址。

⊙ 王城公园入口

按资料记载白虎观在洛阳的北宫，当年贾逵也在北宫的白虎观和南宫的云台讲授五经，今天的王城公园即是汉代的南宫与北宫所在地。王城公园在洛阳的南部，公园门口有售票厅，但现在已关闭。门口看自行车的老大爷告诉我，这里早就不收费了。

公园变成了民众的活动场所，进门就看见一群妇女在排着队打腰鼓，水平当然很业余，但近百人排在一起，看上去还是挺壮观。

⊙ 八卦图案的大广场

今天是周一，此刻还是上班的时间，这么多人能够聚在一起，说明这些都是有闲之人，当然，也许是一种精神寄托。再往前走，有几个人在隔网踢毽，这种玩法有点像打排球，我还是第一次看见。

整个公园内，除了大门门楼是仿古建筑外，园内仅有一座新建宫殿，在院内专向老人打听北宫和南宫所在，回答皆称不知。一老者告诉我说，公园隔河的对面是动物园，也许里面有我要找的地方。我站在河边向动物园内瞭望，无半点旧址的痕迹。

从公园的位置来说，打腰鼓的那群人所处的位置应当是南宫所在，而新建的宫殿应当是北宫所在，当然，这种判断仅是我依据方位而言的臆断。如此重要的白虎观，在这王城公园中却未曾恢复起来，想一想，怎么都觉得是一个大遗憾。

汉章帝的敬陵位于偃师市寇店镇郭家岭村西南，并不在此程的寻访计划之内，然而洛阳的老城区还有座古墓博物馆，我想当然地以为古墓博物馆里也会有汉章帝敬陵的一席之位，于是请司机带我前往。出城北路过王城大道，路边正在修一片仿古建筑。司机说，这是在修"武则天的办公室"，主体建筑一高一矮，矮的部分已修好，外形像体育馆，在建的部分像是佛院的浮屠。

过此不远，路边有指示牌标明旁边是国家牡丹中心。司机说，牡丹花的花期一般不超过七天，但是为了牡丹节会人为地将花期提前和拖后，提前的部分是放在温室里加热，拖后延迟开放的部分是在牡丹花的根部放冰块。这样前后展延能将牡丹花

此处建成了古墓博物馆

◉ 大门紧闭

的花期变成一个月,人类摧残自然的手段真是无所不用其极。

说话间来到了洛阳古墓博物馆及壁画博物馆,然而馆门紧闭,我这才意识到又撞到了周一,但是远道而来的我不死心,只好用力拍门,希望能够得到通融。过了一会儿,从门后闪出一女,职业装,职业脸,说话字正腔圆,一定是讲解员出身。她严肃地说周一闭馆不能进入,我向她解释自己是自远道而来,不能在此久等,可否让我进内拍照即出。她坚决不答应:"你明天再来也一样,我们馆是免费的,馆外的汉墓也很多,你去照别的墓也一样。其实都差不多,我觉得根本没区别。"

马融：以《颂》罪主，精博注经

马融的经学观念是以古文经学为主，兼融今文经学，他对古文经学最终能够得到社会的广泛承认起过重大作用。然而后世的经学研究著作中，对于他的介绍颇不详尽，这跟他在经学上所做出的贡献似乎不相匹配。

为什么会产生这样的一个结果？以我的看法，大约有两个原因在，一是后世对他人品的质疑，二者则是因为他有一位弟子太有名了，这位弟子就是被后世誉为"经神"的郑玄。古人说功高盖主，郑玄在中国经学史上的地位太重要了，所以，他的光芒使得其师在经学史上的声名就变得不那么彰显。

关于马融与弟子郑玄之间的故事，以《世说新语》中的记载最为详细，此书称马融并没有正式地教过郑玄，他只是让弟子们去传授知识给郑玄，后来由于一个特殊的原因，马融才意识到郑玄这位弟子是何等之不凡：

> 郑玄在马融门下，三年不得相见，高足弟子传授而已。尝算浑天不合，诸弟子莫能解。或言玄能者，融召令算，一转便决，众咸骇服。及玄业成辞归，既而融有"礼乐皆东"之叹，恐玄擅名而心忌焉。玄亦疑有追，乃坐桥下，在水上据屐。融果转栻逐之，告左右曰："玄在土下水上而据木，此必死矣。"遂

罢追。玄竟以得免。

某天，马融在研究天文历法，这个研究话题当然需要很多的数学计算，用今天的话来说，这应当算是"大数据"，而那时的运算手段又颇为原始，因此马融身边的高徒们怎么也算不出来。面对这种窘境，有人突然想到了郑玄有这方面才能，于是马融立即召见这位拜其门下却三年没有见面的弟子，郑玄果真有本领，立即算出了标准答案，这种情形令众人十分地叹服。等到郑玄学有所成辞别回家时，马融开始担心郑玄的名气会越来越大，于是想陷害他。而郑玄也十分的聪明，怀疑老师会追杀自己，于是坐在一座桥下，把穿着木屐的脚浮在水面上。马融果然转动着栻盘来推算郑玄的方位，然后对身边的人说，此刻郑玄在土之下、水之上、木之侧，一定是死了，于是停止追杀，而郑玄也因此逃得一命。

对于《世说新语》这段记载的真实性，肯定也有人怀疑，比如给《世说新语》作注的刘孝标称："马融，海内大儒，被服仁义；郑玄名列门人，亲传其业，何猜忌而行鸩毒乎？委巷之言，贼夫人之子。"

刘孝标认为，那个时期马融已是名满天下的大儒，弟子达几千人之多，怎么可能做这种卑劣的事？更何况，郑玄是他的弟子，换句话说，他们是同一个战壕里的人，郑玄有再大的名声，也应该是老师的光荣，所以，编造出这种说法的人，肯定是闲来无事的造谣者。

但也有人相信这件事是真的，比如清侯登岸在其所撰《汉大司农康成郑公年谱》里面转引了《世说新语》上的这段话，而后侯登岸写了一段按语："此条《世说》注驳之，谓马融海内名儒，被服仁义，必无此事。愚谓马融乃得罪名教之人，安得云被服仁义？此事或有之，不必为之辨。"

侯登岸认为，刘孝标在注释中反对这种说法是不对的。侯认为，马融本来名声就不好,所以他做出这样的事也没什么奇怪的。清王仲瞿写了一首相关的诗,其题目为《绛帐村相传为马季长传经处》,王在该诗中也认为马融曾追杀过郑玄:

> 苦无时命赵邠卿,到此犹闻绛帐名。
> 徒有将军《西第颂》,并无丝竹后堂声。
> 残经易拜班昭读,胡粉难为李固情。
> 前列生徒后女乐,不应谋杀郑康成。

但相比较而言,后世多数人都不认为马融会做出这样的低劣之举,比如耿天勤在其主编的《郑玄志》中做出了这样的推论:

> 按马融生于汉章帝建初四年(公元79年),郑玄生于汉顺帝永建二年(127年),融长玄48岁。据《戒子书》,郑玄"年过四十,乃归供养",又据《酒谱》引《别传》,郑玄在融"门下七年"。由此上推,玄入关师事马融的时间当在桓帝延熹三年(160年),而玄东归的时间当在延熹九年(166年),而马融卒于此年,年88岁。若说一个88岁的老儒能"躬骑袭之",实难令人相信。

88岁的老人乘车去追杀一位40多岁的中年人,这样推论起来,的确没有什么可行性。那为什么人们还要如此相信《世说新语》所载是真的呢?其中一个重要原因,则是人们对于马融人品的质疑,而这件事又牵扯到了另一段历史。

汉本初元年到建和元年之间,朝中重臣梁冀与李固发生了冲突。梁太后掌权期间,逐渐重用李固,而那时宦官权力太大,因此李固努力打击宦官势力。当时的重臣梁冀感觉到李固在朝中的地位越来越重要,于是就在本初元年勾结了一些被李固贬斥的宦官,罗织罪名,以此想把李固干掉。

当时的长史吴祐跟梁冀争论了起来,吴祐认为梁冀等人给李固罗织的罪名太过分了,而在座的马融却赞同梁冀的做法,并且执笔按梁冀所言写下了奏章。面对此况,吴祐十分愤怒,对马融说:"李公之罪,成于卿手。李公即诛,卿何面目见于天下之人乎?"

建和元年,李固果真被杀。而这件事也就成为了后世指责马融人品有问题的主要原因之一。

对于马融所为应当如何解释呢?纵观马融的一生,可谓起伏跌宕,朝中的斗争远超人们的想象,马融跟梁冀之间的关系,也绝非人们所了解的那么简单。马融的身份虽然原本也是国戚,但多次被贬,还曾被逼到自杀的程度,这些经历以及背后的故事,并非仅靠一段记载就能说清楚。

"马融文化研究会"等所编《大儒马融》一书中,收录有王岗所撰《马融污点是流派之争的产物》,题目就代表了观点,该文中称:

> 还有一桩关于马融的历史疑案需要辨明,就是所谓的"飞章奏李固"。什么是"飞章"呢?飞章就是当场起草奏章,也就是把朝议的结果记录在案。马融当时是议郎,这是他不容推辞的工作。当时跋扈将军梁冀把持朝政,横行飞扬,一言九鼎,他又与李固矛盾激化,积怨甚深,因此借故构陷李固完全是梁冀的旨意,试问一个无利害关系的议郎(书记官)怎么可能去"诬陷"地位比自己高很多、身为太尉的李固呢?

王岗认为,当时地位低下的马融当然要听把持朝政的梁冀的命令。而关于《世说新语》上所载,马融想杀郑玄一事,王岗的解读是:"那么这种罔顾事实,丑化马融形象,败坏马融品质,垢污马融人格,扭曲马融与郑玄关系的原因是什么呢?原因之一是如前所述,仍旧是崇拜'贫困'的迂腐思想在作祟,认为马融任性旷达,生活奢侈,有失'儒节',更深层的原因是郑玄的弟子有意地抬高郑玄的学术地位所采取的'抑马扬郑'的行为。"

马融本是赵国名将赵奢之后,因为赵奢封号"马服君",故其后世子孙就以"马"为姓。马融的从祖马援,乃是东汉开国功臣,被封为"伏波将军",而马援的小女儿就是后来的汉明帝皇后。马融的父亲叫马严,汉明帝永平三年,马皇后立,马严为了避嫌,就迁徙到了外地,闭门谢客。永平十五年,奉马皇后之命,马严又移居到了洛阳,被封为了将军长史。

因为跟马皇后的这层关系,马严深获皇帝倚重,成为了那个时代著名的外戚,而马融出生在这样的家庭,受到了良好的教育。到了汉章和二年,章帝去世后,窦太后临朝,马家渐渐失宠。这样的强烈变化当然会影响到马融的心理,《后汉书·马融传》对其生平有着颇为详尽的记载:

> 马融字季长,扶风茂陵人也,将作大匠严之子。为人美辞貌,有俊才。初,京兆挚恂以儒术教授,隐于南山,不应征聘,名重关西,融从其游学,博通经籍。恂奇融才,以女妻之。

年轻的马融一表人才,那时有一位名叫挚恂的大学问家隐居在终南山,马融就是拜挚恂为师。经过一番学习,马融对儒家典籍基本上都读熟了,他的才能让挚恂很欣赏,于是就把女儿嫁给了马融。

可能是家庭出身显赫的原因,在其年轻之时,马融对功名并不

是很上心,《后汉书·马融传》载:

> 永初二年,大将军邓骘闻融名,召为舍人,非其好也,遂不应命,客于凉州武都、汉阳界中。会羌虏飙起,边方扰乱,米谷踊贵,自关以西,道殣相望。融既饥困,乃悔而叹息,谓其友人曰:"古人有言:'左手据天下之图,右手刎其喉,愚夫不为。'所以然者,生贵于天下也。今以曲俗咫尺之羞,灭无赀之躯,殆非老、庄所谓也。"故往应骘召。

那时的马融在社会上已经有了不小的名气,再加上他特殊的身份,故而大将军邓骘想把马融招到自己的麾下,然马融却对此没什么兴趣,拒绝了邓骘的邀请。然此后不久,羌人入侵,因为战乱,当地粮价暴涨,马融困在此地饥饿难忍,经过一番权衡,还是觉得生命比面子重要,于是就主动去找邓骘,做了邓的门客。两年之后,他就入朝为官了。而那时的马氏家族已经在朝中失宠。

虽然如此,马融仍然在替国家着想,但没想到的是,他却因为自己的忠心而受到了贬斥,《后汉书·马融传》中写道:

> 四年,拜为校书郎中,诣东观典校秘书。是时邓太后临朝,骘兄弟辅政。而俗儒世士,以为文德可兴,武功宜废,遂寝蒐狩之礼,息战陈之法,故猾贼从横,乘此无备。融乃感激,以为文武之道,圣贤不坠,五才之用,无或可废。元初二年,上《广成颂》以讽谏。

那时的马融负责校勘典籍,而这个阶段,朝中有邓太后把持,邓骘兄弟成为了邓太后的左膀右臂,当时有些文士认为国家十分安定，不用再考虑练兵备战，为此以后进行的练兵活动也停息了下来。很快，社会上就出现了一些奸猾的造反者。面对此况，马融认为荒废武功这件事是错误的，于是就在元初二年写了篇《广成颂》献给朝廷。这篇颂很长，我仅节选其一小段如下：

> 方今大汉收功于道德之林，致获于仁义之渊，忽蒐狩之礼，阙槃虞之佃。闇昧不睹日月之光，聋昏不闻雷霆之震，于今十二年，为日久矣。亦方将刊禁台之秘藏，发天府之官常，由质要之故业，率典刑之旧章。

马融用《广成颂》来规劝朝廷不应当放弃练兵之事，然而邓太后读到《广成颂》后却大为不高兴，《后汉书·马融传》载：

> 颂奏，忤邓氏，滞于东观，十年不得调。因兄子丧自劾归。太后闻之怒，谓融羞薄诏除，欲仕州郡，遂令禁锢之。太后崩，安帝亲政，召还郎署，复在讲部。出为河间王厩长史。时车驾东巡岱宗，融上《东巡颂》。帝奇其文，召拜郎中。及北乡侯即位，融移病去，为郡功曹。

邓太后对不懂得拍马屁的马融很是不满，于是不提拔马融，让其在东观校书，一校就是十年。这个期间，马融的侄子去世了，于是马融辞职返乡去处理这件事。邓太后听到这件事后大为生气，认为马融无组织无纪律，指责他羞辱和蔑视朝廷制度，就把马融禁锢了起来。直到邓太后去世，安帝亲政后，马融才重新入朝为官。接下来，他又为安帝写了篇《东巡颂》，这篇颂让安帝读来颇为喜欢，于是渐渐受到了重用。

《东巡颂》较短，不如《广成颂》的十分之一，我摘录此颂前半段如下：

> 允迪在昔，绍烈陶唐。殷天衷，克摇光。若时则，运琼衡。敷六典，经八成。燮和万殊，总领神明。肆类乎上帝，燔柴乎三辰。禋祀乎六宗，祗燎乎群神。遂发号群司，申戒百工。卜筮称吉，蓍龟袭从。南征有时，冯相告祥。

对于马融的这两篇颂，明代张溥在《东汉马季长集》中评价道："《广成》一颂，雕镂万物，名虽讽谏邓氏，意在炫才感众，宁知适逢彼怒乎？《东巡颂》质古简言，似季长韬光之作，安帝见而奇之，召拜郎中，文之遇不遇，岂人意所及哉！"

张溥认为，还是《东巡颂》写得比较质朴，也是马融的韬光养晦之略。是否如此，也只能让后人猜测了。

但从《后汉书》上的记载来看，此后马融的经历依然是起伏跌宕：

> 三迁，桓帝时为南郡太守。先是融有事忤大将军梁冀旨，冀讽有司奏融在郡贪浊，免官，髡徙朔方。自刺不殊，得赦还，复拜议郎，重在东观著述，以病去官。

马融因事得罪了梁冀，这位梁冀于是立即罗织罪名向皇帝奏报马融有贪污行为，而后马被撤职，剪掉头发流放到了北方。这样的诬陷当然令马十分地愤怒，于是他就自杀，但并没有死去，再后来他得以赦免，重新回到东观去校书，最后因病而辞职回家。

如此起伏跌宕的经历，应该令马融看开了一切。他回家之后，就开始广招门徒来传播自己的学术观：

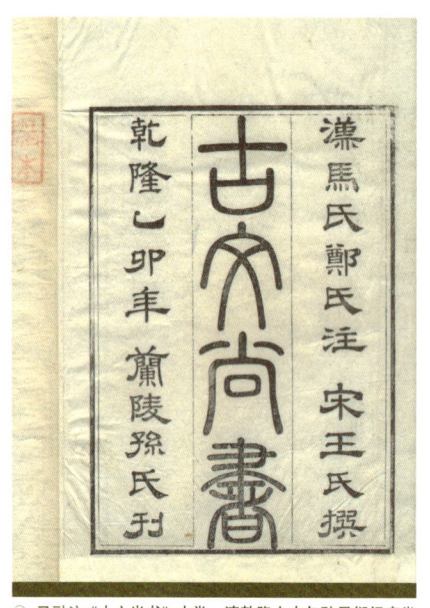

⊙ 马融注《古文尚书》十卷，清乾隆六十年孙星衍问字堂刻本，牌记

融才高博洽，为世通儒，教养诸生，常有千数。涿郡卢植，北海郑玄，皆其徒也。善鼓琴，好吹笛，达生任性，不拘儒者之节。居宇器服，多存侈饰。常坐高堂，施绛纱帐，前授生徒，后列女乐，弟子以次相传，鲜有入其室者。

马融在当世已有"通儒"之名，因此很多人慕名拜其为师，他的弟子有几千人之多，后世最有名的两位，一位是卢植，而另一位就是郑玄。马融不仅对经学有研究，对音乐也颇为内行，并且喜欢吹笛子。可能是这个原因，他把经学跟音乐结合在了一起，他的结合方式就是在教徒弟读经时，还要请来一些女子现场弹奏。这种做法不知弟子们会不会分心，但是他自己却做出了很多研究成果：

> 尝欲训《左氏春秋》，及见贾逵、郑众注，乃曰："贾君精而不博，郑君博而不精。既精既博，吾何加焉！"但著《三传异同说》。注《孝经》《论语》《诗》《易》《三礼》《尚书》《列女传》《老子》《淮南子》《离骚》，所著赋、颂、碑、诔、书、记、表、奏、七言、琴歌、对策、遗令，凡二十一篇。

马融认为，贾逵和郑众注的《左传》还有些问题在，他认为贾的治学路数很深，但是眼界不够宽阔，郑众正好相反，他说自己的眼光既有深度也有广度，既然这样，当然要当仁不让地写出许多经学著作了。可惜他的这些著作到后世大多失传了。

对于马融在经学方面的成就，邝士元在《中国学术思想史》中，把马融对东汉经学的贡献总结出了九条，其第一条就称马融为"集东汉古学之大成"，邝在此条下解释道："西汉治经，以今文为主。其后所立之十四博士，亦皆今文学。古文初出，知者甚少，只藏秘府，未见通行。至孝成皇帝，陈发秘藏，命光禄大夫刘向校理旧文，于是古文始显。东汉代兴，更为灿然，杜子春、郑兴、郑众、贾徽、贾逵、杜林、卫宏、许慎等并为古文大家。马氏继郑氏、贾氏父子之后，又推敬叔重，遍注诸经皆古文，称其集东汉古学之大成者，并不为过。是后今文、古文方并称于世。"

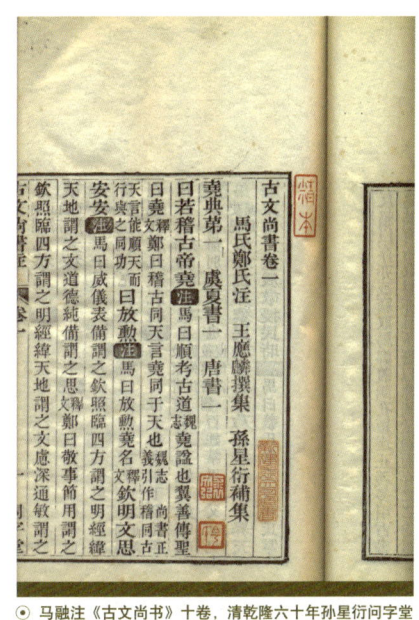

⊙ 马融注《古文尚书》十卷，清乾隆六十年孙星衍问字堂刻本，卷首

西汉以今文经学为主，直到刘向校对了古文经，才使得东汉出现了许多古文经学大家，而马融集这些古文大家研究成果之大成。更为重要者，正是马融等人的努力，才使得经学有了古文经学与今文经学之分，皮锡瑞在《经学历史》中说："至刘歆始增置《古文尚书》《毛诗》《周官》《左氏春秋》。既立学官，必创说解。后汉卫宏、贾逵、马融又递为增补，以行于世，遂与今文分道扬镳。"

关于马融在经学方面的具体贡献，邝士元认为马融开启了用读

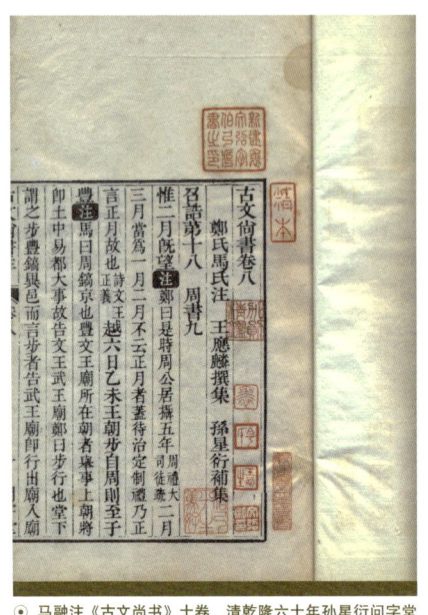

● 马融注《古文尚书》十卷，清乾隆六十年孙星衍问字堂刻本，卷八

音来考证字义的先河："马氏治经，已用声训，声训有双声，有叠韵，有同音。马氏训注，亦得其要。至于晦涩难读之字，或古今音变者，或方言有殊者，马氏并释其音，用直音，用反切，开后人诂书并释音之例。"

然而马融的经学观念并不纯粹，他虽然以古文经学为主，但并不排斥今文经学，而他的这种治学态度也传导给了他的弟子郑玄，邝士元说："郑康成《毛诗笺》，颇采三家之说。后人言淆混今古文家法者，往往集矢于郑氏，未免有欠公允。实则，康成之师马氏，虽尊崇古文，然其说经亦不能自尽于今文之外；马氏诸经，取今文家说者，亦屡可见之。"

尽管郑玄在经学史上的名气很大，然他注《毛诗》的方式并不排斥采用齐、鲁、韩三家今文经学观念，以至于有人诟病郑玄混淆了今古文家法。邝士元认为这种指责不公允，因为郑玄的做法是从其老师马融那里学来的，所以说，邝士元在总结马融对经学贡献的第九条中，就指出了马融"师法、家法不分，至马融已混而不明"，对于这一条，邝士元做了如下的解释：

> 汉人说经最重师法、家法，其戒极严。后因渊源流别，滋生支脉，遂杂而难分。马融初从京兆挚恂游学，恂明《礼》《易》，遂治五经，博通百家之言。后又从班昭受读《汉书》，长而校

书东观,亦明贾逵、许慎、郑众诸儒古学,故其注经颇能揽诸家之胜。如其注《易》本源费氏,但又杂有子夏、孟氏、京氏、梁丘之说;注《尚书》则有取郑兴父子与贾逵之绪者;注《诗》则有取自毛传、孔安国、刘歆之说者;注《三礼》亦有从刘歆、贾逵、郑众之说者;注《春秋》则对贾逵、郑众之说颇有取舍;注《论语》亦兼用《韩诗》说者。是以师法、家法,至此已淆而难明矣。

正因为郑玄在经学史上有着很大的名声,所以,后世谈论马融的经学观大多是跟郑玄并提。刘大钧主编的《郑学论丛》一书中,收录有潘斌所撰《论马融、郑玄易学之异同》一文,该文中谈到了《周易》本身就包含着象数和义理两种成分,其引用了余敦康在《汉宋易学解读》一文中的断语:"《周易》的形式就是象数,它的内容就是义理。由于形式与内容不可分,象数与义理乃是紧密结合在一起的。讲象数,目的在于阐发某种义理,谈义理,也不能脱离象数这种表现工具。"

既然这样,那马融和郑玄的易学是否也受到了这种观念的影响呢?潘斌认为确实如此:

在那象数之学盛行的时代,马融和郑玄的易学也深深地打上了时代的烙印。如马融和郑玄重视以爻辰说《易》,他们往往以时令与爻辰相值。如《乾·初九》:"潜龙勿用。"马注云:"物莫大于龙,故借龙以喻天之阳气也。初九建子之月,阳气始动于黄泉,既未萌牙,犹是潜伏,故曰潜龙也。"马融以《乾》初九爻值"建子之月"。

关于马融和郑玄解《易》的特点，潘斌认为："易学由唯天道是从转向由言天道而归本于人事还体现在马融和郑玄以史注《易》的义理方法。以史治注《易》在《易传》中已现端倪，《易传》对《周易》作者和各卦形成的探讨，有着以史解《易》的倾向。在帛书《缪和》中也有以殷周时期的人物事迹来论证易理。汉代解《易》者继承了先秦以来以史解《易》的方法，如纬书中就有以史解《易》的内容。到了东汉马融那里，以史注《易》的倾向更为明显。"

看来，马融发明了用真实的历史来解读《周易》。比如《周易》上《革·九五》："大人虎变，未占有孚。"马融对这句话作出的注则是："大人虎变，虎变威德，折冲万里，望风而信，以喻舜舞干羽而有苗自服；周公修文德，越裳献雉。故曰'未占有孚'矣。"马融在这里引用了《尚书·大禹谟》上的历史典故，来说明作为国君自我修养的重要性。再比如，《周易》中《明夷·六五》："箕子之明夷，利贞。"马融注曰：

> 箕子纣之诸父，明于天道，《洪范》之九畴，德可以王，故以当五。知纣之恶，无可奈何，同姓恩深，不忍弃去，被发佯狂，以明为暗，故曰："箕子之明夷。"卒以全身，为武王师，名传无穷，故曰"利贞"矣。

箕子是儒家所夸赞的一位上古人物，他上承大禹、下启周公和孔子，然而他却是商纣王的大臣，在这种处境下，他依然能够保持自己的德行，为此马融认为箕子明知纣王之恶，但仍然不忍离纣王而去，只是以装疯来自保，所以马融认为箕子能够位于"明夷六五"之尊位。

由这段话可知，马融正是以历史来解《易》。对于这样的易学观，潘斌在其文中总结道："马、郑以史解《易》，实际上亦是以儒门义理解《易》的一种形式。从根本上来说，马、郑以史解《易》是以儒家圣人君子之事以附会《周易》的卦爻象和卦爻辞，这种注《易》的方法反映了一种易学观，即将《周易》看成是阐扬儒家理想的一部教科书。"

然而从现存的郑玄注《易》文字来看，他很少引用老师马融的观点。为什么会这样呢？

⊙ 马融撰《忠经》，清光绪元年湖北崇文书局刻《子书百家一百一种》本，书牌

林忠军在《周易郑氏学阐微》中分析道："郑氏著作很少引马融语，未必轻视其师，恐是郑氏不赞同马融的观点和学风，或者在郑玄看来，马融经学研究多出自前人，无独到之处。故在著作中无法提及，更不能反驳，给其师留点面子，以此表示敬师。"

马融还写过一部奇特的书，名叫《忠经》。他什么要写这样一部书呢？马融在序言中说道：

> 《忠经》者，盖出于《孝经》也。仲尼说孝者所以事君之义；则知孝者，俟忠而成之，所以答君亲之恩，明臣子之分。忠不可废于国，孝不可弛于家。孝既有经，忠则犹阙。故述仲尼之说，作《忠经》焉。

马融认为，既然有《孝经》，那就要有《忠经》，所以他的《忠经》

就是本照《孝经》而来者。《忠经》总计十八章,其中第一章名为"天地神明章",此章的内容是:

> 昔在至理,上下一德,以征天休,忠之道也。天之所覆,地之所载,人之所履,莫大乎忠。忠者,中也,至公无私。天无私,四时行;地无私,万物生;人无私,大亨贞。忠也者,一其心之谓也。为国之本,何莫由忠?忠能固君臣,安社稷,感天地,动神明,而况于人乎?夫忠,兴于身,著于家,成于国,其行一焉。是故一于其身,忠之始也;一于其家,忠之中也;一于其国,忠之终也;身一,则百禄至;家一,则六亲和;国一,则万人理。《书》云:"惟精惟一,允执厥中。"

看来,本书阐述的都是"忠"的道理。对于该书的真伪,后世

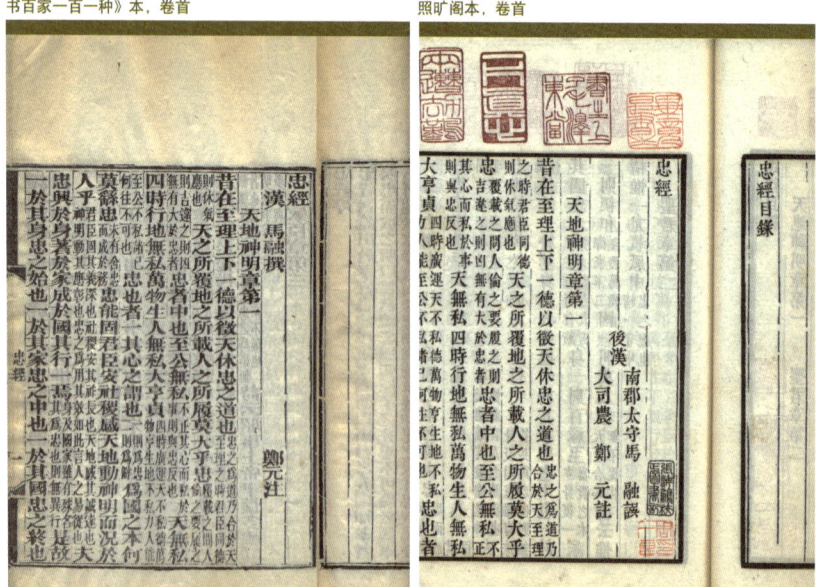

马融撰《忠经》,清光绪元年湖北崇文书局刻《子书百家一百一种》本,卷首

马融撰《忠经》,民国十一年上海商务印书馆影印张氏照旷阁本,卷首

有着不同的看法，比如明张溥在《东汉马季长集》题词中说："季长注《孝经》云，忠犹有阙，述仲尼之说，而作《忠经》，其文常人耳，及读本传，并未云季长作《忠经》，然则《忠经》果马氏之书欤？予不敢信也。"

至少张溥不相信《忠经》是出自马融之手，但这不妨碍后人有着相反的认定。直到清末，官书局仍然在刊刻该书。看来，还是有人认为这本书有着特殊的价值在。

马融墓位于陕西咸阳市兴平市汤坊镇汤坊村。今日的寻访，马融是第三站。上104国道，路很窄，类似其他地方的一些乡村公路，司机称陕西国道、省道都是如此。行10公里到兴平市，按地图可上高速，但司机坚持称高速公路太远，不如走国道为近。然而司机并不熟悉路途，沿途见路口就打问，其中一位路人称：这条路确实能通到汤坊镇，但是路况很差，"全是大坑"！此人边说边张开双臂比划着坑的大小，按其张开双臂的幅度，我觉得坑的大小超过一米，如果真有这么大的坑，这辆车肯定不容易跨过去，只是不知此人所言有多少夸张成分，可是到了此时又不能不信。司机也不太相信指路者所言，还是坚持奔大坑而去。

前面的一段路，情况还算可以，可是没有走出五百米，路况就成了天上人间：不单单是大坑连连，且柏油路已无一丝痕迹，几乎就是烂泥塘。这种状况很可能将车陷在里面，我劝司机赶快掉头，他却认为开过这段烂路，说不定前方就会好起来。方向盘在他手里，我很无奈，只好任由他以步行的速度拐来绕去。而这种走法前行了五六公里，仍然看不到烂路的尽头，并且整个路段仅我们一辆车在爬行中，左摇右摆地远胜浪里行舟。

终于看到一个人影，司机马上自己下车前去打问，可见其也对这种烂路没有了信心。所问之人乃是铁路的巡道员，他正在下班回家的路上，巡道员说这样的路况再向前还有七八公里。他的回答让我和司机都感到很是绝望。我问他：这条路何以烂到如此之程度？并且在路上也遇不到其他行驶的车辆？巡道员说："前两年高速路封闭维修，拉煤的大车全都走这条路，没多久就压烂了，高速路修好后，就再没车从这儿走了。"我再问他，是否还有别的路能够绕过前行的这一段？然他却称，这是前往汤坊乡唯一的路。这真可称绝望中的绝望，无奈，只好硬着头皮继续逆风行舟。

两个多小时，行进了十余公里，心急如焚，担心太阳下山不能再拍照，司机也知道今天的错都是因为他的选择而产生，不停地安慰我。我告诉他说：耽误一点时间倒没什么，最让我担心的是，我们好不容易赶到了拍照之处，但太阳却落山了。他闻我所言，竟然释然地说："原来为这个呀，那你不用担心了，因为今天没太阳。"这个回答再次让我哭笑不得。

司机告诉我，他开车二十多年，也是第一次遇到这么烂的路。他说，出门就是无奈的事，面对什么事都要有耐性。我觉得没有耐性又能怎么样呢？总不能飞过去吧。好在行驶了两个小时后，来到了一个镇上，进入镇内，路况好了许多。在镇中心的位置左转，驶入了很窄的一条镇级公路。以前总嫌这种路太窄，今日感觉却如此之好。

又行20余公里，一路打听，总算找到汤坊镇汤坊村，原来此村就在镇上。按所查资料，找到所说之"村东"，看到的却仅是一片麦田，连个墓影都没有，不死心，让司机围着镇转圈，仍未见痕迹。想起穿镇而过时，路边看到镇政府，想起"有困难找政府"，于是开车前往，走进院中。

在院内遇到了两位工作人员，他们却说没听说过马融，所以不知哪里有其墓，建议我到办公室去问一问。然而到办公室敲门，却

马融：以《颂》罪主，精博注经　　353

无人应，正要转身离去，迎面走过来了两位领导模样的人，我立即走上前问他们马融墓在哪里，这二人果真知道："往南走，见到水泥板厂左转，走到路头再向左找。但几年前已推平了。"

⊙ 土塬之上

千辛万苦找到这里，推平了我也要看。按其所言，一路找下去，果真找到了他们所说的那个大坑，坑里面满是生活垃圾，除此之外，看不到任何古墓的痕迹。此趟寻访，可谓最折磨之途，马融若地下有知，也不应当让我如此无功而返。

站在坑边左右探望，有一老者正踽踽前行，于是立刻跑上前向

⊙ 终于登了上来

⊙ 一个一个地细看

其打问,他告诉我说:马融之墓后面还有一片墓地,原本马融墓与之相连。按其所指,从小径穿行而过,穿到了村边,眼前是一大片麦田中之高地,不知算不算陕西人所称之"塬"。可能是刚下过雨的缘故,刚踏进地中,脚上立即沾满黄泥,然到此时已经顾不上这些。

一路歪斜地走到塬边,双脚已经变成了两个大泥坨,只好原地寻找了两根树枝,将泥刮掉了一部分,顿时有了去掉枷锁的轻松感,而后沿着塬边左右逡巡,却始终找不到登上塬的路,只好抓着边上的酸枣枝向上爬,第一把就有钻心之痛,以儿时的爬山经验,知道是有刺在手了,但此时已然顾不上这些,没几下就登了上去。

塬上有着百亩大小的平整土地,在上面看到了几十座新旧坟墓,有几块墓碑的制式倒是明代,可惜都是新做的。看来,起坟刻碑也是找有文化之人指点过。浏览一番墓碑上的姓名,竟然没有看到哪一位墓主姓马。我原本以为找不到马融墓,至少能在这里找到他后人之墓,没想到这点心愿也未能实现。

⊙ 未能找到马氏墓主

只好再翻下塬,重新踏入田地中,脚下的沉重感变得越发强烈。来到村头,第一件事是找瓦片、木棍刮鞋底之泥,此时两脚已看不到鞋,而是两个椭圆的泥草包。"呵呵,没找到吧?"正当我忙着除泥之时,听到了这句当地话,虽然其有着极浓方言味儿,但我的语言天赋却让自己听得清清楚楚。抬头一看,说话者正是刚才给我指路的老者,而此刻他左手擎着个大粗瓷海碗。这个碗的制式有些特别,因为上面印着的青花图案是双龙戏珠,龙的手脚都是五爪。这在古代是九五之尊的专用,而今在这里见到如此随意之使用,不知算不算是虎落平阳。

我停止刮泥,站起身向他问好,看到他碗里是面条,其宽度超过了两根筷子,里面的汤是全红色,还亮着油光,不知这是不是正宗的陕西拉面。我向他请教:他如何知道那个大坑就是马融墓址。

老人跟我说话时并未停止嘴里的咀嚼:"我从小就在这儿活着,那个墓很大,有些村民常到这儿取土,十几年前,镇里来了人,把那个墓给挖了，碑也拉走了。"说话间，又有几个村民围了上来，慢慢地越围越多，竟然有了十几位，他们听说我要找马融墓，大多呵呵一笑，说："早挖没了。"然后七嘴八舌地告诉我，这个村子里现在多是姓赵的人家，马姓为外姓，又没有后人在这里，所以"挖了也没人说什么，又不是自己的祖坟"。而最让我沮丧的是，一位中年人告诉我，马融墓以前还是县里的文保点，说是要保护，但后来乡里不仅把它挖了，还盖上了房子。我请他指给我看是哪一间房子，他们嘿嘿一笑，模模糊糊地一指，说反正在那边。

我感谢了他们，将鞋上的泥勉强刮干净，向他们告辞。出汤坊镇，向北行10公里上104国道，沿路街面有不少花圈店。看来，这也是当地的一种产业。这一段的路况好了许多，能够让我拿起笔来记录刚才寻访中的细节。我今天的寻访，虽然没有找到马融墓的遗址，但至少遇到了知道挖坟过程的村民，所遇到的年轻人虽然知道村里曾经有过挖坟之事，但马融是谁，已茫然不知，我不禁想，再过若干年，老一辈故去，也许挖坟之事也会变得没有人记得，后人再要寻找马融墓，就变得毫无头绪了。那么，我今天的寻访，究竟是幸运还是不幸运呢？

郑玄：遍注群经，三礼始名

郑玄是中国经学史上十分重要的人物，王嘉在《拾遗记》中说"郑玄为经神"，这样的赞誉可谓到达了极致。对于郑玄在经学史上的重要性，皮锡瑞在《经学历史》中予以了这样的总结："郑君康成，以博闻强识之才，兼高节卓行之美，著书满家，从学盈万。当时莫不仰望，称伊、雒以东，淮、汉以北，康成一人而已。咸言先儒多阙，郑氏道备，自来经师未有若郑君之盛者也。"而史应勇在《郑玄通学及郑王之争研究》中则说："经过两汉各家经说认真的整合，两汉经学在郑玄这里走向了'小统一'，因此郑玄被称为两汉经学的集大成者。"

郑玄在经学史上能有如此高的成就，跟他的家族有一定的关联性。东汉初年的古文经学大家郑兴以及郑兴之子郑众是郑玄的同宗，家学如此，再加上郑玄从小就喜好读书，天资聪颖，自然在

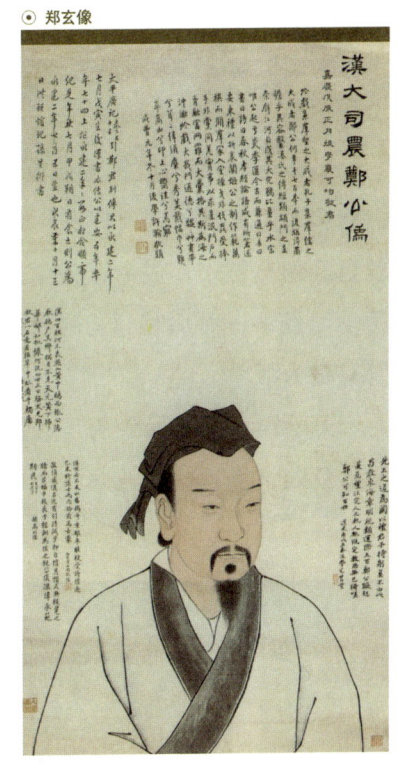
⊙ 郑玄像

学术史上能够有一番大的作为。南朝刘孝标在给《世说新语》所作的"注"中引用了《玄别传》上的记载：

> 玄少好学书数，十三诵《五经》，好天文、占候、风角、隐术。年十七，见大风起，诣县曰："某时当有火灾。"至时果然，智者异之。年二十一，博极群书，精历数图纬之言，兼精算术。遂去吏，师故兖州刺史第五元先。就东郡张恭祖受《周礼》《礼记》《春秋传》。周流博观，每经历山川，及接颜一见，皆终身不忘。扶风马季长以英儒著名，玄往从之，参考同异。季长后戚，嫚于待士，玄不得见，住左右，自起精庐，既因绍介得通。时涿郡卢子乾为门人冠首，季长又不解剖裂七事，玄思得五，子乾得三。季长谓子乾曰："吾与汝皆弗如也。"季长临别，执玄手曰："大道东矣，子勉之！"

郑玄在13岁时就已经研究"五经"，同时对术数很内行，他竟然能够通过观察刮风预言出什么时候会发生火灾，而到他21岁时，就已经遍览群书，成为了饱学之士。而后他拜第五元先和张恭祖为师学习经学，而那时的马融已经是名满天下的大师，所以后来他又拜马融为师。

关于郑玄的这段经历，《世说新语》卷上"文学"篇第一段记录的就是该事：

> 郑玄在马融门下，三年不得相见，高足弟子传授而已。尝算浑天不合，诸弟子莫能解。或言玄能者，融召令算，一转便决，众咸骇服。及玄业成辞归，既而融有"礼乐皆东"之叹。

马融乃是皇亲，再加上他弟子遍天下，因此郑玄成为他的弟子后，他并没有认真地教诲，郑玄竟然有三年时间没有见过老师马融，而马融则让弟子去给郑玄上课，并没有亲自教他。某天，马融研究一个学术专题，但无论如何找不到答案，身边的弟子也同样算不出结果，有人说郑玄在这方面有专长，于是马融就把郑玄招来，经过一番推算，郑玄很快解决了问题。这个结果让马融及其身边的弟子们大为叹服。

学业完成后，郑玄辞别马融，准备返回家乡，临别之时，马融依依不舍地说：我的思想终于传播到了东方。可见，这时候的马融对郑玄是何等之看重。然而《世说新语》中又有这样一段说法："恐玄擅名而心忌焉。玄亦疑有追，乃坐桥下，在水上据屐。融果转栻逐之，告左右曰：'玄在土下水上而据木，此必死矣。'遂罢追，玄竟以得免。"

这段说法比较怪异，马融虽然对郑玄依依不舍，但又觉得以郑玄的功力，早晚有一天名声会盖过自己，于是他又后悔放郑玄走，立即去追郑玄。前面《玄别传》中说到郑玄能掐会算，他已经算出马融会来谋害自己，于是就躲到了桥下，布了一个疑阵，让马融没有找到他。

对于《世说新语》上的这段记载，刘孝标认为是胡扯，他在"注"中说："马融海内大儒，被服仁义。郑玄名列门人，亲传其业，何猜忌而行鸩毒乎？委巷之言，贼夫人之子。"

马融既然是名满天下的大儒，也确实不太可能做这种小人的勾当，然而三人成虎，总有人这么说也确实令人将信将疑，比如《太平广记》卷二百十五《异苑》中也讲到了这个事，而同时该书还引用了另一个说法：

郑康成师马融，三载无闻，融鄙而遣还。玄过树阴假寐，见一老父，以刀开腹心，谓曰："子可以学矣。"于是寤而即返，

> 遂精洞典籍。融叹曰："诗书礼乐，皆已东矣。"潜欲杀玄，玄知而窃去。融推栻以算玄，玄当在土木上，躬骑马袭之。玄入一桥下，俯伏柱上，融踟蹰桥侧云："土木之间，此则当矣。有水，非也。"从此而归。玄用免焉。

对于这样的说法，余嘉锡不以为然，他在《世说新语笺疏》中称："观《语林》《异苑》之所载，知此说为晋、宋间人所盛传。然马融送别，执手殷勤，有'礼乐皆东'之叹，其爱而赞之如此，何至转瞬之间，便思杀害！苟非狂易丧心，恶有此事？裴启既不免矫诬，义庆亦失于轻信。孝标斥为委巷之言，不亦宜乎！"

然而王鸣盛却认为这件事也不是完全没有影子，他在《蛾术编》卷五十八中称："融欲害郑，未必有其事，而郑鄙融却有之。盖融以佻汰为贞士所轻，载《赵岐传·注》。郑虽师融，著述中从未引融语。独于《月令·注》云：'俗人云：周公作《月令》，未通于古。'《疏》云：'俗人，马融之徒。'"

王鸣盛首先说，马融想害郑玄这件事恐怕是捕风捉影，然而郑玄看不起马融却是真的，这是因为郑玄虽然拜马融为师，然而郑玄的著作中却从不见引用马融的观念，只是在《月令·注》中有一句《疏》中提及，此《疏》中直接说马融的弟子都是一帮俗人。

郑玄离开马融后的当年，马融就去世了，其实他在马融身边的时间长达七年之久，虽然在这个时段内，他也曾周游别地，但基本上郑玄所拜过之师，跟马融的时间最长。这样推论起来，以上的传言很可能不是那么回事，否则以郑玄的聪明绝顶，他应该早早就离开马融了。

郑玄回家后，以授徒为生，因为他的学问很好，所以弟子达到了"数百千人"，但很快他就受到了"党锢之祸"的牵连，因为此时马融已经去世了，而郑玄已经离开，所以这次的"党锢之祸"对郑玄影响不大。可是，这场风波平息后仅隔了一年，就又起了第二次"党祸"，这一次就把郑玄牵连了进去，而郑玄受牵连的原因，按照郑珍在《郑学录·传注》中所言："孙嵩等四十余人，当并是密之门生故吏。"

看来，郑玄是受到了弟子的牵连。因为郑玄弟子众多，而第二次"党祸"所抓之人有40多位都是他的弟子，为此郑玄也被关进了监狱，这一关就是14年，后来暴发了"黄金之乱"，他才被放出来。郑玄出狱后，把全部精力都用在了著述方面，《玄别传》上称：

> 后遇党锢，隐居著述，凡百余万言。大将军何进辟玄，乃缝披相见。玄长八尺余，须眉美秀，姿容甚伟。进待以宾礼，授以几杖。玄多所匡正，不用而退。袁绍辟玄，及去，饯之城东，欲玄必醉。会者三百余人，皆离席奉觞，自旦及莫，度玄饮三百余杯，而温克之容，终日无怠。献帝在许都，征为大司农，行至元城，卒。

郑玄写了上百万字的著作，在他的那个时代，这个字数十分的庞大，为此他也受到了军界的尊重。由这段描述可知，郑玄仪表堂堂，受到了袁绍等军阀的看重，然而当郑玄要离开袁绍时，袁却想把郑灌醉，在送行会上，袁请了三百多人一一给郑玄敬酒。这场酒会从早开到晚，郑玄一天喝了三百多杯酒却依然不醉，可见这位郑玄不仅学问好，酒量也堪称天下第一。

再后来，汉献帝定都许昌，他听说了郑玄的名声，于是给郑任命了个很高的职务，郑前往赴任时，走到半途就病逝了。但是，王鸣盛却认为这段记载有误，他在《蛾术篇》卷五十八中说：

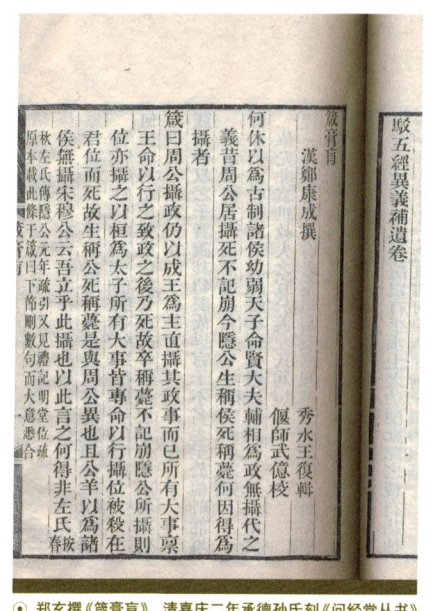

⊙ 郑玄撰《箴膏肓》，清嘉庆二年承德孙氏刻《问经堂丛书》本

《世说·注》："献帝在许都，征为大司农。行至元城卒。"案本传此事无年，而《袁宏纪》云"建安三年，时康成年七十二"。合之刘孝标所引《别传》献帝云云，则《袁纪》以为三年者是。若孝标所云"行至元城卒"，则大谬。本传于征为大司农乞还家下书五年，方叙袁绍逼康成随军，至元城疾笃不进，卒于元城。此五年事，何得以为三年征大司农事乎？

王鸣盛经过一番考证，其认为，汉献帝任命郑玄为大司农以及郑玄及往任职途中病逝，这两件事在时间上有差异。余嘉锡也认为王鸣盛的推论确实有道理，但他却对《世说新语》的作者刘孝标予以了辩护："此事诚谬，然是《别传》之谬，不应归过孝标。且《别传》为魏、晋人作，亦不当谬误至此。盖今本《世说·注》为宋人所删改，非其旧也。"

余嘉锡认为，这段记载虽然不对，但并不是刘孝标的注释错了，因为流传到清代的《世说新语·注》经过了宋代人的篡改，已经不是当年刘孝标原"注"的模样了。

郑玄在努力著述的过程中，曾跟今文经学家何休有过一场著名的论战，《后汉书·郑玄传》中称："时任城何休好公羊学，著《公羊墨守》《左氏膏肓》《穀梁废疾》；玄乃发《墨守》，针《膏肓》，起《废疾》。休见而叹曰：'康成入吾室，操吾矛，以伐我乎！'"看来，郑玄的学问果真了得。他对何休的三部名著一一予以了驳斥，所言有理有据，面对此况，何休也只能哀叹一番。

其实从其他的记载来看，郑玄不是一位不容人者，《世说新语》上有这样一段记载：

郑玄欲注《春秋传》，尚未成，时行，与服子慎遇，

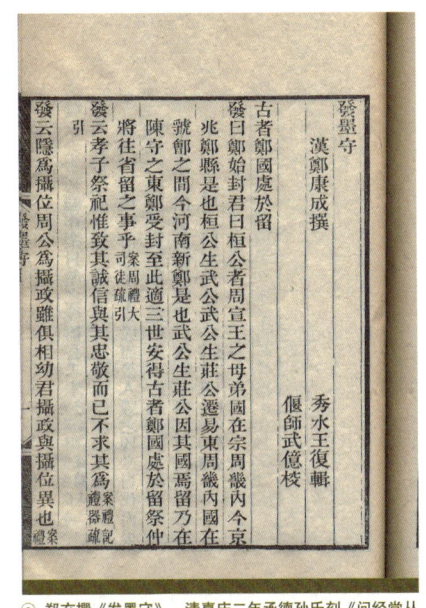
⊙ 郑玄撰《发墨守》，清嘉庆二年承德孙氏刻《问经堂丛书》本

宿客舍。先未相识，服在外车上与人说己注《传》意。玄听之良久，多与己同。玄就车与语曰："吾久欲注，尚未了。听君向言，多与吾同。今当尽以所注与君。"遂为《服氏注》。

郑玄对经学大都有着深入的研究，他原本想注释《春秋左氏传》，当他还没有完稿时，某天在出外旅行的酒店里偶然遇到了经学家服虔，当时二人并不相识，而服虔在外面与朋友谈话时聊到了自己正在给《左传》作注。这个话题引起了郑玄的兴趣，于是他就一直在旁边偷听，他听到服虔所言大多跟自己的相同，于是就走到了服虔身边跟其说：我也在给《左传》作注，但是还没做完，刚才听你所言，你的很多观点跟我相同，既然这样，我就把自己的研究成果全部拿给你。郑玄如此的成人之美，这样说来，他跟何休的论战真的不是出于意气用事，这可以解释为郑玄的回击仅仅是学术观点之争。

总体而言，郑玄是位严于律己、宽于待人的人，他不但个人努力，同时也让家中的佣人们努力地读书，《世说新语》中称："郑玄家奴婢皆读书。尝使一婢，不称旨，将挞之。方自陈说，玄怒，使人曳著泥中。须臾，复有一婢来，问曰：'胡为乎泥中？'答曰：'薄言往愬，逢彼之怒。'"

某天郑玄在跟一位婢女问答时，婢女让他很不满意，于是想惩罚她，而这位婢女还在那里不停地辩解，郑玄生起气来，让人把她拖到泥里去了。过了一会儿，另一位婢女看见了，用《诗经·邶风·式微》中的句子问她为什么在泥中，而受罚的婢女则直接用《诗经·邶风·柏舟》中的句子回答了她。

两位婢女的一问一答竟然全是经文上的原话，可见这些婢女也是饱读诗书。但是郑玄在经学史上的名声太伟大了，以至于后世不认可他惩罚婢女这种事，比如迮鹤寿在《蛾术篇》的注语中说："'胡为乎泥中'云云，似晋人气习。且郑公厚德，安有曳婢泥中之事？小说家欲以矜郑，适以诬郑耳。"但到底有没有这回事呢？当然，这种千年前的传说无法找到旁证。

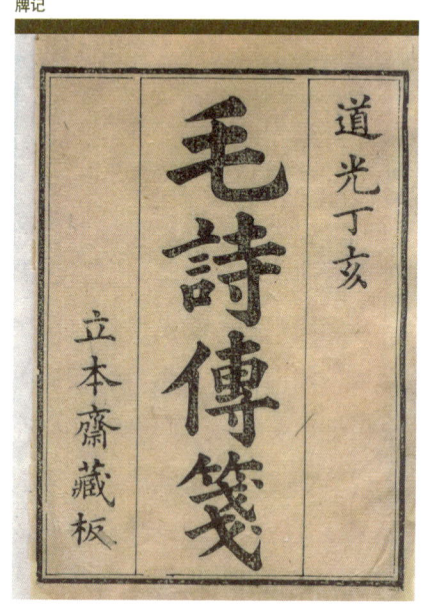

⊙ 郑玄笺《毛诗传笺》三十卷，清道光七年立本斋刻本，牌记

郑玄经学上的成就在他的那个时代，确实是名声在外。汉献帝初平元年，发生了"董卓之乱"，山东很多诸侯都起兵准备讨伐董卓，于是董卓招集众人开会，准备发兵来征讨山东义兵。那时郑泰为了劝阻

董卓不要发兵，举出了十条理由，他所说的第十条则是："东州有郑康成，学该古今，儒生之所以集；北海邴根矩，清高直亮，群士之楷式。彼诸将若询其计画，案典校之强弱，燕、赵、齐、梁非不盛，终见灭于秦，吴、楚七国非不众，而不敢逾荥阳，况今德政之赫赫，股肱之邦良，欲造乱以徼不义者，必不相然赞，成其凶谋。"（张璠《汉纪》）

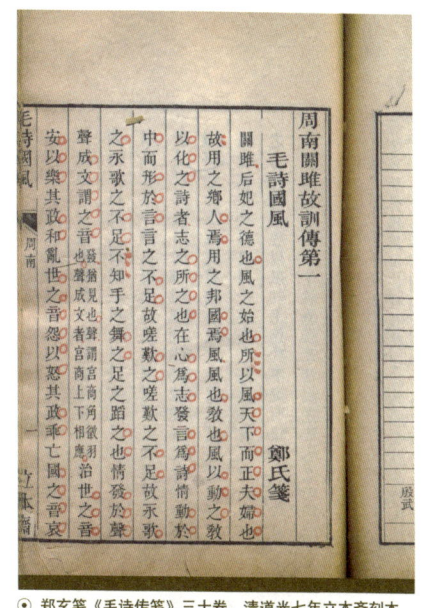

⊙ 郑玄笺《毛诗传笺》三十卷，清道光七年立本斋刻本，卷首

因为有郑玄这位大儒在，他的名声反而成了劝阻董卓不要出兵的理由之一。针对这段记载，郑珍在《郑学录·传注》中说："按郑泰诡辞对卓凡十条，此居其十，可想见康成名德，当时倚为轻重。……视康成隐若长城。"后来，刘备当上了徐州刺史，他也对郑玄十分地敬重。郑玄曾向刘备推荐自己的同乡孙乾，刘备果真命孙乾到自己手下任职。可见，郑玄说话十分管用。其实不仅如此，《后汉纪·献帝纪》中称："黄巾贼数万人经玄庐，皆为之拜，高密一县，不被抄掠。"汉末正是黄巾军起事之时，这些人经过郑玄家时，全都拜一拜就离开了，使得郑玄的家乡高密县没有被掠夺。

对于郑玄的离世，《后汉书·郑玄传》中有如下记载："五年春，梦孔子告之曰：'起，起，今年岁在辰，来年岁在巳。'既寤，以谶合之，知命当终，有顷寝疾……其年六月卒，年七十四。"

某天，郑玄梦到孔子跟他说了两句话，他醒来之后就算了一卦，

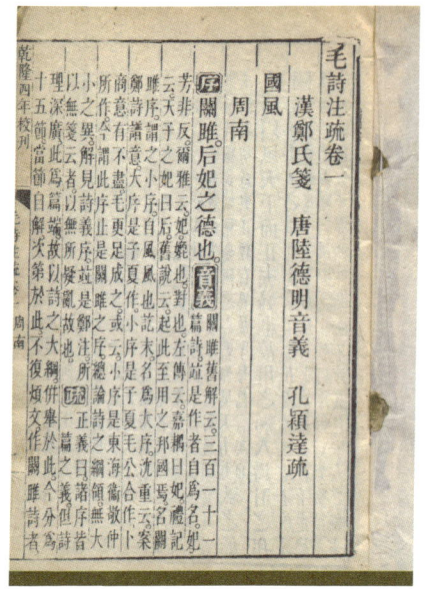

○ 郑玄笺《毛诗注疏》三十卷，清乾隆四年武英殿刻《十三经注疏》本

由此而明了自己将不久于世。之后他很快就去世了，终年74岁。

对于郑玄在学术史上的价值，《朱子语类》卷八十七载有朱熹对他的评语："郑康成是个好人，考礼名数大有功，事事都理会得。如汉《律令》亦皆有注，尽有许多精力。东汉诸儒煞好。卢植也好。康成也可谓大儒。"朱子的这段话说得很直白，他说郑玄是个好人，尤其对礼学贡献最大。而清代的钱大昕则在《仪礼管见序》中说："《三礼》之有郑注，所谓悬诸日月不刊之书也。"

对于郑玄的学术观，刘师培给予了这样的总结："惟康成说经，集今古文说之大成，不守一先生之言，以实事求是为指归，与汉儒之抱残守缺者迥然不同。故康成之书，皆以师学代官学也。"（《刘师培史学论著选集》）

看来，郑玄的学术观乃是要融会古文经学和今文经学，而这段论述正说明了郑玄的学术观所在。郑玄为什么要做这样的融会呢？《后汉书·郑玄传》中说：

> 汉兴，诸儒颇修艺文，及东京，学者亦各名家。而守文之徒，滞固所禀，异端纷纭，互相诡激，遂令经有数家，家有数说，章句多者或乃百余万言，学徒劳而少功，后生疑而莫正。郑玄

括囊大典，网罗众家，删裁繁诬，刊改漏失，自是学者略知所归。王父豫章君每考先儒经训，而长于玄，常以为仲尼之门不能过也。及传授生徒，并专以郑氏家法云。

在郑玄的时代，因为经学观点的不同，使得每一门派都强调自己的观念，这种强调方式其实不利于经学的弘扬，于是郑玄就以古文经学为基础，而后融入今文经学的观点，以此来达到学术兼容。而周予同先生则对郑玄的想法予以了如下的解读："在郑氏的本意，或以为今古文相攻击如仇雠，是经学的不幸现象；为息事宁人计，于是自恃博学，参互各说，以成一家之言；所以虽用古文学为宗，也兼采今文学。而当时学者，一则苦于今古文学家法的烦琐，一则震于郑氏经术的渊博，所以翕然宗从。但这样一来，郑学盛行而古今文的家法完全混乱了。"（周予同《今古文学》）

郑玄虽然遍注群经，但可惜他的著作流传至今者仅有两部，杨天宇在《郑玄三礼注研究》中称："郑玄的著述大部分都散佚了，但仍有《三礼注》和《毛诗笺》完好地保留到今天，成为今人研究《三礼》和《毛诗》以及考证古史所不可不读的重要文献。郑玄堪称中国文化史上的一位伟人，一位学术巨匠。"

《三礼》乃是《周礼》《仪礼》《礼记》三书的并称，最

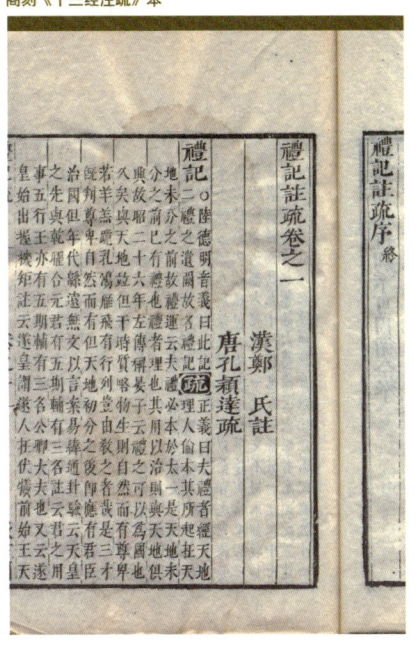

⊙ 郑玄注《礼记注疏》六十三卷，明崇祯十二年毛氏汲古阁刻《十三经注疏》本

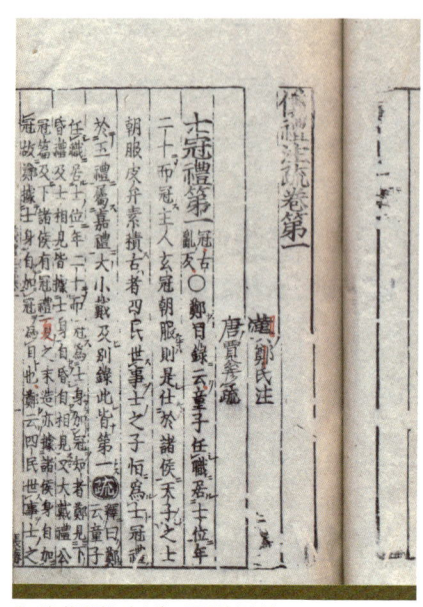

◉《仪礼注疏》十七卷，明嘉靖间刻本

早将这三书并称者正是郑玄，范晔在《后汉书·儒林列传》下中称："中兴，郑众传《周官经》，后马融作《周官传》，授郑玄，玄作《周官注》。玄本习《小戴礼》，后以古经校之，取其义长者，故为郑氏学。玄又注小戴所传《礼记》四十九篇，通为《三礼》焉。"

这段话讲到了《三礼》之名，虽然此段中没有《仪礼》，这是因为在汉代还没有"仪礼"这种称呼，许抗生、聂保平、聂清所著《中国儒学史·两汉卷》中说："按照范晔的意思，由于郑玄既融通了'三礼'，又融通了今古文礼，故'三礼'之名之学，实际上自郑玄始。"

可见，郑玄对于《三礼》的形成贡献很大。对于他在礼学方面的贡献，黄侃在《礼学略说》中予以了这样的解读：

> 董景道说经，《三礼》之义，皆遵郑氏；著《礼通论》，非驳诸儒，演广郑旨。此由郑学精博贯通，亦缘郑氏以前，未有兼注《三礼》者，（黄侃自注：以《周礼》《仪礼》、小戴《礼记》为《三礼》，亦自郑始。《隋书·经籍志》：《三礼目录》一卷，郑玄撰。）故舍郑无所宗也。……今惟郑康成注，孤行百代。说《仪礼》者，仅马季长注《丧服》经传一篇，至全注十七篇，亦自郑氏始。……然后之言小戴者，皆传郑氏。郑又考正礼图，

存古遗制；是《三礼》之学，萃于北海。故《大戴记》，郑所未注，则若存若亡，八十五篇，遂残其半矣。由晋及唐，诸经所主，或有不同；至于《诗》共宗毛，《礼》同遵郑。

郑玄对于礼学有着怎样开创性的贡献呢？张舜徽先生对此有着系统的研究，他在《郑学丛注·郑学经注例释》中，把郑玄注经的体例总结为18种：沿用旧诂不标出处例、宗主旧注不为苟同例、循文立训例、订正衍讹例、诠次章句例、旁稽博证例、声训例、改读例、改字例、征古例、证今例、发凡例、阙疑例、考文例、尊经例、信纬例、注语详赡例、注语互异例。由此可知，郑玄在礼学研究上是何等之精深。

正因如此，陈奂认为，郑玄虽然遍注群经，但其最高的成就还是在礼学，而台湾学者李云光在《三礼郑氏学发凡》中说："后人所读《三礼》之书，是郑氏所校定者也；所赖以解《三礼》者，亦不能外郑氏之注释也。然则，学礼而不从郑氏，岂非欲入室而不由户乎！"

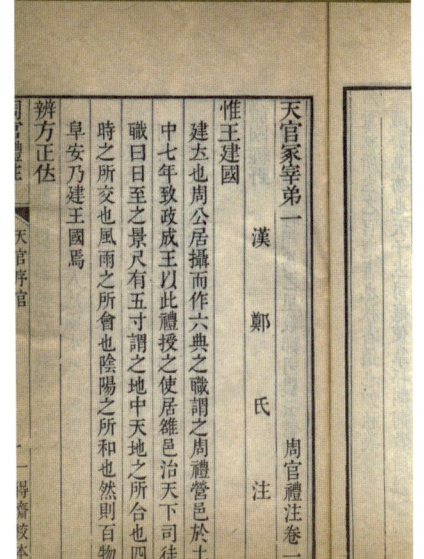

郑玄注《周官礼注》，清乾隆五十年扬州殷氏一得斋刻本

如前所言，流传至今的郑玄著作，除了《三礼》之外，就是《毛诗笺》。对于《毛诗》的解读，从汉代开始分为齐、鲁、韩、毛四大家，前三家属于今文经学，而《毛诗》属于古文经学。在流传的过程中，前三家基本

失传,唯有《毛诗》流传至今,因此今日得见的《诗经》,基本是古文经学观念的解读。

但是,如前所言,郑玄把很多今文经学观念融入了古文经学之中,而他所作的《毛诗笺》也是如此,正如陈奂在《郑氏笺考证》中称:"笺中有用三家申毛者,有用三家改毛者,例不外此二端。"郑玄在整理《诗经》时,应用了很多方法,而他的这些方法被视为早期的校勘学,段玉裁在为臧琳所作的《经义杂记序》中说:

> 校书何放(始也)乎?放于孔子、子夏。自孔、卜而后,汉成帝时,刘向及任宏、尹咸、李柱国,各显所能奏上。向卒,歆终其业。于是有雠有校,有竹有素,盖綦详焉。而千古之大业,未有盛于郑康成者也。

段玉裁在这里讲述的是校勘学的起源,他认为校勘学创始于孔子和子夏,后到了汉代,则有刘向、刘歆等人,但是在这方面真正做出大贡献的人,则非郑玄莫属。而管锡华在《校勘学》中也称:"私家校书,虽从孔子始,但至东汉末为止,成就较大而可考的则是东汉的郑玄。"

郑玄在校勘古书时,不但融会了古文经学和今文经学,同时兼用了"死校法"和"意校法",也就是说,当他觉得古书中某个字不对时,就会将其改为正确的字。为此,他的这种做法受到了后世的批评,比如欧阳修就在《诗本义》中指责郑玄的这种校书方法,郑玄在《毛诗笺》中把"绿"字改为了"祿",欧阳修认为郑玄改错了:"先儒所以不取郑氏于《诗》改字者,以谓六经有所不通,当阙之以俟知者。若改字以就己说,则何人不能为说?何字不可改也?况毛义甚明,无烦改字也,当从毛。"

从实际情况看，郑玄所改之字确实有些不对的地方，但总体而言，他所改被后世认为是正确的，更为重要的是，他的这种改法给后世开启了一种校勘的新思路，王引之在《经义述闻序》中说：

> 诂训之旨，存乎声音，字之声同、声近者，经传往往假借。学者以声求义，破其假借之字而读以本字，则涣然冰释；如其假借之字而强为之解，则诘为窈病矣。故毛公《诗传》，多易假借之字而训以本字，已开改读之先。至康成笺《诗》注《礼》，屡云某读为某，而假借之例大明。后人或病康成破字者，不知古字之多假借也。

王引之在这里替郑玄辩护，他认为郑玄通过假借字来恢复古书的原本面貌，这种做法最为难得。而更为重要的是，《齐诗》《鲁诗》《韩诗》大多失传了，郑玄的《毛诗笺》中引用了不少他们的观点，使得后世要想研究三家诗，可以借鉴他的《毛诗笺》，因此冯浩菲在《毛诗训诂研究》中总结道："《郑笺》中所体现的不是一家之说，而是诸家说的比稽融会。由此言之，与其说三家因《笺》而尽废，不如说借《笺》附《毛》而仍其绪。"

郑玄墓及祠位于山东省潍坊高密市双羊镇郑公村。出辕固村，重上济青高速前往高密市双羊镇，去找郑玄墓及祠。郑玄为汉学极重要之人，而上午访过之伏生，则为今文经学顶尖者，同一天拜访此两人，可谓天意，亦可自解为不薄今文爱古文。

昨晚与出租车司机张红心先生通话后，他告诉我说，我的规划路径只是单程，这样的话，他原来的报价不合算，因此他要按每公里3元来计价，除此之外，我还要另付高速费及各种过路费等等。然而从桓台前往高密，我估计至少有200公里的路程，这样算下来，我又觉得费用太高，于是我跟张红心说：只让他带我寻访两个地点，然后再把我送到淄博火车站，我将乘火车前往高密。

然而今日在寻访伏生墓时，张红心用手清理倒伏在地上的碑，他对前贤的这份敬重之心令我有所触动，我突然感觉到跟这样的人如此计较，似乎不应该，于是从树林走出来之后，我说自己改了主意，不再前往淄博火车站，而是按原计划和他说的价钱，请他直接把我送到高密。我的这个转变让张红心有些意外，看了看我，而后又张张嘴，没再说什么，于是开车上路。

在高速上开行两小时到达了高密市，下高速向南开行8公里进高密市，穿市而过，在市南转向西，行13公里到达双羊镇，再打听郑玄墓，有人告知在峡山水库郑公村不远处。听到这个村名让我感到指路者的所言肯定靠谱，以我的猜测，"郑公村"之名，肯定是因为郑玄而起者。

再行5公里到达郑公村，问之，则告在水库边之后店村西，再行2公里，开上湖堤，向东望去，果然看见一塔式老建筑。绕着村庄找到小院的入口处，院门口有牌匾写着"郑公祠"，并注明此地为"山东省重点文物保护单位"，大门两边则贴着春联，显示春节刚过去不久："华夏奏龢谐，神州织锦绣"。虽然"龢谐"两字略显得有些怪异，但却更显出贴此对联的人有所用心。正欲进内，从院中走出了一位老者，他让我和司机每人交5元才可入内参观，这时我看到院墙外挂着一个小小的告示牌，上面写着："郑公祠的门票收入全部用于祠的管理，票价5元。"按其所言，递上10元钱，而后这位老者把我们带进院内。

院落七八亩大小，主楼为远远所见的那座塔式老建筑，其实近看，是一栋带有汉代风格的两层小楼，而楼梯则从地面直接升到了二楼的门口，门楣上悬着的匾额上写着"郑公祠"，两扇门板上各写着

郑玄：遍注群经，三礼始名　　373

⊙ 郑公祠

五个字："文章凭人论，经学赖公传"，这的确是总结出了郑玄的一生。门板的左右各有一个圆形小窗。老人带着我二人登上小楼，取出一串钥匙，一边开门一边告诫我们，外面可以随意拍照，到了里面就不可以了。然而他的口音极其难懂，我是完全听不明白，张红心也是听一半猜一半。

⊙ 进入祠堂要登上这高高的台阶

郑公祠内光线极暗，整个氛围有着极其深厚的民间信仰色彩，中间为郑玄像，头戴平天冠，做帝王持笏像，大约民间认为如此装扮为最高等者。两侧各有一妇女像，未知所塑

◉ 郑玄墓全景

◉ 郑玄墓碑

为何人,妇女侧又有侍者。祠的右侧为其子郑益恩像,旁有注明,称其为救孔融遇难身亡。祠左则为郑小同像,旁边注明其为郑玄的嫡孙。整个祠堂看上去热热闹闹,很是人丁兴旺。老者不断用当地话强调不能拍照,并絮絮叨叨一直讲述着什么。经张红心翻译,原来老者是在讲述郑玄像下面的一座小铜人,曾经有人请回家去供奉,但是自从请回去后,家中不好的事就连连发生,只好将其送到此处。我不明白老者不断对我讲述这个故事是什么用意,难道是想让我请回去供奉?然而我素来信奉《论语》之"子不语怪力乱神",所以对这个灵异的小铜人也无什么兴趣。但同时,我心中又升起了一个疑问:这位老者是否真的知道郑玄究竟是什么人?是否真的知道郑玄的价值的呢?看他的神态和言语,似乎他所守护的更像是一个城隍或者土地,但是我马上感觉到了自己的无聊,无论当地的村民是否知道郑玄究竟是何人,能够带着信仰去尊敬他、守护他,就已经很难得了。走下楼梯时,我问老者,平常来这里的人多不多?他摆着手说:不多,不多。

郑玄墓在祠的后面,墓较大,前有墓碑,上面用隶书刻着"汉郑康成先生之墓"。我站在碑前,向着郑玄墓三鞠躬,以此来表达我对这位"经神"的敬意。之后我又在院内看了一圈,在这里仅看到了两块清代的刻石,余外所刻之碑均是近年所刻的新碑,虽然缺乏古意,但至少说明当地人渐渐开始尊崇这位伟大的经学家。

赵岐：力举孟子，唯传《章句》

儒家经典《十三经》中，《孟子》排在最后，这其中的原因，是《孟子》一书在五代之前一直被视为"子书"而非"经书"。从以往的文献看，孟子在儒学上的地位并不特别，宋代之前，没有"孔孟"并称，一般都会称为"周孔"和"孔颜"。司马迁在《史记》中将孟轲与荀况合传，而班固的《汉书·艺文志》把《孟子》一书也放在"诸子略"。

后世称孟轲为"亚圣"，这个称呼来源较早，东汉赵岐在《孟子题辞》中首次给孟轲戴上了这顶桂冠，赵岐首先讲述了孟子撰写此书的原因，而后他接着称：

> 帝王公侯遵之，则可以致隆平，颂清庙；卿大夫士蹈之，则可以尊君父，立忠信；守志厉操者仪之，则可以崇高节，抗浮云。有风人之托物，二雅之正言，可谓直而不倨，曲而不屈，命世亚圣之大才者也。

可惜赵岐的这番话并没有引起时人的积极反响，"亚圣"之名也没有得到官方认可。此后又过了上千年，直到元文宗至顺元年，皇帝才把"亚圣"这顶桂冠正式地戴到孟轲头上。

其实从《孟子》一书的编纂体例来看，该书跟《论语》很相似，蒋伯潜在《十三经概论》中说："《孟子》七篇之题，皆取自章第一二句中二三字，皆为无义之题，各章篇幅虽多较《论语》为长，但所记皆孟子之言，或与时人及门弟子问答之语；其仅记数语为一章者，亦正不少。故就其篇章体例观之，固与《论语》极相似，而与其他诸子不类也。"所以，从《孟子》一书的编纂体例及行文风格来看，该书确实与《论语》相仿佛，而与其他的子部书则相去甚远。《论语》既然是经部书，那么从体例来看，《孟子》也就有了成为经部书的可能。

虽然如此，但《孟子》与《论语》还是有着较大的区别。《论语》一书乃是孔子的弟子编纂而成，《孟子》一书是否也是这样的呢？后世学者有着不同的看法。早在东汉，赵岐就认为《孟子》一书乃是孟轲本人所撰："孟，姓也。子者，男子之通称也。此书，孟子之所作也，故总谓之《孟子》。"（《孟子题辞》）

孟轲为什么要写这样一部书呢？赵岐在《孟子题辞》中这样描绘孟轲所处的时代环境：

周衰之末，战国纵横，用兵争强，以相侵夺。当世取士，务先权谋，以为上贤。先王大道，陵迟堕废。异端并起，若杨朱、墨翟放荡之言，以干时惑众者非一。孟子闵悼尧、舜、汤、文、周、孔之业，将遂湮微，正涂壅底，仁义荒怠，佞伪驰骋，红紫乱朱。于是则慕仲尼周流忧世，遂

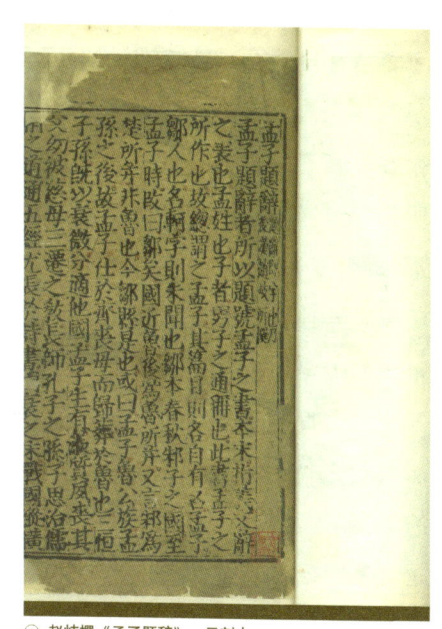

⊙ 赵岐撰《孟子题辞》，元刻本

以儒道游于诸侯，思济斯民。然由不肯枉尺直寻，时君咸谓之迂阔于事，终莫能听纳其说。

面对礼乐崩坏的恶劣世道，孟轲决定效仿孔子写一部书：

> 孟子亦自知遭苍姬之讫录，值炎刘之未奋，进不得佐兴唐虞雍熙之和，退不能信三代之余风，耻没世而无闻焉，是故垂宪言以诒后人。仲尼有云："我欲托之空言，不如载之行事之深切著明也。"于是退而论集所与高弟弟子公孙丑、万章之徒难疑答问，又自撰其法度之言，著书七篇，二百六十一章，三万四千六百八十五字。包罗天地，揆叙万类，仁义道德，性命祸福，粲然靡所不载。

然而细读赵岐的这段话，可以看到，他又提及了孟轲跟公孙丑、万章等弟子共同商谈该书的写法，这样论起来，《孟子》一书也并不完全出自孟轲，至少孟轲得到了弟子们的帮助。但是，清代的焦循在其所著《孟子正义》中，引用了元人何异孙《十三经问对》中所言："《论语》是诸弟子记诸善言而编成集，故曰《论语》，而不号《孔子》，《孟子》是孟轲所自作之书，如《荀子》，故谓之《孟子》。"

何异孙的这种比较方式很有意思，他说《论语》一书由孔子的弟子们编纂而成，所以这部书就叫《论语》，而不叫《孔子》，但《孟子》一书直接叫《孟子》，那它就跟《荀子》一样，都是本人所著。而宋代大儒朱熹也认为，《孟子》一书乃是作者的自著，而非弟子的汇编："《论语》多门弟子所集，故言语时有长长短短不类处。《孟子》疑自著之书，故首尾文字一体，无些子瑕疵。不是自下手，安得如此好？"（《朱子语类》）

朱熹是从文风上做出的分析，他认为《孟子》一书的行文风格从头至尾完全一样，而《论语》一书长长短短，风格上差异较大，这样比较起来，《孟子》当是孟轲一人所为。

清阎若璩也认为，《孟子》一书全部出自孟轲之手，他举出的理由也很有趣："七篇为孟子自作，止韩昌黎故乱其说，亦莫妙于朱子曰：'观七篇笔势如熔铸而成，非缀缉可就。'余亦有一证：《论语》成于门人之手，故记圣人容貌甚悉；七篇成于己手，故但记言语或出处耳。"

唐代韩愈曾说，《孟子》乃是孟轲的弟子编辑而成。为什么有这样的判断？韩愈没有举出证据，所以阎若璩认为韩愈是乱说，而赞赏朱子所言。接下来，阎举出了自己的一个发现。阎说《论语》中有许多地方描绘了孔子的长相，这正说明该书出自门人之手，但《孟子》却不同，因为整部书内没有描绘孟轲的长相，只记他的言行。阎若璩从这个角度推论出，孟轲肯定是《孟子》的作者。

然而蒋伯潜却认为，《孟子》的确是孟轲的弟子所编之书，他在《十三经概论》中举出了如下的证据：

> 按《孟子》书中记所见时君，如梁惠王、梁襄王、齐宣王、邹穆公、滕文公、鲁平公……皆称其谥。如系孟子自著，岂所见时君皆先孟子而卒乎？又记孟子弟子，如乐正子、公都子、屋庐子，皆以"子"称；如陈臻、徐辟，亦间称"子"；孟仲子，注家皆以为孟子之弟，学于孟子者，而亦称"子"。如系孟子自著，岂有称弟子为子之理乎？全书记孟子之言行，皆曰"孟子"。周秦诸子中，凡称某子者，多出门人所记，与后世文人于文中自称某子某先生者不同。孟子自著之书，亦无连篇累牍，自称孟子之理也。

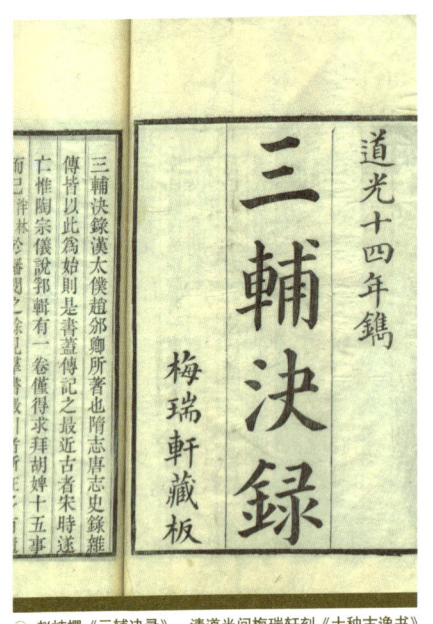

⊙ 赵岐撰《三辅决录》，清道光间梅瑞轩刻《十种古逸书》本，书牌

蒋伯潜认为，《孟子》中谈到孟轲见到的一些诸侯时，对于这些诸侯的称呼基本是用谥号，如此说来，这么多的诸侯难道都比孟轲死得早吗？而《孟子》中对于孟轲的弟子也有许多称"子"，而"子"在那个时代乃是对尊者的敬称，孟轲不太可能这样称呼自己的弟子；更何况，《孟子》一书中多处都称孟轲为"孟子"，如果是本人所撰之书，似乎不太可能这样尊称自己。因此，蒋伯潜的结论是："故《孟子》一书，殆由孟子弟子记录其师之言行，于孟子卒后，仿孔门弟子之辑《论语》，纂辑成书耳。书中所记问答之语，以公孙丑、万章二人为最多，且于二子均直书其名，未尝一称为'子'。窃疑记录多出二人之手，编次成书亦由此二人也。"

可能是以上这些原因吧，因此《孟子》一书长期受不到重视，后世儒家只是把它视为一部普通的子部书。到了唐代，《孟子》的地位才广泛地受到了重视，清赵翼在《陔馀丛考》卷四《尊孟子》一篇中说："宋人之尊孟子，其端发于杨绾、韩愈，其说畅于（皮）日休也。"

虽然有这些人的努力，《孟子》一书渐渐受到了时人的关注，但因为这些文人并没有太大的权力，因此《孟子》还是无法由"子"升"经"，真正起到作用的人物，乃是宋代的王安石，在他掌权的阶段，王安石把《孟子》由"子"入"经"，《孟子》一书从此变成了"兼经"。

而《孟子》受到时人的广泛关注，起到最大作用的乃是二程和朱熹。当年，二程要求弟子们把《孟子》和《论语》并列共同来读；到南宋孝宗年间，朱熹从《礼记》中析出《大学》和《中庸》两篇，而后与《论语》和《孟子》合在一起，共同称之为"四书"，从此使得《孟子》成为了世人皆知的儒家经典。

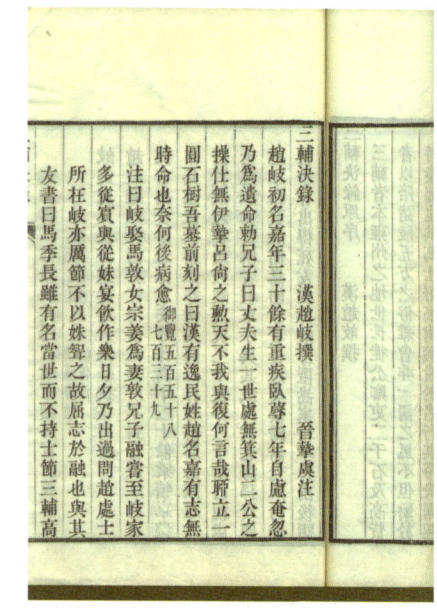

⊙ 赵岐撰《三辅决录》，清道光间梅瑞轩刻《十种古逸书》本，卷首

其实早在五代时，蜀主孟昶就命毋昭裔用楷书书写《十一经》，而后刊刻成了《蜀石经》，此《十一经》中没有《孝经》和《尔雅》，但却有《孟子》，因此说，朱熹把《孟子》列为"四书"之一之前，《孟子》已经成为了经部，只是那时影响不大而已。

如前所言，西汉之前不重视《孟子》一书，到了东汉，却有五人开始为《孟子》作注。最早为《孟子》作注的人乃是西汉的刘向，他写过一部《孟子注》，但是该书失传了。而有的后世学者认为，刘向只是在他的《说苑》中引用了《孟子》中的一些文句，但说他写出了一部《孟子注》却不太可能，因此后世还是认为，《孟子注》出现在东汉时期比较确定，这个阶段分别有：程曾的《孟子章句》、郑玄的《孟子注》、高诱的《孟子章句》、刘熙的《孟子注》、赵岐的《孟子章句》。

可惜的是，这五部研究《孟子》的专著，仅有赵岐的《孟子章句》流传了下来，前四部书只有零星片断被记载于其他的文献中，而被

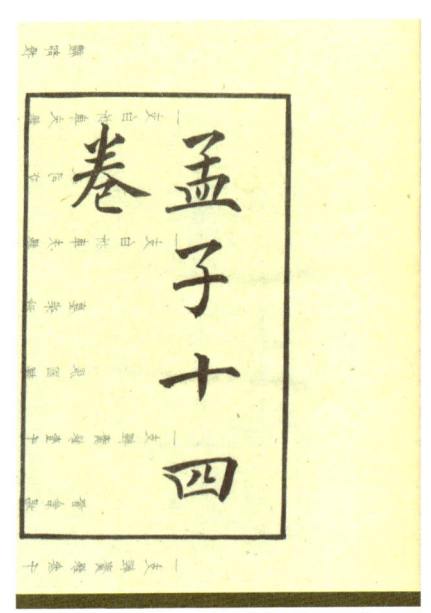

⦿ 赵岐撰《孟子章句》，民国上海商务印书馆影印《四部丛刊》单行本，书牌

后世辑佚了出来，后人方知有这四部书。也正因如此，突显出赵岐的《孟子章句》是何等之重要，后来的《十三经注疏》中所收《孟子注疏》就是本自赵岐的《孟子章句》，可以说，赵岐的这部著作对于《孟子》一书的流传，起到了至关重要的作用。

赵岐为什么要对《孟子》下这么大功夫呢？这跟他生活的社会环境及人生经历有着紧密的关联。关于赵岐的生平，《后汉书·吴延史卢赵列传》中有着详细记载：

> 赵岐字邠卿，京兆长陵人也。初名嘉，生于御史台，因字台卿，后避难，故自改名字，示不忘本土也。岐少明经，有才艺，娶扶风马融兄女。融外戚豪家，岐常鄙之，不与融相见。仕州郡，以廉直疾恶见惮。年三十余，有重疾，卧蓐七年，自虑奄忽，乃为遗令敕兄子曰："大丈夫生世，遁无箕山之操，仕无伊、吕之勋，天不我与，复何言哉！可立一员石于吾墓前，刻之曰：'汉有逸人，姓赵名嘉。有志无时，命也奈何！'"其后疾瘳。

这段话虽然没有讲到赵岐的家庭背景，但他生在御史台，足见其出身不凡。而他在少年之时，对经学就很有研究，所以他才娶了马融哥哥的女儿，而马融是外戚豪族，能与皇族联姻，这也间接地说明了赵岐家也是当时的大户。虽然如此，但赵岐却不愿意跟马融交往。赵岐在30多岁时得了一场重病，在床上躺了七年，这让他感到自己很可能不久于人世。以赵岐的人生志向，这么年轻就要离世，当然让他心中大感不平，他甚至想把这不平之气刻在自己的墓碑上。可能也正因如此，他的病竟然渐渐地好了起来。

汉永兴二年，汉桓帝下令在全国招聘名人贤士，赵岐被任命为司空掾，后来又到皮氏县去做县令，在此任上他做出了自己的成绩，可惜后来他的主管领导换人了，接替者乃是一位宦官的哥哥。赵岐特别厌恶宦党，于是就弃官而去，但他的这种性格给自己埋下了一个很大的隐患，《后汉书》中称：

> 先是中常侍唐衡兄玹为京兆虎牙都尉，郡人以玹进不由德，皆轻侮之。岐及从兄袭又数为贬议，玹深毒恨。延熹元年，玹为京兆尹，岐惧祸及，乃与从子戬逃避之。玹果收岐家属宗亲，陷以重法，尽杀之。岐遂逃难四方，江、淮、海、岱，靡所不历。自匿姓名，卖饼北海市中。

朝中宦官唐衡的哥哥唐玹在京师任都尉，唐玹仗着朝中有人，到处为非作歹，而赵岐跟他的堂兄赵袭多次写揭发材料报告给朝廷，唐玹听到后十分地痛恨。到了延熹元年，唐玹被提拔为首都的市长，赵岐立即意识到唐玹肯定会打击报复，于是就带着侄子赵戬逃到了外地。果不出赵岐所料，唐玹很快就把赵岐的家人以及相关的亲戚逮捕，而后罗织罪名，把这些人全都杀掉了。

赵岐逃到外地，东躲西藏，他换了个名字，在外地卖饼为生，而在这个阶段，他遇到了一位恩人，《后汉书》中写道：

> 时安丘孙嵩年二十余，游市见岐，察非常人，停车呼与共载。岐惧失色，嵩乃下帷，令骑屏行人。密问岐曰："视子非卖饼者，又相问而色动，不有重怨，即亡命乎？我北海孙宾石，阖门百口，势能相济。"岐素闻嵩名，即以实告之，遂以俱归。嵩先入白母曰："出行，乃得死友。"迎入上堂，飨之极欢。藏岐复壁中数年，岐作《厄屯歌》二十三章。

一位叫孙嵩的年轻人，家中很有钱，某天在街上玩耍时遇到了赵岐，这位孙嵩感觉到赵岐绝非普通人，于是私下直接说自己觉得赵岐肯定不是普通人，又告诉赵岐自己家在本地的势力很大，肯定能够帮得上赵。而赵在以前也听说过孙嵩的名声，于是就以实相告。孙嵩听后就把赵岐带回了家，而后把赵岐藏在夹墙之内，这样一藏就是几年，直到唐衡、唐玹等人被除掉，赵岐才走出了夹墙。而后很多人听闻赵岐还活着，便纷纷邀请他前去做官，此后的赵岐因为性格耿直，依然是几起几落。

汉永平二年，董卓胁迫汉献帝来到了长安，而后赵岐很快被升为太仆。这个职位位列九卿。此后他奉命到各地去"宣扬国命"：

> 是时，袁绍、曹操与公孙瓒争冀州，绍及操闻岐至，皆自将兵数百里奉迎，岐深陈天子恩德，宜罢兵安人之道，又移书公孙瓒，为言利害。绍等各引兵去，皆与岐期会洛阳，奉迎车驾。岐南到陈留，得笃疾，经涉二年，期者遂不至。

那时的赵岐名气很大，袁绍、曹操等人都派兵到几百里之外来迎接赵岐，在赵岐的调和下，这些割据一方的诸侯纷纷同意辅佐汉献帝。而赵岐活了90多岁，在那个时代是很长寿的人。

有的文献上说赵岐作《孟子章句》，就是藏在孙嵩家的夹壁内所写，但这种说法拿不出证据。但是在那个纷乱的年代，《孟子》一书中的英雄主义思想应该对赵岐有着深深的影响，《孟子滕文公下》中记载了当时的纵横家景春，认为公孙衍和张仪乃是天下的大丈夫，但孟子却认为此两人不能算是大丈夫，因为："居天下之广居，立天下之正位，行天下之大道，得志与民由之，不得志独行其道，富贵不能淫，贫贱不能移，威武不能屈，此之谓大丈夫。"在孟轲眼中，只有这样的人才能称为大丈夫。

对于孟子的这番话，赵岐在《孟子章句》中做出了如下的解读："得志行正与民共之，不得志隐居独善其身，守道不回也。淫，乱其心也；移，易其行也；屈，挫其志也。三者不惑，乃可以为大丈夫矣。"

到了清代，焦循写出了《孟子正义》，他也认为赵岐的这段注释写得很好："盖既生于天地间，居如此其广也，又身为男子，位如此其正也，则所行自宜为天下之大道，而奈何踯躅而效妾妇为也。下数句即申明行天下之大道，以全其居广居、立正位之身也。赵氏注精矣。"

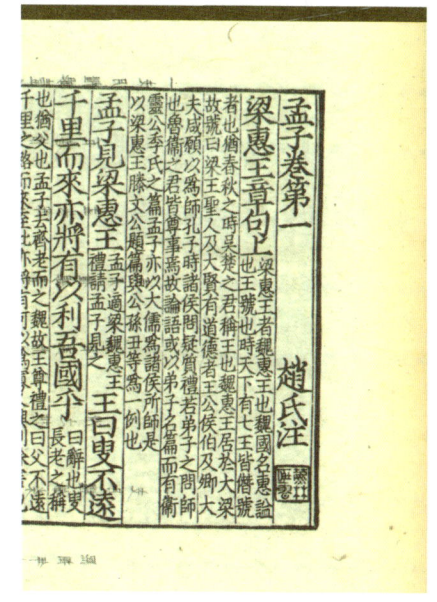
⊙ 赵岐撰《孟子章句》，民国上海商务印书馆影印《四部丛刊》单行本，卷首

由此这解释可知，赵岐是何等地推崇孟子，以至于郭伟宏在《赵岐〈孟子章句〉研究》一书中评价说："赵岐的尊孟之旨鲜明而突出，在两汉可谓独树一帜。"因此说，赵岐给《孟子》一书做章句也包含了他的人生观。

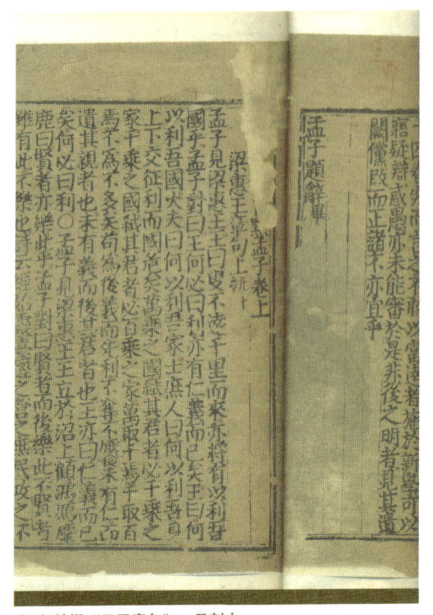

● 赵岐撰《孟子章句》，元刻本

赵岐在《孟子章句》中特别看重孟轲的为人，为此他也看重《孟子》一书，赵岐甚至把《孟子》一书与《论语》相提并论：

> 孔子自卫反鲁，然后乐正，《雅》《颂》各得其所，乃删《诗》定《书》，系《周易》，作《春秋》。孟子退自齐、梁，述尧、舜之道而著作焉，此大贤拟圣而作者也。七十子之畴，会集夫子所言，以为《论语》。《论语》者，《五经》之錧辖，《六艺》之喉衿也。《孟子》之书，则而象之。

对于《孟子》一书的内容，历史记录有着分析，《汉书·艺文志》上称《孟子》有十一篇，而东汉应劭在《风俗通义·穷通篇》中也说："退而与万章之徒，序《诗》《书》仲尼之意，作书中、外十一篇。"

由此可知，《孟子》一书在两汉时期总计有十一篇。然而我们今日所见之《孟子》却仅是七篇，这之间相差的四篇是怎么回事呢？赵岐在《孟子题辞》中说道："又有《外书》四篇，《性善》《辩文》《说孝经》《为政》。其文不能弘深，不与内篇相似，似非孟子本真，后世依放而托之者也。"

看来，《孟子》在七篇之外，还有四篇《外书》。赵岐觉得这四篇《外书》从文意上说，应该不是出自孟子之手，有可能是后世伪托，所以他就没有将此四篇写入《孟子章句》中。

后来外篇就失传了,可是到了明代,这四篇又出来了,经过专家的考证,明代所出外篇乃是伪造者。然而郭伟宏却认为:

> 按传统的说法,内篇为庄子本人之作,外篇为庄子学派后学之作。在《庄子》这部书中,内篇与外篇之别并不是真伪之分。其实,赵岐在甄别《孟子》十一篇时,也是采用了传统的区分方法。《孟子》十一篇在两汉之前就存在,本无分内篇、外篇,更不分哪篇是"真",哪篇是"伪",应同属于"真"。他根据《孟子》十一篇的内容,精选出七篇,肯定这七篇是出自孟子之手的"本真",并为之作注;而名之为外书四篇的,则怀疑它不是出自孟子之手。可见赵岐对《孟子》十一篇的判断,其态度是严肃认真、实事求是的。他是可见材料中明确提出并区分《孟子》文本内外篇的第一人。(《赵岐〈孟子章句〉研究》)

除了内、外篇之分,其实赵岐对《孟子》一书更大的贡献,是他将内七篇分为了上、下卷,这种分法一直流传到了今天。更有意思的是,赵岐认为《孟子》分为七篇,包含着特殊的意义,他在《孟子篇叙》中说道:

> 篇所以七者,天以七纪,璇玑运度,七政分离,圣以布曜,故法之也。章所以二百六十有九者,三时之日数也。不敢比《易》当期之数,故取其三时。三时者,成岁之要时,故法之也。三万四千六百八十五字者,可以行五常之道,施七政之纪,故法五七之数而不敢盈也。文章多少,拟其大数,不必适等,犹《诗》三百五篇,而《论》曰"《诗》三百"也。

由这段话可证,赵岐认为《孟子》七篇已经很完整,因为它暗合了天地间的定数。这样推论起来,似乎他不认可外四篇为《孟子》一书的组成部分。更何况,早在赵岐之前,司马迁在《史记》中就已经写明《孟子》为七篇:"孟轲乃述唐、虞、三代之德,是以所如者不合,退而与万章之徒序《诗》《书》,述仲尼之意,作《孟子》七篇。"

赵岐为《孟子》作注,却称之为"章句",何为"章句"呢?东汉王充在《论衡·正说篇》中说:"夫经之有篇也,犹有章句也;有章句,犹有文字也。文字有意以立句,句有数以连章,章有体以成篇,篇则章句之大者也。"而吕思勉则在《章句论》中说:"考诸古书,则古人所谓章句,似即后世之传注。"

可见,"章句"是一种注释题材。然而汉代流传至今的"章句"著作却仅有两部,除了赵岐的《孟子章句》,另外就是王逸的《楚辞章句》。但"章句"跟古人的"注"有着怎样的区别呢?郭伟宏在其专著中列出了两点不同:

第一,章句与训诂不同,它包含有训诂解释。

第二,章句包含义理阐发,义理是章句体著作在内容方面的主体特征或根本特征。

到了宋代,孟子的地位大为提高,赵岐的《孟子章句》也受到了朱熹的特别推崇,但是朱熹在有些观点上跟赵岐并不相同,比如《朱子语类》中,朱熹说过这样的话:"做得絮气闷人,东汉文章皆如此。解书难得分晓:赵岐《孟子》,拙而不明;王弼《周易》,巧而不明。"

到了清代,研究《孟子》最重要的著作乃是焦循的《孟子正义》。焦循的这部书就是专门来疏解赵岐之注。自唐代以来,按照传统的观念,对经学著作的解释要坚持"疏不破注"的原则,但焦循的《孟子正义》却打破了这样的规矩,焦循明确地说:"于赵氏之说或有所疑,不惜驳破以相规正。"

《孟子·梁惠王上》之《汤誓》中有一句:"时日害丧?予及汝皆亡!"赵岐对这句话的注释为:"《汤誓》《尚书》篇名也。时,是也。是日,乙卯日也。害,大也。言桀为无道,百姓皆欲与汤共伐之,汤临士众誓,言是日桀当大丧亡,我与女俱往亡之。"而焦循对于赵注的这段注释有着不同的看法,他在《正义》中引用了许多历史典籍,而后做出了这样的结论:

> 赵氏以此为汤谕民之言;以予及汝皆亡,为我及汝俱往亡之。则我为汤自我,汝谓民,乃《书》文于此下云:"夏德若兹,今朕必往。"语为重沓矣。《孟子》引《诗》称文王之德,全在而民劝乐之。引《书》言桀之失德,全在民欲与之皆亡。若作汤谕民往亡桀之辞,无以见桀之失德矣。赵氏之旨,既殊《孟子》,亦违伏、郑,未知所本。

赵岐在注释中认为《汤誓》中的那句话乃是汤说的,但焦循却根据上下文的语气再加上相应的历史资料,觉得这句话应该是桀自己说的。由此可见,焦循虽然很推崇赵岐,但他并不迷信赵岐所言,依然能够根据自己的判断做出正确的结论。

虽然如此,但这并不影响赵岐对《孟子》一书的流传所做的伟大贡献。而郭伟宏也认为赵岐所作《章句》有其很重要的价值在,他将赵岐《章句》的显著特点总结为:"要言不烦,概而述之;叠字为训;以今释古;以史释义,譬喻显豁。"

赵岐的墓究竟在哪里,我其实并没有查出具体的地址,仅查到《大清一统志》卷二六九《荆州府》有如下记载:

赵岐墓在江陵县东南。《后汉书·赵岐传》："（岐）年九十余，先自为寿藏，图季札、子产、晏婴、叔向四像居宾位，又自画其像居主位，皆为赞颂。敕其子曰：'我死之日，墓中聚沙为床，布簟白衣，散发其上，覆以单被，即日便下，下讫便掩。'"注：家在今荆州故郢城中。

赵岐晚年是如何去的郢城，我也没有查出具体的缘由，然而《大清一统志》中能够这么说，又得四库馆臣确认，定然是有所本，于是郢城就成了我的寻访目标。这一天的寻访，遇到了一位十分敬业的出租车司机，我请他带我去江陵县寻访郢城遗址，他听完后仔细询问我一番，然后告诉我，今天的江陵县并不是古代的江陵，古代所称的江陵就在今天的荆州这一带，而我要找的郢城遗址也离我上车的地方并不远，说完就在手机导航上输入了"郢城遗址"，导航果然显示遗址就在离我们不远的地方，而如今的江陵县则在荆州的东南方向，距离我们大约50公里。原来，古之江陵与今之江陵，完全是两个不同的概念。

听从导航所指，我们进入了一个村落，十月的阳光很是灿烂，村庄里仍然是绿意盎然，处处生机勃勃，并没有秋天要来的迹象，但是村子里也很是安静，一个人影都没有遇到。导航语音提示我们已经到达目的地，并且终止了导航，然而目的地却是村子正中的一条村路，两边是民房和一个小小的荷塘。我们很是疑惑，怀疑导航失误，又掏出手机再次定位，却依然是这里。司机很有经验，说既然导航认定这里就是郢城遗址，那么这里应该有一个"牌牌"立着，找到那块"牌牌"就行了。

我想他说的"牌牌"应该就是指文保牌，于是一起下车四下里寻找，然而，怎么观察，这四下里都不像是立有"牌牌"的样子，

⊙ 一位在荷塘里劳作的老者

只是注意到旁边的民居钉着门牌，表明这里是郢城村四组。转了一圈，我们才看到荷塘里居然有人，大约是在挖藕，司机大声向他打问：郢城遗址究竟在哪里？那人直起身子，也大声地对我们喊话："好像是在这里，上面也来人看过，但究竟在哪里我们也不知道。"这时司机似乎想起了什么，说好像以前也来过这里，似乎是有座寺

⊙ 郢城村

庙，于是打问这附近是不是有个寺庙，那人指了我们来的方向，说从刚进村的小路左转，就看到了。

按照村民所指，果然在小路的左方看见两间极小的屋子，背向

⊙ 看不清小庙的名字

我们，从小路穿过去，再绕到前面，的确是间小小的庙宇式建筑，门楣上刻着四个字，却只能辨认出"福××庙"，探着头向里面望去，里面靠墙摆着三张供

⊙ 小庙香火不断

台,面向门口的供台上摆了一排大小不一的瓷制神像,从观音到寿星,再到关公和财神,等等,全部在列,由高至低从右至左,摆得整整齐齐,看来这里的排序不在于神位的高低,而是个头的大小,倒也别具一格。

庙虽小,却也清幽,一棵老榆树在门前洒满了浓阴,与小庙紧挨着的是一户民居,上面钉着门牌号,是"郓城村六组18号",然而看样子是很久没有人居住了。拍照完毕,沿着小路走到村道上,这时迎面来了一位老者,我赶紧向他打问郓城遗址究竟在哪里,老人家听完我的问话,哈哈一笑,说:"我是当地人,

⊙ 看到了树荫下的小庙

◉ 小庙内的情形

都不知道定在哪里,你们怎么可能找得到?以前这里还有个老庙,'文革'时拆掉了,还是我看着他们拆的,现在只有那个小庙还算有些年头。"然后老人家告诉我们,上面来过好几次人,每次来了看看就走了,反正他也知道这里是郢城遗址所在,但具体到哪一个地点,似乎也没有定论:"郢城怎么说也是楚国的都城,这里,这里,和那里,应该都是郢城吧。"老人把东南西北指了一圈儿,然后露出对自己的结论很满意的模样,我想了想,也觉得他说得很对。

然而赵岐究竟葬在这一带的哪里呢?他还在自己的生圹里画了季札和子产等人的画像,看来他很会为自己打算,在另一个世界里也不会寂寞。我请司机稍等一等,让自己在村子里漫无目的地走了一圈,我想古人的生活半径都不算太大,赵岐当年散步的时候,应该也来过这里吧,也许还在那间小庙门口的老榆树下乘过凉,当然,也许是那个位置,却不是那棵树。

何休：三科九旨，黜周王鲁

何休是春秋公羊学史上最重要的人物之一，黄开国在其专著《公羊学发展史》中说："东汉是春秋公羊学的成熟阶段，代表人物为东汉末年的何休。"而赵伯雄在《春秋学史》中亦称："何休是汉代公羊学派的殿军人物，他生当东汉的末年，眼见《公》《左》势力的消长，痛切地感到了公羊派经师说经的弱点，发愤为《公羊传》作一部新注，希图以此来挽回公羊学派的颓势，于是就有了《公羊何氏解诂》的问世。"赵伯雄的这段话既讲述了何休在公羊学派内的地位，同时还讲到了他为什么要写这样一部专著。

关于何休的生平，以《后汉书·儒林传》所载最为详细：

何休字邵公，任城樊人也。父豹，少府。休为人质朴讷口，而雅有心思，精研"六经"，世儒无及者。以列卿子诏拜郎

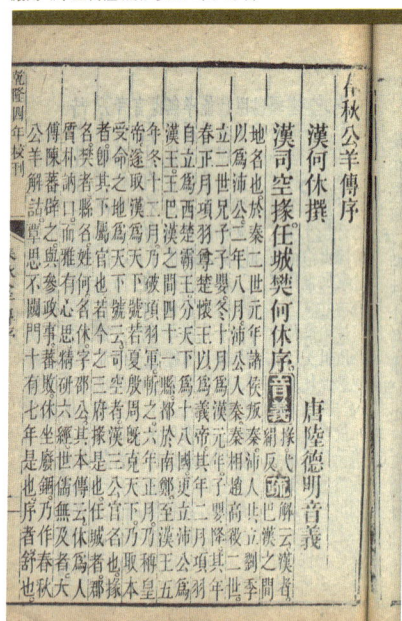
何休撰《春秋公羊传注疏》二十八卷，清乾隆四年武英殿刻《十三传注疏附考证》本，序言

中，非其好也，辞疾而去。不仕州郡。进退必以礼。太傅陈蕃辟之，与参政事。蕃败，休坐废锢，乃作《春秋公羊解诂》，覃思不窥门，十有七年。又注训《孝经》《论语》、风角七分，皆经纬典谟，不与守文同说。又以《春秋》驳汉事六百余条，妙得《公羊》本意。休善历算，与其师博士羊弼，追述李育意以难二《传》，作《公羊墨守》《左氏膏肓》《穀梁废疾》。党禁解，又辟司徒。群公表休道术深明，宜侍帷幄，倖臣不悦之，乃拜议郎，屡陈忠言。再迁谏议大夫，年五十四，光和五年卒。

何休也是大家之后，他的父亲何豹曾在东汉朝中任少府之职，而少府乃是九卿之一，这个职务是替皇帝掌管御衣、宝货、珍玩等等。何休的出身决定了他在少年之时就可以广泛地读书，但是何休为人不善言谈，喜好独自在那里思考问题，很多精力用在研究"六经"方面，而他研究的深度超过了当时许多大儒。因为父亲的关系，所以他可以世袭官位，可是何休却对当官没有兴趣，到后来，陈蕃还是把他拉进了朝中做官。

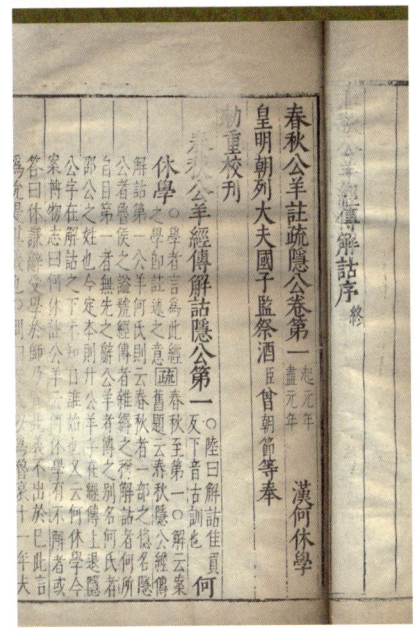

⊙ 何休撰《春秋公羊传注疏》二十八卷，明万历二十一年北京国子监刻《十三经注疏》本

这位陈蕃为汉末著名的人物，《后汉书·陈蕃传》中说："年十五，尝闲处一室，而庭宇芜秽。父友同郡薛勤来候之，谓蕃曰：'孺子何不洒扫以待宾客？'蕃曰：'大丈夫处世，

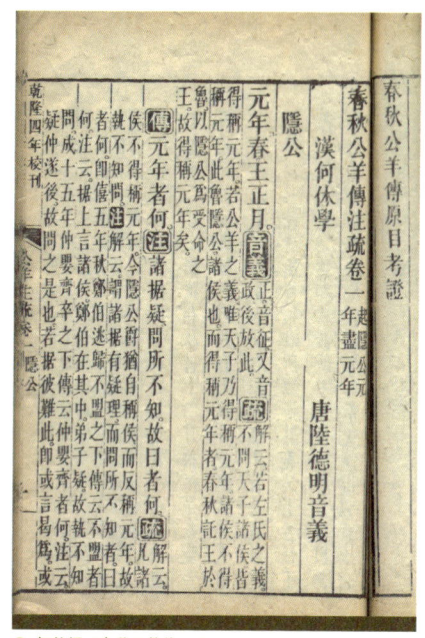

⊙ 何休撰《春秋公羊传注疏》二十八卷，清乾隆四年武英殿刻《十三经注疏附考证》本，卷首

当扫除天下，安事一室乎！'"他的这番豪言壮语极有名气。

汉灵帝时，陈蕃做到了太傅，那个时候宦官专权，陈蕃面对此况，联合外戚窦武，同时又秘密培养了一些嫡系，准备共同铲除宦官之患。可惜，他的这个计划被宦官提前侦得，致使失败，他本人也被杀。到了建宁二年秋，朝中的宦官趁窦武已死，发动了第二次"党锢之战"，大肆株连迫害，《后汉书·党锢列传·序》中称："诸为怨隙者，因相陷害，睚眦之忿，滥入党中。又州郡承旨，或有未尝交关，亦罹祸毒。其死徙废禁者，六七百人。"

如前所言，陈蕃曾经招何休入朝为官，仅凭这一点，何休就被罗织罪名抓进了狱中。何休出狱后，用了17年的时间写出了代表作《春秋公羊解诂》，另外还有其他的作品；后来他又写出了三部最著名的维护公羊学的著作；再后来，他又入朝为官，在汉光和五年去世了。

对于《后汉书·儒林传》中的这段记载，后世有着争论，其主要争论点是《后汉书》上所说——何休用了17年来写作《解诂》等书，王先谦在《后汉书集解》中引用钱大昕所言如下："案陈蕃事败在建宁元年九月，是岁岁在戊申，而休卒于光和五年壬戌，首尾仅十有五载。而晚年又应公府之辟，历官议郎、谏议大夫，则著书杜门大约不过十年耳。"

钱大昕经过考证认为，陈蕃被杀到何休去世的那一年仅有15年，更何况《后汉书》上说此后何休还入朝任职，因此怎么算都没有17年这么长。按照钱大昕的推论，何休闭门著述的时间也就在10年左右。

且不管何休专心写作的时间是17年还是10年，他对经学研究的确是下了很大的功夫，晋王嘉《拾遗记》中说道："何休木讷多智，三坟、五典、阴阳、算术、河洛、谶纬及远年古谚、历代图籍，莫不成诵。门徒有问者，则为注记，而口不能说。作《左氏膏肓》《公羊废疾》《穀梁墨守》，谓之'三阙'，言理幽微，非知机藏往，不可通焉。及郑康成蜂起而攻之。求学者不远千里赢粮而至，如细流之赴巨海，京师谓康成为'经神'，何休为'学海'。"

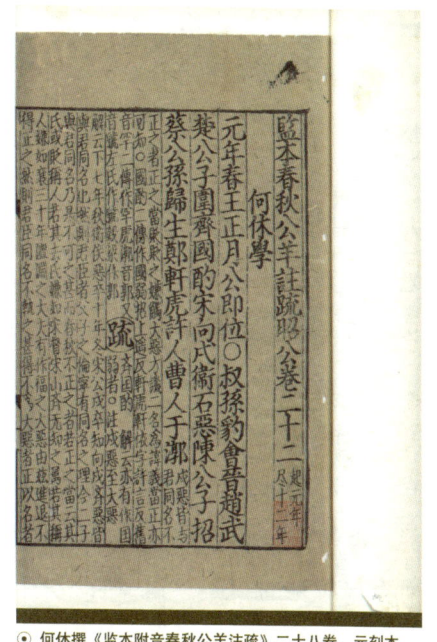
⊙ 何休撰《监本附音春秋公羊注疏》二十八卷，元刻本

看来，何休确实是博览群书，很多历史典籍都能背诵下来，但是他所坚持的公羊学属于今文经学，而郑玄虽然是兼通古今，学术思想还是偏重古文经学，因此郑玄就跟何休进行了一场学术大论战，而论证的结果则是郑玄的全面胜利。但由此也足可说明，何休的学问也是那个时代公羊学派中唯一敢挑战古文经学的人物，因此，郑玄被誉之为"经神"，而何休则被人夸赞为"学海"。

关于何休学问的师承关系，如《后汉书·儒林传》中所言，他的老师是羊弼，何休曾与羊弼共同学习李育的今文经学观。然而对于何休的今文经学本色，清惠栋在《九经古义考》中说道："《公羊》有严、颜二家，蔡邕《石经》所定者《严氏春秋》也，何邵公所注者《颜氏春秋》也。何以知之？以《石经》知之。"

惠栋在这里谈到的"严、颜二家"，乃是指公羊学的正统传承。对于公羊学的传授体系，徐彦在《春秋公羊传注疏·序》中说："戴宏《序》云：子夏传与公羊高，高传与其子平，平传与其子地，地传与其子敢，敢传于其子寿。至汉景帝时，寿乃与其弟子齐人胡毋子都著于竹帛。"

这段叙述讲的是《公羊传》的早期传承，而到了汉代，徐彦又在《疏》中引用了《六艺论》中的说法："治公羊者胡毋生、董仲舒。董仲舒弟子嬴公，嬴公弟子眭孟，眭孟弟子庄彭祖及颜安乐。"而惠栋所说的"严、颜二家"，指的就是严彭祖和颜安乐。而惠栋通过对《石经》的考察，认定何休的学术传承是本自颜安乐，因此何休的《春秋公羊经传解诂》，其思想也是本着颜氏。

⊙ 何休撰《春秋公羊经传解诂》十二卷，清道光四年扬州汪氏问礼堂刻本，书牌

然而王国维却不这么看，他在《书〈春秋公羊解诂〉后》中称："余以《汉石经校记》考之，知何氏实兼用严、颜两家本也。《汉石经·公羊校记》每称颜氏，盖用严氏本，而以颜氏异同附之。犹其《诗经校记》中，有韩、齐字，乃用《鲁诗》，而以齐、韩异同附之也。"

王国维认为何休的学术观兼容了严、颜两家，而后他举

出了多个例子,之后得出了如下结论:"……然则邵公之本,实兼采严、颜两家。与康成注《礼经》《论语》体例略同,知后汉之季,虽今文家学亦尚兼综。"

其实前人还有着不同的观点,比如冯登府在《石经考异》中认为,何休所撰《解诂》主要是依据胡毋生的传本,江藩也有着同样的观点。然而钱穆却不同意这种说法,其在《东汉经学略说》中称:

> 今考何氏之学所由与严、颜不同者,由其能"精研六经",不颛颛守文,拘博士一家之法也。李育亦然。范书谓育少习《公羊春秋》,博览书传,深为同郡班固所重。颇涉猎古学。尝读《左氏传》,虽乐其文采,然谓不得圣人深意。后拜博士。建初四年,与诸儒论五经于白虎观,育以《公羊》义难贾逵,往返皆有理证,最为通儒。是李育为学,亦兼通古今,不颛颛一家章句,故能与贾逵相往复也。

⊙ 何休撰《春秋公羊经传解诂》十二卷,清道光四年扬州汪氏问礼堂刻本,卷首

钱穆认为,何休所学并不是来源于严、颜二家。钱穆的这个论断恰是本自《后汉书·儒林传》对何休的那句评语——"精研六经",由此得出的结论是:何休的学问不是本自一家,更何况,他与其师羊弼共同推崇的李育也是如此。当年,李育跟贾逵论战,旁征博引,正说明了他学通古今、不专一家,因此钱穆的结论是:"严、

颜非尽董氏学，李育、何休亦非尽胡毋氏学也。"

既然有着如上不同的说法，那么，何休的《春秋公羊经传解诂》究竟是本着谁的观点呢？黄开国在《公羊学发展史》中给出了这样的结论："综合这些不同意见，吸取其合理的成分，可以认为何休《解诂》的版本，应该兼采东汉时颜氏、严氏两家的本子。所以，从何休的《解诂》中，可以看到有与颜氏不同的地方，也有与严氏不同的条目。而何氏《解诂》的兼采两家，并不是没有主次之分的，而是以颜氏为主，兼采严氏。"

何休为什么要写《解诂》一书呢？他在该书的序言中予以了如下的回答：

> 昔者孔子有云："吾志在《春秋》，行在《孝经》。"此二学者，圣人之极致，治世之要务也。传《春秋》者非一，本据乱而作，其中多非常异义可怪之论。说者疑惑，至有倍（背）经任意、反传违戾者。其势惟问，不得不广，是以讲诵师言至于百万犹有不解，时加酿嘲辞，援引他经，失其句读，以无为有，甚可闵笑者，不可胜记也。是以治古学、贵文章者谓之俗儒，至使贾逵缘隙奋笔，以为《公羊》可夺，《左氏》可兴。恨先师观听不决，多随二创。此世之余事，斯岂非守文持论、败绩失据之过哉！余窃悲之久矣。往者略依胡毋生《条例》，多得其正。故遂隐括使就绳墨焉。

何休首先认为，孔子把自己的思想观念主要融入了《春秋》一书中，然而孔子所作《春秋》虽十分简洁，却包含着微言大义，因此后世就有了多部解释《春秋》的书，但这些解释越来越复杂，甚至背离了孔子的原意，正是这个原因使得古文经学大行其道。面对此况，何休觉得自己应该站出来，写一部专著来系统地阐明《公羊传》解释《春秋》的重要性。何休的这段话说得十分明确，他就是要替今文经学张目，来反击古文经学的入侵。

在何休之前，古文经学与今文经学已经爆发过三次大的学术争论。第一次是西汉末年的刘歆与太常博士之间展开者，当时刘歆向汉哀帝建议把古文经学中的《左传》《毛诗》和《尚书》列于学官，以此来设置"博士"。这件事遭到了今文经学派的坚决反对，致使刘歆的提议未能实施。后来，王莽建立了新朝，而刘歆跟王莽的关系不错，于是古文经学得以立为"博士"。可是没过多少年，王莽失败，东汉王朝建立，而今文经学又重新成为了学术正统。由此可知，第一次今、古文的斗争，是以今文经学的胜利而告终。

今、古文经学派的第二次大斗争发生于东汉光武帝建武年间，当时，尚书令韩歆向皇帝提出，要求立古文《易》博士和《左氏春秋》博士，范升坚决反对这个提议，而古文经学派的陈元驳斥范升的所言，于是皇帝把这个问题交给群臣们讨论，其结果使得《左氏春秋》得以立为博士。然此后不久，此"博士"又被废置。

今、古文的第三次论战发生于汉章帝时期，本次论战的主角是古文经学大儒贾逵和公羊派的李育。经过一番争论，古文经学终于取得了胜利。

而两派之间第四次大的论战，则是爆发在何休与郑玄之间。二人论战的结果，以何休的失败而告终，《后汉书·张曹郑列传》中称：

> 时任城何休好《公羊》学，遂著《公羊墨守》《左氏膏肓》《穀梁废疾》；玄乃发《墨守》，针《膏肓》，起《废疾》。休见而叹曰："康成入吾室，操吾矛，以伐我乎！"初，中兴之后，范升、陈元、李育、贾逵之徒争论古今学，后马融答北地太守

刘瑰及玄答何休,义据通深,由是古学遂明。

针对何休的这著名的三部作品,郑玄一一写文予以驳斥,郑引经据典,使得何休无法争辩。郑玄的厉害之处,是他不仅仅站在古文经学的角度来驳斥何休,同时也用今文经学的观点来反驳何休的观点,以至于让何休哀叹郑玄是拿着今文经学的矛来刺今文经学观念。这场大争论的结果,是古文经学取得了全面的胜利。自此之后的近两千年历史,基本上是古文经学一统天下的局面,直到清末,今文经学才重新抬头。由此可见,何休与郑玄的这场第四次大争论,也就成为了汉代今、古文著名争论中的最后一场。

为什么这场争论以何休的失败而告终呢?杨向奎在《论何休》一文中举出了这样的实例:

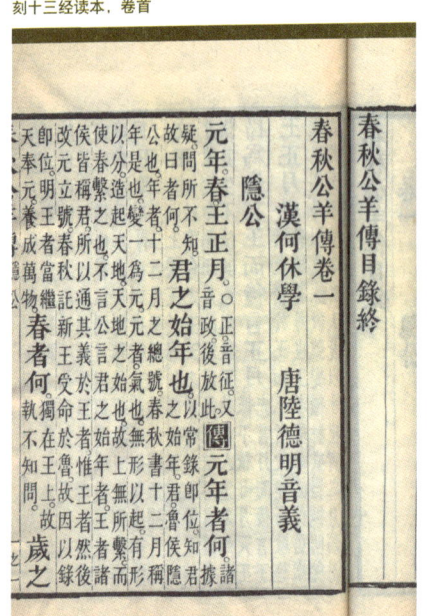

⊙ 何休解《春秋公羊传》十一卷,清同治十一年山东书局刻十三经读本,卷首

何休还有曲解史实的例子,比如关于季武子作三军,《左传》襄公十一年春云:"季武子将作三军……三分公室而各有其一。"这是当时的大事,等于后来的"三家分晋",虽然他们还没有废除鲁君。这是卑公室而不是尊公室,《左传》也没有说这是"尊公室"。但何休说:"《左氏》说云'尊公室',休以为与'舍中军'义同,于义《左氏》为短。"(《针膏肓》引)这完全不是事实,

所以郑玄驳斥说:"《左氏传》云:'作三军,三分公室,各有其一。'谓三家始专兵甲,卑公室。云《左氏》说者'尊公室',失《左氏》义远矣。"(《针膏肓》)郑玄即以《左氏》原文作证,指出这是何休的曲解……郑玄的抨击,使何休无法作答,何休实际上也结束了早期的《公羊》学派。

何休为了论辩,故意地曲解史实,这样的硬伤被郑玄抓住了,而郑玄的反驳搞得何休哑口无言,因此何休的失败也就成为了一种必然。

虽然如此,何休还是在公羊学史上有过很大的贡献。宋代的章如愚在《群书考索》卷六中说道:"子夏传之公羊高,高传其子平,平传其子地,地传其子敢,敢传其子寿。至汉景时,寿乃与弟子胡毋子都著以竹帛,其传董仲舒,以《公羊》显于朝。又四传至何休,为经传集诂,其书遂传。"

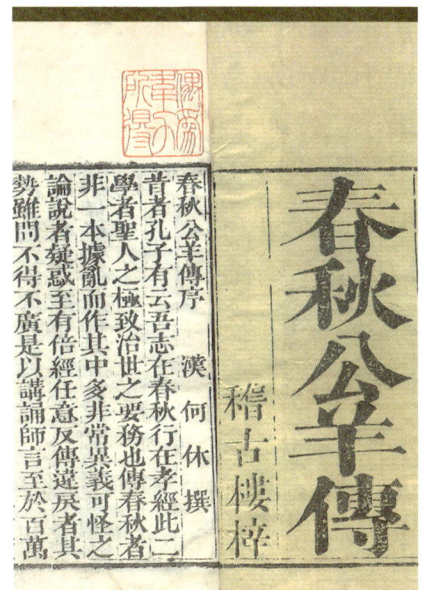

⊙ 何休解《春秋公羊传》,清稽古楼刊,书牌

这段话把何休目之为董仲舒之后的第四代传人,然而黄开国经过一番推算,感觉何休从年龄上无论如何也接续不上董氏后的四传:"即使以董仲舒卒于公元前104年,到何休出生时已经有两百多年。董仲舒的再传弟子眭弘,在汉昭帝时被杀,而严、颜两家之学,皆出于眭弘,严彭祖、颜安乐是董仲舒的第三代弟子,何休若是董仲舒四传,也就是开宗

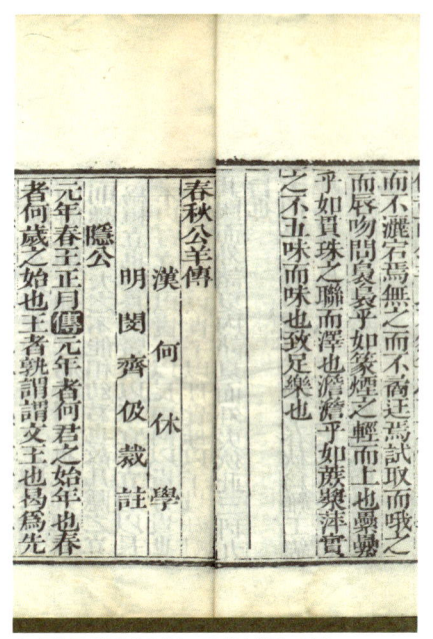

⊙ 何休解《春秋公羊传》，清稽古楼刊，卷首

立派的严彭祖、颜安乐的弟子。颜、严之学皆立于宣帝，宣帝即位在公元前73年，即以何休出生在公元129年，也有一百五十余年的时间了，何休绝不可能成为严彭祖、颜安乐的弟子。"

即便如此，也并不影响何休在公羊史上的重要地位，因为他总结了公羊学派一系列的观念，尤受后世关注者，乃是何休把公羊学派的很多数目字名词总结了出来，赵伯雄在《春秋学史》中说："这些带有数目字的名词是公羊家所特有的，可以看作是整部《解诂》的提纲。"这里所说的"数目字"，用何休自己的话来说则是："此《春秋》五始、三科、九旨、七等、六辅、二类之义，以矫枉拨乱为受命品道之端，正德之纪也。"

这些"数目字"如何解释呢？何休在《文谥例》中首先称："五始者，'元年、春、王、正月、公即位'是也。"看来，"五始"原来就是《春秋》一书的第一句话。对于这句话，公羊学家最为重视，按照《公羊传》的解释："元年者何？君之始年也。春者何？岁之始也。王者孰谓？谓文王也。曷为先言王而后言正月？王正月也。何言乎王正月？大一统也。"

这段话说为什么要用"元年"呢？因为这是新君的第一年。为什么又要说"春"字呢？因为春是一年的第一个节气。而这里的"王"指的是谁呢？显然，这里说的是周文王。为什么要先说"王"再说

"正月"呢？因为这是新王即位而上天予以的重新规划，那"王正月"合在一起作何解呢？公羊高认为，这就是孔子所说的"大一统"的思想。

对于《公羊传》上的这种解释，何休当然认为很正确，但是他又为此做了进一步的解释：

> 政莫大于正始。故《春秋》以元之气正天之端，以天之端正王之政，以王之政正诸侯之即位，以诸侯之即位正竟内之治。诸侯不上奉王之政则不得即位，故先言正月而后言即位。政不由王出则不得为政，故先言王而后言正月也。王者不承天以制号令则无法，故先言春而后言王。天不深正其元则不能成其化，故先言元而后言春。五者同日并见，相须成体，乃天人之大本、万物之所系，不可不察也。

何休认为，《春秋经》的前六个字包含了许多含意，这些含意十分重要，所以他对此总结出了一个专用名词，那就是"五始"。除此之外，何休所说的数目词最为重要者，应当就是"三科九旨"，对于此词的意思，何休在《文谥例》中说："三科九旨者，新周、故宋、以《春秋》当新王，此一科三旨也。所见异辞、所闻异辞、所传闻异辞，二科六旨也。又内其国而外诸夏、内诸夏而外夷狄，是三科九旨也。"

何休在这里一一解释了何为"三科"，何为"九旨"。由此可知，每一科中含有三旨，而其第一科中的三旨分别是：新周、故宋、新王。关于何为"新周"，此语出自《公羊传·宣公十六年》："成周宣谢灾。何以书？记灾也。外灾不书，此何以书？新周也。"惠栋认为，在古代"新"和"亲"二字相通，所以"新周"就是"亲周"，也就是说孔子推崇周朝。

而"故宋"则是因为"宋"就是鲁国王室,何休认为鲁国王室乃是周的正统嫡传,而孔子就是通过写鲁国史来推崇周朝的正统。然而这种推崇却产生了矛盾,按照《公羊传》上的解释,"王正月"中的"王"字指是的周文王,而董仲舒也是这样强调者,但是公羊高和董仲舒何以知道这个"王"字指的是周文王而不是其他的王,他们都没有做出说明,为此刘敞提出了质疑,他在《春秋权衡》卷八中说道:

> 王者孰谓?谓文王也。亦非也。《公羊》言王者正受命是矣,其言文王则非矣。春、秋者王政之本,故假王以正万事,置之春正之间者,明天子受命于天,诸侯受命于君,不但指文王也。又《公羊》以谓黜周、王鲁,即指文王,非黜周也。又《公羊》以谓王道三统,即指文王,非三统也。此其自相背也。

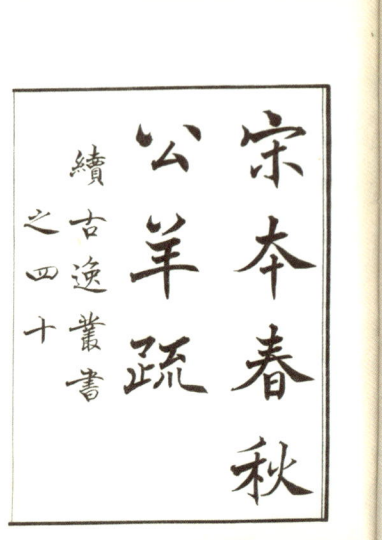

⊙ 何休撰《春秋公羊疏》七卷,民国二十四年上海涵芬楼影印宋本,书牌

如前所言,《春秋》一书是孔子根据鲁国史写出的著作,而何休也强调,孔子是借鲁国史来表达自己的思想,所以何休认为"王正月"的"王"应当指的是以鲁为王。那既然是"鲁王",这就跟《公羊传》中所说的周文王发生了冲突。

既然要承认鲁王受命于天,那就等于承认鲁王的元年乃是改朝换代,如果是改朝换代,那怎样接续正统的周呢?而这也正是后世诟病何休的地方，有人认为他的解释使得公羊学发生了混乱，晋代的杜预在《春秋序》中说："所用之历，即周正也，所称之公，即鲁隐也。安在其黜周而王鲁乎？子曰：'如有用我者，吾其为东周乎！'此其义也。"到了唐代，孔颖达在给杜预《春秋序》所作的《疏》中，同样反对何休的观念：

> 鲁用周正，则鲁事周矣。天子称王，诸侯称公。鲁尚称公，则号不改矣。《春秋》之文安在"黜周王鲁"乎？若"黜周王鲁"，则鲁宜称王，周宜称公。

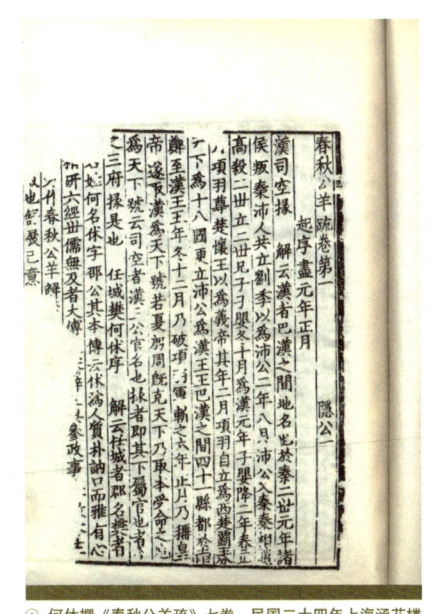

⊙ 何休撰《春秋公羊疏》七卷，民国二十四年上海涵芬楼影印宋本，卷首

宋叶梦得在《春秋公羊传谳》卷一中甚至认为："《公羊》之学其妖妄迂怪，莫大于黜周、王鲁。以隐公托新王受命之论……《春秋》本以周室微弱，诸侯僭乱，正天下之名分，以立一王之法，若周未灭而黜之，鲁诸侯而推以为王，则启天下乱臣贼子，乃自《春秋》始，孰谓其诬经，敢至是乎？将正《公羊》之失，莫大于此，学者不可以不察……《春秋》托新王受命于鲁，害经之弊莫甚于此。"叶梦得说，何休的这个"王鲁"观念，对《春秋经》的危害最大。

其实不仅如此，何休在很多地方为了说明自己的观点而曲解经文，比如桓公十七年《春秋经》上说："五月丙午，及齐师战于奚。"对于这句原文，《穀梁传》中在"五月"之前还有一个"夏"字，由此可知，《公羊传》在传承的过程中丢掉了这个"夏"字。然而何休不这么看，他认为《春秋经》上原本就没有这个"夏"字，而孔子不写"夏"字也同样包含着微言大义："夏者，阳也。月者，阴也。去'夏'者，明夫人不系于公也。"

何休说"夏"代表阳，"月"代表阴，去掉了"夏"字，就是刻意表现出阴。他的解释源于一段春秋时的历史。当年，鲁国和齐国在"奚"这个地方发生了战争，战争的起源是因为鲁桓公的夫人跟齐国国君有奸，而孔子对于这段战争的记录特意不写出"夏"字，就是要表达对于鲁桓夫人的贬斥。为什么这么说呢？因为"夏"代表阳，阳象征君主，而"月"代表阴，阴象征夫人，所以孔子在写"五月"的时候才去掉了"夏"字。然而后世经过考证，那个"夏"字原本就存在。

从这则故事即可看出，何休的确是曲解了《春秋经》，他不管书中原本的内容是什么，他只想用书中的字句来表达自己认为正确的观念和事实，因此他的"三科"和"九旨"，也正是这种以己意来说历史的综合表达。

对于"三科九旨"是不是何休的发明，后世有着不同的观点。唐晏在《两汉三国学案》卷八中说："三科九旨之说不见于《公羊传》，惟何氏记之。其说亦不详所本。"吕绍纲在《何休公羊"三科九旨"浅议》中也称："何休的'三科九旨'，在其主要观点上，歪曲了《春秋》和《公羊传》的本义。它的思想应该说属于何休自己。"而黄开国则认为不是这样，他在《公羊学发展史》中说："'三科九旨'无疑是最能代表公羊学理论的义例，人们一般都认为'三科九旨'出于何休。但实际上，'三科九旨'的发明权并不属于何休，而是出于纬书。"

"三科九旨"一词从哪本纬书中可以看到呢？黄开国在其专著

中又说道："纬书虽然提出了'三科九旨'，但今天已经难以看到对'三科九旨'的具体论说。'三科九旨'虽然不是何休提出的，但他是最先对'三科九旨'作出说明的经学家。"

虽然何休的观念中有这样那样的缺憾之处，但是今文经学家却对他极其推崇，比如清代公羊学家刘逢禄在《公羊何氏释例》中夸赞说："无三科九旨则无《公羊》，无《公羊》则无《春秋》。"

至少在刘逢禄这里，认为何休所总结出的"三科九旨"是公羊学的精髓所在，如果没有"三科九旨"，也就没有《公羊》。而后刘逢禄进一步阐述：没有《公羊》，也就没有《春秋》。但《公羊》之外的《左传》和《穀梁》怎么说呢？显然，刘逢禄不承认"春秋三传"中的另外两传是解经之作。

何休墓位于山东济宁市任城区李营街道何岗村，这是我从网上查得的信息。我的此趟行程是以曲阜为中心，而后沿着不同的方向，一路进行寻访。

何岗村位于我所规划的西线，2012年2月23日这一天，在早晨6点半起床，而后去吃早餐。7点半不到，包车的司机已经到了楼下。上车出城，约一小时后到达了济宁市任城区李营街道。从李营到何岗村很不好走，路面凹凸不平，拉煤大车不断，行约1公里，始看见里面左手旁是何岗煤矿。过煤矿再前行500米，小村乃是何岗，路面泥泞且水没车轮过半，司机担心水面没过排气管会将车陷在泥中。没办法，我只好让司机把车找地方停下

⊙ 泥泞到这种程度，车无法前行

⊙ 在林中寻找

来，而后步行去探访。

　　以我的理解，此村名"何岗"，应该是本自何休之墓所形成的土岗。《中华文本库》所载《济宁市任城汉文化研究中心概况》中称："灵帝光和五年（182年），何休54岁时卒于任上，归葬故里。其墓在何岗村东，为济宁市重点文物保护单位。"而后我在网上又搜得"何子世家文化"所写《何休、何岗与李营镇相关历史》一文，该文中说道："村东为东汉著名儒学家谏议大夫何休墓址。休学问渊博，著述宏富，汉书儒林有传。后何氏在此定居，因地势高亢，故取村名何家岗。建国后简称何岗。"这句话果真印证了我的判断。

　　步行走入何岗村，以我的想象，村边应当有一条高高的土岗，可是我围着该村转了大半圈，却没有看到。按照"世界何氏网"所言："（何休）墓在山东济宁任城区李营街道办事处何岗村东"，既然在村东，那我就专门到这一带查看一番。

　　我在村中向数位老人打问，在本村东是否有一座古墓。他们告诉我，确实如此。于是，我到那一带探寻一番，果真有一座古墓在，可是细看墓碑，墓主却姓王，显然跟我找到何休墓不是一回事。继续向前探看，望到村东南角的方位有一片松树林，我感觉那片树林的面积约有20亩地大小，以我的经验，这片树林应当是墓园。走近树林内，果真在里面看到了不少的坟茔，而后细看每一块墓碑，我却未能找到何休。

  但资料记载得这等详细，何休墓应当在本村附近，可是为什么我却找不到这位著名人物的墓呢？看来，我在行文中没有过多表扬他对于公羊学所做出的贡献，也许这引起了他的不快，以至于他不愿意我走到他的墓前。但无论怎样，何休都是中国经学史上著名的人物之一，此番探寻未果，并不能让我死心，看来有机会还要再次来到这里，一定探寻出来一个结果，才能让自己甘心。

卢植：文武兼备，尤重《礼记》

东汉经学大师马融有两位弟子，一是郑玄，二是卢植。郑玄的名气太大了，似乎卢植无法与之并提，然而如果没有卢植的话，恐怕此后的郑玄也不会有那么大的名气，因为正是卢植把郑玄引荐给马融。《后汉书·郑玄传》中称："（郑玄）以山东无足问者，乃西入关，因涿郡卢植，事扶风马融。"而唐武周时期的史承节在《郑康成祠碑》中也说："摄斋问道，抠衣请益，去山东而入关右，因卢植而见马融。考论图纬，乃召见而升楼。"

由这些记载可以推论出，卢植在郑玄之前就已经拜马融为师。如此说来，卢植应当算是郑玄的师兄。而后世文献在记载马融的这两位弟子时，也是把卢植排在前面，比如《东观汉记》中称："马融才高博洽，为通儒，教养诸生，常有千数。涿郡卢植、北海郑玄，皆其徒也。"元嘉十四年，宋文帝"以新撰《礼论》付（傅）隆使下意"，而后付隆给皇帝上表说："卢植、郑玄，偕学马融，人各名家。"（《付隆传》）

可见，早在汉代，人们就认为卢植在经学上的地位不在郑玄之下。而卢植的弟子中也有不少为后世名人，比如《三国志·魏书·公孙瓒传》中称："公孙瓒字伯珪，辽西令支人也。为郡门下书佐。有姿仪，大音声，侯太守器之，以女妻焉，遣诣涿郡卢植读经。后复为郡吏。"公孙瓒在那个时代被称为奇才，而他是卢植的弟子。

如果以名气论，卢植弟子中最有名的一位，当非刘备莫属，《蜀书·先主传》中称："母使行学，与同宗刘德然、辽西公孙瓒俱事故九江太守同郡卢植。"

刘备15岁时，跟公孙瓒一同拜卢植为师，而《华阳国志》卷六《刘先主志》中亦称："先主幼孤，与母贩履织席自业。……年十五，母遣行学，与宗人刘德然、辽西公孙瓒俱事故九江太守同郡卢子幹。德然父元起常资给先主，与德然等。"

由以上的这些记载都可看出，卢植不但在学术上很有成就，他同时还跟历史上的著名人物有着师生关系，这足以看出卢植不仅仅是一位经学家，同时他也是一位社会活动家，从他的人生履历即可看出，他有着自己的政治眼光。

关于卢植的生平，以《后汉书》所载最为详细，此书《列传》第四十五即为"卢植本传"，该传首先称：

> 卢植字子幹，涿郡涿人也。身长八尺二寸，音声如钟。少与郑玄俱事马融，能通古今学，好研精而不守章句。融外戚豪家，多列女倡歌舞于前。植侍讲积年，未尝转眄，融以是敬之。学终辞归，阖门教授。性刚毅有大节，常怀济世志，不好辞赋，能饮酒一石。

卢植长得一表人才，按照换算，他的身高在1米9左右，并且说话声音洪亮，而在其年少之时就已经拜马融为师。马融因为是外戚，所以生活方式与其他学者不同，他在给弟子上课时，身后还要站一队美女跳舞唱歌。不知马融的这个做法是不是有意考验弟子的定力。卢植在马融身边多年，他听老师讲课时，从来都是目不转睛，绝不看那些美女，他的定力让老师大为欣赏。

卢植学成之后辞别马融，回到家乡也做起了教师。他的性格十分刚强，虽然处在家中，但是胸怀天下事。他不喜好吟诗作赋，然而却喜欢喝酒，并且酒量很大。

那个时候，大将军窦武把持朝政，因为他是当时皇后的父亲，故而能左右时局，他当时拥立了汉灵帝，由此而挟天子以令诸侯。面对此况，朝中溜须拍马之人甚众，有人提议要给窦武加封晋爵。这件事被卢植听到了，他虽然只是位布衣，但仍然给窦武写了封信，这封信也被收录进《后汉书·卢植本传》内。卢植在这封信中首先讲述了平民关心政治的原因，而后他说了这样一番话：

> 今同宗相后，披图案牒，以次建之，何勋之有？岂横叨天功以为己力乎！宜辞大赏，以全身名。又比世祚不竞，仍外求嗣，可谓危矣。而四方未宁，盗贼伺隙，恒岳、勃碣，特多奸盗，将有楚人胁比，尹氏立朝之变。宜依古礼，置诸子之官，征王侯爱子，宗室贤才，外崇训道之义，内息贪利之心，简其良能，随用爵之，强干弱枝之道也。

卢植在这里明确地劝窦武，应当推辞这些封赏，以此来保全自己的名誉。他同时告诉窦武说，北方的一些地区，社会不安定，还应当选贤用能。可惜，卢植的这些建议窦武听不进去。后来在外戚与宦官的争权中，窦武被曹节杀掉了。

由这件事可见，卢植虽是在野之人，却能洞若观火地看清楚朝廷内的局势，并且能够提出中肯的建议。而他的才能也被很多地方领导所看重，有不少人请卢植到其属地任官，卢植都一一推掉了，到了后来，卢植感觉时机成熟，才起而任职："建宁中，征为博士，乃始起焉。熹平四年，九江蛮反，四府选植才兼文武，拜九江太守，蛮寇宾服。以疾去官。"

卢植先在朝中为官，到了熹平四年，九江有人造反，很多人都推举卢植出来平叛，因为那些人都夸赞卢植是一位文武全才。皇帝听从了这些人的建议，任命卢植为九江太守，卢植到任后果真平息了暴乱，后来他因为得病而辞职返乡。

卢植回乡之后，开始致力于经学的研究：

> 作《尚书章句》《三礼解诂》。时始立太学《石经》，以正《五经》文字，植乃上书曰："臣少从通儒故南郡太守马融受古学，颇知今之《礼记》特多回冗。臣前以《周礼》诸经，发起秕谬，敢率愚浅，为之解诂，而家乏，无力供缮写上。愿得将能书生二人，共诣东观，就官财粮，专心研精，合《尚书》章句，考《礼记》失得，庶裁定圣典，刊正碑文。古文科斗，近于为实，而厌抑流俗，降在小学。中兴以来，通儒达士班固、贾逵、郑兴父子，并敦悦之。今《毛诗》《左氏》《周礼》各有传记，其与《春秋》共相表里，宜置博士，为立学官，以助后来，以广圣意。

《后汉书》上的这段记载称卢植撰有《三礼解诂》一书，对于此书，薛瑞泽所撰《卢植在汉末儒学发展中的作用》一文中，有"卢植的学术贡献"一节，该节中举出的第一个贡献即是："首先，卢植考释了儒家经典得名的由来。比如《三礼》名称的由来，历代学者均指出了卢植所作的贡献。"看来，"三礼"一名就是卢植所提出者。薛瑞泽在其文中以洪迈《容斋四笔》卷二《诸家经学兴废》为证：

> 汉高堂生传《士礼》十七篇，即今之《仪礼》也。《古礼经》五十六篇，后苍传十七篇，曰《后氏曲台记》，所余三十九篇

名为《逸礼》。戴德删古《礼》二百四篇为八十五篇，谓之《大戴礼》，戴圣又删为四十九篇，谓之《小戴礼》。马融、卢植考诸家异同，附戴圣篇章，去其烦重及所缺略而行于世，即今之《礼记》也。王莽时，刘歆始建立《周官经》，以为《周礼》，在《三礼》中最为晚出。

然而到了清代，皮锡瑞不赞同这种说法：

> "三礼"之名，起于汉末，在汉初但曰"礼"而已，汉所谓《礼》，即今十七篇之《仪礼》。而汉不名《仪礼》，专主经言，则曰《礼经》，合记而言，则曰《礼记》。许慎、卢植所称《礼记》，皆即《仪礼》与篇中之记，非今四十九篇之《礼记》也，其后《礼记》之名，为四十九篇之所夺，乃以十七篇之《礼经》，别称《仪礼》，又以《周官经》为《周礼》，合称《三礼》，盖以郑君并注三书，后世盛行《郑注》，于是三书有"三礼"之名，非汉初之所有也。

对于这两种说法之间的差异，薛瑞泽则称："虽然宋代的洪迈与清代的皮锡瑞对卢植关于儒家经典《礼记》得名的认识有所差异，但卢植在儒家经典的注解方面所作的贡献却不容低估。"

且不管哪种说法更接近史实，《后汉书》的记载至少说明卢植在礼学方面下了很大的功夫。当时太学立起了《石经》，有人用《石经》来校正"五经"中的文字，卢植听说后就给皇帝上了份奏章，在奏章上称自己年轻时跟随马融学习过礼学，所以他知道当时社会流传的《礼记》有不少的错误在，而此前他用《周礼》等经书考证过《礼记》中的谬误，后来他又为这些经书做过训诂。

卢植称他原本想将自己的成果抄录一份贡献给朝廷，但因为家中贫穷，已经没钱再请抄录之人，所以他希望朝廷派两名抄写生帮着抄录他的研究成果，而后朝廷再拿出一些钱来让这些人对《尚书》等经典仔细研究，以此来考证《礼记》的得失。同时卢植建议朝廷效仿西汉时的建制，给《毛诗》《左传》《周礼》等设置博士。

卢植的这些建议不知是否得到了朝廷的批准。显然，皇帝更看重他在军事方面的才能：

> 会南夷反叛，以植尝在九江有恩信，拜为庐江太守。植深达政宜，务存清静，弘大体而已。岁余，复征拜议郎，与谏议大夫马日磾、议郎蔡邕、杨彪、韩说等并在东观，校中书"五经"记传，补续《汉记》。帝以非急务，转为侍中，迁尚书。

天下又出了反叛之事，皇帝又派他到当地去做太守，以此来平定叛乱。卢植去后，以清静无为的方式把当地的治安搞得很好。一年多以后，他又返回朝中任职，而他依然惦记着校书之事。这次皇帝听从了他的建议，于是他跟几位著名的学人到东观去校"五经"。可是没多久，汉灵帝又认为校书不是当务之急，应当让卢植把才能发挥到有用的地方，于是就提拔卢植为侍中，而后又升为了尚书。

汉光和元年，某天有了日食，卢植又借这个机会规劝皇帝，给皇帝写了份奏章，他在奏章中提出了八种稳定社会的方案。对于这八种方案，卢植在奏章中一一予以了解释：

> 用良者，宜使州郡核举贤良，随方委用，责求选举。原禁者，凡诸党锢，多非其罪，可加赦恕，申宥回枉。御疠者，宋后家属，并以无辜委骸横尸，不得收葬，疫疠之来，皆由于此。宜敕收拾，以安游魂。备寇者，侯王之家，赋税减削，愁穷思乱，必致非

> 常，宜使给足，以防未然。修礼者，应征有道之人，若郑玄之徒，陈明《洪范》，攘服灾咎。遵尧者，今郡守刺史一月数迁，宜依黜陟，以章能否，纵不九载，可满三岁。御下者，请谒希爵，一宜禁塞，迁举之事，责成主者。散利者，天子之体，理无私积，宜弘大务，蠲略细微。

看来，卢植的建议中也包含了学术方面的计划，因为他所提的第五条方案乃是"修礼"，对于这一条，卢植建议朝廷应当到民间去征召有学问的人，而后他就举出了郑玄的名字。

卢植的这套建议倒是举贤不避亲，只是不清楚皇帝是否知道他们二人是师兄弟的关系。但这至少也说明，搞政治不是卢植所愿：无论他处在什么职位，都念念不忘要整理儒家经典。可惜他的建议仍然得不到皇帝的采纳，而后就发生了天下大乱之事：

> 中平元年，黄巾贼起，四府举植，拜北中郎将，持节，以护乌桓中郎将宗员副，将北军五校士，发天下诸郡兵征之。连战破贼帅张角，斩获万余人。角等走保广宗，植筑围凿堑，造作云梯，垂当拔之。帝遣小黄门左丰诣军观贼形势，或劝植以赂送丰，植不肯。丰还言于帝曰："广宗贼易破耳。卢中郎固垒息军，以待天诛。"帝怒，遂槛车征植，减死罪一等。及车骑将军皇甫嵩讨平黄巾，盛称植行师方略，嵩皆资用规谋，济成其功。以其年复为尚书。

汉灵帝中平元年，黄巾军造反，而一遇到紧急情况，各地的官员立即就会想起卢植，于是很多人又向皇帝推举卢植，皇帝把他任命为北中郎将，前去平叛。果真，在卢植的运作下，接连几仗，打败了黄巾军首领张角。后来张角退入了一个城内固守，卢植将此城包围了起来，而后制作云梯准备攻城。正在这关键时刻，皇帝派来了一位名叫左丰的宦官，让他来了解战况。

因为左丰是皇帝信任的人，有人私下里建议卢植给左丰一些好处，以免他在皇帝面前说坏话，但正直的卢植拒绝这么做。果真，左丰回京后就在皇帝面前奏了卢植一本。左丰说：黄巾军其实很容易打败，但不知为什么卢植就是不出兵，只在那里围困。皇帝闻言后大怒，认为卢植这是消极怠工，于是就派来了囚车把卢植押运回京。

再后来，车骑将军皇甫嵩平定了黄巾军，他回朝后大为夸赞卢植的作战方略十分有效，他说自己就是采用了卢植的计策才大获全胜。皇帝觉得可能冤枉了卢植，于是又恢复了卢植尚书的职务。然此后不久，朝中又发生了重大变化：

> 帝崩，大将军何进谋诛中官，乃召并州牧董卓，以惧太后。植知卓凶悍难制，必生后患，固止之。进不从。及卓至，果陵虐朝廷，乃大会百官于朝堂，议欲废立。群僚无敢言，植独抗议不同。卓怒罢会，将诛植，语在《卓传》。植素善蔡邕，邕前徙朔方，植独上书请之。邕时见亲于卓，故往请植事。又议郎彭伯谏卓曰："卢尚书海内大儒，人之望也。今先害之，天下震怖。"卓乃止，但免植官而已。

此时汉灵帝去世了，大将军何进暗里准备诛杀宦官，于是把董卓召回朝中，想用董卓来打压太后。但卢植知道董卓生性凶残，不容易控制，他认为若把此人召入朝中将后患无穷。可是何进不听卢植的建议，等董卓来到朝中，果真时间不长就把持了朝政。有一天，董卓把朝官召集在一起，讨论废立皇帝的事情，群臣没有一个人敢说话，只有卢植勇敢地站了出来，反对董卓的提议。董卓如何容得了有人反驳他的提议，于是开完会之后就要把卢植杀掉。

卢植跟蔡邕是好朋友，当年蔡邕落难时，卢植曾上书朝廷为蔡说话，而此时的蔡颇得董卓的信任，于是蔡邕就为卢植说情，果真起了作用。当时还有一位名叫彭伯的朝官也劝董卓不要杀卢植，他说：卢尚书已经是海内知名的大儒，如果把这么大的学问家杀掉，肯定会引起天下人的不满。董卓只好把卢植撤职了事。

然而卢植是何等聪明之人，他料定董卓不会善罢甘休：

> 植以老病求归，惧不免祸，乃诡道从轘辕出。卓果使人追之，到怀，不及。遂隐于上谷，不交人事。冀州牧袁绍请为军师。初平三年卒。临困，敕其子俭葬于土穴，不用棺椁，附体单帛而已。所著碑、诔、表、记凡六篇。

于是卢植说自己因为年岁大了，再加上有病，所以要返回家乡。他在回家的路上就偷偷地绕道而行。果真如他所料，董卓派人赶来追杀他，而追杀之人不知道卢植是绕道而行者，所以没能追上。而后卢植就隐居到了一处无人知道的偏僻之地，不跟任何人交往，使得董卓找不到他的踪迹。

再后来，袁绍找到了卢植，请卢植做了自己的军师。在汉初平三年，卢植去世了，去世时嘱咐儿子说要薄葬，可见他是一位超越时代的通达之人。虽然卢植去世了，而其名声却在社会上有着广泛的流传：

> 建安中，曹操北讨柳城，过涿郡，告守令曰："故北中郎将卢植，名著海内，学为儒宗，士之楷模，国之桢干也。昔武王入殷，

封商容之闾；郑丧子产，仲尼陨涕。孤到此州，嘉其余风。《春秋》之义，贤者之后，宜有殊礼。亟遣丞掾除其坟墓，存其子孙，并致薄醊，以彰厥德。"子毓，知名。

当年曹操在北方作战时，路过了卢植的家乡，曹操告诉手下说：这里有一位卢植，乃是名满天下的大儒。而后曹操专门派手下人整修了卢植的坟墓。

关于卢植修《礼记》之事，历史的记载大多将他与马融并提，侯康在《补后汉书艺文志》卷一中称：

> 《释文叙录》引陈邵云："后汉马融、卢植，考诸家同异，附戴圣篇章，去其繁重及所叙略，而行于世，即今之《礼记》是也。"《隋志》："戴圣删大戴之书，为四十六篇，谓之《戴记》。汉末，马融遂传小戴之学，融又作《月令》一篇、《名堂位》一篇、《乐记》一篇，合四十九篇。"案，《隋志》所云，似因陈邵之说而傅会之，其实马融注《礼记》，但有解释，并无去取，邵言微误。《隋志》谓融增入三篇，尤误。刘向《别录》已称《礼记》四十九篇，桥仁著《礼记章句》四十九篇（见《桥玄传》），皆在前汉时，不待融足三篇也。融《广成颂》曰："臣闻昔命师于鞬櫜。"李贤《注》曰："鞬以藏箭，櫜以藏弓。鞬，音纪言反。"《礼记》孔子曰："武王克殷，倒载干戈，包以兽皮，名之曰鞬櫜。"郑《注》曰："鞬读为键，音其寒反，谓藏闭之也。"此马、郑异义。

按照陈邵的说法，后汉的马融和卢植参考各家不同的观念，经过一番精简，写出了《礼记》一书，这就是后世的通行本。而《隋书·经籍志》则仅提到马融传《小戴礼记》，而后加入了三篇其他的文章，成为了后世的《礼记》。

侯康认为,《隋书·经籍志》上的这段话其实就是化用了陈邵所言。侯康说,马融所著《礼记》只是做了一些必要的解释,并没有做删减,所以陈邵的所言略有失误,而《隋书·经籍志》上则说马融加了其他三篇文章,这更是个错误。之后侯康又引用了马融在《广成颂》中所言以及后世的注释,以此来说明马融跟郑玄在解释字意时有着一定的差异。但卢植是什么意见?文中却没有讲述。

按照《隋书·经籍志》上所载:"《礼记》十卷,汉北中郎将卢植撰。"而《旧唐书·经籍志》《新唐书·艺文志》则称该书为二十卷。但无论十卷本、二十卷本,该书都失传了,今日所见卢植所著《礼记》一书,大多是后人的辑本。对于这些辑本,王锷在《〈礼记〉成书考》中列明如下:

> 王谟辑有其《小戴礼记注》一卷,收入《汉魏遗书钞·经翼》第二册。臧庸辑有其《卢氏礼记解诂》一卷,前有乾隆五十四年(1789年)卢文弨序,后有《补遗》二则及《附录》七则。臧庸辑本收入《拜经堂丛书》和《鄦斋丛书》。马国翰辑有其《礼记卢氏注》一卷,收入《玉函山房辑佚书·经编礼记类》。黄奭辑有其《礼记解诂》一卷,是本以臧本、马本互校,所辑悉与臧本同而与马本异,收入《黄氏逸书考·汉学堂经解》。

前面提到,卢植作有《三礼解诂》,但侯康认为卢植不可能写过这样一部书,他在《补后汉书艺文志》卷一中说:

> 《唐书·儒学传》元澹《释疑》曰:"《小戴礼》行于汉末,卢植合二十九篇而为之解,世所不传。"《经义杂记》云:"卢

氏校定《礼记》,今日虽亡,汉唐人偶有称述,尚可得其略。"……康案,《本传》称植作《三礼解诂》,非也。植未尝兼注《三礼》,今从《三国志·卢毓传》注引《续汉书》。王谟、臧庸堂俱有辑本。

然而卢植对《礼记》的研究却没有疑问。虽然他的著作失传了,但他的部分观点却被他书所引用,故而其研究成果零星地得以保存。对于他的研究体例,王锷在《〈礼记〉成书考》中总结为四点。一是解释字义,二是阐释礼义。比如《王制》"丧从死者,祭从生者",卢植对这句话的注释则为:

> 从生者,谓除服之后,吉祭之时,以子孙官禄祭其父祖,故云"从生者"。若丧中之祭,虞、祔、练、祥,仍从死者之爵。故《小记》云:"士祔于大夫,则易牲。"又云:"其妻为大夫而卒,而后其夫不为大夫,而祔于其妻,则不易牲。"又《杂记》云:"上大夫之虞也,少牢;卒哭、成事、祔,皆太牢。下大夫之虞也,特牲;卒哭、成事、祔,皆少牢。"是丧中之祭,仍从死者之礼。

卢植注解《礼记》的第三点则是记作者和时代,第四点则为讲解礼制。比如《仲尼燕居》"吾语汝,礼犹有九焉,大飨有四焉",孔子为子张、子贡、子由讲礼,孔子先告诉他们礼的重要性,而又说礼有九方面的内容。但这九方面的具体是什么呢?孔子没说,于是卢植解释道:

> 大飨有九者:揖让而入门,一也;入门而悬兴,二也;揖让而升堂,三也;升堂而乐阕,四也;下管《象》《武》,五也;《夏》

篇序兴，六也；陈其荐俎，七也；序其礼乐，八也；备其百官，九也。

其实，卢植不仅注释过《礼记》，对《仪礼》也有研究，金德建所撰《金德建古文字学论文集》有一篇题目的文章即是"论东汉古文本《仪礼》出于卢植"，题目就代表了观点。

关于卢植为什么要校正《仪礼》，金德建在其文中首先说："郑玄注解《仪礼》，经文就混合兼采，今古并见，难以一律。因此东汉末年发生了卢植起来想校正文字，产生古文本的《仪礼》。"

接下来，金德建在文中引用了《后汉书·卢植传》中关于卢植的自言家中没钱雇抄写之人那段话，而后金德建在其文中列出了三方面的"可以注意"之处：

（一）卢植讲的指文字上的问题。立熹平《石经》在于"正定文字"。《后汉书·儒林传》说："正定五经刊于石碑。"《蔡邕传》也说："正定五经文字。"现在卢植的"考《礼记》失得"，目的也在于要"刊正碑文"。（二）熹平《石经》采用今文本，熹平《石经》建立后，卢植再要"刊正"《石经》"碑文"，可以知道卢植必定是用古文来刊正石碑上的今文。（三）卢植说"从马融古学，颇知今之《礼》，特多回冗。"注："回冗，犹纡曲也。"李贤注，意义未显。《后汉书·仲长统传论》说："回沉于曩时。"注："回沉，不齐一也。"卢植所说"回冗"，应当解释作不齐一为妥；不齐一就是文字不能一律纯粹。卢植从古学上而知道不一律，这种"回冗"想就是指违反古学，中间夹杂今文了。因而可知卢植企图从事，应该就是运用古文来刊正《礼记》里的今文了。

而后金德建做出了如下的结论:"因此我们可以明了卢植说:'从马融受古学,颇知今之《礼》《记》,特多回冗。'又说:'考《礼》《记》失得,刊正碑文。'这一建议概括起来,就是想把传《礼》诸家所行用的,文字上并不整齐的今文本《仪礼》,校定成为文字上古文本的《仪礼》。"

但卢植的提议究竟有没有结果呢?该文中引用了清臧琳在《经义杂记》中所言:

《后汉书·卢植传》云:"时始立太学《石经》,以正五经文字。植乃上书……刊正碑文。"下云:"会南夷反叛,以植尝在九江,有恩信,拜为卢江太守。"下云:"复征拜议郎,与谏议大夫马日䃅、议郎蔡邕、杨彪、韩说等,并在东观校中书五经记传,补续《汉记》。帝以非急务,转为侍中,迁尚书。"据本传观之,知子幹刊正碑文之奏,未经允行,会南夷反叛,出为卢江太守,而斯事中止矣。盖《礼记》后儒所定,故不无秕谬处。卢氏欲本师说裁正之,诚有功圣典之举;乃为事所阻,千古恨事。

看来,好的建议不一定能得到当权者的认可,而卢植也就没能实现他的愿望。

卢植墓位于河北省保定地区涿州市清凉寺办事处卢家场村卢氏宗祠内。此程的寻访是以北京为起点,而后在河北中部地区兜了一个大圆圈。此为第一次自驾车探访,几天的行程走下来,能够深切地体会到自驾车的利与弊。

因为正赶上假日,高速公路上的车比往常密集了许多,好在我对这一带的路径较为熟悉,东拐西绕之后,还是能够一一到达目的地。

沿京石高速北上,从涿州市出口下道,进入涿州市,在卢家场村卢穗大街的墙上即看到了"卢氏源流"的介绍文字。看来,卢植直到今日仍然受到当地人的关注。

从村中穿过,来到村北的空地上,找到了卢氏祠堂所在。祠堂占

◉ 在墙上看到了"卢氏源流"

地面积有十几亩地,从外观看有点像一个寺院,然祠堂的大门紧锁,我向旁边剥玉米皮的妇女打听,如何能进入祠堂。她告诉我,卢凤仙拿着钥匙。我请她帮助我找到这个卢凤仙,她说自己没有卢的电话,又告诉我说祠堂墙上写着的电话就是卢凤仙的。我跑到门房的墙前,果真看到有人用粉笔在红墙上写着来人打"1359×××××75"的字样,可惜其中的几个数字不知被何人有意地蹭掉了。

◉ 找到了祠堂

⊙ 门前广场

我把这种情况转告给了剥玉米的妇女，她说自己确实不知道卢的电话。无奈，我只好沿着祠堂的围墙四处转悠，试图爬上墙拍摄里面的情形，但围墙太高，几次攀跃都未成功。

我的举措被那几位剥玉米的妇女看在了眼里，也许我的执著让这个妇女受了小感动，她说："你别费力气了，我帮你找。"于是其中一位掏出手机给村里人打电话，我听到她在问谁知道卢凤仙的电话。两个电话后，她告诉我，已经通过其他的人转告了卢凤仙，一会儿就到。

我向这位妇女真诚地表达了自己的谢意，而后就耐心地等在门口。不一会儿，见到一位骑自行车的大爷径直走到门口，掏钥匙就打开了祠堂的大门。以我的理解，卢凤仙想当然是一位女士，我不确定眼前来的这位大爷是不是赶巧也来到了这里。我问剥玉米的妇女："不是卢凤仙拿钥匙来吗？"妇女笑着告诉我："他就是卢凤仙。"

既然如此，我立即跑上前去跟那位大爷说：就是我通过村民请他来开门的。大爷听后很客气地跟我说了句"请进"。

祠堂院内面积不小,呈现一种窄而长的格局。进入院内,则是笔直向前的甬道,前行三四十米,甬道的尽头即是卢植墓,墓前十米的地方有石刻的牌坊,横写四个大字——"千古人龙",牌坊两边的立柱上刻着"名著海内学为儒宗,士之楷模国之桢干"。墓庐面积占地约二百平方米,高六米上下,墓碑高一米多,用小篆刻着"卢植墓",然而此墓碑顶端颇为奇特,因为其顶端是红色的,这可能有什么特殊的寓意在。

拍照过程中,卢凤仙招呼我进入祠堂。祠堂在墓园的入口处,牌匾写着"范阳堂",里面的陈列方式跟传统的祠堂不同,中间没有摆放卢植像,墙壁上挂着"范阳卢氏远族世系"的介绍牌,介绍牌是用贴膜所制,看上去已皱皱巴巴,然而卢凤仙仍然耐心地跟我讲解着这个世系中的重要人物。

我看到其中有六祖慧能,他竟然是卢氏第四十七世祖,因为慧

⊙ 范阳堂

⊙ "千古人龙"

能的父亲卢行瑫曾在涿州为官，后遭贬迁居岭南，遂落户广东新州。慧能竟然跟卢植有关系，我听着很是新鲜，因为此前我未做过这样的联想。卢凤仙又告诉我以前韩国总统卢泰愚也是卢家的后人，并且指给我看卢泰愚在世系牌中的位置，介绍牌上说：

> 据韩国《卢氏三陵坛志》记载，韩国卢氏是唐吏部侍郎卢从愿、后唐宰相卢文纪之后。卢鸿表任徐州刺史，其子卢震顺任兖州刺史，震顺子卢穗（原名惠）翰林学士、官上护军（比正三品），卢穗子卢垓为翰林学士。唐末，"国无善政，祸机潜发"。于是，卢穗由范阳率其九子及家眷，偕7名大学士，"翻然航海而东"。当时，正值新罗国第五十二代王孝恭王即位。国王在东京（今庆州）以国宾礼遇卢穗。卢穗及其九子"尽忠王室，自有攘斥之功"，为击退百济与渤海国的进攻做出贡献，"分封九邑"，卢氏遂分布于光州、交河、安康、平壤等地。

◉ 祠堂内景

据统计，卢氏在朝鲜半岛繁衍发展总人数 30 多万人（其中在韩国有 20 多万人，在各姓氏排名中居第 46 位）。

这些记载真令人惊叹。后来我读到了郑新芳的《卢植与范阳卢氏》一文，该文中称：

范阳卢氏望族，自卢植之后，诗礼传家，德才并重，有功于国，世代簪缨。汉魏以来，范阳卢氏无论播迁海内外何处的，都将宗祠奉为"范阳堂"，自认范阳卢氏的后裔。范阳卢氏俊彦，灿若星河，代代英才辈出。从魏晋到唐代，正史记载的卢姓名人就达八百余位。其中，有宰相、尚书、刺史、太守、郡守等百余人。魏晋南北朝至南宋期间，计有卢氏宰相 23 人。其中卢氏"八相佐唐"更被传为历史佳话。

卢植：文武兼备，尤重《礼记》　　431

◉ 卢凤仙先生

其实，卢植的后人中也有很多的大才子，郑新芳在其文中又写道："卢氏诗人著名的有'初唐四杰'之一卢照邻（卢植十五世孙）、'大历十才子'之一卢纶（卢植十九世孙），以及卢殷、卢仝、卢真、卢藏用、卢贞等等。"

我看着这些展板，赞叹着卢植的伟大，突然想到给我开门的卢凤仙老人也姓卢，于是我问他是否为卢植的后人，他只是冲我一笑，似乎在回答我："这还用说吗？"而后卢凤仙告诉我，明天有很多卢氏后人来此祭拜卢植，并且有很多外地来的领导，希望我能来参加。我告诉他，自己要继续走下程寻访之路，实在赶不上这次盛会了，但仍然谢谢他对我的盛情邀请。

何晏：集解《论语》，首开玄风

何晏是魏晋玄学的创始人，与王弼齐名，后世并称为"王何"。他对经学有着很大的贡献，这方面的成就主要是他与人共同编纂了一部《论语集解》，这部书成为后世研究《论语》的最早文本，故而蒋伯潜在《十三经概论》中给出了这样的评价："至于《论语》注本，以何晏《论语集解》为最古，朱子《论语集注》为最精，刘宝楠《论语正义》为最博。"

关于《论语集解》一书的特色所在，郑杰文、傅永军主编的《经学十二讲》中有郑杰文的《论语概述》一篇，其在该篇中称："三国人何晏（190—249）及孙邕、郑冲、曹羲、荀顗等人，曾收集郑玄注说，及孔安国、包咸、周氏、马融、陈群、王肃、周生烈等家解说，突破家法、师法在章句训诂上的歧异，集《论语》诸家训注之善，作成《论语集解》，成为《论语》流传至今的最早的完整注本。"

何晏的身份比较特殊，他既是曹操的养子，又是曹家的驸马。他本是东汉大将何进的孙子，父亲何咸早亡，母亲尹氏成了曹操的妾室。据考证这一年何晏七岁，《三国志·魏书·曹爽传》注引《魏略》称："太祖为司空时，纳晏母并收养晏，其时秦宜禄儿阿苏亦随母在公家，并见宠如公子。苏即朗也。苏性谨慎，而晏无所顾惮，服饰拟于太子，故文帝特憎之，每不呼其姓字，尝谓之为'假子'。"

按照惯常的思维方式，何晏以这种身份进入曹家，肯定过得忍辱偷生，然而情况并非如此，何晏穿着举止无所顾忌，穿戴也都很高级，以至于让曹丕十分的不满。何晏为什么能如此的嚣张呢？因为曹操特别喜欢他的聪明伶俐，《太平御览》卷三百八十五引《何晏别传》称："晏小时养魏宫，七八岁便慧心大悟。众无愚智，莫不贵异之。魏武帝读兵书，有所未解，试以问晏。晏分散所疑，无不冰释。"

这么小的年纪就能跟继父曹操在一起探讨兵书，如此说来太过神奇。何晏的这种神奇让曹操大为喜爱，于是准备给他升格，也就是由养子变成自己真正的儿子。《世说新语·夙惠》称："何晏七岁，明惠若神，魏武奇爱之。因晏在宫内，欲以为子。晏乃画地令方，自处其中。人问其故，答曰：'何氏之庐也。'魏武知之，即遣还。"

没想到的是，小小的何晏却不吃这一套，他的行为让曹操听到后，也认为无法强为，只好听之任之。不知道何晏为什么在这么小的年纪就有着如此的见识，他能明白姓氏上的区别，不容混淆。《太平御览》卷三百九十三引《何晏别传》中所言如下："晏小时，武帝雅奇之，欲以为子。每挟将游观，命与诸子长幼相次。晏微觉，于是坐则专席，止则独立。或问其故，答曰：'礼，异族不相贯坐位。'"

当年曹操为了能把何晏收为真正的儿子也动了脑筋，每当他带着孩子们出游时，都将儿子们按照年纪大小排次序，并把何晏也排在其中，当时曹植只比何晏大一岁，可能何晏排在曹植之后，何晏不久就察觉到了曹操的意图，他不领此情，离开曹子的座次，坐到了一旁。虽然如此，长大后的何晏却对曹家忠心耿耿。曹操去世后，何晏受到了排挤，《三国志·魏书·曹爽传》中称："晏尚主，又好色，故黄初时无所事任。及明帝立，颇为冗官。"这段记载有意思，其称何晏好色，所以先后继位的曹丕、曹叡等，都不重用何晏。

因为好色而不被重用，这样的因果关系在那个社会听来颇为奇怪，然从相应记载来看，何晏的确有此偏好，比如《世说新语·容止篇》中称："何平叔美姿仪，面至白，魏明帝疑其傅粉。正夏月，与热汤饼。既啖，大汗出，以朱衣自拭，色转皎然。"何晏长得一表人才，其特别之处是他的肤色特别的白嫩，这样的肤色以至于让魏明帝曹叡怀疑他是涂抹了厚厚的脂粉。曹叡为了试试他肤色的真假，于是让何晏吃热汤饼，不知道这汤中是否放了胡椒，总之何晏吃完后大汗淋漓，他在擦汗的时候，曹叡就观察他的脸，到底是真白还是抹的粉。

做为皇帝的曹叡竟然有这样无聊的作为，难怪魏国很快地衰落了下来。但是，何晏的风姿也并非全部是天然，他也同样会保养。《世说新语·言语篇》中称："何平叔云：'服五石散，非唯治病，亦觉神明开朗。'"看来何晏永葆青春的秘诀是经常吃五石散。这五石散究竟有什么疗效呢？五石散又称寒食散，余嘉锡先生在《寒食散考》中说：

> 盖晏非有他病，正坐酒色过度耳。故晏所服之五石更生散，医家以治五劳七伤。劳伤之病，虽不尽关于酒色，而酒色可以致劳伤。观张仲景所举七伤中有"房室伤"，可以见矣。

余嘉锡认为，何晏服五石散并非有病，因为这种保健品是专治腰肌劳损。隋巢元方《诸病源候论》卷六《寒食散发候》引皇甫谧《寒食散论》中所言"寒食药者……近世尚书何晏，耽声好色，始服此药。心加开朗，体力转强。京师翕然，传以相授，历岁之困，皆不终朝而愈。"

如此说来，这寒石散有如今日之伟哥，这也间接地说明了，何晏的确好色。因为他有才气，再加上长得一表人才，所以他在曹家一直受到压制。可能是曹家人渐渐发现，除了这些小节之外，其实何晏对曹家忠心耿耿，故后来何晏越来越受到重用。《三国志·魏书·曹爽传》中称"（晏）至正始初，曲合于曹爽，亦以才能，故爽用为散骑侍郎，迁侍中尚书。晏前以尚主，得赐爵为列侯，又其母在内，晏性自喜，动静粉白不去手，行步顾影。晏为尚书，主选举，其宿与之有旧者，多被拔擢。"

这段话说，何晏一直在巴结曹爽，所以他得以一路受到提拔，再加上他的母亲是曹操的妾，所以他也算是皇亲国戚，为此何晏骄奢淫逸。而后他坐到了尚书的高位，何晏用自己手中的权力专门提拔他以往的朋友。

从这些记录可以看出，这位何晏人品很有问题，但读者不知是否留意到了，凡是对何晏的行为进行负面描写者，大多出自《三国志》这部书，而其他典籍中的记载却与这些描述有着相反的色彩。比如《晋书·傅玄传》中称："正始中，任何晏以选举，内外之众职各得其才，粲然之美于斯可观。"

在何晏负责选拔用人的阶段，他重用了不少的人才，以何晏的聪明，当然明白应当重用哪些人，虽然那时的魏国已经是内忧外患，但何晏却努力地支撑局面。《世说新语·规箴篇》注引《名士传》：

> 是时曹爽辅政，识者虑有危机。晏有重名，与魏姻戚，内虽怀忧，而无复退也。著五言诗以言志曰："鸿鹄比翼游，群飞戏太清。常畏大网罗，忧祸一旦并。岂若集五湖，从流啳浮萍。永宁旷中怀，何为怵惕惊？"

那时的何晏已经意识到了曹家政权危如累卵，但他跟曹家有亲戚关系，所以无法像其他的魏晋名士那样做个洒脱的隐士，他只好把自己的心态写入诗中。

何晏既然如此有政治才能，那为什么《三国志》把他描写得如此负面呢？王夫之在《读通鉴论》卷十中称：

> 当是时，同姓猜疏而无权，一二直谅之臣如高堂隆、辛毗者，又皆丧亡，曹氏一线之存亡，仅一何晏，而犹责之已甚，抑将责刘越石之不早附刘渊，文宋瑞之不亟降蒙古乎？呜呼！惜名节者谓之浮华，怀远虑者谓之铦巧。

王夫之的这段话说得极有分量，他认为真正辅佐曹氏的重臣，当时朝中仅有何晏一位。既然何晏有着如此的重要地位，那为什么《三国志》一书把他描绘得那样猥琐呢？王夫之在该文中给出了这样的答案："《三国志》成于晋代，固司马氏之书也。后人因之掩抑孤忠，而以持禄容身、望风依附之逆党为良图。公论没，人心蛊矣。"

原来这涉及了《三国志》作者陈寿的立场，因为该书是晋代陈寿所写，而晋代的统治者乃是司马家族，司马家族正是通过篡权的方式，夺取了曹家的天下。所以《三国志》一书在描写曹家时，必须要站在敌对的立场，而何晏忠心于曹家，那么该书对他的描绘当然不会有好话。

对于这一点，清代史学大家钱大昕也看得十分明白，他在《何晏论》中首先称：

> 昔范宁之论王辅嗣、何平叔也，以为二人之罪深于桀、纣，《晋书》既载其文，又以"崇儒抑俗"称之。乌呼，宁之论过矣！史家称之，抑又过矣！

在这里钱大昕首先替何晏与王弼打抱不平，认为范宁把他二人写得太坏了，虽然钱大昕也承认清谈误国，但那是社会风气使然，不能算是王、何二人的错，"方典午之世，士大夫以清谈为经济，以放达为盛德，竞事虚浮，不修方幅，在家则丧纪废，在朝则公务废，而宁为此强以箴贬当世，其意非不甚善，然以是咎嵇、阮可，以是罪王、何不可。"更何况，何晏所上奏章也同样强调以儒法治国。钱大昕在文中引用了何晏奏折上的一段话："善为国者，必先治其身，治其身者，慎其所习，所习正则其身正。是故人君所以游，必择正人，所观览，必察正象，放郑声而不听，远佞人而弗近。可自今以后，御幸式乾殿及游豫后园，皆大臣侍从，因从容戏宴，兼省文书，询谋政事，讲论经义，为万世法。"

对于何晏在奏章上所言，钱大昕给予了如下的高评价：

予尝读其疏，以为有大儒之风，使魏王能用斯言，可以长守位而无迁废之祸，此岂徒尚清谈者能知之而能言之者乎！若夫劝曹爽黜司马懿，此平叔之忠于公室也。爽固庸才，不足与断大事，不幸为懿所害，魏之国是去矣。辅嗣位虽未显，而见知于平叔尤深，当亦非仅以浮誉重者。宁奈何不考其本末，而辄以"膏梁傲诞，利口覆邦"诋二人者哉！

可惜的是，曹爽昏庸无能，在对待司马懿的问题上，他没有听何晏的劝告，否则的话司马懿家族就不可能取代曹家而建立晋朝。何晏这样的人，却受到了不公正的评价，这让钱大昕大感不满："自古以经训颛门者列于儒林，若辅嗣之《易》，平叔之《论语》，当时重之，更数千载不废，方之汉儒即或有间，魏晋说经之家，未能或之先也。宁既志崇儒雅，固宜尸而祝之，顾诬以罪深桀、纣，吾见其蔑儒，未见其崇儒也。"

钱大昕在《何晏论》中，也同样指出了《三国志》等书对何晏的记载不是史实:"陈寿之徒,徒以平叔与司马宣王有隙,而辅嗣说《易》与王肃父子异;晋武,肃之外孙也,故传记于二人不无诬辞。"钱大昕明确地称,陈寿等人就是想到了何晏跟司马家族有矛盾,所以提到何晏时就没有了好话。关于这一点,鲁迅先生也看得很明白,他在《而已集·魏晋风度及其文章与药及酒之关系》一文中称:"何晏的名声很大,位置也很高,他喜欢研究《老子》和《易经》。至于他是怎样的一个人呢?那真相现在可很难知道,很难调查。因为他是曹氏一派的人,司马氏很讨厌他,所以他们的记载对何晏不满。因此产生许多传说,有人说何晏脸上是搽粉的,又有人说他本来生得白,不是搽粉的,但究竟何晏搽粉不搽粉呢?我也不知道。"

鲁迅先生以很幽默的口吻说出了自己的态度,其实他想表达的是,何晏的脸上擦不擦粉是他个人的喜好,这个并不重要,重要的是要看这个人究竟对历史有着怎样的贡献,更何况这些传说是真是假都难以辨识,因为司马家族恨何晏忠于曹氏。说不定这些无聊的细节,都是巴结司马家族的人伪造出来的呢。

然而在那个阶段,社会流行玄学清谈之风,因此后世有人把何晏称为"一代谈宗"。对此,王晓毅在《何晏评传》中引用了多条古人所言,而后得出的结论是:"在当时的魏晋士人心中,清谈之风产生于正始时期,何晏是首倡者,是没有疑义的。"

何晏为什么有这样的喜好呢?除了社会风气使然,更多者也是他已经看清楚,就政局而言势不可违,而他也无法逃离那样的现实,所以只好以清谈来抒发自己对世事的看法。可惜即便如此,以他的身份,根本无法真正逃离政治旋涡。

魏正始十年,曹爽等人陪皇帝曹芳离开洛阳,前去祭扫魏明帝墓,此墓即高平陵。司马懿觉得机会来了,立即发动政变,派其长子司马师屯兵司马门,而司马懿本人和太尉蒋济率兵占领洛水浮桥,以此切断了洛阳跟高平陵之间的联络，而后司马懿迫使太后郭氏免除曹氏兄弟的职务。四天之后，司马懿以"阴谋反逆"之名，将曹爽、曹羲、曹训及何晏等人斩首，诛及三族。这就是著名的"正始之变"。

司马懿发动政变时，何晏可能正在首都洛阳，政变的当天，司马懿并未逮捕何晏，为了稳住何晏，他竟然命何晏参加处理曹爽的案件，《三国志·魏书·曹爽传》注引《魏氏春秋》中称："初，宣王使晏与治爽等狱。晏穷治党与，冀以获宥。宣王曰：'凡有八族。'晏疏丁、邓等七姓。宣王曰：'未也。'晏穷急，乃曰：'岂谓晏乎？'宣王曰：'是也。'乃收晏。"看来何晏并不知道司马懿也要杀他，所以他才有此问，但这段记载同样是出自《三国志》，估计真实性大可怀疑。以何晏的聪明他应当知道在这场政变中，自己绝对是在劫难逃。

何晏在位之时，在经学上做出的最大贡献就是编纂了《论语集解》一书。南宋叶适在《习学记言》中称："何晏《集解序》，语简而文古，数百年讲《论》之大意赖以有存。经晏说者皆异于诸家，盖后世诣理之学，以晏及王弼为祖，始破经生专门之陋矣。范宁以为'幽沉仁义，罪过桀纣'，若宁亦知其所知而已。"何晏等人编纂了《论语集解》，成为了后世研究《论语》最重要的版本，因为该集解中包含了前代对《论语》一书的不同观念。

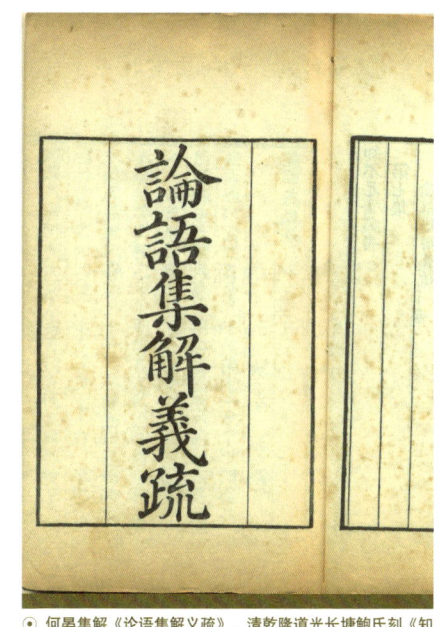

⦿ 何晏集解《论语集解义疏》，清乾隆道光长塘鲍氏刻《知不足斋丛书》本，书牌

对于这一点，何晏在该书的序言中有着简洁的表述，他在序中首先说：

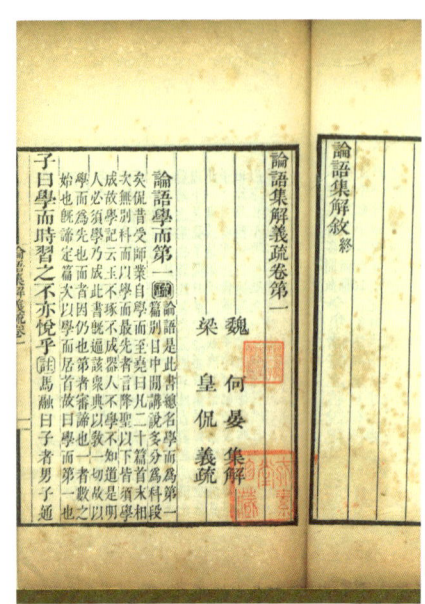
何晏集解《论语集解义疏》，清乾隆道光长塘鲍氏刻《知不足斋丛书》本，卷首

> 汉中垒校尉刘向言：《鲁论语》二十篇，皆孔子弟子记诸善言也。太子太傅夏侯胜、前将军萧望之、丞相韦贤及子玄成等传之。《齐论语》二十二篇，其二十篇中章句颇多于《鲁论》。琅邪王卿及胶东庸生、昌邑中尉王吉皆以教授。故有《鲁论》，有《齐论》。鲁共王时，尝欲以孔子宅为宫，坏，得古文《论语》。《齐论》有《问王》《知道》，多于《鲁论》二篇。《古论》亦无此二篇，分《尧曰》下章"子张问"以为一篇，有两《子张》，凡二十一篇，篇次不与齐、鲁《论》同。

在这里何晏讲述了《论语》分为：《鲁论》《齐论》《古论》三家之说。同时也讲到了这三论的传承，而关于这三论在后世的变化，何晏在序言中又写道：

> 安昌侯张禹本受《鲁论》，兼讲《齐》说，善者从之，号曰"张侯论"，为世所贵。包氏、周氏章句出焉。《古论》唯博士孔安国为之训解，而世不传。至顺帝时，南郡太守马融亦为之训说。汉末，大司农郑玄就《鲁论》篇章考之《齐》《古》，为之注。

近故司空陈群、太常王肃、博士周生烈皆为义说。

何晏在这里讲到了《论语》有八家之分,对于这八家不同的观念,何晏采取的办法是:全部将其汇在一起,而后编成《集解》一书:

> 前世传授师说,虽有异同,不为训解。中间为之训解,至于今多矣,所见不同,互为得失。今集诸家之善,记其姓名,有不安者,颇为改易,名曰《论语集解》。光禄大夫关内侯臣孙邕、光禄大夫臣郑冲、散骑常侍中领军安乡亭侯臣曹羲、侍中臣荀顗、尚书驸马都尉关内侯臣何晏等上。

虽然汇集了这么多家的说法,但何晏并不是只将这些说法简单地排列在一起,他感到有不正确的地方还做了修订,同时他也列出了参加编纂《论语集解》的几位官员学者的姓名。对于这几人的学术观念,2009年第10期的《求索》刊发的徐向群、闫春新《何晏〈论语集解〉研究》一文中称:"目前学术界已认定《论语集解》有五位编撰者:何晏、曹羲、郑冲、荀顗、孙邕。其中,孙邕、郑冲、荀顗为传统派儒家人物,不是正始玄学家。"

《论语集解》一书既然是编纂而成者,那书中有没有何晏本人的观点呢?日本学者月洞让在《关于〈论语郑氏注〉》中作出了如下的统计:根据正平版《论语》,《论语》注文共计1098条,除何晏注有136条、陈群注有3条、周生烈注有13条外,其余皆为汉注。

看来五位编纂者中只有何晏有着最多的研究成果,因此可以说何晏才是本书的真正编纂者,故而后世从他的这些条目中可以分析出何晏的经学观点,比如:

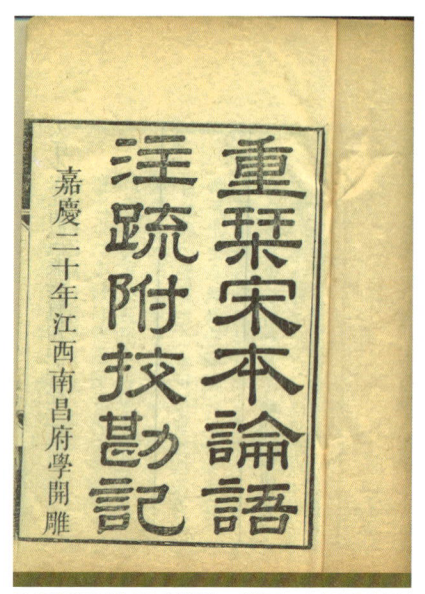 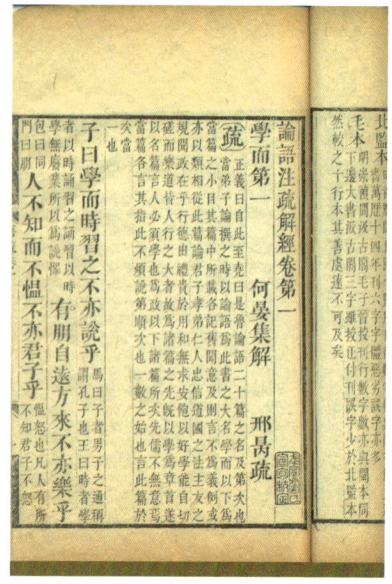

⊙ 何晏集解《论语注疏解经》，清嘉庆二十年南昌府学刻《重刊宋本十三经注疏》本，书牌

⊙ 何晏集解《论语注疏解经》，清嘉庆二十年南昌府学刻《重刊宋本十三经注疏》本，卷首

《论语·学而》："人不知而不愠，不亦君子乎？"

何晏注："愠，怒也。凡人有所不知，君子不怒。"

《论语·学而》：有子曰："其为人也孝弟而好犯上者，鲜矣！不好犯上，而好作乱者，未之有也。君子务本，本立而道生。孝弟也者，其为仁之本与！"

何晏注："鲜，少也。上，谓凡在己上者也。本，基也。基立而后可大成也。"

由此可以看出何晏注释之简洁，故闫春新在《〈论语集解〉何晏注初探》一文中评价说："何晏《论语》注多有字词训诂。但同时大都言简意赅、简洁明了，不似汉儒章句训诂那样烦琐，或逐章逐句作详尽解释，或注重名物训释。"

在何晏之前，今文经学家偏重义理的发挥，而古文经学家则侧重于字词的注释。何晏对此均不看重：

> 《论语·子罕》：唐棣之华，偏其反而。岂不尔思？室是远而。子曰："未之思也，夫何远之有？"
>
> 何晏注："夫思者，当思其反，反是不思，所以为远。能思其反，何远之有。言权可知，唯不知思耳，思之有次序，斯可知矣。"

对于这段话，闫春新的评价是：

> 何晏此注，表面看前半部分是在训解经文中的"思"，其实何晏是在阐释自己的主张；整篇注文表面似乎是在总结这章经文的微言大义，实际也是借助因果逻辑关系发挥"思其反"的玄学义理，申明何晏自己的思维方法和探求宇宙本原"道"的方法——用"思其反"来探索、权衡"道"的本身及其存在。

如前所言，何晏乃是玄学创始人，他会不会将自己的玄学观点融会进《论语》一书的解释呢？显然他的注释也确实有着这样的倾向，例如：

> 《论语·阳货》：吾其匏瓜也哉，焉能系而不食！
>
> 何晏注："匏，瓠也，言瓠瓜得系一处者，不食故也。吾自食物，当东西南北；不得如不食之物，系滞一处。"

对于何晏的这段注释，闫春新认为"简淑慧先生以为，何注此说偏离孔义而入老庄，这一注解与《庄子·逍遥游》的意旨相契合：'今子有五石之瓠，何不虑以为大樽而浮乎江湖，而忧其瓠落无所容？

则夫子犹有蓬之心也夫!'简先生的说法不无道理:何晏注文撇开圣人心系家园,欲用道于鲁国政治而不谈,却引进庄子自得于江湖间的逍遥意旨,确乎以《庄》注经。"以上说明了何晏以庄子之旨来解释《论语》,同样他也会用老子的观念来注释《论语》:

《论语·子罕》:子绝四:毋意,毋必,毋固,毋我。

何晏注:"以道为度,故不任意也。用之则行,舍之则藏,故无专必也。无可无不可,故无固行也。述古而不自作,处群萃而不自异,唯道是从,故不自有其身也。"

对于这段话,闫春新评价道:"何晏引用《老子》第二十一章'孔德之容,惟道是从',而全篇注文除了引用《论语》其他篇章的经文进行注解外,更是充满了老子和光同尘、阴柔韬光的道家气息。"

虽然何晏有着以玄学来解经学的倾向,但毕竟这不是《论语集解》一书的主体,由月洞让统计的数据可知,何晏本人的注释仅占全部注释的十分之一。为此宋钢在《何晏的〈论语〉学研究》一文中评价道:"从整体看,《集解》反映了编纂者何晏贵古贱近的鲜明意图。《集解》共收八家注,尽管从注家人数说,汉儒与魏世学者相等,但就条目而言,则汉儒之注的总和远远超过魏世

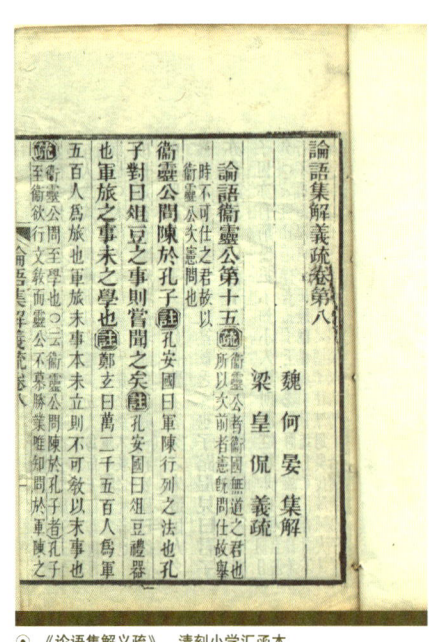

⊙ 《论语集解义疏》,清刻小学汇函本

学者，甚至随便一个汉儒的经注数量都绝对多于除何晏之外的全部魏世学者的总和。厚古之意义在于为后世保留了可贵的前代遗产，而薄今虽然湮灭了许多新成果，却也体现了一定的当代意识。"

也正因为如此，《论语集解》一书保留下来大量前人对《论语》的不同见解。那么何晏的见解是否比前人的注释更有价值呢？徐向群、闫春新在其文中举出了如下的例子：

《论语·阳货》：子曰：乡原，德之贼也！
　周生烈曰：所至之乡，辄原其人情，而为己意以待之，是贼乱德也。一曰：乡，向也，古字同。谓人不能刚毅，而见人辄原其趣向，容媚而合之，言此所以贼德也。

而后，徐、闫二先生评价道："据前人研究，'一曰'以下注文一般为何晏自注。显然，此处何晏自注明显优于周注，还是兼采了周生烈的注文，充分体现了其学术胸怀。后一句，则体现出《论语集解》的创新性特色，展示了正始时期推崇理性的精神。这主要表现在《论语集解》的主编何晏，以己之意义解《论语》，开始启动儒道深层融合的《论语》玄学化：何晏在博采汉魏《论语》注经的同时，又不拘守前人成说，据经文原意而下己之意。"

看来何晏的见解的确有其高明之处，其实更为难得者则是《论语集解》一书保留下大量失传的前人论述，江侠庵的《先秦经籍考》中引用了日本学者狩野直喜所言："然则欲探原始儒教之精神，不可不在何晏之前而据汉代学者之注解。而汉代郑玄之注释，虽存而早亡。最近在敦煌虽有郑氏注之发见，可惜只得其断片耳。无已，吾人比较属于古代之注解，仍不能不依何氏之注。"

《论语集解》一书出版后，天下风行，而郑玄很快就少有人问

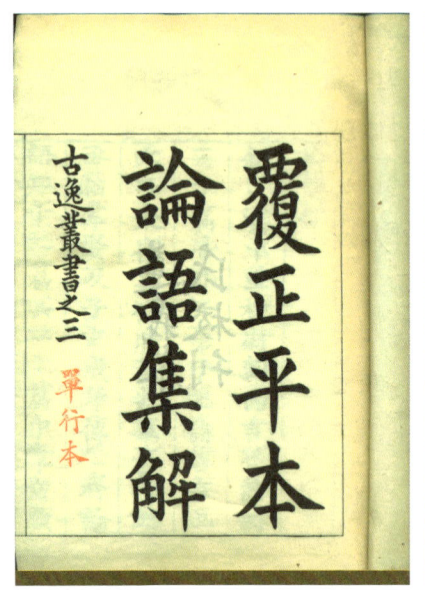 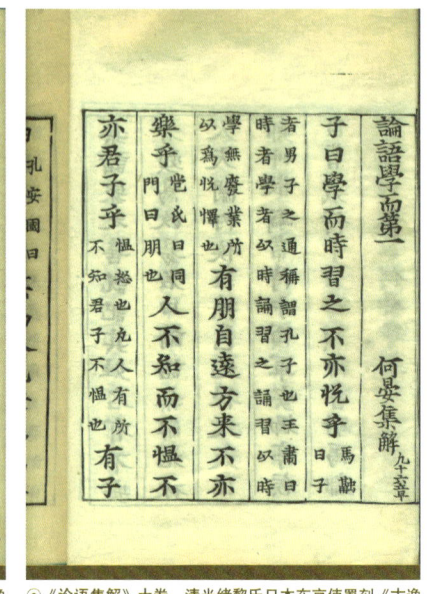

⊙《论语集解》十卷,清光绪黎氏日本东京使署刻《古逸丛书》本,书牌

⊙《论语集解》十卷,清光绪黎氏日本东京使署刻《古逸丛书》本,卷首

津了,《隋书·经籍志》中称:"古《论》先无师说,梁、陈之时,唯郑玄、何晏立于国学,而郑氏甚微。周、齐,郑学独立。至隋,何、郑并行,郑氏盛于人间。"而江藩在《汉学师承记》中也称:"魏何晏又为《集解》,梁、陈、郑、何并立于学官;唐,则专用何注,而郑注亡矣。"

但是,两汉所秉承的经学家法,正是因为何晏的融会贯通使之消亡,吴承仕在《经典释文序疏证》中称:"自何氏《集解》以迄梁、陈,说《论语》者,义有多家,辞旨华妙,不守故常,不独汉师家法荡无复存,亦与何氏所集者异趣矣。"

打破了两汉家法,就何晏而言是功是过,后世有着不同的看法,徐向群、闫春新则在《何晏〈论语集解〉研究》一文中给出了正面的评价:

何晏等所撰《论语集解》，彻底打破了两汉的家法、师法的学派壁垒，对各家注文兼容并包，一视同仁："今集诸家之善，记其姓名，有不安者，颇为改易"，从而最终结束了汉代经学的今、古文之争，开启了魏晋经学玄学化的学术之门。其站在魏晋时代的前沿，主张老子与圣人同，在汉唐间《论语》注释史上，首先开创了《论语》经解的新体例——集解；并开出了援道入儒、借义解《论语》来注出玄学新义的注经新路径，充分体现了何晏的学术创新精神和儒道兼综学风。

关于何晏墓的地点，按照文渊阁《四库全书》本《明一统志》卷十四载："何晏墓在庐江县北十一里。"光绪四年的《重修安徽通志》又载："晋何晏墓，《寰宇记》在庐江县北七十里，其基高大，景云二年有人发冢得砖铭知之。"嘉庆《大清一统志》卷一百二十三载："何晏墓。《寰宇记》何晏坟在庐江县北十七里。"道光刻本的《安徽金石略》载："何晏坟，在庐江县北十七里，其基高大，景云二年有人发坟得砖铭，知是何公之墓。"（《太平寰宇记》）

有关何晏墓的记载，我查到的原始资料有以上这些，然而这些说法，尤其在具体里程上，差异较大，以我的猜测，"十一里"乃是"十七里"之讹，而"七十里"又是"十七里"的互倒。如此说来，何晏墓距庐江县北十七里，大约是个正确的数据，然而古代的里数以及村落大小的变化，与今天有较大差异，若要寻找古人墓，能够找到当今的记载，则更为实际。而后从网上搜之，安徽文化网上转载了《巢湖晨报》刊发的一篇名为《庐江八景之一"绣溪春涨"文化寻踪》的文章，该文中称："塔山岭往北 3.5 千米处有三国时魏驸马都尉、散骑常侍、迁侍中尚书、玄学家何晏墓。"此处的记载虽然也较模糊,但比历史记录已经准确了许多,而我已无法查得更准确的信息,故只能按照这个模糊记载前往当地一探究竟。

本次的安徽之行,首先来到了合肥市,在这里找到了李鸿章墓,之后参观了金刚寺,离开金刚寺,在庐江县城中找数位年长者打问塔山何晏墓,都说不知道。虽然如此,我还是不想放弃,于是索性在街上挡住一辆出租车,请他载我到塔山以北 3.5 公里的地方。出租司机颇为警惕,因为我所说的地点有些模糊,他怀疑我前往此处究竟是何目的。我只好向他解释,自己是来寻访古人之墓,如果他不放心的话,请他把我送到塔山,而后我再想办法做进一步的寻访。

司机开了没多久,就停在了一个没有人的村庄旁边,说这里就是"距塔山以北 3.5 公里"的地方。我下车看了看,路边的村屋外墙上写着"罗岗村"三个字,心里顿时有些茫然,希望自己看错了,这里应该是"何岗村"才对。进入村庄,连续问了村中的几位年长者,他们都没有听说过何晏这个名字,然后关心地问我知不知道何晏的

◉ 停车问路

电话,向我建议:"给他打个电话不就行了。"有位老人看到我失望的样子,好心地安慰我说:"旁边还有个村子,叫何庄,里面全是姓何的,不如你到那边问问看。"我闻听此言,心中大喜,如果全村都姓何,那很有可能就是何晏的后代。于是马上回到出租车,请司机穿小路来到旁边名叫何庄的村子。

司机一边开车一边说,何庄到塔山的直线距离也是3.5公里,他的这句话让我的心中又多了一线希望。然而来村中,连续打问了好几个人,也没有人知道何晏。有人告诉我说,村里有位姓何的,在县五中教书,他的父亲也是教书的,两代都是读书人,他们或者可能知道何晏是谁。于是我请司机前往县五中,刚出村不久,看见有几位老人家在路边聊天,看其着装,不像是耕田者,因为他们居然穿的是西裤和衬衣,于是我又停车,向他们请教何晏墓的情况。其中一位长者非常自信,看我准备向他请问,还没等我开口,就拍着胸脯说:"有什么事问我,我不知道就没有人知道了。"但他一听

⊙ 进此村打问

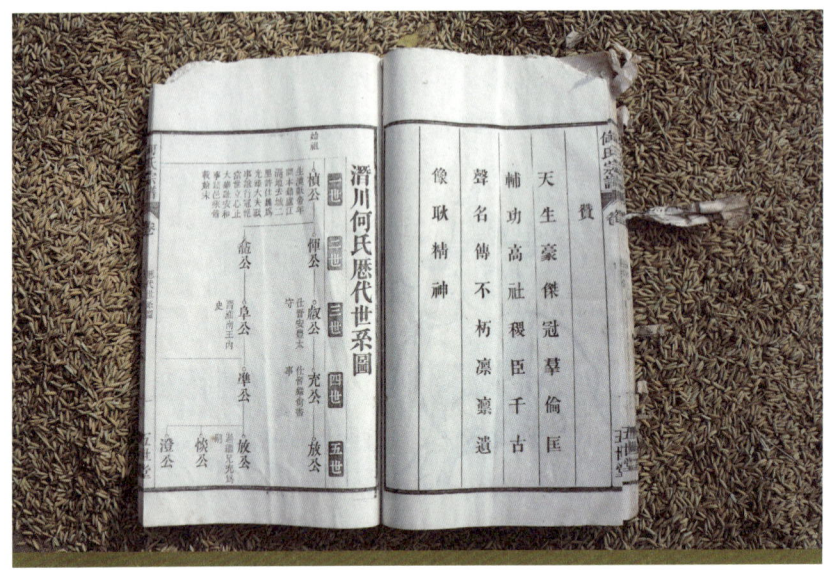

◉ 《何氏宗谱》

我说出何晏的名字，也露出茫然不知的表情，停顿了一下，他接着说："你们回去村里去，找一个叫何普友的人，他跟我一样，85岁了，他比我还有学问。他住在池塘右边。"

刚才在何庄里，村民们只是让我去五中找一位何老师，却没有告诉我何老师叫什么名字，我向他们请教时，他们也说不出来，只说何老师离开村子很久了。这位老人家能够明确地说出何普友这个名字，让我觉得又有了一丝希望。掉头回到何庄，在一片狗吠声中找到何普友的家，原来何普友就是刚才池塘左边的村人向我介绍的五中何老师的父亲。但是，何普友已经不在这里居住了，现在住在这里的大概是他的亲戚。主人听我大概介绍了一下自己以及自己来此的原因，想了一想，让我坐下稍等片刻，然后从里屋搬出一个木匣子，对我说："我也不知道你要找的是什么人，但是我这里有一部家谱，你看看里面有没有你要找的那个？"

木匣子里是几册厚厚的家谱。对一个陌生人能有如此的真诚，

何晏：集解《论语》，首开玄风

⊙ 门牌上写着"何庄6号"

瞬间令我感动不已，而后我接过这些家谱翻看，从中却未找到何晏之名。这时候，又有一位村民进来，给了我一个电话号码，说是在县上教书人的电话，然而电话打过去，对方十分的警惕，反复问我是什么人，我说明了来意后，对方开始道歉，说是老父亲年纪太大，都有些老年痴呆了，问也问不出什么，并且，他也从未听父亲说起过何晏这个名字。结果至此，我对何晏墓的寻访只好画上句号。回来后查资料，方知这部家谱所列的始祖何桢乃是西晋时的名士，但何桢跟何晏究竟有没有关系，以及有着怎样的关系，我却未曾查到。

王弼：义理解《易》，得意忘言

关于王弼在中国经学史上的地位，学界多有定论，比如杨鉴生在《王弼研究》一书中称："王弼是魏晋玄学创始人、《周易》义理学派开山鼻祖。"魏晋玄学对中国影响巨大，王弼竟然是该学的创始人，这句褒奖足够高大。而经学中的《易》学乃是其中最为重要的组成部分，王弼也同样开创了周易研究的义理派，可见他在这方面也有着独特的观念在。王晓毅在《王弼评传》称："在《易》学发展史上，王弼是一位公认的划时代重要人物，因为他扭转了汉代易学的象数思维定势，开创了魏晋义理易学的新纪元。"

王弼《易》学的独特性在哪里呢？李中华在《中国儒学史·魏晋南北朝卷》中说："王弼学以其《周易注》和《论语释疑》为代表，实现了由象数向义理的转变；开创了以老庄说易的先河。由此，作为六经之首的《周易》，率先进入了一个新的历史周期，从而使它在中国文化的演变进化中，具有了新的价值和意义。王弼亦由此成为名烁古今的经学大家。"

王弼以老子、庄子的观点来解《易》，这正是独特性所在。他的这个开创也得到了社会的广泛承认，所以李中华把他的学术贡献总结为："尤其他开创了一代玄风，成为魏晋玄学的创始者；同时他又是一位具有划时代贡献的经学家，其《周易注》，东晋至唐以后，被列为学官，孔颖达称其为'独冠古今'之作。"

从历史著录来看，王弼一生写过多部经学著作，李中华从各种书录中将其辑佚了出来，我将其抄录如下：

《周易注》十卷　　　　　　（《经典释文叙录》《隋志》等）
《周易略例》一卷　　　　　（《释文叙录》《隋志》）
《论语释疑》三卷　　　　　（《释文叙录》《隋志》）
《周易大演论》一卷　　　　（《旧唐志》《新唐志》作《大衍论》）
《老子道德经注》二卷　　　（《释文叙录》《隋志》等）
《玄言新记道德》二卷　　　（《旧唐志》《新唐志》作《新记玄言道德》）
《老子指略》二卷　　　　　（《释文叙录》《隋志》）
《道略论》　　　　　　　　（《三国志·钟会传》注引何劭《王弼传》）
《老子杂论》一卷　　　　　（《隋志》注引）
《周易穷微》一卷　　　　　（陈振孙《直斋书录解题》）
《易传纂图》三卷　　　　　（焦竑《国史经籍志》）
《易辨》一卷　　　　　　　（《宋志》《中兴馆图书志》）
《王弼集》五卷　　　　　　（《隋志》）

他竟然写了这么多经学著作，而括弧内的文字则是相应著录的出处，虽然李中华也说这么多著录不一定十分可靠，但大致上还是能够看出王弼的整体研究成果。为什么要将这些书名罗列于此呢？这是因为其著作的数量跟作者的年龄有着很大的反差，因为这些书的作者王弼一生仅活了24岁。一个24岁的年轻人，能够成为魏晋玄学的开创人，同时还是《周易》义理派的开山鼻祖，如此巨大的

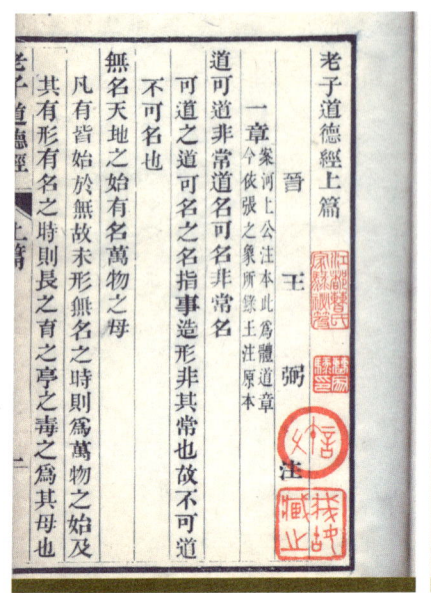
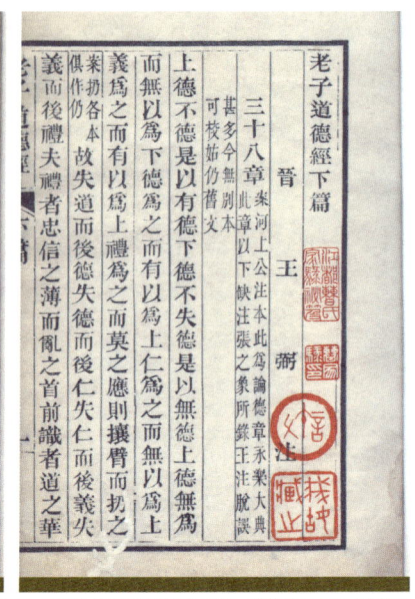

◉ 王弼注《老子道德经》二卷，清乾隆四十年《武英殿聚珍版丛书》本，上篇　　◉ 王弼注《老子道德经》二卷，清乾隆四十年《武英殿聚珍版丛书》本，下篇

成就实在跟他的年龄无法贴合起来，但这也足可以说明王弼的的确确是个天才。

王弼乃是名人之后，要想讲清楚他的出身，需要从建安七子之一的王粲讲起。汉初平元年，董卓胁迫汉献帝西迁，王粲也被迫跟着迁都的人群来到了长安。两年之后，长安发生内乱，王粲就跟着他的族兄王凯一同投奔了荆州的刘表。王粲为什么要去投奔刘表呢？这是因为刘表的老师是王畅，而王畅是王粲的祖父。

看来刘表也是位念旧的人，王粲和王凯来到荆州后，刘表对他们颇为看重，为了巩固关系，刘表打算把自己的女儿嫁给王粲，可惜王粲长得太过丑陋，并且还有着诗人气质，比较不拘小节，这样的行为让颇重礼节的刘表感到不满意。于是就改变了主意，把女儿嫁给了王凯，后来生了个儿子取名叫王业。

建安十三年，曹操平定了荆州，当时居住在荆州的王凯、王粲等人跟随曹操回到了北方，而王粲也受到了曹操和曹丕的重视，这么重要的关系使得山阳王氏家族在朝中颇有影响力。但后来却发生了意外，《三国志·钟会传》注引《博物记》：

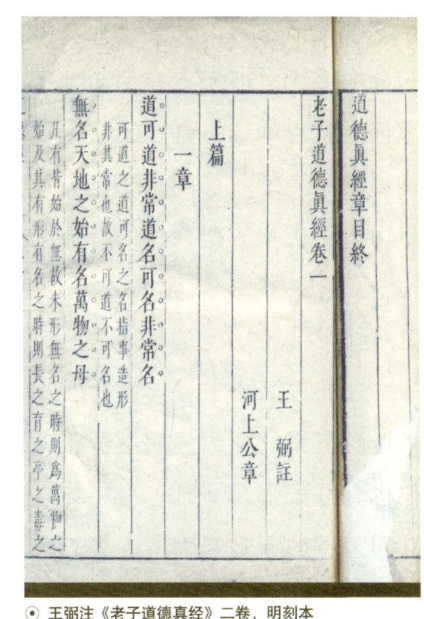
王弼注《老子道德真经》二卷，明刻本

> 初，王粲与族兄凯俱避地荆州，刘表欲以女妻粲，而嫌其形陋而用率，以凯有风貌，乃以妻凯。凯生业，业即刘表外孙也。蔡邕有书近万卷，末年载数车与粲，

粲亡后，相国掾魏讽谋反，粲子与焉，既被诛，邕所与书悉入业。业字长绪，位至谒者仆射。子宏字正宗，司隶校尉。宏，弼之兄也。

这段话信息量较大，一是讲到了刘表重视王凯而轻视王粲，二者讲到了蔡文姬的父亲蔡邕。蔡邕是那个时代著名的书法大家，同时有着藏书之好，在汉末能够藏书近万卷，这个数字十分巨大。但是蔡邕却把自己的藏书送给了王粲。王粲去世后，魏讽谋反，王粲的两个儿子也参与其中，建安二十四年，曹丕平定了魏讽发动的暴乱，而王粲的两个儿子也一并被杀。当时曹操身在汉中，他听说自己的儿子杀了王粲的儿子，这让他颇为惋惜，说了句："孤若在，不使仲宣无后。"

仲宣就是王粲的字，曹操的这句话足以表明他是如何看重王粲。曹丕听到了父亲的这句叹惋后，可能也觉得自己的行为有些过分，

于是他就命王凯的儿子王业过继到王粲家为养子，以此来延续王粲一脉的香火。而王业有两个儿子，长子名王宏，次子就是王弼。这里面有意思的地方是，王宏字正宗，王弼字辅嗣，这两个字都说明是要继承王粲一脉的意思。为什么如此的看重王粲呢？原因不外乎是山阳王氏家族跟曹操的特殊关系，更为重要的一条乃是曹操爱好文学之士，而王粲被称之为"（建安）七子之冠冕"（《文心雕龙·才略》）。

对于王粲的才能，蔡邕十分欣赏，这也正是他愿意把自己的藏书送给王粲的原因。蔡邕曾跟人说："此王公孙也，有异才，吾不如也。吾家书籍文章，尽当与之。"（《三国志·魏书·王粲传》）这样大度的藏书家确实少有，后来蔡邕被杀，他的藏书也就全部归了王粲。而王粲的儿子又被曹丕杀掉，所以他的书就归了继子王业，正是这个原因使得年幼的王弼在家中读到了大量的著作，再加上他天资聪颖，这些主观与客观条件的完美结合，缔造出了王弼这位天才。

当然天才的出现也跟周围的环境有着较大的关联度。刘表虽然是割据一方的军阀，但同时也是位著名的文人，在刘表的带动下，荆州一地形成了很好的学术风气，这个派别被后世称为"荆州学派"。而该派的《易》学思想当然也会影响到王弼，比如焦循在《周易补疏叙》中说："东汉末，以易学名家者，称荀、刘、马、郑。荀谓慈明爽，刘谓景升表。表之学受于王畅，畅为粲之祖父，与表皆山阳高平人。粲族兄凯为刘表女婿，凯生业，业生二子，长宏次弼，粲二子既诛，使业为粲嗣；然则王弼者，刘表之曾外孙，而王粲之嗣孙，即畅之嗣元孙也。弼之学，盖渊源于刘表，而实根本于畅。"看来，刘表也是汉末著名的《易》学名家，而王弼的《易》学渊源也是本自刘表。

汤用彤先生则认为王弼的《易》学思想跟荆州学派有着密切关系，汤先生在《王弼之周易论与新义》中说："新义之生，源于汉代经学之早生歧异。远有今古学之争，而近则有荆州章句之后定。王弼之学与荆州盖有密切之关系。"而对于王弼的《易》学思想，王晓毅在《王弼评传》中也称："王弼《易》学像一个蓄水池，它融合了两汉各家易学流派，其中《易传》→费氏古文《易》→荆州《易》学，是主要干流。在这个蓄水池中，沉淀了牵强附会的象数泥沙，保留了义理的净水。"

正是因为这些得天独厚的条件，成就了王弼在学术史上的地位。何劭在《王弼传》中称："弼幼而察惠，年十余，好老氏，通辨能言。父业，为尚书郎。时裴徽为吏部郎，弼未弱冠，往造焉。徽一见而异之，问弼曰：'夫无者，诚万物之所资也，然圣人莫肯致言，而老子申之无已者何？'弼曰：'圣人体无，无又不可以训，故不说也；老子是有者也，故恒言无所不足。'寻亦为傅嘏所知。"

看来王弼在十几岁的时候就已经有了自己的学术见解，他对《老子》很有研究，在十几岁的年龄就能跟成人探讨学术。《世说新语·文学第四》中也有他与人讨论《老子》观念的记录："王辅嗣弱冠诣裴徽，徽问曰：'夫无者，诚万物之所资，圣人莫肯致言，而老子申之无已，何邪？'弼曰：'圣人体无，无又不可以训，故言必及有。老、庄未免于有，恒训其所不足。'"

这个时期著名的学问家何晏在做吏部尚书，而十几岁的王弼第一次见到何晏时就令对方折服，《世说新语·文学第四》中称："何晏为吏部尚书，有位望，时谈客盈坐。王弼未弱冠，往见之。晏闻弼名，因条向者胜理语弼曰：'此理仆以为极，可得复难不？'弼作难，一坐人便以为屈，于是弼自为客主数番，皆一坐所不及。"

看来何晏颇能容人，小小年纪的王弼竟然有这样独特的见解，他决定把王弼推荐给皇上，以便令其得到重用。何劭在《王弼传》中称："正始中，黄门侍郎累缺，晏既用贾充、裴秀、朱整，又议用弼。时丁谧与晏争衡，致高邑王黎于曹爽。爽用黎，于是以弼补台郎。初除，覲爽，请间。爽为屏左右，而弼与论道，移时无所他及，爽以此嗤之。时爽专朝政，党与共相进用，弼通俊不治名高。寻黎无几时病亡，爽用王沈代黎，弼遂不得在门下，晏为之叹恨。"

经过何晏的推举，虽然有着人事斗争上的曲折，但王弼还是见到了大将军曹爽。他们初次相见，王弼就提出要跟曹爽单独交谈，曹爽认为王弼恐怕有十分重要的问题要跟他商谈，于是把身边的人都轰了出去，专心听王弼的讲解。没想到的是，王弼大谈玄学与经学，谈了几个小时竟然一个字也没有涉及到军国大事，这让野心勃勃的曹爽大感失望，觉得王弼就是迂腐的书生，因此曹爽后来始终不重用王弼，这让推举人何晏大为感叹。然可惜的是，曹爽被废之后，王弼竟然也受到了牵连，当年秋天就得病而亡了。何劭在《王弼传》中写道："正始十年，曹爽废，以公事免。其秋，遇疠疾亡，时年二十四，无子，绝嗣。弼之卒也，晋景王闻之嗟叹者累日。其为高识所惜如此。"

王弼这么年轻就去世了，真可谓天妒英才。而《世说新语·文学第四》注引《王弼别传》中的记载则更为形象："正始中以公事免，其秋遇疠疾亡，时年二十四。弼之卒也，晋景王闻之嗟叹者累日，曰：'天丧予！'其为高识悼惜如此。"颜回去世时老师孔子大为悲伤，哭着说道："天丧予，天丧予！"而晋景王听到王弼去世的消息后也说出了这句话。可见，王弼的去世引起了多少人的感叹。

王弼的抑郁而亡也是必然的结果，一个人太过年轻就有如此高才，难免处理不好人事关系。何劭在《王弼传》中说：

  淮南人刘陶善论纵横，为当时所推，每与弼语，常屈弼。弼天才卓出，当其所得，莫能夺也。性和理，乐游宴，解音律，善投壶。其论道，附会文辞不如何晏，自然有所拔得，多晏也。颇以所长笑人，故时为士君子所疾。弼与钟会善，会论议以校练为家，然每服弼之高致。何晏以为圣人无喜怒哀乐，其论甚精，钟会等述之。弼与不同，以为圣人茂于人者神明也，同于人者五情也。神明茂，故能体冲和以通无；五情同，故不能无哀乐以应物。然则圣人之情，应物而无累于物者也。今以其无累，便谓不复应物，失之多矣。

年轻的王弼凭着自己的才气到处与人辩论，完全不会掩饰自己的个性，常常以自己所长来笑话别人，以至于很多人都恨他。何晏是一位高官，颇为赏识王弼，但王弼照样反驳何晏的观点，这样的为人处事方式当然会给自己招来不少的麻烦。但以学术成就来论，王弼的确是超迈了他所处的时代。

对于王弼《易》学的特点，本田成之在《中国经学史》中说："王弼的《易》，评为玄虚，一半是老庄的思想掺杂着，可知南朝重魏晋以来的玄学。"虽然说王弼以《老子》思想来解《易》，这种说法已然成为学界定论，但王晓毅在《王弼评传》中却说："王氏在《易》注中明显渗入《老子》思想的地方，只有四处：《乾》、《坤》彖，《乾》用九和《复》彖，而在其他众多的注释中，老庄的道

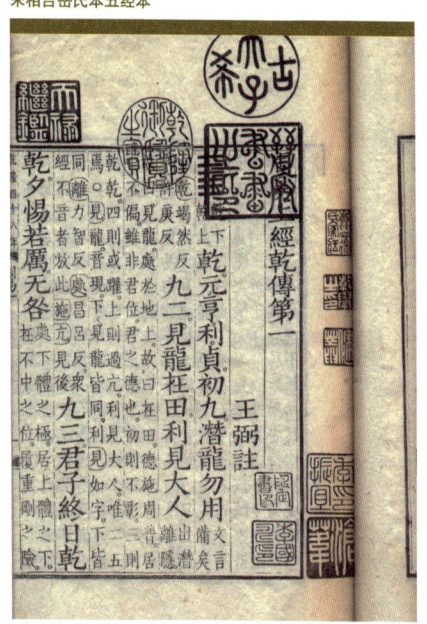

⊙ 王弼注《周易》九卷，清乾隆四十八年武英殿刻御定仿宋相台岳氏本五经本

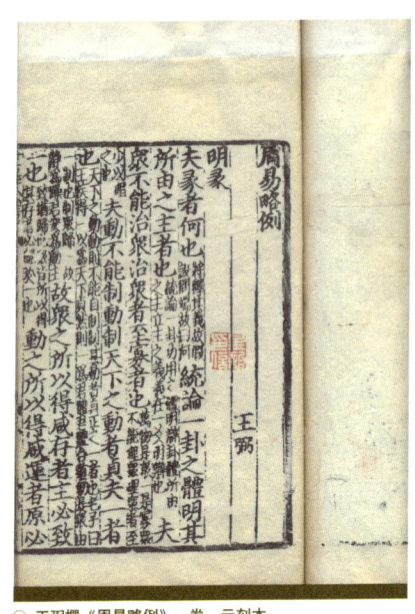

● 王弼撰《周易略例》一卷，元刻本

家烙印并不十分突出。"然而王弼的解《易》方式的确是抛弃了前代的传统方法，比如宋陈振孙在《直斋书录解题》中说："自汉以来，言《易》者多溺于占象之学。至弼始一切扫去，畅以义理，于是天下宗之，余家尽废。然弼好老氏，魏晋谈玄，自弼辈倡之。《易》有圣人之道四焉，去三存一，于道缺矣。况其所谓辞者，又杂异端之说乎！范宁谓其罪深于桀纣，诚有以也。"

陈振孙称从汉代以来，研究《易经》大多是从卦象上着眼，到了王弼这里却完全不提这些卦象，只是以自己的观念来解说《易》学，这种方式被称为义理，就如朱熹曾说："汉儒解经依经演释，晋人则不然，舍经而自作文。"王弼的解《易》方式让天下人大感新奇，而后广泛流传于天下，而其他的解《易》研究著作渐渐失传了。陈振孙也说王弼喜好《老子》，所以把《老子》的观念融入《易》学之中，这使得儒家正统的《周易》变得不纯粹，所以范宁批评王弼的罪过比桀和纣还要大。

陈振孙引述范宁所言，乃是出自《晋书·范宁传》，该传中首先称："时以浮虚相扇，儒雅日替，（范）宁以为其源始于王弼、何晏，二人之罪深于桀纣。"为什么给出这么严厉的斥责呢？《晋书·范宁传》中以问答的形式对这个疑问作出了回答：

或曰:"黄唐缅邈,至道沦翳,濠濮辍咏,风流靡托,争夺兆于仁义,是非成于儒墨。平叔神怀绝超,辅嗣妙思通微,振千载之颓纲,落周孔之尘网。斯盖轩冕之龙门,濠梁之宗匠。尝闻夫子之论,以为罪过桀纣,何哉?"

答曰:"子信有圣人之言乎?夫圣人者,德侔二仪,道冠三才,虽帝皇殊号,质文异制,而统天成务,旷代齐趣。王、何蔑弃典文,不遵礼度,游辞浮说,波荡后生,饰华言以翳实,骋繁文以惑世。搢绅之徒,翻然改辙,洙泗之风,缅焉将坠。遂令仁义幽沦,儒雅蒙尘,礼坏乐崩,中原倾覆。古之所谓'言伪而辩、行僻而坚'者,其斯人之徒欤!昔夫子斩少正于鲁,太公戮华士于齐,岂非旷世而同诛乎!"

而后范宁给出了这样的答案:

桀纣暴虐,正足以灭身覆国,为后世鉴戒耳,岂能回百姓之视听哉!王、何叨海内之浮誉,资膏梁之傲诞,画螭魅以为巧,扇无检以为俗。郑声之乱乐,利口之覆邦,信矣哉!吾固以为一世之祸轻,历代之罪重,自丧之衅小,迷众之愆大也。

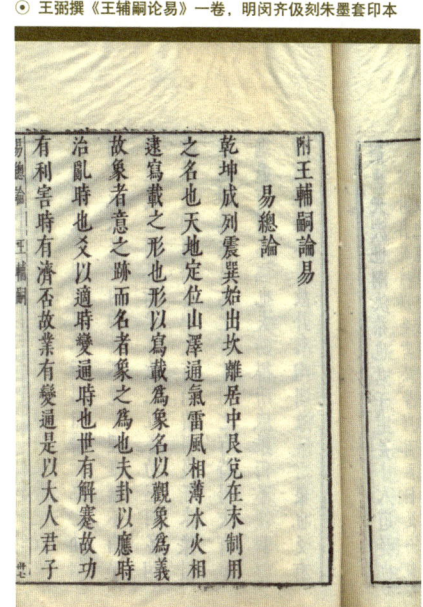

王弼撰《王辅嗣论易》一卷,明闵齐伋刻朱墨套印本

这样的批评显然有些过分

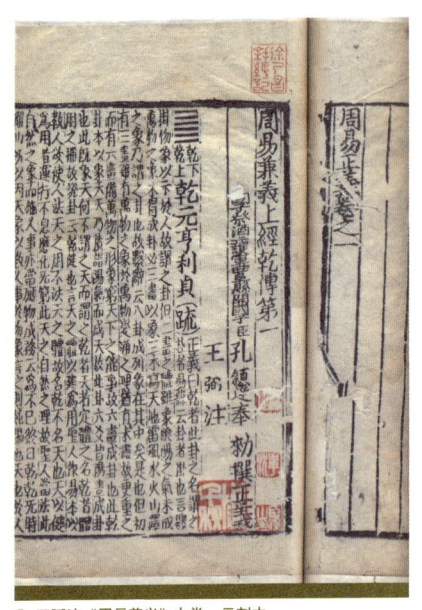

○ 王弼注《周易兼义》九卷，元刻本

了。学术跟其所处的时代有着密切的关系，魏晋时期天下动荡，很多文人学者只能远离政治，而他们的思想也以避祸为第一诉求，因此魏晋玄学的产生也是社会环境的大势所趋。如果把这些罪过全部扣在王弼头上，这显然是脱离社会环境来说话。

如果说因为学术观点的不同来作出党同伐异的评论，这倒可以理解，因为这是立志不同的问题。比如《王弼传》中注引孙盛所言："《易》之为书，穷神知化，非天下之至精，其孰能与于此？世之注解，殆皆妄也。况弼以傅会之辩而欲笼统玄旨者乎？故其叙浮义则丽辞溢目，造阴阳则妙赜无间。至于六爻变化，群象所效，日时岁月，五气相推，弼皆摈落，多所不关。虽有可观者焉，恐将泥夫大道。"

孙盛在这里批评王弼解《易》的方式太虚幻了，同时认为王弼解《易》的语言太过亮丽而不质朴。其实他的这些批评倒是事实，王弼所撰《周易略例》中使用了不少骈文句和排比句，如"夫应者，同志之象；位者，爻所处之象也。承乘者，逆顺之象也，远近者，险易之象也"。而杨鉴生则说："王文骈句最显著的特点却是以骈句构成散句。"而其举出的例子则为："远近终始，各存其群，辟险尚远，趣时贵近。《比》《复》好先，《乾》《壮》恶首，《明夷》务闇，《丰》尚光大。吉凶有时，不可犯也，动静有时，不可过也。

犯时之忌,罪不在大,失其所适,过不在深,动天下,灭君主,而不可危也。"

王弼为什么以文学语言来解深奥的《易经》呢?其中之原因正是他对前人解《易》的不满,王弼在《周易略例·明象》中说道:"是故触类可为其象,合义可为其征。义苟在健,何必马乎?类苟在顺,何必牛乎?爻苟合顺,何必坤乃为牛?义苟应健,何必乾乃为马?而或者定马于乾,案文责卦,有马无乾,则伪说滋漫,难可纪矣。互体不足,遂及卦变。变又不足,推致五行。一失其原,巧愈弥甚。从复或值,而义无所取,盖存象而忘义之由也。忘象以求其意,义斯见矣!"

显然这是他对汉人解《易》的批评,而他的批评语言依然是骈文味道。然而他的这种解《易》方式却在后世也受到了批评,比如司马光、晁说之、黄震等人都对他的这种解《易》方式表达了不满。黄宗羲在《经义考》中引用了宋刘克庄的评语:"京房、费直诸人,皆舍章句而谈阴阳灾异,往往揆之前圣而不合,推之当世而少验。至王辅嗣出,始研寻经旨,一扫汉学。然其弊,流而为玄虚矣。"刘克庄的这段话有褒有贬,从好的一面说,王弼的解《易》方式一扫旧弊,但同时这种解法也会使得《易》学变得玄虚。

黄宗羲虽然在《经义考》中引用了多人对王弼的批评,然而他本人却赞同王弼的解《易》方式:"王辅嗣出而注《易》,得意忘象,得象忘言;日时岁月,五气相推,悉皆摈落,多所不关,庶几潦水尽而寒潭清矣。顾论者谓其以老、庄解《易》,试读其注,简当而无浮义,何曾笼络玄旨?故能远历于唐,发为《正义》,其廓清之功,不可泯也。"(黄宗羲《易学象数论自序》)而黄宗羲之弟黄宗炎亦称:"辅嗣生当汉后,见象占之牵强拘泥,有乖于圣教,始一切扫除,畅以义理,天下之耳目焕然一新,圣道为之复睹。唐太宗诏长孙无忌与诸儒，刊定义疏十余家，凡辞尚虚诞者，皆所不取，惟王注独冠古今，亦其学其辞有足以折服群贤，岂徒以当时习尚而漫为回护之者哉！乃宋儒竟诋之谓崇尚虚无，杂述异端，曲说晋魏谈玄自王倡始，至神州陆沉，中原鱼烂，皆辅嗣所肇，甚或拟其罪为桀纣。噫！亦太过矣！夫谈象数则斥之如彼，诠辞理则咎之如此，为宋以前之儒者，不亦难乎！"（朱彝尊《经义考》）

黄宗炎所言，乃是指王弼所解之《易》在唐代被钦定为儒家正统经典之一，其实早在南北朝时期，王弼的《易注》就被立为官学。《宋书·陆澄传》中称："元嘉建学之时，玄、弼两立。"王弼的解《易》著作竟然能跟郑玄的著作共同立于官学，可见他的这部著作是何等受世人瞩目。到了元嘉十九年，王弼的《易注》首次单独列为官学。能够战胜郑玄的同类著作，其意义是何等的重大。对于这件事，杨鉴生在《王弼研究》中予以了如下的解读："在佛教发展更加高涨，玄、佛义理更多互通的情况下，儒学更为式微，王注代替郑注，意味着经学内部王肃新派《易学》与郑玄《易注》斗争已落下帷幕，齐梁之时玄学《易》与古文派《易》争斗则拉开了序幕。"

齐高帝建元四年，朝廷以国哀的理由罢除了国子学，武帝永明三年，皇帝又下诏恢复国子学，而国子学所用的课本则是王弼的《易注》，这样的用法遭到了传统派的不满，为此究竟是用王弼《易注》还是郑玄的《易注》，两派斗争了许多年。斗争的结果是王弼《易注》占了上风，《隋书·经籍志》中称："郑玄、王弼二注，列于国学，齐代唯传郑义，至隋，王注盛行，郑学浸微。"

进入唐代，王弼《易注》更为受到重视，初唐时期四门助教邢璹对王弼的《周易略例》做注，在《周易略例注序》中对该书大为夸赞："至如王辅嗣《略例》，大则总一部之指归、小则明六爻之得失。承乘逆顺之理，应变情伪之端，用有行藏，辞有险易，观之

⊙ 王弼墓

者,可以经纬天地,探测鬼神,匡济邦家,推辟咎悔。虽人非上圣,亦近代一贤,臣谨依其文,辄为注解,虽不足敷弘易道,庶几有裨于教义,亦犹萤燐增辉于太阳,涓流助深于巨壑。"

而后孔颖达奉唐太宗之令编撰《五经正义》,其中的《周易正义》就是以王弼的《易注》为主。皮锡瑞在《经学历史》中说:"其所定五经疏,《易》主王注,《书》主孔传,《左氏》主杜解;郑注《易》《书》,服注《左氏》,皆置不取。论者责其朱紫无别,真赝莫分,唐初编定诸儒诚不得辞其咎。"虽然皮锡瑞是用批评的语言在论述《五经正义》,但这也足可说明王弼的《易注》是受到了何等的重视。

王弼墓位于河南省洛阳偃师市山化乡东屯村南,这是我在网上查到的地点。以他在学术史上的重要性,王弼墓的寻访当然成为了本程的重点。我在洛阳包下一辆出租车,一路寻访,沿314省道东行,穿过偃师市,北转驶上一条一车道的小窄路,前往寻找王弼墓。然而到达东屯村后,却少有人知王弼墓的具体位置,无奈只好沿途

◉ 应当是一根望柱

见人就问。终于问到了一位知情人，他把我指引到了东屯村外的一条路边，我在那里仅看到一个小土堆，余外未曾有任何的碑石，我向此人请教如何知道这里是王弼墓，他告诉我说本村的老辈人都说这是王弼墓。说话之间，从旁边过来了几位老人，这位带路人立即把老人喊住，让他们给我讲解。果真，几位老人告诉我，这里原本有一个很大的坟丘，只是后来很多人在此取土，王弼墓就越来越小，后来修公路的时候，又占了王弼墓很大一块地方，于是就变成了眼前现在这样。

我细看眼前这个大土堆，的确只能用"土堆"来形容，因为已经完全没有了墓冢的样子，但是在这土堆之上，斜倒着一根旧的石料，看其形制，很可能就是墓前的望柱，这更加证实了村民们所言，这里的确就是王弼墓原址。

这种情况虽然在寻访途中已遇到过多回，然王弼墓的现况还是让我有些失落。为了记录此墓所在的位置我在附近兜了一圈，以此确定此墓距乡政府不足三百米，其处在乡政府西侧的公路边。而墓的侧前方有一家鞋厂，王弼墓就处在这个鞋厂的后墙外。这一天是2012年3月12日星期一，而我写此文时已距这一天过了五年的时间，不知道如今那里是否已经修复了，而我在网上依然查不到任何的相关信息。

束皙：翻译汲冢，补亡《诗经》

流传至今的《诗经》总计有三百零五篇，这是人人皆知的事情，然而细数《诗经》一书的篇数其实是三百一十一篇，因为在《诗经》的《小雅》部分多出来六篇，其分别是《南陔》《白华》《华黍》《由庚》《崇丘》《由仪》。这六篇仅有题目而无内容，有人说此六篇原本就没有内容，因为这是古代演奏时的配乐，所以应该是"笙诗"。宋代的大儒朱熹就是这种观点，他在《诗集传》中根据《仪礼·乡饮酒礼》得出如下结论："今无以考其篇名之义，曰笙，曰乐，曰奏，而不言歌，则有笙而无词明矣""所以刊其篇第在此者，意古经篇题之下必有谱焉。如投壶、鲁鼓、薛鼓之节而亡之耳。"也有人认为这六首诗也有内容，只是经过了秦朝的焚书坑儒失传了，而郑玄就是这么认为的。

在朱熹之前，大多数人相信《小雅》中的这六篇原本有内容而失传了的这种说法。当然这种情况让爱好《诗经》的人大感遗憾。于是在西晋时期有位叫束皙的大学者，把这六首失传的古诗一一补上，他的这种做法被后世称为"补亡诗"，而他所作的这六首"补亡诗"在后世广受重视。昭明太子所编的《文选》一书，排在最前面的六首诗就是束皙所作的"补亡诗"。《文选》对后世有着巨大的影响，而束皙的作品却排在了该书的最前列，为什么会这样呢？后世有着各式各样的解读。比如胡大雷在《文选诗研究》中说："《文选》

诗有补亡类,所谓'补亡',即是针对'有其义而亡其辞'的笙诗之'补亡'。补亡类别列于《文选》诗之首,这当然是因为《诗经》为诗之首,所以补《诗经》亡诗当然为《文选》诗之首。"

束皙为什么要作"补亡诗"呢?《文选》李善注中引用了束皙所作《补亡诗序》:"皙与同业畴人肄修乡饮之礼,然所咏之诗,有义无辞,音乐取节,阙而不备,于是遥想既往,存思在昔,补著其文,以缀旧制。"束皙与朋友聚会时感叹《小雅》中的这六首诗缺少了内容,于是他就根据题目创作出了这六首诗。而李周翰注引王隐《晋书》时也称:"束皙,字广微,阳平人也。贾谧请为著作。尝览周成王诗有其义亡其辞,惜其不备,故作辞以补之。"针对李善注中的这段话,曹辛华所撰《唐宋诗词的文体观照》一书中有《论〈文选〉"补亡诗"体及其诗史意义》一文,该文中针对束皙的序言作出了如下四点总结:"一,这六首补亡诗的目的是用于乡饮之礼所咏之诗的;二,补亡的原因是'有辞无义''音乐取节,阙而不备';三,补亡的过程是'遥想''存思';四,补亡所采用的形式是'旧制'——四言,而不是束氏当时流行的五言。"

那什么才是"有义无辞"呢?曹辛华在此文中予以了这样的分析:

何为"有辞无义"?《文选》李周翰注引王隐《晋书》称束皙"尝览周成王诗,有其义亡其辞,惜其不备,故作辞以补亡之",则"有义无辞"即"有其义亡其辞"的缩简。什么是"有其义"呢?原来《南陔》等六篇篇名本是笙乐之名,《仪礼》述《乡饮酒礼》说道:"笙人堂下,磬南,北面立,乐《南陔》《白华》《华黍》……乃间歌《鱼丽》、笙《由仪》。"《仪礼·燕礼》亦有类似表述。《鱼丽》《南有嘉鱼》等均为《诗经·小雅》中的诗篇,故称"歌"。而《南陔》六题为笙乐之名,故不称"歌",只称"乐"(奏乐)、

"笙"（奏笙）、"奏"。但后来《毛诗》却将六题分别列入《鹿鸣之什》（《南陔》《白华》《华黍》）与《南有嘉鱼之什》（《由庚》《崇丘》《由仪》）中，称之为"笙诗"。这样就出现了"有题无辞"的现象。

然而束晳如何知道这六首失传之诗的具体内容呢？这是因为《诗序》中对这六首诗各有一句简洁的序言，比如《南陔》："孝子相戒以养也"以及"废则廉耻缺矣"；《白华》："孝子则洁白也"以及"废则廉耻缺矣"；《由庚》："万物得由其道也"以及"废则阴阳失其道理矣"；《崇丘》："废则万物不遂矣"；《由仪》："万物之生各得其宜也"以及"废则万物失其道理矣"。

因为《诗序》中高度概括了所佚之诗的内容，所以束晳认定这六首诗"有义无辞"，而这正是束晳要补上这六首诗的原因。曹辛华在其文中说道："这样《南陔》等六篇就由'有题'转变成了'有其义'。这里的'义'即毛诗序所述篇名之义，故说'有其义'即'诗序之义'也可。可见，《南陔》等六篇经历了由笙乐之名而为《诗经》之篇名，由'有题无义'而'有其义而无其辞'的过程，这就为束晳《补亡诗》提供了契机。"

对于这六首有题目而没内容的诗，朱熹有着自己的看法，比如他认为《南陔》一篇"此笙诗也，有声无辞，旧在《鱼丽》之后，以《仪礼》考之其篇次当在此，今正之"，于是朱熹就按照《仪礼》上这六首诗出现的顺序进行了重新的排列。针对朱熹的说法，曹辛华认为束晳并不相信朱熹所言原本就没有内容的观点，而他更为相信郑玄所言，那就是这六篇原本有内容在。但曹辛华也同时认为束晳的"补亡诗"其实是综合了郑玄和朱熹所代表的两种观念，至少他所作的"补亡诗"有着两种意味："由此可见，《南陔》六篇，本来就只有乐曲而无词句,而不是有词句后来亡佚。《毛诗》将这六篇放在此处的原因是《诗经》篇章之下,附有乐谱,只是这些乐谱后来就丢失了。也就是说朱氏认定《南陔》六篇为乐谱之名,《诗经》所述篇名之义,当为乐曲所表达之义。朱氏所言与束晳《补亡诗序》'音乐取节,阙而不备'之语正复相同。由郑氏、朱氏两人对'亡'字理解的不同,可知'补亡'一词有两意;一为补失,一为补填。在束氏那里'补亡'的意思当如何呢?由他称乡饮之礼'所咏之诗'一语看来,束氏是信奉郑笺的,以为《南陔》六篇的曲辞原来是存在的。否则,他不当称之为'诗',当称之为'乐'或'声'。这样束氏的《补亡诗》就具有明补《诗经》之佚失、暗补填笙乐之歌辞两种意味了。"

束晳所作的六首"补亡诗"究竟如何呢?我先摘引其第一首、第二首和第五首如下:

南 陔

循彼南陔,言采其兰。眷恋庭闱,心不遑安。彼居之子,罔或游盘。馨尔夕膳,洁尔晨餐。

循彼南陔,厥草油油。彼居之子,色思其柔。眷恋庭闱,心不遑留。馨尔夕膳,洁尔晨羞。

有獭有獭,在河之涘。凌波赴汨,噬鲂捕鲤。嗷嗷林乌,受哺于子。养隆敬薄,惟禽之似。勖增尔虔,以介丕祉。

白 华

白华朱萼,被于幽薄。粲粲门子,如磨如错。终晨三省,匪惰其恪。

白华绛趺,在陵之陬。蒨蒨士子,涅而不渝。竭诚尽敬,亹亹忘劬。

白华玄足,在邱之曲。堂堂处子,无营无欲。鲜侔晨葩,莫之点辱。

崇 丘

瞻彼崇丘,其林蔼蔼。植物斯高,动类斯大。周风既洽,王猷允泰。漫漫方舆,回回洪覆。何类不繁,何生不茂。物极其性,人永其寿。恢恢大圆,芒芒九壤。资生仰化,于何不养。人无道夭,物极则长。

细读束晳的这几首"补亡诗",的确有着《诗经》的味道,那么这些"补亡诗"究竟水平如何呢?胡大雷在《文选诗研究》中对这六首诗一一予以了点评,我引用其第一首点评如下:"《南陔》,全诗以南陔采兰起兴而作,以求珍异早晚供养父母,切'孝子相戒以养也'之意,诗末以獭'噬鲂捕鲤'与林乌'受哺于子'作比,以祝福收尾。诗分为三章,首章、次章相叠,皆以'循彼南陔'起首,但此二章的三至六句或有疑问,首章为'眷恋庭闱,心不遑安。彼居之子,罔或游盘。'次章为'彼居之子,色思其柔。眷恋庭闱,心不遑留。'其中一章的三四句与五六句或许互有颠倒。此诗首二章前二句的比兴颇具风味,与以下内容不即不离又相得益彰;但章末落实到孝敬父母的具体作法与想法,显得有些直露。"

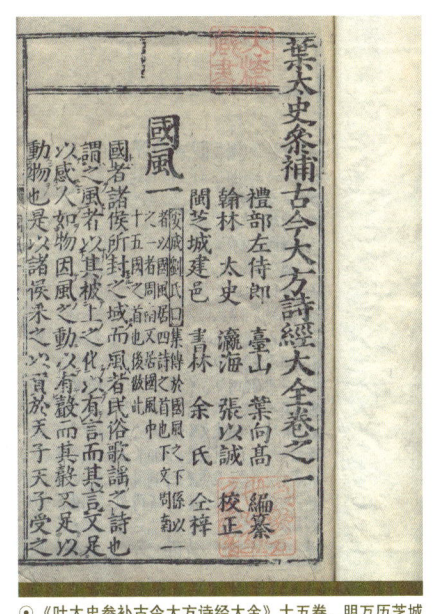

⊙《叶太史参补古今大方诗经大全》十五卷,明万历芝城建邑书林余氏刻本

胡大雷对这六首诗的评价大多如《南陔》，比如他认为《白华》："全诗以白华喻孝子，颇具韵味，但章末落实到孝行的具体行为，如'终晨三省，匪情其恪'之类，功利化痕迹稍重。"而《由庚》："此诗可谓直述某种政治观念。"既然如此，那束皙的这六首"补亡诗"究竟是否能够达到《诗经》中同类作品的高度呢？胡大雷首先从创作手法上作出了如下的比较："既然束皙《补亡诗》六首是补《诗经》之作，那么它与《诗经》作品有何相同与差异呢？总而言之，《南陔》《白华》用比兴；《华黍》《由庚》《崇丘》《由仪》多注重景物；《南陔》《白华》《华黍》运用了叠章手法；此六题都为整齐的四言，这些都是《诗经》所运用的手法。"而后他又接着从"抒情口吻"将此与《诗经》相比，之后又谈到了"表现主题"和"格式"等问题，最终得出的结论是："从以上的分析可见，束皙并不求全面摹拟出《小雅》的神韵，他只是按照《诗序》所标出意味来补其辞的，他力求表达得更为明确直接。不过这倒是符合西晋文学以雅为正声、以颂美为主的创作风尚。"

其实创作"补亡诗"者，历史上不仅有束皙，《世说新语·文学》中有如下记载："夏侯湛作《周诗》成，（刘孝标注：……湛《集》载其《叙》曰：'《周诗》者，《南陔》《白华》《华黍》《由庚》《崇丘》《由仪》六篇，有其义而亡其辞。湛续其亡，故云《周诗》也。'示潘安仁。安仁曰：'此非徒温雅，乃别见孝悌之性。'潘因此遂作《家风诗》》。"晋代的夏侯湛也作过六首"补亡诗"，可见作"补亡诗"也可以说是那个时代的一种风气。那为什么束皙的这六首"补亡诗"却排在了《文选》一书的最前列呢？曹辛华在其文中总结出了四点，第一点就是从梁代中期的文学复古思潮谈起，这等于是从背景上对"补亡诗"作出了分析。因为梁武帝萧衍在文学创作上倡导典雅古朴之风，这种观念当然会影响到萧统，故而曹辛华认为束皙模仿《诗经》的笔法来作"补亡诗"，"正合乎这种复古思潮"。

然而萧统却在《文选》的序言中说了这样一段话："《诗序》云：'诗有六义焉：一曰风，二曰赋，三曰比，四曰兴，五曰雅，六曰颂。'至于今之作者，异乎古昔，古诗之体，今则全取赋名，荀、宋表之于前，贾、马继之于末，自前以降，源流实繁。"但既然如此，那为什么萧统还要把束皙的这六首"补亡诗"排在最前面呢？曹辛华先在其文中作了如下的分析：

> 可知，萧统的诗体源流观是源自"诗之六义"。在萧统那里，赋体是"诗之六义"之一，乃"古诗之体"，这种观点自汉魏以来，乃至后世普遍认识。按照此理，"诗之六义"的顺序是风、赋、比、兴、雅、颂。"比、兴"为诗歌手法或诗体模糊不谈，"风"作为"古诗之体"当列在"赋"之前，"赋"体之后当列《雅》《颂》。萧统《文选》"赋"体为其首，似乎与此相悖。然若联系《文选·序》下文可知，萧统乃因《风》《雅》《颂》乃儒家经典《诗经》的内容，"与日月具悬，鬼神争奥，孝敬之心，人伦之师友，岂可重以芟夷，加之剪截？"才不敢选编入《文选》。这样"赋体"之前就少了"风"这一体，而其后，则少了《雅》《颂》二体，如此赋体便跃居"古诗之体"首位，成为《文选》众体之首。

而后曹辛华得出了如下的结论："《补亡诗》虽为西晋时的作品，然却是束氏补《诗经·小雅》'有其义而无其辞'的'笙诗'，与《小雅》旧制相符，且多劝颂之义，堪称'《雅》《颂》之遗篇'，萧统按'诗之六义'的顺序将其列于赋体之后、《选》诗众体之首，于理无碍。"

由以上可知，束皙所作的这六首"补亡诗"在诗经史上有着重大影响。而关于他的生平，《晋书》中首先称："束皙字广微，阳平元城人，汉太子太傅疎广之后也。王莽末，广曾孙孟达避难，自

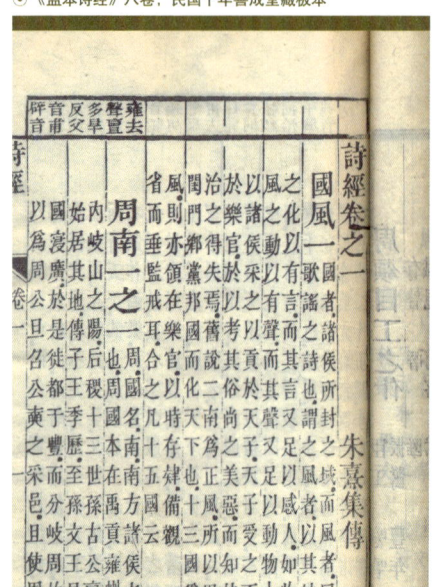

◉《监本诗经》八卷，民国十年善成堂藏板本

雍去聲亶多旱反父音甫辟音
詩經卷之一　朱熹集傳
國風一
國者諸侯所封之域而風者民俗歌謠之詩也謂之風者以其被上之化以有言而其言又足以感人如物因風之動以有聲而其聲又足以動物也是以諸侯采之以貢於天子天子受之而列於樂官於以考其俗尚之美惡而知其政治之得失焉舊說二南爲正風所以用之閨門鄉黨邦國而化天下也十三國爲變風則亦領在樂官以時存肄備觀省而垂監戒耳合之凡十五國云
周南一之一
周國名南南方諸侯之國也周國本在禹貢雍州境內岐山之陽后稷十三世孫古公亶父始居其地傳子王季歷至孫文王昌辟國寖廣於是徙都于豐而分岐周故地以爲周公旦召公奭之采邑且使周公

东海徙居沙鹿山南，因去踈之足，遂改姓焉。祖混，陇西太守。父龛，冯翊太守，并有名誉。”看来束皙的祖上原本姓“踈”，后来其家去掉了偏旁改姓“束”。《晋书》上又说道：“皙博学多闻，与兄璆俱知名。少游国学，或问博士曹志曰：‘当今好学者谁乎？’志曰：‘阳平束广微，好学不倦，人莫及也。’还乡里，察孝廉，举茂才，皆不就。璆娶石鉴从女，弃之，鉴以为憾，讽州郡公府不得辟，故皙等久不得调。”

看来束皙天生聪明，他在年轻的时候就读了很多的书，以至于朝廷都闻知他是一位好学之士，可惜的是他受了哥哥的连累。因为他的哥哥束璆娶了石鉴的从女，不知什么原因后来束璆又抛弃了此女，此事让石鉴怀恨在心，将此事告到了有关部门，这使得束皙长年得不到提拔。

然而束皙的特殊才能却在社会上广泛流传开来。“太康中，郡界大旱，皙为邑人请雨，三日而雨注，众谓皙诚感，为作歌曰：‘束先生，通神明，请天三日甘雨零。我黍以育，我稷以生。何以畴之？报束长生’。”

束皙有个特殊的本领就是会求雨，当地大旱，束皙求雨三天果真天降甘霖，以至于当地人创作了一首歌谣来赞颂他。可能是因为这个原因吧，束皙也创作了一些通俗的诗赋以便让百姓能够读懂，但他的这个作法受到了士大夫们的鄙夷。《晋书》上说："尝为《劝农》及《饼》诸赋，文颇鄙俗，时人薄之。而性沉退，不慕荣利。"

束皙所作的赋真的那么差劲吗？我引用《饼赋》如下：

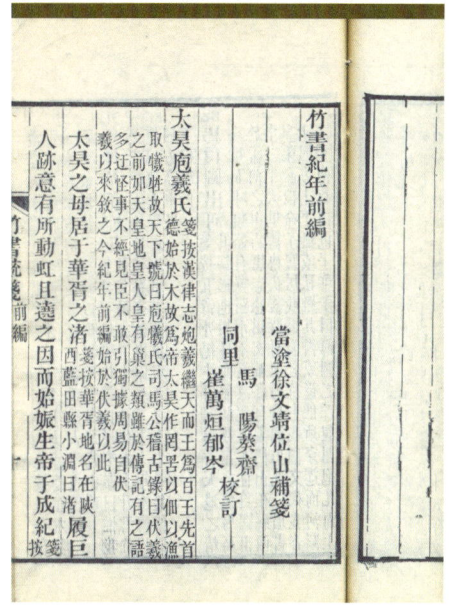
《竹书纪年前编》，清光绪三年浙江书局刻本

> 立冬猛寒，清晨之会。涕冻鼻中，霜凝口外。充虚解战，汤饼为最。弱似春绵，白若秋练，气勃郁以扬布，香飞散而远遍。行人失涎于下风，童仆空噍而斜眄。擎器者舐唇，立侍者干咽。

细读这首赋，的确写得十分通俗，难怪有些人认为他的文章作得不高明。但也有人不这么认为，比如明代张溥在《汉魏六朝百三家集题辞注》中评价说："晋世笑束先生《劝农》及《饼》诸赋，文词鄙俗，今难置赋苑，反觉其质致近古，由彼雕缋少也。"张溥的这句评语显然是针对《晋书》上的评价而来者，他觉得束皙的《饼赋》作得很质朴、并不鄙俗。且不管束皙作的这些赋到底俗不俗，即便是俗也可以说是束皙有意为之者，因为他的水平绝不止此。

《晋书·束皙传》还有这样一段记载："初，太康二年，汲郡人不準盗发魏襄王墓，或言安厘王冢，得竹书数十车。其《纪年》十三篇，记夏以来至周幽王为犬戎所灭,以事接之,三家分,仍述魏事至安厘王之二十年。"

这段故事对中国文献史特别重要。西晋太康二年,汲郡有个叫不準的人盗挖了战国的魏襄王墓,不準原以为会得到很多宝物,可是只发现了一大批竹简。这种东西不準当然没兴趣,他为了在墓中找到金银财宝,就点燃这些竹简来照明,故而这批珍贵的竹简毁掉了不少,再后来经有关部门发现,又从墓中挖出了几十车的竹简。

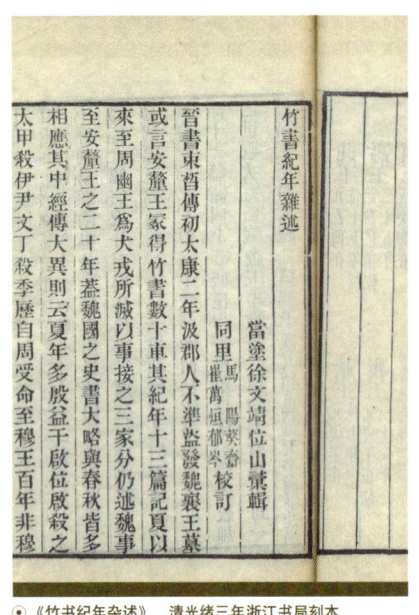

《竹书纪年杂述》,清光绪三年浙江书局刻本

这些竹简都是用古文字写成,当时人们把这种不认识的字叫蝌蚪文。竹简被送到了京城,晋武帝命令卫恒进行整理,把这些不认识的文字改写成当时通行的文字。这样的整理工作显然不容易,卫恒没有整理出来多少就去世了,于是皇帝命令束皙接着整理这批竹简,这位束皙果真有本事,从这些竹简中整理出来十七种书,总计七十五篇,而对后世影响最大的则是《竹书纪年》和《穆天子传》。

《穆天子传》被当代学者认定为中国最早的传奇小说,而《竹书纪年》则是战国时魏国的史书,此书是目前发现的最古老的通史性质的编年体著作。对于该书的价值,新乡市委宣传部政策研究室所编《新乡五千年》一书中评价说:"《竹书纪年》的最大特点,就是它所记载的史实与其他传统史书记载大不一样,与甲骨文、青铜铭文记载却相符。"看来《竹书纪年》一书因为记载的事实跟真

束皙：翻译汲冢，补亡《诗经》　477

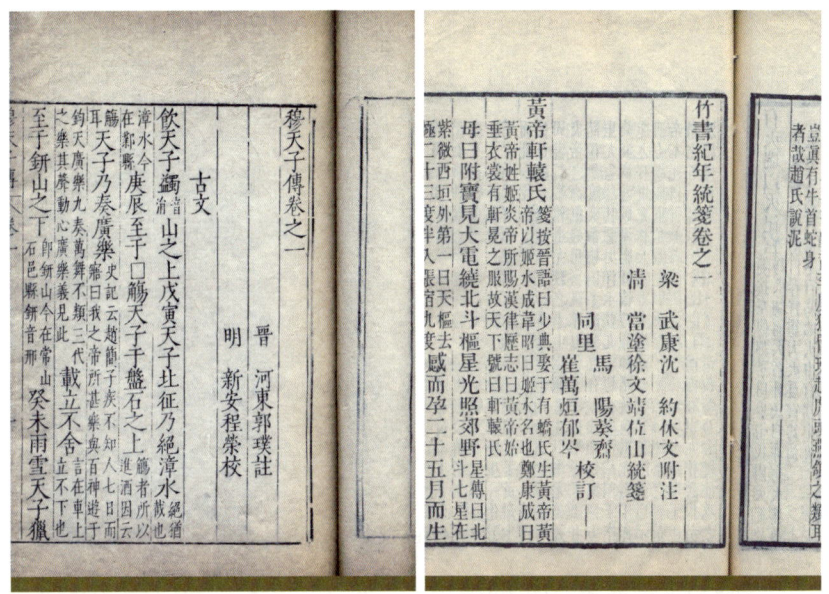

⊙《穆天子传》六卷，明刊　　　　　⊙《竹书纪年统笺》，清光绪三年浙江书局刻本

实的历史相接近，所以它比许多传世文献更为准确。《新乡五千年》一书中还举出了这样的实例："它的发现纠正了先秦历史古籍和《史记》中所载战国史事年代中出现的谬误，如《尚书·无逸》篇中提到商代的'中宗'。《史记·殷本纪》及其他典籍都认为中宗即商王太戊，而《竹书纪年》却认为是祖乙。后来在清朝末年发现的甲骨文上有'中宗祖乙'的称谓，这证明《竹书纪年》的记载是正确的。可惜，《竹书纪年》原简早已在漫长的战乱岁月中散失。晋代学者荀勖、束皙等人的释文考证也大多失传。今天我们能看到的，只是后代学者从各种古籍中的辑录。"而对于《汲冢书》的发现，《新乡五千年》一书给出了如此崇高的评价："史学界把《汲冢书》与西汉武帝时从孔子旧宅夹壁墙中发现的古文《尚书》《礼记》《论语》《孝经》等，殷墟发现的甲骨文，敦煌发现的藏经洞，誉为我国文化史上的四大发现，在我国文化史上有重要地位。"

既然《汲冢书》如此之重要，而整理者之一束晳的本事也就可想而知，如果有极高本领的人反而写出特别通俗的作品，那只能说他是有意而为之。更何况曹辛华认为束晳整理《汲冢书》很大程度上跟他的"补亡诗"也有着密切的关联："束氏作《补亡诗》，也当与其参加整理补缀《汲冢竹书》一事相关。晋武帝咸宁五年（279年）汲冢竹书发现。由于当时多烬简断札，武帝以其书付秘书校缀次第，寻考指归。束晳适在著作，得观竹书，随疑分释，皆有义征。这种校缀补阙与其《补亡诗序》所云'遥想既往，存思在昔，补著其文，以缀旧制'，也有相通之处。说束氏《补亡诗》殆亦由引此发，不算牵强。"

如此说来，束晳在历史上有两大贡献，一是整理《汲冢书》，二则是通过对《汲冢书》的整理而创作出了"补亡诗"。这样的一位重要人物当然就列入了我的寻访名单。

束晳墓位于河北省邯郸市大名县束馆镇西束馆村。访完顿丘，本计划原道返回安阳，然后北行到邯郸，再想办法去河北成安县，但往返300公里仅看到这么个沙堆，心实不甘，于是请司机再上高速东行，转大成高速向北行驶奔河北大名县东，到此县去寻找束晳墓。此村从管辖上说属于大名县，然具体位置却在县城的最东南角，距山东界不到2公里，距河南界不到1公里，是三省交界的一个小村子。

东束馆村村委会

从南乐站下高速，司机马上去找加气站，他说一瓶气行驶不到200公里，到处找加气

⊙ 可惜上面没有熟悉的名字

站成了河南司机每到一站的第一件事，虽然耽误时间，但能让对方省点钱，也应该算是一点小功德。沿301省道东行12公里进韩张镇，转向东北行7公里进入福堪乡，再北转上209省道，因是几省交界的小村，故无路可直达，转了两个S形，等于从河南先入山东，再从U字形绕回河北，从山东到河北的5公里路破烂至极，汽车几乎是在以龟速行驶。

总算进入束馆村，见路旁有家具厂，进内向老板打听束皙墓所在，此人闻我所问后一乐，他说我真问对人了，原来他就是这个村的支书，现在办了这个家具厂。他告诉我此地是东束馆村，而束皙墓在西束馆村，并且告诉我此地原不称束馆，后来因为束皙开馆授徒，并且他教出的学生有不少取得了功名，后来这些学生将此地更名为束馆，以前这里还有束皙的祠和庙，但现在都已经毁了，前几年原址还有碑留存。

遇到这样的知情者，乃是寻访途中最快乐的事情，我感谢了支

◉ 据说束皙墓就在这个大坑边

书给予的详细讲解，而后按其所指之路西行500米到西束馆村。支书告诉我到西束馆村寻找的座标乃是河与桥，然而我在该村却没有找到这两个标志物，眼前所见只有一大水坑，坑已干涸，沿路的一面用砖砌起作为护坡。在此处遇到几位老者正在聊天，向他们打问束皙碑之事，他们告诉我说，束皙的墓以前就在我站的这个位置，只是以前的河变成了今天的小水坑，桥也变成了现在我脚下的路，而束皙的墓碑于前些年埋在护坡下面做基石了。

此种说法难让我置信，再深问之，几位老者共同举荐一位戴茶色眼镜的老人向我讲解，此人告诉我说，原碑实际上是在几年前让镇书记拉走了。又跑了100多公里，竟然看不到任何旧物，这当然令我大感沮丧。

我的寻找显然成了这些老人今日的话题，他们很有兴趣地向我讲述着本地的故事，虽然都是当地方言，好在这些话我大多能够听懂。我注意到：他们说到"无"字时皆读成"谋"音，我猜测他们说的应当是"莫"。宋高宗时，韩世忠质问秦桧，逮捕岳飞是何罪名，秦的回答是"莫须有"，后世"莫须有"成了欲加之罪何患无辞的代名词。但按语言学家的研究，秦桧的这句话在句逗上可能出现了问题，正确的读法应当将这三个字拆分为两句："莫，须有。"如果确如是，则与人们理解的意思大不相同。我想宋代中央政府在杭州的那些官员大多是从开封跑去的，也没准他们真的读"莫"。

束皙对古文字有那么强的考证能力，竟然能够读懂无人认识的蝌蚪文，想来他对于后世百般猜测"莫须有"的读法，肯定觉得很搞笑，因为这对他来说太小儿科了。可惜的是我费了这么大周折却无法找到他的遗迹，好在这个村庄跟他有着密切的关系，我来到了他曾授徒的村庄，这也算差强人意地不虚此行吧。

刘炫：隋北通儒，被诬伪经

隋代有两位经学大家，分别是刘焯和刘炫，皮锡瑞在《经学历史》中评价道："隋之二刘，冠冕一代。"关于这两位经学大家的特色以及相互之间的区别，《隋书·儒林传论》中称："至若刘焯，德冠缙绅，数穷天象，既精且博，洞究幽微，钩深致远，源流不测。数百年来，斯一人而已。刘炫学实通儒，才堪成务，九流七略，无不该览。虽探赜索隐，不逮于焯；裁成义说，文雅过之。并时不我与，馁弃沟壑。斯乃子夏所谓'死生有命，富贵在天'。天之所与者聪明，所不与者贵仕，上圣且犹不免，焯、炫其如命何！"

这段话说，刘焯乃是几百年来一流的经学人物，刘炫与之相比，有超过刘焯的地方，也有不足之处，只是这两位大家的命运都不是太好。当然，这跟他们所处的时代环境有很大的关系。

公元 581 年，杨坚代周建立了隋朝，成了隋文帝。八年之后，他统一全国，结束了从西晋永嘉之乱以来近三百年的分裂局面。从这个角度而言，隋文帝对国家的统一做出了贡献。然而隋朝仅存在了 37 年，就被唐朝取代了，因此隋朝只经历了两代皇帝——隋文帝和隋炀帝。

隋文帝建国之初，颇为重视饱学之士，使得许多躲避战乱而到处奔逃的儒生又回到了朝中，《隋书·儒林传序》中称："齐、鲁、赵、魏，学者尤多，负笈追师，不远千里，讲诵之声，道路不绝。

中州儒雅之盛，自汉、魏以来，一时而已。及高祖暮年，精华稍竭，不悦儒术，专尚刑名，执政之徒，咸非笃好。暨仁寿间，遂废天下之学，唯存国子一所，弟子七十二人。"

到了隋文帝晚年，渐渐不再喜欢儒家观念，而对法家更感兴趣，所以废除了天下许多的学校，只留下了极少量的专修人员。等隋文帝去世后，隋炀帝即位，立即改变了这种局面："炀帝即位，复开庠序，国子、郡县之学，盛于开皇之初。征辟儒生，远近毕至，使相与讲论得失于东都之下，纳言定其差次，一以闻奏焉。于时旧儒多已凋亡，二刘拔萃出类，学通南北，博极今古，后生钻仰，莫之能测。所制诸经义疏，搢绅咸师宗之。"隋炀帝在全国范围内征招有名的儒生，二刘也由此脱颖而出。

因为中国在此之前分裂了近三百年，而经学也各自成系统，分为了"南学"和"北学"。隋朝统一后，南、北学者同时受到了重视，但是长期以来都是南学受重视的程度高于北学，因此南、北合并后，入朝的北人大多受到了排挤，而二刘则属北人，所以他们虽然来到了朝中，但没有受到重视。《隋书·儒林·刘焯传》中称：

> （焯）后与诸儒于秘书省考定群言。因假还乡里，县令韦之业引为功曹。寻复入京，与左仆射杨素、吏部尚书牛弘、国子祭酒苏威、国子祭酒元善、博士萧该、何妥、太学博士房晖远、崔崇德、晋王文学崔赜等于国子共论古今滞义、前贤所不通者。每升座，论难锋起，皆不能屈，杨素等莫不服其精博。六年，运洛阳石经至京师，文字磨灭，莫能知者，奉敕与刘炫等考定。

皇帝为了统一学术思想，让南、北两派学者进行辩论，每次的辩论中，南、北两派都会吵起来，虽然南人看不起北人，但刘焯的学问功底还是受到了南人的叹服。再后来,皇帝命二刘共同校勘石经,这正说明,皇帝也认为二刘经学功底深厚,所以才让他们做这样有难度的工作。

虽然如此,但朝中基本上还是南人的天下,所以说,北学依然受不到太多的重视,然而北学却在民间广泛地流行,焦桂美在《南北朝经学史》中说:"北人在政权中虽遭排斥,然能专经为务,注重讲授,且努力融合南北,体现了时代经学之新要求,故其学虽主要流行于民间,却成为一股巨大的潜滋力量,蓄势待发,并最终对唐初经学产生了巨大影响。"

刘焯与刘炫,从二人的名字看,好像是一家人,然而他们却没有亲戚关系。刘焯是信都昌亭人,而刘炫是河间景城人,然而他俩倒是同学关系。二人在少年时就已相识,共同拜刘轨思为师,他们在刘那里学习《诗经》,而后又共同到广平郭懋那里学习《左传》,但他们都没有学完就离开了,足见他们确实是少年高才。后来二人听说武强交津桥刘智海家里有很大数量的藏书,于是他们在刘家一住就是十年,由此成为了饱学之士。隋朝建立后,二人来到京城,跟很多南学儒生进行辩论。某天,刘炫在一场辩论会上舌战南儒,为此受到了这些人的记恨,有人诽谤刘炫,最终他被削职为民。

就学问功底而言,刘焯的律历之学很厉害。隋朝开国之初,隋文帝也像其他的皇帝那样,要重新制定一套本国的规章制度,当然,这也包括了历法。刘焯在开皇三年呈上了自己所编纂的历书,他的作品没有受到皇帝的重视,因为开皇四年颁发的是张宾所撰的《开皇历》。

这位张宾原本是一位道士,其实对历法并不在行,他的历书只是根据南朝何承天的《元嘉历》改编而成者。然而张宾很能摸透皇帝的心思,因为隋文帝喜欢占星和谶纬,张宾就在历法中融进这些内容，所以他所编纂的历书虽然水平很差，却受到了皇帝的欣赏。

这种编历方式糊弄得了皇帝，但糊弄不了专家，《隋书·律历志》中称："张宾所创之历既行，刘孝孙与冀州秀才刘焯，并称其失，言学无师法，刻食不中，所驳凡有六条。"刘焯等人根据实测情况指出了《开皇历》中不准确的地方，虽然他们点出的问题很明确，但皇帝却不接纳，反而贬斥了刘焯等人。

到了开皇十七年，皇帝命令停用《开皇历》，改用张胄玄所制的《大业历》。《大业历》虽然比张宾的《开皇历》精准了许多，但里面却大量地抄袭了刘孝孙的历法，于是刘焯上书太子杨广，指出了《大业历》的剽窃之处，但因为人事关系上的原因，张胄玄的历法最终还是被采纳。而后刘焯又仔细地修订自己的历法，再次呈献给朝廷，虽然他的历法很精准，但最终还是未被采纳。而那时的张胄玄任太史令，他也明白自己的《大业历》存在问题，故而等到刘焯去世后，他对《大业历》不动声响地进行了修订。

刘炫是跟刘焯同时被举荐于朝廷者，而刘炫更多是在传统经学上有着自己独特的见解，《隋书·儒林传·刘炫传》中讲到了刘炫的一些事情：

> 奉敕与著作郎王劭同修国史。俄直门下省，以待顾问。又与诸术者修天文律历，兼于内史省考定群言，内史令博陵李德林甚礼之。炫虽遍直三省，竟不得官，为县司责其赋役。兹自陈于内史，内史送诣吏部，尚书韦世康问其所能。炫自为状曰："《周礼》《礼记》《毛诗》《尚书》《公羊》《左传》《孝经》《论语》孔、郑、王、何、服、杜等注，凡十三家，虽义有精粗，并堪讲授。《周易》《仪礼》《穀梁》，用功差少。史子文集，嘉言美事，咸诵于心。天文、律历，穷核微妙。至于公私文翰，未尝假手。"

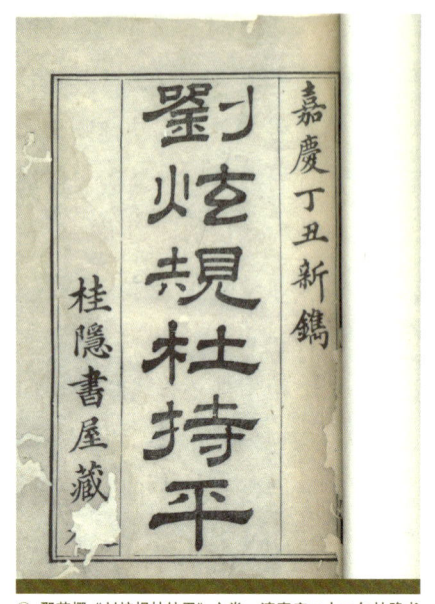

⊙ 邵英撰《刘炫规杜持平》六卷，清嘉庆二十二年桂隐书屋刻本，牌记

吏部竟不详试。然在朝知名之士十余人，保明炫所陈不谬，于是除殿内将军。

刘炫的学问功底很深厚，他在朝中先后供职于三个部门，但每个部门都是只用他的学问，却不给他相应的待遇，这样的处境让刘炫颇为不满，于是他就主动出击，找到了吏部尚书韦世康。韦问刘炫有什么才能，刘讲出了自己最为擅长的经典，儒家的著名经典他几乎都很熟悉，然而他也承认这些经典中有他不太熟悉的，比如《周易》《仪礼》和《穀梁传》。

刘炫的毛遂自荐没能得到他预期的效果。不知什么原因，韦世康并没有安排人对刘炫进行考核，这个结果让朝中的有识之士大感不平，其中有十几人共同保奏，证明刘炫所言确实是那么回事。皇帝接受了这些人的举荐，于是任命刘炫为殿内将军。

隋开皇三年，秘书监牛弘给隋文帝上表，要求派官吏到民间去访求珍本异书，《隋书·牛弘传》中称："上纳之，于是下诏，献书一卷，赍缣一匹。一二年间，篇籍稍备。进爵奇章郡公，邑千五百户。"但是这种访书活动并不是要求私人把书献给朝廷，而是朝中拿到秘本后，派人进行抄写，抄完之后再将原本返还给原藏主，同时还给予赏赐："隋开皇三年，秘书监牛弘表请分遣使人，搜访异本。每书一卷，赏绢一匹，校写既定，本即归主。于是民间异书，往往间出。"

这样的好事当然令藏书家很高兴，因为既能得到赏赐，原书还能继续存在自己手中，而那时的刘炫家中也有大量的藏书，他本身对经学就很有研究，于是他选出了上百卷流传稀见的书，而后进行抄录，抄完之后献给了朝廷，为此也得到了一批赏赐。然而意想不到的是，有人说他所献的书全是刘炫自己伪造出来的，为此刘炫被抓进了监狱，而后判了死刑。好在最后皇帝赦免了他的罪行，他被开除公职，而后返回家乡，以教学为生。此后不久，刘焯也因故被遣返回乡。

这件事被太子杨勇听到了，他知道二人学问很好，于是就把二刘请回了京师，可是刚到京师不久，朝廷又任命二刘到四川杨秀手下去工作。不知什么原因，二人不愿意去。这件事令杨秀十分生气，认为这是二刘看不上自己，于是："枷送益州。既而配为帐内，每使执杖为门卫。俄而释之，典校书史。炫因拟屈原《卜居》为《筮涂》以自寄。"

杨秀果真厉害，他竟然派人把刘炫不远千里押送到了四川，而后罚刘炫做门卫，等消了气后，又让刘炫校订典籍，直到杨秀被废，刘炫才返回了朝中。

刘炫在朝中任职不久，又被人举报"无行"，于是再次被免职，再次回到家乡以讲学为生。然而隋朝末年发生了动乱，结果导致刘炫连生计都成了问题。当时刘炫的门生中有不少

⊙ 邵英撰《刘炫规杜持平》六卷，清嘉庆二十二年桂隐书屋刻本，序言

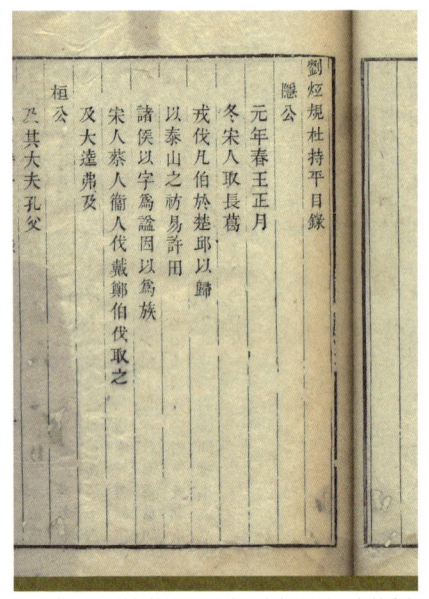

⊙ 邵英撰《刘炫规杜持平》六卷，清嘉庆二十二年桂隐书屋刻本，目录

都加入了河北窦建德的队伍，听说到这种情况后，从城内把刘炫索要了出来，这就等于说刘炫也参加了农民起义军，然而他所参加的这支队伍很快被官军打败了。《北史·刘炫传》中称："炫饥饿无所依，复投县官。县官意炫与贼相知，恐为后变，遂闭门不纳。时夜冰寒，因此冻馁而死。其后门人谥曰宣德先生。"

面对此况，刘炫只好重新去投靠县官，但县官觉得刘炫加入了贼军，担心今后会有麻烦，于是关紧大门不让刘炫入内。在冰天雪地的夜晚，刘炫又冻又饿，竟然因此去世了。一代名家就这样离开了人间。

关于刘炫涉嫌伪造古书之事，同样记载于《隋书·儒林传·刘炫传》中："伪造书百余卷，题为《连山易》《鲁史记》等，录上送官，取赏而去。后有人讼之，经赦免死，坐除名。"按说正史所载应该确有其事，后世也有不少的文章斥责刘炫的文人无行，然而仔细地品读这些历史记载，其实有很多的漏洞在，比如陈启智先生就认为刘炫献伪书案有很大的问题在，陈启智在其所著《中国儒学史·隋唐卷》中说："刘炫当牛弘征书之际，仓促之间，岂能便造伪书百余卷？制作各成体系的百卷古书，非比注疏典籍，纵使刘炫有过人的精力与才学，也绝非短时间内所能完成。且其时刘炫正值'遍历三省'，公务繁忙之际，即使才学足以欺世，也没有伪造古书的时间与机会。

这是此案在时间上的疑点。"

陈启智是从时间上推论，刘炫在短期内制作上百卷伪书不太可能，曹景年在《河间刘炫生平考述》一文中也持相同的观点："百余卷书按当时篇幅近百万字，在当时算是特大部头的书了，今传世的'十三经'总共才六十多万字，要说为了取赏临时创作，即使誊抄书写，也非短时可成，怎么可能很快完成并邀赏？其次，就伪造内容看，易乃卜筮之书，体系严整，文字古奥，不易伪造，而据刘炫自称'《周易》《仪礼》《榖梁》，用功差少'，则其对《周易》之学并不熟悉，又为何伪造易学之书？"

曹景年的这段分析确实有道理。如前所言，刘炫向韦尚书毛遂自荐时也说过自己对《周易》等书不在行，既然如此，那他为什么要伪造《连山易》呢？按理说，伪造古书的人一定会造自己拿手的学问，这样才会漏洞少。更何况，判刘炫有罪的原因是有人认为刘炫伪造古书，那这些人怎么知道刘炫所贡献出的古书是个人伪造的呢？换句话说，他们认为刘炫所造之书是伪书，其依据在哪里呢？这些都找不出相应的证据来。

那么，刘炫所献之书的底本是怎么回事呢？曹景年在其文中分析道："刘炫少时曾就'素多坟籍'的刘智海家读书十年，肯定见过甚至誊抄过不少传世稀少的古书，刘炫所献之书，

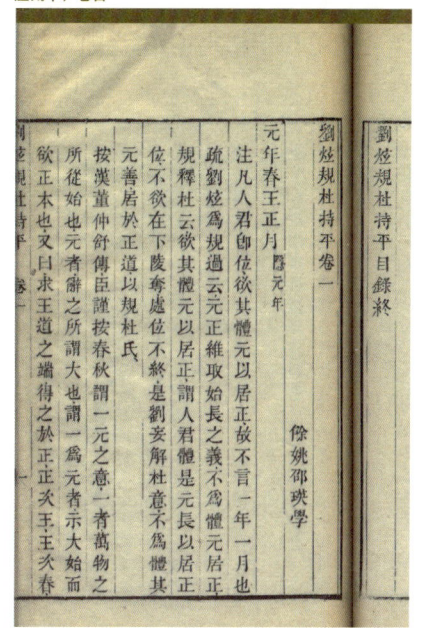

⊙ 邵瑛撰《刘炫规杜持平》六卷，清嘉庆二十二年桂隐书屋刻本，卷首

要么是他过去所搜集，要么是在原来所见的基础上略加修补后进献朝廷，而不可能全是其向壁虚造。"

关于刘炫伪造古书之事还有一段公案，那就是《古文孝经孔传》。《隋书·经籍志》中称："梁代，安国及郑氏二家，并立国学，安国之本，亡于梁乱。陈及周、齐，唯传郑氏。至隋，秘书监王劭于京师访得孔传，送至河间刘炫。炫因序其得丧，述其议疏，讲于人间，渐闻朝廷，后遂著令，与郑氏并立。儒者喧喧，皆云炫自作之，非孔旧本，而秘府又先无其书。"

这段话说，在梁代，《孝经》有两家传本，分别是孔安国和郑氏；到了梁代灭亡时，孔安国本失传了；到了隋代，秘书监王劭在京师访到了一部孔安国本的《孝经》，于是就将此书拿给了刘炫，刘炫对此书进行了一番整理后献给了朝廷，于是孔安国本和郑氏本共同立于学官。但很多人对此提出了意见，他们说这个本子乃是刘炫伪造出来的，根本不存在再发现的问题。

关于孔安国本《孝经》的来由，最初记载于王肃的《孔子家语解》，该书中载有孔安国之孙孔衍《上成帝书》："时鲁恭王坏孔子故宅，得古文科斗《尚书》《孝经》《论语》，世人莫有能言者，安国为之今文读而训传其义。又撰次《孔子家语》。既毕，会巫蛊事起，遂各废不行于时。"根据这段话，王肃在《家语解后叙》中说："壁中诗书，悉以归子国，子国乃考论古今文字，撰众师之义，为《古文论语训》十一篇、《孝经传》二篇、《尚书传》五十八篇，皆所得壁中科斗本也。"王肃确定，《古文孝经孔传》就是孔安国的作品。

然而王肃在经学史上乃是有争议的人物，后世认定《孔子家语》就是他伪造的。正因如此，他说《古文孝经孔传》是孔安国的作品当然也被后世所怀疑，有人认为这部《古文孝经孔传》也是王肃伪造之书。

然而随着新材料的出土，古人的认定有些也被推翻，陈启智在其专著中说道："由于近年出土文献的证明和学者的论证，蒙于这批古文经传之上的疑雾才被廓清。《孔子家语》应该属于先秦古籍，后经'孔氏家学'系统的传承与整理，由孔猛传出，王肃只是为其作了注解与推介，并非伪撰，应该是没有疑问的。"

既然《孔子家语》不是伪造之书，那么，王肃所说的《古文孝经孔传》也就一并无法予以推翻。既然如此，那刘炫家中藏有《古文孝经孔传》也是有可能的事情，更何况《隋书·经籍志》上所记载的那些人说刘炫伪造《孔传》的理由，乃是"秘府又先无其书"，这个理由听来十分的没有道理：内府没有藏就说是假，那既然如此，牛弘为什么还要建议朝廷拿出那么大笔的银两在民间征书呢？这正说明了内府藏书并不丰富。如果以内府无藏来决定某部书的真伪，那么从民间征来的书，岂不都成了假的？

对于这件事，其实在唐代就有争议。唐玄宗诏集群儒来修订《孝经》，当时就引起了今文和古文，以及《郑注》和《孔传》孰优孰劣的大论战，当时左庶子刘知几在给玄宗所上《〈孝经注〉议》中，就提议要用《古文孝经孔传》："至如《古文孝经孔传》，本出孔氏壁中，语其详正，无俟商榷。而旷代亡逸，不复流行。至隋开皇十四年，秘书学士王孝逸，于京市陈人处置得一本，送与著作郎王劭，以示河间刘炫，仍令校定。而更此书无兼本，难可依凭。炫辄以所见，率意刊改，因著《古文孝经稽疑》一篇。劭以为此书经文尽在，正义甚美，而历代未尝置于学官，良可惜也。然则孔、郑二家，云泥致隔，今纶音发问，校其短长，愚谓行孔废郑，于义为允。"（《唐会要》卷七十七）

刘知几在这里也提到了刘炫编校此书的情况，但他没有说刘炫伪造此书，他只说刘炫对该书随意进行删改，并且刘炫还写出了一篇《古文孝经稽疑》。

如此说来，刘炫是位谨严的学者，他得到了这么一部古本并没有进行随意的删改，而是另外写了一篇校记，以此来发表自己对原本的意见。但即便如此，还是有人认为刘炫伪造了《古文孝经孔传》，当时的国子监祭酒司马贞说："其古文二十二章，元出孔壁，先是安国作传，缘遭巫蛊，世未之行。荀昶集注之时，尚有《孔传》，中朝遂亡其本。近儒欲崇古学，妄作此传，假称孔氏。辄穿凿改更，又伪作《闺门》一章。刘炫诡随，妄称其善。且《闺门》之义，近俗之语，非宣尼之正说。"

司马贞首先认定《古文孝经孔传》是假的，该书根本不是孔安国的作品，而刘炫却称这部书很有价值，所以司马贞认为刘炫是位妄人。

既然两派的意见针锋相对，那究竟修订《孝经》时，要本着《郑注》还是本着《孔传》？这件事只能让唐玄宗自己来下决断，他当然也无法确定两书孰优孰劣，于是就采取了个折衷的办法，那就是将《郑注》和《孔传》一并来使用。

然而到了后世，不断有人质疑刘炫伪造了该书，张心澂在《伪书通稿》中记录了一些前人的说法，比如明郑瑗说："予尝论《书》与《孝经》，皆有孔壁古文，皆有孔安国作传。而《古文尚书》至东晋梅赜始显，《古文孝经》至隋刘炫始显，皆沉没六七百年而后出，未必真孔壁所藏之旧矣。"

因为《古文孝经》到了隋代刘炫这里才大显于世，郑瑗就凭这一点断定《古文孝经》不是出自孔壁，清代的崔述也这么认为："《孝经正义》云'隋开皇十四年，秘书学生王逸于京市陈人处买得一本，送与著作郎王劭，以示河间刘炫'，则是后世所谓《古文孝经》者，出于隋世，非汉儒所传孔壁之《古文孝经》也。"

郑瑷和崔述所言，只是说《古文孝经》到了刘炫才出现了，但并没有说是刘炫伪造者。而康有为则直接说，这部书就是刘炫伪造出来的："安国之《传》亡逸于梁世，而刘炫之伪《孝经孔传》出焉，亦与王肃伪《古文书》同，则非歆所及知矣。"

但是他何以知道如此，以康有为的论述方式，他当然认为没必要解释。但也有人说，伪《古文孝经》不是刘炫伪造的，真正的伪造人乃是王肃，比如陈熙晋在《河间刘氏书目考》中说道："孔衍《家语后序》：'孔安国为《古文论语训》二十一篇，《孝经传》三篇，皆壁中科斗本也。'案：许冲所撰一篇，安得有三篇之传乎？《家语》及衍此序均王肃所为，则《孔传》当亦肃所为矣，不得谓光伯伪作。"而盛大士也持这种观点："《隋志》所载王肃《孝经解》久佚，今见于邢昺《疏》中而多与孔传相同。是必王肃妄作，假称孔氏，以与己之臆见互相援证。唐司马贞指斥孔注俚鄙不经，刘炫诡随，妄称其善，或遂疑为炫作，而不知刘炫得于王劭，劭与炫或皆被欺于王肃。"

那究竟情况如何呢？焦桂美认为，这件事不好给出明确的结论，但她还是觉得刘炫不太可能伪造出这样一部书："是后出之伪孔传《古文孝经》究出谁手为千年聚讼之焦点，前人之说大约执以上两端。其中是非，虽迄今难断，然笔者认为后出者虽未必由刘炫伪作，然炫曾得见之并对其进行改造或为事实。"（《南北朝经学史》）

唐代之后，《孝经》的这两个注本都失传了，后来《郑注》从国外传了回来，但《孔传》直到清代才发现日本有翻刻本，此本称为"太宰淳刊本"。二十世纪四十年代初，在日本又发现了刘炫的《孝经述议》残卷，此卷中记载着刘炫校勘《孝经》的一些结论，比如有："'能从法者臣民'，谓民之善者能顺从上法也。准上句言明君忠臣，则此当说良善之意，'臣'字似误，但不知所以。"

对于这段话，陈启智在其专著中说："对《孔传》之误，只是质疑，并未擅自改动，而仅在其误之后，加上自己的评议，如'传非经意''其言非经旨'等等，多达二十余例。甚至于《孝经》成书因由，也胪列了十条理由，反对《孔传》的说法。假如是刘炫伪造《孔传》，何必如此自找麻烦，自己批驳自己。"因此，陈启智得出的结论是："凡此种种，都足以证明所谓的刘炫伪造《古文孝经孔传》，纯属不实之辞，应当予以推倒。"

其实从历史记载来看，刘炫伪造古书的可能性很小。一者，这是因为他聪明绝顶，对此他也很自负，《隋书·儒林·刘炫传》中称："炫眸子精明，视日不眩，强记默识，莫与为俦。左画方，右画圆，口诵，目数，耳听，五事并举，无有遗失。"

看来，刘炫视力很好，记忆力也很强，同时还会分心术，能够左手画方，右手画圆，嘴里还能读着文章，眼睛同时还能数数，而别人跟他说话，他还依然能够正常地回答。这等聪明之人也认为自己的一生"大幸有四""深恨有一"，这里只录他的这"一恨"：

> 仰休明之盛世，慨道教之陵迟，蹈先儒之逸轨，伤群言之芜秽，驰骛坟典，厘改僻谬，修撰始毕，图事适成，天违人愿，途不我与。世路未夷，学校尽废，道不备于当时，业不传于身后。衔恨泉壤，实在兹乎！其深恨一也。

看来，他痛恨许多典籍失传了。既然有着这样的心态，他怎么可能自己伪造一大批古书呢？所以陈启智说："刘炫晚年总结自己一生的学术志趣说'慨道教之陵迟，蹈先儒之逸轨，伤群言之芜秽，驰骛坟典，厘改僻谬'。对传世的经典和前人注疏中的错误还要'厘改僻谬'，又焉能再伪造一部比'僻谬'更甚的伪书？"

虽然对刘炫有着这样那样的说法，然而他的著作却受到了后世的高度关注，比如黄焯在《诗疏平议·序》中说："唐贞观中，孔颖达等撰《毛诗正义》四十卷。其书以刘焯《毛诗义疏》、刘炫《毛诗述义》为稿本，二刘疏义，并迥绝前世，孔氏据以为本，故能融贯群言，包罗古义，远明姬汉，下被宋清，后有新疏，盖无得而逾矣。"

唐孔颖达在撰修《毛诗正义》时，用的就是刘焯和刘炫的底本。其实情况不止如此，孔颖达主编的《五经正义》其中有"三经"采用的都是二刘的观念，除了《毛诗》，另外两经是《尚书正义》和《春秋正义》，对于这一点，孔颖达在序言中都一一点出，比如他在《尚书正义序》中说："其为正义者蔡大宝、巢猗、费甝、顾彪、刘焯、刘炫等。其诸公旨趣，多或因循怗释注文，义皆浅略，惟刘焯、刘炫最为详雅。"而在《春秋正义序》中也称："其为义疏者，则有沈文何、苏宽、刘炫。然沈氏于义例粗可，于经传极疏。苏氏则全不体本文，唯旁攻贾、服，使后之学者，钻仰无成。刘炫于数君之内，实为翘楚，然聪惠辩博，固亦罕俦，而探赜钩深，未能致远。"因此，清陈熙晋在《河间刘氏书目考》中总结道："唐初《五经正义》据刘氏以为本者三，六朝之中一人而已。"

从实际情况看，孔颖达所编的《五经正义》有很多地方都是抄刘焯和刘炫的原文，清钱大昕指出：

唐初《正义》，曲徇一家之言。……《书疏》多采刘焯、刘炫二家，如《尧典》"鞭作官刑"疏云"此有鞭刑，则用鞭久矣。日来亦皆施用。大隋造律，方始废之"。《吕刑》"宫辟疑赦"疏云："汉废除肉刑，宫刑犹在。近代反逆缘坐，男子十五以下，不应死者皆宫之。大隋开皇之初，始除男子宫刑。"唐人修书，不当仍称大隋，盖沿二刘之文而未及检正也。

此文中提到了"大隋",因此钱大昕认为这是编辑没有进行修订而直接把二刘原话抄录下来,王鸣盛在《尚书后案》中也发现了这个问题:"此与《舜典》'鞭作官刑'及《武成》'罔有敌于我师',疏皆称'大隋',乃隋儒语也。此经疏名虽系孔颖达,其实皆取之顾彪、刘焯、刘炫,三人皆隋人,故未经删净处,元文犹有存者。"

既然刘焯和刘炫在经学史上有着这样重要的地位,那何必还要把那么多污水泼到他们的头上呢?这只能说后代学者在很多问题上不宽容,他们忽略了二刘在经学史上所做出的重大贡献,而关注一些捕风捉影的疑点。

关于刘炫的墓,《太平寰宇记》卷六十五中载:"刘炫碑,后周人,居此传经史,后学之人为立碑,见存。"看来,在宋代时,刘炫的墓和碑都存在。而曹景年在其《考述》一文中写道:"《金石录》卷三载:'隋文儒先生刘炫碑,大业元年。'但刘炫大业元年尚在世,故此碑极可疑。《畿辅通志》卷四十八记载:'刘炫墓在献县东八十里景城南。'如今碑与墓都已杳无踪迹。"然而我在沧州地区寻访之时,孙建先生告诉我,刘炫的墓依然存在。这让我听来当然很高兴。

刘炫故里和墓位于河北省沧州市西 20 公里的崔尔庄镇景城村。对于这个具体地点,孙建先生告诉我,这是出自纪晓岚所言。他曾经拿出一册《阅微草堂笔记》给我看,称这是自己所读该书的第三本,因为前两本都翻烂了。他请我在这本书上写一段题记,我翻看此书,里面批校几满,其用功之勤,让我叹服。我因藏书涉猎百科,其实哪一样都没有弄彻底,这样的结果,就如同荀子在《劝学篇》中所说的鼫鼠,虽然样样都会,但最终还是"五技而穷"。面对这等专一的孙建先生,我当然不好意思在他的书上落下字迹。

我的这趟沧州之行得到了梁振刚先生的大力帮助,他不但帮我安排了行程,还给我介绍了多位朋友。孙建先生乃是当地有名的文史专家,虽然人很年轻,却对当地的风土人情了如指掌,这给我的寻访带来了很多的便利。

沿途是一望无尽的枣树林。之前先去瞻仰了尹吉甫墓,尹墓的周围也同样是大片的枣林,然而眼前的这片枣林看上去比尹吉甫墓旁边的枣树要粗壮许多。尹墓周边的枣树已经采摘过,因为树上还挂着星星点点的漏网者,顺手摘下几枚,入口即感到香甜无比,在市场上买到的枣从来没有过这么好的味道。

中午吃饭时,我赞扬了沧州小枣的美味,说它果真名不虚传,饭后车上就多了四箱枣,让别人理解出这么多的弦外之音,真有点不自在。看来,在这等热心的朋友面前,千万不能夸某种土特产是如何之好。开出不到半小时,在路边看到了一个巨大的冷库,墙上写着大红字"阅微万吨冷库",看来又进了纪晓岚的地界。

◉ 景城遗址文保牌

⊙ 传说中刘炫的墓地

前行不远，就进入了景城村，在村边上见到一个50米见方的大土台，车停到了旁边，孙建介绍称这就是传说中的刘炫墓地，然而旁边立着的文物牌却写着"景城遗址"。土台约两米高，上面种着一些枣树，另一半却是空地。

登上土台拍照，突然身边窜过一只灰黄色的土狗，顺着狗跑过来的方向看去，原来它在追一只猫，狗的身后传来了呵斥声，一个中年男士登上了土台。他看到我等站在上面，眼光马上变得警惕而戒备，孙建马上跟他提到本村的某人姓名，那人紧张的面色立即松弛下来，说刚才提到的那个名字是他表哥。

孙兄介绍我是北京来的，专门来看这个土台，请他给我讲讲这个土台的故事。此人自称叫纪根平，是纪晓岚的后人，纪在去世前留有遗言，不允许后世再有做官的人，但他现在村里当电工，孙建笑称：那你也算是吃皇粮的了。此人说，这个土台可能是刘武周金銮殿的遗址。我问他何以见得，纪根平神秘地告诉我："1978年，我二哥当小队会计，偶然在土台的侧边发现了一个洞，他顺着洞进去了，里面很大很长，可以跑马，有一次在洞里玩时，有一面墙的砖倒了，把他砸死在了里面，所以后来我们把这个洞口给填了。"

他边说边把我等带到了洞口旁。这个洞口就在土台的侧面，有一块塌陷了下去，上面长满了荒草。纪根平还说刘武周有四个闺女，分别驻扎在四个庄子里头，这里有问题的时候，四个闺女就会带兵前来救驾，现在这四个村庄，前些年还有这四个闺女的墓，后来墓都被挖掉了，成了四个大坑。当时，东南和北面都有城墙，而唯独东面城墙是假的，是用布做的，被某个大将用箭一射，发现了这个秘密，于是就灭了这个城。纪根平又说这个土台原来面积要比现在大一倍，逐渐被村民一点点挖土去垫了宅基地。

这段故事听来倒是引人入胜，但遗憾的是无法确认这个大土台跟刘炫的关系。虽然找不到相关的文字介绍，然而把这里目之为刘

⊙ 这片枣林也是文保单位

◉ 文保牌后面列出的数字让我想象着当年规模之宏大

炫的故里却完全没错，毕竟这里还有古城墙在，而当年这位大经学家在年幼之时，应当活动于此地。想到这一层，自己的疑惑之心也就渐渐平息了下来。

　　从景城遗址驶出，在村边小路旁有见到一块文保牌，上面写着"纪氏墓地"。刚才进村时，我就隐约地看到了这个文保牌，以为就是刘炫墓址所在。孙建说，这是纪晓岚祖上的墓地，并且是他自己通过不断的努力，才给此处立上了文保牌。我对他的这种努力充满了敬意，这才是一个文化使者的良心所在。孙称，纪家先祖到纪晓岚父亲这一辈都葬在这里，按照资料记载，到"文革"前此处有纪家族人的坟墓1194座，然而现在这片墓地上能看到坟头的不过十数座而已。孙建说是在"文革"中砸烂推平的，他说自己在近几年经常看到村民家的猪圈或院子里头使用的石条就是纪家坟墓上的墓碑。

刘炫：隋北通儒，被诬伪经

⊙ 枣树下的坟丘

当然，我更关心孙建在这里是否发现过跟刘炫有关的遗物。他说，那个时代太遥远了，所以没有找到过任何相关的实物。能够看得出，孙建也对此颇感遗憾。

孔颖达：《五经正义》，定于一尊

孔颖达在中国经学史上有着崇高的地位，安敏在《孔颖达〈春秋左传正义〉研究》一书的"绪论"中说："孔颖达是唐代的经师鸿儒，由其主持编修的《五经正义》在唐代注疏学以及中国经学发展史上的地位都是不容忽视的。这一编修活动也是中国文化发展史上的一件大事。"而吴雁南、秦学颀、李禹阶主编的《中国经学史》则称："唐代经学的统一，以孔颖达、颜师古二人贡献最大。"申屠炉明在《孔颖达、颜师古评传》中称："孔颖达一生中最主要事业以及学术上的贡献，主要是晚年负责编撰了《五经正义》，这是中国经学史上的不朽盛事。"

孔颖达在经学史上如此重要，这跟其当时的环境有很大的关系。李唐王朝建立之后，急于统一政治思想，但那时的经学观念较为混乱，虽然唐代是接续隋朝而建立者，但因为隋代国祚较短，故唐初的经学概念依然是南北朝时的状态。《北史·儒林传》中称："大抵南北所为章句，好尚互有不同。江左，《周易》则王辅嗣，《尚书》则孔安国，《左传》则杜元凯。河洛，《左传》则服子慎，《尚书》《周易》则郑康成。《诗》则并主毛公，《礼》则同遵于郑氏。"

由此可知，南北朝时的经学观念各有所本，对于这种状态，清皮锡瑞在《经学历史》中也称："南朝衣冠礼乐，文采风流，北人常称羡之。高欢谓江南萧衍老公专事衣冠礼乐，中原士大夫望之，以为正朝所在,是当时北人称羡南朝之证。经本朴学,非专家莫能解,俗目见之,初无可悦。北人笃守汉学,本近质朴;而南人善谈名理,增饰华词,表里可观,雅俗共赏。故虽以亡国之余,足以转移一时风气,使北人舍旧而从之。"

看来那时南学的观念比北学更为流行,而唐王朝虽然统一了中国,但其首都却在北方,因此唐太宗希望能够将南北的学术观念统一起来。本田成之在《中国经学史》中说:"从唐至宋,明经皆依此书,昔汉武帝虽欲以儒学统一天下的思想,然儒学本身却不能统一,这恐怕是不可能的事。然太宗毅然出于此举,这是一大英断,恰如汉武废儒教以外的学,以阻碍学艺的发达同样,使经学完全固定,其结果进步也就因此终止。这虽是太宗的英断,但在隋时刘焯、刘炫已经努力于南北学术的统一。"

于是唐太宗就命颜师古考定"五经",而后又命孔颖达等撰《五经正义》,以此将儒家经典的解释统一口径。

正是在这种大的背景下,孔颖达组织一大批著名学者,用了二十多年的时间编出了《五经正义》。本田成之说:"唐太宗以儒学多端,注释繁杂,命国子祭酒孔颖达与诸儒撰定五经义疏,凡百七十卷,名曰《五经正义》,孔颖达既卒,博士马嘉运指摘其撰定的《正义》缺点,诏使修正,但未成。永徽二年(651年)诏诸儒复考证之,永徽四年(653年)遂以《五经正义》颁天下,每年据此以受试验。"

对于《五经正义》在经学史上的价值所在,李源澄在《经学通论》中给出了如下的评价:"隋设进士科,取士之法一变,唐初修《五经正义》,乃结束其前之经学,自有经学以来,至此为一段落。"

隋代举行的科举考试开启了此后中国千年的科考格局,因此科考对中国社会整体而言影响巨大。而李源澄认为孔颖达等人修撰的

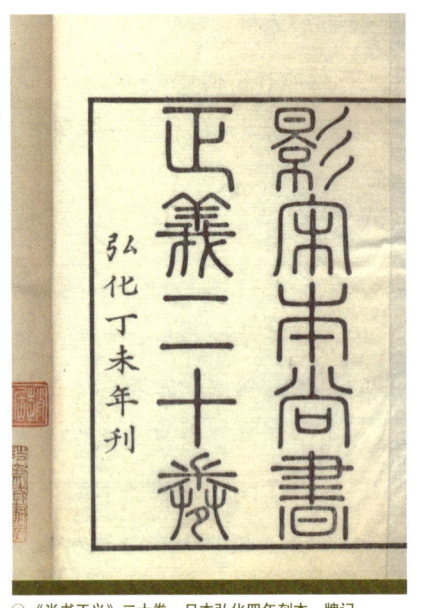

⊙《尚书正义》二十卷，日本弘化四年刻本，牌记

《五经正义》，其影响力不在隋代的科考之下，此书的出版成为了中国经学史上的一个分水岭。《唐会要》卷七十七中称："永徽二年三月十四日，诏太尉赵国公长孙无忌及中书门下，及国子三馆博士、宏文学士。故国子祭酒孔颖达所撰《五经正义》，事有遗谬，仰即刊正。至四年三月一日，太尉无忌、左仆射张行成、侍中高季辅，及国子监官，先受诏修改《五经正义》。至是功毕，进之。诏颁于天下。每年明经，依此考试。"

《五经正义》虽然中间有些错误，但经过修订得以正式出版，自此之后，唐代科考中的明经科就以《五经正义》作为科考的标准读本，多少绩学之士就是因为学习了这部书才考取了功名，名扬天下。

《五经正义》的主编乃是孔颖达，而他原本就是孔子的后裔，申屠炉明在《孔颖达、颜师古评传》一书中根据《新唐书·宰相世系表》，将孔颖达的家族传承简述如下：

> 孔颖达是孔子的后裔。孔子后裔至汉代有孔福，封关内侯。孔福七世孙孔郁为后汉冀州刺史，生孔扬。孔扬为下博亭侯，子孙因此定居下来。其后七世孙灵龟，后魏时任国子博士。灵龟生硕，后魏时任治书侍御史。孔硕生孔安，任北齐青州法曹参军。孔安即孔颖达之父。自孔子至此三十三世，则孔颖达为

孔子第三十三代孙。

孔颖达乃是孔子的后裔，他研究经学也就变成了家学，故而他从小就学习儒家经典，再加上天资聪颖，所以很小就有名气。《旧唐书·孔颖达传》中称："孔颖达，字仲达，冀州衡水人。祖硕，后魏南台丞。父安，齐青州法曹参军。颖达八岁就学，日诵千余言。及长，尤明《左氏传》《郑氏尚书》《王氏易》《毛诗》《礼记》，

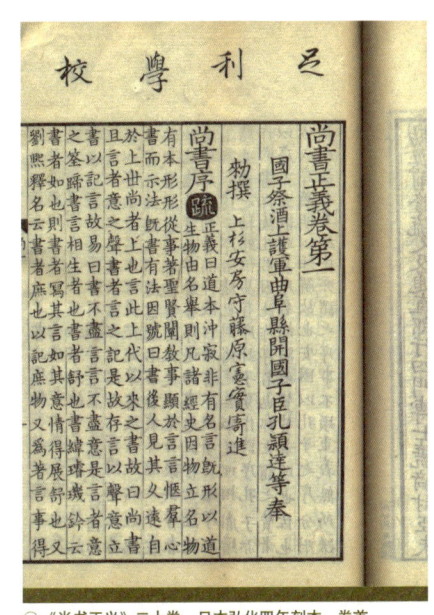
⊙《尚书正义》二十卷，日本弘化四年刻本，卷首

兼善算历，解属文。同郡刘焯名重海内，颖达造其门。焯初不之礼，颖达请质疑滞，多出其意表，焯改容敬之。颖达固辞归，焯固留不可。还家，以教授为务。"《册府元龟》卷七十五中也称："孔颖达年八岁就学，日读千余言，至暮更诵，未尝嬉戏，有异凡童。《三礼义宗》尽能暗记。"

看来孔颖达几乎遍学儒家经典，同时数学也很好，当地的名士刘焯名气很大，于是孔颖达前往拜刘焯为师。刘虽然收了这位弟子，但对孔并不在意，后来孔颖达在跟刘焯探讨一些经学上的艰深问题时，孔颖达表达出的观点特别新颖，这让刘焯对他刮目相看。可能是孔觉得在刘那里已经学不到更多的知识，于是就提出辞学返乡，而这时的刘焯觉得有孔颖达这样的弟子太难得了，于是一再挽留，可是孔不改初衷，还是辞学返回了家乡。他回去之后，就在当地以教学为生。

《旧唐书·盖文达传》中有这样一段记载："盖文达，冀州信都人也。博涉经史，尤明三传。性方雅，美须貌，有士君子之风。刺史窦抗尝广集儒生，令相问难，其大儒刘焯、刘轨思、孔颖达咸在坐，文达亦参焉。既论难，皆出诸儒意表，抗大奇之，问曰：'盖生就谁受学？'刘焯对曰：'此生岐嶷，出自天然。以多问寡，焯为师首。'抗曰：'可谓冰生于水而寒于水也。'"这段话虽然讲述的是盖文达的才能，但其中有一句话颇为重要："其大儒刘焯、刘轨思、孔颖达咸在坐。"对于这句话，安敏在其专著中予以了这样的解读："盖文达与孔颖达同列十八学士，也是同乡，为刘焯学生。从此则记载看来，当盖文达作为儒生论难之时，孔颖达已是与刘焯并肩而坐的大儒了。"

这个阶段仍然是隋朝，如前所言，隋朝已经开办了科举考试，而以孔颖达的才能参加考试取得好成绩当然不是问题。《旧唐书·孔颖达传》中称："隋大业初，举明经高第，授河内郡博士。时炀帝征诸郡儒官集于东都，令国子秘书学士与之论难，颖达为最。时颖达少年，而先辈宿儒耻为之屈，潜遣刺客图之。礼部尚书杨玄感舍之于家，由是获免。补太学助教。属隋乱，避地于武牢。"

● 孔颖达疏《尚书注疏》二十卷，明嘉靖间李元阳福建刻《十三经注疏》本

不知出于什么原因，隋炀帝下令把各郡的儒官都集中到了洛阳，命令国子秘书学士跟这

些儒官进行论辩,用今天的话来说这应当就叫PK。孔颖达果真有才,虽然他很年轻,而各郡来的老儒们却PK不过他,这让那些老儒们觉得十分丢脸,于是有了"既生瑜,何生亮"的心态。他们暗地里安排刺客准备将孔颖达干掉,这件事被主持论辩工作的礼部尚书杨玄感听到了,他可能觉得这帮老儒实在无耻,同时也爱惜这位年少天才,于是就把孔颖达偷偷藏在了自己的家中。那帮老儒当然不敢对杨玄感有什么企图,于是这件事只好作罢。

正是这位杨玄感的仗义,才使得中国经学史上诞生了一位重要的人物。然此后不久,就产生了隋末战争,孔颖达见事不可违,于是躲了起来。经过一系列战争之后,李家夺取天下,建立了唐朝。然孔颖达一心向学的行为却传播了出去,所以在他人的引荐下,孔颖达又出山做官了。"太宗平王世充,引为秦府文学馆学士。武德九年,擢授国子博士。贞观初,封曲阜县男,转给事中。时太宗初即位,留心庶政,颖达数进忠言,益见亲待。"

看来当年唐太宗对孔颖达颇为看重,《旧唐书》和《新唐书》上都有一个很长的段落记录下唐太宗向孔颖达请教《论语》上的问题,而孔予以了详细的解释,他的解释很让唐太宗感到满意。再后来孔颖达又跟魏徵共同编纂了《隋史》,可见他在经、史两方面都颇有作为。

唐初的思想界颇为开放,佛教、道教、儒教并行于天下,但也由此产生了三教之间的互相排斥与争斗,孔颖达乃是儒教的著名人物,当然他要维护儒学的正统。唐释道宣所撰《续高僧传》有如下一段记载:"贞观十三年,集诸官臣及三教学士于弘文殿,延净开阐《法华》。道士蔡晃讲论好独秀。玄宗下令遣与抗论。晃即整容问曰:'经称序品第一,未审序第何分?'净曰:'如来入定征瑞,放光现奇,动地雨花,假近开远,为破二之洪基,作明一之由渐。

故为序也,第者为居,一者为始,序最居先,故称第一。'晃曰:'第者弟也,为弟则不得称一,言一则不得称第。两字矛盾,何以会通?'……时有国子祭酒孔颖达,心存道党,潜扇蝇言,曰:'佛家无诤,法师何以构斯?'"

对于孔颖达所主编的《五经正义》,唐太宗看后感到特别满意,《旧唐书·孔颖达传》中说:"与颜师古、司马才章、王恭、王琰等诸儒受诏撰定《五经》义训,凡一百八十卷,名曰《五经正义》。太宗下诏曰:'卿等博综古今,义理该洽,考前儒之异说,符圣人之幽旨,实为不朽。'付国子监施行,赐颖达物三百段。"

由这段话可知《五经正义》是由多位大儒编纂而成者,孔颖达更像是主纂人,这部大书有多少是出自他的亲撰,史上没有记录。可是他给每一经都写了篇序言,以此来概括他对该经的态度,由此可以了解到孔颖达的经学思想。然而这部书直到孔颖达去世后才正式对外颁布,并且在他去世之后仍然有修订,究竟修订了多少,历史上未曾有记录。但是后人认为,该书有瑕疵,其中之一就是照录前朝的文本,各种研究著作大多会举出如下的例子,比如《尚书·舜典》疏:鞭刑,大隋造律,方始废之。而《吕刑》疏:大隋开皇之初,始除男子宫刑。

对于这两段书,本田成之在《中国经学史》中评价说:"虽

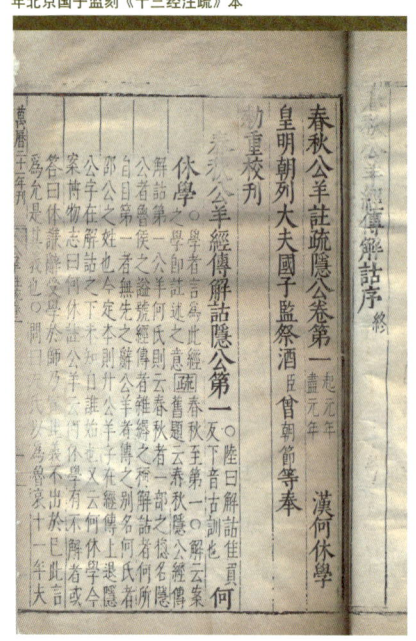

⊙ 孔颖达疏《春秋公羊传注疏》二十八卷,明万历二十一年北京国子监刻《十三经注疏》本

是由隋入唐，在唐代而说'大隋'是很可怪异的。或者是把颖达居隋时所作，照样抄写呢，或者是把隋人的义疏照样蹈袭，二者必居一于此。"

因为孔颖达编写《五经正义》是入唐后的事情，按照普遍遵循的规律，进入唐代之后当然不能尊称前朝为大隋，惯常的写法应当是前隋。而《五经正义》上出现了"大隋"字样，所以很多学者认为无论是孔颖达还是其他的编纂人，只

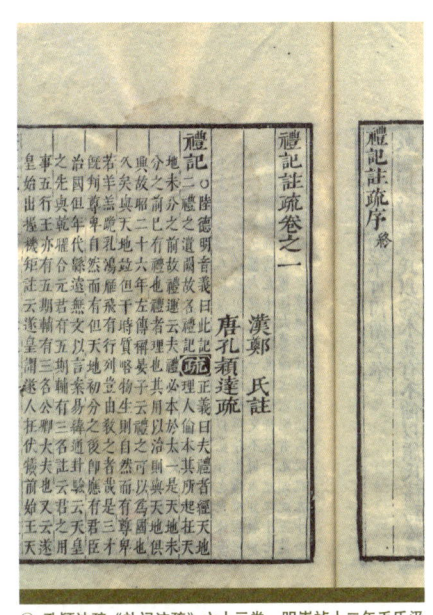

⊙ 孔颖达疏《礼记注疏》六十三卷，明崇祯十二年毛氏汲古阁刻《十三经注疏》本

是照录了以前的文本而并未做出系统修改，以此来证明《五经正义》虽然编了二十多年，但并没有认真地逐字核对原文。但我倒觉得此事也不必这样武断，因为在隋代时孔颖达就已经对重要的儒家经典都做过系统的研究，而把他的研究成果直接过录到《五经正义》内，似乎也没有什么不可。更何况，孔颖达被任命为该书总编时年纪已高，恐怕他确实没精力对着一百八十卷的大书，一个字一个字地进行审核。因此皮锡瑞在《经学历史》上说："颖达入唐，年已耄老，奉命监修《五经正义》，岂能逐条亲阅，不过总揽大纲，诸儒分治一经，各取一书以为底本，名为创定，实属因仍。书成而颖达居其功，论定而颖达尸其过。究之功过，非一人所能独擅，义疏并非诸儒所能为也。……标题孔颖达一人之名者，以年辈在先、名位独重耳。"

皮锡瑞的这段猜测倒是比较符合事实，所以说后代批评《五经正义》中的一些错误，而批评声音全部倒到了孔颖达的头上，就是

因为他在当时名气太大了，所以此书仅标他一个人的名字。其实从总体来说，孔颖达的确把握着《五经正义》的整体方向，比如对于易学的历史，孔颖达在《周易正义》的序言中说道："及秦亡金镜，未坠斯文；汉理珠囊，重兴儒雅。其传《易》者，西都则有丁、孟、京、田，东都则有荀、刘、马、郑。大体更相祖述，非有绝伦。惟魏世王辅嗣之《注》，独冠古今。所以江左诸儒，并传其学，河北学者，罕能及之。其江南义疏，十有余家，皆辞尚虚玄，义多浮诞。"由这段话可知，对于易学，孔颖达最看重三国魏王辅嗣所作的注。

对于《毛诗正义》，孔颖达在序言中说："先君宣父，厘正遗文，缉其精华，褫其烦重，上从周始，下暨鲁僖。四百年间，六诗备矣。"孔颖达在这里称孔子为"先君"，这正说明了他是孔子之后。然而司马迁在《史记》中说孔子将三千多首古诗删为了三百零五首，关于孔子是否真的做过这样的事，后世有着广泛的争论。那么作为孔子后裔的孔颖达对这件事是怎样的态度呢？他当然需要正面回答这个问题，孔颖达在《诗谱序》中说的十分明确："《史记·孔子世家》云：'古者诗本三千余篇，去其重，取其可施于礼义者三百五篇。'是诗三百者，孔子定之。如《史记》之言，则孔子之前，《诗》篇多矣。案书传所引之《诗》，见在者多，亡逸者少，则孔子所录，不容十分去九。马迁言古《诗》三千余篇，未可信也。"

看来，他明确反对司马迁的说法，孔颖达认为孔子不可能做过这样的事，再联系上他在《毛诗正义序》中所说，表明孔颖达认为孔子确实整理了古诗。并且他又谈到了"六诗"这个词，其实"六诗"一词出自《周礼·春官·大师》："教六诗：曰风，曰赋，曰比，曰兴，曰雅，曰颂。"看来，六诗就是六义，关于六义的概念，孔颖达在《毛诗正义》中说："然则风、雅、颂者，《诗》篇之异体；赋、比、兴者，《诗》文之异辞耳。大小不同，而得并为六义者，赋、比、兴是《诗》之所用，风、雅、颂是《诗》之成形，用彼三事，成此三事，是故同称为义，非别有篇卷也。"

对于孔颖达的这段话，后世将其总结为"三体三用"。鲁洪生在《诗经学概论》中说："他明确地把赋、比、兴与风、雅、颂分开，认为风、雅、颂是诗歌体裁，赋、比、兴是表现方法。""此说影响极大，使赋、比、兴为'表现方法'说几成定论，至今仍为大多数学者所接受。"

《毛诗正义》一书对后世影响较大，黄焯在《诗疏评议》中说："唐贞观中，孔颖达等撰《毛诗正义》四十卷。其书以刘焯《毛诗义疏》、刘炫《毛诗述义》为稿本，二刘疏义，并迥绝前世，孔氏据以为本，故能融贯群言，包罗古义，远明姬汉，下被宋清，后有新疏，盖无得而逾矣。"看来，本书自出版后，经过了宋元明清，虽然也有不少的著作出现，但少有能超过《毛诗正义》者。而王承略在《〈诗经〉概说》中称："此书是汉魏六朝《诗》学研究的集大成之作，融贯群言，包罗古义，远明周汉，下被宋清，后有新疏，无得而逾，不愧是《诗经》学史上的里程碑。"

既然《毛诗正义》在经学史上有着如此的崇高地位，那该书有什么特点呢？王承略在其文中作出了如下的总结："一是维护序、传、笺、谱的权威，阐述充分详备，或明其所以然，或明其用语的出典；二是详细辨别序、传、笺、王肃等见解的差异，有时给予明确的取舍

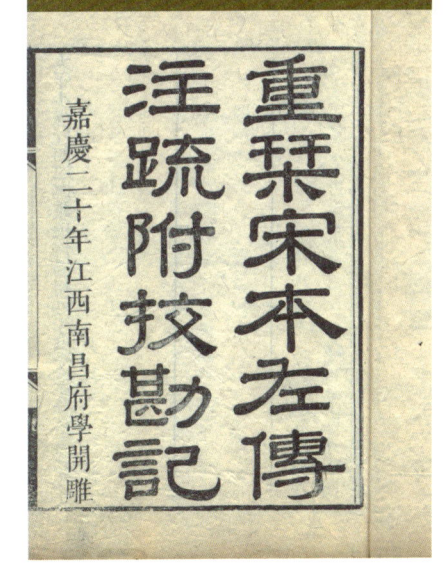

⊙ 孔颖达疏《附释音春秋左传注疏》六十卷，清嘉庆二十年南昌府学刻重刊宋本十三经注疏本，牌记

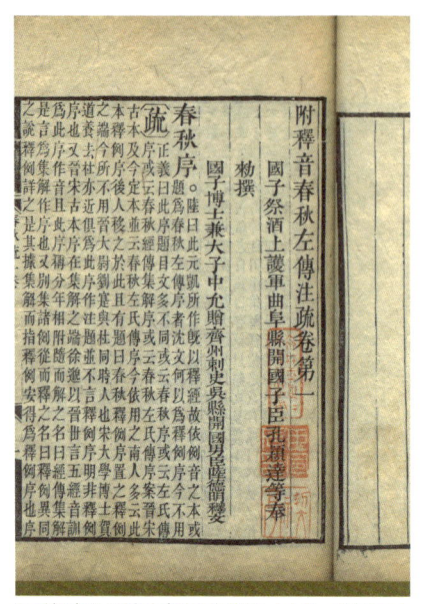

○ 孔颖达疏《附释音春秋左传注疏》六十卷，清嘉庆二十年南昌府学刻重刊宋本十三经注疏本，卷首

态度；三是对经文中的关键词语释义周详而精确，不仅旁征博引各家之说，而且全面顾及《诗经》各篇有关词语的内在联系。"

《礼记正义》是《五经正义》中成就较高的一部，黄侃在《礼学略说》中称："孔《疏》虽依旁黄《疏》，然亦时用弹正，采撷旧文。词富理博。说礼之家，钻研莫尽。故清世，诸经悉有新疏，独《礼记》阙如者，亦以襄驾其上之难也。"

而对于《春秋正义》，孔颖达在序中首先讲述了孔子纂《春秋》的原因和动机："暨乎周室东迁，王纲不振，楚子北伐，神器将移。郑伯败王于前，晋侯请隧于后，窃僭名号者，何国不然？专行征伐者，诸侯皆是。下陵上替，内叛外侵，九域骚然，三纲遂绝。夫子内韫大圣，逢时若此，欲垂之以法则无位，正之以武则无兵，赏之以利则无财，说之以道则无用，虚叹衔书之凤，乃似丧家之狗，既不救于已往，冀垂训于后昆，因鲁史之有得失，据周经以正褒贬，一字所嘉，有同华衮之赠，一言所黜，无异萧斧之诛。所谓不怒而人威，不赏而人劝，实永世而作则，历百王而不朽者也。"

春秋末年天下大乱，孔子很想拨乱反正，然而他既无权也无兵更无钱，于是通过修鲁国史来将自己的思想融入《春秋》一字一句中。看来孔颖达赞同今文经学家所强调的《春秋》一书包含着孔子的微言大义。

对于《春秋》一书究竟是不是孔子所撰,后世也同样有着广泛的争论,最早认为《春秋》乃是孔子所撰者应当是孟子,《孟子·滕文公下》中称:"世衰道微,邪说暴行。臣弑其君者有之,子弑其父者有之。孔子惧,作《春秋》。《春秋》,天子之事也,是故孔子曰:'知我者,其唯《春秋》乎!罪我者,其唯《春秋》乎!'"而该文中又明确地称:"昔者禹抑洪水而天下平,周公兼夷狄,

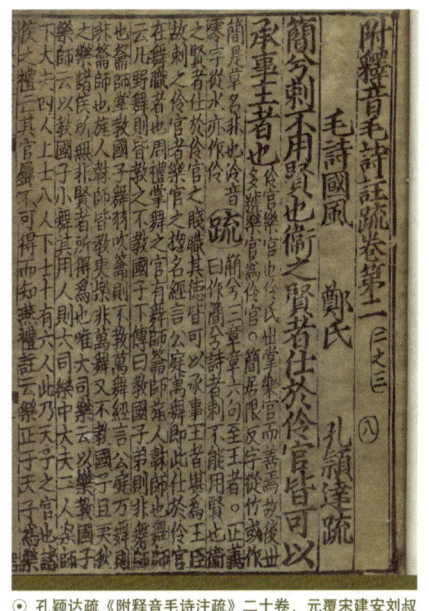

⊙ 孔颖达疏《附释音毛诗注疏》二十卷,元覆宋建安刘叔刚一经堂刊本

驱猛兽而百姓宁,孔子成《春秋》而乱臣贼子惧。"

可是后世有人抓住孔子说过"述而不作"这句话,认为他没有写过《春秋》,这样的争论一直延续到近代,比如钱玄同等就认为《春秋》一书写得太差了:"孔丘底著作究竟是怎么样的,我们虽不能知道,但以他老人家那样的学问才具,似乎不至于做出这样一部不成东西的历史来。"(《古史辨》第一册)当然在钱玄同千年之前的孔颖达肯定不这么认为,他认为编纂《春秋》一书融汇进去了太多孔子自己的思想。

无论后世对《五经正义》是褒是贬,它的巨大影响力都不容忽视,虽然明代初年编出了一部《四书五经大全》,也成了钦定的考试课本,但其地位和影响力与《五经正义》差得很远。正如本田成之所言:"明时的《五经大全》是把宋元诸儒说誊抄一过而作成的,曾受与以多额的赏赐。与此大异。作明之《大全》的人皆无学无识,而作唐之《正义》

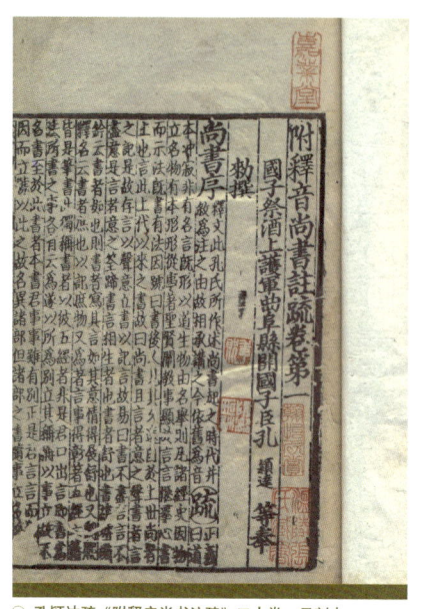

孔颖达疏《附释音尚书注疏》二十卷，元刻本

的人皆堂堂学者。"本田成之认为《五经正义》才是真正的大学者共同智慧的结晶。虽然后世对此有着这样那样的批评，但丝毫不影响其价值在。

后世对《五经正义》一书的批评之声，主要集中在"疏不破注、注不破经"。也就是说孔颖达等大儒已经发现前人在著书方面的错误，但他依然本着这种说法而不作纠正。但也有人认为孔颖达的这种做法自有其道理在，比如皮锡瑞在《经学历史》中说："著书之例，注不驳经，疏不驳注；不取异议，专宗一家；曲徇注文，未足为病。"因此评论问题不应当跨越时代，孔颖达在唐初就能融会贯通各种观点，同时又能够保证前代大儒的学术思想不被篡改，这也是难能可贵的。

但是，《五经正义》的影响力不容忽视，比如朱彝尊在《经义考》中说："晁公武曰颖达据刘炫刘焯疏为本，删其所烦而增其所简，云自晋室东迁，学有南北之异。南学简约，得其英华；北学深博，穷其枝叶。至颖达始著《义疏》，混南北之异。虽未必尽得圣人之意，而形名度数亦已详矣。自兹以后，大而郊社宗庙，细而冠婚丧祭，其仪法莫不本此。"看来，孔颖达的《五经正义》分别采取了南派和北派的不同观念，而后将其汇为一编，而这种作法受到了清代乾嘉学者的诟病。但马宗霍认为这种作法恰好是《五经正义》的特点所在，他在《中国经学史》中给予了如下公允的评价："清儒以汉学殖名,颇薄魏晋以来经说,因唐人义疏之多主魏晋也;益从而诋之,如阎若璩、戴震、段玉裁、江声、江藩、沈钦韩诸氏,莫不皆然。其实唐人义疏之学,虽得失互见,而瑕不掩瑜。名宗一家,实采众说,固不无附会之弊,亦足破门户之习。"

孔颖达之墓位于河北省衡水市前马庄村西 300 米处,这是我在网上搜到的地点,然而经过实际的寻访,其具体位置应当是在衡水市中心大街与大庆路路口北 200 米西侧。

从大广高速驱车直接开到了衡水市,进市左转右转,找到衡水中心大街与大庆路交口,然此处是闹市区,显然不会有古墓存在,于是停好车走进附近的一家超市去打听,老板刚听到我问了一句话,就很不耐烦地打断我:"光天化日,找什么古墓!"

碰一鼻子灰出来,只好继续寻找可打听之人,看到路边有一位清扫街道者,以我的理解,这种工作对附近的街道最为熟悉,可是

⊙ 水泥制作的文保牌

◉ 孔颖达墓全景

他听到我的问话后,表情是一脸的茫然,知道又是没戏,然他看到我失望的表情,马上安慰我:"此路走到最北头,再向西有一片墓地,你去那儿问问。"

按其所言,走到北头,却是大片工业区,未见墓地影,正彷徨间,路边驶来一辆当地破烂出租车,马上将其截下,细问其知之否。其思索片刻,称可能能找到,闻言大喜,他让我上车,但我也是打着出租车从外地来到此处,于是我返回原车跟司机结账,之后搬下行囊来到了当地的出租车上。司机马上问我刚才结账时是多少钱,我随口说了个数字,他立即称太黑了。于是我笑着跟他说,只要您不黑,我就烧高香了。

司机调头回驶,仅100多米,就指着田地里的一块碑说,你看看那是不是你要找的墓?我下车立即前去探看,果真是孔颖达之墓!其实刚才就已经从这里经过,但却丝毫未看到。眼前的孔颖达墓跟我想象的差异很大：几百亩的旷野之中仅有一块碑立在那里，细看此碑，乃是新旧合体而成，主碑上刻着"唐祭酒赠太常卿孔颖达先生"，左右还有若干小字已无法辨认，上面增有碑额，然大小显然不成比例，碑下增有碑座，刻着"一九八二年十月复修"。

以我的想象，千年以来，这位大儒如雷贯耳，其墓葬的周围应该有着历代前贤刻制之碑，可是我在这里却完全看不

⊙ 碑额与碑身似乎不成比例

到。仅有一块文保牌立在墓前，且此牌也是用水泥制作者。墓丘不大，

⊙ 墓前的标志是一棵榆树

高仅一米多，四围长满了荒草，墓前也没有神道，甚至从路边走到墓前也未见有小径，只能踏着别人家的田地前行。

展眼望去，这里虽然是田地，而其周围已经盖起了大片的楼房，这种城乡接合部最容易成为房地产开发项目，我感觉用不了几年，附近的楼房就会盖到孔颖达墓的周围，真盼望着这座名贤古墓能够引起相关部门的高度重视，得以在经济之潮下留有一席之地。

覓經記（下）

韦力·传统文化遗迹寻踪系列之六

韦力 著

上海文艺出版社
Shanghai Literature & Art Publishing House

王通：志臻孔圣，欲并二氏

王通是中国儒学史上的重要人物之一，李小成在其专著《文中子考论》一书的"绪论"中，给王通做出了这样的定义："文中子王通，隋代大儒，他以儒学革新者的面貌在中国学术史上占据着极为重要的地位，其影响广泛而深远。从儒学发展史来看，文中子是从汉晋经学向宋明理学过渡的关键人物，他以不同于传统经学的学术形式，在隋末产生了很大的影响，至中晚唐形成了儒家子学的复兴。"

然而这么重要的一个人物，千年以来却有着许多的争论，这些争论不单是关于他的思想性问题，更多者是怀疑历史上究竟有没有王通这么个人物存在；还有的人怀疑他的重要著作——《文中子》等书，究竟是不是他的作品。

中国儒学史上的重要人物，少有像王通这样在历史上有着如此大争论者，而这些争论的起源则是由于中国的正史之一——《隋史》中对王通的不着一字，清王士禛在《香祖笔记》卷三中说："唐初修《隋史》，不为文中子立传，千古疑之。"如此想来，这样的怀疑倒也有其合理性：既然王通在儒学史上有着如此显赫的地位，同时他的多位弟子都是隋唐之际的重要人物，那为什么这些重要人物的老师却不见载于正史呢？

最早提出这个疑问的人物，乃是北宋初期的宋咸。宋咸曾写过一部名为《过文中子》的著作，该书又名《驳〈中说〉二十二事》。从这个书名即可看出，宋咸的这部著作就是针对王通而来者，他在文中明确地提出历史上并没有王通这个人，可惜宋咸的这部著作失传了，然而他的观点却被后世所引用，比如明代焦竑在《焦氏笔乘》卷二《文中子》一文中说："宋咸作《驳中说》，谓文中子乃后人所假托，实无其人。"

看来，宋咸认为王通乃是后世假托出的一个人物，历史上并不存在王通其人。怀疑是否有王通其人者，还有南宋时期的洪迈，其在《容斋随笔》中称："王氏《中说》所载门人，多贞观时知名卿相，而无一人能振师之道者，故议者往往致疑。"洪迈的怀疑点也是从王通的门人而起者。

按照《文中子》等书的记载，王通的弟子门人中，有多位都做到了宰相一级的高官。按照中国师承的惯例，这些人物显达之后，肯定会大力表彰自己的老师，然而历史的事实却与之相反，这不是很可疑的一件事情吗？支持这种观点的人物还有清代的朱彝尊，他在《经义考》卷二七九中说："顾讲学诸公，读书不论其世，专尚言辞，遂据无稽之言，以子虚无是公岿然配食孔氏之庑，而典礼家未有敢议之者，何与？"

在这里朱彝尊把王通称为"子虚无是公"，他认为王通乃是一位历史传说人物，而将这样的人物列为孔庙陪祀的大儒，这太过分了。朱彝尊所说的陪祀，乃是从明嘉靖九年开始，经大学士张璁的提议，而后由礼部决定将王通增入从祀之列。看来，怀疑王通是否存在者，从宋初直到清代，代不乏人。

当然，有怀疑者，就有肯定者，比如南宋时期的王明清就在《挥麈录》中说：

王通：志臻孔圣，欲并二氏　　521

　　文中子王通，隋末大儒。欧阳文忠公、宋景文修《唐书》，房、杜传中略不及其姓名。或云："其书阮逸所撰，未必有其人。"然唐李习之尝有《读文中子》，而刘禹锡作《王华卿墓铭序》，载其家世、行事甚详，云"门多伟人"，则与书所言合矣，何疑之有？又皮日休有《文中子碑》，见于《文粹》。

王明清也提到了有人对王通的怀疑，但他却说皮日休所作的《文中子碑》，明明确确地记载了王通的事迹。

查皮日休所撰《文中子碑》原文，其果真在该文中对王通大为赞赏：

　　文中子王氏，讳通，字仲淹，生于陈、隋之世，以乱世不仕，退于汾晋，序述《六经》，敷为《中说》，以行教于门人。夫仲尼删《诗》《书》，定《礼》《乐》，赞《易》道，修《春秋》；先生则有《礼论》二十五篇、《续诗》三百六十篇、《元经》三十一篇、《易赞》七十篇。

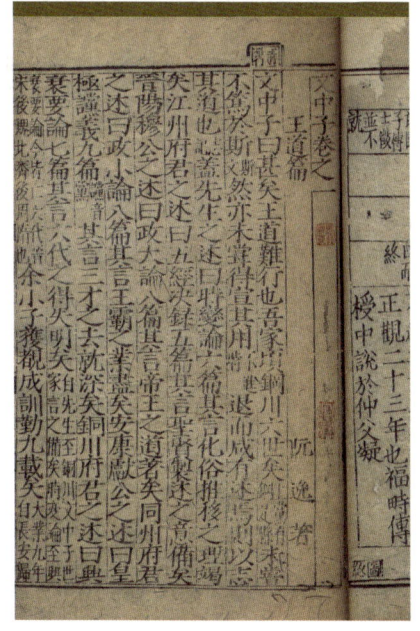
◉ 《文中子》十卷，明嘉靖间刻本，卷首

皮日休简述了王通的著作，同时跟皮日休并称的陆龟蒙也曾提到王通："龟蒙读扬雄所为书，知《太玄》准《易》，《法言》准《论语》。晚得文中子

王先生《中说》,又知其书与《法言》相类。"(《送豆卢处士谒宋丞相序》)

陆龟蒙认为,王通所撰的《中说》,其观点和体例特别像扬雄的《法言》。皮、陆同为唐代人物,他们距王通所在的隋代很近,而那时王通的著作就已经被这些人读到,如果说《文中子》一书乃是后人伪托者,显然从时代上有说不通的地方。而明代成化年间的郑瑷,也是从这个角度来反驳怀疑王通是否真实存在的观点:

> 宋咸作《驳中说》,谓:"文中子乃后人所假托,实无其人。"按王绩有《负苓者传》,陈叔达《答绩书》有曰:"贤兄文中子,恐后之笔削陷于繁碎,宏纲正典暗而不宣,乃兴《元经》,以定真统。"陆龟蒙《送豆卢处士序》亦曰:"昔文中子生于隋代,知圣人之道不行,归河汾间,修先君之业。"又云"丈人,文中子外诸孙也"云云。后司空图、皮日休俱有《文中子碑》,五子皆唐人,绩乃文中子之弟,而叔达又亲及门者也。文中子果不诬矣。

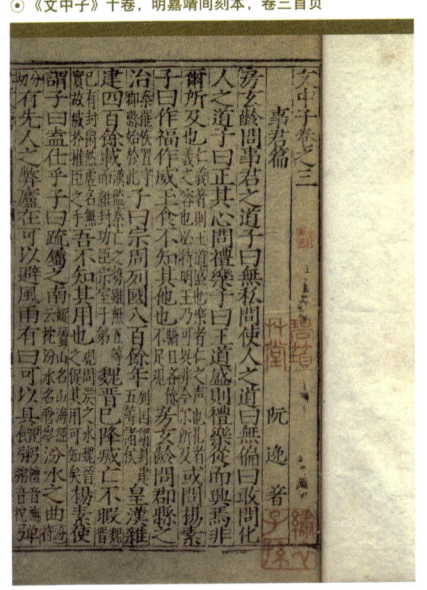

《文中子》十卷,明嘉靖间刻本,卷三首页

郑瑷又举出了几个历史实例,尤其他讲到了王通的弟弟王绩,以及王通的其他门人,等等,以此来说明王通确实存在。而焦竑也跟郑瑷的观点一样,他在《焦氏笔乘》里完全引用了郑瑷所说,而后认定王通确实存在。

虽然有这么多的肯定之声，但是对王通的怀疑以及对《文中子》一书的怀疑，直到民国年间仍未停息。这个阶段对此怀疑最深者，乃是梁启超先生，他在《中国历史研究法》一书中说：

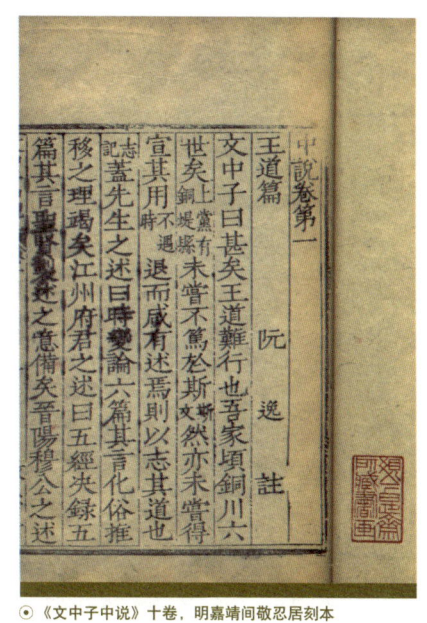

《文中子中说》十卷，明嘉靖间敬忍居刻本

> 有虚构伪事而自著书以实之者。此类事在史上殊不多觏，其最著之一例，则隋末有妄人曰王通者，自比孔子，而将一时将相若贺若弼、李密、房玄龄、魏徵、李勣等，皆攀认为其门弟子，乃自作或假手于其子弟以作所谓《文中子》者，历叙通与诸人问答语，一若实有其事。此种病狂之人、妖诬之书，实人类所罕见。而千年来所谓"河汾道统"者，竟深入大多数俗儒脑中，变为真史迹矣。

梁启超先生的怀疑可谓彻底，他把王通称为"妄人"，并且说，通过虚构历史来写著作最著名的人物就是王通。其言外之意，《文中子》是一部伪书。为什么会给出这样的结论呢？梁启超说，王通把自己跟孔子并提，而后把唐代许多的大名人，比如李密、房玄龄、魏徵等人物全都说成是自己的弟子。梁启超认为，这位王通简直是丧心病狂的人物，然而后世却把他视之为正统，这让人觉得痛心疾首。

梁启超的这种怀疑应当是始自南宋的晁公武，其在《郡斋读书志》

中说:"《文中子中说》十卷。右隋王通之门人共集其师之语为是书。通行事于史无考焉,《隋唐通录》称其有秽行,为史臣所削。今观《中说》,其迹往往僭圣人,摹拟窜窃,有深可怪笑者。"晁公武说,《中说》一书乃是王通的门人搜集起来的老师的言论,但是书中所说的话却没有相应的史料佐证。细看《中说》一书,有很多地方都不守规矩地超越孔子,这真是件可笑的事情。看来,后世对王通最有意见的地方就是他的妄自尊大。

翻看《中说》一书,王通也确实有这样的问题,比如《中说》卷二《天地篇》中说:

> 吾视千载已上,圣人在上者,未有若周公焉,其道则一而经制大备,后之为政,有所持循。吾视千载而下,未有若仲尼焉,其道则一而述作大明,后之修文者,有所折中矣。千载而下,有申周公之事者,吾不得而见也;千载而下,有绍宣尼之业者,吾不得而让也。

王通认为,千古以来的大儒以周公和孔子最伟大,而今在孔子千年之后出了一位要接续周、孔之道的人物,这个人物只有我了。在儒家的心目中,孔子的地位如日中天,在历史上还真没有一人敢自称与孔子并提,王通为此受到后世儒家的诟病,也就不是奇怪的事情了。

但是,因为王通的狂妄言论而彻底否定这个人物的存在,显然有些矫枉过正。从历史记载来看,王通确实存在,唐代的著名诗人王勃,本就是王通之孙。唐高宗咸亨五年,王勃在整理完王通的《续书》后写了篇序言,其在序中称:

我先君文中子，实秉睿懿，生于隋末，睹后作之违方，忧异端之害正，乃喟然曰："宣尼既没，文不在兹乎！"遂约大义，删旧章，《续诗》为三百六十篇，考伪乱而修《元经》，正《礼》《乐》以旌后王之失，述《易赞》以申先师之旨。经始汉魏，迄于有晋，择其典物宜于教者，《续书》为百二十篇，而广大悉备。

王勃在此明确地称自己的祖父就是王通，而其好友杨炯在《王勃集序》中也说："祖父通，隋秀才高第，蜀郡司户书佐、蜀王侍读。大业末，退讲艺于龙门。其卒也，门人谥曰文中子。"

除此之外，还有不少资料可证王通的存在，王勃在《续书序》中称其祖父王通给儒家经典写了六种《续书》。敢于给"六经"写续书的人，千古以来也只有王通，他的这个狂妄之举当然遭到了儒家的贬斥。唐代的刘蕡读到王通的《续书》时十分的生气，宋张洎在《贾氏谭录》中称：

⊙《中说》十卷，清嘉庆九年姑苏聚文堂刻《十子全书》本，牌记

刘蕡精于儒术，读《文中子》，忿而言曰："才非殆庶，拟上圣述作，不亦过乎！"客或问曰："《文中子》于《六籍》如何？"蕡曰："若人望人，《文中子》于《六籍》，犹奴婢之于郎主尔。"后遂以《文中子》为"《六籍》奴婢"。

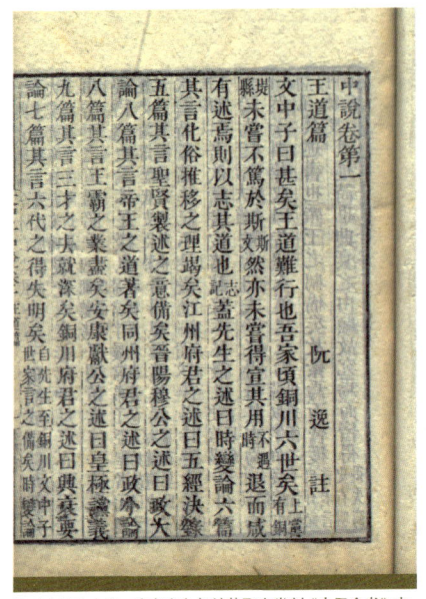

⊙《中说》十卷，清嘉庆九年姑苏聚文堂刻《十子全书》本，卷首

有人拿《文中子》跟"六经"相比，刘贲生气地说：如果"六经"算是主人的话，那么《文中子》顶多算个奴婢。虽然刘贲的这句话是在贬斥王通，但从另一个侧面也可以说明《文中子》一书在唐初就已流行，恰巧证明了该书之不伪。

到了宋代，许多著名的文人开始推崇王通，比如宋初的柳开，其在《补亡先生传》中说：

补亡先生，旧号东郊野夫者也。既著野史后，大探六经之旨，已而有包括扬、孟之心，乐为文中子王仲淹，齐其述作，遂易名曰开，字曰仲涂。其意谓：将开古圣贤之道于时也，将开今人之耳目使聪且明也，必欲开之为其涂矣，使古今由于吾也，故以仲涂字之，表其德焉。

柳开对王通极其崇拜，他甚至连自己的字号都改成与王通相近者，而南宋的大儒朱熹也对王通颇为推崇，《朱子语类》中记载了他对王通的评价："王通极开爽，说得广阔。缘它于事上讲究得精，故于世变兴亡，人情物态，更革沿袭，施为作用，先后次第，都晓得，识得个仁义礼乐都有用处。若用于世，必有可观。只可惜不曾向上透一着，于大体处有所欠缺，所以如此。"

而宋代心学创始人陆九渊，则对王通更为推崇，其在《策问》中说："孟子之后，以儒称于当世者，荀卿、扬雄、王通、韩愈四子最著。"

陆九渊认为，孟子之后的大儒有四位最著名者：荀子、扬雄、王通和韩愈。这样的推崇可谓高大。

既然如此，那为什么如此重要的王通在正史《隋史》中却未见有记载呢？王通的儿子王福畤在《东皋子答陈尚书书》中说：

> 贞观初，仲父太原府君为监察御史，弹侯君集，事连长孙太尉，由是获罪。时杜淹为御史大夫，密奏仲父直言非辜，于是太尉与杜公有隙，而王氏兄弟皆抑不用矣。季父与陈尚书叔达相善。陈公方撰《隋史》，季父持《文中子世家》与陈公编之。陈公亦避太尉之权，藏而未出。

王福畤就是著名诗人王勃的父亲，他把《隋史》中没有给父亲立传的原因推到了长孙无忌的头上。起因是王通的兄弟王凝因为弹劾侯君集而得罪了长孙无忌，因为无忌乃是唐太宗的大舅子，所以很多朝官都惧怕他，当时陈叔达正在修《隋史》，但是他不想得罪长孙无忌，于是就把关于王通的传记藏了起来，未曾录入。

对于王福畤的这个说法，司马光提出了怀疑，他在《文中子补传》中提出了一系列的疑问。针对司马光的这个说法，后世又进行了一系列的推敲，比如《隋史》的《列传》部分，原本不是陈叔达所主持者。看来，陈所撰者只是私史，而《隋史》的《列传》部分则是由魏徵来负责，具体执笔人乃是颜师古和孔颖达等，长孙无忌并未参与此事，他当年兼修者乃是《五代史》，并且长孙无忌负责的部分是《五代史》的《志》，而不是《列传》。

从《中说》一书的记载看，魏徵曾在王通的家中跟王学习了一个多月。既然如此，那魏徵主修的《隋史》为什么不把王通列入呢？这也是后世争论的焦点。针对这个疑问，尹协理、刘海兰所著的《王通评传》一书中做出了这样的解读："颜师古和孔颖达都是正统的经学家,而王通号称'王孔子',这在与孔子、颜回有血缘关系的颜师古和孔颖达听来,可能特别刺耳。"尹先生的这个解读颇为别样,他是从《隋史》的两位执笔人来着眼,因为颜师古和孔颖达都是著名的经学家,并且这两位是孔子及其著名弟子颜回的后人,所以他们当然不能接受王通跟孔子并提。

因为王通自认为是中国的第二位孔子,他的弟子等人就把他称为"王孔子",显然这种称呼不能让颜、孔二位正统的经学家所接受,而他们在修《隋史》时也就不会把王通列入,更何况王通还有续儒家经典的狂妄行为,而这种行为更是让正统儒家所不能接受。《王通评传》中说:"王通模仿《六经》作《续六经》;王通更是一反传统的'华夷之辨',居然将鲜卑族的北魏孝文帝作为中国的正统皇帝。这种企图与圣人孔子平起平坐的做法,以及颠倒'华夷'关系的言论,在正统的儒学家们看来,简直不可思议,更无法接受。像这样的人,怎么能为他立传呢?《新唐书》的作者在提到王通时,说他'不为诸儒称道'(《新唐书》卷一九六《王绩传》),可谓击中了要害。"

《中说》十卷,清光绪十六年贵阳陈榘影宋刻本,书牌

可能也正是这些原因,使得王通没有被列入《隋史》之中。虽然如此,这并不影响他在经学史上的地位,而他的学说经过《文中子》一书而得以被后世所知。那王通的学术观究竟是怎样的呢?翻看他的《中

说》，可见其思想观点仍是本于孔子的观念，比如《中说》卷一《王道篇》中说：

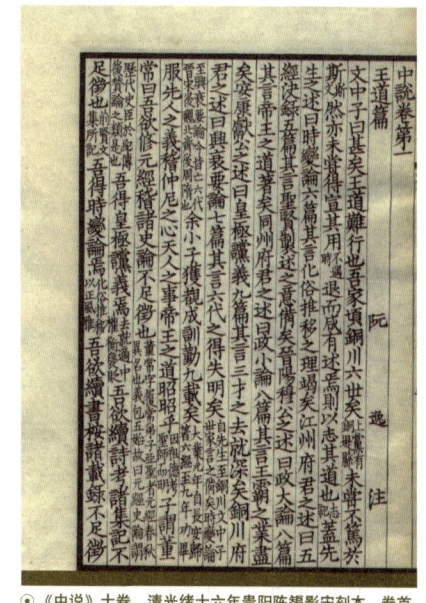
《中说》十卷，清光绪十六年贵阳陈榘影宋刻本，卷首

子游孔子之庙，出而歌曰："大哉乎！君君、臣臣、父父、子子、兄兄、弟弟、夫夫、妇妇，夫子之力也。其与太极合德，神道并行乎！"王孝逸曰："夫子之道岂少是乎？"子曰："子未三复白圭乎？天地生我不能鞠我，父母鞠我不能成我，成我者，夫子也。道不啻天地父母，通于夫子受罔极之恩。吾子汩彝伦乎？"孝逸再拜，终身不敢臧否。

看来，他依然本持着孔子的观点，而后有了自己的一些折衷。可能也正因如此，他才被时人称之为"文中子"，谢无量在《中国哲学史》中说："文中子学说，以执中为要，故其书曰'中说'。"

关于王通在经学史上所做出的贡献，吴雁南、秦学颀、李禹阶主编的《中国经学史》中称："他依《春秋》体例，自获麟后历秦汉至于后魏，著纪年之书，谓之《元经》；又依孔子《家语》、扬雄《法言》例，为客主对答之说，号曰《中说》，皆为儒士所称。"看来王通不仅在讲学方面模仿孔子，他的著作也是模仿《春秋》和《孔子家语》而来者。除此之外，他甚至在语言风格上也模仿孔圣人。《四库全书总目提要》中称：

> 且摹拟圣人之语言自扬雄始，犹未敢冒其名。摹拟圣人之事迹则自通始，乃并其名而僭之。……录而存之，亦足见儒风变古，其所由来者渐也。

后世儒生全方位摹拟孔子者，估计仅王通一人，难怪历史上对他有那么多的贬斥之词，然而他也的确认为自己在这方面做出了很大贡献，更何况他也不回避自己的这种摹拟。《中说·魏相》中称：

> 《书》以辩事，《诗》以正性，《礼》以制行，《乐》以和德，《春秋》《元经》以举往，《易》以知来，先王之蕴尽矣。

在这里王通的《元经》跟《春秋》并提，这种做法岂止是勇气可嘉。从总体观念而言，吴雁南等主编《中国经学史》得出的结论是："王通以孔子自任，希望儒学保持统治地位，但是他重在调和，而没有提出与佛、道二教相抗衡、巩固儒学统治地位的措施。"吴雁南等乃是本自王通在《中说·周公》中所言："《诗》《书》盛而秦世灭，非仲尼之罪也。虚玄长而晋室乱，非老庄之罪也。斋戒修而梁国亡，非释迦之罪也。《易》不云乎，苟非其人，道不虚行。"对于他的这番言论，吴雁南等主编的《中国经学史》中又将其总结为：

> 王通儒风变古的贡献之一，是提出了儒、佛、道"三教于是乎可一"的主张，企图从理论上调和三教，为经学的改造和振兴指明方向。他认为，儒、佛、道三教都是十分有用的统治工具，国家的灭亡是因为统治中人没有真正掌握三教中可用来辅政的实质性内容。

也正是由于《文中子》修订了儒学史上的一些观念，其可被目之为儒学的修正派，他的一些思想被宋明理学家所接受，所以也有人说王通是中国理学的先驱，比如明代心学家王阳明就对王通极其推崇，在《传奇录》中说："爱问文中子、韩退之。先生曰：'退之，文人之雄耳。文中子，贤儒也。后人徒以文词之故，推尊退之，其实退之去文中子远甚。'"王阳明认为王通要比韩愈伟大多了，而王阳明恰恰也是自恃很高的人，他的性格跟王通颇为相像。

王通墓及祠堂位于山西省运城市万荣县里望乡平原村。本程的寻访我是以运城为基地，住在了朋友安排的酒店，这个酒店颇为安静。因为旅途的疲劳，我很在意晚上是否能够睡得好，而朋友的体贴使得我整日奔忙的劳顿得以缓解。第二天一早，7点30分去吃早餐，用餐人不少，听口音似乎以当地人为主。昨天与司机聊天，谈及当地经济并不以煤炭而是以农业为主，从市貌看城区建设还算不错，运城最大的企业是大运重型卡车制造厂，似乎是当地的支柱产业，吃早餐的人好像也都是来洽谈重卡生意者。

今天的第一站本来是到陕西韩城芝川镇去瞻仰司马迁之墓，我带的地图上显示有一条向北的高速可直达河津市，似乎并不难走，然司机说此路还未修通，只能走209国道，其实芝川就在黄河对岸，可惜过不去，必须先向北开过黄河大桥再向南，走一较大的U字形，司机今早带了一个导航仪，显示有140公里的路程。

沿209国道恰巧过万荣县通化镇，此地有王通的许多遗迹，故临时改变计划，先到通化镇。209国道两旁一大半都是果树，远远望去，果树开出的红黄两色之花，比苏州的香雪海还要壮观许多。路两旁的标牌不少，这些标牌大多建成了大型的牌楼状，这给寻找带来了很多方便。

穿过临猗县，看到有"果都"的广告牌，临猗即是万荣县。万

● 牌楼式的村牌

荣在中国出名的是笑话，流传甚广的一个笑话是：当地某水泥厂的厂长名片上印的头衔是"中共中央国务院，山西省委万荣县，地方国营水泥厂，支部书记兼厂长……"昨晚吃饭时，朋友就主动聊到了这个笑话，并且说：万荣人并不以此为忤，而是到处宣讲这个笑话，使得万荣县广为人知。朋友称这正是万荣人精明之处。而当我们的车驶入该县境内时，果真看到了一个巨大的广告牌，上面写着"笑都"二字。我倒觉得以如此调侃的心态面对别人的嘲笑，这的确是一种胸怀，而并不单纯只是一种精明。

刚到第二个村子的村口，司机停在了一辆小车的后面，我本以

● 未上色的"亭亭"

⊙ 精美的细节

为他是前去打问路径,然而从小车上下来了一个60岁左右中年男子,他看完了我的行程单,而后转身上车,示意我们的车跟随其后,不久就进入了通化三村。

车停在了村口不远处,右手院落即是村部所在。院落不大,有300平方米左右,院的正中耸立着纯木结构的楼亭,外表的本色未涂任何油彩,木亭四周的木板雕刻精美。从风格及老化程度断定整个亭子即为旧物,从细处看此亭可能进行过简单翻修,队部的墙上嵌着碑迹,说明此亭就是王通的享亭。山西人把小亭子一律称为"亭亭",这种称呼方式倒是给严肃的古物增添了几分亲切色彩。

而后村部的人带着我们继续前行,从此转到了一村,村部对面的高台上即是王通庙。我问司机何以是此人带我来寻找,其称这是老板的表弟,很熟的关系。司机原本是想进村后再找此熟人,只是未曾想在村口偶遇。有这么熟的关系在,看来今日的寻访不用再大费周章。这位老板表弟给管祠的人去过电话,几分钟后一老者骑自

⊙ 王通庙门

行车来到，打开祠堂大门让我进内拍照。

祠堂的院落很小，有一亩地大小，院里几乎种满了绿植，仅留半米宽的中轴路。祠堂有三十多平方米，正中砖台上坐着三位人物，正中的那位应该就是王通，而其左旁的那位年轻人肯定就是王勃，右边的那位我却猜不出是谁，但既然是王姓祠堂，坐在那里者也应当是王家人，我猜想不太可能是王勃的父亲王福畤，因为他的名气太小了，说不定此位是王绩。这三尊塑像均为泥塑着彩，从手法看像是新工。

右墙上挂着条屏，是新裱的立轴未装框，老者介绍是本县有名

⊙ 不知这算不算文保牌

的一个书法家所书者,门口所悬匾额"王通庙"是1996年县委书记吉炳南题,右墙上挂着的展板是三王的生平介绍。看到这个介绍,果真印证了我的判断,因为简介之一写的就是

◉ 进入院中

王绩。余外寺内再无它物,唯一称得上古物的应当是此祠的旧梁,正梁顶上写明"同治八年"。朋友介绍通化村原本是一个大村,后来组建民兵连,分为三个连,后依这三个连的建制为基础,分成了三个村,而此祠所处的位置即是一村。

看罢祠堂接着去瞻仰王通墓,朋友说他自小生活在此村,只是知道村外有王通墓,但从未去过。于是他给多位朋友打了数个电话,

◉ 房梁上有年款儿

帮我确认王通墓的具体位置所在。得到大概的答案后,他重新上车准备带我们前往。我不好意思给这位朋友添太多的麻烦,于是请他告诉我大致的方向,准备跟司机前往寻找。然这位朋友称,进入田地后就没有了路标,所以我们不可能找得到。于是我们听从他的安排,跟其出村驶入了田地。

从通化村向西北 2 公里多有一水坝,旁边有一机井,朋友称村民告诉他就在这一带。然围着此段看过数个较大的坟茔,均非王通墓,其再找人另外打听,而后驱车往西坡村方向行驶 300 米。在路上远远看到一个较大的坟茔,我觉得必定是此墓,然而结果仍是失望。正巧有一妇女骑车经过,朋友边打问边安慰我一定能找到,果真按此妇所指,在去的路上找到了王通之墓。

墓处在一片麦田中,麦苗已有近尺高,然王通墓无路径可通,只能踩踏麦田前行,离路边约百十米,一路踩踏下去颇觉不忍。墓丘很小,仅像一农村普通坟头,墓前的石碑已有四分之一掩在土下。

⊙ 终于看清了碑文

⦿ 王通墓全景

为了让我看清完整的碑文,朋友将下半截儿的杂草刨出,其做得很是费力。对朋友如此真诚,这样的人于今而言确实难得。

刨开后,我才看清楚碑文为"隋儒王文中子墓",远处有些农民在耕作,对我们的拔草与拍照过程完全未望一眼。看来,他们已久居兰室不闻其香。拍照完毕后,我等原路返回车上,为了尽量不伤到麦苗,我踏着前来时的脚印,小心地往回走,这种走路的方式左摇右摆,引得司机站在那里大笑起来。等退回到车边时,我向带路的朋友请问:王通名气如此之大,为何此墓如此之小?朋友称自己对此不甚了解,但却与王通的后人王中相熟,愿带我前往一问。

驱车再回通化村,在村内极窄的小巷内穿行,小巷的两旁墙壁几乎都能触及越野车的左右反光镜,真担心进得去而掉不了头。在一院落门口停下,朋友带入,门里的大黑狗狂吠不止,看上去近半米高。这个阵势让我怯步,屋内出来一位老者,他边走边安慰我等说:"拴着链子,不用害怕。"

朋友介绍说，这位老者就是王通的后人王中，今年63岁。但我觉得看上去的年龄至少要大10岁，也许是岁月的风霜，加上历史的境遇，使得他的面庞比同龄人多了几分沧桑。其将我让进屋内，屋内陈设很简单，几张老式沙发，沿墙摆了一排八十年代初期流行的组合柜家具，屋中唯一的奢侈品是很高档的电动麻将桌，此物跟家中的其他摆设形成强烈的反差。

我开门见山地向王先生请教王通墓何以如此之小。他解释说："以前的墓园很大，占地20亩，围墙内有12亩，里面有许多的古树都是柏树，五十年代之前我们都还要穿着大氅去祭拜，每年到清明很远的王氏后人都来拜，但到五十年代土地改革时就把围墙拆了，树也砍了，到'文革'的时候把墓也扒了，墓边的好多碑都拉走盖房盖猪圈用了，我父亲怕今后找不到具体位置，就偷偷在原址作了标记，改革开放之后，又成了县级文物保护单位。"

我向王中先生请教，他是王通的第多少代子孙。王中说，他的

⦿ 想象着当年的宏大墓园

辈分已经排乱了,自己只知是后人而不知是多少代。而后他进屋内又给我拿出一些他研究王通的资料,都是影印件,从影印的模糊程度看已不知是第多少版。由此可见,作为王通的后人,他以有这样的著名祖上为傲,为此他搜集了许多相关的材料,虽然这些材料是辗转而得者,但当我看到他拿出这些影印件的郑重神态时,便不好意思向他索要这些重要的材料。

徐铉：校补《说文》，序刊《系传》

徐铉是五代北宋间著名的文人，《宋史》本传中称：

> 徐铉，字鼎臣，扬州广陵人。十岁能属文，不妄游处，与韩熙载齐名，江东谓之"韩、徐"。仕吴为校书郎，又仕南唐李昪父子，试知制诰，与宰相宋齐丘不协。时有得军中书檄者，铉及弟锴评其援引不当。檄乃汤悦所作，悦与齐丘诬铉、锴泄机事，铉坐贬泰州司户掾，锴贬为乌江尉，俄复旧官。

可能是因为《韩熙载夜宴图》太有名了，使得后人大多知道韩熙载，而少有人提及徐铉。按照《宋史》上所言，徐铉之名不在韩熙载之下，而是两人并称。南唐三朝帝王，徐铉均在朝中任职，虽然因为他性格耿直几起几落，却未曾彻底地脱离政局。

《宋史》中称徐铉为"扬州广陵人"，然而徐铉的文章署名大多是"东海徐铉"。关于这两者之间的差异，金传道在《徐铉家世考》一文中予以了梳理，该文首先引用了《徐公行状》上所言：

> 公讳铉，字鼎臣，其先东海郯人也。周德之衰，偃王以仁义所归者七十余国，乃逊于江淮之南，会稽太末里有庙存焉。积庆所钟，令嗣蕃衍，故自烈考已上，皆生于会稽，公所撰《改

卜合葬烈考太夫人于洪州西山墓志》详矣。

由这段记载可知，徐铉的祖上乃是东海郯郡人。后来他的祖上徐偃王起兵反对周穆王，失败之后家族南迁到浙江的会稽。这其中的原故，《后汉书》卷八十五《东夷传》中有载："后徐夷僭号，乃率九夷以伐宗周，西至河上。穆王畏其方炽，乃分东方诸侯，命徐偃王主之。偃王处潢池东，地方五百里，行仁义，陆地而朝者三十有六国。穆王后得骥騄之乘，乃使造父御以告楚，令伐徐，一日而至。于是楚文王大举兵而灭之。偃王仁而无权，不忍斗其人，故致于败。乃北走彭城武原县东山下，百姓随之者以万数，因名其山为徐山。"

因为这段历史，使得有些文献把徐铉的弟弟徐锴写成是会稽人，陆游在《南唐书》卷五《徐锴》中称："徐锴，字楚金，会稽人。父延休，字德文，风度淹雅，故唐乾符中进士。昭宗狩石门，无学士草诏，延休来调官，适在旁近逆旅，左右言其工文词，即召见，命视草，昭宗善之。及还长安，不得用。梁蒋玄晖辟为其佐，延休弃去，依钟传于洪州。吴取江西，得延休。仕至光禄卿、江都少尹，卒。二子铉、锴，遂家广陵。"

然而历史的真实情况则是，徐铉与徐锴二兄弟出生在扬州广陵，因为那时他们的父亲徐延休在此做官。综合以上的情况，金传道在其文中给予了这样的总结："东海郯是徐氏的郡望，会稽是徐铉的祖籍，而扬州广陵则是其出生地。"

关于徐铉为人耿直一事，《宋史》本传中有着如下描述：

时景命内臣车延规、傅宏营屯田于常、楚州，处事苛细，人不堪命，致盗贼群起。命铉乘传巡抚。铉至楚州，奏罢屯田，延规等惧，逃罪，铉捕之急，权近侧目。及捕得贼首，即斩之不俟报，坐专杀流舒州。周世宗南征，景徙铉饶州，俄召为太子右谕德，复知制诰，迁中书舍人。景死，事其子煜为礼部侍郎，通署中书省事，历尚书左丞、兵部侍郎、翰林学士、御史大夫、吏部尚书。

当时的南唐中主李璟命令内侍车延规和傅宏到常州和楚州去屯田，两人借机大肆搜刮民财，官逼民反，以致当地出现了很多盗贼，于是李璟命徐铉前去安抚此事。徐铉来到当地，立即停止了这种搜刮民财的屯田工程，车延规等人担心徐铉查明情况后会将他们法办，于是畏罪潜逃，徐铉立即派人追捕。因为这件事情追查下去，必然会追究到朝中的一些权臣及宦官，于是这些人在皇帝面前不断地说徐铉的坏话，徐铉不为所动继续追捕，而后抓到几个为首的贼人，他没有按照规定报告朝廷批准，而是立即将这些人斩首。徐铉这么做的原因可能是怕报告朝廷后，又被那帮人一番活动而放走贼人，但他这么做的结果却让一些想整他的人找到了借口，将他撤职流放。后来李璟还是觉得徐铉是个人才，于是又把他招回朝中为官。李璟驾崩后，后主李煜继位，李煜仍然对徐铉很信任，而后一路提拔，一直让他做到了吏部尚书的高位。

徐铉不辜负南唐三代帝王对他的信任，《宋史》中载道：

> 宋师围金陵，煜遣铉求缓兵。时煜将朱令赟将兵十余万自上江来援，煜以铉既行，欲止令赟勿令东下。铉曰："此行未保必能济难，江南所恃者援兵尔，奈何止之！"煜曰："方求和解而复决战，岂利于汝乎？"铉曰："要以社稷为计，岂顾一介之使，置之度外可也。"煜泣而遣之。及至，虽不能缓兵，

而入见辞归,礼遇皆与常时同。及随煜入觐,太祖责之,声甚厉。铉对曰:"臣为江南大臣,国亡罪当死,不当问其他。"太祖叹曰:"忠臣也!事我当如李氏。"命为太子率更令。

当时的宋国部队包围了南唐首都金陵,后主李煜派徐铉出使宋国,以此谋求缓兵之计,正在此时,南唐大将朱令赟率十万大军正赶往金陵救援,李煜觉得徐铉此刻正要出使宋国,于是想要命令朱令赟暂停东下,徐铉劝后主不要这么做。他说自己前往宋国谈判,也不一定能够阻止宋军的进攻,而南唐唯一依靠的就是这支援军,不应当阻止他们前来救援。李煜却说,我这边让你去宋国和谈,那边却大军东下,宋人肯定认为这种和谈没诚意,定然把你陷在了危险的境地。

由这段记载可以看出,君臣二人都不顾自己的安危在替对方考虑,这样的君臣关系太过少见。他们谈话完毕后,李煜哭着送徐铉前往危险的敌国。徐铉到达宋营后,始终保持着使臣的气节。后来南唐被宋打败,徐铉跟着李煜投降,宋太祖严厉地斥责徐铉,徐铉回答说:"我是江南的大臣,而今国家灭亡了,大臣就应当为之而死,你说其他的也没用。"徐铉的气节让宋太祖大为感叹,认为这才是真正的忠臣,希望徐铉能像对待南唐三主那样来效忠自己,于是他不但没有治徐铉的罪,反而任命他为太子率更令。

从以上所记来看,徐铉确实是位耿直的忠臣。正是因为这个原因,他得以在宋朝接着做官。而他原来效忠的皇帝李煜却成为被软禁之人,他们同时处在宋朝的首都,相互间却不便于交往,毕竟有些事情需要回避。然而宋代的王铚在《默记》中却有着如下一段记载:

徐铉归朝为左散骑常侍,迁给事中。太宗一日问:"曾见李煜否？"铉对以："臣安敢私见之。"上曰："卿第往，但言朕令卿往相见可矣。"铉遂径往其居，望门下马，但一老卒守门。徐言："愿见太尉。"卒言有旨不得与人接，岂可见也。铉云："我乃奉旨来见。"老卒往报。徐入，立庭下。久之，老卒遂入，取旧椅子相对。铉遥望见，谓卒曰："但正衙一椅足矣。"顷间，李主纱帽道服而出。铉方拜，而李主遽下阶引其手以上。铉告辞宾主之礼。主曰："今日岂有此礼？"徐引椅，稍偏乃敢坐。后主相持大哭，乃坐，默不言，忽长吁叹曰："当时悔杀了潘佑、李平。"铉既去，乃有旨再对。询后主何言。铉不敢隐，遂有秦王赐牵机药之事。牵机药者，服之前却数十回，头足相就如牵机状也。又后主在赐第，因七夕命故妓作乐，声闻于外。太宗闻之大怒。又传"小楼昨夜又东风"及"一江春水向东流"之句，并坐之，遂被祸云。

看来徐铉在宋朝也是步步高升，某天宋太宗问他，是否见过曾经的主人李煜，徐铉说自己不敢私自去见。不知出于什么心理，赵光义却命令徐铉去见李煜，并且让徐铉跟李煜明说，这是皇帝让他们相见的。既然是皇帝的命令，徐铉当然不敢违抗。徐铉见到李煜后，仍然欲行君臣之礼，李煜坚决制止。两人相见后，李煜大哭，他悔恨当年杀了潘佑、李平这两位主战派，否则的话可能就不会落到今天这种地步。可能正是因为李煜知道徐铉是位真正的忠臣，所以才说出了自己压抑在心中很久的实话，但他没有考虑到而今的徐铉已经是宋朝的高官，以徐铉的性格，他事谁就忠于谁。

徐铉离开之后，赵光义立即传旨让他觐见，照直问徐铉，李煜跟他说了什么话，而徐铉也如实讲出，赵光义听到后，感觉到李煜还有复国的心态。而在此前宋太宗也听闻，李煜在其软禁之所仍然命歌妓唱歌演奏，当时宋太宗就很生气。另外，在这个阶段李煜在所填之词中，还有着"一江春水向东流"等句。这三件事加在一起，宋太宗下令给李煜赐了毒药。

这段历史让人读来颇为难受，无论怎样后主李煜的死跟徐铉也有着一定的关系，如何来解释徐铉所为呢？这是很难站在一个角度来解释清楚的，由此而可以看出人心是何等之复杂。

虽然徐铉在北宋朝中任职，然而他却看不惯当地人穿衣的粗俗，北方人到了冬天，大多会穿一件粗毛衣，而徐铉再冷也不穿此物，看来他有着自己独特的气节在。《宋史》中载有此事：

> 初，铉至京师，见被毛褐者辄哂之，邠州苦寒，终不御毛褐，致冷疾。一日晨起方冠带，遽索笔手疏，约束后事，又别署曰："道者，天地之母。"书讫而卒，年七十六。铉无子，门人郑文宝护其丧至汴，胡仲容归其葬于南昌之西山。

徐铉竟然为了不穿皮草而死，这样读来很是令人感慨，毕竟他是一位很有文采之人。更为重要者，是他在文学上的贡献，尤其对宋初文坛很有影响。他的弟子中最具名气之一者有陈彭年，而陈彭年又是宋代宰相及大词人晏殊的老师。正是这个原因，徐铉的个人文集——《徐公文集》由陈彭年来作序言，陈在序言中夸赞老师说："公讳铉，字鼎臣，其先会稽人也。鄞几之姿，生民之秀。沧溟沃日，流作言泉；建木干星，植为行囿。英才茂德，光映于前修；懿范清规，仪形于来者。弄璋之始，属唐室之多虞；佩觿之初，值扬都之建号。公文辞濬发，不类幼童，识量淹通，已成大器。弹冠入仕，方居终、贾之年；珮玉登朝，即就严、徐之列。"而晏殊也给《徐公文集》写了跋语，宋徐琛在《明州重刊徐公文集》跋语中称："骑省在江南有重名，仕天朝为近侍，以文翰忠直，在当时诸公先。"直到清代著名校勘家卢文弨在《徐常侍文集》跋语中，仍然夸赞徐铉下笔千言立就的本领：

> 前二十卷在南唐所作，后十卷入宋后所作。诗致清婉，在昆体未兴之前，故无丰缛之习。其文俪体为多，亦雅淡有余，为组织之学者见之，或不尽喜。然冲融演迤，自能成家，不可得而废也。李文正称其为文敏速，不乐豫作，临事立挥草，云"速则意思壮敏，缓则体势疏慢"。今观集中之文，则其言也信；亦惟其如是，故亦无潆洄渟蓄之趣，崩云裂石之势。此殆由人之才力各有所偏胜，虽使自知之，而固无能相易者乎。

因此祝尚书所编五十卷本的《宋集序跋汇编》一书将徐铉的《徐公文集》列在了卷一的第一篇，可见徐铉在文学史上的重要性。除此之外，徐铉还是著名的书法家。宋朱长文在《墨池篇》中说：

> "自阳冰之后，篆法中绝，而铉于危难之间能存其法，虽骨力稍歉，然亦精纯奇绝。"宋《宣和书谱》："（徐铉）笔实而字画劲，亦似其文章至于篆籀，气质高古，几与阳冰争先。"

而宋沈括在《梦溪笔谈》中把徐铉书法看得更神："江南徐铉善小篆，映日视之，画之中心有一缕浓墨，正当其中；至于屈折处亦当中，无有偏侧处，乃笔锋直下不倒侧，故锋常在画中，此用笔之法也。"也正因为这个原因，南唐的钱币——开元通宝，这四个字就是出自徐铉之手。陶岳在《货泉录》中称："韩熙载上疏，请以铁为钱，其钱之大小一如唐开元通宝，文亦如之，徐铉篆其文。"

除了在文学和书法上的贡献，徐铉与其弟弟徐锴在经学史上也有着地位，因为他兄弟二人都对《说文解字》有过重大贡献。《宋史》中称：

> 铉性简淡寡欲，质直无矫饰，不喜释氏而好神怪，有以此献者，所求必如其请。铉精小学，好李斯小篆，臻其妙，隶书亦工。尝受诏与句中正、葛湍、王惟恭等同校《说文》。

看来徐铉修订《说文解字》乃是受宋太祖之命，虽然修纂此书并非徐铉一人，然而他却是主纂人。因为该书修订完毕后，再版序言就出自徐铉之手，这篇序言代表了徐铉对于文字史的看法。比如他在该序中首先称："许慎《说文》十四篇，并《序目》一篇，凡万六百余字，圣人之旨盖云备矣。"

徐铉没有把《说文解字》仅仅看成是一部文字学专著，他认为里面包含了圣人的思想，而后他简约地讲述了文字的变化历史："夫八卦既画，万象既分，则文字为之大辂，载籍为之六辔，先王教化所以行于百代，及物之功与造化均不可忽也。虽五帝之后改易殊体，六国之世文字异形，然犹存篆籀之迹，不失形类之本。及暴秦苛政，散隶聿兴，便于末俗，人竞师法。古文既变，巧伪日滋。"

到了汉代，汉宣帝曾经想恢复古字，可惜这件事情未能实施。而后又有人对文字进行了系统的研究，直到许慎才写出了《说文解字》。而许慎《说文解字》中本字均是用小篆所写，可惜后世能用小篆书写的人太少了。也正是这个原因，徐铉特别推崇唐代李阳冰的篆书："唐大历中，李阳冰篆迹殊绝，独冠古今，于是刊定《说文》，修正笔法，学者师慕，篆籀中兴。然颇排斥许氏，自为臆说。夫以师心之独见，破先儒之祖述，岂圣人之意乎？今之为字学者，

亦多阳冰之新义,所谓贵耳而贱目也。"(《说文解字序》)

然而李阳冰却对《说文解字》进行了修订,虽然李的书法是天下一绝,但显然他不是位文字学家,故而李阳冰在修订《说文解字》时随意改变许慎的原文,被徐铉认为很不好。然而因为李阳冰的名气,使得后世对一些字的解读都是本着李阳冰改后的说法,徐铉认为这样的读者只是耳食之学。

由此可知,徐铉早对李阳冰臆改后的《说文解字》很不满意,可惜因为五代时的战乱,他无暇来对该书进行整理。而今到了宋朝社会安定下来,又赶上皇帝命他详校《说文解字》,这正合他的心意:"自唐末丧乱,经籍道息。有宋膺运,人文国典,粲然复兴,以为文字者六艺之本,当由古法,乃诏取许慎《说文解字》,精加详校,垂宪百代。臣等敢竭愚陋,备加详考。"于是他就根据自己的研究成果,对《说文解字》进行了仔细的校改:"有许慎注义、序例中所载而诸部不见者,审知漏落,悉从补录;复有经典相承传写及时俗要用而《说文》不载者,皆附益之,以广篆籀之路。亦皆形声相从、不违六书之义者。"

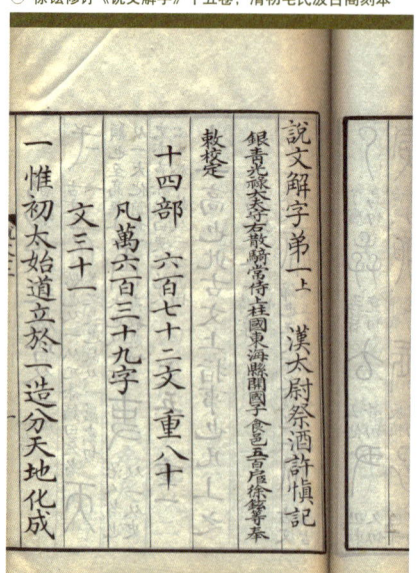
徐铉修订《说文解字》十五卷,清初毛氏汲古阁刻本

徐铉对《说文解字》一书有着怎样的贡献呢?其在序言中自称:"又许慎注解,词简义奥,不可周知。阳冰之后,诸儒笺述有可取者,亦从附益;犹有未尽,则臣等粗为训释,以成一家之书。"看来许慎在书中的注解,到了宋代有些文也已经看不懂,于是徐铉就根

据自己的意见对这些字句进行了解释，同时在李阳冰之后，其他学者对《说文解字》某些字句的解释，徐铉也附在了书后。另外，许慎在《说文解字》中一些字的读音只能用直读法，但这种方式有时会读音不准，于是徐铉改用反切法，这使得后世得以了解到宋代时人们对于某个字的读音。关于读音的所本，徐铉在序言中写道："《说文》之时，未有反切，后人附益，互有异同。孙愐《唐韵》行之已久，今并以孙愐音切为定，庶几学者有所适从焉。"

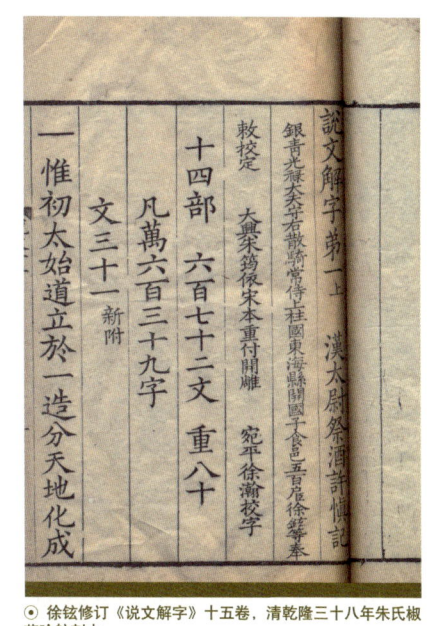

◉ 徐铉修订《说文解字》十五卷，清乾隆三十八年朱氏椒花吟舫刻本

徐铉所注的读音是否准确呢？蔡梦麟在《〈说文解字〉徐铉反切中的音义错位》一书中则称：

> 后人研究《说文解字》，主要集中体现在汉字的形体结构、汉字的演变、汉字所示意义的解读等方面，研究语音者往往是从《说文》的形声结构入手窥探上古语音的某些痕迹。而真正就《说文》本身的读音进行去伪存真的分析，却少之又少。段玉裁、王筠在为《说文》作注时偶尔也会有对徐铉注音进行辨证的例子，但往往是点到为止。本人曾就徐铉的全部注音，参照各类注音材料进行比勘对照，发现徐铉注音与《唐韵》《广韵》不合者甚多，即使其切语与《唐韵》《广韵》一致，也有可能不符合《说文》的释义。

看来徐铉的注音也有不正确之处,该文中举出了《说文·糸部》"繋,繋繻也。一曰恶絮。从糸毃声。"而徐铉认为"繋"为古诣切。段玉裁却认为徐铉所注音不对,段在《说文解字注》中称:

> 大徐古诣切,非也。此字之本音见《周易》释文,云:"直作毃下系者,音口奚反。"《集韵》"繋"牵奚切,引《说文》"繋繻,今恶絮"。陆德明、丁度岂不言之憭然也?而六朝以后舍繋不用,而假繋为系,遂使繋之本义蕴终古。至鼎臣奉敕校订此书亦径云古诣切,何浅率如是。尚自谓用《唐韵》,霁韵内之繋非许书之繋繻也。

虽然有着这样的问题在,但徐铉对《说文解字》还是有着很大的贡献,侯尤峰在《〈说文解字〉徐铉所注"俗字"浅析》一文中,对徐铉等人校订的《说文解字》做了如下的总结:"徐铉等人校定《说文解字》,除了精心校改传本的错误之外,还做了三方面工作:增加注释、增加新附字、增加反切。在部分字下的注释、注音中,徐铉还注明了'俗字作某''俗读作某',这些俗字、俗读当在宋代以前就已存在。通过正俗字的对比分析以及它们在语言运用中发展消亡的研究,我们不

徐锴撰《说文解字韵谱》十卷,清同治三年吴县冯桂芬刻本,卷首

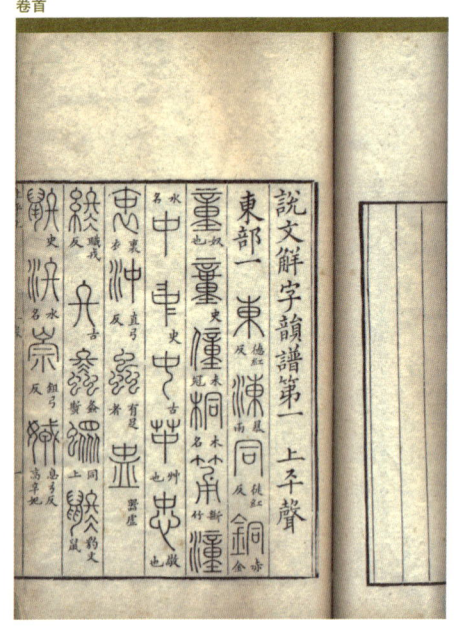

但可以了解这些俗字的具体情况，还可以大致了解俗字产生的原因、汉字形体的变化以及汉字发生发展的某些规律等。"

关于注明俗字的方式，侯尤峰在其文中归为如下几类："今俗作某、今别作某、今俗别作某、从俗作某、今俗从某、今作某、今从某、今俗隶书作某、今某字俗书从某、今俗书作某、今俗有某字、今俗省作某、又别作某字等。"

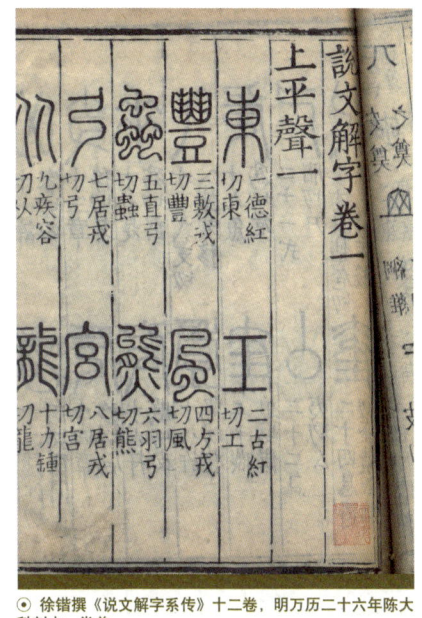

⊙ 徐锴撰《说文解字系传》十二卷，明万历二十六年陈大科刻本，卷首

徐铉校改完《说文解字》后，在宋太祖雍熙三年呈给皇帝，皇帝看后大感满意，《雍熙三年中书门下牒》中称："书成上奏，克副朕心。宜遣雕镌，用广流布。自我朝之垂范，俾永世以作程。"

有意思的是，徐铉对《说文解字》下了这么大功夫，他的弟弟徐锴竟然也研究《说文》，并且也出了两部重要的著作，分别是《说文解字系传》和《说文解字韵谱》。徐铉在后一书的序言中讲述了中国文字史的变化：

> 昔伏羲画八卦而文字之端见矣，苍颉模鸟迹而文字之形立矣。史籀作大篆以润色之，李斯变小篆以简易之，其美至矣。及程邈作隶而人竞趣省，古法一变，字义浸讹。先儒许慎患其若此，故集《仓》《雅》之学，研六书之旨，博访通识，考于贾逵，作《说文解字》十五篇，凡万六百字。字书精博，莫过

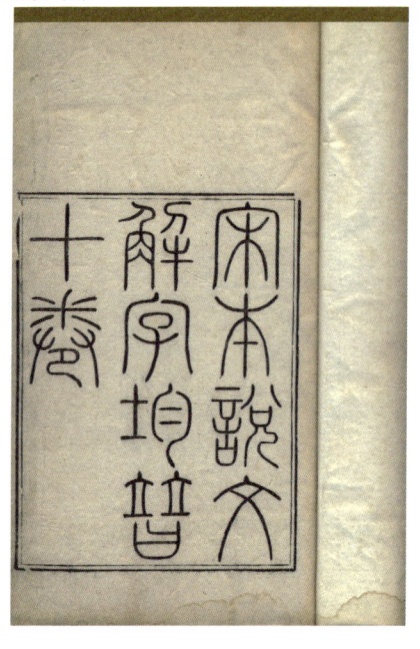

徐锴撰《说文解字韵谱》十卷，清同治三年吴县冯桂芬刻本，书牌

于是，篆籀之体，极于斯焉。

而对于《说文解字韵谱》一书的价值，徐铉在该书的序言中称："方今许、李之书仅存于世，学者殊寡，旧章罕存。秉笔操觚，要资检阅，而偏傍奥密，不可意知，寻求一字，往往终卷，力省功倍，思得其宜。舍弟锴特善小学，因命取叔重所记，以《切韵》次之，声韵区分，开卷可睹。锴又集《通释》四十篇，考先贤之微言，畅许氏之玄旨，正阳冰之新义，折流俗之异端，文字之学，善矣尽矣。今此书止欲便于检讨，无恤其他，故聊存诂训，以为别识。其余敷演，有《通释五音》凡十卷，贻诸同志云。"

关于徐锴的生平介绍，《宋史》中仅有短短的一段：

> 锴字楚金，四岁而孤，母方教铉，未暇及锴，能自知书。李景见其文，以为秘书省正字，累官内史舍人，因铉奉使入宋，忧惧而卒，年五十五。李穆使江南，见其兄弟文章，叹曰："二陆不能及也！"

徐锴虽然没有受到系统的教育，但却能够自学成材，中主李璟很欣赏他的文采，于是把他招入宫中做官，后来哥哥徐铉奉使前往宋国，徐锴觉得哥哥此行凶多吉少，担忧过度竟然为此而死。因为兄弟二人同样很有文名，所以被人比喻为西晋文学家陆机、陆云兄弟，他们两人研究《说文》的著作，也被后世分别称为大徐本和小徐本，而《说文解字》一书流传至今者，就是他兄弟二人的这几部著作。换句话说，如果没有大小徐对于《说文解字》的研究和刊刻，很有可能后世就看不到这部伟大的文字学著作了。对于这两部著作的价值，邵敏在《徐铉、徐锴整理〈说文解字〉之异同》一文中说：

《说文》一书，历经百年之传写，李阳冰之改定而流传至今，我们能见到的最早的完好的本子，只有大徐本和小徐本，那么今天要想了解《说文》的原貌，也只能立足于这两个本子。徐锴的《系传》成书在前，徐铉校定《说文》在后，且徐铉奉旨校定《说文》是力求为官方整理出一个《说文》的标准本，因而定会对众本"备加详考"，且也对《系传》多有参照。徐铉通过校勘整理后的《说文》本较有科学性和可读性，虽为官方的标准本，但毕竟不能当作许氏原书来读，而可以比勘大徐本的，唯有徐锴的《系传》。

当然大小徐本的《说文解字》也有些问题在，尤其在古音的读字上，徐铉有臆改的成分。清钱大昕在《十驾斋养新

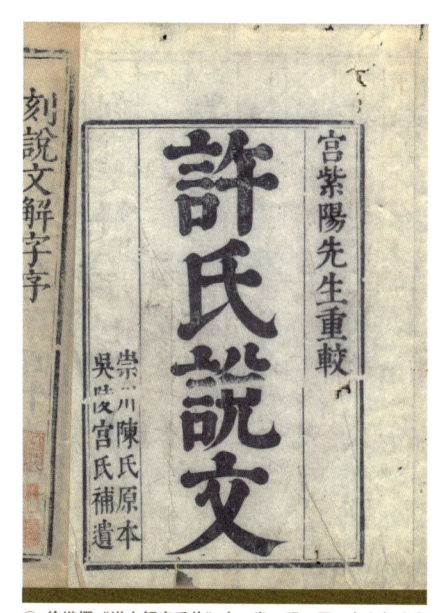

⊙ 徐锴撰《说文解字系传》十二卷，明万历二十六年陈大科刻本，书牌

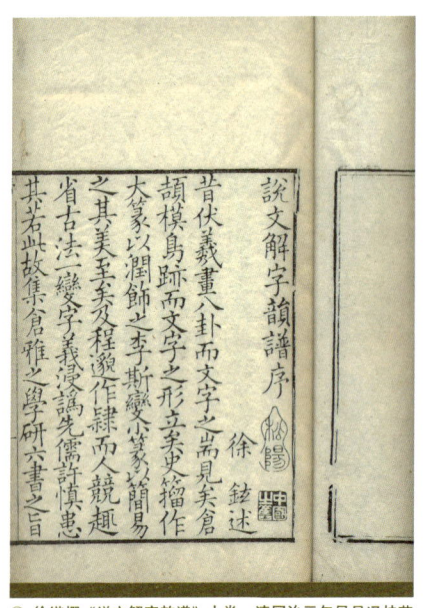

徐锴撰《说文解字韵谱》十卷，清同治三年吴县冯桂芬刻本，徐铉序

录》卷四中批评道：

《说文》九千三百五十三文，形声相从者十有其九。或取同部之声，今人所云叠韵也。或取相近之声，今人所云双声也。二徐校刊《说文》，既不审古音之异于今音，而于相近之声全然不晓，故于"从某，某声"之语，往往妄有刊落。然小徐猜疑而未尽改，大徐则毅然去之，其诬妄较乃弟尤甚！

但即便如此，大小徐本《说文解字》仍然不可替代，因此黄侃在《与友人论治小学书》中评价说："大徐本虽未必即为许君原书，而究非搜辑他书断烂讹脱者可比（小徐《系传》虽可以校大徐，而讹误太众）。盖它书所引，未能专信。如慧琳《一切经音义》引《说文》：贞从市人；此乃至俗文字，若辄以补《说文》，其过宏矣。又古人引书，不尽检寻卷轴，但凭记忆，故时有以《字林》为《说文》，其取《说文》注它书者，改《说文》以就所注之义。据此三因，故《说文》惟有依据大徐为正。"

徐铉墓位于广东省惠州市城区中山北路66号老干部活动中心院内。打的来到中山西路，而后步行转到了中山北路。我所查得的资料中称鼎臣亭在老干部活动中心内，但具体门牌号码却语焉不详，只好沿着中山北路边走边看。在路边见到一位长者，向其打听鼎臣亭，他仔细问了我两遍，而后遗憾地告诉我没有听说过，而后他停顿了一下，又跟我讲，刚才我已经走过的院落里面有一个小亭子，有可能是我的寻访之处。我猛然想起，自己此前做过功课，已经把在网上搜得的照片打印了出来，于是从背包内翻出这页纸请老人辨认。他看了一眼说，对，就是这里。然后他带着我往回走，站在马路边，果真看到了后院的一角。

其实我当初在网上查到这个图片时，就始终觉得这不是个亭子，更像个形状奇怪的炮

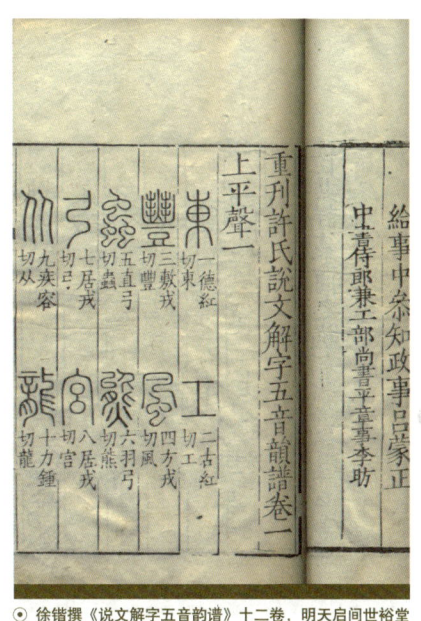

⊙ 徐锴撰《说文解字五音韵谱》十二卷，明天启间世裕堂刻本，卷首

楼。因为其形制虽为六角形，然而四周却是全封闭者，不知道是不是这个缘由，使得当地人不知道它叫鼎臣亭。关于这个亭子的来历，《惠州文史资料》第17辑上有李礼正所撰《惠州徐姓对联及鼎臣亭》一文，该文中称，在民国二十三年，徐铉的后人徐景堂、徐兆松根据族谱中有关"宋初，铉公骸骨由江西移葬梌山"的记载，特意在梌山上建造此亭，也正因为如此，我总把这个奇特的亭子想象成在一座山上，然而来到当地所见，此亭是处在一个不高的小坡之上，不知道以前这里何以能称为山。

徐铉的墓为什么会出现在广东的惠州呢？徐兆松在其所撰《宋徐鼎臣先生墓碑亭记》中说："仁中朝，赠将军讳德明任广南东路防御史，子孙遂家于粤，散布广惠间，我桃祖鼎臣公与配妣赵夫人遂由江西迁葬惠州梌山。"以此来推论，在江西当地已经没有了徐铉的后人，故而其在惠州的后人就将徐铉夫妇的遗骸迁葬到了惠州。

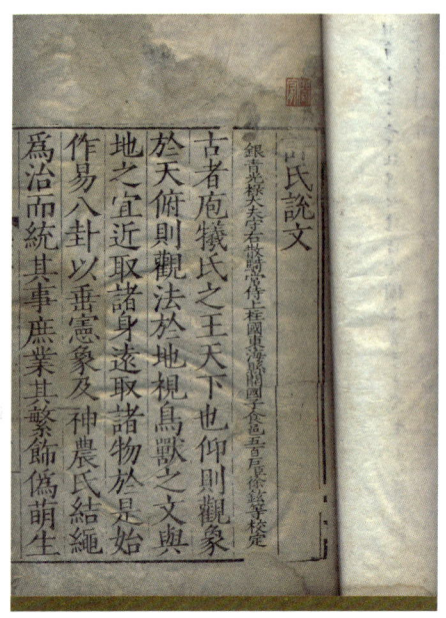

⊙ 徐锴撰《说文解字五音韵谱》十二卷，明天启间世裕堂刻本，徐铉序

《惠城文史》第 20 辑上有何志成所撰《惠州史志补正八则》，该文的第七则题目是《徐铉骸骨是北宋迁来惠州》，何在本文中称："根据是在《南昌府志》中，记述了苏轼弟弟苏辙官南昌时，'因铉无子孙，坟被掘毁，曾为文记事'及元祐六年（1091 年）张商英曾令南昌官府'改葬铉于鸾冈之阳'，因此徐铉骸骨南迁不会在此之前（详见《惠州西湖志·石刻》）。"

何志成以上所言虽然只是为了考证徐铉夫妇墓迁回的时间究竟是北宋的仁宗朝，还是元朝的仁宗朝，但其至少部分地说明了徐铉墓迁葬的原因。而何志成又在该文中谈到，他曾撰写《徐铉骸骨南迁考》一文，该文刊载在 2002 年 4 月 22 日的《惠州日报》第六版，何志成在《徐铉骸骨是北宋迁来惠州》一文中简述了南迁考一文所谈及的内容："南迁的原因极可能是当时广西侬智高谋反，围攻广州未遂，准备越过粤北山区进攻江西；而徐德明这个'广南东路防御使'是侬智高军事上的死对头，为提防侬智高攻进江西南昌后挖徐铉的坟墓进行报复，徐德明就设法将先人的骸骨南迁惠州，在其势力范围内加以保护；但由于当时军事形势紧张，迁葬之事只能背着地方官府偷偷进行，致使苏辙在南昌当官时，误认为徐铉在当地没有子孙，墓被他人挖毁；至宋哲宗元祐六年，张商英在南昌找不到徐铉坟墓，令官府'建祠当以宅其魂'时，徐德明早在四十多年

⊙ 隔着铁栅栏门所见

前已将徐铉夫妇骸骨南迁惠州,安葬在梭山之阳了。"

这段话讲清楚了徐铉夫妇遗骸迁到惠州的原因,而这也证明徐兆松等人建亭的地点没有问题。但我依然好奇的是,他为何要把亭子建成这个模样。我来此地的寻访也正是想解开这个小小疑惑。

谢过带路的老人,我站在了老干部活动中心的门前,由此才看到了准确的门牌号"中山北路 66 号",这个门口是典型的二十年前地方政府部门办事机构模样,门口挂着多个牌子,看来该部门所管辖的范围还真不小。

我走进了这处办公机构,刚进门,一个门卫立即拦住了我,我向他解释自己只是为了拍

⊙ 确切的门牌号在这里

⊙ 有这么多单位在此办公

⊙ 透过栏杆向上探望

院中的鼎臣亭,他直接告诉我,进内拍照需要有关单位的介绍信。这种事情我遇到过不少,于是我拿出自己的寻访单,向他解释自己的寻访目的所在,这名门卫还算通情达理,态度缓和了下来,说就算让我进去了也拍不到。他看到我不相信的神色,而后带我走到了走廊的尽头,果真这里有一道上着锁的铁栅栏门,他说此锁很长时间都没有打开过,他也不清楚钥匙在哪里。站在门前透过

栏杆，可以看见里面的鼎臣亭，并且在鼎臣亭旁还有一座老建筑，从风格和颜色看，应该和鼎臣亭是同期所建者，门卫告诉我，这处老房子也和鼎臣亭一样，一直上着锁。

面对此况我也无计可施，谢过门卫，而后原路退了回来，我决定围着这处建筑的四围找一圈，看看能不能找到好的拍摄角度，可惜我未能如愿，最终也没有接近鼎臣亭。好在李礼正在那篇文章中谈到了鼎臣亭的规制，我将他所言抄录如下："亭为三层砖木结构，六角形，高9.05米，一层二层有外墙包裹。底层高4.9米，六角形内径长2.70米，面积20平方米，高墙内侧90厘米处还有六根呈角铁形的柱，柱身边长35厘米，柱与柱之间在高1.8米处用迫拱形结成一整体。……"

由以上的叙述可知，李礼正在撰写此文时，他至少进过该楼，否则难以有这样详细的数据在。关于亭内的情形，李礼正又称："鼎

旁边还有一座老楼

⊙ 终于看清楚了鼎臣亭的外观

臣亭内原有鼎臣碑,由于某些变故,已流失多年,最近才在桥西柏子树下3号黄氏祠堂内发现。碑高1.53米,宽为0.53米,厚3厘米。碑头文:'宋徐鼎臣先生墓碑亭记'。"可惜,这块碑我也未曾看到,只能凭想象来理解当时的情形了。

孙奭：注疏《孟子》，疑窦终解

孙奭为宋初著名经学家，他年轻时就在这方面表现出超人的特长。《宋史·儒林传》中称："孙奭字宗古，博州博平人。幼与诸生师里中王彻，彻死，有从奭问经者，奭为解析微指，人人惊服，于是门人数百皆从奭。后徙居须城。"

从幼年开始，孙奭拜王彻为师，王彻为当地颇有名气的经学家。他去世之后众多弟子纷纷找孙奭请教经学，孙奭都能予以解答，他的这个本领令众人十分叹服。从此之后，王彻的几百位弟子一同拜孙奭为师。仅凭这一点就足可以看出，孙奭对经学有着深刻的理解。

后来孙奭凭借自己的经学特长考得了进士。《宋史》本传中称："《九经》及第，为莒县主簿，上书愿试讲说，迁大理评事，为国子监直讲。太宗幸国子监，召奭讲《书》，至'事不师古，以克永世，匪说攸闻'。帝曰：'此至言也。商宗乃得贤相如此耶！'因咨嗟久之。赐五品服。真宗以为诸王府侍读。会诏百官转对，奭上十事。判太常礼院、国子监、司农寺，累迁工部郎中，擢龙图阁待制。"

孙奭正是凭借对《九经》的深刻理解考取了进士，而后他被派往地方任职。孙奭对这样的工作没有太大兴趣，他给朝廷上书说自己希望能任教职。后来，他果真到国子监去做了教师。某次，宋太宗到国子监视察，命孙奭讲解《尚书》，当孙奭讲到，做事要效法古人，否则不能长久的话题时，皇帝对他的讲解很是满意，于是就赐给他五品官服。后来宋真宗又任命孙奭做诸王府侍读，因为他工作有成绩，因此，每次都受到提拔。

但孙奭并不是一个懂得察言观色来讨皇帝喜好的人，不会像别人那样尽挑皇帝喜欢的话来说：

> 奭以经术进，守道自处，即有所言，未尝阿附取悦。大中祥符初，得天书于左承天门，帝将奉迎，召宰相对崇政殿西庑。王旦等曰："天贶符命，实盛德之应。"皆再拜称万岁。又召问奭，奭对曰："臣愚，所闻'天何言哉'，岂有书也？"帝既奉迎天书，大赦改元，布告其事于天下，筑玉清昭应宫。是岁，天书复降泰山，帝以亲受符命，遂议封禅，作礼乐。王钦若、陈尧叟、丁谓、杜镐、陈彭年皆以经义左右附和，由是天下争言符瑞矣。

大中祥符初年，有人向皇帝报告说，在左承天门发现了天书。皇帝听到后，大感高兴，认为这是上天对他的肯定，准备举行隆重的奉迎仪式。而后招宰相王旦等人进行商议，王旦等人摸准了皇帝的心理，大表赞同，说上天赐天书这是圣德的感应，他们边说边高呼万岁，这种场面令皇帝很受用。但为了慎重起见，皇帝又把孙奭召来，问他如何看待这件事，孙奭不以为然，可是他又不能坚决反对，于是就引用了一句孔子的话，以此来说明哪里有什么天，既然没有天，哪里又来的天书。

孙奭所说的这句话，乃是出自《论语》：

> 子曰："予欲无言。"子贡曰："子如不言，则小子何述焉？"子曰："天何言哉？四时行焉，百物生焉，天何言哉？"

看来某天孔子情绪不高,他跟弟子说:"今天不想说话。"子贡反问老师:"如果您不说话了,那我们如何能够得到更多的教诲呢?"孔子回答说:"天说过话吗?四季不照样运行,万物不也照样生长。"由此可知,孔子所言并非讨论天是否存在的问题,而孙奭在这里只是巧妙地化用孔子的这句反问语,以此来说明并没有天,也就更没有天书。

显然皇帝对他的这个态度不能接受,但他引用的是孔圣人的话,皇帝也不能当场训斥,只好当做没有听到,继续奉迎天书,同时把这件事昭告天下。皇帝的这个做法,等于鼓励天下人造假。果真没过多久,天书又降到了泰山,为此皇帝举行了重大的封禅仪式。

孙奭的耿直确实能以一而贯之,仁宗皇帝继位时,他依然保持着这样的个性在。《宋史》本传中称:"仁宗即位,宰相请择名儒以经术侍讲读,乃召为翰林侍讲学士,知审官院,判国子监,修《真宗实录》。丁父忧,起复,兼判太常寺及礼院,三迁兵部侍郎、龙图阁学士。每讲论至前世乱君亡国,必反覆规讽。仁宗意或不在书,奭则拱默以俟,帝为竦然改听。"

孙奭负责给仁宗皇帝讲课,但年轻的皇帝没有那么好的耐性,他听得不耐烦时就会心不在焉地东张西望。而孙奭也不劝阻,只是不再说话,长时间地站在那里等候,等到皇帝不好意思安静了下来,他才继续讲课。对于这件事的记载,宋孔平仲在《谈苑》卷二中所言更为生动:"孙奭尚书侍读仁宗前,上或左右瞻视,或足敲床,则拱立不读。以此奭每读书,则上体貌益庄。"

仁宗听讲时看来不仅仅是左顾右盼,有时还会用脚踢椅子。面对皇帝的顽皮,孙奭当然不能训斥,他只是不再读书,恭敬地站在一旁不说话,而这样的讲书经历,长达十年之久。此后,孙奭多次提出退休的要求,皇帝都没有答应,一直让他坐到了礼部尚书的高位,然而他在去世前，又提出了一个奇怪的要求：

> 既而累表乞归，以太子少傅致仕。疾甚，徙正寝，屏婢妾，谓子瑜曰："无令我死妇人之手。"卒，奏至，帝谓张士逊曰："朕方欲召奭还，而奭遂死矣。"嗟惜者久之，罢朝一日，赠左仆射，谥曰宣。

孙奭退休后，得了很重的病，他感到自己时日无多，于是让人把他抬入了正屋，同时让身边的女人全部退了出去，而后他跟儿子说，不要让我死在女人手里。为什么会有这样的遗言呢？以我的猜测，他是为了符合古代的礼制，因为《礼记·丧大记》中称"废床，彻亵衣，加新衣，体一人。男女改服，属纩以俟绝气。男子不死于妇人之手，妇人不死于男子之手。君、夫人卒于路寝，大夫、世妇卒于适寝，内子未命，则死于下室，迁尸于寝，士之妻皆死于寝。"

看来孙奭到死都讲求符合礼制，难怪他的去世令皇帝很伤心，为此罢朝一日。

孙奭在朝工作期间，多次参加"五经"的修订，宋王应麟著《玉海》卷四十三称："端拱元年三月，司业孔维等奉敕校勘孔颖达《五经正义》百八十卷，诏国子监镂板行之。《易》则维等四人校勘，李说等六人详勘，又再校。十月板成以献。《书》亦如之，二年十月以献。《春秋》则维等二人校，王炳等三人详校，邵世隆再校。淳化元年十月，板成。《诗》则李觉等五人再校，毕道升等五人详勘，孔维等五人校勘，淳化三年壬辰四月以献。《礼记》则胡迪等五人校勘，纪自成等七人再校。李至等详定，淳化五年五月以献。"

端拱元年三月，国子监刊刻了《五经正义》，这部书是由不同的专家对"五经"进行详细的校订，而后汇编在一起，公开发行。

但是，本次参加校订的人员都属于每一经的专家，这样的专家只会专注于单独一经，而将"五经"汇刻在一起，这些经之间的注疏就难免有抵牾之处。

对此，判国子监李至向皇帝提出，应当对《五经正义》进行修订，《宋资治通鉴长编》卷四十三称："本监先校定诸经音疏，其间文字，讹谬尚多，深虑未副仁君好古诲人之意。盖前所遣官，多专经之士，或通《春秋》者未习《礼记》，或习《周易》者不通《尚书》，至于旁引经史，皆非素所传习，以是之故，未得专详。伏见国子博士杜镐，直讲孙奭、崔颐正，皆苦心强学，博贯九经，问义质疑，有所依据。望令重加刊正，除去舛谬。"

李至说，国子监所刻的《五经正义》还是有不少的错讹，出错的原因恰恰是这些专家只懂一经，所以这些专家的著作汇为一部书时，就发生了问题。因此李至向皇帝建议，应当请杜镐、孙奭、崔颐正三人来重新修订《五经正义》，因为这三人均可"博贯九经"。可见孙奭对于"五经"均很熟悉，至少在这方面他是一位通才，所以李至的提议得到了宋太宗的批准，下令孙奭等人重新校订"五经"。

宋至道三年，宋太宗驾崩，宋真宗继位。而后，刘可名提出，《五经正义》仍有错字，皇帝命令继续修订，而孙奭等人又从中改正了九十四字。

孙奭的学识的确渊博，其实他不仅熟悉经学，对老庄也有着深入的研究。宋景德二年，时任国子监直讲的孙奭给皇帝上奏章说："诸子之书，《老》《庄》称首，其道清虚以自守，卑弱以自持，逍遥无为，养生济物，皆圣人南面之术也。故先儒论撰，以次诸经。唐陆德明撰《经典释文》三十卷，内《老子释文》一卷，《庄子释文》三卷，今诸经及《老子》释文共三十卷并已雕印，唯阙《庄子释文》三卷，欲望雕印，冀备一家之说。又《庄子》注本前后甚多，率皆一曲之才，妄窜奇说，唯郭象所注，特会庄生之旨，亦请依《道德经》例，差官校订雕印。"皇帝接受了孙奭的建议，而后由他主持校勘《庄子释文》。这部书同《古文尚书新义》一并出版发行。

相比较而言，孙奭对经学的研究，以《孟子》一书最为深入。他在这方面的著作有两部最受后世关注，一是《孟子注疏》，该书亦称《孟子正义》，二是《孟子音义》。对于前一部书的价值所在，北大中文系教授董洪利先生在《〈孟子注疏〉与孙奭〈孟子〉学》一文中称："《孟子注疏》是见于著录的北宋第一部《孟子》注本。"对于这部注本在经学史上的地位，董洪利又在此文中总结道："《孟子》在宋代升为经书，完成了儒家经典的'十三经'的最终格局；而《孟子注疏》的出现，又使得十三部经典都有了与之相配套的以'注疏'为形式的读本。南宋光宗时，有学者名黄唐者，把十三经注疏合刊出版，从此《十三经注疏》流传于世，惠及后人，其影响不可谓不大。"

然而，这么重要的一部经学著作，从宋代直到今天，对于该书的作者始终有着争论。而引起这种争论的第一人，乃是大儒朱熹，《朱子语类》卷十九中称："《孟子疏》乃邵武士人假作、蔡季通识其人。当孔颖达时未尚《孟子》，只尚《论语》《孝经》尔，其书全不似疏样，不曾解出名物制度，只绕缠赵岐之说耳。"

朱子明确地说，《孟子注疏》乃是他人假冒孙奭之名编出的一部书，而造假者乃是福建邵

孙奭撰《孟子音义》，清同治十年广东书局重刊武英殿本，序言

武人，是朱子的好友兼学生蔡元定告诉他的。看来消息来源可靠，但不知为什么朱熹没有点出这位邵武人的姓名。而后，朱熹又从内容上展开了批判，他说这部书的体例不像是正统的注疏，因为他没有解释《孟子》原经的名物制度，只围绕着赵岐的注来回来去地说。总之，朱子对《孟子注疏》一书很不满意，认为该书不可能出自宋初名儒孙奭之手。

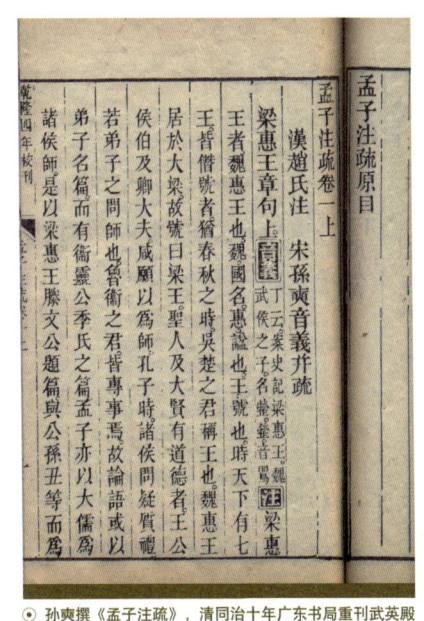
● 孙奭撰《孟子注疏》，清同治十年广东书局重刊武英殿本，卷首

其实朱熹不仅是看不上这部《孟子注疏》，他对赵岐也同样看不上，《朱子语类》卷五十一在谈到赵岐的《孟子题辞》时称："做得絮气闷人，东汉文章皆如此。解书难得分晓。赵岐注《孟子》，拙而不明；王弼《周易》，巧而不明。"而今他看到《孟子注疏》一书，又多采用赵岐注中的观点，所以对《孟子注疏》也感到同样的不满。

朱熹的态度影响到了后世对《孟子注疏》一书的评价，而他对该书作者的怀疑也影响到了后世对于该书作者的认定。比如四库馆臣在《四库全书总目提要》中说：

> 其疏虽称孙奭作，而《朱子语录》则谓邵武士人所假托、蔡季通识其人。今考《宋史·邢昺传》称"昺于咸平二年受诏，与杜镐、舒雅、孙奭、李慕清、崔偓佺等校定《周礼》《仪礼》《公羊》《穀梁》《春秋传》《孝经》《论语》《尔雅》义疏"，

不云有《孟子正义》。《涑水纪闻》载奭所定著,有《论语》《孝经》《尔雅》正义,亦不云有《孟子正义》,其不出奭手,确然可信。其疏皆敷衍语气,如乡塾讲章,故《朱子语录》谓其全不似疏体,不曾解出名物制度,只绕缠赵岐之说。至岐注好用古事为比,疏多不得其根据,如注谓非礼之礼,若陈质娶妻而长拜之;非义之义,若藉交报雠。此诚不得其出典。至于单豹养其内而虎食其外,事出《庄子》,亦不能举,则舁陋太甚。朱彝尊《经义考》摘其欲见西施者人输金钱一文事,诡称《史记》,今考注以尾生为不虞之誉、以陈不瞻为求全之毁,疏亦并称《史记》,尾生事实见《庄子》,陈不瞻事实见《说苑》,皆《史记》所无。如斯之类,益影撰无稽矣。

四库馆臣在这里直接引用了朱子所言,而后又查证了《宋史》中的著录,由此而知当年邢昺主持修订经学著作时,其中没有《孟子正义》,而司马光在《涑水纪闻》中也没说孙奭作过《孟子正义》,四库馆臣由此而得出结论,这部书不可能出自孙奭之手,更何况朱子说这部书又不是正统的注疏体。该书中所引的一些掌故也注错了出处,其言外之意是说,作为名家的孙奭不可能犯这样低级的错误。由此来说明,《孟子正义》确实不是出自孙奭之手。而后,阮元在校勘《孟子注疏》时也本持这样的说法,他在《孟子注疏校勘记序》中说道:"本未尝作《正义》也,未详何人拟他经《正义》十四卷,于经义多所未解,而妄说处全抄孙奭《音义》,略加数语,署曰'孙奭疏',朱子所云邵武士人为之者是也。"

对于这种一面倒的说法,也有人对此表示怀疑,余嘉锡在《四库提要辩证》中首先钩沉出那位邵武人的姓氏:

自来论《孟子疏》者，皆只据《朱子语录》，知其出邵武士人而已，不知其人之姓名也。独朱绪曾《开有益斋经说》卷二引吕南公《灌园集》云"出自闽人徐生"。余因求《灌园集》读之，其卷十七《杂著》内，果有《读孟子疏》一篇，略云："学者之于《孟子》，能言则以诵，能问则以疑。及其老也，则有所苦焉，此世之所不能无也。自赵台卿作传，其后既专行，然望其遂尽而无苦，果然其未然也。往者士大夫往往善得其所未至，且纠其疏谬，然而必以逐赵于学亦未之能完。闽老生徐某，老于道德之学，于此书用功良深。今其税驾在郛，余偕诸君相与叩观其说，以庶几无深约之苦，而心得以明，何善如之！故尝谓诸君道此，诸君倘不以余言为否，幸书之名以见复焉。"详其文内，唯言徐某于是书用功良深，未尝明言书为徐某所作。且其题作《读孟子疏》者，疑当以"读孟子"三字作一句读，疏字单读，盖读《孟子》之时作此文以示门人，使各书其名于后，以往听讲。疏乃书疏之疏，非注疏之疏也。

看来这位邵武人姓徐，但细品那段引文，余嘉锡认为徐某并没有说他写过《孟子注疏》。余嘉锡认为出现这种误会的原因，乃是句读出的错，难道这两者并非是同一人？余嘉锡怀疑，有可能是朱子记错了人：

朱子谓疏邵武士人所作，而邵武正是闽地，士人及老生，又皆读书而仕宦不达之称，则朱绪曾谓即南公所言之闽老生徐某，亦非无故，是真昔人所未知也。虽然，犹有可疑者，考《宋史·文苑》六南公本传，言其卒于元祐初，而蔡季通之卒，在庆元四年，吴荣光《名人年谱》言其年六十四，则当生于绍兴五年，上距元祐元年，已五十年，南公之文，又未必即作于元祐之初，已称为闽老生，则季通宜不及见。而朱子谓季通识其人，则又似非一人矣。岂朱子记忆误耶？姑志所疑，以俟再考。

但是如何解释，《孟子注疏》中引文注错出处这个问题呢？董洪利在其文中先引用了杭世骏的一段话："作者不易，笺疏家尤难，何也？作者以才为主，而辅之以学，兴到笔随，第抽其平日之腹笥，而纵横曼衍，以极其所至，不必沾沾獭祭也；为之笺与疏者，必语语核其指归，而意象乃明；必字字还其根据，而佐证乃确。才不必言，夫必有十倍于作者之卷轴，而后可以从事焉。"

针对杭世骏的这段话，董洪利在其文中评价说："可见为古书作注、作疏之难，稍有不慎，出现错误是难免的。流传至今的《十三经注疏》，除孙奭《孟子注疏》外，其他无作者争议问题的经疏大多为名儒大家所作，从他们的著作中找出类似于《孟子注疏》那样的错误，也不是什么难事。因此，仅凭几条有数的例子，就断然判定《孟子注疏》不是孙奭的作品，未免有些底气不足。"

董洪利认为，古书中注明出处的错误并不稀见，如果仅凭这点错误就断定《孟子注疏》不是出自孙奭之手，显然有些武断。而董洪利又在文中引用了《孟子注疏》中的一大段原文，由此而得出了这样的结论："《孟子注疏》完全符合'疏'体的规范，而且相当严整。它首先列出《孟子》原文和赵岐注，然后对《孟子》原文展开逐字逐句的详细讲解，最后则对赵岐注加以疏通。其讲解的文字虽没有什么特别独到的见解，但平正通达，清楚明白，对于读者，尤其对于初学者来说是极有助益的。"

其实从一些历史资料来看，也可证明《孟子注疏》或者称《孟子正义》确实出自孙奭之手。比如朱彝尊在《经义考》卷二百三十三中引用宋晁公武所言:"奭撰正义以赵注为本,其不同者,时时兼取善经,如谓'子莫执中'为'子等无执中'之类,大中祥符中书成上于朝。"晁公武明确地说孙奭撰有《孟子正义》一书,并且该书就是本着赵岐的注。而宋晁说之在《景迂生集》卷十八中亦称:"若夫《孟子》之书,则亦不必论其文之如何,是直万章、公孙丑之徒所次耳!何有于孟子哉?足下试以唐陆善经《孟子》对今孙宣公(孙奭)所校定《孟子》,断可见其文之异同也。"晁说之明确地称孙奭校订了《孟子》一书。为什么他所言是有力的证据呢?高丁国在其硕士论文《北宋前期经学家——孙奭初探》中称:"晁说之是北宋前期著名的经学家晁迥的后人,晁迥和孙奭同朝为官多年,曾多次共同校订经学著作。晁说之认定孙奭校勘《孟子》,必有所本。"更何况,旧题曾巩所撰《隆平集》卷六《李至传》中明确地说:"孙奭字宗古,即疏《孟子》者。"

孙奭为什么对《孟子》一书要下这样大的功夫呢?他在《孟子正义》的序言中有着如下的表述:

> 夫总群圣之道者,莫大乎六经。绍六经之教者,莫尚乎《孟子》。自昔仲尼既没,战国初兴,至化陵迟,异端并作,仪、衍肆其诡辩,杨、墨饰其淫辞。遂至王公纳其谋,以纷乱于上;学者循其踵,以蔽惑于下。犹浲水怀山,时尽昏垫,繁芜塞路,孰可艾夷?惟孟子挺名世之才,秉先觉之志,拔邪树正,高行厉辞,导王化之源,以救时弊,开圣人之道,以断群疑。其言精而赡,其旨渊而通,致仲尼之教,独尊于千古,非圣贤之伦,安能至于此乎?

孙奭认为"六经"之外最重要的就是《孟子》一书,因为孟子能够在乱世挺身而出,以孔子之道来教化社会,这正是他给《孟子》作注疏的主要原因。然而在孙奭之前,却没有人能给该书作疏,故孙奭的这部书确实有着开创之功。董洪利在其文中评价说:"宋以前,《孟子》尚未被列为经书,研究者寥寥。从西汉算起,千余年间,得以完璧保存下来的《孟子》注本只有东汉赵岐的《孟子章句》,《孟子注疏》创作之时可资参考的前人研究成果数量很少。这和其他经书的情况很不一样,以五经为例,孔颖达等人作《五经正义》时,见于史志目录著录的五经研究著作不胜枚举,学术研究积淀之厚重,可供参考的成果之丰富,是《孟子注疏》作者无法比拟的。在这样的学术条件下,完成《孟子注疏》,其困难程度可想而知。因此,《孟子注疏》的出现,可以说具有草创之功,是孟学史上值得大书一笔的重要事情。"

孙奭的另一部重要著作也跟孟子有关,那就是《孟子音义》。《宋会要》中称:"(祥符)五年十月,诏国子监校勘《孟子》,直讲马龟符、冯元,说书吴易直同校勘,判国子监龙图阁待制孙奭,都虞员外郎王勉覆校,内侍刘崇超领其事。奭等言:'《孟子》旧有张镒、丁公著二家撰录,文理互舛。今采众家之善,削去异端,仍依《经典释文》刊《音义》二卷。是年四月以进。诏两制与丁谓看详,乞送本监镂板。"

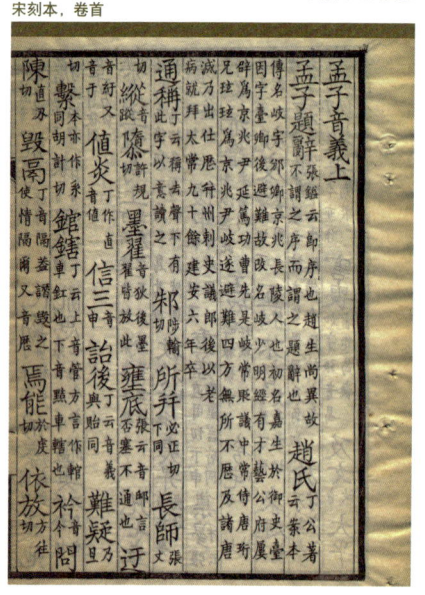

孙奭撰《孟子音义》二卷,清光绪十九年孙氏山渊阁影宋刻本,卷首

由这段话可知,《孟子音

义》乃是校勘《孟子》的副产品,而提议撰写该书者正是孙奭。陈振孙在《直斋书录解题》卷三中称"旧有张镒、丁公著为之音,俱未精当。奭方奉诏校定撰集《正义》,遂讨论音释,疏其疑滞,备其阙遗,既成上之。"

对于《孟子音义》一书,《四库全书总目提要》首先称:

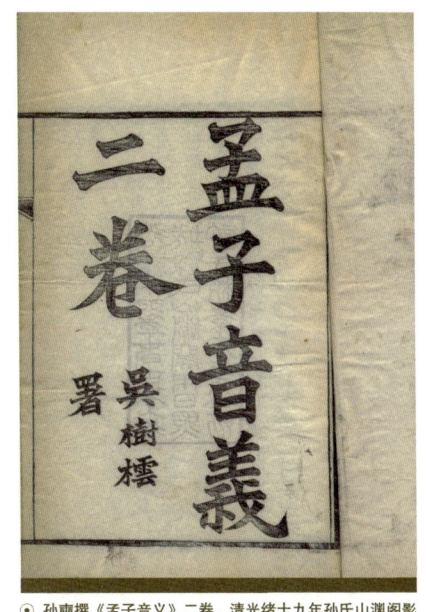

⊙ 孙奭撰《孟子音义》二卷,清光绪十九年孙氏山渊阁影宋刻本,书牌

> 唐陆德明《经典释文》于群经皆有《音义》,独阙《孟子》。奭奉敕校定赵岐注,因刊正唐张镒《孟子音义》及丁公著《孟子手音》二书,兼引陆善经《孟子注》以成此书。其序文前半,与世传奭《孟子正义序》同,盖《正义》伪序,即缘此序而点窜也。书中所释,称一遵赵注,而以今本校之,多不相符。……凡六十有九条,皆今本注文所无。惟《孟子注》之单行者,世有传钞宋本,尚可稽考。伪《正义》删改其文,非复赵岐原书,故与音义不相应也。因是书可以证岐《注》之旧,并可以证奭《疏》之伪,则其有功典籍,亦不细矣。

四库馆臣承认这部书的确是孙奭的作品,然而馆臣将《孟子音义》一书的序言跟《孟子正义》的序言进行了对比,发现此序的前半部分内容相同,所以馆臣认为《孟子正义》一书的序言乃是用《孟子音义》一书的序言篡改而成者。由此而更加证明,《孟子注疏》乃是一部伪书。现引用孙奭所撰《孟子音义》序如下：

> 其书（《孟子》）由炎汉之后盛传于世，为之注者则有赵岐、陆善经，为之音者则有张镒、丁公著。自陆善经以降，其所训说虽小有异同，而共宗赵氏。今既奉敕校定，仍据赵注为本，惟是音释，宜在讨论。臣今详二家撰录，具未精当。陆氏则徒分章句，漏略颇多，丁氏则稍识指归，伪谬时有。若非刊正，讵可通行？仅与尚书虞部员外郎司判国子监臣王勉、诸王府侍讲太常博士国子监直讲臣马龟符、镇宁军节度推官国子监说书臣吴易直、前江阴军江阴县尉国子学说书臣冯元等推究文本，参考旧注，采诸儒之善，削异说之烦，证以字书，质诸经训，疏其疑滞，备其阙遗，集成《音义》二卷。虽仰测至言，莫穷于奥妙，而广传博识，更俟于发挥。

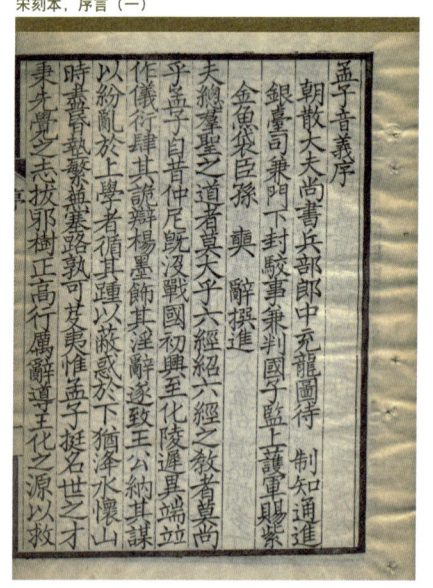

孙奭撰《孟子音义》二卷，清光绪十九年孙氏山渊阁影宋刻本，序言（一）

由这段序可知，《孟子音义》是多位大臣共同参与编撰而成者。而对于这部书的价值，董洪利在其论文中说道："《孟子音义》既是研究《孟子》古音和中古时期音韵系统的重要参考资料，又是研究《孟子》古注和校勘资料的重要书籍。它反映了从上古到中古的某些字的音读变化，颇有价值。更重要的是，书中保存了唐代有关《孟子》著作的部分资料。

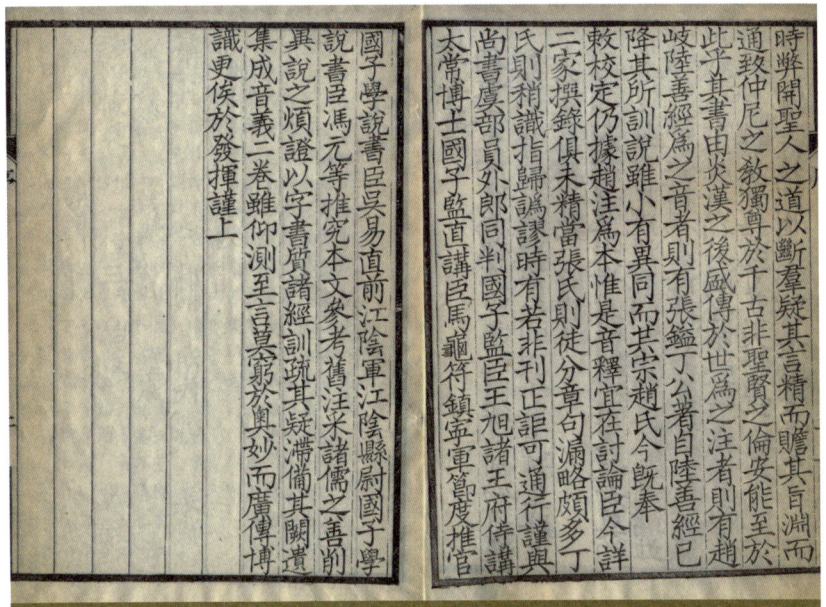

孙奭撰《孟子音义》二卷 清光绪十九年孙氏山渊阁影宋刻本，序言（二）

如张镒的《孟子音义》、丁公著的《孟子手音》和陆善经的《孟子注》，皆是早已亡佚之书，但由于孙奭《音义》引用了三书的不少成果，从而使许多内容得以保存。后世所撰唐代这三种书的材料，大部分都出自《孟子音义》。所以此书在资料上的价值是其他书所不能替代的，至今仍是研究《孟子》学的重要资料。"

大藏书家黄丕烈曾经刊刻过《孟子音义》一书，他将印出之书，送了一部给段玉裁，然而段却对该书的校勘表示了不满。段玉裁的《经韵楼集》卷四有《与黄尧圃论〈孟子音义〉书》，段在此信中说道：

> 玉裁白："自浙东归，得见足下所刻蜀大字本《孟子音义》，跋语识其原委，乃述古堂影抄。仆谓孙宣公此书，仅长于邵武士人而缪漏不少，姑不具论；此蜀椠粗读之，亦未尽善。近有孔继涵、韩岱云二刻本可参核……凡宋板古书，信其是处则从之，

信其非处则改之，其疑而不定者则姑存以俟之，不得勿论其是非，不敢改易一字。意欲存其真，适滋后来之惑也，如前所云是矣。又不得少见多怪，疑所不当疑。"

看来，黄丕烈刊刻《孟子音义》一书用的底本是钱曾述古堂的影钞本。段批评说，《孟子音义》一书有不少的错漏。而对于这些错漏，黄丕烈跟顾千里的观点一样，那就是尽量不改动古书中的原文，哪怕是明显的错误之处也要原样刊刻，而后再在校勘记中予以说明。但段玉裁不赞同这种校勘方式，原本他很欣赏顾千里的才气，后来两人闹翻也是因为这种观念上的冲突。故段玉裁在此信中，又把他的观点重申一遍，以此来抱怨黄丕烈刊刻《孟子音义》没有改正原书中的错误之处。

但无论怎样，孙奭对于《孟子》一书所作出的贡献，超过了宋代其他人，他的著作虽然有着这样那样的争论，但并不能抹杀他的成就。故我的经学家寻访之旅，当然要把他列入名单之中。

孙奭墓位于山东省东平市老湖镇柳村西250米处，这是我从网上搜到的地点。今天上午顺利地找到了穀梁赤的墓，而后在陈集镇找了家饭店吃饭。饭后上G15高速行150公里奔东北方向，到达东平市老湖镇，去找孙奭墓。几经辗转，终于找到柳村，在此村向村民打听孙奭墓的具体位置，有两位村民告诉我，其村旁边一个工厂院内有一座老坟，那就是孙奭墓。

终于找到了柳村

按村民所指的路线，来到了这个工厂门前，从牌匾上得知，该厂的名称为"东平吉利中慧饮料有限公司"。工厂的大门用电动栅栏隔了起来，走到旁边的人行入口，刚准备入院

⊙ 厂区景色

就被门卫拦了下来，我向他解释自己来找一座古人的墓。这位门卫很有经验，他说很多人都前来寻找过，但他们厂里确实没有古墓。

从神态看，保安说得很真诚，我不知道这是领导的交待还是确有其事。但既然那些村民说这里确实有古墓，这种说法也不似有问题，于是我向门卫解释了刚才村民所言。他闪身往旁边一站，而后指着厂区跟我说："我们厂占地面积不小，你看这样的厂院里怎么能有古墓呢？"

展眼望去，厂区的面积有近百亩，但现在使用的面积并不大，只是在中心靠前的位置建起了一座独立的楼，余外院中的一切都能一目了然地看清楚。厂院内的地面全部做了硬化，水泥满铺。如此说来，即使有古墓在里面，估计早已被铲平了。那我得到的信息是怎么回事呢？门卫建议我围着厂区外围寻找一下，说不定那一带会有古墓在。

门卫所言提醒了我，于是退出厂门，沿着侧墙的两侧一路探看，而望过去则是一望无际的田野，虽然这里不是平原，但至少是一块平整的台地。在这台地之上，看不到任何古墓的突起，远远望去，有两人在田地中耕作，于是走上前，向其了解情形。这是一对七十岁上下的老夫妇，他们正在那里翻整土地。听闻我的问话后，老汉

◉ 一望无际的田野

告诉我:"几十年前这后面的确是一片古坟,但因为修这个厂,早就铲平了。"

　　看来这片古墓确实被铲平了,跑了这么远的路,却找不到目标,心中怎么都觉得是一种遗憾,但面对现状又无力改变,只能在当地拍几张照片,立此存照。

郝敬：通解"九经"，批驳朱子

郝敬为明末著名经学家，翁敏修在《郝敬的〈周礼〉学》一文中说："郝氏遍解群经，著作颇丰，为明末重要经学家。"对于郝敬经学成就的夸赞，以黄宗羲在《明儒学案》中所言最为著名："疏通证明，一洗训诂之气。明代穷经之士，先生实为巨擘。"

郝敬为湖北京山县人，他应当是该县明代最有名的学者，故当地的文献对其夸赞有加，比如《京山县志·儒林列传》中排列出了郝敬的著作，而后给予了崇高的评价：

> 先生所著《九经解》一百六十五卷，《山草堂》二十八种，嘉定陆元辅藏有全书，后归秀水朱彝尊。其《九经解》暨《山草堂》中内编之《易领》《问易补》《学易枝言》《毛诗序说》《春秋非左》《四书摄提》《四书杂言》《谈经》诸种，《经义考》俱全收之。后开《四库全书》，即据朱彝尊《经义考》，为之分别提要。《御纂诗经传说》《尚书传说》《春秋传说》《钦定三礼义疏》，采录先儒笺注，郝敬皆与焉。道光间，《皇清经解》出，诸经学家如毛西河、阎百诗、陈启源、翟灏、焦循，无不征引郝氏《经解》，推为大儒。至海内私家纂辑诸经塾本，登载尤多。先生经学几与孔安国、郑康成埒名矣。

这段话列出了郝敬的大部分著作，而后提到《四库全书》根据朱彝尊的《经义考》而分别写出了提要，该文中又称，清代的许多著名经学著作都收录和引用了郝敬的经学成果。而毛奇龄、阎若璩等经学大家都引用过郝敬书中的内容，为此京山县的修志者认为，郝敬的经学成就可以与大儒级的经学人物孔安国、郑玄相比肩。

显然，这样的赞誉太过偏私，无论从哪个角度而言，郝敬都无法与孔、郑两位大师并提。更何况，《四库全书》中并未收录郝敬的任何作品，仅在《存目》中有其作品的提要。并且四库馆臣对郝敬的经学成就评价很低，比如对郝敬所撰《毛诗原解》一书的评论为："是书前有《读法》一卷，大旨在驳朱《传》改《序》之非……《序》或有所难通者，辄为委曲生解，未免以经就传之弊，而又立意与《集传》相反，亦多过当。夫《小序》确有所受，而不能全谓之无所附益；《集传》亦确有所偏，而不能全谓之无所发明。敬徒以朱子务胜汉儒，深文锻炼，有以激后世之不平，遂即用朱子吹求《小序》之法，以吹求朱子。是直以出尔反尔，示报复之道耳，非解经之正轨也。"

由这段话可知，郝敬反对朱子的诗学观，认为朱子的这部著作对《诗经》毫无贡献，四库馆臣虽然承认朱子的《四书集注》有其偏颇处，但郝敬的这种说法也同样偏激。至于郝敬偏激的来由，四库馆臣认为，这是因为郝敬觉得朱熹撰写此书的目的，就是为了要超过汉代经学家对《诗经》的研究成果，所以郝敬就从《四书集注》中找出毛病来指责朱熹，这种以挑错为目的的著作方式乃是意气用事，并非解经正途。

除此之外，四库馆臣对郝敬其他的经学著作评价也不高，然而从前人的评价来看，对于郝敬的经学成就，大多数仍然属于正面肯定。除了上面朱彝尊所言，清余廷燦所著的《郝京山先生传》亦称："予尝得先生《九经解》读之，见其左右采获，旁通曲证，穿穴爬梳，沛若江河之决，有时横生机趣，无不天然浑成，标新而不诡于圣，创获而必纯乎师，一代不朽盛事。视宋之荆国，未尝借经句以武断；较明之文成，不肯逐异氏以浸淫。政使闻者见者倏然解驳，涌现皆切理餍心，如人人意中所有，而实得未曾有，岂依傍经生家者徒拾其皮毛也哉！"

既然如此，那对郝敬的评价为什么有如此大的反差呢？细品四库馆臣的那段话，馆臣对郝敬的不满之一，乃是他以个人情绪出发，未能公正地评价朱熹，故张晓生在《郝楚望生平考述》一文中认为："我们推测馆臣之所以如此批评郝敬，其主要原因当在于学术风气的改变。郝敬所处的时代是一个在政治、社会及学术上都面临着变动的时代，其学术著作中所呈现的'批判朱子''逞己见''好议论'特质，便是这种'变动中'时代的气质。"

张晓生认为四库馆臣的评价，没有站在郝敬所处时代的特殊性来着眼，其实郝敬对经学有着不少的启迪之功，张晓生在文中举出了如下的例子："例如他在《尚书辨解》中对《古文尚书》的考辨，与梅鷟的考证同为清初《古文尚书》辨伪的先驱，不论是梅鷟的考证或是郝敬的推论，在技术上也许不如阎若璩之深入与精细，但是他们在那个时代'言人之所不能言'，即是其重要价值。"

对于四库馆臣未能公允评价郝敬经学成就的深层原因，董玲在其专著《郝敬思想研究》一书中认为："明代经学可谓中国经学史上转折时期的经学，因此，既不能以它之前宋学的解经注经方式要求它，亦不能以它之后清代乾嘉考证学的方式评判它。"董玲的这段话，是从明代的社会特殊性予以了整体的评价。她认为"明中叶以后学者对经学的重视，其背后实透露出这样的思想倾向：如何面对阳明后学的空疏流弊？如何与此相对抗？虽然对这一时代问题的广泛而深入的思考尚有待于明末清初的思想运动，但是不可否认的是，它已在诸如郝敬之类的学者中引起了足够的重视。"

看来一代学人也有一代学人的使命，郝敬不可能跨越他的那个时代，而四库馆臣以清乾隆时的学术风气来衡量郝敬的学术成就，这种思维方式显然也不够公允。而对于他经学特点的特殊性，董玲在其专著中给出了如下公允的评价："毫无疑问，持有这种经学思想的郝敬，自然有别于明嘉靖之前一味尊奉朱子解经思想的学者，亦有别于清代乾嘉学派的学者，他更强调回归到经学中所承载的原始儒学思想和圣人精神之中去，更强调对这种思想、精神的践履，亦即更强调通经致用。正因为如此，郝敬的注经解经既不是一味地发挥义理，亦不是对于经书本身的字句训诂考证，所以其著述自然不能为纯粹尊崇宋学或者是汉学的双方学者所接受。但是不可否定的是，郝敬的此种经学思想却是清初学者回归'六经'和汉学的初衷，这从其经学思想在明末清初得到普遍的推崇这一情形中亦可得到证明。"

郝敬之所以能够在经学上有着这样的成就在，这跟他人生经历中的两位重要人物有一定的关联。郝敬出生于明嘉靖三十七年，五岁半时就开始学习《孟子》，虽然他聪明异常，然考运不佳，四次应童子试都未成功。后来在他父亲的好友李维桢帮助下，方得到了学籍，而此时郝敬已经25岁了。

父亲去世后，郝敬遇到了一场灾难，《明史》中称："（郝敬）性跅驰，尝杀人系狱。"郝敬因为性格特别，不知什么原因，他杀了人而后被关进了监狱。也同样是因为李维桢的帮助，才使得他了结此案。关于郝敬究竟是否杀人之事，按照他自己的说法纯属子虚乌有。郝敬所著《小山草》卷九有《生状死制》一文，他在该文中作出了如下详细的解释："比府君丧，而邻有病叟，与家奴善，过而饮食之。醉饱，一夕暴亡。其子来殡，有嗾之者曰：'盍讼诸？'

又有嗾之者曰：'讼奴不如讼主，奴主方失怙，不赔我辈，得免乎？'余闻而诮之，逢其怒，其党蜂起，诬告余杀人。引昔族人爱书谓：'祸由孺子也。'诸寺攫搦，伍伯如林，藐孤一身，桑落瓦解。吾师念其为门下士也，左提而右挈，以脱孤雏之命于刀俎之上。"

郝敬说父亲去世后，因邻居有位病人与郝家的仆人关系好，所以他就来郝家蹭吃喝，可能是因为喝醉了酒，被撑死了，有人唆使死者的儿子去状告郝敬，诬陷说是郝敬杀了人。为此，他被关进了监狱。而他的老师李维桢想方设法把他救了出来，所以他觉得李维桢是他的救命恩人。

经过了这场磨难，郝敬奋发学习，在万历十七年终于考中了进士。转年，他被任命为缙云县知县，后来因为人事关系处理不好，改调他县。万历十九年，郝敬又到永嘉县当县令，他在这里遇到了一位重要人物，此人名鲍士龙。两人第一次见面，谈得就很投机。这位鲍士龙乃是王畿的弟子，而王畿又是王阳明的著名弟子，由此可知，鲍士龙乃是阳明一派人物，然而此人却并不固守门户，郝敬在与之交往中，学问观念上得到了较多的启发。郝敬在《学易枝言》卷三中称："余宰永嘉时，吴兴鲍观白士龙，为郡博士，治《易》，尝从先辈讲良知，善谈名理。余就而问《易》，手书所言于册见示，卑之无甚高论，忽以为老生常谈耳。乾坤而后，遂阙如。罢官归来，下帷覃思，取鲍子言复之，旁薄通理，导窾批郤，豁然四解，深恨当年未究其蕴也。余晚岁学《易》，三益之友如鲍子，真空谷之足音已。"

那时的鲍士龙正在研究《易经》，于是郝经就跟他学习这门学问。可能当时郝敬并未觉得鲍的学问有多深，然而他晚年退休返回家乡，致力于学术研究时，方才发现鲍对易学的研究很是深入，而早年却未能体味到鲍的研究有着怎样的深奥之处。

郝敬把自己的大部分心思用在了学术探讨方面,这也间接说明他很难处理好人事关系。后来他在任江阴县知县时,其考评成绩仅是"下下"。这个结果让努力做事的郝敬感到,他无法在这种环境里再混下去。万历三十二年,郝敬辞职返回家乡,时年47岁,而其后半生的精力则全部用在了经学研究方面,直到其82岁去世。

对于自己的研究成果,郝敬在其所撰《郝氏祖谱》中有如下描述:

> 余幼守一经,罢官林居,二十有一载。悬车下帷,取《周易》《尚书》《毛诗》《春秋》《礼记》《仪礼》《周礼》《论语》《孟子》钻坚研微,十寒十暑,著为《九经解》,凡一百六十五卷。又著《山草堂集》,凡一百五十二卷。皆锲之家塾,椟而藏之,诒我子孙。

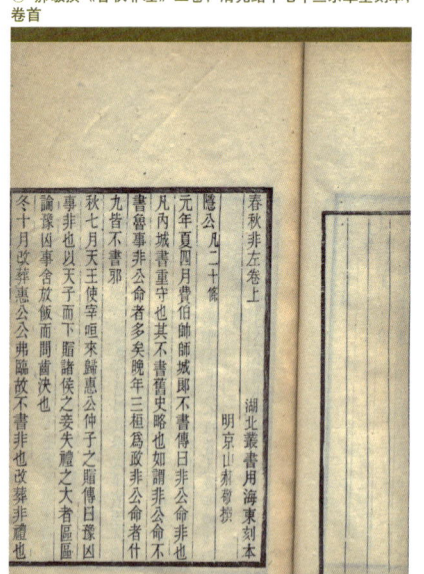

郝敬撰《春秋非左》二卷,清光绪十七年三余草堂刻本,卷首

郝敬说他用十年时间写出了《九经解》,而董玲则在其专著中称"实际上,这部巨著起草于万历二十七年(1599年)之冬,卒业于万历四十二年(1614年)之春,前后历时15年,又六年而杀青,总计达21年之久,是郝敬用力时间最长最为自得的专著。"

有意思的是,郝敬的这部《九经解》分别有不同的名称,他将每一书用一个字来概括他的解经方式。比如《周易》用

"正"来解,《尚书》用"辨"来解,《毛诗》用"原"来解,《春秋》用"直"来解,《礼记》用"通"来解,《周礼》用"完"来解,《仪礼》用"节"来解,《论语》用"详"来解,《孟子》用"说"来解。因此,他所著《九经解》的书名分别是:《周易正解》《尚书辨解》《毛诗原解》《春秋直解》《礼记通解》《周礼完解》《仪礼节解》《论语详解》《孟子说解》。

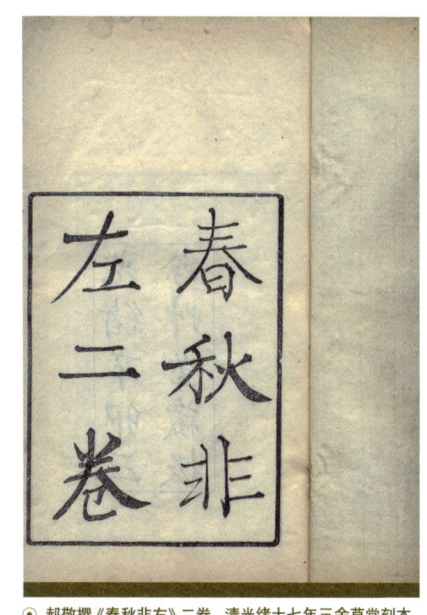

⊙ 郝敬撰《春秋非左》二卷,清光绪十七年三余草堂刻本,书牌

由此可见,郝敬对每一经都有着自己独特的看法。他所解的九经中将《春秋》三传合三为一,而其中又没有《孝经》和《尔雅》。对于所解九经,他最为看重者,乃是《论语》,其中《论语详解》中称:"六经自孔子删正,学者尚未识要领。《论语》一书,则其与群贤直指尽言者也,是为六经之菁华,伦物之甄范,名教之宗印。士欲希圣达天,未有能舍此者。"按其所言,《论语》一书乃是六经的精华所在。为此他进一步说道:"道以圣人为心,列圣以孔子为心,六经以《论语》为心。"为何六经有着这样重要的地位呢?郝敬解释道:"《论语》是孔子精神所寄,《论语》未通,六经不可领略。心不开明,耳目手足无所禀受。六经如律,《论语》如例。例熟则五刑之属三千,皆可引附;《论语》熟,则六经之言,迎刃解矣。"

在郝敬的观念中,如果读不通《论语》,就无法真正体味到"六经"的精髓。在宋代,《论语》《孟子》与《大学》《中庸》被并

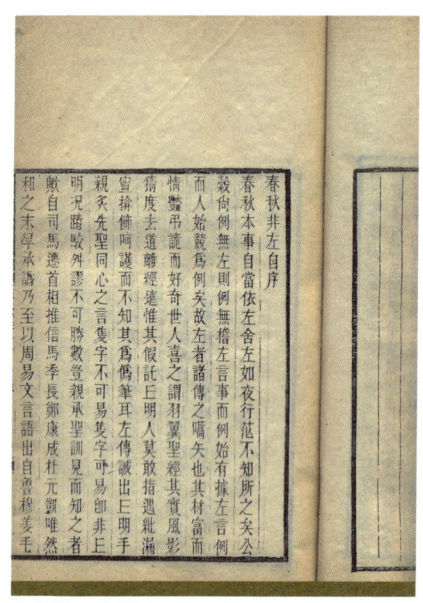

◉ 郝敬撰《春秋非左》二卷，清光绪十七年三余草堂刻本，序（一）

称为"四书"，在那个时代"四书"的地位隐然要超过"五经"。而郝敬反对这种作法，罗安宪主编的《中国孔学史》中称："在选择经典注释文本时，郝敬没有沿袭宋代以来的'四书''五经'的注经体系，而是重新确定经典文本。他一方面将《大学》《中庸》归还给《礼记》，取消'四书'；另一方面将《易》《书》《诗》《春秋》《礼记》与《论语》《孟子》《仪礼》《周礼》一起合称'九经'。这在朱子《四书章句集注》占主导地位的情况下，无疑具有与宋儒立异的特色。"

"四书"一词正是来自于朱熹的《四书集注》，可见郝敬的一些观念就是针对朱子而来者。早在其年轻之时，就开始对朱熹的一些观点表示怀疑，他在《问易补小序》中自称：

> 余幼授《毛诗》，疑朱《传》浅率，与同学受《易》者听说《易》，其浅率尤甚于《诗》，听说《春秋》，其穿凿又甚于《诗》《易》也。窃怪先辈称师儒，明经道古如斯而已乎？顾国家功令相承，可若何？已而浮湛一第，私心耻之。

在幼年之时，郝敬就开始怀疑朱熹对《毛诗》的观点，而后他又从同学那里听到别人讲解朱熹的《易经》研究，他觉得朱熹在这方面所得都很浅。既然如此，那为什么很多人都把朱熹视为大儒呢？

这让郝敬觉得很奇怪。所以"他由对朱子《诗集传》的怀疑,推而及于对当时其他经说均感到不满,但因为追求科举功名的原故,只有依循功令的要求,不能表现自己的意见,但在他归田之后,已无所顾忌,遂著手撰写《毛诗原解》,一反朱子之说,力主论《诗》必须讲求《诗序》,并且由此进而对《易》《书》《春秋》《三礼》《论》《孟》都做了注解,集结为《九部经解》"。(张晓生著《郝楚望生平考述》)

其实郝敬对于《诗经》的研究乃是其家学,他在《郝氏祖谱》中称:"先君以《诗经》中嘉靖辛酉本省乡试。"看来,郝敬的父亲就已经开始研究《诗经》。而这种传统传导到了郝敬这一辈,其在文中继续写道:"上世学《易》学《礼》,至我先君学《诗》,男千秋、千石,侄千里,缌麻弟大采,皆受《诗》,为县庠生。"

看来,郝家曾有多人研究《诗经》,为此董玲在其专著中谈到郝敬的经学观时,就是以他的《诗经》学为例。翻看郝敬的《毛诗原解》,其有很多观点均为反驳朱子的观念。比如朱子认为,研究《诗经》必须放弃《诗序》,而郝敬则认为这样做绝对不行:"《三百篇》所以高绝千古,惟其寄兴悠远,不读《古序》,不达作者之志与圣人删定之旨。后人疑《序》与《诗》不似,不似处正宜理会,《诗》所难言正

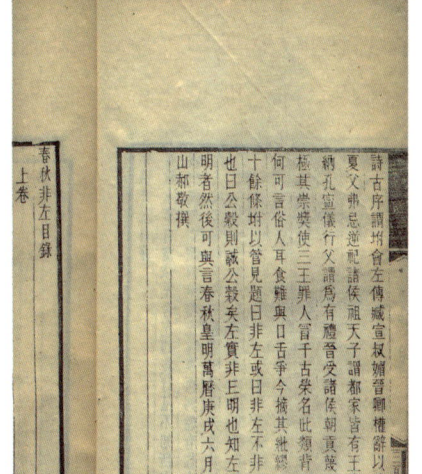

⊙ 郝敬撰《春秋非左》二卷,清光绪十七年三余草堂刻本,序(二)

在此。自朱元晦不通《古序》，学者谬承师说，浅陋枯索，无复兴致可风。"

郝敬在这里说的《古序》就是指的《诗序》，郝敬认为朱熹没有真正读懂《诗序》，所以才有了废《序》的作法。而郝敬觉得《诗序》十分重要，绝不可废：

> 序者，遂也，作者有未达之志，序以遂之。故《古序》即是诗人之志。诗辞明显，则《序》不及，但道诗所未言，与后人所不知者，故序不可废也。朱子必责诗中语为征，正与《古序》相反。苟诗辞已直，又焉用《序》为？如朱说依旧葫芦，都似重复语。《书序》所以孟浪，正坐此，虽不用亦无伤也。若《诗》无《古序》，则似夜行，乌可少乎！

郝敬在《毛诗原解》中有很多地方都在反对朱熹的观念，比如他说："《毛传》误以《关雎》《葛覃》之类为兴，而朱子附会其说。谓兴者，先言他物以兴起所咏之事；比者，以彼物比此物。不思先言他物，与彼物比此物有何差别？"对于郝敬的这段所言，清姚际恒表示同意：

> 《集传》之言曰："兴者，先言他物以引起所咏之辞也。比者，以彼物比此物也。"语邻鹘突，未为定论。故郝仲舆驳之，谓"'先言他物'与'彼物比此物'有何差别"是也。（姚际恒《诗经通论》卷首《诗经论旨》）

看来郝敬反对朱熹的一些观念，也得到了后世经学家的认可。其实郝敬的诗学观也并非全是反驳朱熹，他也有自己的独特观点在。

比如他说："赋、比、兴非判然三体也。"对于郝敬的这段话，董玲将其总结为"只有赋比兴三者相合才为一首完整的好诗。这即郝敬的一诗三义说。"

但是，郝敬所发明的"一诗三义说"却遭到了姚际恒的反对，其在《诗经论旨》中称："若郝氏直谓兴、比、赋非判然三体，每诗皆有之，混三者而为一，邪说也。"虽然如此，郝敬发明这样的观念，却有着自己的道理，他在《毛诗原解》卷一中称：

> 诗言微婉，托物为比，陈辞为赋，感动为兴，三义合而诗成。朱子断以某诗为赋，某诗为兴，某诗为比，非也。诗有无比者，未有无赋与兴者。兴不离比，比兴不离赋。古注未达，而朱子以兴为先言他物，兴起所咏之事，则兴比何别？子云"诗可比兴"，岂谓先言他物与？舛误难通。各章旧分赋、比、兴，今尽削之，学者自以义求耳。

台湾学者蒋秋华在《郝敬的诗经学》中系统地论述了郝敬的诗经观念，而其文中也引用到姚际恒对郝敬的批评："郝仲舆《九经解》，其中莫善于《仪礼》，莫不善于《诗》恪遵《序》说，寸尺不移，虽明知其未允，亦必委曲迁就以为之辞，所谓专己守残者。其书令人一览可掷，何也？观《序》足矣，何必其书耶？其遵《序》之意全在敌朱。予谓《集传》驱之仍使人遵《序》者，此也。大抵遵《集传》以敌《序》，固不可；遵《序》以敌《集传》，亦终不得。"

姚际恒认为郝敬的《九经解》中质量最高的一部著作，乃是《仪礼节解》，而最差的一部就是《毛诗原解》，《毛诗原解》如此之差，其原因是郝敬过于拘守《序》说。而对于姚际恒的这段评语，蒋秋华则认为："因为在有敌意的情况下，是难以获致客观的议论的。"

其实，郝敬对于朱熹观念的批评，并非仅仅是《毛诗》。日本学者荒木见悟甚至认为，郝敬的经解特点，就是对朱熹的注释提出了自己的看法。荒木见悟在《郝敬的立场——兼论其气学结构》一文中总结道："其经解之特色在于：对朱注提出直率的异议。《考亭疑问》（《小山草》卷3）举出：（一）废《诗序》。（二）说《易》为主卜筮之书。（三）以《通鉴纲目》续春秋（无视于汉唐宋亦有明王）。（四）将《大学》《中庸》两篇单行（特别是标举致知在诚意之前）。从此可以看出他离脱道学意识，就人情和尊重理性的态度。"

郝敬何以在退休之后把全部精力用在了经学研究方面，他的老师李维桢在《旧刻经解绪言跋》中有如下的解释："病汉儒之解经详于博物而失之诬，宋儒之解经详于说意而失之凿，而自为解。"看来郝敬对汉学和宋学都有不满意处，他认为汉儒解经只是注释一些字句名词，而宋儒只凭自己的想法来解读经义。针对这两方面的偏颇，郝敬经过系统研究之后，才亮出了自己的观点和态度。

但郝敬的研究并非是凭着个人的意气用事，而是在系统地研究基础之上，来表达自己的看法，故而李维桢在《绪言跋》中对其弟子予以了很高的评价："质之理而未顺，反之心而未安，即诸大儒训诂，世所诵习尊信，必明晰其得失，要以不失圣人之心，不悖圣经之理而止。广大精微，简易明备。起汉、宋诸君于九京，而与之扬搉，必为心服首肯矣，岂若刘焯辈，织综经文，诡其新见，异彼前儒，非险而更为险，无义而更生义者乎？"

郝敬所处的明末乃是思想界的剧烈交锋期，所以他的解经方式必然会受到大环境的影响，而后世学者未能客观地考虑他所处的时代，因此对他的评价有苛责之嫌。针对这种情况，蒋秋华在《郝敬的诗经学》一文中总结道："他能够突破功令的桎梏，勇于批评朱学，实属不易，更何况其书中不乏精辟独到的见解，并非毫无是处。因此，郝敬的经说能在明、清之际，获得相当的重视，确有其原由，而《四库全书总目》对其所作的讥弹，乃因学风立场的不同所致，并非十分公允的评价。"

　　郝敬墓位于湖北省京山县孙桥村五队一间学校后面、荷花荡旁边，这是我实地探访的结果。而我在网上查到的资料，则称郝敬墓位于湖北省京山县孙桥镇花苑台村。来到京山县已是中午，我在县城内乘上一辆出租车前往孙桥镇，花苑台村离镇不远，但司机却告诉我，他从未听说过本镇有郝敬墓，司机看上去五十多岁年纪，他说自己就是孙桥镇的人，闻其所言，让我开始怀疑网上查到的资料是否又是胡扯。他可能感受到了我的失望，而后跟我说，离花苑台村不远有一座古墓，但墓主却被本村人称为刘御史，他说该墓占地面积很大，然而却在"文革"中被挖掉了，而挖墓的经过他也亲眼看到过。

　　司机讲述的内容虽然跟郝敬无关，但却让我开始担心郝敬墓也是这个结局。在我的心目中，郝敬是那个时代的名人，当地的村民却为何不知此人，看来这个疑惑只能到当地再打听了。司机一边开车一边打电话帮我了解郝敬墓的地点，其问过多人，竟然均不知道。这个结果让司机也有些气馁，于是他跟我说，本镇附近还有个村子叫花苑，比我所写的地址少了一个"台"字，他问我会不会是地址写错了。我对此当然无从判断，也只能请他继续帮我找熟人打听。

　　正在说话间，迎面走来了一位中年妇女，司机的脸上立即显现出了笑容，他说此人是花苑台村书记的老婆，于是他将车开到妇女跟前，而后摇下窗户与之聊天，然而他们两人一番寒暄之后，所谈内容均是打麻将与吃饭，直到那位妇女转身离去，对于郝敬之名却完全未曾提起，在这个过程中，我也不便问司机这是什么缘故，显然司机也想起了自己的职责所在，他马上给书记打电话，书记也称不知，但是把文化站站长林华的电话告诉了我们，说站长林华有可能知道。司机告诉我，他和这个林华也认识，小时候是一起玩大的。果真这位林华知道郝敬墓的位置所在，但他在电话中称，无法口述路径，且主动提出让司机去接他，而后由他带路前去找郝敬墓。

这个结果当然令我求之不得，于是立即让司机前去接此人。林华看上去也是一位中年人，但其言谈举止却有着乡镇干部的威仪。在车上，林华告诉我，郝敬墓的实际地点是"孙桥村五队一间学校后面、荷花荡旁边"，但既然如此，我在网上查到的地点为何与之有差异呢？经过林华的一番解释，终于让我恍然大悟。他说，我从网上查来的地址是《镇志》上所记载者，而《镇志》是抄的《县志》，但当年编《县志》的人又搞错了，所以一错再错，一直错下来了。我问他：当年编《县志》的人怎么会搞错呢？林华告诉我说，孙桥村的具体位置是靠近花苑台村，但当时孙桥村太小了，没有什么名气，而附近的花苑台村比较大而有名，所以编写《县志》的人就选择名气较大的村庄名字给记载了。由此看来，我在网上看到的"郝敬墓在花苑台村"都是人云亦云，都没有到过实地考察。而当地政府部门也没有将此事放在心上，无心更改。

关于郝敬墓，林华又向我讲述道，该墓二十世纪八十年代曾被盗墓者炸开，当时有一具女尸露出来，男尸并未破坏，可知当时郝敬是夫妇同葬的。当时公安局还曾立案，但至今未破。而我更关心这些盗墓贼是否从墓穴中发现了郝敬的著作，郝敬在68岁时写了篇《生状死制》，他要求家人"朝死则夕葬，夕死则朝葬，今日死明日必葬"。而到他74岁时，又招集家人为自己择日卜地，并且自题墓碑"明给事中郝敬之墓"。更为重要者，他制作了一个石函，把自己的著作都放在里面陪葬。郝敬的著作量很大，那个石函应该体积也不小，不知道这么多年过去了，石函中的书是否还能够留存。

◉ 郝敬墓前的大水塘

前一度,在南昌的古墓中出土了一册北宋时期刻的书,以此论来,郝敬的这些书也应当能够保存在石函中。于是我问林华:盗墓贼是否从墓中挖出了书?他说这个情况自己不了解,说此话时,他面带疑惑地瞥了我一眼,看来他在想我何以了解这种情况,是否也跟盗墓贼有联系吧。于是我立即向他解释了一番,他的表情才松弛了下来。

车一直向村外驶去,在大片的田野中,见到了一方面积很大的水塘,车就停在了水塘旁,下车后林华告诉我,这里就是《县志》上说的荷花荡,然既没有看见荷花,也不见荡漾,看来当年的生机如今已不能目睹。林华下车后,走到旁边一间民

◉ 远处的台地即称是郝敬墓

◉ 文保牌

房内,而后从屋内带出一位妇女。林华告诉我,这位妇女的老公就是郝敬墓的文保员,而后在这位妇女的带领下,我们向东面的高坡走去。远远望去,这块高地凸显在平地之上,保管员介绍说,原本这都是郝敬墓。我对她的这句话略表怀疑,以我的目测,这块高地占地面积有几十亩大,以郝敬的身份,他的后人真要建造这么大的墓,显系僭越,当然说不定郝敬墓正好是建在这高地之上,而高地的范围只是他的墓园,而非坟丘,这样论起来,把这片高地说成郝敬墓似乎也没啥问题。

来到高地之上,这里已经变

◉ 墓碑的形制有些特别

成了一块玉米地,在玉米地中,有政府所立之碑,上面写着"郝敬墓"。这块碑的形制有些特别,细看之下,这块碑的两侧还刻着小字,原来这块碑只是文保牌,因为此石的落款上刻着"京山县人民政府",把文保牌制作成墓碑的模样,这种制式颇为稀见。除了这块文保牌之外,侧前方还立着一块刻石,这个刻石的制式却为典型的文保牌模样,走近细看,上面果然是湖北省政府所立的郝敬墓文保牌,此牌的背面则刻着"郝敬墓,明代著名经学家郝敬之墓",司机看到此牌后,马上说,看来此人很有钱,因为他是著名的经济学家。闻听此言,我不知道如何能够解释清经学家跟经济学家之间仅差一字,有着怎样的质的区别。但想一想还是办正事为主,所以就没再说话。然而文保牌内所标示出的郝敬墓保护范围的确很大,可惜的是,我眼前所见,却是一片颇为平整的玉米地。

◉ 找到了石狮子

前来此地的路上,虽然林华已经告诉我,郝敬的墓被盗挖过了,但是我没想到这位名人墓眼前连座墓丘都看不到,既然成为了省级文保单位,为何不在原址再堆起一座坟丘呢?我本想向林华请教这个问题,而带路的妇女却跟我说:"我带你去看郝敬墓原本的石狮子。"而后她径直向南坡走去,我等跟着她走了将近一百米,眼前见到了一片杂树丛,妇女指着树丛中说:"狮子在这里,一只头被打下来了。"我跟着他们跳下一片杂草之后,才看到一只一人多高的石雕,从风化程度看,这个雕件确实很有年份,可能是因为有了部分的风

⊙ 看不到墓丘

化,我却看不出这是一只狮子。然妇女始终强调,这就是一只石狮子,而后她努力地拨开遍布的藤蔓,以便让我看清楚,这果真是一头狮子。

按照古代的制式来说,这样的狮子不可能仅有一头,我问妇女另一只在哪里,她立即走向旁边,拨开茂密的杂草,果真看到另一只没有头的狮子,妇女告诉我说,"文革"中砸烂了郝敬墓,而这头狮子也是当时被砸掉了头,她边说边继续拨开周围的杂草,看到有一只狮子头扔在地上。

拍照完郝敬墓,原路往回走,妇女告诉我说,郝敬墓周围的这片玉米地是后来开垦而成者,原本这里都是墓园的范围,后来政府开始重视古代名人遗迹,于是所有县以上的文保单位都配上了协管员,而她家因为距离郝敬墓最近,所以她家就成为了郝敬墓的协管员,为此政府每年给她家500元的工资。

张尔岐：独擅《仪礼》，善解《周易》

张尔岐是清初著名经学家之一，张新文在给李惠广所著《闲话蒿庵》一书所作序言中称："张稷若先生是明清之际的经学大师，是济南历史文化名人，是济阳县古今第一名人。其专治经学凡30年，自成大家。同时代的状元、同为经学大师的顾炎武称'独精三礼，卓然经师，吾不如张稷若'；清代学者誉稷若先生为山左学界第一人；当时在中华大地盛传'南顾（炎武）北张（稷若）'之说。"

张新文的这段话表明张尔岐乃是山东济阳县古今最著名的文人，关于他在经学上的贡献，则引用了顾炎武对他的夸赞，而这句夸赞之语几乎可以出现在谈到张尔岐的所有文章之中，可见能够受到顾炎武的赞誉，对张尔岐而言是何等之重要。关于他们两人的相识，也是一段有趣的故事。罗有高在《张尔岐传》中写道：

> 是时，昆山顾炎武以博洽名天下，遇人平视持厓岸，不肯假借人，人得偶语为大幸。游济南，偶于志馆闻人谈《仪礼》，驻听之。则指画古官制朝聘大享表次著位，士丧礼内外男女宾主东西面南北面哭泣吊问之次，东西阶登降送迎之节，又说乡射大射乡饮酒燕礼歌乐饮馔之算。纚纚数千言，条理纯贯井辨，不阂不虑，冲口毕臆，而辞罔不顺比，则大惊。同馆人曰："彼何者？"馆人曰："是故乡里句读师张生也。"厥明，炎武戒僮仆，

肃名刺，修古相见礼。相与论议甚欢，恨相见晚，定交。既别去，相存问甚殷。

那时的顾炎武已经是誉满天下的经学大师，很少首肯他人。某天顾炎武来到了济南，偶然听到附近有人在谈论《仪礼》，聊天能够聊到经学话题，这当然引起了顾炎武的注意，于是他站在外面侧耳细听，没想到此人所聊极具专业性，其研究深度令顾炎武大为吃惊，于是立即打听说话者是什么人，办公人员告诉他此人就是本乡的张尔岐。

经学中的三礼，尤其其中的《仪礼》，乃是经学中研究的难点之一。作为经学大师的顾炎武也知道《仪礼》是何等之艰深，他未曾想到竟然偶遇一位研究到这种深度的人，于是立即放弃自己不轻易许人的姿态，第二天一早没有带任何的随从，独自一人前去见张尔岐，他以郑重的古礼递上自己的名片，张尔岐当然听说过顾炎武的大名，两人在一起谈论经学问题，聊得十分畅快，真可谓相见恨晚。

此后，顾炎武和张尔岐有了二十年的交往，他们还在一起编过书。康熙十二年八月，山东有关部门组织编纂《山东通志》，这项工作是为纂修《大清一统志》所作的前期准备，而顾炎武受聘前来编《山东通志》，参加此书的编纂人员还有本省益都薛凤祚、乐安李焕章、当然还有济阳张尔岐。对于他们之间相处的时段，李焕章在《蒿庵集》序言中说：

癸丑（康熙十二年），与蒿庵同省志之役。时昆山顾宁人，益都薛仪甫咸在焉。每花明月大，耳热酒酣，白发毿毿，婆娑相向者三年所，友朋聚晤之乐，未有若是之久者。余更与蒿庵坐卧一室，较顾、薛两君更亲密不朝夕违也。宁人精赡史学，自龙门下至元欧阳，千百年事若贯珠。仪甫专象纬家，蒿庵独潜心经籍，尤邃于《易》。田何、焦赣、王弼、费直之外，别具铨解。而《仪礼》一书，学者每病其艰奥难读，往往置不道。蒿庵取郑注、贾疏、朱子笺释，辨晰考订，证其舛误，分其句读，前后三十年始竣其功。噫，难甚矣！

按照李焕章的说法，这些人在一起编书达三年之久，并且相处得特别愉快。因为这些专家各有所长，顾炎武最精于史学，而薛凤祚乃是象纬专家，张尔岐最拿手之处当然是在经学。然而他们在一起共同编书的时间按照张尔岐所言，则为五个月。张在给李焕章《织斋集》所作的序言中称："今春有通志之役，遇象先于藩署，共事者五月役竣，君且返织水旧隐，余亦将息影伊蒿之庐。"李说是三年，而张说是五个月，这之间差异太大了。且不管谁说得对，但至少说明顾炎武和张尔岐有一段共同工作的经历，两人相处的关系确实不错。

到了康熙十四年夏天，顾炎武专门来到济阳去看望张尔岐，为此还写了一首诗来记录这件事：

缁帷白室睹风标，为叹斯人久寂寥。
济水夏寒清见底，石田春润晚生苗。
长期六籍传无绝，能使群言意自消。
窃喜得逢黄叔度，频来听讲不辞遥。
（《亭林诗集》卷五《过张贡士尔岐》）

看来两人相见，在一起谈得还是很快乐，顾炎武看到张尔岐过得很贫穷，对此颇为同情，顾炎武是位理财高手，不知道他是否把这方面的经验传授给张尔岐,也不知道他是否对张予以了资助,但是张尔岐刻苦研究经学的精神却让顾大为赞赏。可惜的是他们相见两年多之后,在康熙十六年底张尔岐就病逝了,而此时的顾炎武虽然身在山陕,但还是马上写了一首诗来悼念这位同道的友人:

> 历山东望正凄然,忽报先生赴九泉。
> 寄去一书悬剑后,贻来什袭绝韦前
> (君有《仪礼郑注句读》十卷,录其副畀予)。
> 衡门月冷巢鵀室,墓道风枯宿草田。
> 从此山东问三礼,康成家法竟谁传?

这首诗中的小注是顾炎武自书,说明他对于张尔岐的著作最为看重的就是《仪礼郑注句读》。后来顾炎武在给朋友的信中,大力夸赞该书价值之高:"有济阳张君稷若名尔岐者,作《仪礼郑注句读》一书,根本先儒,立言简当,以其人不求闻达,故无当世之名,而其书实似可传。使朱子见之,必不仅谢监岳之称许也。"(《答汪苕文书》)由此可见,顾炎武说张尔岐"独精三礼"而"吾不如张稷若",并不是一句谦词,而是他真心佩服张尔岐在这方面的研究成果。

为什么顾炎武会如此看重张尔岐在三礼方面的研究成果呢?顾在给张的《仪礼郑注句读》序言中说道:"《记》曰:'优优大哉!礼仪三百,威仪三千。'礼者,本于人心之节文,以为自治治人之具。是以孔子之圣,犹问礼于老聃。而其与弟子答问之言,虽节目之微,无不备悉。语其子伯鱼曰:'不学礼,无以立。'《乡党》一篇,皆动容周旋中礼之效。然则周公之所以为治,孔子之所以为教,舍礼其何以焉!"

顾的这句话首先讲述了礼在儒学中的重要性，接下来他又谈到了《仪礼》研究的历史："三代之礼，其存于后世而无疵者，独有《仪礼》一经。汉郑康成为之注，魏、晋已下至唐、宋通经之士，无不讲求于此。自熙宁中王安石变乱旧制，始罢《仪礼》，不立学官，而此经遂废。此新法之为经害者一也。"

顾炎武认为《周礼》《仪礼》和《礼记》三书，唯独《仪礼》争议最少，汉代的郑玄为《仪礼》作注，此后魏晋到宋代都尊奉郑注，可是到了宋熙宁年间，王安石搞变法，把《仪礼》从官学必修课中剔除了，此后就少有人再研究《仪礼》了。接下来顾又说道："南渡已后，二陆起于金溪，其说以德性为宗，学者便其简易，群然趋之，而于制度文为，一切鄙为末事。赖有朱子正言力辩，欲修三礼之书，而卒不能胜夫空虚妙悟之学。此新说之为经害者二也。"

到了南宋，理学盛行，尤其陆九渊的心学，更使得学子们不愿意研究《仪礼》这样的古代典章制度，因为这些人认为这样的研究乃是学问上的细枝末节。虽然朱熹反对这样的学术风气，也曾想深入地研究三礼，可惜没能在这方面深入地探讨下去。而这样的风气"沿至于今，有坐皋比，称讲师，门徒数百，自拟濂、洛，而终身未读此经一遍者。若天下之书，皆出于国子监所颁，以为定本，而此经误文最多，至脱一简一句，非唐石经之尚存于关中，则后儒无繇以得之矣。"

顾炎武在这里所说的"于今"，指的是清初，那个时段虽然讲学的人很多，却少有人会把《仪礼》通读一遍。这种局面真的让人叹惜，而这也正说明了顾炎武偶然在官舍附近听到张尔岐谈论《仪礼》，何以大为吃惊的原因。所以当张尔岐拿给他看《仪礼郑注句读》时，他立即抄录了一部，而后还给该书写了这篇序言，他在序言中专赞道："济阳张处士稷若，笃志好学，不应科名，录《仪礼》郑氏注，而采贾氏、吴氏之说，略以己意断之，名曰《仪礼郑注句读》。又参定监本脱误凡二百余字，并考石经脱误凡五十余字，作《正误》二篇附于其后，藏诸家塾。"

以上是顾炎武所言，那么张尔岐怎样来看待自己的书呢？他给该书也写了篇序，在自序中首先称："在昔周公制礼，用致太平。据当时施于朝廷乡国者勒为典籍，与天下共守之，其大体为《周官》，其详节备文则为《仪礼》。"这句话讲述了《仪礼》一书的重要性。接下来张尔岐又在序中简述了《仪礼》后来的递传情况，他还写到了自己所处的学术氛围："近代列于经以取士，而二《礼》反日微。盖先儒于《周官》疑信各半，而《仪礼》则苦其难读故也。夫疑《周官》者，尚以新莽、荆国为口实，《仪礼》则周公之所定，孔子之所述，当时圣君、贤相、士君子之所遵行，可断然不疑者，而以难读废，可乎？"

看来在清初之时，礼学确实衰落了，其衰落的原因则是因为《仪礼》很难读得懂，张尔岐认为人们不读《周官》尚可理解，因为有人怀疑该书是为王莽篡权所造的一部伪书，但《仪礼》则不同，这部书是由周公制订、孔子传承者，而其内容则不分君王还是臣下都应遵守，且该书又没有什么真假上的疑问，难道只因为不容易读就把它废弃掉吗？

既然有这样的心思，张尔岐决定，要下大功夫来研读此书："愚三十许时，以其周、孔手泽，慕而欲读之。读莫能通，旁无师友可以质问，偶于众中言及，或阻且笑之。闻有朱子《经传通解》，无从得其传本。坊刻考注、解诂之类，皆无所是正，且多谬误。所守者唯郑注、贾疏而已。注文古质，而疏说又漫衍，皆不易了，读不数繙辄罢去。"

看来张尔岐是三十多岁时开始研究《仪礼》，他也承认初读此书时很难读懂，而身边的朋友也无人研究这门学问，所以无法找人请教，更为遗憾的是当他偶然跟别人聊到自己研究《仪礼》时，很多人都会笑话他，劝他不要在这方面下没用的功夫，然张尔岐不为所动。他继续寻找资料，通过自修来研读，可惜很难找到善本，但即使如此，他也未曾放弃对于《仪礼》的研究，"至庚戌岁，愚年五十九矣，勉读六阅月，乃克卒业焉。于是取经与注章分之，

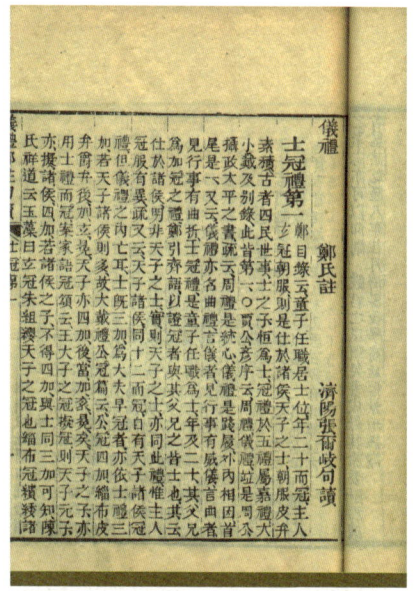

◉ 张尔岐撰《仪礼郑注句读》十七卷，清乾隆八年和衷堂刻本

定其句读，疏则节录其要，取足明注而止。或偶有一得，亦附于末，以便省览。"

张尔岐到59岁的时候，仍然在研究《仪礼》，而后终于写出了这部代表性的作品——《仪礼郑注句读》。

张尔岐为什么在要礼学方面下这么大的功夫呢？他在《蒿庵闲话》中说过这样一段话：

> "师严然后道尊，道尊然后民知敬学。"后世既无硕师为人所宗仰者，须推一古人为之矜式，有如明之尊程、朱是也。故其初年，人材蔚兴，风俗醇美。隆、万而后，人敢肆为异论，至于丑诋程、朱，几如三家村老学究，且渐渐诬及先圣，于是名检大裂，无礼无学，而天下遂大坏矣。

张尔岐认为到了明末时期，天下风气大坏，其中重要的原因就是无人再讲求礼学，"明初学者，崇尚程、朱，文章质实，名儒硕辅，往往辈出。自良知说起，人为程、朱始敢为异论，或以异教之言诠释六经，于是议论日新，文章日丽。侵淫至于天启、崇祯间，乡塾有读《集注》者传以为笑，《大全》性理诸书，束之高阁，或至不蓄其本。庚辰以后，文章猥杂最甚，能缀砌古字经语，犹为上驷，俚词谚语，颂声祝寿，喧嚣满纸，圣贤微言，几扫地尽，而甲申之变至矣。"

由这段话可知，在明末时期已经很少有人认真地读书，而研究学问这件事很容易受到别人的嘲笑。他所说的"庚辰以后"指的是明崇祯十三年以后，而这个时段天下的文章风气已经变得很坏，即便堆砌古语，都已经是很不错的文章了，而更甚者则是用俗语小调来作文章，少有人再看重圣贤名言，正是因为这样的社会风气才出现了"甲申之变"。

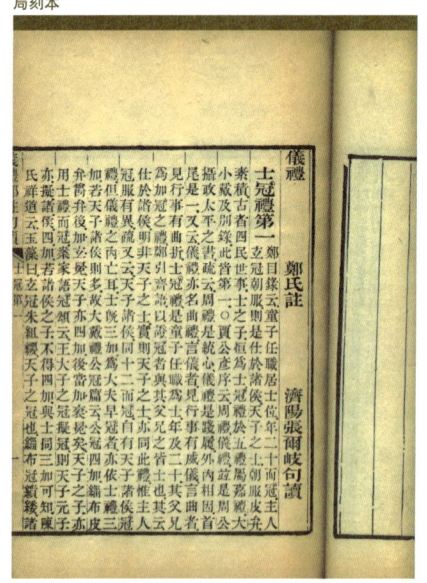

⦿ 张尔岐撰《仪礼郑注句读》十七卷，清同治七年金陵书局刻本

张尔岐的这段论述颇为重要，因为他把明朝的灭亡归为社会风气的败坏，而其败坏的原因就是因为那时的人不再研读传统经典，尤其是不读《礼》。但《礼》在张尔岐这里看得最为重要，他在《中庸论》中写道："礼者，道之所会也。虽有仁圣，不得礼，无以加于人。则礼者，道之所待以征事者也，故其说不可殚。圣人之所是，皆礼同类也；圣人之所非，皆

礼反对也。《易》之得失,《书》之治乱,《诗》之贞淫,《春秋》之诛赏,皆是物矣。尽六经之说,而后可以究礼之说。"

针对张尔岐的这番话,陈冬生在《略论清初山东学者张尔岐与马骕的经史研究》一文中评价道:"这就是说,圣人之道寓于礼中,其他诸经都是从不同的侧面对'礼'的阐发,圣人的可否是非以礼为准绳,圣人的治理也以礼为依据。这样,天地万物的自然秩序、人

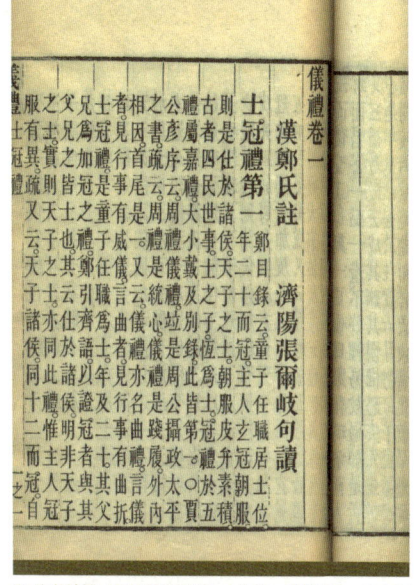

张尔岐撰《仪礼郑注句读》十七卷,清同治十一年山东书局刻民国十四年重印十三经读本附校刊记本

伦纲常、典章制度、祀典葬仪、言行举止以及仁、义、智、勇等道德观念,统统都应还原为'礼'。只有'礼'才能'抑人之盛气,抗人之懦情',使人进入圣人之境,从而达到纠弊匡正的目的。"更为精炼者,陈冬生把张尔岐的这番论述总结为:"'六经'皆礼说。"

对于张尔岐的《仪礼郑注句读》,《四库全书总目提要》给予了较高的评价:"是书全录《仪礼》郑康成注,摘取贾公彦疏而略以己意断之,因其文古奥难通,故并为之句读。马端临《文献通考》载其父廷鸾《仪礼注疏序》,称其家有景德中官本《仪礼疏》,正经注语,皆标起止,而疏文列其下,因以监本附益之。手自点校,并取朱子礼书,与其门人高弟黄氏、杨氏续补之编,分章析条,题要其上。今廷鸾之书不传。尔歧是编,体例略与相近。"

四库馆臣首先在这里讲述了《仪礼》一书的递传过程,而后作了一下比较,接着又讲到了张尔岐撰写此书的情况:"盖《仪礼》

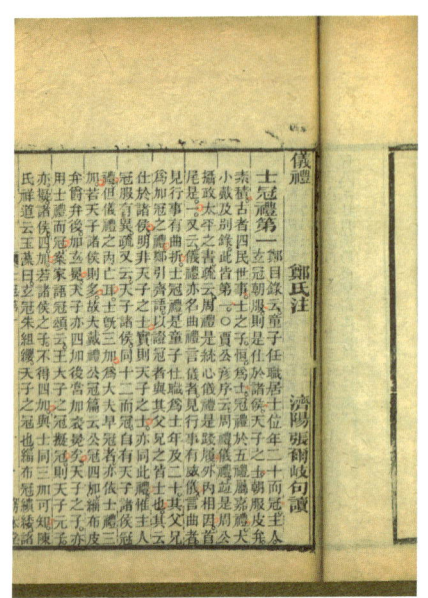

张尔岐撰《仪礼郑注句读》十七卷，清光绪十七年务本书局刻本

一经，自韩愈已苦难读，故习者愈少，传刻之讹愈甚。尔岐兹编，于学者可谓有功矣。顾炎武少所推许，而其《与汪琬书》云：'济阳张君稷若名尔岐者，作《仪礼郑注句读》一书，颇根本先儒，立言简当，以其人不求闻达，故无当时之名，而其书实似可传。使朱子见之，必不仅谢监岳之称许也。'又其《广师》一篇曰：'独精《三礼》，卓然经师，吾不如张稷若。'乃推挹之甚至，非徒然也。"

四库馆臣称《仪礼》这部经早在唐代韩愈就感慨很难读懂，因为这个缘故，后世研究《仪礼》的学者很少。也正因为研究者少，使得该书在递传过程中出现了很多的错讹，甚至有的传本把经文和注文都混到了一起。张尔岐却迎难而上，对该书进行了仔细的研究，所以他的研究成果有功于后学，以至于让不轻易许人的顾炎武都大为赞叹，四库馆臣认为顾的赞誉确实不是谦词。

前面提到张尔岐致力于《仪礼》研究，是因为他目睹了明王朝的灭亡，这件事对他刺激很大。为什么朝廷的灭亡会这样深刻地刺激到张尔岐呢？陈冬生在其文中说道："明崇祯十二年（1639年），在他28岁那年，清兵入关寇掠河北、山东等地，畿内惨遭蹂躏，其父死于这次兵难，一兄弟也失踪无音信。父死弟亡的家庭巨变，在他心灵上造成很大的创伤，遂取《诗·小雅·蓼莪》篇'匪莪伊蒿'

之义，自号'蒿庵'。"

明朝的灭亡是崇祯十七年，为什么在五年前张尔岐就受到了这样大的刺激呢？因为张尔岐的父亲正是在此时被清军杀害的。根据谈迁在《国榷》中的记载，明崇祯十一年九月，清军进犯北京地区，而后分兵四路，其中一路打到了山东济南，崇祯十二年正月初二，清军攻陷济南，进城后杀人掠货，被杀死者超过了十三万人。四天之后清军攻入青城，而济阳

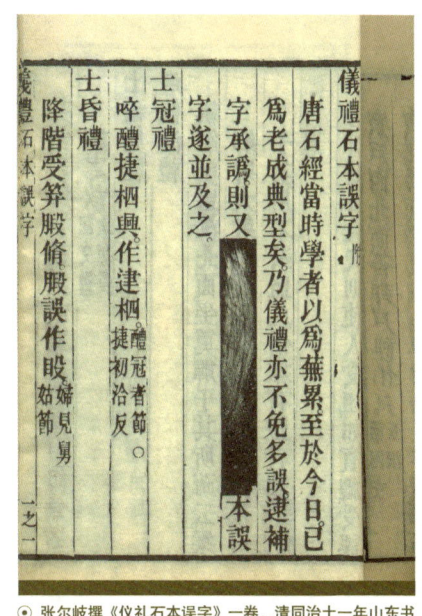

⊙ 张尔岐撰《仪礼石本误字》一卷，清同治十一年山东书局刻本

处在青城与济南之间，当时张尔岐之父就在济阳，而清军的攫夺使他失去了生命。

既然如此，那为什么张尔岐所写的各种文本中都没有讲到这件事呢？因为崇祯十七年之后是满人占领天下，他当然不能写文章来痛诉这段真实的历史，直到清朝结束之后的民国十六年，当地人在给张尔岐建祠堂时立了一块碑，席贯一在《张家庄创修蒿庵祠碑记》中才直写出了这件事："张尔岐先生，明季清初人，以明诸生食饩于庠。及大清开国不求仕进矣。其父龙溪公官石首驿丞，崇祯己卯（十二年）正月十六日，身罹清兵大难。"面对父亲去世的情形，张尔岐大感悲愤，《碑记》中写道："先生闻变，欲以身殉而不得，又欲入山不返永绝人世，回顾堂上老母郭孺人无人奉养，乃强自抑制，退修处士之务。门人艾大司寇（清刑部尚书艾元征）尝以出仕劝之，因自题其室曰'蒿菴'，盖取'匪莪伊蒿'之义，自痛于心，即以寓己卯之变，耻食

清禄耳。"

父亲的被杀让张尔岐大为悲愤，他想过自杀和出家，可是又念及家中还有老母，于是忍辱偷生，同时发誓绝不会去参加清朝的科考而出外为官。对于自己的这个志向，他在《读朱子通鉴纲目》中予以了明确的表达：

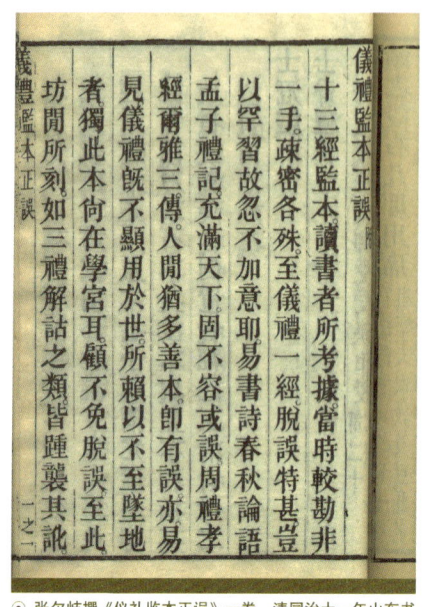
○ 张尔岐撰《仪礼监本正误》一卷，清同治十一年山东书局刻本

嗟乎！士君子积数十年之力，读书习事，祈为可用。一旦出而依人，非细故也。一与之偕，终身不可悔之事也。忠孝所归，勋名所托，一不慎而甘与僭乱之人同简而书，为后世士君子所惜，何不思之甚哉。是故士不幸生无统之世，欲出而事君，莫良于能择，择而不得，莫良于能退，庶几朱子兢兢予夺之意也夫。

虽然不再出外为官，但人毕竟还要生活下去，于是张尔岐就在家乡开办私塾，收入很低，但他依然能够清贫自守。他能够做到这一点，当然也有着家人的支持，王志民主编的《山东重要历史人物》一书中写道："张尔岐素有贤名，清朝设科取士，有人推荐张尔岐，被其谢绝。其妻米氏贤惠温顺，也甘守清贫，劝张勿入仕为官。一次，张尔岐试探米氏，说要入仕为官，而米氏正言厉声说自己甘愿受贫，若入仕清朝就是忘记了父亲之惨死，断然拒绝。张尔岐于是安心治学，以后再无做官之意。"看来张尔岐的妻子也很懂得气节，甘心与丈夫共守清贫，而绝不让丈夫做清朝的官员。

其实他们在谋生方面也有一些小的办法，《山东重要历史人物》一书中称："张尔岐在父亲的引导下，逊志好学。起初，他喜读《诗经》，后来因体弱多病，开始学习《黄帝内经》《神农本草经》《脉诀》等医学书籍。通过学习，张尔岐已经颇懂医术，邻里有病者都来问药，即使是伤风感冒之类的小病，张尔岐也详细地给人看病，得到乡人的称赞。"

张尔岐懂得医术，不知道他是否也曾以此为生，然而当地人却大多把他视为理学人物。乾隆年间山东按察史陆耀建了一所蒿庵书院，陆耀在《建院碑文》中写道："当是时，孙钟元讲学于苏门，黄梨洲标宗于姚江，类沿明人余论，出入白沙、心斋、近溪之间。先生独守程、朱，说不少变。海内君子如桐乡张考夫、太仓陆道威各以韦布躬行，任斯道之重，先生缟纻不通，而风期合辙，隐然有以开陆清献、张清恪之先。"

陆耀认为张尔岐是程朱理学一派人物，而《续修四库全书》在讲到张尔岐的《蒿庵闲话》时也称："其学宗程、朱，故其议论大抵纯正。"而王琳主编的《山东分体文学史》中也称"尔岐是经学大师，不以文人自居，不以文章著称，此点与顾炎武等人相同，然尔岐崇尚程朱理学，'好言性命天人之际'，此点与顾炎武等人不同。"

这段话虽然称张尔岐是经学大师，但也不讳言他"崇尚程朱理学"。顾炎武当然对程朱理学最为厌恶，所以他曾写信劝导张尔岐放弃这方面的研究。其实相比较而言，张尔岐的功夫主要还是下在经学研究方面。除了《仪礼》，他对《周易》也有着深入的研究，他在这方面的代表作乃是《周易说略》。汪学群在《张尔岐易学中的经世思想》一文中说道："《周易说略》为其代表作，共八卷，其书以朱子《周易本义》为蓝本，加以诠释。晚年服膺程颐《伊川易传》,对宋易的图书之学也加采纳,总体上说,属于义理学的路数。"

关于张尔岐研究《易经》的时间及其原因,他在该书的序言中写道:"予自四十读《易》时,取以授子侄门人,每病俗说之陋,而《本义》又不易读,乃本其说,稍为敷衍,名曰《说略》,以便童蒙。"

张尔岐为什么要研究《易经》呢?其在《周易说略》中有着这样的表述:"天下至大,一人不得而亲之也,乃建立公侯伯子男之万国使为诸侯,制为巡狩述职、朝聘往来之礼以亲之,则下情可以上达,君恩可以下究,不有以比天下而无间乎!"他认为皇帝虽然家天下,但他一个人的能力毕竟有限,所以皇帝必须要靠大臣来管理四方,同时也通过这些大臣了解各地的情形,因此他认为君臣和谐最为重要。而他也正是本着这样的观点来解读《周易》一书,故陈冬生在其专文中写道:"历代治《易》者大体可分为象数与义理两派,象数派着眼于对经文卦爻象数变化的推测解说,而义理派则偏重于对经文辞的文义阐明。张尔岐学守程、朱,治《易》自然属于义理一派。"

既然是用义理来解《周易》,这也足说明程朱理学对其有着较深影响,因此他对《周易》一书的研究更多者是想以此来表达自己的观念。比如他在评论临卦六五爻辞"知临,大君之宜,吉"时称:"不自用而任天下之贤以治天下之事,善积其聪明而不蔽于私小,是有明哲之德以临天下者也。诚得人君执要之体,而为大君之所宜矣,将见贤才辅而众化理,教不必自己出,养不必自己施,而天下已治。"他的这段话在强调,即使是皇帝,也应当虚心听取大臣们的意见,只有这样才能统治好天下。而君臣之间只有相互信任,才使得天下有凝聚力,张尔岐在注"萃,聚也,刚中而应,故聚也"时,称"聚之义也。以卦德言之,为顺以说,下顺以从上,而上和以御下，君民之情聚也。以卦体言之，九五刚中，而六二应之，君推诚于臣，而臣效忠于君，君臣之情聚也。"

张尔岐对《老子》一书也有研究，《四库全书》收录了他所撰的《老子说略》。四库馆臣在该书的提要中写道："《道德经》解者甚多，往往缴绕穿凿，自生障碍。尔岐是编，独屏除一切，略为疏通大意。其自序谓：'流览本文，读有未通，辄以己意占度，精加一二

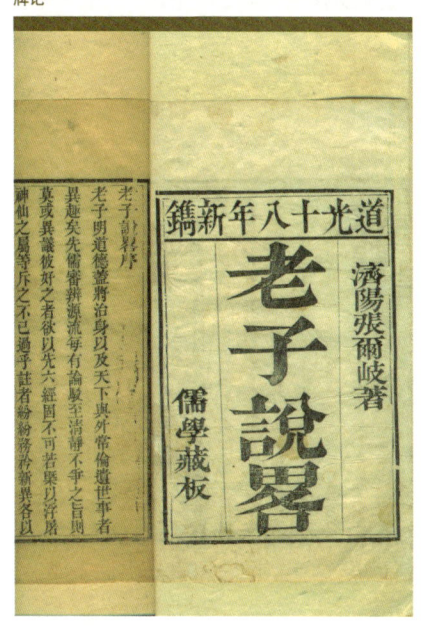

张尔岐撰《老子说略》二卷，清道光十八年儒学藏板本，牌记

言于句读隙间，觉大意犁然。回视诸注，勿计不能读，亦已不欲读'云云。又有自跋，称人问朱子'道可道'如何解，应之曰：'道而可道，则非常道；名而可名，则非常名。'朱子生平未尝解《老》，使其解《老》，此即其解《老》之法。亦即可谓解一切诸书之法。要在不执解求解，反之是书以解是书而已云云。"看来他的这部《老子说略》写得也很好，至少有着自己的独特见解在。因此四库馆臣评价说："盖其大旨在于涵泳本文，自得理趣，故不及纵横权谲之谈，亦不涉金丹黄白之术，明白简当，颇可以备参览焉。"

有意思的是，张尔岐对术数也有研究，他写过一部《风角书》，然而这类的书《四库全书》却不收录。赵洪联在其所著《中国方技史》一书中解读了何为"风角"二字："风角，旧有二说。一说：风者风也，角者隅也，候四方四隅之风，以占吉凶。一说：以巽为风，于五行在木，于五音为角。《尔雅》记四风，《史记》记八风，还没有风角一词。

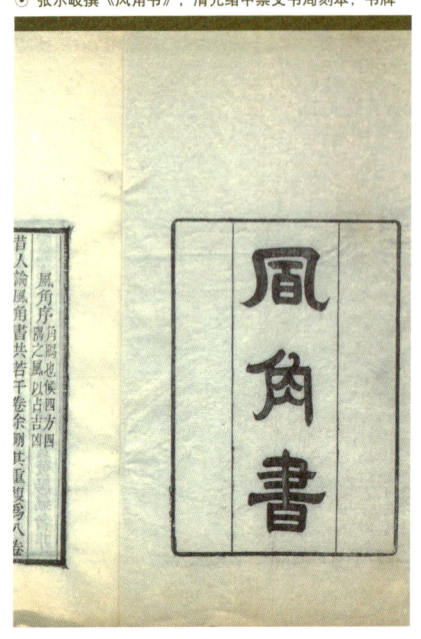
张尔岐撰《风角书》，清光绪中崇文书局刻本，书牌

葛洪自称晚学风角。《隋书·经籍志》载风角类书籍三十余部，《旧唐书·经籍志》还载《风角要候》等四部，《宋史·艺文志》仅载《风角五音占》一卷一部，及《四库全书》已无一部被收。"

张尔岐所著《风角书》流传颇为稀少，因为其所讲内容太特别了，比如该书卷一有"候风法"一条，张在该条中说道："凡候风必于畅达高平之地，立五丈竿。以鸡羽八两为葆，悬竿上，候风吹羽，葆平直则占。亦可竿首作木盘，内书八卦十干十二支，置三足木乌于盘上，两足连上而外立，一足安下而圆转。风来，则乌转首向之，乌口衔花，花旋则占。羽用鸡，取其属巽而能知；羽八两，以象八风；竿五丈，以象五音；乌者，日精，巢处知风，乌为首。"

这样的冷门学问确实是少有人能有所了解，相比较而言，张尔岐所撰的《蒿庵闲话》则更受后世关注。《四库全书总目提要》评价该书说："是编乃其礼记之文，凡二百九十六条，顾炎武《与汪琬书》自称'精于三礼，卓然经师，不及尔岐'。故原跋以是编为《日知录》之亚。然《日知录》元元本本，一事务究其始末，一字务核其异同。是编特偶有所得，随文生意，本无文于著书，谓之零玑碎璧则可。至于网罗四部，镕铸群言，则实非《日知录》之比。"

有人拿《蒿庵闲话》跟顾炎武的《日知录》相比较，认为这两部书有一比,然四库馆臣却称"其论吴澄《三礼考注》出于依托,极为精核。尔岐本长于礼,故剖析凿凿,使尽如斯,则方驾《日知录》矣。"四库馆臣也承认张尔岐在某些问题的研究上不输于顾炎武,但可惜能够达到这样研究成果的文章太少。但无论怎样,都可以看出后人一直是拿张尔岐跟顾炎武相比较,尽管他达不到顾的整体高度,但也足可以说明张尔岐在这方面的研究为人们所重视。

◉ 张尔岐撰《风角书》,清光绪中崇文书局刻本,卷首

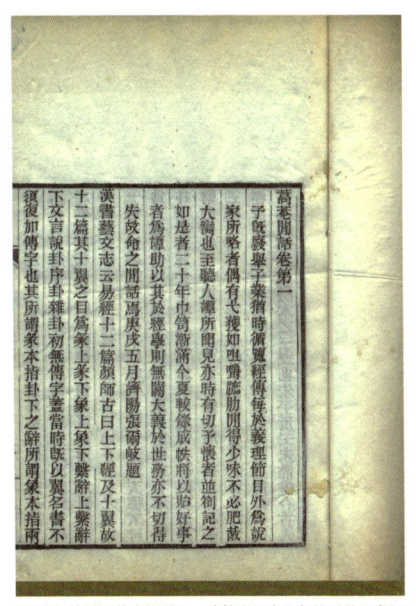

◉ 张尔岐撰《蒿庵闲话》,清乾隆五十四年周氏竹西书屋据益都李文藻刻本重编印本

张尔岐墓位于山东省济阳县回河镇张稷若村东。这天经过一上午的奔波,中午趁午饭时略作休息,然后拦下了一辆出租车,先是隔着车门问司机愿意不愿意跑长途,他问我目的地,我告诉他自己想去济阳县回河镇。此人二话不说就给我拉开了车门,等我坐定后,他说自己正是济阳人。遇到这样的巧事,彼此都感到舒服。司机问过我的行程后,报价说往返200元不包括过桥费,我

说没问题。随即我们就驶上了黄河大桥,在此交费10元,从桥上望下去,我感到黄河水比十几年前大了不少。司机却告诉我:并不是河水多了,而是管理有方,因为黄河水已经有了统一管理的部门,到了枯水季节就会调水。

行30余公里来到回河镇,而后打听东风村,问过几人皆不知,看到前面有人在安装玻璃,车门上印着"张稷若村"字样,猛然想起张尔岐字稷若,立即下车问之,装玻璃的司机告诉我说:"你还真问对人了,张稷若村就是东风村,是'文革'时改的名字,'文革'后又改了回来,这个村归店子乡,前些年跟回河镇合并了,所以归了回河,但张稷若村并不在回河。"

遇到这样的明白人最让我感到畅快,如果不是他的告知,我又不知道要跑多少冤枉道。出租司机立即跑上前,请问此人如何开行能够找到该村,他听明白后连声道谢上车,接着带着我前行赶路。下202省道,开上一条破烂村路,大坑连连,约行三四公里,再问

⊙ 远远地看到了墓碑

◉ 张尔岐墓全景

一老者,其挥手指东,"东面就是!"东行500米,在路当中既看到前面空地中有竖碑大墓,我本能觉得那里就是张尔岐墓。然墓的四周都是田地,一时间找不到通往墓前的道路,只好让司机将车停在路边,我独自踏着麦田前行。

走几百米,终于走到墓前,原碑已难辨字迹,旁边还有一小坟,亦难看清碑文,看到远处有一人带着孩子行走,向其打问,此人告诉我说这就是张尔岐墓,而旁边小墓为张尔岐的父亲之墓。我问他何以知道得如此详细,他说:"我就是这个村的,常有人来给这个墓照相。"于是我向他了解本地关于张尔岐的传说,然此人纠正我说:"我们没有这么称呼的,我们都说是稷若先生。"我对自己言语上的不礼貌表示了歉意,而后他又告诉我说:"村里还有他家的后人,但我不是。"

拍完张尔岐墓的照片之后重新上车,让司机把我送回济南,在路上司机告诉我说,他刚才问了过路的村民,那些人告诉他,这不

⊙ 后方还有一座墓

是张尔岐墓的原址,眼前所见乃是后来迁移到此处者。关于这个说法我在之前也已经了解到,《济阳县志》中写道:"张尔岐墓位于店子乡前陈王寨东 500 米处。1956 年曾列入省级文物保护,并立标保护。1970 年因修济太公路,迁移到张稷若村东北 300 米处,墓前立有石碑。迁移时,出土《蒿庵自叙墓志》,锡酒壶 1 把,宜兴茶壶 1 把,几个酒杯,1 个泥制火炉,1 方石砚,均藏于张士龙家中。1976 年将墓志运至济阳县图书馆。"

⊙ 碑券制作得有些粗糙

虽然如此,但我找到的张尔岐墓也的确是迁移后的原墓,能够朝拜这位清初前贤,已然觉得颇

为满足。而司机也对我的寻访渐渐有了兴趣,他告诉我说自己也喜欢历史,同时告诉我自己近期的知识所得:"我在网上查过牌坊是什么意思,但查完还是不懂,后来才明白,牌坊就是今天的奖杯和奖状!"他的这个比喻让我听来颇为新颖。看到路边大棚,其又称:"我们村都是种西瓜的,我以前也搞大棚,因为被大风吹散了,伤心了,后来就改开出租车了。"我从他车前的铭牌上看到司机叫张红心,看来也是"文革"中出生的一代。通过与之聊天能够感受到他对文化有着崇敬之心,遇到这样的司机让自己最为惬意,这不仅仅是可以打破一路上的岑寂,更为重要者会让自己有一种"为了一个共同的目标走到一起来了"的同道感。

将要经过黄河大桥时,我掏出10元钱让张红心付款,他却果断地跟我说:"收起来!"而后他在距收费站不到几百米的地方驶上了一条小路,之后三拐两拐就绕过了收费站,然后得意地向我解释:"这个收费站收了二十八年了,几个桥的钱都收回来了,太过分,就是不能再给他!"

到达酒店时,我掏出210元付给张红心,我觉得那10元过路费乃是他辛苦绕道所得,但他却只接过我手中的200元。我还是把10元硬塞给他,同时告诉他接下来的两天仍然包他的车,请他明天一早到酒店来接我,继续另一个方向的寻访。

顾炎武：汉学开山，国初儒宗

顾炎武是清代乾嘉学派的开宗人物，章学诚在《文史通义》中直言顾炎武乃是"开国儒宗"。对于他在清学上的重要地位，梁启超在《中国近三百年学术史》中给予了如下的总结："清儒的学问，若在学术史上还有相当价值，那么，经学就是他们惟一的生命。清儒的经学，和汉儒宋儒都根本不同，是否算得一种好学问，另为一种问题。他们这一学派学问，也离不了进化原则，经一百多年才渐渐完成。但讲到'筚路蓝缕'之功，不能不推顾亭林为第一。顾亭林说：'古今安得别有所谓理学者！经学即理学也。自有舍经学以言理学者，而邪说以起。'又说：'今日只当著书，不当讲学。'他这两段话，对于晚明学风，表出堂堂正正的革命态度，影响于此后二百年思想界者极大。所以论清学开山之祖，舍亭林没有第二个人。"

关于顾炎武在学术上的成就，刘墨在《乾嘉学术十论》给出了如下的综述："顾炎武是18世纪获得辉煌成就的文献与历史考证学派的开创人。他扩大了经典文献和历史研究的领域，并广泛地运用各种辅助学科如金石学、考古学、历史语言学、地理学等，提倡严格、客观、实证的分析、论证方法，从而恢复了注疏家的传统学风，这一传统可以上溯到汉代。"虽然这段总结颇为客观详尽，然而在此之前，钱穆却认为"今谓亭林乃清学开山，亦仅指其多闻博学，而忘其'行己有耻'之教者,岂不更可痛之甚耶!"(钱穆著《中国近三百年学术史》)。钱穆觉得后人对顾炎武的评价主要认为他是清学的开山,这样的评价虽然极高,但并不全面,因为顾炎武对后世的贡献,更多是对思想界的影响。

看来视角的不同,对顾炎武的评价也有差异。但相比较而言,后世对顾炎武的肯定主要还是在学术方面。比如全祖望在《亭林先生神道表》中描绘:"凡先生之游,以二马二骡,载书自随。所至厄塞,即呼老兵退卒,询其曲折,或与平日所闻不合,则即坊肆中发书而对勘之。或径行平原大野,无足留意,则于鞍上默诵诸经注疏,偶有遗忘,则即坊肆中发书而熟复之。"

全祖望的这段话广泛被后世所引用,而此话的内容则是形象地写出了顾炎武读万卷书行万里路。他在出行之时带着两匹马和两匹骡子,拉着一大批书,而他每到关口都会向熟悉当地人文环境的老兵去了解实况,而后以所带之书予以印证。如果自带之书没有相关的记载,那么他就会在当地的旧书市场寻找相关的文献。如果走在平坦原野之地,周围没有什么风土人情可以观察的,那么他就会默默背诵所读过的各种经书,遇到有遗忘的,就在附近书肆中寻找原书,再读一过。

全祖望的这段话让人读来,眼前立即浮现出一位刻苦治学的儒者,因为全祖望的这段描写,使得后世更加把顾炎武视为学者而非思想家。同样,诗人李光地在他所写的《顾宁人小传》中,也把顾炎武描绘成一位刻苦治学的儒生:

> 顾炎武,字宁人,吴之长洲人。自幼博涉强识,好为搜讨辨论之学。十三经、诸史、旁及子集、稗野、列代名人著述、微文碎义,无不考究。骑驴走天下,所至荒山颓址,有古碑版遗迹,

必披榛菅、拭斑藓读之,手录其要以归。十余岁至七十而老,勤如一日。

以上这段话的描绘方式很有可能是全祖望《神道表》中所言的出处,而对于顾炎武的学术成就,李光地在《小传》中则称:

> 尚有《日知录》数十卷,识大小、覆同异、辨是非,亦有补于学者,其徒潘耒刻之闽中。卫先生尔锡言其地理书用心尤多,然未见也。孤僻负气,讥诃古今,人必刺切,径情伤物,以是吴人訾之,然近代博雅淹洽,未见其比。

看来早在康熙时期,学人就认定《日知录》乃是顾炎武的代表作,而这部书是顾炎武的弟子潘耒首刻于福建。

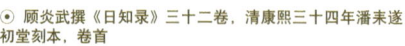
顾炎武撰《日知录》三十二卷,清康熙三十四年潘耒遂初堂刻本,卷首

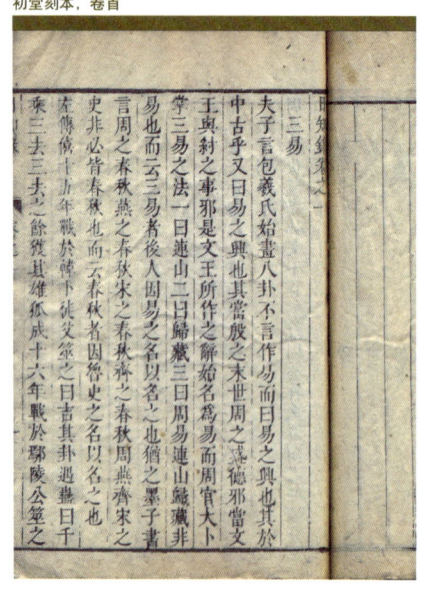

顾炎武的性格略显孤僻,直到晚年才开始授徒,他的徒弟中,后世有名气者也仅潘耒一位。因此可以说潘耒对其师的评价最为中肯,其在三十二卷本的《日知录》序言中评价乃师曰:"综贯百家、上下千载,详考其得失之故,而断之于心、笔之于书,朝章国典、民风土俗,元元本本,无不洞悉,其术足以匡时,其言足以救世。"这段话讲述的仍然是顾炎武的学术视角,虽然涉猎面很广,

但顾炎武在每个方面都能作出较大的成果,"当代文人才士甚多,然语学问必敛衽推顾先生。凡制度典礼有不能明者,必质诸先生;坠文轶事有不知者,必征诸先生。先生手画口诵,探源竟委,人人各得其意去,天下无贤不肖,皆知先生为通儒也。"

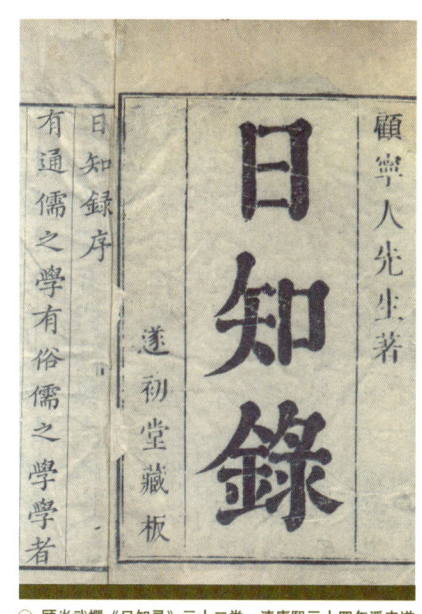

⊙ 顾炎武撰《日知录》三十二卷,清康熙三十四年潘耒遂初堂刻本,书牌

潘耒称其师为"通儒",这是一句很高的评价。而潘耒在序中则把《日知录》称为真正的传世之作:"先生非一世之人,此书非一世之书也。魏司马朗复井田之议,至易代而后行;元虞集京东水利之策,至异世而见用。立言不为一时,《录》中固已言之矣。异日有整顿民物之责者,读是书而憬然觉悟,采用其说,见诸施行,于世道人心实非小补。"这段话的最后一句谈到了"世道人心",可见《日知录》并非仅仅是一部学术著作,它同样也是一部有思想价值的书。为此潘耒在该序言的最后又说:"如第以考据之精详、文辞之博辨叹服而称述焉,则非先生所以著此书之意也。"

潘耒的这最后一句话于后世引起广泛的争论,因为潘说如果把《日知录》只视为一部精彩的考据学著作,那肯定有悖作者的初衷。看来潘耒还是认为《日知录》是一部思想之作,而非学术著作。而全祖望在《亭林先生神道表》中引用了王艮的一段话,也表达了同样的意思:"宁人身负沉痛,思大揭其亲之志于天下,奔走流离,老而无子,其幽隐莫发,数十年靡诉之衷,曾不得快然一吐,而使后起少年，推以多闻博学，其辱已甚。"王艮乃是阳明学著名传人，看来哲学家更多的则是从思想高度来评价顾炎武的学术成就。

顾炎武乃是明清之际易代人物，在母亲的教导下，他坚持不仕清，所以把自己的主要精力用在了学术研究方面，而同样他也把自己的政治抱负融进学术论述中。因为他能力过人，使得他的研究成果在各个方面都受到了后世的看重，比如《四库全书》包括《存目》在内收录了顾炎武二十二种著作。由四库馆臣给这些著作所写的提要，就能看到他在方方面面的研究都有着很高的成就。

《四库全书》在《音论》中评价道："百余年来言韵学者，虽愈阐愈密，或出于炎武所论之外，而发明古义，则陈第之后，炎武屹为正宗。"这句评价则是针对顾炎武在音韵方面作出的贡献。在《历代帝王宅京记》的提要中，馆臣则称："详载本末，征引详核，考据亦颇精审，盖地理之学炎武素所长也。"这句话是肯定了顾炎武在地理学方面的成就。他何以在这方面有着如此高的成就，《昌平山水记》提要则称："炎武博及群书，足迹几遍天下，故最明于地理之学。"看来，正是顾炎武的实地考证，使得他的地理撰述变得有根有据。而对于他的《日知录》，四库提要则给予了这样的综述："炎武有本源，博赡而能通贯，每一事必详其始末，参以证佐，而后笔之于书，故引据浩繁，而抵牾者少，非如杨慎、焦竑诸人偶然涉猎，得一义之异同、知其一而不知其二者。"

由以上的这些评语可知，在四库馆臣这里，顾炎武是一位伟大的学者，而对其在思想界的影响，四库馆臣完全不提。但是《日知录》一书中有潘耒的序言，而潘耒认为其师的治学目的更多者是为了表达自己的政治思想，对于潘耒的这个结论，四库馆臣是怎样的态度呢？对此《日知录》提要中予以了这样的反驳："惟炎武生于明末，喜谈经世之务，激于时事，慨然以复古为志。其说或迂而难行，或觖而过锐,观所作《音学五书·后序》,至谓'圣人复起,必举今日之音而还之淳古',是岂可行之事乎?潘耒作是书《序》,乃盛称其经济,而以考据精详为末务,殆非笃论矣。"

处在乾隆时代的政治环境,四库馆臣当然不能肯定顾炎武有着反清复明的思想,也因此完全否定顾炎武是一位思想家,认为他的学说很迂阔而不切实际,因此四库馆臣明确地认为潘耒对其师的评价不正确。

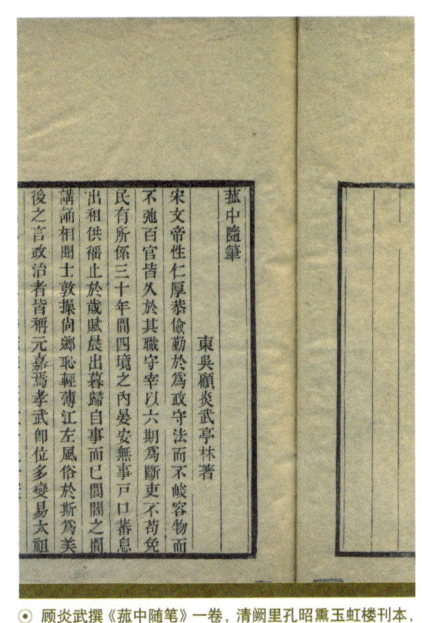
● 顾炎武撰《菰中随笔》一卷,清阙里孔昭薰玉虹楼刊本,卷首

看来以上的这些评论,都是站在各自的角度来看待顾炎武。然而翻看顾炎武的各类著作,很多还是从学术角度撰述,可能处在那个特殊的历史时期,他不便表达自己的政治诉求吧。但无论怎样,他的确开一代学术风气。其最大的贡献,乃是将明末束书不观的浮夸学风转为了实学。他在这方面的言论,最受后世肯定的一句则是"古今安得别有所谓理学者?经学即理学也。自有舍经以言理学者,而邪说以起,不知舍经学,则其所谓理学者,禅学也。"

在顾炎武的那个时代,陆王心学几乎一统天下,而顾炎武则强调经学,经学就是理学。对于他在这里所说的"理学"二字,刘墨在《乾嘉学术十论》一书的小注中称:"有一点需要特别指出的,顾炎武所说的'理学'实指陆王心学而言,程朱一派在这里只是一笔带过。"

看来顾炎武提倡经学,其目的就是为了反对陆王心学。所以他写出了一系列扎实的考据学著作，为此而影响了整个的社会风气。他的代表作之一乃是《日知录》，对于该书的写作，顾炎武自称"愚自少读书，有所得辄记之……积三十余年乃成一编，取子夏之言，名曰《日知录》""平生之志与业皆在其中"。看来，顾炎武的这部代表作竟然写了三十多年，该书的全本为三十二卷，平均一年写一卷，而一卷书仅一万余字，可见《日知录》的写作是何等之慎重。但是，当时之人并不能理解《日知录》为什么撰写得这么慢，有人见面时总会问到他又写出了几卷，这种问话方式让顾炎武很感慨，他在《与人书十》中说道：

> 尝谓今人纂辑之书，正如今人之铸钱。古人采铜于山，今人则买旧钱，名之曰废铜，以充铸而已。所铸之钱既已粗恶，而又将古人传世之宝，舂划碎散，不存于后，岂不两失之乎？承问《日知录》又成几卷，盖期之以废铜。而某自别来一载，早夜诵读，反复寻究，仅得十余条，然庶几采山之铜也。

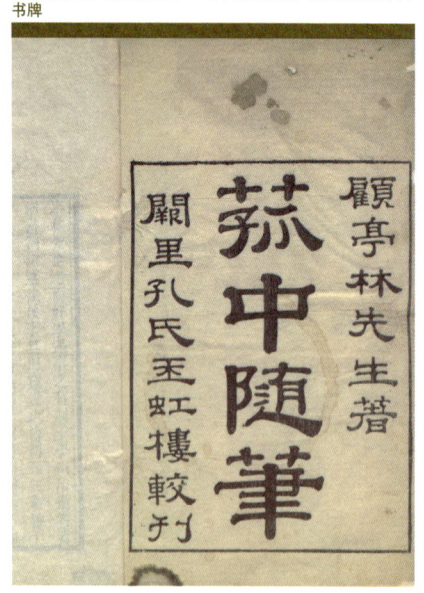

顾炎武撰《菰中随笔》一卷，清阙里孔昭薰玉虹楼刊本，书牌

由这段话可知，顾炎武十分强调从原典找依据，反对抄录别人的研究成果。这样的做法虽然写得很慢，但却扎实有力。而他本人对自己的这部著作也十分地看重，他在《与友人论门人书》中自称"平生之志与业皆在其中"。

就治学路数而言，其实顾炎武跟后来的乾嘉学派并不完全相同，虽然他也强调要关注汉代经学，比如他在《与人书四》中称："经学自有源流，自汉而六朝、而唐、而宋，必一一考究，而后及于近儒之所著。然后可以知其异同离合之指。如论字者必本于《说文》，未有据隶楷而论古文者也。"他的这段话中，强调研究经学首先要关注文字之学，而研究文字学则必须以《说文解字》为

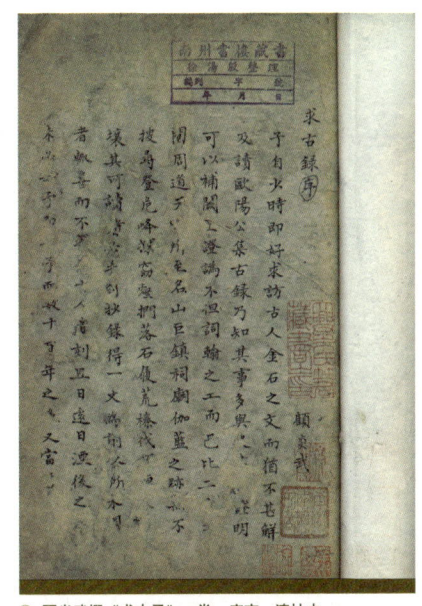

⊙ 顾炎武撰《求古录》一卷，序言，清抄本

底本，就这点而言，他跟乾嘉诸儒相同。然而在具体的治学方法上，他却强调不本一家，比如在谈到《易经》时他说："尽天下之书，皆可以注《易》；而尽天下注《易》之书，不能以尽《易》……诗书执礼之文，无一而非《易》也；下至《春秋》二百四十二年之行事，秦汉以下史书，百代存亡之迹，有一不该于《易》者乎？"（《与友人论易书》）

然而，顾炎武却并不赞同后世学者胡乱怀疑传统经典，他在《日知录》卷二中指出：

> 五经得于秦火之余，其中故不能无错误。学者不幸而生乎二千余载之后，信古而阙疑，乃其分也。近世之说经者，莫病乎好异。以其说之异于人，而不足以取信，于是舍本经之训诂而求之诸子百家之书；犹未足也，则舍近代之文而求之远古；

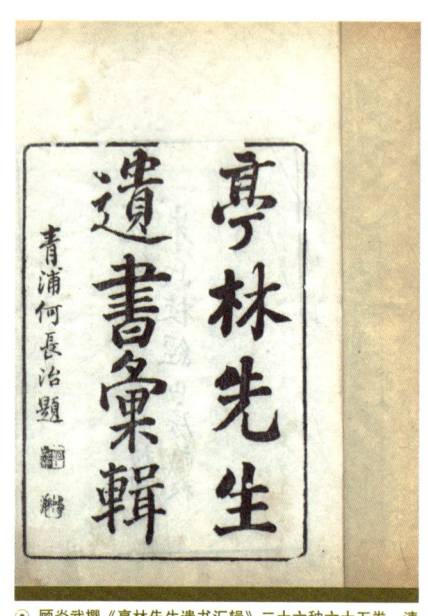

⊙ 顾炎武撰《亭林先生遗书汇辑》二十六种六十五卷，清蓬瀛阁刻吴县朱记荣增刻光绪三十二年汇印本

又不足，则舍中国之文而求之四海之外……近代之人，其于读经，卤莽灭裂，不及昔人远甚；又无先儒为之据依，而师心妄作。刊传记未已也，进而议圣经矣；更章句未已也，进而改文字矣。

由此可知，顾炎武的治学方法，既信古又疑古。他并不本一家之言，而是从各个方面旁征博引，以此来考证古代的文献。比如他能通过著名的文学总集——《昭明文选》来考证一些经典名词，徐正英所著《先唐文学与文学思想考论》一书中专有"顾炎武研究《昭明文选》的成就及不足"一章。徐正英在此文中评价道："生活在明末清初的顾炎武，正是实现'文选学'从点评走向实证的开路人，其在清代'文选学'振兴过程中具有'筚路蓝缕，以启山林'的重要地位。"

《文选》是一部文学作品，而顾炎武却以此引来考证古代的礼制，这是颇为特别的一种研究方式。比如《文选》卷四十五中，陶渊明在《归去来辞序》中写到"寻程氏妹丧于武昌，情在骏奔，自免去职"，顾炎武通过这句话来认定，晋宋时期有"已嫁之妹，犹去官奔其丧"的礼制。而后，他得出的结论是："古人凡丧皆谓之忧，其父母丧则谓之丁大忧。"

关于古代的避讳问题，这种制度究竟起于何时，顾炎武也是通过《文选》来予以考证。他认为先秦没有避讳之俗，因为那时的父子之间、祖孙之间都可以直呼其字,他这个结论的出处依然是本自《文选》。因为该书的三十二卷有屈原的《离骚》,顾炎武据此而称:"子、孙得称祖、父之字。子称父字,屈原言'朕皇考曰伯庸'是也。孙称祖字,子思之言'仲尼祖述尧舜'是也。"

屈原所说的"皇考"就是父亲,而伯庸就是屈原父亲的名或者字,顾炎武以此来证明屈原在谈到父亲的名或字时并不避讳。但也有人认为顾炎武的解释有问题,比如赵逵夫认为"皇考"二字乃是指受姓之祖,而"伯庸"则是指楚国受姓之祖熊伯庸。虽然赵逵夫的这个说法推翻了顾炎武所言,但徐正英在其专论中则认为:"所幸,赵说非但不会影响顾氏先秦不避讳结论的成立,反增强了其说服力:即先秦不仅子可称父字,孙可称祖字,后裔亦可称受姓之祖字。所以可基本断定,我国先秦时代确似无避讳之俗。"由此看来,三百多年前的顾炎武果真有着先见之明。

顾炎武在学术上的另一大贡献则是在音韵方面,他在这方面的代表作乃是《音学五书》,此五书分别是《音论》《诗本音》《易音》《唐韵正》和《古音表》。对于他的这部著作,陈芳在其所著《汉语古音学比较研究:从顾炎武到高本汉的演进》一书中评价道:"顾炎武是清代古音学的奠基人,他使古音学真正发展成为一门成熟的学问,在古音学史上最受瞩目,其地

⊙ 顾炎武撰《音学五书》三十八卷,清康熙六年张绍符山堂刻本,卷首

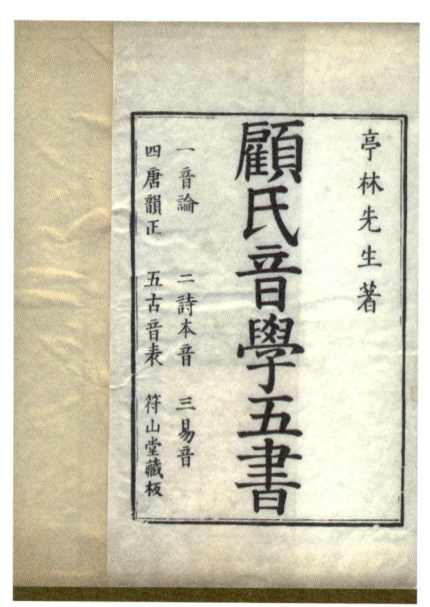

◉ 顾炎武撰《音学五书》三十八卷，清康熙六年张绍符山堂刻本，书牌

位至今无人可比。"而在此前，梁启超在《中国近三百年学术史》中则称："清代音韵学鼻祖共推顾亭林。"

顾炎武为什么在这方面获得这样高的评价呢？因为他提出了一个重要的观念："读九经自考文始，考文自知音始。以至于诸子百家之书，亦莫不然。"研究经学首先要研究文字，而研究文字则要从读音的角度来下手，他甚至认为不仅仅是经书，其他的诸子百家著作也应当用这种办法来下手。

其实早在唐代，就有人注意到有些古书的某个字读不通，但如果改变读音，似乎就变得通顺了，比如唐玄宗在开元十三年的敕令中称"朕听政之暇，乙夜观书，每读《尚书·洪范》至'无偏无颇，遵王之义'，三复兹句，常有所疑。据其下文，并皆协韵，惟'颇'一字，实则不伦。……其《尚书·洪范》'无偏无颇'字，宜改为'陂'。"这种改字的方式被称为叶韵，在唐朝颇为盛行。但也有人反对这么做，比如陆德明就指出了叶韵的弊端，然而以这种方式读古书，在后世却颇为流行。到了南宋，吴棫（字才老）对古音进行了深入的研究，陈芳在其专著中评价说："宋代的古音研究以吴才老的《韵补》和郑庠的《古音辨》影响最大。和宋代以前的零星研究不同，南宋初年，吴才老开始把上古音作为专门的学科加以研究，而吴才老也被视为古音学的创始人。"

而顾炎武在音韵学方面的研究,正是继承了吴棫的研究方法,他在《韵补正序》中称:"念考古之功,实始于宋吴才老。"虽然说顾炎武的研究方法得自于吴棫,然而他却做得更为深入,以至于让阎若璩给出了这样高的评价:"读顾氏《音学五书》,心花怒生,背汗浃出""非沤数升血读之不可"。

顾炎武在撰写《音学五书》时下了很大的功夫,他在该书的《后叙》中自称:"予纂集此书,几三十年,所过山川亭鄣,无日不以自随,凡五易稿,而手书者三矣。"顾炎武为了写这部书也下了三十多年的功夫,而李开、顾涛所编《汉语古音学史》则如此称赞该书:"《音学五书》的撰成可谓世界学术史上的一件大事。"二者既然把此书放到了世界学术史的角度来衡量,故而文章中列举了大量同时代人所作出的研究成果。而英国著名学者李约瑟在《中国科学技术史》一书中引用了胡适对顾炎武的一段评价:"在顾炎武诞生前四年,伽利略(1564—1642)发明了望远镜,并利用它革新了天文学,而开普勒(1571—1630)则发表了他对火星的研究结果和他关于行星运动的新定律。当顾炎武研究语言学,并重新订正了古字音的时候,哈维(1578—1657)则出版了论血液循环的巨著,而伽利略则出版了天文学和新科学方面的两大著作。……在顾炎武完成他的划时代的巨著《音学五

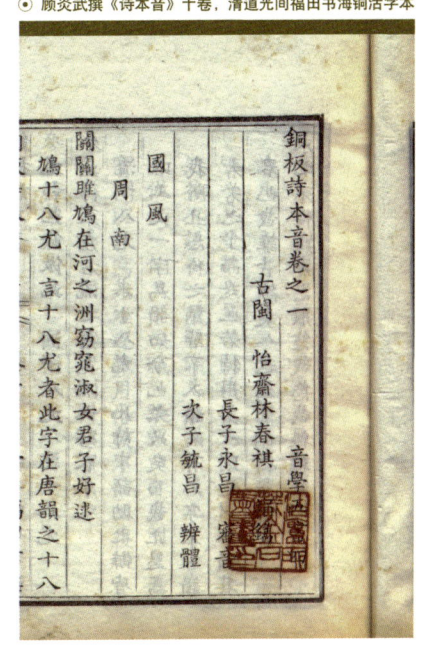

⊙ 顾炎武撰《诗本音》十卷,清道光间福田书海铜活字本

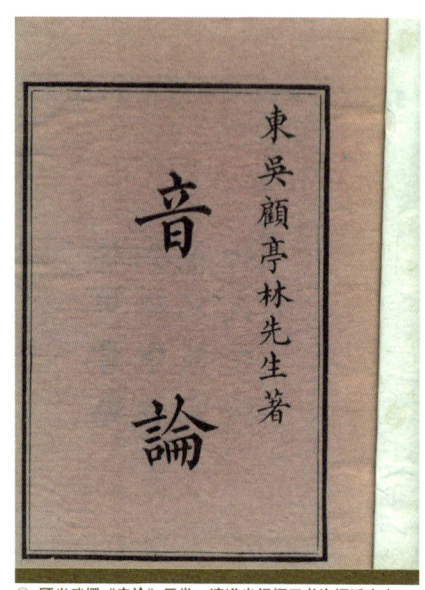

⊙ 顾炎武撰《音论》三卷，清道光间福田书海铜活字本

书》的前一年，牛顿（1642—1727）已创立了微积分，并完成了对白光的分析。顾炎武在1680年为他的语言学著作的定稿写了序言，而牛顿则在1687年发表了他的《原理》。"

如此比较起来，似乎顾炎武的《音学五书》对人类文明史的推动远不如其他学者那样重要，然而李约瑟却不这么看，他在该专著中评价胡适的这段话，称"重要之点并不在于如胡适所说，中国人的人文科学所创造的只是更多的书本上的知识，而西方的自然科学却创造了一个新世界；重要之点乃是在于：不管我们今后能找到哪些在中国社会中起过抑制作用的因素，在中国人过去的时代精神中，显然没有任何东西能够阻止人们去发展那些符合于最严格的考据原则、精确性和逻辑推理的知识。"

对于李约瑟的这段评价，李开、顾涛在其专著中予以了赞同："在李约瑟看来，重要的是清代学者发明了科学考证的方法，这种实证科学的方法，与当时西方学者实验科学的方法只是研究对象的不同，是古代的'书本、文字和文献考证'和'星辰、球体、杠杆、球面和化学物质'等客观自然界的发现之间的区别，但是在精神上、学术水准上是一样的。如果说，西方的自然科学是对外部自然世界的发现，那么顾炎武《音学五书》则是对语言世界的发现，这两者是站在同一学术制高点上。从这个意义上正可以说，《音学五书》居于17世纪世界学术的巅峰。"

中轴线尽头的顾炎武纪念馆

由以上的这些评价可知，顾炎武确实是开一代风气的人物，难怪梁启超等人把他视为清学的开山之祖。而我在四年前特意到江苏省昆山市千灯镇找到了他的故居，同时在他的墓前鞠了一躬，以此来表达我对这位大儒的崇敬之情，然而对顾炎武故居和墓的寻访已经写入了他书之中，而关涉到顾炎武在经学上的成就，我只能另寻一处纪念之地。因此在四年之后，我又来到了昆山，因为昆山市内有一处亭林园，而该园内有他的纪念馆。

顾炎武纪念馆的具体位置是江苏省昆山市马鞍山东路1号亭林园内，可能是因为昨夜下了一场雨，亭林园门口的停车场还有不少的车位。买票进入园中，前行不远就看到了明大臣顾鼎臣的祠堂，参观完毕后沿着中轴线继续前行，在右手的位置看到了顾炎武的全身石雕像，这尊雕像颇为高大，感觉在十米开外。雕像前是巨大的草坪，此草坪修剪整齐，我不好意思踏入其中拍正面照，只能远远地站在侧边向这位先贤行注目礼。

◉ 紧闭的大门及告示

但从雕像的开脸来看，我觉得站在这里的更像是范仲淹，当然了，古代的先贤究竟长什么模样，其实于后世而言始终是个模糊印象。而这尊雕像的后方则有一堵影壁墙，墙上刻着顾炎武的最为著名言论——"天下兴亡，匹夫有责"，由此可知后世对顾炎武的夸赞基本上还是站在思想史方面。

中轴线的顶头位置有一处独立的仿古院落，这里就是顾亭林纪念馆。走到纪念馆的门前，这里大门紧闭，门板上贴着一纸告示，上面赫然写着"因亭林园提升改造工程需要，顾炎武纪念馆将全面封闭施工。给您带来不便，敬请谅解。昆山亭林园，2016年12月。"

我来到顾亭林纪念馆门前的时间是2017年6月22日，如此说来该纪念馆已经关闭达半年之久，虽然说告示写得很有礼貌，然这是我在寻访途中最怕遇到的问题，毕竟从千里之外赶到此处，经历的周折劳顿自不待言，然而耽误的时间却让自己感到心疼，面对此况我当然不能轻易放弃，于是站在门口用力敲门，而后用耳朵贴在门上听,然而却很失望,然后用力推门,大门却纹丝不动。看来想进内一探究竟已然没有了可能,于是只好从外墙拍照一番。想到亭林园内还有其他的寻访之处,故拍照完毕后又向亭林园的深处走去。

寻访完其他两处,沿着原路又返回到顾亭林纪念馆门前,到其门而不能入,我还是不死心,于是继续前行,以期能寻找到突破口。纪念馆的侧旁有一个面积较大的水塘,这个水塘修建得颇为别致,有着江南园林的诗意,而池塘清澈见底,水面上的朵朵莲花,更让人瞬间忘却寻而不得的烦恼。

在池塘和亭林纪念馆之间有一条登山之路,该处应当是登上马鞍山的正途。我想到这里既然有顾亭林的纪念馆,以位置来论,很可能古已有之,说不定该处是古代的亭林祠,如果登上马鞍山从高处望,说不定可以看到纪念馆内的情形。正在浮想间,铁皮围挡处的运料大门突然打开了,里面走出一位施工人员,他随手将门关上离去。我觉得这是一个很好的机会,于是我站在原地,目送他渐行

清澈见底的池塘

⊙ 从侧旁进入了纪念馆内

渐远,而后一转身拉开铁门,又迅速地将门关上。这么轻易地进入了院内,一瞬间心情大为舒畅。

我进入之处乃是纪念馆的侧旁,展眼望去,这一带的工地已经打好了地基,上面的建筑还没有开始施工,这样说来,即使我过一年再来此地,也不太可能建造完毕而开放。这更加显现我今日的机智是何等之重要。

⊙ 正门前的装饰物

因为下雨的原因,工地里泥泞不堪,而右手的位置则是另外一个独立的院落,看来那个院落才是原本的亭林祠,而我所站的位置乃是对该祠的扩建。我小心地寻找着下脚之地,

顾炎武：汉学开山，国初儒宗　　635

◉ 正堂内景

终于从侧旁穿到了纪念馆内，站在原地观察一番，无论施工工地还是原有的纪念馆，里面都没有人，这让我悬着的心放了下来，于是大着胆子在院内拍照。

从整体上看，原本的纪念馆仅有正堂一座，正堂的前方乃是空旷的院落，前面有回廊，回廊的侧角内有一尊顾炎武雕像。不知道为何在这个角落内设计出一处景观，从外观看，正堂涂装了油漆，走入室内，里面仍然在施工之中，只是正前方的顾亭林像还端放在原处，除此之外已经看不到其他的文字，很有可能原本的展品已经放到了他处。

◉ 正堂前有一棵古树

拍照完毕后，我又

◉ 纪念馆侧旁的舍利塔

走到了正门的里侧，因为我想看一下究竟是何种方式锁住了大门而让我不得其入，然而意外的是正门完全没有上锁，我轻轻用手一推门就打开了。到此时我方明白，刚才自己应当用手拉门而不是推，如果早想到是这种状况，也用不着做贼心虚沾上了满鞋满裤子的泥。

走出门第一件事，就是捡拾了一根树枝来刮掉鞋上的赘物，正在此时，一位拿着扫把的清扫工人走到了门前，他疑惑地望着我的举措，而后向亭林祠内张望了一番，看来他无论如何也想不明白：祠堂内地面十分整洁，这个人从里面走出来为什么会有两脚泥。

阎若璩：千年经典，一朝推翻

按照正常的叙述，对于乾嘉学派的开山鼻祖问题，一般会说是顾炎武与黄宗羲，然而江藩的《汉学师承记》把顾、黄列在了附录，对于这种做法，后世研究者多有不满，比如日本汉学家本田成之在《中国经学史》中说："顾、黄二氏实是开汉学之门的人。顾是从朱子学出身，黄是从阳明学出身，虽不能说是纯粹的汉学者，但可以说是汉学的开祖，江藩《汉学师承记》把这二人除外，述在附录，其不妥当是不消说的。"

本田成之把顾、黄视为清代汉学的开门人，所以他认为江藩把这二人放在附录当然不妥当，可是本田先生也在文中说：顾的学问出身是宋明理学，而黄则是阳明心学，所以这两位都算不上是纯粹的汉学家。那既然这样，江藩在《汉学师承记》中把他们放在附录还有什么不妥当之处呢？当然，跟本田先生持同样观点者还有多位，而这篇小文不是为了探讨乾嘉学派的开山鼻祖，我在此只想说，江藩的《汉学师承记》乃是汉学阵营的一大成果，而该书内所收录的汉学家，均为那个时代的一流人物，所以他的这部书，凡是研究清代学术者，都将无法绕开。

那江藩认为谁才是清代汉学的真正鼻祖呢？他在专著中没有用这样的字眼，然而他的这部重要著作排在第一位的人物就是阎若璩。如此论起来，把阎若璩视为清代汉学的开山鼻祖，似乎也没什么不妥，更何况梁启超在其对清代学术的总括性专著——《中国近三百年学术史》中,也对阎若璩有着这样的评价——"近三百年学术解放之第一功臣",并且梁启超也认为,清初纯正的汉学家还是应当首推阎若璩,因为顾炎武在汉学上的研究并不纯正:"说亭林是清代经学之建设者,因为他高标'经学即理学',这句话成为清代经学家信仰之中心。其实亭林学问绝不限于经学,而后此之经学,也不见得是直衍亭林之传。其纯以经学名家而且于后来经学家学风直接有关系者,或者要推阎百诗。"

阎若璩对清代学术有着如此巨大的影响力,但他在幼年之时却并未表现出特异之处,杭世骏在《道古堂集》中记载了阎若璩幼年时的情形:"六岁入小学,口吃,资颇钝,读书至千百遍,字字著意,未熟,且多病。母闻读书声,辄止之,闇记,不敢出声。"

阎若璩6岁上小学,他不但反应迟钝,并且还有口吃的毛病,读书千遍还是记不住。他母亲可能担心他太受劳累,竟然制止他继续读书,而幼小的阎若璩不但没有出去借机玩耍,反而不出声地在那里默默背诵。关于他少年时的这种情形,阮应韶在《笔训》中也有类似的记载:"吾父尝言,少时与阎百诗先生同受业于靳茶坡先生之门。同学日暮抱书归家,阎天资鲁,独吟不置,必背诵如翻水乃已。后发愤将书拆散,读一页,辄用面糊黏几背,既熟,即焚去,终身不再读。"

这位阮应韶是阎若璩的同学阮晋的儿子,因此他的记录应当比较翔实。阮晋告诉他儿子应韶说,当年自己跟阎若璩共同拜一位先生为师,而这些同学中唯有阎若璩反应最迟钝,但反过来说,也是阎最为刻苦,他为了能够背书,竟然把书拆成一张张的散页,背过一页就烧一页,用这种办法来督促自己。可能是阎若璩的这种笨办法终于起了作用:"年十五,冬夜读书有所碍,愤发不肯寐,漏四

下，寒甚，坚坐沉思，心忽开朗，如门牖顿辟，屏障壁落，一时尽撤。自是颖悟异常。"（杭世骏《道古堂集》）

也许是工夫不负有心人，也许是由量变达到了质变，总之，在阎若璩15岁的某个冬夜，此时已经到了后半夜，阎依然坐在那里读书，突然之间有了顿悟，就如同上帝突然给他打开了一扇门一样，以往所有的屏障瞬间消失，从此他成为了一位博闻强识的聪明人。自此之后，他开始大量地读书，恰巧他家又有着许多的藏书，张穆所撰《阎潜邱先生年谱》卷一引《沈俨劄记序》中的一段话："先生（指阎若璩）生长世胄，家多藏书，幼即潜心钻研，抉精剔髓，思成一家言。所交尽海内名流，如李太虚、梁狄公、杜于皇、李叔则、王于一、魏冰叔昆弟，时过淮必主其家，辄留止经年，与先生讨覈今古，诸公皆叹服，谓后来者居上。"

看来，那时的阎若璩不仅刻苦读书，还结交了天下很多名流。因为阎家很有钱，所以这些文人学者凡是来到淮安，都会住到阎若璩家，有时一住就是一整年，他们跟阎若璩切磋学问，这让阎在各个方面有了很大的长进。

可能是从小打下的好底子，也有可能是天性使然，总之，阎若璩在研究学问方面有着不同于常人的执著，顾栋高在《万卷楼杂记》中载有如下一段轶闻："阎百诗先生，年十五，补山阳学宫弟子。研究经史，深造自得。尝集陶贞白、皇甫士安语，题其柱曰：'一物不知，以为深耻；遭人而问，少有宁日。'其立志如此。"

阎若璩15岁就开始研究正经正史，并且将两位历史名人所说之话做了集句，题在柱子上。由这两句话可以看出，阎若璩有着常人难以达到的执着精神，对于他的这种精神，阎若璩的儿子阎咏在《行述》中写道："府君读书，每于无字句处，精思独得，而辩才锋颖，证据出入无方，当之者辄失据。常语不孝辈曰：'读书不寻源头，

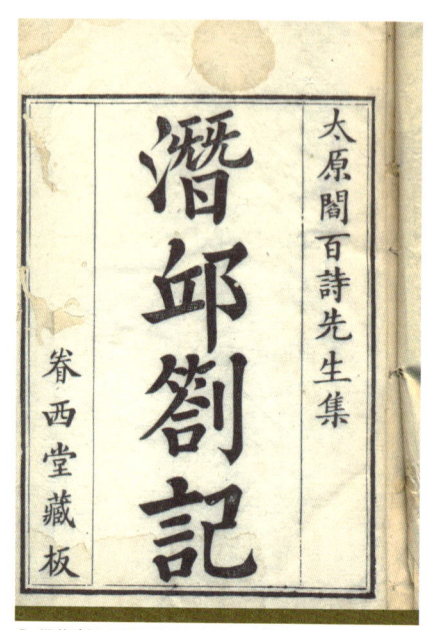

⊙ 阎若璩撰《潜邱劄记》六卷，清乾隆十年阎学林眷西堂刻本，书牌

虽得之，殊可危。'手一书，至检数十书相证，侍侧者头目为眩，而府君精神涌溢，眼烂如电。一义未析，反复穷思，饥不食，渴不饮，寒不衣，热不扇，必得其解而后止。"

真不知道是什么人教给阎若璩这样的读书之法，因为他特别强调读书要寻找源头，每读一本书都会找来相关的著作互相印证，为了搞明白一个问题，他有时不吃不喝也不怕寒热，全力以赴进行探讨，直到把问题解决为止。

但是在科举时代，学问钻研得再深，也跟科考没有必然的联系，所以阎若璩虽然学问很好，却未曾取得过功名，可能也是这个原因，反而让他把更多精力用在了学问的研讨方面。

对于阎若璩的研究方式，很多学者都大为夸赞，比如段玉裁引戴震所说："百诗读一句书，能识其正面背面。"段玉裁的治学方式本来也是如此，而他能以此来夸赞阎若璩，可见他对阎是真心的佩服。常原生所著《阎若璩》一书中，引用了许多阎对古文献的研究方式，从这些文字可以看出，阎若璩敢于在不疑处生疑，比如他在《潜邱劄记》卷三中有着这样一段考证：

按：朱子不甚闲地学又臆解字义，故《陈风》："防有鹊巢。"《毛传》云："防，邑也。"刘昭引《博物记》云："邛地在陈国，陈县北防亭在焉。"孔颖达《疏》云:"以鹊之为鸟,畏人而近人,非邑有树木,则鹊不应巢焉。"故知"防"是邑也。此与堤防之解,绝不相蒙。而《诗集传》乃云:"防,人所筑以防水者。"

朱熹在解读《诗经》上的一句话时,认为《陈风》某句中的"防"字是防止的意思,而阎若璩经过一番考证,认为这"防"乃是地名。

阎若璩的考证也有一些实用性。阎若璩的故乡在太原附近的西寨村,此村离山西著名的晋祠很近,因为晋祠内有座圣母殿,以至于元朝人把晋祠直接称为"女郎祠",然而晋祠明明是为周初晋国唐叔虞所建的祠堂,这两者之间的问题困惑了很多人。某天阎若璩到晋祠游玩,偶然在荒草之中发现了一块宋碑,此碑名为《谢雨文》,阎若璩细读碑文后才明白,原来晋祠内圣母殿供奉的圣母,乃是唐叔虞的母亲邑姜,而这邑姜乃是姜太公的女儿。他的这个发现令当地人十分高兴,太原知府周令树专门竖碑纪念此事。

当然,阎若璩在考证上的更大名气来源于他对经学的研究,而最为著名的一件事则是他经过30年的考证,最终确认了千年以来流传的《古文尚书》乃是一部伪书。

《古文尚书》是跟《今文尚书》相对而言者。原本《尚书》并不分古文与今文,汉代原本流行的《尚书》乃是由伏生所传,

⊙ 阎若璩撰《潜邱劄记》六卷,清乾隆十年阎学林眷西堂刻本,序言

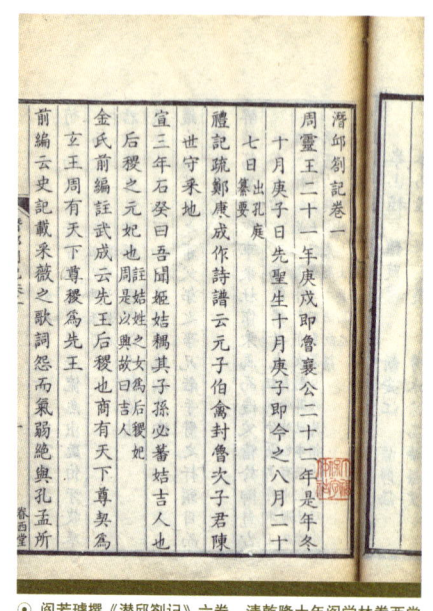

⊙ 阎若璩撰《潜邱劄记》六卷，清乾隆十年阎学林眷西堂刻本，卷首

这位伏生在秦国做过博士，后来秦始皇焚书坑儒，《尚书》也在被焚之列，伏生就偷偷地把一部《尚书》藏在了墙壁内。经过了一系列战乱，刘邦建立了汉朝。天下稳定之后，伏生又从墙壁内找回了他所藏的《尚书》，但是他发现自己的所藏也有部分的损坏。伏生将剩余的部分进行了整理，只剩下了二十九篇。从此之后，伏生就用这残存的二十九篇来授徒。再经过他的弟子广泛传播，这二十九篇《尚书》就成为了汉代通行的版本。

然而到了西汉末年，有人从孔子旧宅的墙壁中又发现了一部《尚书》，刘歆在《移书让太常博士》中说道："鲁恭王坏孔子宅，欲以为宫，而得古文于坏壁之中，《逸礼》三十九篇，《书》十六篇。天汉之后，孔安国献之，遭巫蛊仓卒之难，未及施行。"

看来，是鲁恭王为了扩大宫殿而拆掉了孔子的旧宅，正是在拆房的过程中发现了《尚书》。这部书后来被大学问家孔安国得到了，而这部《尚书》乃是用古代的蝌蚪文写成，在当时社会上流行的《尚书》是用通行的隶书所书写者，既然隶书是当时通行的字体，所以以此写成的《尚书》就被称为《今文尚书》，而从孔子墙壁中发现的这部用古字写成的《尚书》就被称为《古文尚书》。孔安国认为《古文尚书》当然早于《今文尚书》，所以他认为《古文尚书》最可靠，于是就将此献给了皇帝，希望能够令其得到推广。

然而那时人们已经习惯于诵读《今文尚书》，孔安国的建议遭到了很多人的反对，所以《古文尚书》没有得到官方的承认。到了王莽建立新朝，刘歆利用自己跟王莽的特殊关系，终于使得《古文尚书》得到了朝廷的承认，被立于学官，但后来还是被取消了。到了后汉章帝时，《古文尚书》再次被朝廷批准可以公开讲授，然而此时的讲授属于私学。

孔安国所献的《古文尚书》到了魏晋时代又失传了，而后到了东晋，豫章内史梅赜向朝廷献出了一部《尚书》，梅赜说这部《尚书》就是孔安国所献的《古文尚书》。这部《尚书》前有孔安国的自序，其内容共分为四十六卷五十八篇，这是已知后世见到的留存卷数最多的《尚书》，它比伏生所献的《今文尚书》多出了二十九篇。

梅赜所献的《古文尚书》引起学界的广泛关注，从此之后，这部《古文尚书》就跟伏生的《今文尚书》并立于学官。到了唐代，大儒孔颖达奉唐太宗之命修"五经"。对于《尚书》，孔颖达就以梅赜所献的《古文尚书》为准，写出了《尚书正义》，同时也把伏生所传的二十九篇《今文尚书》的内容融入了其中。从此之后的一千多年，社会上流传的《尚书》就是以梅赜本为主体的《古文尚书》。

到了宋代，有位叫吴棫的学者对《古文尚书》表示了怀疑，他觉得这部书有可能不是当年孔安国得到的那一部。吴棫虽然提出了疑问，但没有做深入的研究。宋代理学大家朱熹也开始怀疑梅赜本，他在《书临漳所刊四经后》一文中称："汉书以伏生之书为今文，而谓安国之书为古文。以今考之，则今文多艰涩，而古文反平易……或者以为记录之实语难工，而润色之雅词易好，……是皆有不可知者。至诸序或颇与经不合，如《康诰》《酒诰》《梓材》之类，而安国之序，又绝不类西京文字，亦皆可疑。"

朱熹首先是从文字风格上对《古文尚书》产生了怀疑，因为他觉得《今文尚书》读来比较艰涩,《古文尚书》读来反而很是通顺,这不合历史规律,应该是古文难读才对,除此之外,《古文尚书》上的孔安国序言也不像是汉代人的口吻。朱熹在《记尚书三义》中又称:"尝疑今孔传并序皆不类西京文字气象,未必真安国所作,只与《孔丛子》同是一手伪书。盖其言多相表里,而训诂亦多出《小尔雅》也。此事先儒所未言,而予独疑之,未敢必其然也。姑识其说以俟知者。"

看来,他更加怀疑《古文尚书》上的序言及文中的注释不是出自孔安国之手,他认为这是后人所伪造者。然而《尚书》乃是儒家最重要的经典之一,朱熹只说出了自己的疑惑,却没有做深层的怀疑,他希望后来者能够深入地研究这个问题。到了元代,吴澄等人也开始怀疑《古文尚书》,而明代经学家梅鷟按照这种疑古的思路,写了本《尚书考异》,但这部书没能彻底地推翻《古文尚书》。

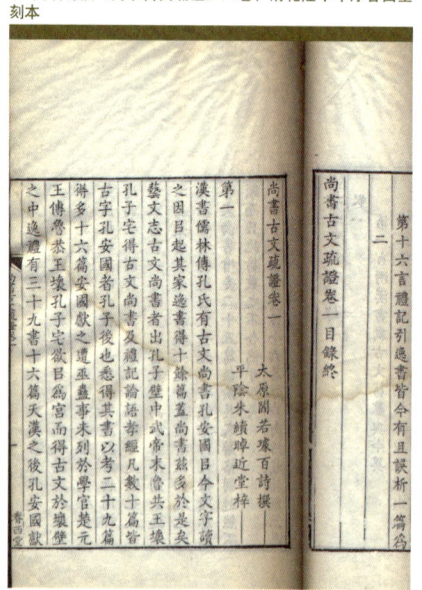
阎若璩撰《尚书古文疏证》八卷,清乾隆十年序眷西堂刻本

阎若璩从20岁开始就怀疑《古文尚书》是一部伪书,阎咏在《行述》中说:"著《尚书古文疏证》,盖自二十岁始。而诸子史集,亦自是纵学,无不博览。"而张穆在《潜邱先生年谱》中引用钱大昕所作之传称:"年二十读《尚书》至古文五十五篇,即疑其伪,沈潜三十余年,乃尽得其症结所在。"

阎若璩对于《古文尚书》的研究可谓下了大力气,他竟然用了30年时间来研究这部书，最终用了许多无可辩驳的证据说明，这部梅赜本的《古文尚书》乃是伪造本，为此阎若璩写出了自己的代表作——《尚书古文疏证》，他在该书中一条一条地举出了自己所发现的问题，比如《疏证》卷二第31条的题目为《人心惟危，道心惟微，纯出荀子所引〈道经〉》，而对于这条的考证，阎若璩写出了如下的文字：

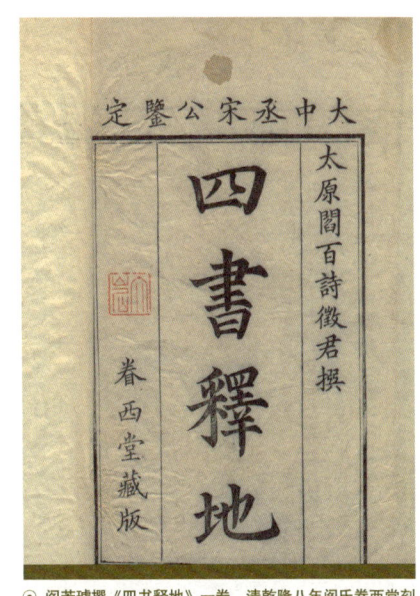

⊙ 阎若璩撰《四书释地》一卷，清乾隆八年阎氏眷西堂刻本，书牌

  二十五篇之《书》，其最背理者，在太甲稽首于伊尹，其精密绝伦者，在《虞廷》十六字。今既证太甲稽首之不然，而不能灭《虞廷》十六字为乌有，犹未足服信古文者之心也。余曰：此盖纯袭用《荀子》而世举未之察也。《荀子·解蔽篇》："昔者舜之治天下也"云云，故《道经》曰："'人心之危，道心之微。'危微之机，惟明君子，而后能知之。"此篇前又有"精于道，一于道"之语。遂隐括为四字，复续以《论语》"允执厥中"，以成十六字。伪古文盖如此。或曰："安知非荀子引用《大禹谟》之文邪？"余曰：合《荀子》前后篇读之，引"无有作好"四句，则冠以"《书》曰"，引"维齐非齐"一句，则冠以"《书》曰"，以及他所引书者十，皆然。甚至引"弘覆乎，天若德裕，乃身则明"，冠以《康诰》，引"独夫纣"则明冠以《泰誓》，以及《仲虺之诰》，亦然。岂独引《大禹谟》而辄改，目为《道经》邪？予是以知"人

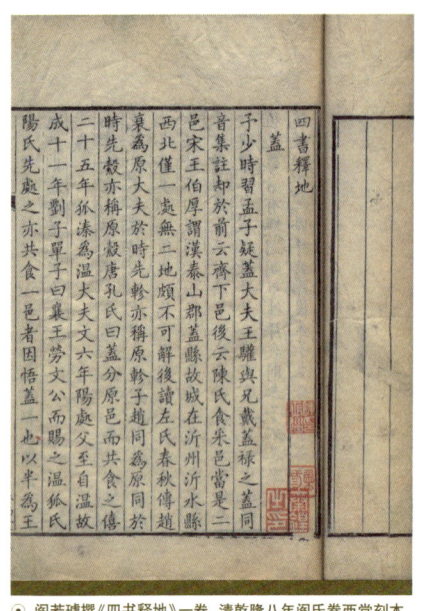

⊙ 阎若璩撰《四书释地》一卷，清乾隆八年阎氏眷西堂刻本，卷首

心之危，道心之微"，必出真古《道经》，而伪古文盖袭用，初非其能造语精密至此极也。

阎若璩所说的《虞廷》十六字心传乃是"人心惟危，道心惟微。惟精惟一，允执厥中"，这十六个字在宋明理学中成为了重要的立论依据，而此十六字就是出自梅赜本的《古文尚书》，如今阎若璩证明了梅赜本《古文尚书》是一部伪书，那么这十六字令也就变得站不住脚。而阎若璩证明此十六字乃是出自荀子所引的《道经》，这对宋明理学的打击太大了，难怪朱子等大儒不愿意彻底地揭露这是一部伪书，因为他们的立论依据也是本自该书。因此说，阎若璩证明梅赜本《古文尚书》乃是一部伪书这件事，在他那个时代引起了轩然大波，但是真正的学者却为阎若璩的这个发现而欢呼，比如黄宗羲在给《尚书古文疏证》所作的序中称：

> 忆吾友朱康流谓余曰："从来讲学者未有不渊源于'危、微、精、一'之旨，若无《大禹谟》，则理学绝矣。而可伪之乎？"余曰：此是古今一大节目，从上皆突兀过去。"允执厥中"本之《论语》，"惟危""惟微"本之《荀子》。《论语》曰："舜亦以命禹"，则舜之所言者，即尧之所言也。若于尧之言有所增加，《论语》不足信矣。人心、道心，正是荀子性恶宗旨。惟危者，

以言乎性之恶,惟微者,此理散殊无有形象,必择之至精而后始与我一。故矫饰之论生焉。后之儒者,于是以心之所有,唯此知觉,理则在于天地万物,穷天地万物之理,以合于我心之知觉,而后谓之道,皆为"人心、道心"之说所误也。

黄宗羲的朋友朱康流跟黄说:理学的渊源就是本自这十六字令,若证明这十六字令是伪造者,那理学岂不没有了站脚之处?针对朋友的这个疑问,黄宗羲做了简明扼要的解释,而后黄接着说:"然则此十六字者,其为理学之蠹甚矣!"看来,黄宗羲也认为阎若璩的这个发现十分重大,因为黄认为这十六字令恰恰毒害了理学。为此,常原生在《阎若璩》中评价说:"阎若璩用确切的证据证明了被理学家奉为至宝的十六字心传为伪托,非尧舜周孔圣贤所说,这无异于釜底抽薪,从而给了宋明理学一个毁灭性的打击。无怪乎黄宗羲读了他的书那么激动。"

阎若璩是用什么办法来证明梅赜本《古文尚书》是伪造的呢?吴雁南等主编的《中国经学史》中列出了阎若璩的五种证伪方式,而江藩在《汉学师承记》中也将这些方式罗列了出来,我选摘其中一点如下:

> 《司马法》曰:"入罪人之地,见其老弱,奉归无伤;虽遇壮者,不校勿敌;敌若伤之,药医归之。"三代之用兵,以仁为本如此,安得有"火炎昆冈,玉石俱焚"之事?既读陈琳《檄吴文》云"大兵一放,玉石俱碎",钟会《檄蜀文》云"大兵一发,玉石俱碎",乃知其时自有此等语,则此书之出魏晋间又一佐也。

阎若璩在此考证出伪《古文尚书》内所用的一些词句,乃是到了魏晋时代才出现，这就说明了该书乃是魏晋人伪造者。

阎若璩的这个结论当然也受到了一些理学家的反击，然而有意思的是，他的朋友毛奇龄原本也是一位考据学上的重要人物，吴雁南等主编的《中国经学史》中称："顾炎武、黄宗羲之后，阎若璩、胡渭、毛奇龄、陈启源、万斯大、姚际恒、顾祖禹、臧琳、黄仪等人，潜心经义，强调读书，注重考证，成为清代汉学的先驱。"在这里，阎若璩和毛奇龄都被视为清代汉学的先驱，可是这位毛奇龄写出了一部书，来坚决地反击阎若璩对《古文尚书》的证伪。

原本毛奇龄跟阎若璩的关系很好，毛曾经在阎家住了两年，二人一起广泛地探讨学问，而今却为了这部书二人反目，张穆所撰《阎潜邱先生年谱》中载有全祖望所撰《毛检讨别传》：

> 西河素不持士节，多仇家，乃相与共发其杀人事于官，当抵死。亡命游淮上，得交阎征君百诗，始闻考索经史之说，多手记之。已而入施公愚山幕，始得闻讲学之说。西河才素高，稍有所闻，即能穿穴其异同，至数万言。未几，得豫词科，为史官，益自尊大无忌惮。于是自言得学统于关东之浮屠所谓高笠先生者。而平日请教于愚山者，不复及焉。其于百诗，则力攻之，尝与争，不胜，至奋拳欲殴之。

看来，毛奇龄当年得罪了不少人，有人想要他的命，于是他就逃到了淮安，住在了阎若璩家，二人在一起探讨学问，关系处得很融洽。但是毛奇龄一向自视很高，再后来他在朝中任史官，变得更加妄自尊大，所以渐渐就看不上阎若璩了。阎写出《尚书古文疏证》后曾拿给毛看，毛看后大感不满，于是二人写信辩论，但是阎所举出的证据又让毛无可辩驳，于是乎，毛恨不得找到阎，将其痛打一顿。

为此,毛奇龄写出了一部《古文尚书冤词》,以此来驳斥阎若璩的观点。

而那时颜李学派的李塨也反对阎若璩的观点,他专门到淮安找阎辩论,辩论之后,李塨给毛奇龄写了封信:

> 自客岁拜别函丈,过淮上,晤阎潜邱,因论及《古文尚书》,塨曰:"毛先生有新著"云云。潜邱大惊,索阅,示之。潜邱且阅且顾其子,曰:"此书乃专难我耶!"塨曰:"求先生终定之。"潜邱强笑曰:"我自言我是耳。"塨曰:"不然。圣经在天壤,原非借之作门户者,况学殖如先生,惟是是从,何论人已?"已而再面,辨析他书甚夥,毫不及《尚书》事。想已屈服矣。

李塨说,阎若璩没有看到毛奇龄的《古文尚书冤词》。并且李塨认为,经过一番辩论,再加上毛奇龄的这部书,终于让阎若璩认识到自己证《古文尚书》为伪之事是错误的。但显然,李塨的这个说法太过想当然,因为阎若璩的这部《尚书古文疏证》太重要了,《四库全书总目提要》在评价该书时称:"至若璩乃引经据古,陈其矛盾之故,《古文》之伪乃大明。所列一百二十八条,毛奇龄作《古文尚书冤词》,百计相轧,终不能以强辞夺正理,则有据之言先立于不可败也。……考证之学,则固未之或先矣。"

四库馆臣对《尚书古文疏证》看得很重要,认为毛奇龄的《古文尚书冤词》不过就是强词夺理,而阎若璩的这部著作则由此成为了清代考据学的首部专著。

对于阎若璩所做出的这个重要贡献,梁启超在《中国近三百年学术史》中做出过这样评价:"请问:区区二十篇书的真伪,虽辨明有何关系?值得如此张皇推许吗?答道:是大不然。这二十几篇

觅经记

⊙ 阎若璩在北京居住过的胡同

书和别的书不同。二千余年来公认为神圣不可侵犯之宝典,上自皇帝经筵进讲,下至蒙馆课读,没有一天不背诵他。忽焉真赃实证,发现出全部是假造,你想,思想界该受如何的震动呢?"梁启超首先讲述了《尚书古文疏证》为什么如此重要,而后他接着又说:"中国人向来对于几部经书,完全在盲目信仰的状态之下。自《古文尚书疏证》出来,才知道这几件'传家宝'里头,也有些靠不住,非研究一研究不可。研究之路一开,便相引于无穷。自此以后,今文和古文的相对研究,六经和诸子的相对研究,乃至中国经典和外国经典相对研究,都一层一层的开拓出来了。所以百

⊙ 院中情形

诗的《古文尚书疏证》，不能不认为近三百年学术解放之第一功臣。"

阎若璩的祖籍在山西，而他却出生在江苏的淮安，而后他在北京也曾住过，故此三地均成为了我的寻找之处。

阎若璩故居位于北京市西城区储库营胡同 15 号。此条胡同约有七八百米长，从第 1 号找起，到 13 号后，紧接着就是 21 号，在此附近转了两圈，仍然找不到 15 号，向旁边的住户打听，均不知 15 号所在。隐约记得阎若璩曾住在太原会馆内，于是向老者打听太原会馆在哪里，一位老先生告诉我，在胡同的中段。走到中段附近果真见一座高大的门楼，问旁边住户，说这就是太原会馆的旧址，猛然看到门楼上的门牌号，赫然写着"储库营胡同 15 号"，原来 15 号院就是太原会馆旧址所在地，但 15 号的两旁，门牌号均为 40 几号，何以中间单单插进一个 15 号，这个历史的变迁我不能明了。

15 号院从面积上讲，占地不小，但院落中私搭乱盖的简易房几乎把院落占满，变成了一条条迎面走过不能错身的小路，在院内转一圈，除了门楼是古建外，其余的全部是后盖的简易房，也许是原有的太原会馆被拆除后盖成了这片小平房。

阎若璩墓在山西省太原市晋源区金胜乡阎家坟村西。一早开车向太原的西北方驶去，一路打听看到蒙山大佛风景区的方向，很怀疑自己走错了，掉头回驶，重新打听一番。总体方向没错，但需要在中途左转，驶上上山的路。

在半山坡上进入了阎家坟村，村中有棵老槐树，槐树下面坐着

⊙ 储库营胡同

四五个老人,我向其打问阎若璩墓所在,其中一位较年轻者,看上去六十多岁,站起身来指着村后的高山说:"就在那儿,山顶上。"抬眼望去,村后的大山恐怕比香山高一倍都不止,老人指点着告诉我坟墓所在的位置,但无论他怎样说,我都看不着他所说的标志物。向他请问可否带我上山,他犹豫了一下就上了车。

车在颠簸的土路上向山上前行,路的坡度很大,幸亏是越野车,否则根本爬不上去。到半山腰路断了,下车跟着老人钻入了一片榛莽之中。丛生的灌木一人多高,上面满是荆棘,刚一进去手臂上就扎入了几根长刺,老人抱歉地说忘了带镰刀了,边走边用手折断两边的树枝,我完全看不到脚下有路,老人坚定地说:这里以前是一条羊肠小道,因为没人行走所以完全被树扎满了。

在榛莽中几乎是爬行了一个多小时,仍然没有到目的地,这让我产生了打退堂鼓的念头,但想了想,走了这么远,却没能找到,恐怕往后更是后悔不迭。老人在前面手脚并用地折着树枝,我问他

⦿ 登山下望

◉ 老人在前边开路

为何几年路就不见了,他说不是几年,是自己40年前走过的路。这让我吃了一惊,老人说自己60多岁了,40年前到山上放羊,来过此地多次,没想到如今路长成了这个样子。我不断地停歇下来,摘着身上的刺,在爬上另一个山坡时,我看到老人满脸大汗,主动请缨自己到前面去踩树枝,没踩几下,脚底一阵钻心的疼,让自己一屁股坐在了地上,原来是一根长刺扎穿了鞋底。出门最怕的事就是受伤,而最怕发生的事情今天却发生了,用力将刺拔出,脚底已微微出血,赶快脱掉袜子。老人蹲下身说我看看,他顺手就从地上捏起块土坷垃,直接涂在了我的脚底受伤处,这让我措手不及,他拍拍手说没事,扎得不深,抹上就不出血了。到这个分上也只能咬着牙往前走。

在一处开山形成的悬崖边,看到了一段石头垒起的残墙,老人说就在这里,果真进入残墙就看到了残存的墓室。老人给我讲解了当地的传说:当年建这个墓的时候,是用了很多的羊,才把这些石料和木料拖上了山,原来的墓前还有巨大的石牌坊,石牌坊和这个墓都在"文革"中让红卫兵砸烂了。我说红卫兵来这砸烂也真不容易，要费多大力气才能爬上这高山，看来当年小将们的革命勇气真的很高涨。老人说以前的路不是这样走，是另外有一条专门来到这座墓的羊肠小道，后来因为开山把那条道炸没了。

为什么是用羊来拖木料？我的疑问老人没有予以回答，我只好去拍自己更为关心的目标。眼前的墓室是用青砖砌成的拱券状，前半部分已经被砸烂，后半部分仍然保持完整状，地面上还扔着当年砸烂的棺木，原墓道的两扇石门虽然大半埋入了地下，但仍然可看出保持了完整。

四周转了一圈，看不到阎若璩的石牌。老人说，墓里面有一块，但上面却盖满了泥土。老人用树叶慢慢地帮我抹去，上面的字迹已经模糊不清，但我隐约地看到了"天气"两个字，我怀疑这究竟是不是阎若璩的墓，老人斩钉截铁地说："我们从小就知道这是阎若璩的墓，你看我们村就叫阎家村。"但我觉得叫阎家村也未必一定

◉ 隐隐地看到了石堆

阎若璩：千年经典，一朝推翻　655

◉ 墓内的条石

是阎若璩的墓，问老人村里哪里还有跟阎若璩有关的物件。他告诉我西寨村里有阎若璩的祠堂："西寨村是阎若璩的老家，在那个村有很多阎若璩的后人，他们为修家谱还到我们村来了解过情况，我家里也有家谱。"我问他：您是否也是阎若璩的后人？老人说自己当然是。他说自己叫阎明生，是阎若璩的第二十几代："第二十几代我记不清了，等会儿我回家查查家谱再告诉你。"

　　原道慢慢往回爬，外衣基本已被划烂，这是寻访以来最吃苦头的一次，好不容易又重新回到车上，我塞给老人五十块钱，他推辞道自己是阎若璩的后人，来找祖上先人不应当收钱，但最后还是接了下来。在车上我问他此村跟西寨村的关系，他告诉我："听老人们说，阎若璩过世后，就从西寨村来了两个兄弟，在这地方守坟，后来慢慢就形成了阎家坟村，但也有人说，这地方原来有阎家的一片地，为了看坟所以慢慢形成了这个村子。"

　　西寨村附近已经变成了巨大的体育馆，我真担心这个村子已经

⦿ 清理石碑

不存在了，几经打听驶上一条小路，才来到了这片近似于城中村的地方。村中的人都知道阎氏祠堂的位置，很快在村正中找到了祠堂所在，祠堂的外门看上去像农村的院落，只是门两侧的墙上用瓷砖烧成"昭穆"两个大字。为何将左昭右穆列在墙上，这让我不太明白，门墙上挂着镀铜的铭牌，上面写着西寨村阎氏家族管理委员会，门口的石狮子脸上却勒着红纸，我不懂这是什么风俗。昨日在东冶镇也看到了石狮子脸上勒红纸的景象，跟这个石狮子的区别是，东冶镇石狮子的脸上勒着几十层红纸，看上去厚厚的一沓，而阎家祠堂门口的这个却仅勒着一层。

祠堂从里面插着大门，敲击一番无人应，门前有拖拉机驶过，司机给他让道，开拖拉机的老汉冲着我喊了一句："用力敲！里面有人。"我按他所说使劲地捶门，果真一会儿一个老汉开了门，我向他讲明了自己的来意，他请我进入祠堂院内。我问他是否是阎氏

⊙ 阎氏宗祠

后人，他说不是，又问他是不是管理祠堂者，他也说不是，只是说自己住在这里。我一直没有明白，住在这里表示什么，但不管这些，我总算进入了祠堂里面。

祠堂占地面积不大，约两亩地，窄长的一条，进门即见院右侧立着两米多高的石碑，黑底红色的刻着"潜邱故里"四个大字，而石碑的背面却刻着一个双钩的字，我辨认了一番猜不出是什么字，开门者告诉我是一个"根"字。院落的顶头即是祠堂，祠堂的外形像个农家房，略为简陋，门前的供桌很有意

⊙ 阎氏家族管委会

⊙ 故里碑

思，是木制的矮方桌，桌面上有多个木银锭，让我想起枣木板的《淳化阁帖》，上面同样有这种形制的拓痕。祠堂两边立着新刻的碑记，上面写明此祠堂原占地300余平方米，始建于19世纪初，由阎家后人用四年时间集资四万余元扩建重修。建这么大个祠堂，才花了四万余元，难怪建成这个模样。跟碑记相对的另一块石碑是功德碑，上面刻着"建宗谱捐资花名"。

⊙ 碑的背面

进入祠堂，正前方摆列着阎家祖宗的供牌，两边的布幔上写着：名垂华夏昭乡里，崇文敬德启后人。牌位前摆着两束塑料花，还

⊙ 祠堂

有两个瓷石狮子,不知道是何寓意。祠堂的右侧有阎若璩的半身铜像,一望即知出自现代人之手,铜像底下的基座上,用瓷砖刻着"第十二代祖先阎若璩遗像",两旁挂着对联:列祖创就名门第,后裔争创更辉煌。上下联平仄虽不押韵,但至少有着继往开来的豪迈气概,还是值得赞许。而祠堂的另一侧立着一个像方盒子一样的现代物,我问看门者这是什么东西,他解释了一番,我听着像"铁贡"二字,但究竟是什么,最终我也没能听懂。

看罢祠堂,我向这位先生道谢,他却说这里还有,说完把我带进了自己的居室,墙上一字排开列着三块蓝底金字的牌匾,上面刻着:"甲第老家""两宴琼林""六代甲第",上款均写着"康熙赐封"。但是这几个字跟康熙的御笔完全不同,我向这位先生献疑,他说这是我们村有名的书法家写的。我问他这几块牌匾为什么不挂在祠堂内呢,他解释一番,我还是没听懂。

阎若璩像

走到院来,看到大门上侧绘着八仙的图像,更不能明白八仙和阎若璩的关系,但不管他们是否有关系,毕竟我找到了阎先生的祠堂。

此后我又到淮安去探寻过阎若璩的故居,而此处已经无迹可寻,据说在那里也有他的墓,可是我却没能找到痕迹,对于这个遗憾,只能期待今后的再发现了。

胡渭：精研《禹贡》，明辨《易图》

汪中曾拟作《国朝六儒颂》，并对凌廷堪说起此事："古学之兴也，顾氏始开其端。《河》《洛》矫诬，至胡氏而绌；中西推步，至梅氏而精。力攻古文者，阎氏也。专言汉儒《易》者，惠氏也。凡此皆千余年不传之绝学，及戴氏出而集其成焉。"（凌廷堪《汪容甫墓志铭》）汪中所说的六位大儒，分别是顾炎武、胡渭、梅文鼎、阎若璩、惠栋和戴震。看来，在汪中眼中，这六位大儒可谓清代最具代表性的人物。而梁启超在《清代学术概论》中则称："其所推挹盖甚当，六君者洵清儒之魁也。然语于思想界影响之巨，则吾于顾、戴之外，独推阎、胡。"

梁启超也承认这六位大儒对清代学术有着重大影响，然而在思想界，产生重大影响的人物除了顾、戴之外，梁认为以阎、胡影响最大。为什么给二人这么高的评价呢？梁启超接着说道："阎若璩之所以伟大，在其《尚书古文疏证》也。胡渭之所以伟大，在其《易图明辨》也。"

看来，胡渭的《易图明辨》一书影响最巨。为什么会是这样呢？梁启超说："胡渭之《易图明辨》，大旨辨宋以来所谓《河图》《洛书》者，传自邵雍。雍受诸李之才，之才受诸道士陈抟，非羲、文、周、孔所有，与《易》义无关。"原来，胡渭的这部书分辨出《河图》《洛书》非儒家经典中的内容，其与《周易》无关。这个结论看似

简单,但却推翻了宋代以来儒家对《河图》《洛书》至高无上的推崇,因此梁启超说:

> 须知所谓"无极""太极",所谓《河图》《洛书》,实组织"宋学"之主要根核。宋儒言理,言气,言数,言命,言心,言性,无不从此衍出。周敦颐自谓"得不传之学于遗经",程朱辈祖述之,谓为道统所攸寄,于是占领思想界五六百年,其权威几与经典相埒。渭之此书,以《易》还诸羲、文、周、孔,以《图》还诸陈、邵,并不为过情之抨击,而宋学已受"致命伤"。自此,学者乃知宋学自宋学,孔学自孔学,离之双美,合之两伤。(此胡氏自序中语)自此,学者乃知欲求孔子所谓真理,舍宋人所用方法外,尚别有其途。不宁唯是,我国人好以"阴阳五行"说经说理,不自宋始,盖汉以来已然。一切惑世诬民汩灵窒智之邪说邪术,皆缘附而起。胡氏此书,乃将此等异说之来历,和盘托出,使其不复能依附经训以自重,此实思想之一大革命也。

"无极""太极"《河图》《洛书》,乃是宋学的根基所在,从周敦颐到朱熹,以及之后几百年的理学传承,都是由这些观念而立论者。胡渭经过仔细的分析,最终指出这些图乃是道家的产物,跟儒家无关。他的这个结论彻底推翻了理学的立论之本,所以梁启超才认为胡渭的《易图明辨》乃是思想界的一大革命。而对于胡渭所发动的这种革命的重大意义,梁启超在文中做出了如下的形象比喻:

> 欧洲十九世纪中叶,英人达尔文之《种源论》,法人雷能之《耶稣基督传》,先后两年出版,而全欧思想界为之大摇,基督教

所受影响尤剧。夫达尔文自发表其生物学上之见解,于教宗何与?然而被其影响者,教义之立脚点破也。雷能之传,极推挹基督,然反损其信仰者,基督从来不成为学问上之问题,自此遂成为问题也。明乎此间消息,则阎、胡两君之书,在中国学术史上之价值,可以推见矣。

梁启超的这番赞誉可谓极高,他认为《易图明辨》可以跟达尔文的《物种起源》相提并论,而达尔文的这部著作可谓唯物论的基础。梁启超进行这样的对比,是否恰当呢?这本是见仁见智之事,在此不做评论,但由此也足可说明,胡渭的《易图明辨》对于中国学术史有着何等重大的影响。正因为胡渭在学术史上有着如此重要的贡献,所以江藩的《国朝汉学师承记》会把他列入书中。

胡渭的家世从其曾祖父胡友信讲起,他在明隆庆年间做过广东顺德县知县。胡友信在工作之余喜欢研究古文,他在文章方面的名声跟当时的归有光齐名,但在胡友信之后,到了孙辈才出了位举人,而此人是胡渭的父亲胡公角。江藩在《师承记》中说:"父公角,天启甲子举人。渭生十二而孤,母沈携之避寇山谷间,虽遭颠沛,犹手一编不辍。十五为县学生,试高等,充增生,屡赴行省试,不售,乃入太学。尝馆益都冯文毅公家。渭潜心经义,尤精

胡渭撰《易图明辨》,光绪三年董恂抄本

舆地之学。"

胡公角是天启年间的举人，但在胡渭12岁时就去世了。接下来的战乱使得胡渭生活颠沛流离，母亲常带着他到山中避乱，而胡渭虽然过着不安定的生活，却还是喜欢读书，所以他在15岁时就成为了县学生，因为考运不佳，他始终未能考取功名，为了生活，他到有钱人家去坐馆，而在工作的间隙，他仍然喜好研究古代地理之学。

对于江藩的这段记载，不同的文献所载略有差异，比如钱林的《文献徵存录》卷六中有《胡渭传》，该《传》中有如下一句："值寇乱，母携之避兵山谷间，教以书，略能上口，遂有志向学。"此处说，母亲带着胡渭躲避战乱住在山谷中，并教胡渭读书认字，渐渐地，胡渭有了要努力研究学问的志向。看来，他的母亲是那个时代少有的识字妇女。

虽然没有考取功名，但是胡渭致力于学术研究的名声却传了出去，为此他得到了一个重要的机会，江藩在《师承记》中称："昆山徐尚书乾学奉诏修《一统志》，开馆洞庭山，延渭与黄仪子鸿、顾祖禹景范、阎若璩百诗分郡纂辑，因得博观天下郡国书，又与子鸿辈观摩相善，而问学益进焉。"

那时的徐乾学乃是朝中的著名文臣，因此康熙皇帝命令他纂修《一统志》，而徐回到他的家乡苏州召集学人共同编纂这部大书，这其中就有胡渭和阎若璩。

编《一统志》需要大量的参考文献，既然是给国家编书，估计购买的参考文献数量很大，而胡渭也借此广泛地阅读，并将他所喜爱的历史地理类的书一一抄录下来，为其今后的撰述做准备。

徐乾学在京做官，为什么要回家乡编书呢？胡渭在《禹贡锥指·例略》中说道：

昔大司寇昆山徐公，奉敕纂修《大清一统志》。馆阁之英，山林之彦，咸给笔札以从事。己巳冬，公请假归里，上许之，且令以书局自随，公于是僦舍洞庭，肆志搜讨，湖山闲旷，风景宜人。时则有无锡顾祖禹景范、常熟黄仪子鸿、太原阎若璩百诗，皆精于地理之学。以渭之固陋，相去什伯，公亦命翻阅图史，参订异同。二三素心，晨夕群处，所谓"奇文共欣赏，疑义相与析"者，受益弘多，不可胜道。

《大清一统志》的编纂原本是在北京，后来徐乾学因故请假返回家乡，皇帝同意他带着编辑部的人一起返回家乡。看来，这也是格外开恩之举。徐乾学回到家乡的洞庭湖边，找了一处风景绝佳的敞院，于是就请了一批有学之士共同参与修订，而胡渭也就借这个机会查证了大量的史料。

对于胡渭的这段经历，杭世骏在《胡东樵先生墓志铭》中说："因得纵观天下郡国之书，凡与《禹贡》山川疆域相涉者，随手抄集，与经文比次，以郦道元《水经注》其下；郦注所阙，凡古今载籍之言，苟有当于《禹贡》，必备录之。"

胡渭为什么对历史地理学这么有兴趣，相应的史料未见记载。因为家境的原因，他不太可能买到大量的参考书，而到《大清一统志》编纂局工作，使他看到了数量巨大的参考文献，于是他在工作之余，只要看到跟《禹贡》有关的史料，就一一抄录下来，而后将这些文献跟郦道元的《水经注》进行比较。

《禹贡》乃是《尚书》中的一篇，该篇被视为中国"古今地理之祖"，因为此书中第一次提到了中国有"九州"的概念。胡渭喜好历史地理之学，当然研究《禹贡》就是抓住了重点，可惜胡渭在《一统志》局仅工作了三年，就发生了变故。康熙三十一年，徐乾学被免职，书局也随之被撤销,两年之后,徐乾学也去世了,再后来,《一统志》的纂修工作由徐乾学的弟弟徐秉义来主持。但徐秉义把编辑部搬回了北京,而此时的胡渭因为年纪较大,不便一同到京工作,就辞职返回了家乡。

回到家乡的胡渭,把全部精力都用在了撰述方面,他用了三年的时间完成《禹贡锥指》一书,这部书同样被视为历史地理学上的名著。对于他编此书的经历,江藩在《师承记》中说:

> 渭素习《尚书·禹贡》,谓伪孔、孔冲远及蔡沈于地理皆疏舛,如"三江"当主郑康成说,庾仲初之言不足信;"浮于淮、泗,达于河","河"当从《说文》作"菏";"荥波既豬","波"当从郑康成本作"播";梁州之黑水与导川之黑水,不可溷而为一。

胡渭有一种疑古精神,使得他开始怀疑前人的一些研究成果。《大清一统志》局的撤销,使得他有工夫对《禹贡》系统的研究,这时又赶上他患了脚病不便出门,于是他就将自己抄录的资料进行整理,而后写出了这样一部书,江藩在文中说道:

> 因足疾家居,博稽载籍及古今注释,考其同异,而折中之,依经立解,章别句从,成《禹贡锥指》二十卷。《锥指》者,取《庄子·秋水篇》"用管窥天,用锥指地"之意,言所见者小也。

看来,"锥指"二字乃是谦词。胡渭说自己只是从一个很小的角度切入了对《禹贡》的研究,但他的研究成果却受到了后世高度的夸赞,汪彦石在《禹贡锥指解要·后序》中说:"德清胡氏朏明《锥指》二十卷,采摭繁富,疏通证明,摘孔、蔡之谬,攒诸家之精,为自来释《禹贡》者所未有，固宜家塾诵习。"

相比较而言，胡渭的《易图明辨》更受到后世的关注，正如梁启超所言，这部书对清代考据学思想有着重大影响。从易学史角度来看，早在汉代就已经形成了象数派，而到了两宋，则分为义理和图书两派。四库馆臣认为，欧阳修和李觏首开义理派先河，"宋初三先生"——胡瑗、孙复、石介也属于义理派解《易》方式，然而北宋义理派的代表人物当属程颐。

宋代义理派发展的同时，图书派也有着独自的传承，南宋初易学家朱震称："陈抟以《先天图》传种放，放传穆修，穆修传李之才，之才传邵雍。放以《河图》《洛书》传李溉，溉传许坚，许坚传范谔昌，谔昌传刘牧。穆修以《太极图》传周敦颐，敦颐传程颢、程颐。是时，张载讲学于二程、邵雍之间，故雍著《皇极经世书》，牧陈天地五十有五之数，敦颐作《通书》，程颐著《易传》，载造《太和》《参两》篇。"（《宋史·朱震传》）

由这段话可知，朱震认为陈抟乃是宋代图书象数派的创始人，这一派乃是以象数来解《易》，他们信奉《河图》《洛书》。

关于《河图》《洛书》，历史文献早有记载，比如《周易·系辞上》中称："是故天生神物，圣人则之。天地变化，圣人效之。天垂象，见吉凶，圣人象之。河出图，洛出书，圣人则之。"而《尚书·顾命》中也说："赤刀、大训、弘璧、琬琰在西序，大玉、夷玉、天球、河图在东序。"《论语·子罕》中亦载有孔子所言："凤鸟不至，河不出图，吾已矣乎。"

虽然有这么多的记载，但《河图》《洛书》究竟长什么样，其实人们并不了解，然而到了北宋年间，却突然出现了此图。该图最早见于刘牧的《易数钩隐图》，而后朱熹与蔡元定用关朗的《易传》和邵雍的"方圆之说"来修订刘牧的说法。因为刘牧认为五十五数为《洛书》，而关朗在《易传》中称："河图之文七前六后，八左九右。洛书之文九前一后，三左七右，四前左，二前右，八后左，六后右。"邵雍在《观物外篇》中则说："圆者星也，历纪之数，其肇于此乎？方者土也，画州井地之法，其放于此乎？盖圆者河图之数，方者洛书之文，故羲、文因之而造《易》，禹、箕叙之而作《范》也。"

朱熹和蔡元定根据这两种说法，认定刘牧把《河图》与《洛书》弄反了，因此朱熹认为五十五数是《河图》，四十五数才是《洛书》。从此之后，《河图》与《洛书》的概念成为了《易》学上的经典，一直流传到了清初。而胡渭经过一番考证，他认为《河图》《洛书》根本与儒学经典《易经》没什么关系，这两图乃是道家的产物。对于自己的这个研究成果，胡渭在《易图明辨·题辞》中说道：

> 古者有书必有图，图以佐书之所不能尽也。凡天文地理，鸟兽草木，宫室车旗，服饰器用，世系位著之类，非图则无以示隐赜之形，明古今之制，故《诗》《书》《礼》《乐》《春秋》皆不可以无图。唯《易》则无所用图，六十四卦、二体六爻之画，即其图矣。白黑之点，九、十之数，方圆之体，复、姤之变，何为哉？其卦之次序、方位，则乾、坤三索、出震齐巽二章尽之矣。

胡渭首先认为，古代"图书"二字不可分离，有书就应该有图，因为图乃是文字的辅助说明，所以他认为"六经"都有图。可是后世却看不到《易经》的图，胡渭则称《易经》中的卦就是图，但是后世却制造出了另外的图。这些图是怎么回事呢？胡渭在《易图明辨·题辞》中做了如下的说明：

《河图》之象，自古无传，从何拟议？《洛书》之文，见于《洪范》，奚关卦爻？五行、九宫初不为《易》而设，《参同契》《先天》《太极》特借《易》以明丹道，而后人或指为《河图》，或指为《洛书》，妄矣！妄之中又有妄焉，则刘牧所宗之《龙图》、蔡元定所宗之关子明《易》是也。此皆伪书，九、十之是非，又何足校乎？故凡为《易图》以附益经之所无者，皆可废也。就邵子四图论之，则横图义不可通，而圆图别有至理，何则？以其为丹道之所寓也。俞琰曰："《先天》图虽《易》道之绪余，亦君子养生之切务。"又曰："丹家之说虽出于《易》，不过依仿而托之者，初非《易》之本义，因作《易外别传》以明之。"故吾谓："《先天》之图与圣人之《易》，离之则双美，合之则两伤。伊川不列于经首，固所以尊圣人，亦所以全陈、邵也。观吾书者，如以为西山之戎首、紫阳之罪人，则五百年来有先我而当之者矣，吾其可未减也夫。"

　　他认为《河图》《洛书》根本不是那么回事，所以刘牧和蔡元定所依据的其实都是伪书。对于后世流传的"八卦图"掺入《易经》之中，胡渭认为朱熹正是这件事的罪人，因为朱熹把老、庄观念掺进了儒学经典之中，因此他在《易图明辨》卷十中批判说："老庄之徒，掊击仁义，故厌薄周、孔之辞，以为不足道。儒者不能辞而辟之，反为之推波助澜，尊伏羲不言之教，抑三圣阐幽之辞，岂不悖哉！"

　　对于陈抟，胡渭则明确地点明他是道家人物："希夷，老氏之徒也。著《指玄篇》，言导养还丹之事。……先天图于造化阴阳之妙，不无所窥见，要之，为道家之《易》，而非圣人之《易》，其可以乱吾经耶？"所以，陈抟所传之图乃是道家之《易》，而不是儒家之《易》。

对于胡渭如此指斥的动机，路新生在其所著《中国近三百年疑古思潮史纲》中说："在清初那样一个学风转轨的时代，辟'二氏'而严守儒学藩篱成为学界的普遍倾向。胡渭批判宋代图书派，归根结底也是为了剔除羼入儒学中的道家之论。"

由此可知，胡渭作《易图明辨》的主要目的，还是为了维护儒学的正统，他要将非儒学成分从儒学经典中剔除出去，而他的这些观念受到了后世学者的肯定，比如万斯同在给《易图明辨》所作的序言中夸赞说："读先生此书，一一为之剖析，洵大畅予怀。而其采集之博，论难之正，即令予再读书十年，必不能到。何先生之学大而精如此！"而阮元亦认为该书："引经据典，原原本本，于易学深为有功。"

对于该书的价值所在，《四库全书总目提要》予以了这样的总结：

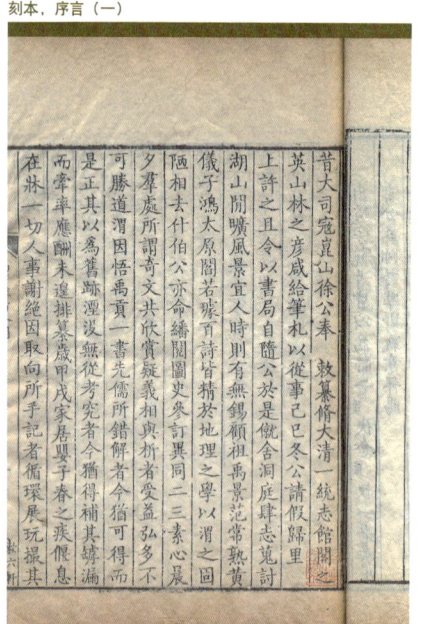
胡渭撰《禹贡锥指》二十卷，清康熙四十四年序漱六轩刻本，序言（一）

国朝毛奇龄作《图书原舛编》，黄宗羲作《易学象数论》，黄宗炎作《图书辨惑》，争之尤力。然皆各据所见，抵其罅隙，尚未能穷溯本末，一一抉所自来。渭此书卷一辨《河图》《洛书》，卷二辨五行九宫，卷三辨《周易参同》、先天、太极，卷四辨《龙图》《易数钩隐图》，卷五辨《启蒙》图、书，卷六、卷七辨先天古易，卷八辨后天之学，卷九辨卦变，卷十辨象数流弊，皆引据旧文，互相参证，以箝依托者之口，使学者知图、书之说，虽言之有故，执之有理，乃修炼、术数二家旁分易学之支流，而非作《易》之根柢，视所作《禹贡锥指》尤为有功于经学矣。

对于胡渭的《禹贡锥指》，虽然有着如此重要的价值，但仍然有人认为该书也有其瑕疵在，因为胡渭并不是地理学家，他在引用一些史料时不知道裁剪，同时也没有进行野外实地考察，故而发生了一些错误。而书中的插图也被人指出有抄袭之嫌，洪湛侯在《徽派朴学》中称："《禹贡锥指》书首有图四十七幅，据近人考证，其中三分之一以上是明艾南英《禹贡图注》的翻版，但未注明出处。"

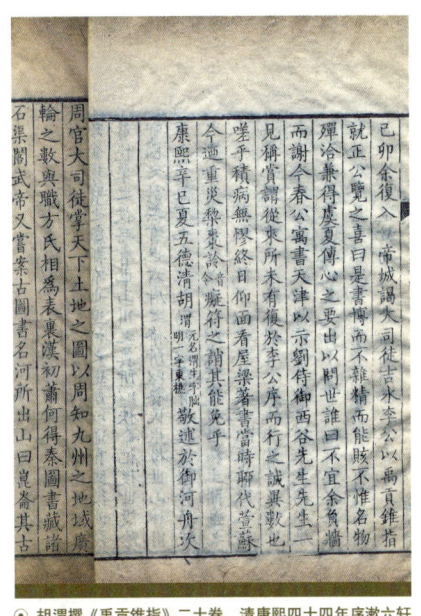

⦿ 胡渭撰《禹贡锥指》二十卷，清康熙四十四年序漱六轩刻本，序言（二）

李慈铭也不喜欢胡渭的行文风格，他在评价《禹贡锥指》时称："是书精博固可取，而武断者亦多……又矜已自夸，动涉措大口吻，亦非著书之体。"李慈铭为什么这样来批评《禹贡锥指》一书的文风呢？《越缦堂读书记》中载有他的评价：

> 而朏明自撰略例，谓李公称其书兼得虞夏传心之要，尤是腐儒妄言。所谓"太极圈儿大，先生帽子高"也。朏明与阎百诗、顾景范诸君，皆久居徐健庵尚书幕，同佐修《一统志》，故于地理皆为名家，而识隘语俚，亦略相似。予尝谓当时有三大书：

顾氏栋高之《春秋大事表》、阎氏之《尚书古文疏证》、胡氏之《锥指》，皆独出千古，有功经学，门径亦略同，而皆无经师家法，有学究习气。江氏藩辑《国朝经师经义》，皆弃而不录。全氏祖望力诋《锥指》，谓其葛藤反过于程大昌，皆非平情之论。

但无论怎样，《禹贡锥指》乃是胡渭的精心力作。胡渭写完此书后，将书稿带到了北京，江藩在《师承记》中写道：

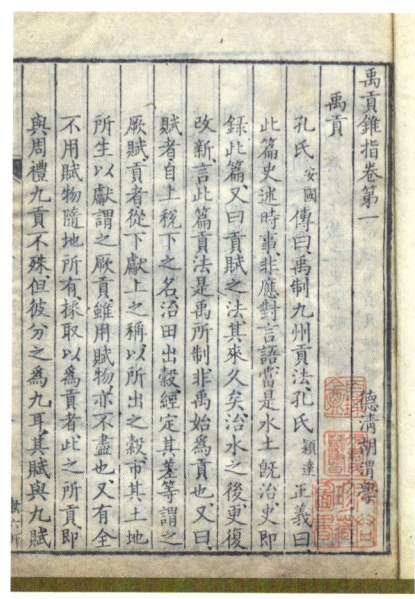
胡渭撰《禹贡锥指》二十卷，清康熙四十四年序漱六轩刻本，卷首

> 康熙己卯，因再从姪会恩官京师，乃复游日下，礼部尚书李振裕、侍讲学士查昇，皆以为当代儒宗。未几，以老病归。昇供奉内廷，暇日以《禹贡锥指》进呈，上览而嘉之。问年籍，对曰："浙江人，六十余岁，礼部侍郎胡会恩之叔也。"四十二年，法驾南巡，渭撰《平成颂》一篇，献诸行在，有诏嘉奖，召至南书房直庐，赐馔及书扇，又御书"耆年笃学"四大字赐之，禁直诸臣咸谓一时之旷典云。五十三年正月九日，卒于家，年八十有二。

胡渭的从侄胡会恩在京为官，胡渭到京后就住在了从侄那里，而后他通过从侄找到了礼部尚书李振裕，请李给这部书写了序言。

胡渭返回家乡后，朝臣查昇把《禹贡锥指》进献给了康熙皇帝，皇帝翻看该书后，认为写得不错，就向查昇了解作者情况。

康熙四十四年，玄烨南巡，胡渭写了一篇《平成颂》进献给皇帝，皇帝看后颇为赞许，于是找人把胡渭叫来，赐他饮食，同时又赠给他书法作品，这样的恩典让很多人大感羡慕。对于这件事，李振裕在《禹贡锥指》序言中也有描绘：

> 今乙酉首春，振裕校书内廷，与禁直诸臣从容言天子崇经，搜求遗逸，若是书者，岂可令伏而不见。查学士昇尤重其典核，乃以其书奏呈，上览而善之。三月南巡狩，驻跸吴郡。渭亲赍是书，并所撰《平成颂》一篇，恭诣行宫以献。上复称善，且令宣至南书房赐馔，赐御诗及扇额。

显然，这个恩典乃是胡家引以为荣的大事，因此胡会恩在《记恩》中详细记录了此事的本末：

> 上方表章"六经"，内廷燕闲，问当世有潜心经学、著述可传者否？侍讲学士臣查昇以《禹贡锥指》进，上览而善之。问年籍，对曰："浙江人，六十余岁，礼部侍郎胡会恩之叔也。"及法驾南巡，叔感九重特达之知，恭诣行宫，献《平成颂》一篇。臣昇取以奏御，上赏其文，许赐匾额，且命宣臣与叔同至行在南书房。臣跪奏："臣叔胡渭，系臣受业之师，潜心经学二十年。所著有《禹贡锥指》一部，已经奏御，蒙恩宣至。"上悦，中使传旨云："渭所教出者人才如此，其学固可知也。"有顷，中使捧数扇以出，皆宸翰。一赐臣，乃御制《西湖诗》一首，宣谕云："此扇与赐徐潮者同。"复举一授臣叔曰："皇上以

此赐汝。"恩出望外,惊喜交并,同叩头谢讫。日亭午,上撤御馔一筵,宣赐大学士掌院学士查昇、臣会恩,而叔亦与赐焉。久之,内出"耆年笃学"四大字宣赐渭,天语亲褒,奎章灿烂,禁直诸臣,谓一时旷典,登之起居簿。薄暮捧出,道旁观者,皆以为荣云。

当时胡会恩陪同胡渭一并到南书房去见皇帝,胡会恩还跟玄烨有一番对话,可见这是十分荣耀的一件事情。

关于胡渭见到玄烨的时间,江藩说是"康熙四十二年",而漆永祥先生经过一番考证,认为江藩搞错了,因为胡渭见到康熙帝的时间是第五次南巡,而此次南巡的时间是康熙四十四年,康熙四十二年则是玄烨第四次南巡的时间。

且不管胡渭见到康熙帝时是哪次南巡,但这件事却使得《禹贡锥指》一书扬名于天下,而他也就成为了清初最著名的经学家之一,王思冶、李鸿彬所撰《清代人物传稿·上编》中评价他说:"清初著名经学家,尤擅长于儒家经典中的历史地理学与考据学,与阎若璩齐名,有'一代儒宗'之称,乃乾嘉考据学派的先驱。"

⊙ 终于在树丛中看到了石碑

胡渭墓位于浙江省德清县乾元镇大友村。从杭州乘长途车来到了德清汽车总站,而后把行李寄存在车站,在出站口打上一辆出租车前往大友村去寻找胡渭墓。

出租车司机是本地人,但他却没有听说过胡渭这个人,他建议我到村内问问老人。然而在村中问过多人,还是无人知道,不过有一人告诉我说:本村的确是有一座四百年前的古墓,只是不知墓主是否姓胡。

从时间上推论,我估计有可能是我所找的胡渭。然而村民却说此人以前做过很大的官,这似乎又跟胡渭的生平不相符。村民还告诉我,该村附近的几个村子大多都是姓胡,但他们是否跟胡渭有关系,却不怎么清楚。

⊙ 细辨碑文,果真是"胡渭"

既然来到了本地,我还是决定先到那座古墓去一看。然而村民却告诉我,此墓虽然不远,但却很难上去。而后有人指着旁边的一个汽车维修站说:那座古墓就在这个房屋后面的山上。

我来到后面观看,这里果真没有路,山坡不高,却生长着很多杂树,上面密布着蜘蛛网,以我的理解,可能这里不是上山之路,但总应当有路能够攀爬上去,于是沿着山脚向另一侧行走,果真看到了一条小路。

沿着这条路走下去,穿过一片树林,眼前却是一片广阔的农田,看来这条小路并不通向胡渭之墓。无奈,沿此路返回村中,在村内看到一家小店。进内视之,里面有四个人正在打麻将,我向其中一位面目较善者询问,他果真知道如何能够找到古墓,但依然不知道这座墓的主人叫什么名字。他所说的路径可能在他看来已经十分清楚，我却仍然不甚明白，所以很是希望他能够前往带路。其实事后想起，这是我的不懂事，把一个正在麻将桌上酣战的人叫下来，请他在正午的大太阳下去爬山找古墓，无疑是一件荒唐的事。

好在此人的修养很是不错，并没有觉得我荒唐，只说自己正在忙，没有时间陪我寻墓。我不知下一步该如何行事，只好站着略作思索。显然我站在麻将桌边，令其无法专心致志地打牌，恰好此时又有一人走了进来，打麻将者立即跟这人说："你带他去找那个古墓吧。"说完他又瞥了我一眼，而后称："你这个样子上不去的，山上都是刺。"他起身走进内屋，拿出像迷彩服一样的长袖衣服，直接扔给了我，而后迅速地转身，一屁股坐在了麻将桌前，继续盯着自己的牌，他对我的道谢已经完全没有了反应。

这位刚进来的村民很是好脾气，又把我带到了汽车维修处，而此时从里面走出了两人，其中一位说，你们就这样走，不容易上去。然后回屋拿出了一把铁锹递给了那位带路者。之后带路者用这把铁锹在前面开路，将眼前的荆棘与蜘蛛网一一铲除，我跟在后面很庆幸自己穿上了那件迷彩服，否则这些密密麻麻的荆棘肯定刮得双臂都是血痕。

但是这样一来行进速度变得很慢，好在前行不远就从砍倒的荆棘中看到了插在地上的一些木板，而木板之间还有绳子相连，地上还侧放着一些施工用的彩钢板，显然这是有人刻意圈出的范围。砍掉荆棘后

碑石不算高大

细看，果真里面圈着两块碑。

我上前细看，这两块碑一老一新，老碑上刻着"清勅赠文林郎赐耆年笃学东樵胡公墓"。看到这几个字样令我大喜，果真村民

◉ 旁边还有一块新碑

所说的古墓就是胡渭的，因为胡渭号东樵。再看另一块新碑，乃是1999年胡姓村人合立，落款为"胡氏族人，大友村人自立"。

如此说来，本村的胡氏后人应该知道他们都是胡渭的后人，那为什么我所问之人均不了解这件事呢？我突然意识到自己犯了个错误，也就是我始终用胡渭之名来打听，这些人既然是胡渭的子孙，肯定不这么称呼，于是我转而问带路者是不是东樵公的后人，他立即说是。

胡渭墓的范围不大，处在一片山坡地上，直线距离刚才的汽车维修站并不远，若不仔细辨认，完全看不出有墓冢存在，我在四围探寻一番，竟然没有找到文保牌。以胡渭在中国经学史上的地位，将他的墓列为文保单位应该没有问题，然而不知为什么，这座墓址却没有得到官方的认定。

江永：标准古音，初辟汉宋

清代乾嘉朴学有吴派和皖派两大体系，戴震是皖派的领军人物，江永为戴震之师，所以他被视为皖派的先驱。

关于江永的身世，其在《兰陵萧氏二书序》中，自署"梁昭明太子四十二世裔孙永"。按其《世谱》所言，唐代宰相萧遘之子萧祯迁居到歙县的黄墩，而后改姓为江，所以被目之为江姓的始祖。萧祯的八代孙江敌在宋神宗元年二月迁居到了婺源的江湾，自此之后，江氏在江湾一带繁衍开来，而江永就出生在江湾。

江永为什么喜欢上了经学，江藩在《汉学师承记》中说道："江永，字慎修，婺源人。少就外傅，为世俗学。一日，见明邱濬《大学衍义补》引《周礼》，求之有书家，得写本《周礼》白文，朝夕讽诵。闭户授徒，束脩所入，尽以购书，遂通经艺。年二十一，为县学生。二十四，补廪膳生。六十二，为岁贡生。"由这段话可知，江永喜欢经学似乎是出于天性，因为他只是偶然看到了《大学衍义补》这本书，该书中引用了《周礼》，这段引文让江永感了兴趣，于是就到某藏书家那里找来了《周礼》的无注本，开始仔细地研究。再后来，他当上了家庭教师，这份工作所得的酬劳，他全部都用来买书，于是眼界大为开阔，渐渐成为了一位通儒。

江藩的这段记录应当是本自戴震所写《江慎修先生事略状》："见明丘氏《大学衍义补》之书，内征引《周礼》，奇之，求诸积书家，得写《周礼》正文，朝夕讽诵，自是遂精心于前人所合集《十三经注疏》者，而于三礼尤功深。"戴震的这句话比江藩所言略详，其称江永后来仔细研讨《十三经注疏》，对其中的三礼用功最深。但是按照江锦波、汪世重所撰《江慎修先生年谱》记载，该谱的"康熙二十五年丙寅"条中称："庭受父训，日记数千言。父奇其敏，以远大之器期之，因以《十三经注疏》口授先生。"这一年江永仅6岁，父亲江期感觉儿子特别聪颖，于是就教他《十三经注疏》。以上的两种说法，不知哪种更为正确，但不管是哪种说法，都可以说明江永是天生就对经学有着爱好。

虽然江永聪明异常，但在考试方面却没什么天分，直到康熙四十年21岁时方考得秀才，秀才仅是功名的起点，但对于江永来说却成了终点。自此之后的五十多年，他只能以秀才的身份到处去做家庭教师，而其所有的精力重点都用在了研究经学方面。

其实江永也并非把所有的精力都用在经学理论的探讨方面，他也会做一些有实际功用的研究和发明。袁枚所撰《新齐谐》中有"江秀才寄话"一篇："婺源江秀才号慎修，名永，能制奇器。取猪尿脬置黄豆，以气吹满，而缚其口。豆浮正中，益信'地如鸡子黄'之说。有愿为弟子者，便令先对此脬坐视七日，不厌不倦，方可教也。家中耕田，悉用木牛。行城外，骑一木驴，不食不鸣，人以为妖。笑曰：'此武侯成法，不过中用机关耳，非妖也。'置一竹筒，中用玻璃为盏，有匙开之，开则向筒说数千言，言毕即闭，传千里内，人开筒侧耳，其音宛在，如面谈也。过千里，则音渐渐散不全矣。此其弟子戴震为余言。"

他出行时竟然骑一头木驴，而其来源则是诸葛亮的木牛流马，这种神奇的运输工具早已失传，没想到被江永复制了出来，可惜这个复制方法未能流传到今天。他还发明了"录音机"，看来，江永并不是一位不通世事的儒者，只是他在经学方面的贡献太大，所以掩盖了他其余方面的成就。

关于他的学术著作，日本汉学家本田成之在《中国经学史》中有着如下的记载："江永，他所撰《近思录集注》，不过以余力为之。其专门的著述有《周礼疑义举要》六卷、《仪礼释宫增注》一卷、《礼记训义释言》八卷、《深衣考误》一卷、《礼经纲目》八十八卷、《律吕阐微》十卷、《春秋地理考实》四卷、《乡党图考》十卷、《古韵标准》六卷、《四声切韵表》四卷、《音学辨微》一卷、《推步法解》五卷、《七政衍》《金水二星发微》《冬至权度》《恒气注历辨》《岁实消长辨》《历学补论》《风中西合法似草》各一卷、《读书随笔》十二卷、《四书典林》四十卷，遗著很多。"江永竟然写出了这么多的著述，并且这还不是他著作的全部，仅凭这些研究成果，江永就足可以站在大师之列。

对于江永的研究范畴，江藩在《江汉师承记》中称：

> 永好学深思，长于步算、钟律、声韵，尤深于《礼》。以朱子晚年治礼，为《仪礼经传通解》，未成而卒，黄幹纂续，缺漏浸多，乃为之广摭博讨，从吉、凶、军、宾、嘉五礼之次，名曰《礼经纲目》，数易稿而后定。

看来，在经学方面，江永有着多方面的成就，而其最受后世瞩目者，乃是音韵学和礼学。江藩在《汉学师承记》中写道：

> 论声韵曰："古韵起于吴才老，而昆山顾氏尤精，然顾氏考古之功多，审音之功浅。为书以正顾氏分十部之疏，而分平、上、去三声皆十三部，入声八部，虞属鱼、模，又分之以属侯、幽，

顾氏未之知也。先属元、寒，又分之以属真、谆，而真以后十有四韵之当分为二，考之《三百篇》，用韵画然，顾氏未之审也。萧至豪四韵之读如今音者，一部也，又分以属侯、幽，在《三百篇》亦画然，而顾氏未审也。覃至盐，属添、严，又分以属侵，自侵以后九韵以侈敛当分为二，犹之真以后当分十有四韵为二也，顾氏亦一之。侯之正音近幽，顾氏不之审，而转其读以从虞。"永之说，盖欲弥缝其缺也。

江永对古音韵的研究是本自顾炎武，顾炎武把古音分为十部，江永在此基础上增加了三部，而后写出了《古音标准》一书。对于他的这个成果应当怎样评价呢？周祖谟在给该书再版本所写的前言中说："在江永以前研究古音的人多不区分时代，把《诗经》《楚辞》跟汉魏六朝唐宋等不同时代的韵文相提并论，混为一谈，所以江永要确定标准，以《诗经》用韵为研究古韵的主要根据，以经传骚子为佐证。标准确定以后，才好跟后代的声韵相比，有原有委，可以参校异同，明其流变。这就是本书命名的原由。"

⊙ 江永撰《音学辨微》一卷，民国十二年渭南严氏刻本，书牌

周祖谟的这段话说得很明确，因为前人研究古音，大多没有区分出时代，针对这个问题，江永以《诗经》用韵为基础，以此来确定出古韵的标准。他的这个研究显然比顾炎武的《音学五书》要有所进步。"古韵

分部始于顾炎武《音学五书》。《音学五书》的《古音表》分古韵为十部,失于疏漏,江氏考核《诗经》押韵,进一步分古韵为十三部。不同于顾氏的是:一、分真文魂与元寒仙为两部,先韵则两分;二、分萧宵肴豪与尤侯幽为两部;三、分侵覃等九韵为两部,侵为一部,添咸衔严凡为一部,覃谈盐三韵则分属两部。这些都比顾氏细密。"正是因为这个原因,所以江永的这部专著才受到了后世学者的重视。"江永这部书既能采择前人的长处,又有个人独到的见解,而成一家之言,因此大为研究古韵者所重视。"

江永的《古音标准》重要意义不仅是确定出了一个标准,更重要的是他有启迪之功。梁启超在《中国近三百年学术史》中说:"清代音韵学的鼻祖共推顾亭林",而后梁在举出了一些实例之后,又称:"亭林以后中兴此学者为江慎修,著《古韵标准》。慎修弟子戴东原著《声类表》《声韵考》。东原复传其弟子段茂堂、王石臞、孔巽轩。茂堂著《六书音韵表》,据以注《说文》;石臞、巽轩都各有撰述。而段、王后辈有江晋三著《音学三书》,亦颇多创获。要之,乾嘉以后言古韵者虽多,而江、戴门下薪火相传,实为其中坚。"

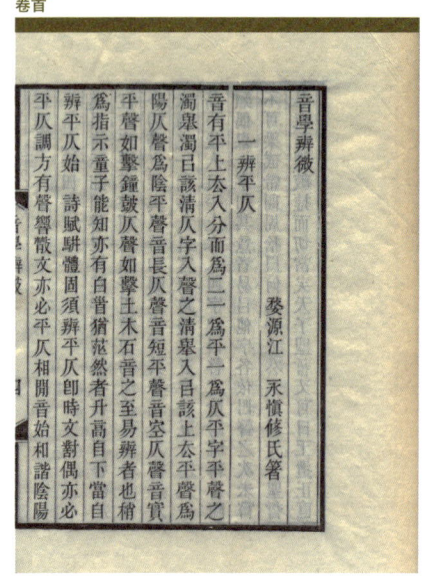
江永撰《音学辨微》一卷,民国十二年渭南严氏刻本,卷首

看来,正是江永中兴了音韵学,他的弟子们也沿着他的方式,做出了许多深入探讨,所以梁启超认为乾嘉时期研究音韵学的学者很多,但其中最为重要者,就是江永和他的弟子戴震。江永在这方面的研究

成果受到后世学者的广泛关注，以至于去世之后，乾隆皇帝仍然惦记着他的未刊稿本，陈祖武、朱彤窗所著《乾嘉学术编年》一书在"乾隆二十八年十月十日"一条中，引用了《高宗实录》卷六九六中的一段上谕："谕军机大臣等：现在修辑韵书，闻安徽婺源县有已故生员江永，曾著《四声切韵表》及《音学辨微》二书，稿本已成，未经刊刻。着传谕该抚，即饬该县，就其家购觅。如因一时钞录不及，竟将原本随奏折之便附封送京，以备采择。书竣，即行发还。"

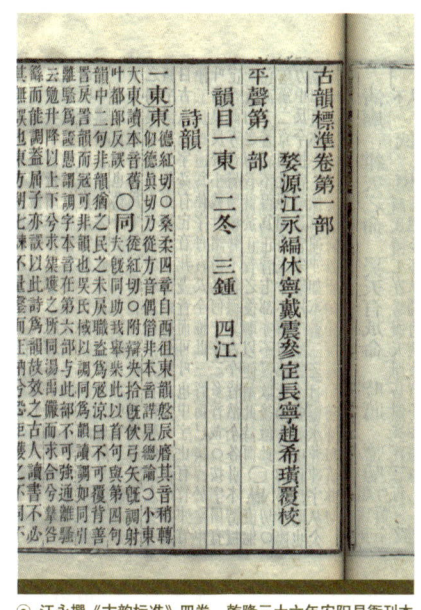

◉ 江永撰《古韵标准》四卷，乾隆三十六年安阳县衙刊本

此时江永已经故去，但他所撰的两部韵书却未能刊刻行世，皇帝命令当地官员到江永家去找这两部稿本，可见他的研究成果在社会上有着何等重要的影响。为此本田成之评价说："江永是不求闻达而很忠实的学者，可谓郑玄以后的第一人。其弟子有戴震，震的弟子有段玉裁、王念孙、任大椿、孔广森等，皆蔚然为清朝经学的中坚，不能不说是江永所感化的。"

在这里，本田成之明确地说，戴震是江永的弟子，而戴震又把他的学问传给了多位著名的弟子，由此可见，江永乃是皖派的重要源头。但是对于这样的定位，历史上也有着争论。关于江永学案，在历史上有两大争论点，一是关于戴震究竟是不是他弟子的问题，第二则是他跟同为婺源籍的著名经学人物汪绂的辩论。

关于第一点，2016年第三期的《国学学刊》中有苏正道先生的《江永与戴震》一文，该文对这个问题进行了深入的探讨，文中首先讲到了后世在这个问题上对于戴震的指摘："由于江、戴传记缺少二人交往细节，戴震又未在其著述中正式提及与江永的关系，所以戴震是否为江氏及门弟子，一直存在疑问。同时，由于戴震在其著述中对于江氏的称呼前恭后倨，且称'吾郡老儒'，因获讳师、背师之讥。"而后苏正道提到江永对于戴震的影响。戴震的成名作乃是《考工记图》，该书完稿于乾隆十一年，但直到乾隆二十一年，才在纪晓岚的帮助下刊行。苏正道在文中引用了戴震在书中所作的附注，该附注明确引用了江永的话，可见江的一些学术观点对戴很有影响，而其在文中也并不回避。

关于江、戴相识的时间，一般会定在乾隆七年，当时戴震19岁，此时的江永已经完成了多部著作，并且他的《礼书纲目》被乾隆三礼馆所征集，因此江永已经是颇有名气的学者。到了乾隆十七年秋，戴震经过程瑶田的姐夫汪松岑介绍，前往不疏园做汪凤梧儿子的教师，次年戴震把江永也介绍来此讲学，两人在此又见面了。在这个阶段，戴震完成了《屈原赋注》和《诗补传》两部著作。乾隆十九年，戴震因为祖坟被侵占问题卷入官司，被迫来到北京避难，自此之后，他跟江永之间就以通信的方式进行交往。到了乾隆二十四年，江永完成了《古韵标准》一书，他在例言中称："既为《四书切韵表》细区今韵，归之字母音等，复与同志戴东原商定《古韵标准》四卷……"江永在这里称戴震为"同志"，正是因为这句话，后世有人否定江戴之间是师徒关系。但有的学者也认为，这只不过是江永的谦辞，称为"同志"并不能否定双方的师生关系。

乾隆十九年，戴震来到北京后，结识了许多重要的学人，其中有钱大昕、王鸣盛、王念孙、王昶、姚鼐、纪昀，等等。戴震与这么多的学者有着密切的关系，但这些人的著作中却很少提及江、戴之间是师生关系，以至于江永去世后，钱大昕因戴震之请，为江永作传，而钱在传中仅称江、戴是忘年交。后来戴震去世，也是由钱大昕来写传记，钱在该传中也仅称戴震"少从婺源江慎修游"，并未直言戴是江的弟子。

但这之中也有个例外，那就是戴震去世后，其子请王昶为父亲作传，王昶在传中称戴是江的弟子。更为奇特的是，戴震的弟子段玉裁在其所作《戴东原先生年谱》中，也不提江、戴之间是师生关系。同样，江藩的《汉学师承记》本是很重师承的一部著作，但该书也同样不谈江、戴的师生关系。为此，苏正道在其专论中总结道："一切迹象都表明戴震入都之后，确有讳师之举。"

戴震不仅不愿意提江永是自己的老师，他在自己的著述中也尽量少提江永，但戴震的有些著作中，还是把江永的一些研究成果用了进去，只是不提江永之名。苏正道为此写道："前述江氏《周礼疑义举要》成书较晚，但至迟乾隆十五年，戴震已经读阅题名《周礼举要》《礼记择言》的江氏稿本。戴震《考工记图》在入都后一年内刊出，则可证其在入都之前所钞录的江氏《举要》笔记，几与定本无异。这样一来，戴震无法逃脱抄袭和攘据江著的嫌疑。戴震暗袭江著，同时又明示自己受到江氏学术影响，盖因当时戴震初来京师，急于成名，他一方面需要表示自己学有师承，另一方面又须证明自己学为原创。如果苶列江氏研究，可能破坏自己的原创特征，加上江书此时并未刊刻，他暂时无虞攘据之忧。"

苏正道的这句话分析了戴震当时的心态。戴震来到北京，急于创出名声，所以才有了那么多的矛盾之举。对于这样的矛盾如何解释，苏正道也认为难以找到真实的原因。"据现有资料的考释，戴震年轻时从游江永，为江氏及门弟子，但入都后却讳言其师。他避讳江字'慎修'，废去不用，以示尊师，但又称江氏'吾郡老儒'。

同时戴震不遗余力地播扬江氏学术，在其著述中不时承认江氏影响，然时又窃引江著。怎样解释戴震的矛盾行为，迄今未有理想答案。"

对于这个疑问，余英时在《戴震的〈经考〉与早期学术路向：兼论戴震与江永的关系》一文中说："此种心理上之微妙变化即在当事人亦未必明白觉察，故远非传统考据方法所能彻底解决。"对于余英时这段含糊其词的说法，苏正道认为，这是有意回护戴震："其实，戴震对江永态度的前后变化，与其性格和学术地位的升迁有关。史载戴震'十岁乃能言'，段玉裁谓其'盖聪明蕴蓄者深矣'。戴震一鸣惊人，问难先生，证明他并非语迟，而是胸有城府。从戴震同时代交游学者所遗留的资料来看，钱大昕说他'不誉于乡曲'，江藩载他'兀傲不群，好雌黄人物'，都证明着他性格的缺陷。江藩还载他：'尝为人曰：当代学者，吾以晓征为第二人。盖东原毅然以第一人自居。'尽管余英时曲护戴震，以为戴震是'用义理作为判断的标准'，但这无法抹去戴震性格中的好胜特征。"

看来，即便是有大成就的人，也会有性格上的缺陷。戴震已然是公认的学术大师，但这并不等于他在性格上也完美无瑕。

跟江永有关的第二个公案，则是他跟汪绂的学术争论。乾隆三十八年九月，安徽学政朱筠在其所撰《清故婺源县学生汪先生墓表并铭》中称："婺源为我家文公之故里，宋元明以来，巨师魁儒，绳绳相续，流风未湮。于今见者，实惟段莘汪先生、江湾江先生尤著。"这里朱筠将汪绂和江永并称。到了晚清，王炳燮在《汪双池先生遗书序代》中也说："国朝崇尚理学，自圣祖仁皇帝表彰朱子，升诸十哲之列，学者炳然知所宗守……降自雍乾……时则有双池汪先生，挺生朱子之乡，与慎修江氏同邑同时，称'二儒'焉。"看来在清雍正和乾隆年间，婺源出了两位大人物，二者被时人一并称之。

汪、江有很多的相似之处，徐道彬在《皖派学术与传承》一书中总结出了五点，比如两人同处一县，相距甚近，两人同样是大半生都以坐馆授徒为业，而在科考方面，两人都是以诸生终老，余外两人在学术方面同样有着很高的建树。但不知什么原因，两位大儒却一生没有见面，交往只限于通信。

两人的第一次通信在乾隆元年，这一年汪绂45岁，江永56岁，首先是汪给江写了一封信，汪在信中首先向江表示了敬意，又对他的研究方向表示了质疑，当然，他在信的最后也会说几句客气话："绂与慎修未有生平之交，而为是晓晓之问，毋亦唐突过甚。然苟同方同术，何不可引为知己，况迩在乡井间乎？慎修不鄙斯言，其必当有以示我。"

但江永收到了汪绂的这封长信后，却没有回答。汪绂等了一年，耐不住性子，又给江写了第二封信，这次江永对没有回信之事做了如下的解释："前岁腊月，接灿人足下手书，再三读之，词旨甚高，与鄙衷殊不相入。足下所以箴规之者，大抵误听道途虚声，非弟之本志也。拟郡邸裁答，因俗冗未遑。又书内所言缕缕，亦非片楮所能悉。与其答之不尽，不若徐俟他日邂逅面晤，各出所著，互相印可，或亦相视而笑也。"显然，江永的回答也同样是一些客气话。他说自己收到了来信，并且认为汪绂在信中谈论的问题也很高深，但是他对汪所提出的疑问，说汪只是道听途说，并非自己本意，有机会见面后，他再作出解释。

江永在信中为什么这么说呢？他的这番回答乃是针对汪绂的第二封信，信中说江的学问太过泛博，显然这种话有指摘的意味。而江永在回信中予以如下反击："日暮途远，力短心长，方窃滋惧。而谓'欲以博洽见长'，左矣。为己之学最寂寞，其中甘苦独喻之，次则深相知者能窥之。若徒采听虚声，非徒訾我者不知我，即誉我者亦未为知我也。"此后，两人仍然通过书札交锋，好在这些书札都留了下来，成为后世研究他们学术观的重要依据。

汪绂和江永之间为什么会有这样的书札交锋呢？后世学者大多是从学术观的差异来进行解读，比如嘉庆末年，李椿田在为汪绂的《儒先晤语》所写跋语中称："国朝经术之儒，我婺得两人焉，曰江先生慎修、汪先生灿人，皆著述等身，以斯文为己任……抑愚窃有疑焉。两先生生同时，居同乡，何难各出所著，互为质证？乃余观汪先生遗书，得其与江先生论学三书，又访得江先生答书二篇，议论所关甚大，而终未闻一造请而商榷焉。新安为理学渊薮，儒先相去或数百年，可起而与之晤语。而同在一时一邑者，顾反不得面晤，何欤？岂学问同异之故，以论难先之而就正，迟以有待欤？将贤豪一晤一语，皆有数焉存其间，两先生亦有不克自主者欤？"

汪绂、江永同治国学，同处一地，两人为什么不把各自的著作摆在一起，当面探讨呢？看来当世人都会有这样的疑问。到了同治年间，余龙光在《双池先生年谱凡例》中首先称："先生与江慎修，并为当代大儒。生同时，居同乡。只有书牍往来，而未尝相见。其学问之异同，非后生小子所敢轻议，两家遗书具在，好学者可以深思而自得之。即以龙光之愚陋，亦幸窃窥其一二。大约江先生崇尚汉学，沉潜精密，参互理数，融会沿革。论者推为郑康成后一人，非过誉也。至其学，及身而显，实每谓彼时士大夫竞尚考据，又得其高第弟子戴庶常震东原，揄扬师说，以故海内家有其书，是犹见其表而未见其里也。"余龙光谦称他不敢非议这两位大儒，但还是想对二者之间的分歧作出如下分析。余龙光说，江永崇尚汉学，这方面的贡献乃是郑玄后一人，再后来，江永的弟子戴震又努力发扬师说，使得天下人更加知道江永的名声。

余龙光虽然把江永视为汉学派，但也承认江永兼治宋学。"盖江先生虽专治汉学，而亦未尝不尊信朱子，观其所著《近思录集注》

《礼书纲目》《河洛精蕴》可见。但未如双池先生之昌言保卫，于孔子后特定一尊耳。乃庶常著《孟子字义疏证》《方言疏证》《原善》《原象》诸书，诋斥程朱……其言如此，则其揄扬江先生者，不过举其偏以标一时之名，而其背畔江先生者，早已忘其全而没一生之实。平心察之，固江先生授业时所万不及料者也。"余龙光虽然举出了江永跟宋学有关的三本著作，但也承认江永不如汪绂那样坚决捍卫朱子的学说，更何况戴震后来在多部著作中斥责程朱理

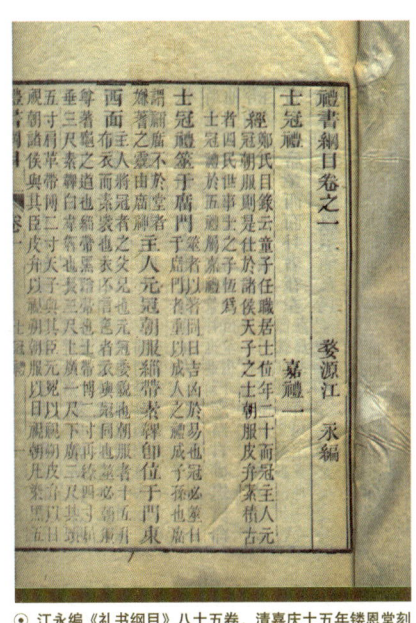
⊙ 江永编《礼书纲目》八十五卷，清嘉庆十五年镂恩堂刻本

学。余龙光认为，戴震的这些所为不是其师江永的意思。关于这一点，后世的确以此作借口来指责戴震，认为他所作的《原善》《孟子字义疏证》都是背离了江永"尊朱"的传统，由此而推导出，戴震通过批判程朱来违背师道，为此才有了"戴震背师之讥"。

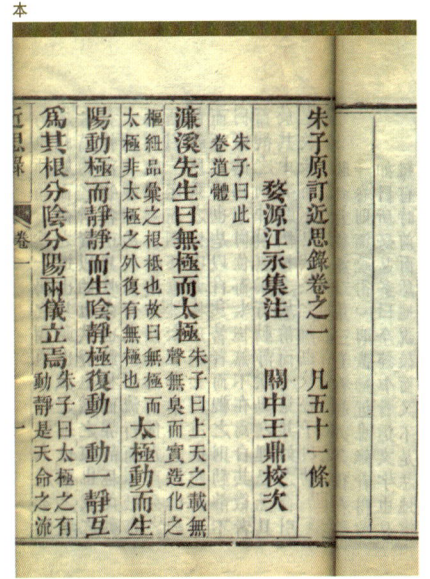
⊙ 江永撰《近思录集注》十四卷，清同治七年崇文书局刻本

不过，钱穆不这么看，他认为戴震后期的学术转变，应当是受了惠栋的影响。然而苏

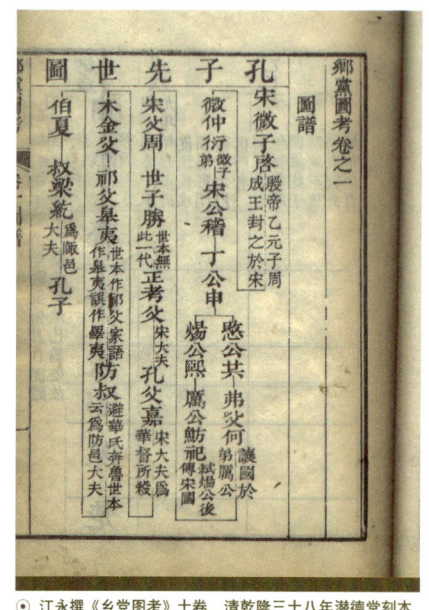
○ 江永撰《乡党图考》十卷，清乾隆三十八年潜德堂刻本

正道认为，钱穆的这个结论不正确，因为其"并未深入阅读江氏著作"，那苏正道认为怎么回事呢？他在文章中说："事实上，江永对于朱熹学术的态度令人疑惑。他一方面是羽翼朱熹的功臣，完成许多朱子未竟之绪，如赓续朱子礼书之《礼书纲目》，又集朱子之语，间加按语注释《近思录》。但另一方面，江氏对朱熹著述的具体观点又多所批评，不仅《纲目》《近思录集注》二书如此，而且江氏其他著述，如其《深衣考误》直接指陈出朱子《家礼》的错误，其《昏礼从宜》一书亦与朱子《家礼》针锋相对，其《河洛精蕴》一书更是将朱子卦变说批得体无完肤。因此，有关戴震学术思想转变源自惠栋汉学的说法值得商榷，江永学尊程朱但并不墨守的创新精神，及其对于戴震的影响亦须考虑。"

由这些话可证，江永虽然专治汉学，但并不排斥朱子之学，虽然在他的著作中，也有不少地方批驳朱子的观点，然而他的这种作法受到了汪绂的指责，因为汪绂坚持朱子之学。余龙光在汪绂年谱凡例中说道："一以朱子为折衷；其朱子所未及言者，则推广朱子之心，以发明之。至于异端曲学，鼓煽其似是之非以惑世诬民者，则辨驳塞拒，不少假借。"看来，汪绂一点也容不得他人非议朱子，以至于余龙光得出了这样的断语："窃谓自今日以前，求所谓朱子之后复有朱子者，舍以池先生其谁归乎？"

对于江永与汪绂之间学术观的差异,钱穆先生在《中国近三百年学术史》中作出过如下的分析:"大抵江氏学风,远承朱子格物遗教则断可识也。与江氏同时并称者有汪绂……多尚义解,不主考订,与江氏异,而所治自六经下逮乐律、天文、地舆、阵法、术数,无不究畅,则门路与江氏相似……惟汪尚义解,其后少传人,江尚考核,而其学遂大,则有清一代尚实之风,群流所趋,莫能独外耳。"他们两人既然有着如此大的学术分歧,难怪在信中作了这么多的辩论,这也就能理解两人为什么住得这么近,却终生不见面了。

江永纪念馆位于江西省婺源县的江湾。从砚山村到江湾有三四十公里,因为赶上婺源油菜花开放,路边游客极多,好在司机认识其他的路,从另一侧开到了江湾。而今这一带也成了著名的旅游点,还未走到门口已经看到成队的游客拥堵在入口处排队检票。带我们前来的毕新丁先生认为这样等候不知要到何时,于是让司机停在景区一个侧门的路口,在那里打电话找熟人,不知什么原因,

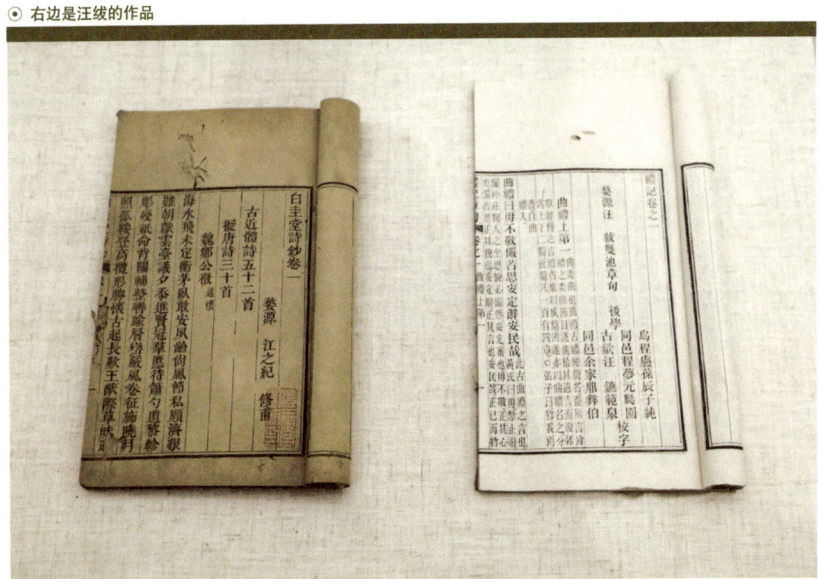
◉ 右边是汪绂的作品

692　觅经记

◉ 江湾景区面积巨大

其电话未能打通。同来的毛静先生竟然在这里也有朋友，电话打通后，毛静先生的朋友带着我等五人，从侧门进入了景区。

这位朋友在景区内开有五家民俗馆，他带领我等一一参观。这位朋友强调他个人的展品仅有一小部分放于此处，因为数量太多，大多只能躺在仓库里，但这里陈列的展品还是令我惊叹。我对这里的瓷器馆、家具馆以及奇石馆没有太大兴趣，但他的古籍字画馆却让我眼前一亮。这个展馆内虽然展出的线装书不多，但在著名的旅游景点里面能够摆放几部真正的古籍，已经是十分难得的事情。而这位朋友对自己的藏品也有着客观的评价，足

◉ 江永的著作
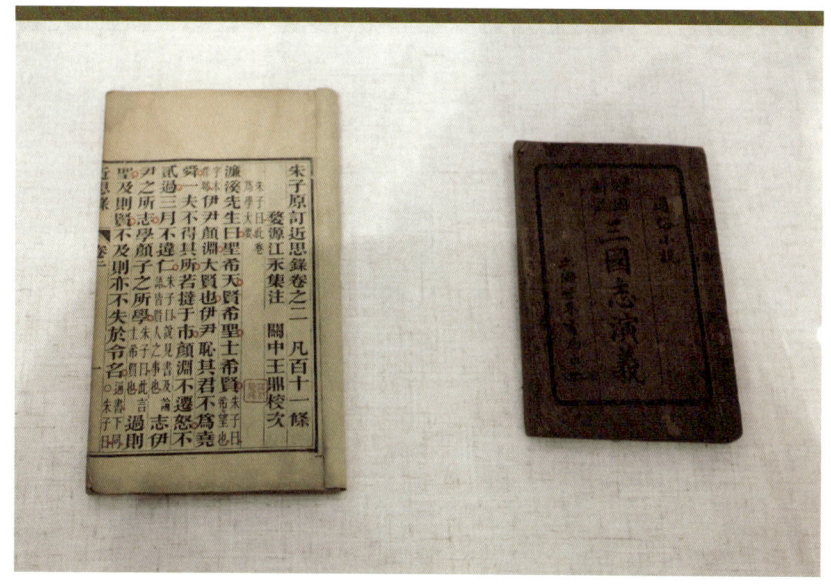

⊙ 纪念馆正门

见他是位清醒的收藏者。尤让我高兴的是这里摆放着一册汪绂所撰的《礼记章句》，虽然仅是一册零本，但足以说明当地乡贤著作是他的主要关注点之一。我在这里还看到了江永所撰的《近思录集注》，而该书的旁边却摆着一本石印本的《三国志演义》，我真想跟馆主说，为何不将这部书与汪绂的摆在一起呢？后来一转念，觉得将他两人的著作并列在一起，说不定两人又要吵起来，于是就没再言语。

参观完民俗馆，继续向内行走，在江湾景区内找到了江永纪念馆。这是一处老宅，我在门口看到一口古井，猜测这是江永家所使用之井，而毕新丁告诉我，这处旧宅并非是江

⊙ 门前的古井

◉ 第一进院落

永故居,其故居究竟在何处,今人已无法考证,故而建馆的时候,只好找了这么一处老宅,来作为他的纪念馆。毕新丁又说,里面的那些展品就是他帮着征集而来,难怪他对此了解。于是我问他,江永故居的旧址究竟在哪里?他说大致的方位也就在纪念馆不远处,只是因为多次的变迁,已经无法指认了。

既然如此,那也只能把这个纪念馆作为我的寻访目标。纪念馆的入口处有一块介绍牌,上面写明这里是"民居加私塾式的徽派建筑,建于清代末期",看来这里的确跟江永的生活年代靠不上边,但我还是想进里面看看,究竟布置得怎样。里面

 正堂

⊙ 书斋

　　参观的游客不少,我跟着人群沿着参观路线在里面转来转去,在正堂处看到了"授经堂"的匾额,左右两侧布置成了卧室和会客厅的模样,在后堂内用展板的形式介绍着江永的生平,也摆放着一些他的著作,最有意思的是,这里还展放着《戴震全集》,看来毕新丁先生认定戴震就是江永的弟子,只是当着那么多人,我没好意思跟他探讨这个话题。

　　浏览路线的末端是江永的书斋,此房不足十平方米,上面挂着"弄丸斋"的堂号,但堂号之下悬挂着他的画像。虽然说,这里并不是江永故居,但能有着如此认真的布置,也足说明景区的管理者有着一份认真的态度,他们没有忘记这位前贤。

惠栋：三代治易，吴派之祖

乾嘉学派又称为汉学，关于清代汉学的开创人，江藩在《国朝汉学师承记》中说："本朝为汉学者，始于元和惠氏。"此处的"惠氏"指的就是惠栋。江藩认为，惠栋是清代汉学的开创人。换句话说，惠栋也是乾嘉学派的开创人。

但是在后世学者的论述中，乾嘉学派又分为吴派和皖派两大体系，吴雁南、秦学颀、李禹阶主编的《中国经学史》中称"（惠栋是）乾嘉学派中吴派的开创者"，李开所著《惠栋评传》中则称："惠栋（1697~1758）是清代著名经学家、哲学家、语言文字学家，吴派经学的创始人和领袖人物。"而刘墨在《乾嘉学术十论》中亦称："尤其当17世纪末起源于苏州的一个学派即被后人称为'吴派'的兴起，把自己的学术目标定位在'汉学'的恢复上，更是明确地将自己区别于宋明两代学者——该学派最伟大的代表人物是惠栋。"

看来，惠栋既是乾嘉学派的开创人，又是吴派的创始人。如此推论起来，乾嘉学派中的吴派应该早于皖派。将乾嘉汉学分为吴、皖两派，应该是始自章太炎，他在《訄书》中称："其成学著系统者，自乾隆朝始。一自吴，一自皖。吴始惠栋，其学好博而尊闻；皖南始戴震，综形名，任裁断。此其所异也。"

章太炎在叙述上，也是先说吴后说皖。但吴和皖有什么不同呢？钱穆在《中国近三百年学术史》中列出了三点，其第一点为："惠学渊源与戴学不同者，戴学从尊宋述朱起脚，而惠学则自反宋复古而来。"看来，以戴震为代表的皖学跟与惠栋为代表的吴学，在针对宋学的观点上有着差异。

而这两派在风格上也有所不同，这就是钱穆说的第二点："以徽学与吴学较，则吴学实为急进，为趋新，走先一步，带有革命之气度。而徽学以地僻风淳，大体仍袭东林遗绪，初志尚在阐宋，尚在述朱，并不如吴学高瞻远瞩，划分汉宋，若冀越之不同道也。"而其第三点则是："东原论学之尊汉抑宋，则实有闻于苏州惠氏之风而起也。"看来，戴震的一些观点则是本自惠栋。为此，钱穆得出的结论是："其时不徒东原极推惠，而为惠学者亦尊戴，吴皖非分帜也。"

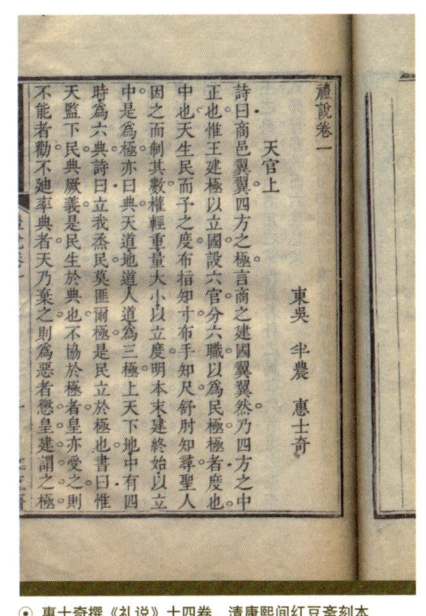
● 惠士奇撰《礼说》十四卷，清康熙间红豆斋刻本

如此说来，吴派与皖派并非观点对立的两个学派。其实，这两派有着前后继承的关系。因为惠栋比戴震大27岁，直到惠栋去世后，戴震才真正地站在了乾嘉学派的最前沿，因此，陈祖武在《清儒学术拾零》中说："而据为学言，则惠、戴两家并非对立的学派，由惠学到戴学，实为乾嘉学派从形成到鼎盛的一个缩影。"

惠栋在学术史上有着如此高的成就，当然也不是一蹴而就者。惠氏一门的学问应当本自惠栋的曾祖惠有声，惠栋在《易汉学自序》中说："栋曾王父朴庵先生尝闵汉学之不存也，取李氏《易解》所载者，参众说而为之传。"之后经过惠栋的祖父惠周惕、惠栋的父亲惠士奇，直传到了惠栋这里,为此惠栋在《上制军尹元长先生书》中称:"栋少承家学,九经注疏,粗涉大要。自先曾王父朴庵公以古义训子弟,至栋四世,咸通汉学。以汉犹近古,去圣未远故也。"

惠栋也说他们家四世都研究汉代经学。然而惠栋并没有什么功名,他的一生只在20岁时考中了秀才,此后在学历上再未能前进一步,因为他把自己的主要精力都用在了研究汉代经学方面。

在惠栋之前,阎若璩经过仔细的研究,揭示出一千多年来流传的《古文尚书》乃是一部伪作,并写出了《尚书古文疏证》这部伟大的著作。其实阎若璩在去世之前,这部著作并未完稿,故该书中掺杂进了一些往来探讨学问的信札以及一些笔记等等,因此这并不是一部完善的学术著作。惠栋比阎若璩小60岁,偶然在朋友那里看到了阎的这部名著,而后他就根据《尚书古文疏证》,继续做深入的探讨。

经过惠栋的考证,孔安国的《古文尚书》其实并没有亡佚,因为这58篇中有34篇跟伏生所传之本相同,而剩余的24篇的篇名也流传了下来,所以惠栋经过一番推论,他得出了如下的结论:"今世所谓古文者,乃梅赜之书,非壁中之文也。赜采摭传记,作为古文,以绐后世。后世儒者靡然信从,于是东晋之古文出而西汉之古文亡矣。孔氏之书,不特文与梅氏绝异,而其篇次亦殊。"(《古文尚书考》)

● 惠士奇撰《易说》六卷,清嘉庆十五年璜川吴氏真意堂刻本

惠栋：三代治易，吴派之祖　　699

对于惠栋的这部名著，钱大昕在给该书所写的序言中评价道："今士大夫多尊崇汉学，实出先生绪论……予弱冠时，谒先生于泮环巷宅，与论《易》义，更仆不倦，盖谬以予为可道古者。忽忽卅余载，楹书犹在，而典型日远，缀名简末，感慨系之。"钱大昕也认为，清中期所流行的汉学，其实是本自惠栋。

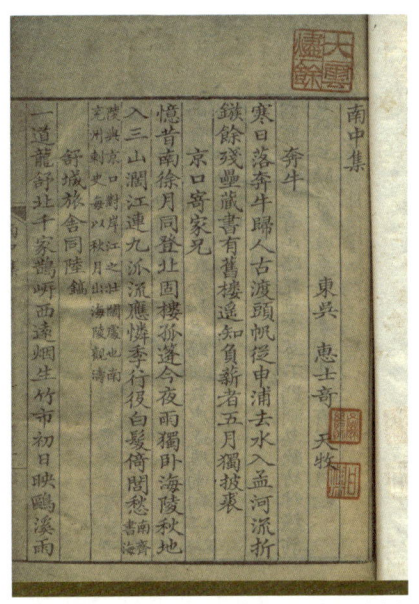

惠士奇撰《南中集》，清乾隆间惠氏红豆斋刻《半农先生集三种》本

既然阎若璩已经写出了《尚书古文疏证》，那为什么惠栋的这部《古文尚书考》也同样受到了后世的高度赞誉呢？梁启超所著《中国近三百年学术史》中专有"清代学者整理旧学之总成绩"一章，此章中在谈到《尚书》时，有着如下一段形象的比喻：

清初学者对于《尚书》第一件功劳，在把东晋《伪古文尚书》和《伪孔安国传》宣告死刑。这件案最初的告发人，是宋朝的朱子，其后元吴澄、明梅鷟等继续控诉。到清初，黄梨洲当原告律师，做了一部《授书随笔》给阎百诗，百诗便自己充当裁判官，著成《古文尚书疏证》八卷，宣告那部书的死刑。还有一位姚立方际恒可以算作原告律师，他做一部《尚书通论》，关于这问题搜出许多证据，其书似已失传，但一部分已被阎氏采入《疏证》了。同时被告律师毛西河不服判决，做了一部《古文尚书冤词》提起上诉。再审的裁判官便是惠定宇，著了一部《古文尚书考》，

⊙ 惠栋撰《九经古义述首》，清乾隆三十八年历城周氏竹西书屋据益都李文藻刻版重编印《贷园丛书初集》本

把被告的罪名越发弄确实了。

梁启超认为，阎若璩的这部名著宣告了《伪古文尚书》的死刑，但是毛奇龄不承认阎若璩的这个成果。梁启超把毛奇龄比喻成"被告律师"，梁说这位律师不服判决，所以就另外写出了一份诉状，而二审的法官就是惠栋，惠栋写出的《古文尚书考》判定原告阎若璩胜诉，至此，社会上流行的梅本《古文尚书》彻底被认定是假货。

惠家为什么致力于汉学研究？关于这一点，可由惠周惕在谈到《周礼》时的一段话作为注脚，江藩的《汉学师承记》中录有惠周惕的论述如下：

《礼经》出于屋壁，多古字古音。经之义存乎训，识字审音，乃知其义，故古训不可改也。康成注经，皆从古读。盖字有音义相近而讹者，故读从之。后世不学，遂谓康成好改字，岂其然乎？康成《三礼》、何休《公羊》，多引汉法，以其去古未远，故借以为说。贾公彦于郑注，如"飞茅""扶苏""薄借綦"之类，皆不能疏，所读之字亦不能疏，辄曰"从俗读"，甚违"不知盖阙"之义。夫汉远于周，而唐又远于汉，宜其说之不能尽通也，况宋以后乎？周、秦诸子，其文虽不尽雅驯，然皆可引为《礼经》

之证，以其近古也。

对于惠周惕的这番论述，刘墨在《乾嘉学术十论》中给出了如下的总结："以经为纲领，以传为条目，以周秦诸子为佐证，以两汉儒者为羽翼，信而好之，择其善者而从之。也许没有哪一个同时代的人像惠周惕研经那样有坚定的态度：绝对不从唐宋以下诸人那里取得材料。"

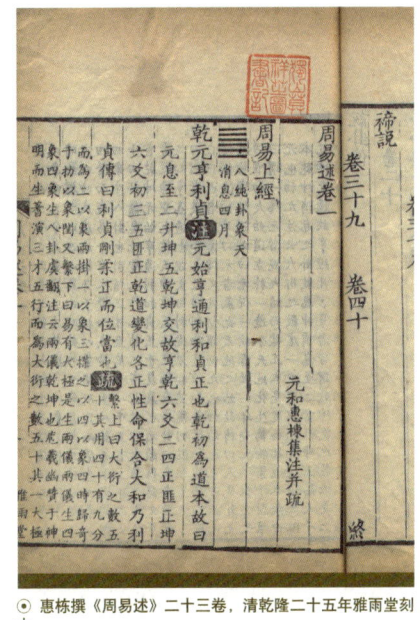

⊙ 惠栋撰《周易述》二十三卷，清乾隆二十五年雅雨堂刻本

其实惠家对于经学的研究，最拿手的部分是在《易》学。惠氏三代治《易》，到了惠栋这里，做出了更深入的研究成果，为此日本汉学家本田成之在《中国经学史》中评价道："惠栋定宇是士奇次子，专心经术，而于《易》尤精通，研究三十年，作《周易述》二十三卷。汉《易》衰绝千有五百余年，至是可谓粲然成章了，是书垂成而病革。还有自《鼎》至《未济》共十五卦，及《序卦》《杂卦》二篇，未能脱稿，盖是未完之书。"

对于惠栋在易学方面的研究，吴雁南等主编的《中国经学史》中也有如下的评价："惠栋以善治《易》学著称，其治《易》虽有家学渊源，但方法与其父各异。惠士奇尚能发表自己见解，而惠栋的《易》学主旨在于钩稽考证汉儒各家《易》说，对郑玄、虞翻、荀爽、京房等治《易》诸说，一一采集，为之疏通证明。他很推崇唐代李鼎祚的《周易集解》，以为该书尚能保存孔子《易传》微言大义之概略。《周易述》是他精研三十年，于五十岁后所作，是其《易》

学代表作。"

关于惠栋研究易学的具体方法，后世大多将其概括为"尊古崇汉"，因为惠栋认为历史上留下来的经学论述，只有汉代的最为可信。为什么要本持这样的研究方法呢？惠栋在《九经古义述首》中说："汉人通经有家法，故有五经师。训诂之学，皆由师所口授，其后乃著竹帛。所以汉经师之说立于学官，与经并行。五经出于屋壁，多古言古字，非经师不能辨，经之义存乎训，识字审音，乃知其义，是故古训不可改也，经师不可废也。"

惠栋认为，汉代经学家因为有家法相传，而后他们的观念被立为了"官学"，并且当时有些经师为了避秦火，把一些经书藏在了墙壁内，到了汉代，这些所藏之书被发掘了出来，但因为原来的经书是用古字所书写，大多数人不认得，只有真正的经师才能辨识，所以经过他们辨识出的经书乃是真正的经典所在，故而惠栋最为相信汉代经师的解经观念。

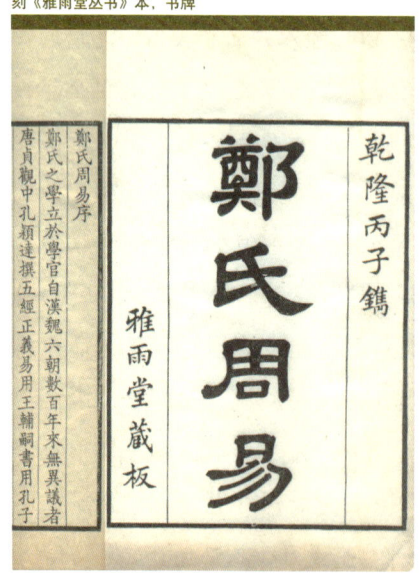

⦿ 惠栋增补《郑氏周易》三卷，清乾隆二十一年德州卢氏刻《雅雨堂丛书》本，书牌

对于惠栋在易学方面的研究成果，梁启超也同样给予了肯定，他在《中国近三百年学术史》中评价说："惠定宇所著书，曰《周易述》二十一卷，《易汉学》七卷，《易例》二卷。其《九经古义》中关于《易》者亦不少。定宇的见解是，愈古愈好，凡汉人的话都对，凡汉以后人的话都不对。然则汉人的《易》说一部无存，怎么办呢？幸而有唐李鼎祚的《周

易集解》，内中征引许多汉儒各家遗说。定宇把他们都搜集起来，爬梳整理一番，用的劳力真不小。我们读这几部书，才知道汉人《易》学的内容如何。这便是惠氏在学界一大成绩，然成绩亦止于此而已。"

梁启超在这里首先肯定了惠栋在整理古代易学文献上所做出的成就，而后他又加了个尾巴，认为惠栋的成就也不过就是如此。为什么这样说呢？梁启超接着论述道："汉儒讲的什么'互体'，什么'卦变'，什么'半象''两象'，什么'纳甲''纳音''爻辰'，什么'卦气六日七分'，依我们看来，都是当时燕齐方士矫诬之说，和陈、邵《太极》《先天》等图没有什么分别。王辅嗣把他们廓清辞辟，一点都不冤枉。定宇辈因为出自汉人，便认做宝贝，不过盲从罢了。"

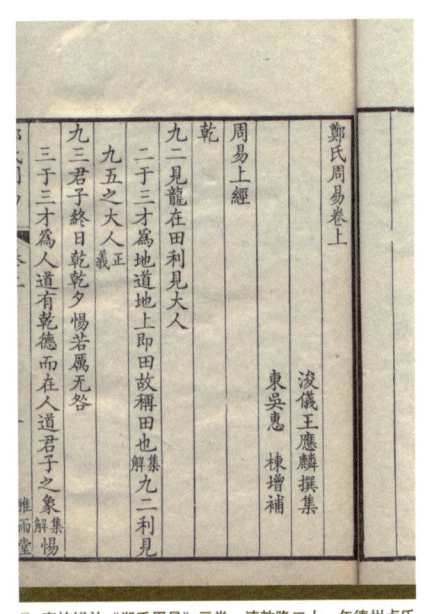

⊙ 惠栋增补《郑氏周易》三卷，清乾隆二十一年德州卢氏刻《雅雨堂丛书》本，卷首

梁启超认为，汉代经学家对《易经》的研究也有很多问题在，有些研究方法也跟陈抟、邵雍等所做出的《太极图》《先天图》一样，都是臆造之物，而惠栋则因为这些观念是出自汉人，所以就一律盲从。对于惠栋的这种治经方法，梁启超认为是个大毛病："而且定宇还有一个大毛病，是不知家法。同为汉儒，而传受渊源不同，彼此矛盾的地方便不少。定宇统而名之曰'汉学'，好像汉人只有此学，又好像汉人个个都是此学，这便大错了。定宇说的不过东汉末年郑康成、荀慈明、虞仲翔等几个人之学，顶多可以代表一两派，

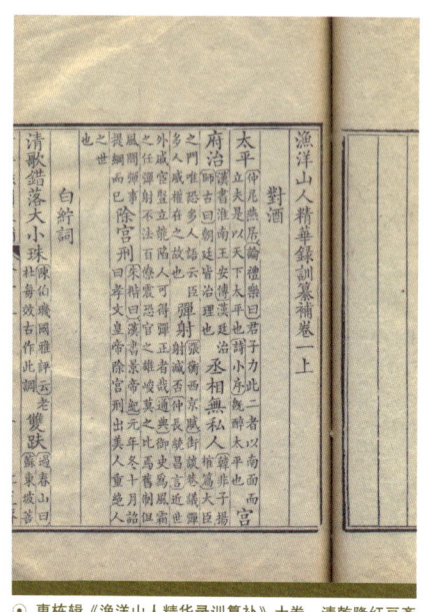

惠栋辑《渔洋山人精华录训纂补》十卷，清乾隆红豆斋刊本

而且各人所代表的派也不能相通。惠氏凡汉皆好的主张，只怕汉儒里头先自打起架来，他已无法和解了。"

梁启超对惠栋的这些批评究竟对不对呢？至少李开认为梁的评语带有片面性，他在《惠栋评传》中说："其实，爻辰、纳甲、升降、世应、六日七分等，都不过是汉儒言易理为历法的一些不同的中介形态，惠栋一一加以考释辨明，是功而非过。惠栋也有偏袒汉儒之失，但总的看是寻找文献资料，凭证据说话，不能不说是实事求是的研究方法。梁启超对吴学的评述是有片面性的。"

且不管梁启超的评价是否片面，但在这里需要探究的是：惠栋为什么要强调"凡汉皆对"？对于这一点，可由他对宋儒所造纳甲图进行的批判来予以说明："栋案：宋人所造《纳甲图》，与《先天》相似，蔡季通遂谓《先天图》与《参同契》合，殊不知纳甲之法：乾坤列东，艮兑列南，震巽列西，坎离在中，别无所谓乾南、坤北、离东、坎西者。道家所载乾坤方位，亦与《先天》同，而以合之《参同契》，是不知《易》，并不知有《参同》者也。盖后世道家亦非汉时之旧，汉学之亡，不独经术矣。"（《易汉学》）

惠栋认为，即使是站在道家的立场来说，宋代的道家已经跟汉代的道家有了很大的区别，为此惠栋强调："后世道家之说，托为伏羲而加之文王周公孔子之上，学者不鸣鼓而攻之，必非圣人之徒也。"

由这些观念可知，惠栋强调汉学，其重要目的是防止宋儒把佛家和道家的观念引入儒学之中，因此李开给出了这样的结论："惠栋是恪守顾炎武而深刻把握儒学本质的，旨在筑起一道防线，防止宋学侵蚀儒学、汉学壁垒，为捍卫儒学而筑，不是很清楚吗？"

惠栋强调汉代经学的纯正性，这才使得他所开创的学术派别被称之为"汉学"。其实

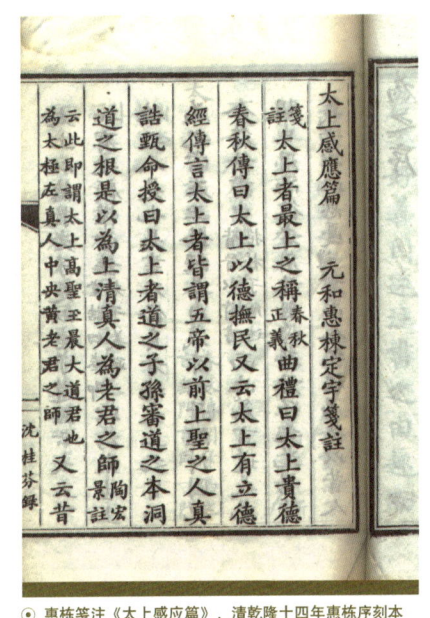
惠栋笺注《太上感应篇》，清乾隆十四年惠栋序刻本

梁启超的学术思想跟惠栋没有本质的区别，因为梁受到其师康有为的思想影响，他也研究经学，只是康、梁的经学属于今文经学，而惠栋的汉学则是古文经学。可能是出于这个原因吧，梁启超对惠栋的学术成就并未给予很高的评价，他在《清代学术概论》中说："萧客弟子江藩著《汉学师承记》，推栋为斯学正统。实则栋未能完全代表一代之学术，不过门户壁垒，由彼而立耳。惠氏之学，以博闻强记为入门，经尊古守家法为究竟。"

惠栋墓位于江苏省苏州市吴中区光福镇香雪村。到苏州之前，我

惠栋墓文保牌

⊙ 惠栋墓碑

已经把寻访名单发给了马骥先生，他事先帮我做了相应的了解，更为重要者，他在每一个寻访点都通过关系找到了知情人，这给我的寻访带来了便利也节约了时间。

驱车先到镇上，马兄的朋友先去找自己熟悉香雪海的部下，此女士带大家到镇政府，找到了镇政府文物部门的人。来之前马兄还不放心，又通过苏州市文物局找了另一路关系也赶到了镇上，两拨人几层关系共同到齐，而后一并驱车进村。将这几辆车停在了村口，之后步行进入村中。

刚刚走进村内，就在一个小路口右转，转到了本村的村边，在某户人家的侧墙外，看到

⊙ 墓碑上有惠栋五世孙及六世孙的姓名

了惠栋墓，墓碑是民国十五年李根源所题，"清经师惠定宇先生墓"，如今填上了绿漆，两侧有红色小字，上款为"中华民国十五年十二月，腾冲后学李根源敬题书"，下为"五世孙惠善恩率子而丰、溶、洪、增、成谨立"。马兄的车上还带着李根源的《吴中访古记》，上面写明了当年李根源找到惠栋墓时如何地费周折。李找到惠栋墓后，特意在此立了一块碑，这才让我等后来人寻找惠栋墓有了许多的便利。想一想，真是感谢这位前贤。然而他所记载的地点和名称于今变化很大，可能是因为这个缘故，使得之前在打听惠栋墓时，依然少有人知，而到我辈前来寻访之时，依然要托层层关系。

惠栋的墓丘为半坡形，墓碑的两侧立着两根望柱仍是旧物，墓的侧面有一条窄窄的溪流，里面有清水流淌。如此的自然美景引起了我的不断夸赞，但带路的朋友却说，这种流水在本地很是常见。可能自然的小溪不值得如此夸赞，但是看到惠栋墓，还是令我有些激动，毕竟惠栋是中国学术史上极为重要的人物，站在他的墓前，我的崇敬之情油然而生。

惠栋墓原本在香雪村的村边，随着村的扩建，今天的墓址已处在一户人家的墙外，我留意了这家的门牌号，此门牌较特殊，在"146号"这个阿拉伯数字的两边，分别写着"香雪村""仉巷村"。我不知道怎样读懂，猜想可能香雪海是一个大村，而仉巷村是其中的一个小自然村落。问了当地的向导，他操着浓重的当地口音给我解释了一番，我一个字也没听懂，我用眼光向马

⦿ 墓丘形式

⦿ 墓前的小溪

兄求助,他冲着我双手一摊,嘴一撇,言外之意是自己也听不懂。

且不管门牌号究竟是怎样的读法,但惠栋墓在这里却是实实在在的,真希望本村能够多立一些标牌,以便让更多的朝圣者顺利找到这位大师的长眠之地,否则至少在我辈的记忆中,香雪海主要是几十年前一个著名冰箱的品牌,虽然这个著名的品牌已经销声匿迹,但惠栋之名却是中国经学史上不可或缺者。

庄存与：复兴今文，兼采汉宋

清代中前期，经学中的古文经学几乎一统天下，在这种局面下，却出现了像庄存与这样专门提倡今文经学的学者，这在当时而言，是学术界的一个重大事件。对于这个派别，陈祖武、朱彤窗所著《乾嘉学派研究》一书给出了如下的定义："清代今文经学的复兴，以江苏常州为中心。庄存与首倡于前，经其侄述祖传衍，到其外孙刘逢禄、宋翔凤而大张其帜，遂自成一独立学派。论学术史者，或因此一学派所治之《春秋》公羊学而称之为公羊学派，或以其郡望命名而径呼常州学派。"

常州学派的出现对中国近代史产生了很大的影响，经过刘逢禄，今文经学观念传到了龚自珍那里，而后康有为借鉴了廖平的观念，大力弘扬今文经学的义理之学，以此为理论依据，而发动了戊戌变法，由此而成为中国近代社会变革的理论依据，而这个理论的奠基人，正是庄存与。因此，虞新华的《武进掌故》中，在《今文经学和庄存与》中写道："清代常州今文经学，对中国近代政治学术有着很大影响，后来进步人士利用它的合理内核来推动社会发展。龚自珍用它来讥切朝政，期待改革；魏源从今文经学中汲取'变'的思想，宣称天下'无穷极不变之法'；康有为则受当时今文经学家廖平启示，将今文'三统'说阐发为'改制'、'因革'理论，将今文'三世'说推演为'乱世''升平世'（小康）'太平世'（大同）的系统，提出只有变法，才能使中国富强起来。康有为把改良主义思想同儒家今文经学说结合起来，用改良主义观点对儒家说作重新阐述，建立完善他的变法运动理论体系。"

以功名来论，武进庄氏可谓"考试世家"。庄存与的高祖、曾祖中就有多位进士，他的父亲庄柱及其两位伯父也都是进士出身，庄存与本人是乾隆十年的榜眼，而他的弟弟庄培荫更是乾隆十九年的状元。在一个家族中能够出现这么多的进士，足见其有世家之风。

庄存与考中进士之后，供职于翰林院，而后多次出为学政和考官，他大多数时间是在朝中任职，并且是皇十一子成亲王永瑆的老师，由此可见，庄存与的一生仕途顺利。那为何他还要钻研今文经学呢？美国汉学家艾尔曼对此有着独特的见解。艾尔曼写过一部名为《经学、政治和宗族——中华帝国晚期常州今文经学派研究》的专著，他在此书中认为庄存与研究今文经学的原因是"在为官的后期，转向《公羊学》，假借经典的外衣，表达对和珅的不满。"这是个很有意思的视角。做为著名的大贪官，和珅当然人人痛恨，但因为有皇帝的支持，大多数人对和珅的飞扬跋扈敢怒而不敢言，而庄存与通过研究《公羊传》来表达对和珅的不满，这种思维方式确实令人耳目一新。艾尔曼认为："与和珅之间的对立在18世纪80年代今文经学的复兴中发挥着关键性作用。"

艾尔曼产生这种思路的原因，应当是受魏源的启发，魏源在《武进庄少宗伯遗书序》中说："君（庄存与）在乾隆末，与大学士和珅同朝，郁郁不合，故于《诗》《易》君子、小人进退消长之际，往往发愤慷慨，流连太息，读其书可以悲其志云。"魏源此序作于道光八年，庄存与去世于乾隆五十三年，两者之间相隔了四十年，而魏源何以知道庄存与是为了跟和珅斗争而发愤研究今文经学者？对于魏源的这个说法，王俊义在《庄存与复兴今文经学起因于"与和珅对立"说辨析》中认为:"魏源这里所说,不过是以自身经历抒发对现实的感慨,用以讽喻当世罢了。"

王俊义先生的这篇研究文章,主要就是针对艾尔曼的说法而来,他认为艾尔曼的观念虽然很新颖,但有很多难以自圆其说的地方。王俊义先从二人的生平上作了仔细分析,比如庄存与比和珅大三十多岁,庄在乾隆四年考中进士的时候,和珅还未出生,而后庄一路升迁,到乾隆二十年,升为内阁学士兼礼部侍郎,转年又任浙江乡试正考官,提督直隶学政等等,而此时的和珅才五六岁。直到乾隆三十一年,和珅才入朝工作,到乾隆四十年之后,和珅逐渐受到了乾隆帝的宠信。乾隆四十一年,和珅被任命为户部侍郎,而后又任军机大臣,乾隆四十五年被任命为户部尚书,此后一路飞黄腾达地揽多位要职于一身,在此期间,庄存与并未跟和珅有矛盾冲突。庄存与乾隆五十一年退休,两年后就去世了,而此后的和珅又成为了皇亲国戚,因此和珅真正把持朝政的时间是在庄存与去世之后,那么艾尔曼说"在为官后期转向《公羊传》,表达对和珅擅权的不满"以及"老人晚年政治上失意后转向今文经学,寻找一种战胜现实腐败的武器",似乎在时间上不太能够衔接得上。

既然是这样,那庄存与为什么要转向对《公羊传》的研究呢?艾尔曼在其专著中还说:"庄存与的《春秋》论著开拓了新的研究领域,尽管他注重孔子隐含于《春秋》的'义''例',但却反对古文经学,支持今文经学。他认为,《左传》仅是历史记载,只记载历史事实,此外并未有其他更深的内涵。庄存与为克服《左传》的这一缺陷,转向《公羊传》。在他看来,《公羊传》包含着对历史的解释,其中揭示出孔子著《春秋》的真实用意。"

自古今文经学最主要的思想就是关于"大一统",而"大一统"学说的主要阐发点,就是来自于《春秋》的第一句话"元年春,王正月"。

今文经学家认为,这几个字中的"元"以及"王正月"包含着十分丰富的微言大义,这些正是今文经学立论的基础。作为今文学家的庄存与,当然要对这三个字作出系统的阐发。

庄存与对于经学的研究著作有三种:《春秋正辞》十一卷、《春秋举例》一卷和《春秋要旨》一卷,其中的《正辞》堪称庄在这方面的代表作,正是在此书中,庄仔细地阐述了他对《春秋》经中"王正月"三个字的解读:

> 公羊子曰:"何言乎王正月?大一统也。"《记》曰:"天无二日,土无二王,国无二君,家无二尊,以一治之也。"子曰:吾说夏礼,杞不足征也;吾学殷礼,有宋存焉;吾学周礼,今用之,吾从周。王天下有三重焉,其寡过矣乎?王阳曰:"《春秋》所以大一统者,六合同风,九州共贯也。"董生曰:"《春秋》大一统者,天地之常经,古今之通谊也。今师异道,人异论,百家殊方,指意不同,是以上亡以持一统,法制数变,下不知所守。臣愚以为诸不在六艺之科、孔子之术者,皆绝其道,勿使并进,邪辟之说灭息,然后统纪可一而法度可明,民知所从矣(庄氏自注:此非《春秋》事也,治《春秋》之义莫大焉。)"

庄存与撰《卦气解》,清光绪间德化李氏木犀轩刻《木犀轩丛书》本,牌记

庄存与的这段解释,其实是本自历代今文学家对《春秋》中这句话的各种解读,而后庄

作出了自己的判断，他认为《春秋》一书不是历史记录，其实是孔子政治思想的集中体现。

因此说，古文经学家与今文经学家最重要的区别恰恰在这一点上：古文经学认为《春秋》是一部鲁国史，今文经学家则认为《春秋》是一部政治史，而《春秋左氏传》则是以历史记录的姿态来解读《春秋》，《公羊传》则是从政治思想方面来阐述《春秋》，这两种不同的解释，也就形成了古文经学与今文经学两千年来的斗争，而庄存与正是从政治观点来阐述《春秋》一书者。

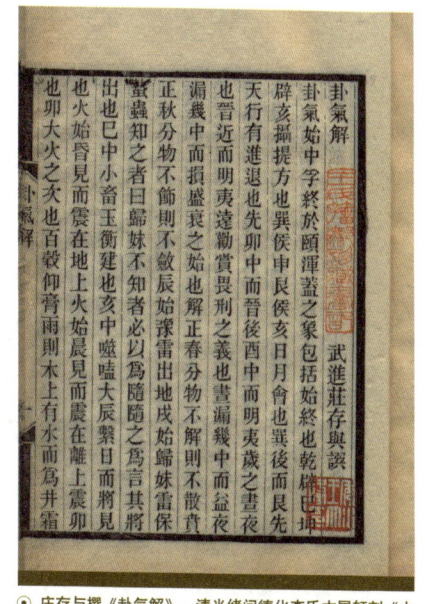

庄存与撰《卦气解》，清光绪间德化李氏木犀轩刻《木犀轩丛书》本，卷首

对于庄存与的这种解释，路新生在《中国近三百年疑古思潮史纲》中作出了如下总结："众所周知，'春王正月'是《春秋经》的第一句话，其中包含的'微言大义'最丰富，以此'春王正月'之解历来为今文经学家所重。庄存与亦重此解，是故他将'春王正月'之解安排在《春秋正辞》的提纲挈领篇——《奉天辞第一》之中。而他在解释此语时两引程子言，这在崇尚考据、摒弃宋学的乾隆年间并不多见。这一方面透露了宋学与今文经学之部分相通；另一方面，它也反映了庄存与主观上对宋学的重视。——方耕以人理说天运，将宋学与今文义法相糅杂，他这是引宋入（西）汉，汉宋兼采。"

由路新生的这段解释可知，庄存与的今文经学观念并不纯粹，因为他的文中有多处引用《左传》上的解释，同时他还引用宋儒的观点。古文经学被称为"东汉之学",今文经学被称为"西汉之学",但这两者都共同鄙视宋学,然而庄存与却没有这样的森严壁垒,他的学术观中有多处引用宋儒的解释,而这也正是其独特之处。庄存与对《毛诗》和《周礼》也有研究,而这正是古文经学的研究范畴,他为什么会这样呢?赵伯雄的《春秋学史》中引用了杨向奎的说法:"公羊学在政治上只能是理念方面的发挥,它是一部历史哲学,不是一部政治纲领,它不具备可运用的典章制度,只是空洞议论,因之要借用《周礼》'以明因监'。"

看来,庄存与也意识到纯粹用今文经学的观点来解释《春秋》,只会有空洞的议论,他必须从《周礼》中找出一些典章制度等实例,来佐证自己的观点。庄存与本着这种观点,当然不认可古文经学家把《春秋》视为纪史之书,比如他为顾炎武《日知录》卷四中"鲁之春秋"一条,作出了如下评语:

> 《春秋》之义:不可书则辟之;不忍书则隐之;不足书则去之;不胜书则省之。辞有据正,则不当书者皆书其可书,以见其所不可书;辞有诡正,而书者皆隐其所大不忍,辟其所大不可,而后目其所常不忍、常不可也。辞若可去、可省而书者,常人之所轻,圣人之所重。《春秋》非记事之史,不书多于书,以所不书知所书,以所书知所不书。

这段话是典型的今文经学家的解经方式。他们认为孔子在写《春秋》之时,用到了很多的义例,这种义例被称之为"书法"。当然这里的"书法"二字与今天的意思完全不同,这里指的是著述方式,而这些方式被庄存与总结为"不可书""不忍书""不足书""不胜书"等。但是今文经学家如何证明孔子在写《春秋》时,有着这么多的书法,显然这是不可能做到的事情。然而庄存与却能够在古文经学一统天下之时，勇敢地站出来，阻挡这样的洪流，其勇气确是可嘉。

《清史列传·庄述祖传》中记载了庄存与如下一段事：

> 存与方直上书房，独曰："辨古籍真伪，为术浅且近也。古籍坠湮十之八，颇藉伪籍存者十之二。胄子不能旁览杂氏，惟赖习五经以通于治。若《大禹谟》废，人心道心之旨、杀不辜宁失不经之诫亡矣；《太甲》废，俭德永图之训坠矣；《仲虺之诰》废，谓人莫己若之诫亡矣；《说命》废，股肱良臣启沃之谊亡矣；《旅獒》废，不宝异物、贱用物之诫亡矣；《冏命》废，左右前后皆正人之美失矣。今数言幸而存，皆圣人之真言也。"乃为《尚书既见》三卷、《说》二卷，数称伪书，而古文竟获仍学官不废。

这段记载十分重要。因为那个时期，阎若璩经过几十年的研究，举出了一大堆的事实，写出《尚书古文疏证》这部伟大的作品，阎在该书中以大量史实证明从唐代以来，列入十三经的《古文尚书》乃是一部伪书。这件事在社会上产生了巨大的影响，而后一些学人就根据阎若璩的观点，上书朝廷，要求放弃伪《古文尚书》，应当重新整理出真正的《古文尚书》，以便让学子们作为读书的正本，而考官也以此来作考试题目。

但庄存与却反对众人的提议，因为他在尚书房工作，可以接近皇帝，他向皇帝阐述了自己的观点。他认为研究古书的真伪乃是一种小道，古书流传到他那个年代，绝大多数已失传，仅靠剩余的文献来研究古人的思想，显然有失偏颇，更何况清廷所尊奉的《大禹谟》，也就是通常所说的"虞廷十六字诀"，已经成为了国家正统思想，如果证明其为伪，必然引起思想界的混乱。他的这个说法竟然受到了皇帝的赞同，最终使得伪《古文尚书》没有被废除。

庄存与去世后，后人将他的研究文章汇在一起，编成《味经斋遗书》。也许在正统学者看来，庄存与的经学观点不纯粹，因为阮元给该书写序时，首先称："元少时受业于李晴川先生，先生固武进庄方耕宗伯辛卯会试所得士也。常为元言宗伯践履笃实，于六经皆能阐抉奥旨，不专为汉、宋笺注之学，而独得先圣微言大义于语言文字之外，斯为昭代大儒。"相比较而言，阮元更倾向于古文经学，然而他在这里却借其师之语夸赞庄存与为"昭代大儒"。对于庄存与的研究文章，为什么在其身后方予以出版，阮元又在序言中说："公通籍后，在上书房授成亲王经史垂四十年，所学与当时讲论或枘凿不相入，故秘不示人。"

这是很奇怪的现象：既然庄存与可以公开站出来反对古文经学的一些作为，那他为什么把自己的研究著作匿藏起来，不让人看呢？王俊义在其文中予以了如下的解读："在笔者看来，《味经斋遗书》所收庄存与各类经学著作，实际上就是在庄存与为成亲王讲授时所留讲义基础上，由庄存与之孙辈庄绶甲、刘逢禄、宋翔凤等再经整理而成。其在世时，之所以'秘不示人'，一方面是与当时学坛上普遍讲论古文经的汉学'枘凿不入'；另一方面则是他自感不够成熟，因则低调处理不'以经学自鸣'，著述也未刊刻。至嘉道之际，乾嘉考据学（亦即所谓汉学）逐渐衰败，今文经学逐渐盛行，庄存与之学经刘逢禄、宋翔凤、龚自珍、魏源等提倡，魏源甚至认为庄氏之学，才是真'汉学'，其学才大显于世。这是庄存与本人所始料不及的。"

且不论庄存与的今文经学所言是否有道理，然而他在思想界确实形成了冲击性的影响，对于这种影响，吴怀祺主编的《中国史学思想通史·近代前卷》中给予了高度评价:"庄存与在乾隆时期,使久已湮没无闻长达两千余年的今文经学重现于世,对于《春秋》公羊学的许多基本思想,诸如以《春秋》当新王、天人感应、大一统、通三统、张三世等都有或多或少的论述。虽然他的这些论述大多只是重复汉代今文经学家已有的言论,其中很少有他自己的独特思想,但是,如果我们考虑到在考据学一统天下的时候,他能不从流俗,敢于揭橥《春秋》大义,专意于今文经学的研究,以个人力量与整个学术界对抗,我们就不能不敬佩他那卓越的胆识和以天下兴亡为己任的精神。"

庄存与故居位于江苏省常州市晋陵中路第一人民医院内西南角。此趟的常州之行颇为顺利,所有的寻访目标大多找到,而庄存与的故居——宝砚堂则是当天寻访的最后一个目标。我所查得的资料称,庄存与故居位于马山埠常州卫校内,然而来到此处却打听不到这个地点,后来终于问明白,卫校的房产已经并入了常州市第一人民医院,学校则搬往他处。

于是我接着打听第一人民医院。来到了医院门口,我向门口的保安打听庄存与故居的具体方位,门卫态度虽然很好,却说自己没有听说过本院有这么个人。我向他解释这是一位古人,在医院的范围内应当有一处古建筑存在。门卫明确地称,医院内所有的建筑都是新的,里面绝没有老房子。保安说话时态度十分诚恳,我感觉到他不是在应付我。

显然这样的结果让我颇感失望,但既然已经来到了此处,我还是打算在医院附近转一转,希望能够找到一些蛛丝马迹。然而正准备离开时,我无意间看到门卫室的外墙上贴着一张建筑规划图,站在图前细看,果然在此图的左下角位置看到了"庄存与故居"的字样。见此让我大感兴奋,于是立即喊来保安,而后指给他看,保安不好

⊙ 院落中的正房

意思地一笑，说这张图贴在这里有一些日子了，但他却从来没仔细看过。接下来的要求当然变得异常顺利，他不待我张口，就爽快地跟我说，这个位置就在右边正在施工的工地后面，绕一下就看见了。

如此顺利地走入医院，当然令我很愉快。穿过保安所指的施工工地，眼前一排蓝色的铁皮板，从铁皮板倒塌的位置看过去，果真看到后面一处刚刚修建起的仿古建筑。从外观看上去，这处古建有两进院落。从围挡之处穿过，原来这里是故居的后门，门上标示着大大的"18"，不知意味着什么。在这里没有看到文保牌，也没有看到介绍牌，我猜测这些铭牌

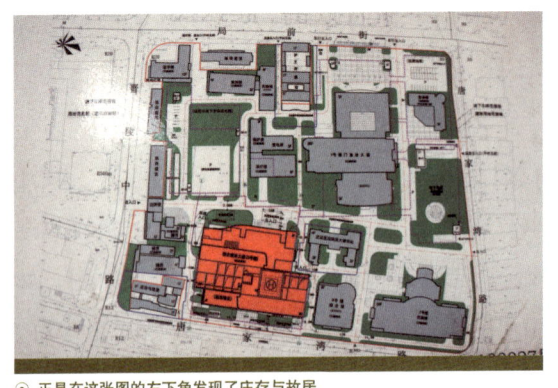
⊙ 正是在这张图的左下角发现了庄存与故居

庄存与：复兴今文，兼采汉宋　　719

窗棂制作得颇为精细

应该立在故居的正门处，而我是从后门进入的小院。我打量了一下周围的建筑，猜测故居的正门外应该是正对着马路。

我所进入的院落，这里应该是故居第二进。此院落不大，四周的小房间都是刚刚修建完工者，有些锁着门，有些却可以走进去，我走进其中一个房间，看到里面堆放着大量纸箱，看来这里是用作临时仓库，不知何时能够修理完毕，等到对外开放时，这里或许会布置上许多的展板。此番前来，

里面堆满了纸箱

不知何时能整完开放

是 2013 年的深秋，等我完成这篇小文的时候，已经过去了三年的时间，想来，庄存与故居内部已经布置完毕，下次到常州时，我会再来此处看看，真希望它的布置效果远超我的期待值。

戴震：皖派终成，以经翼理

清代乾嘉学派若以两分法来论，可分为吴派和皖派，而皖派的实际创始人则是戴震。关于吴、皖两派的区别，钱穆在《中国近三百年学术史》中有如下论述：

> 今考惠学渊源与戴学不同者，戴学从尊朱述宋起脚，而惠学则自反宋复古而来。顾亭林已言理学之名，自宋始有，古之所谓理学者，经学也。而通经则先识字，识字则先考音，亭林为《音学五书》，大意在据唐以正宋，据古经以正唐，即以复古者为反宋，以经学之训诂破宋明之语录。其风流被三吴，是即吴学之远源也……江浙人物荟萃，典册流播，声气易传，考核易广。清初诸老尚途辙各殊，不数十年间，至苏州惠氏出，而怀疑之精神，变为笃信辨伪之工夫，转尚求真，其还归汉儒者，乃自蔑弃唐宋而然。故以徽学与吴学较，则吴学实为急进，为趋新，走先一步，带有革命之气度。而徽学以地僻风淳，大体仍袭东林遗绪，初志尚在阐宋，尚在述朱，并不如吴学高瞻远瞩，划分汉宋，若冀越之不同道也。

钱穆直接将吴派称之为"惠学"，这是因为该派的创始人是惠栋，而皖派因为戴震的原因，则径直被称之为"戴学"。从这段论述来看，吴派更是纯粹的考据学，而皖派则把义理之学融入了考据派中，如果用更纯粹的说法来形容——皖派是通过考据学来修正义理概念，而这种奇特的治学方式则是本自戴震，因为他曾说过："经之至者，道也；所以明道者，词也；所以成词者，字也。必由字以通其词，由词以通其道。"

在戴震眼中，研究字学的目的是为了能够读懂古人的言词，读懂古人的言词乃是为了明道，而他为余萧客的《古经解钩沉》中所写的序言，则表达出了皖派与吴派在观念上的区别："今仲林得稽古之学于其乡惠定宇。惠君与余相善，盖尝深嫉乎凿空以经也。二三好古之儒，知此学不仅在故训，则以志乎闻道也，或庶几焉。"

在这里，戴震又明确地说，研究训诂之学，其主要目的就是为了明道。为此，刘墨在《乾嘉学术十论》中给予了这样的评语："戴震比吴派高出一层的，就在于能够超越'故训'之上'闻道'。"

戴震何以有着这样的思想？按他自己的解释，他在年轻时就已做如是想。戴震去世的那年，给弟子段玉裁所写的信中有过如下的表述："仆自十七岁时，有志闻道，谓非求之六经、孔、孟不得，非从事于字义、制度、名物，无由以通其语言。宋儒讥训诂之学，轻语言文字，是犹渡江河而弃舟楫，欲登高而无阶梯也。为之卅余年，灼然知古今治乱之源在是。"

他在17岁时就致力于经学研究，认为研究经学首先要从考据学下手，以便真正读懂前贤的思想，而宋代理学家却认为这么做没有必要，戴震认为宋儒的这种思维是一种偷换概念，于是坚持自己的研究方向，那就是通过考据学来了解前贤的思想。三十多年来，他一直沿着这条路走了过来，而到其晚年，更加坚定自己治学方法的正确。

也就是说，研究训诂之学，其目的就是为了得知前贤的真实思想，也就是义理之学。因此说,训诂之学对戴震而言,只是达到义理思想的必要手段,正如段玉裁在《戴东原集序》中引用戴震所言:"六书、九数等事,如轿夫然,所以舁轿中人也。以六书、九数等事尽我,是犹误认轿夫为轿中人也。"

戴震在这里用"抬轿子"来形容考据和义理之间的关系,他认为考据的手段犹如抬轿人,而真正的思想才是乘轿者,他把乘轿者称之为"理义"。对于"理义"的概念,戴震在《题惠定宇先生授经图》中解释道:

> 夫所谓理义,苟可以舍经而空凭胸臆,将人人凿空而得之,奚于经学之云乎哉?唯空凭胸臆之卒无当于贤人圣人之理义,然后求之古经。求之古经而遗文垂绝,今古悬隔也,然后求之故训。故训明则古经明,古经明则贤人圣人之理义明,而我心之所同然者,乃因之而明。

他的这段话显然是在批评宋明理学,他认为理学家不是通过研究古经来得知前人的思想,而是完全凭借自己的想象来解读前贤的思想,他认为这样做显然不对。而后说出了后世广泛引用的几句名言——只有研究透了训诂之学,才能真正明白经中所言;而只有读懂了古经,才能真正明白圣人们的"理义"。

戴震并非出生在读书人家,他的父亲是位商人,主要从事布匹的买卖。雍正元年底,戴家出生了个男孩,此孩儿出生之时,空中突然响起了雷声,而大冬天打雷当然是罕见的事情,于是他的父亲就给这个小男孩起名为"震"。

戴震打小就很聪明,可能真如古语所言——"圣人言迟",据说他在10岁之前一直不肯说话,这种情况当然被后世追溯为有着特殊的意味，比如段玉裁就在《戴东原先生年谱》中说："十岁。先生是年乃能言，盖聪明蕴蓄者深矣。"

到了10岁，戴震终于说话了，而他一张口，果真不同于凡常。那时家人把他送到私塾去读书，当时老师正在讲《大学章句》，等老师讲完第一章后，戴震就向老师提问："此何以知为孔子之言而曾子述之？又何以知为曾子之意而门人记之？"

这样的问题显然老师回答不出来，但老师却跟他说：此书是大儒朱熹作的"集注"，既然朱文公都这么说，那恐怕就是这么回事。但戴震并不肯就此罢休，他又问老师：朱文公怎么知道是这样的传承次序？如此深究下去，当然令老师无法回答，于是老师感叹道："子非常儿也！"

由这段小故事可知，戴震在年幼之时就有怀疑精神。在不疑处生疑，才是治学最重要的方法。但是，虽然他有了这样的特性，若得不到正确的指导和启发，恐怕天性也难以得到完全的发挥。

戴震20岁时跟着徽州学者汪梧凤学习，而汪家藏书很多，戴震在那里得以广泛地读书。更为重要者，当时的学者江永也住在汪家，戴震向江永请教了不少的经学问题，由此让戴的一些思路得到了印证。

在戴震29岁时，他又来到了汪梧凤的家中，此次他在这里遇到了毛奇龄的弟子方楘如。毛奇龄是清初反对理学最激烈的人物之一，他的观念当然影响到了方楘如，而方又跟校勘家何焯的关系密切，方从何那里学到了校勘学的概念，这些观念汇集在一起，使得方楘如开始提倡汉学反对宋学，张舜徽先生评价他说："大抵扬汉抑宋，其时汉学之帜未张，尊郑学者殆无几人，而楘如所言如此，亦实有以开乾嘉风气之先也。"

张舜徽的这几句评语把方楘如视为开乾嘉风气之先的人物。为什么能给予这么高的评价呢？刘墨在《乾嘉学术十论》中说："方楘如还有一个影响应该引起充分的注意，而这一点恰被学术史研究者所忽视了：这就是方楘如是较早意识到汉人学说中郑玄的重要性，他甚至亲自动手编成《郑注拾渖》一书以收罗郑玄的遗著，而这要比孔广森、黄奭、袁钧诸人早得多。"

方楘如的观念显然传导到了戴震身上。再后来，戴震因为躲避仇家来到了北京，在此结识了钱大昕，而后又经过钱的举荐，他帮着秦蕙田去编著名的《五礼通考》。戴震在北京期间得以结识纪晓岚、朱筠、王鸣盛、王昶等一系列著名学者，他在考据学方面的成就得到了这些人高度的夸赞，正是这段经历使戴震名扬天下。而纪晓岚还为戴震早年的著作——《考工记图注》写了序言，纪在此《序》中夸赞戴说："戴君深明古人小学，故其考证制度、字义，为汉已降诸儒所不能及。以是求之古人遗经，发明独多。"

后来，王安国又把戴震聘入家中去教自己的儿子王念孙读书，正是在戴震的启发下，王念孙以及他的儿子王引之后来都成为了考据学中大师级的人物。在纪晓岚的推荐下，戴震又入卢见曾幕，为此他来到了杭州，在卢的官署中再次见到了惠栋，此时的惠栋已经60岁，而戴震35岁，他们的再次见面对戴震晚年思想的转变形成了较大的影响。刘墨在其专著中，引用了戴震晚年写的一篇追忆文章，戴在文中说：

> 松崖先生之为经也，欲学者事于汉经师之故训，以博稽三古典章制度，由是推求理义，确有据依。彼歧故训理义二之，是故训诂非以明理义，而故训胡为？理义不存乎典章制度，势必流入异学而不自知，其亦远乎先生之教矣。

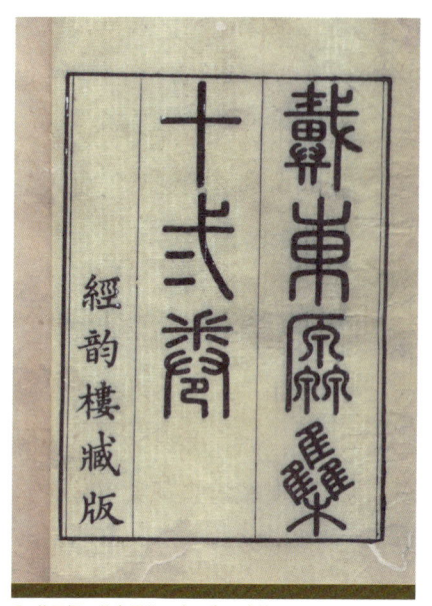

⊙ 戴震撰《戴东原集》十二卷，清乾隆五十六年经韵楼刻本，书牌

对于这段话，刘墨在文中评价道："惠栋对戴震的启示是，戴震此前还承认汉儒擅长于传注与宋儒擅长于义理的二分法，而现在则否认了宋儒擅长义理的说法，他认为，即使是义理，也必须要依靠汉人传注和古代的典章制度进行研究。"

因为戴震在学术上的名声越来越响亮，而后他被招入四库馆做校勘工作。对于他在四库馆的这段经历，李慈铭在《越缦堂读书记》中说了这样一段话：

> （戴震）在馆四年，校定书十五种，皆钩纂精密，至于目昏足痿，积劳致疾而殁。高宗深契其学，特畀馆选。而同时钱萚石、翁覃溪辈尚力诋之，覃溪至欲逐之出馆，盖以其进士翰林，非由八股。而世之以庸滥恶札取巍科高甲者，眯目入馆，涂改金银，不二十年坐致台辅，贤愚安之，以为固然。……直至今日，桐城谬种，尚以邵二云、周书仓及戴氏三君之入馆为坏风气、变学术，人无人心，亦可畏也！

戴震在四库馆工作了四年，校订出了15种古代的著作，而他的工作受到了时人的称赞，戴震也为此积劳成疾而去世。当时乾隆皇帝也听闻到戴震在考据学上的名气，却只是举人出身，故皇帝特命其参加殿试,成为了进士,可见皇帝对其是如何之看重。

然而四库馆中的钱载和翁方纲却很看不上戴震,翁甚至想把戴驱除出四库馆,其理由之一就是戴震的头衔乃是皇帝所赐,而不是走科考之路。对于翁的这种说法,李慈铭大感不满,他说很多进士的考试成绩都很好,但一生却完全无所作为。

翁方纲确实写过一篇《理说驳戴震作》,而他在该文的附录中有《与程鱼门平钱戴二君议论旧草》,翁在附录中说:

> 昨萚石与东原议论相诋,皆未免于过激。戴东原新入词馆,斥詈前辈,亦萚石有以激成之,皆空言无实据耳。萚石谓东原破碎大道,萚石盖不知考订之学,此不能折服东原也。训诂名物,岂可目为破碎?学者正宜细究考订诂训,然后能讲义理也。宋儒恃其义理明白,遂轻忽《尔雅》《说文》,不几渐流于空谈耶?况宋儒每有执后世文字习用之义,辄定为诂训者,是尤蔑古之弊,大不可也!

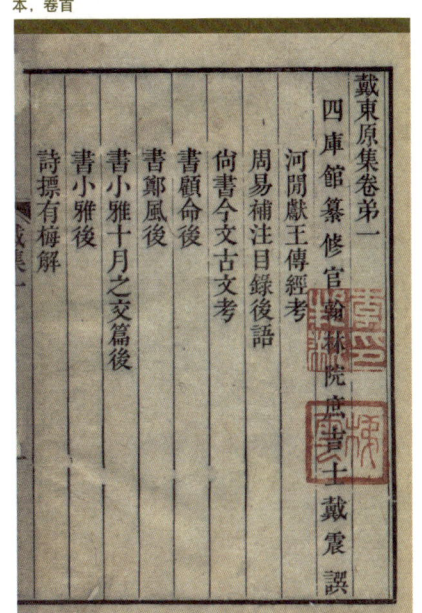
戴震撰《戴东原集》十二卷,清乾隆五十六年经韵楼刻本,卷首

翁方纲在这里倒是表现出不偏不倚的公允态度,他说戴东原进四库馆的时间较晚,却对前辈很没礼貌,因为钱载比戴震大15岁,翁是暗指戴不懂得尊长,但同时也说戴震的骂也是因为被钱载所激怒。钱载说戴震破坏儒家成规,翁认为这是因为钱只是个文人,其不

懂得考订之学，所以才会这么说。翁在此文中又说了这样一段话：

> 是以方纲愚昧之见，今日学者但当纂言，而不当纂礼。纂言者，前人解诂之同异、音训之同异，师承源委之实际，则详审择之而已矣。若近日之元和惠氏、婺源江氏以及戴君之辈，皆毕生殚力于名物、象数之学，至勤且博，则实人所难能也。吾惟爱之重之，而不欲劝子弟朋友效之。必若钱君及蒋心畲斥考订之学之弊，则妒才忌能者之所为矣，故吾劝同志者深以考订为务，而考订必以义理为主。

翁方纲认为，学者们重点是要去研究前代的典籍，那就是乾嘉学派所擅长的考订名物，同时他认为考订的目的是为了发挥义理，从这个角度而言，似乎翁方纲跟戴震在思想观念上没什么矛盾，那为什么还会产生排斥事件呢？看来，人性的复杂确实不能用几件事来予以概括。

钱载跟戴震之间的矛盾，蔡锦芳则认为源自戴震对朱彝尊的态度，蔡在《戴震生平与作品考论》一书中引用了章学诚在嘉庆元年所写《上朱中堂世叔》："戴东原之诂经可谓深矣，乃讥朱竹垞氏本非经学，而强为《经义考》以争名，使人哑然笑也。朱氏《经义考》乃史学之流，刘、班《七略》《艺文》之义例也，何尝有争经学意哉！且古人之于经史，何尝有彼此疆界，妄分孰轻孰重哉！"

戴震说过朱彝尊不擅长研究经学，却写出了《经义考》一书，而章学诚则替朱彝尊辩解说：《经义考》一书乃属于史学著作，朱完全没有要争经学地位的意思，更何况在古人的概念中，经学和史学并没有截然地分开。章学诚的这段话其实是在批评戴震只懂经学不懂史学，所以才会把史学著作看成是经学。

但即便如此，钱载为什么要跟戴震过不去呢？这是因为钱载和朱彝尊都是浙江秀水人，而钱跟朱之间还有着间接的师承关系，钱载在《萚石斋诗集自序》中曾说："戊戌而大夫归，乃教之（指钱载）为诗。大夫学举业于陆堂，陆先生讲经学于竹垞朱先生。"同时，钱载跟朱彝尊的孙子朱稻孙也是不错的朋友，所以说，戴震敢批评钱的偶像，钱当然要予以反击，只是他的这种反击超乎寻常地激烈，王昶在《蒲褐山房诗话》中写道："萚石襟情萧旷，真率自如，乾隆甲戌初夏，从金桧门总宪一经斋与余订交，遂成雅契。性豪饮，常偕朱竹君学士，金辅之殿撰，陈伯恭、王念孙两编修过余，冬夜消寒，卷波浮白，必至街鼓三四下。时竹君推戴东原经术，而萚石独有违言，论至学问可否得失处，萚石颡发赤，聚讼纷拏，及罢酒出门，断断不已，上车复下者数。四月苦霜浓，风沙蓬勃，余客伫立以俟，无不掩口而笑者。"

看来，这位钱载也不是好惹的人物。吵架的酒席散了之后，他还站在街边一遍遍地大骂，几次上车下车，就是不肯离去。他的这种行为被很多看客围观偷乐。

戴震虽以考据学名世，但如前所言，考据对他而言只是手段而非目的，因为他的最大愿望就是通过考据学建立起真正的义理之学，而他的义理概念则与程朱理学不同，因为他的义理有着强烈的反程朱思想。

其实最初戴震并没有这样的思路，胡适在《戴东原的哲学》中称："戴氏三十二岁入京之时还不曾排斥宋儒的义理；可以推知他在那时候还不曾脱离江永的影响，还不曾接受颜、李一派排斥程、朱的学说。"

可见，戴震在京城期间并没有排斥宋明理学的概念。这很可能是受他的老师江永的影响，因为江永既研究考据学，也不排斥宋学。

⊙ 戴震撰《孟子字义疏证》三卷，清乾隆四十一年孔氏微波榭刻《戴氏遗书》本

而胡适则认为，戴震脱离这种影响是接受了颜李学派的概念，同样，梁启超也是这么认为者。可是钱穆却反对胡适和梁启超的这种判断，他认为戴震思想的转变是受到了惠栋的影响。

戴震从44岁开始，直到55岁逝世，在此期间，他系统地研究义理之学，而后写出了《原善》《绪言》《孟子私淑录》等一系列著作，而这些著作之间都有着递传的关联。对于这一系列著作，戴震很是满意，段玉裁的《戴东原先生年谱》中引用了戴的自言："作《原善》首篇成，乐不可言，吃饭亦别有甘味。"戴震对自己晚年的这些著作最为看重，他在给段玉裁的信中写道："仆生平论述最大者为《孟子字义疏证》一书，此正人心之要。今人无论正邪，尽以意见误名之曰理，而祸斯民，故《疏证》不得不作。"

戴震自言，《孟子字义疏证》是他一生中最重要的作品。为什么这么说呢？他认为这部书是用以"正人心"，可见这是一部哲学性、思想性的作品。然而他的这部重要作品却在社会上引起了很大的反响，有不少人借此来攻击戴震，比如方东树在《汉学商兑》中说："程朱所严办理欲，指人主及学人心术邪正言之，乃最吃紧本务，与民情同然好恶之欲迥别。今移此混彼，妄援立说，谓当通遂其欲，不当绳之以理，言理则为以意见杀人，此亘古未有之异端邪说。"

方东树直接指斥，戴震的《孟子字义疏证》是异端邪说。当然，方东树一向攻击考据学中的人物，为此骂戴震倒也不足为奇。然而前面提到的章学诚，虽然他指责戴震不懂史学，但在这个问题上他却驳斥别人对戴的污蔑之词，章学诚在《文史通义·书朱陆篇后》中说："凡戴君所学，深通训诂，究于名物、制度，而得其所以然，将以明道也。时人方贵博雅考订，见其训诂、名物有合时好，以谓戴之绝诣在此。及戴著《论性》《原善》诸篇，于天人理气，实有发前人所未发者，时人则谓空说义理，可以无作，是固不知戴学者矣！"

在这里，章大力夸赞戴震在考据学方面所做出的成就，同时夸《原善》等也是重要作品，而有的人认为戴震不研究考据学而去探讨义理，说明这些人没有认真读过戴震的著作。为此，余英时在《论戴震与章学诚》一书中总结说："东原一方面以考证为当世所共推，另一方面则以义理独见赏于章实斋。一身而兼擅考证与义理，在乾、嘉学术史上为仅有之例。"

在余英时这里，戴震和章学诚是清学中的两座高峰，他在《论戴震与章学诚》一书中的"自序"中说："下逮乾、嘉之世，由于儒家的智识主义（intellectualism）逐渐流为文献主义（textualism），不少考证学家的确已迷失了早期的方向感。但当时考证运动的两大理论代言人——戴东原和章实斋——则仍然能紧紧地把握住清代思想史的方向。我们细读他们两人的著作，则清代儒学

⊙ 戴震撰《原善》，清乾隆四十一年孔氏微波榭刻《戴氏遗书》本

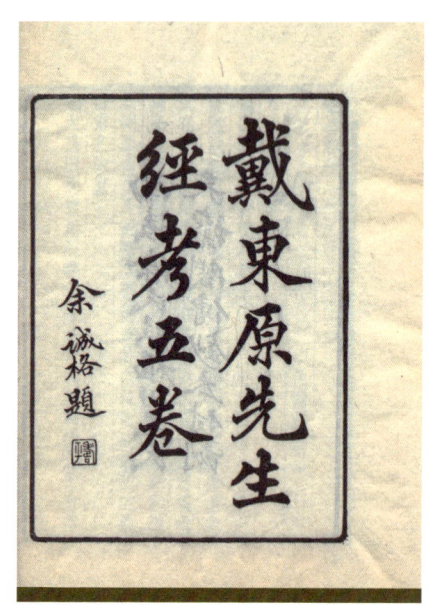

⊙《经考》五卷，民国间南陵徐氏刻本，书牌

发展中所蕴藏的义理脉络固犹分明可见。"

但是，戴震研究义理之学在他的那个时代却受到了很大的压力，比如他在晚年给弟子段玉裁写信称：

仆自上年三月初获足疾，至今不能出户，又目力大损。今夏纂修事似可毕。定于七、八月间乞假南旋就医，觅一书院糊口，不复出矣。竭数年之力，勒成一书，明孔孟之道。余力整其从前所订于字学、经学者。

戴震晚年患了脚病，出门不便，又因为把很大精力用于校勘，使得眼睛受损，所以他准备编完四库之后请假回到南方去就医，待身体好了之后，他不想出来为官，准备找一家书院去教书，以此来糊口，而后再用几年的时间来写一部义理方面的专著。究竟他想作怎样的一部书，信中没有说明，但余英时认为肯定不是《孟子字义疏证》。可惜的是，戴震的这个愿望没有实现，他还没离京，就病逝了。

对于戴震的这段话，李开认为："这里，戴氏把'乞假南旋'和论《疏证》紧连一起，不是偶然的，戴氏不会不认识到晚年的不幸就是《疏证》闯的大祸。同年5月21日给段玉裁的信说：'归山之志早定，八月淮南旋。'不料这是与段玉裁的永诀之书。按章炳麟的说法，

戴震的早逝,与《疏证》给他造成的不幸直接有关。"(《戴震评传》)

李开在这里还引用了章炳麟在《说林》中所言:"戴君生雍正乱世,亲见贼渠之遇士民,不循法律,而以洛闽之言相稽,哀矜庶戮之不幸,方告无辜于上,其言绝痛。桑荫未移,而为纪昀所假,以其惩艾宋儒者,旋转于浼华戎之界,寿不中身,愤时以陨,岂无故耶?"

戴震究竟说了什么话引起社会上这么大的反响呢?翻看他晚年的几部著作,均可看到他反宋明理学的一些言论,比如他在《孟子字义疏证》卷下中称:

> 古之言理也,就人之情欲求之,使之无疵之为理。今之言理也,离人之情欲求之,使之忍而不顾之为理。此理欲之辨,适以穷天下之人,尽转移为欺伪之人,为祸何可胜言也哉!

戴震认为,古人所说的"理"乃是贴近人情,而清代所言的"理"则是反人性。为此,他在该书中说了一段后世广泛引用的名言:

> 尊者以理责卑,长者以理责幼,贵者以理责贱,虽失,谓之顺。卑者、幼者、贱者以理争之,虽得,谓之逆。于是下之人不能以天下之同情、天下所同欲达于上,上以理责其下,而在下之罪,人人不胜指数。人死于法,犹有怜之者;死于理,其谁怜之!

戴震的这段话确实达到了哲学的高度,他认为封建礼教压抑人性,长辈不论说得对不对,都可以斥责晚辈,而晚辈如果进行争辩,哪怕说得对,也是一种大逆不道,而在人们的观念中,这样的"理"已经高于了法,以至于犯法被判了死刑的人还有人同情,而因为违反这样的"理"被处死的,却完全没人同情。

他在那个时代，竟然能够强调"法高于理"这样的先进思想，因此陈祖武在《清儒学术拾零》中评价说："戴震的政治思想，虽然并未逾越孟子的'仁政'学说，但是它在乾隆中叶的问世，实质上正是清王朝盛极而衰现实的折射，蕴涵于其间的社会意义是不当低估的。"

戴震的这种超前思想，显然不能为他那个时代的人所接受，他受到各种指责与谩骂也是必然的事情。当时著名文人彭绍升就写信给戴震，指斥戴破坏社会风气，而戴回信予以了反驳。戴震去世后，洪榜给他撰写了《行状》，洪在《行状》中全录了彭绍升指斥戴震的这封信，而朱筠看到后，竟然说："可不必载，戴氏可传者不在此。"可见，无论对立面还是同道人，都少有人能理解戴震所为。

为什么会出现这样的局面呢？这是因为后世把戴震始终看成是一位考据学大师，比如本田成之在《中国经学史》中说："戴震当然是纯粹的汉学家，除在典章制度以外，没有所谓义理的。所以他的研究，都是从事于各项事物，而关于天道性命等义理并不多言。"既然这样，那怎样解释戴震晚年对于义理的研究呢？本田成之接着说道："但把义理研究全置之度外，究竟不免偏见。所以戴震之师江永，却以其余力注《近思录》。然而宋儒有宋儒的义理，汉儒也有汉儒的义理，只是有仅言义理与罕言义理之别而已。戴震毕竟是大家，他不止研究典章制度，并且进一步而寻性命的义理。"

但无论时人还是后人，对于戴震的评价始终是围绕着他在考据学方面所做出的贡献，比如钱穆在《中国近三百年学术史》中写道："东原以乾隆甲戌（1754年）入都。初见钱竹汀，竹汀叹其学精博，荐之秦蕙田，蕙田闻其善步算，即日命驾延主其邸，朝夕讲论《五礼通考》中'观象授时'一门，以为闻所未闻。翌年夏，纪晓岚初识东原，见其《考工记图》而奇之，因为付梓。是年，东原又成《句股割圜记》

三篇，秦蕙田全载于《通考》。一时学者推服东原，本在名物度数。"

可见，戴震的出名就是因为他在京城写出了多部考据学著作。但是作为大师级的人物，戴震有着个性上的不同面，所以他在许多方面都有着超乎寻常的贡献。他去世后，私淑弟子凌廷堪写了篇《东原先生事略》，文中说："先生之学，无所不通，而其所由以至道者有三：曰小学，曰测算，曰典章制度。至于《原善》《孟子字义疏证》，由古训而明义理，盖先生至道之书也。先生卒后，其小学之学，则有高邮王念孙、金坛段玉裁传之；测算之学，则有曲阜孔广森传之；典章制度之学，则有兴化任大椿传之，皆其弟子也。"

这里把戴震的学问做了三分法，一是他在小学方面的成就，二则是算学和典章制度之学，而第三就是他的义理研究。前两方面，戴震都有传人，而唯有义理之学却没人能够延续他的成就。到了近世，学界和思想界反而更看重他在思想方面所做出的贡献，因此余英时在《论戴震与章学诚》一书中给出了这样的评价："所以我们可以说，乾隆时代有两个戴东原：一是领导当时学风的考证学家戴东原，另一个则是与当时学风相背的思想家戴东原。这两个戴东原在学术界所得到的毁誉恰好相反。"

相比较而言，梁启超更能从社会高度来看待戴震所做出的重大贡献，对于《孟子字义疏证》一书，梁启超在《清代学术概论》中给出了这样一大段评价：

综其内容，不外欲以"情感哲学"代"理性哲学"。就此点论之，乃与欧洲文艺复兴时代之思潮之本质绝相类。盖当时人心，为基督教绝对禁欲主义所束缚。痛苦无艺，既反乎人理而又不敢违，乃相与作伪，而道德反扫地以尽。文艺复兴之运动，乃采久闷室之"希腊的情感主义"以药之，一旦解放，文化转一新方向以进行，则蓬勃而莫能御。戴震盖确有见于此，其志愿确欲为中国文化转一新方向，其哲学之立脚点，真可称二千年一大翻案，其论尊卑顺逆一段，实以平等精神，作伦理学上一大革命，其斥宋儒之糅合儒佛，虽辞带含蓄，而意极严正，随处发挥科学家求真求是之精神，实三百年间最有价值之奇书也。

戴震纪念馆位于安徽省黄山市屯溪区隆阜街118号。昨夜到达黄山市，因为之前跑得有些疲累，故今日上午没有急着出门，先把之前的寻访过程做了补记。下午先去戴震纪念馆，因为所订酒店距此很近，很快就步行走进了颇具旧味的隆阜街。

虽然叫"街"，但我感觉只是一条小巷，在小巷中打听戴震纪念馆时，每个人指了方向后，都跟着说一句："很早就关门了。"我刚开始以为他们说的是放假关门了，找到后，始知是早就搬迁，不再开放，据说是搬去了延安街，这里是旧址。

戴震纪念馆正门

既然来到了这里，总要一探究竟。这里的门楣上依然写着"戴震纪念馆"，但是大门紧闭，门口巷子的宽度不足两米，我只好站在斜前方勉强拍下它的侧影。这里为什么叫"纪念馆"而非"故居"呢？是否旧居在另一处？可惜看不到相应的说明牌。

纪念馆的隔壁是一家旧式的小商店，店主无所事事地靠在柜台上，我的到来给他今日

戴震：皖派终成，以经翼理　　737

⊙ 匾额

的无聊增添了些许内容。我走上前问他：这间房子是否是戴震的故居？他说自己不清楚。纪念馆的旁边还有一个小门洞，从门洞走下去，原来屋后是一条河。我又去问店主，屋后的河叫什么河，他仍然是回答"不知道"。我对他这种淡定的回答表示了赞赏，能够如此地不知惭愧，这不是一般人能做到者。后来我打车去往另一寻访点时，司机告诉我：戴震纪念馆后面的那条河名叫"横江"，乃是新安江两条源头支流之一。

找到了戴震纪念馆，却无法

⊙ 门框式样

⊙ 戴震墓全景

进内一探究竟,也不能确定这是否是戴家旧居,我只能去寻找戴震墓,他的墓位于安徽省休宁县商山乡孝敬村公墓对面田野中。

在我的心目中,戴震是清学史上极其高大的人物,我本以为来此寻找,应该人人皆知他的大名,然我所遇却否定了自己的想当然,出租车司机说:开了八年出租,从来没人和他提过戴震,也没人乘他的车去找过这个墓。因此他看到我的寻访单后,不断给他的朋友打电话,方得知戴震墓的大概方位。

⊙ 戴震墓文保牌

几经打听,终于找到了孝敬村公墓,在公墓门口向一群妇女打听戴震墓,她们齐刷刷地指了远处田野中的一个小山包说:"那就是。"

我看着她们所指的方向，小山包下有个用石条围出的墓冢，原来那就是戴震墓。这和我长久以来的想象相差得太远，戴震在我的心目中是灿若星辰的人物，他的墓居然如此简陋。我沿着田间小路走到了戴震墓前，徘徊良久，真希望当地有关部门能够认识到他在学术史上的价值，对他的墓进行整修，以便让更多的后人来凭吊这位伟大的先贤。

段玉裁：说文四家，茂堂居首

关于《说文解字》的研究，学界一直有"说文四大家"之称，然这种说法起于何时、由何人最早提出，我却未能查到。这四大家所指倒是没有异议，他们及其代表著作分别是：段玉裁《说文解字注》、桂馥《说文解字义证》、王筠《说文句读》和朱骏声《说文通训定声》。

章太炎又有"说文三大家"之称，他在《小学略说》中称："段氏为《说文注》，与桂馥、王筠并列，量其殊胜，固非二家所逮，何者？凡治小学，非专辨章形体，要于推寻故言，得其经脉，不明音韵，不知一字数义所由生，此段氏所以为杰。"不知道为什么，章太炎没有把朱骏声涵盖在里面，他同时说，桂馥和王筠远不能跟段玉裁相并提。如此推论起来，朱骏声未列入，而另两家又比不过段玉裁，那么在经学大师章太炎看来，说文四大家排在第一位的，当数段玉裁。而徐道彬在《皖派学术与传承》一书中也说："在东原'由字以通其词，由词以通其道'的思想指导下，《说文段注》超越了王筠《说文句读》、桂馥《说文义证》、朱骏声《说文定声》，而成为清代文字学研究的巨擘。"

段玉裁何以专注于经学中的小学，关于这件事，还要从他的生平履历谈起。段玉裁的祖父名叫段文，未能考取什么功名，仅是位邑庠生。段文的儿子段世续，也就是段玉裁的父亲，则是邑禀生。无论邑庠生还是邑禀生，其实都是俗称的秀才，这两者的区别，前者为自费生，后者则为公费生。但无论哪一种，都说明，段玉裁的上两辈没有什么功名。

能够读书识字，却未能考取功名，生活的出路只有去做家庭教师，这样的生活当然不会富裕。段玉裁在《先妣梳几铭序》中说："吾家故贫甚，吾祖父吾父皆以授徒为生，每岁计所入脩脯数十两以为出。"读书人大凡遇到此况，多半会将个人的希望寄托到后辈身上，故而段玉裁在8岁时，就跟随着四叔祖父去读胡安国的《春秋胡传》，读了不到一年，他父亲就转而让儿子跟着自己读书，看来其父对经学也有研究。姚鼐在《封文林郎巫山县知县金坛段君墓志铭》中称段玉裁之父："终生以训生徒为事，其训必使以读经为根本，与讲授熟复之，唯恐有弗达也。朝夕课之，多方以诱之，唯恐己力之余而弗致也。其后学徒多成立，而君子段玉裁遂以经学名天者，君之教也。"

姚鼐说段世续终生都是做教师，其教学方法是以读经为根本，而段玉裁能够成为经学大师，启蒙者正是他的父亲。但是段世续何以有这样的见识，资料上却未见记载。段世续对儿子要求很严格，曾有一个阶段，段玉裁认识了一位叫蔡泳的人，此人多才多艺，喜欢诗词曲赋，还擅长书法与治印。段玉裁跟他在一起当然觉得很有趣，于是就跟蔡泳学习音律。这件事被父亲知道后，立即制止了这种行为，他跟儿子说："（词学）有害于治经史之性情，为之愈工，去道且愈远。"（刘盼遂《段玉裁先生年谱》）

看来段世续对儿子有很高的期许，只让儿子刻苦研讨经学，不允许有任何的旁逸斜出。这种要求对玉裁影响很大，使得他一生都致力于经学。后来父亲又把他送到安定书院去深造，在乾隆二十五年，也就是段玉裁26岁，他终于考中了举人。

此次科考的座师，乃是刑部侍郎钱汝同。按照当时的风气，中举之后，举子们都要去参拜座师，于是段玉裁来到京城拜见了钱汝同。这位座师对玉裁也很欣赏，让玉裁住在自己家中。钱汝同也有藏书之好，段玉裁在钱家看到了大量的藏书，最让他喜欢的一部乃是顾炎武的《音学五书》。该书是顾炎武在音韵学方面的代表作，看来段玉裁对于音韵学有着宿缘，一见而倾心，其在《六书音韵表》卷首中说："惊其考据之博衍，始有意于音韵之学。"无意中读到了一部书，从此奠定了他一生的治学方向，由此可证，尽管自身素质很重要，而有好的机遇也同样对人生起着重大的作用。

段玉裁中举之后，接下来的首要任务当然是考取进士。乾隆二十八年春，段玉裁参加了进士考试，可惜未能考中，于是留在了北京，居住在新安会馆。这个阶段，段玉裁开始找工作，他在景山的万寿殿官学谋到了一个教席，而就在此时，他听说江南经学大家戴震在北京讲学，就跟朋友一起前往听课。这一听不要紧，从此他就倾心于戴震。当年夏天，戴震返回了故乡，段玉裁还特地写信去问安，而他在信中就署弟子款。

然而戴震却并不承认段玉裁是自己的弟子。这里有一个缘由，虽然说段玉裁比戴震小12岁，但是他中举的时间却比戴震早两年，按照那时的风俗，同为举子，则以举业先后来相称，早者称"年兄"，晚者称"年弟"，所以戴震觉得，他称段玉裁为"兄"方可，而段称自己为"师"则绝不行。段玉裁却不这么认为，于是他不管戴震同不同意，在任何场合都说自己是戴震的弟子。

这个阶段，竟有六年之久。乾隆三十四年春，戴震和段玉裁同时参加会试，两人又同时落榜，此次戴震也住在了新安会馆。这一次段又正式地提出拜师，可能是他的诚心感动了戴震，终于同意收下这位弟子，自此之后，段玉裁一生都以自己是戴震弟子为傲。董莲池在《段玉裁评传》中说："段玉裁对老师充满依恋之情，从师之后，时如当年颜回追随孔子一般。"这样的评价可谓极高。乾隆四十二年，戴震去世于京师，段玉裁闻听消息后，十分悲痛，此后"朔望必庄诵东原手札一通"（《段玉裁年谱·乾隆四十二年》）。到了嘉庆十九年，段玉裁已是八十岁老人，他在《东原先生札册跋》中写道："辑先生手迹十五汇为一册，时时览观。呜呼！哲人其萎，失声之哭，于兹三十有八年矣。"此时戴震已经去世38年，段玉裁翻看老师给自己写的信时，仍然会痛哭失声，这样的感情超乎寻常。

⊙ 段玉裁撰《经韵楼集》，清乾隆道光间金坛段氏刻《经韵楼丛书》本，牌记

段玉裁多次参加会试，均未能中式，只好以举人身份出外任职，经过多年辗转，也未能谋得合适的职位，到了乾隆四十三年，他才得以实补巫山知县。但不知什么原因，他任职三年后，主动提出辞职，在辞官返回的路上，他到南京拜见了钱大昕。又经过一番辗转，到了嘉庆六年，阮元在杭州开局校刊"十三经"，特意请段玉裁来主持这项重要的文化工程。虽然这时的段玉裁已经开始撰写《说文解字注》，但还是接受了阮元的邀请。在这个时候，发生了一件令他很不愉快的事，那就是他跟顾千里之间的矛盾。

顾千里比段玉裁小31岁，那时段玉裁已经是很有名气的学者，故而顾千里对段颇为尊重，视段为师，而段对顾也多有夸赞之语。此时的段玉裁已经年近古稀，身体不好，想选一位有才干的年轻人来帮助自己完成《说文解字注》，而其首先所选者，就是顾千里。

刘盼遂所撰《段玉裁先生年谱》在"嘉庆四年"里录有段玉裁书札："（段玉裁）意欲延一后生能读书者相助完成《说文》稿子而不可得，在东已赴广东，为芸台刊《经籍纂诂》，千里亦无暇助我。"

那个时候，段玉裁又跟随阮元来到了广州，本来他想让顾千里帮着自己完成这部大书，但不知什么原因，顾说自己没空完成此事，这多少让段觉得有些遗憾。虽然如此，段在这个问题上对顾并没有太多的看法，而两人关系闹翻，恰恰是因为本职工作。对于如何校刊"十三经"，做为主持人，段玉裁有着自己的态度。首先从"十三经"的注疏起始来看，段玉裁认为"'合刻注疏'在于北宋"，也就是说，段认为将注与疏汇合在一起，最早出现在北宋。然而顾千里却不同意段的这个结论，他在《百宋一廛赋注》中说："北宋本必经注自经注，疏自疏，南宋初始有注疏，其后始有附释音注疏，晁公武、赵希弁、陈振孙、岳珂、王应麟、马端临诸君，以宋人言宋事，条例脉络，粲然可寻。而日本山井鼎《左传考文》所载《绍兴辛亥黄唐跋礼记》语，尤为确证，安得有北宋初刻《礼记注疏》及淳化刻《左传注疏》事乎？"

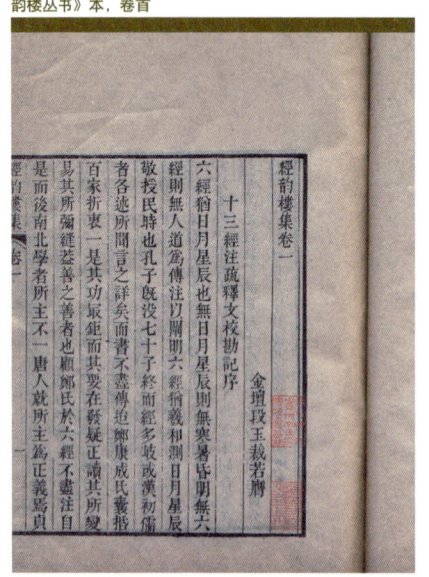

段玉裁撰《经韵楼集》，清乾隆道光间金坛段氏刻《经韵楼丛书》本，卷首

顾千里的这个态度令段玉裁十分生气。到了嘉庆八年，顾千里一生气离开了校书局。但这件事并没有结束，两人通过写文章来互相攻击，这个时段长达三年之久。顾千里的好友黄丕烈跟段玉裁也是不错的朋友，他本想两相调节，只是没想到，顾千里认为黄不协助

自己攻击段玉裁，反而替对方说话，于是又愤而与黄丕烈绝交了。

段玉裁与顾千里之间的矛盾，不会仅仅在于注疏合刊始于何时，他们之间的最大分歧其实是在学术观上。用通俗的话说，顾千里认为校古书应当以"不校校之"，就是传统所说的死校法，这种校刊方式乃是吴派的观点。而段玉裁是戴震的弟子，戴震是经学皖派的重要创建人，以戴震的话来说，"经之至者道也。所以明道者词也，所以成词者字也。

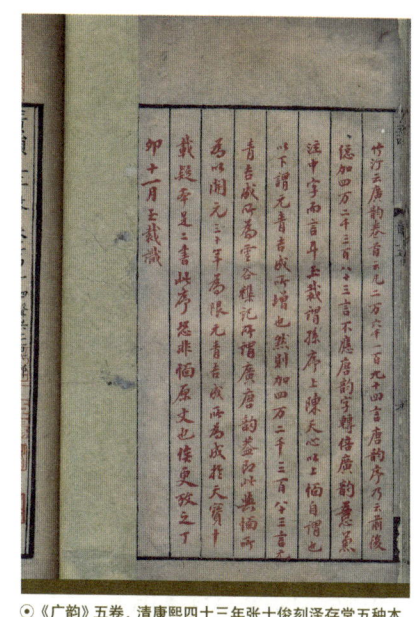

⊙《广韵》五卷，清康熙四十三年张士俊刻泽存堂五种本，李宏信过录、段玉裁批校并跋

由字以通其词，由词以通其道。"（《与是仲明论学书》）在戴震的观念中，研究字词，目的是为了了解经文，不是为了研究而研究，段玉裁也秉持其师的观点，认为校刊经典文献，要敢于根据经文的前后中意思来改字，所以他不赞同顾千里所强调的不校之校。

与顾千里的矛盾当然令段玉裁十分不快，接下来他把主要的精力用在了继续写《说文解字注》方面。有一度段玉裁的身体状况很差，虚弱到连笔都拿不起来，所以他担心自己生命不能长久，这时他又想到了一位代笔人，那就是王引之。段玉裁给王引之写信，想请王将剩余的部分作完，但不知什么原因，王引之却未曾回信，这个结果让段玉裁死了心，到此明白了自己的事情只能自己做，想指望别人，基本上不靠谱。

好在上天对这位大师真的有所照顾，虽然他在环境上、身体上有着不如意，但此书最终还是靠个人之力得以完成。其实在这个过程中，段家也有喜事，比如他在嘉庆六年得了位曾孙，而此时其父依然在世，五世同堂，这在当时可谓盛事，当地的县令就把段家的情形报告给了皇帝，于是皇帝御赐了段家"七叶衍祥"的匾额。段玉裁收到后，大为高兴，于是将自己的书斋改名为"七叶衍祥堂"，而他个人的文集《经韵楼集》，在其去世后，由家人付梓时，所用的刻书堂号就是七叶衍祥堂。到了嘉庆二十年，段玉裁81岁了，这年的五月，《说文解字注》终于刊刻完成，此后四个月，段玉裁去世，他终于完成了自己最大的一个心愿。

对《说文解字》进行彻底研究，原本是戴震早有的想法。梁启超在《中国近三百年学术史》中说："东原对于这部书，从十六七岁便用功起，虽没有著作，然传授他弟子段茂堂。"是什么原因让早有此志的戴震对《说文》一书未曾着手研究呢？历史上找不到相应的记载。但显然这是他的一大心愿，他把这个心愿转给了弟子段玉裁。这等于说，老师给弟子出了一个重要的研究课题，而事实上，戴震还告诉弟子应当如何研究该书。段玉裁在《说文解字注》的跋语中称："昔东原师之言：仆之学不外以字考经，以经考字。余之注《说文解字》也，盖窃取此二语而已。经与字未有不相合者，经与字有不相谋者，则转注、假借为之枢也。"

段玉裁首先引用了老师说的一句关键话。戴震认为自己的学问不外乎就是用字来考证经文，同时又用经文来考证字，

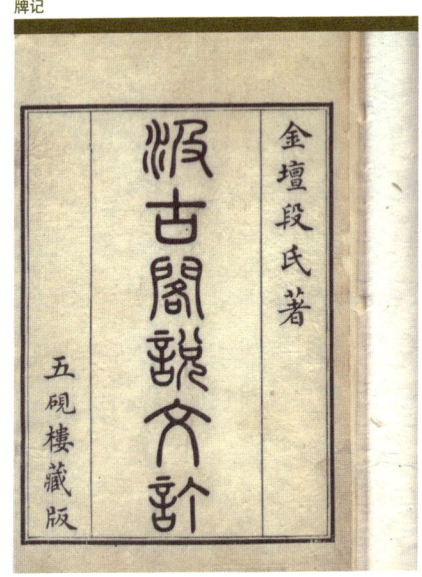

段玉裁撰《汲古阁说文订》，清嘉庆间袁氏五砚楼刻本，牌记

而段玉裁自称他的《说文解字注》，不过就是发挥了老师的这两句话。后世的研究者认为，段玉裁的说法不仅仅是谦词，例如黄侃就在《文字声韵训诂笔记》中说："清世自戴震创求本字之说，段玉裁注《说文》，遂壹意推求本字。"

其实在戴震和段玉裁之前，也有人研究《说文解字》，只是没有做深入的探讨。用梁启超的话来说，"《说文》这部书，清以前的人并不十分作兴他。

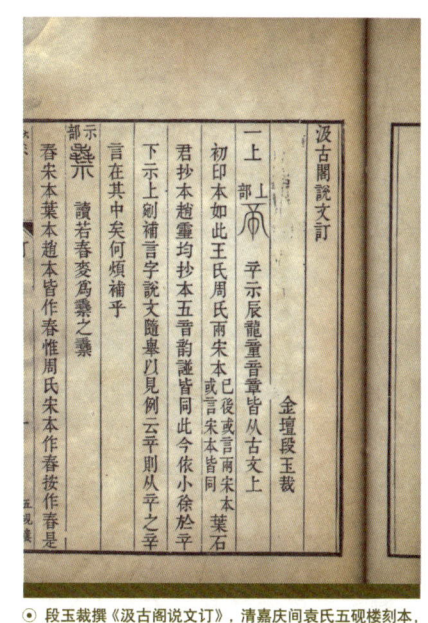

⊙ 段玉裁撰《汲古阁说文订》，清嘉庆间袁氏五砚楼刻本，卷首

宋、元间徐铉、徐锴、李焘、吾邱衍等，虽间有撰述，然发明甚少，或反把他紊乱了。明末有一群文学家好用僻字，拿来当枕中鸿秘，但并不了解他的价值和作用。"（《中国近三百年学术史》）段玉裁虽然有多部著作传世，然只有《说文解字注》称得上是他的代表作，因为他为了完成这部大书，竟然前后用了40年时间，这种惟精惟一的精神令人叹服。在书稿正式撰成之前，他先做了长编《说文解字读》，竟达五百四十卷之多，而后他又经过13年的努力，对这部大书稿进行剪裁，最终将其精炼为三十卷，其删改幅度之大，也同样令人咋舌。

《说文解字注》在正式刊刻之前，就广泛受到学者赞誉。卢文弨在给《说文解字读》所写的序言中夸赞道："盖自有《说文》以来，未有善于此书者，匪独为叔重氏之功臣，抑亦以得道德之指归，政治之纲纪，明彰礼乐而幽通鬼神。可以砭诸家之失，可以解后学之疑。斯真能推广圣人之正名之旨，而其有益于经训者功犹大也。"卢夸赞该书说，自从有了《说文解字》，之后所有相关研究的书都没有超过段玉裁的这个长编。而王念孙则在给《说文解字注》所写的序言中，予以了如下的高度评价："吾友段氏若膺于古音之条理，察之精，剖之密。尝为《六书音均表》，立十七部以综核之，因是为《说文注》。形声、读若，一以十七部之远近分合求之，而声音之道大明。于许氏之说，正义、借义，知其典要，观其会通，而引经典与今本异者，不以本字废借字，不以借字易本字。揆诸经义，例以本书，若合符节，而训诂之道大明。训诂、声音明而小学明，小学明而经学明。盖千七百年来无此作矣。"

虽然如此，其实段玉裁的《说文解字注》也属大醇小疵。后世学者也多有人对此提出过批评，李慈铭在《越缦堂读书记》中提及："段氏之学，博综深思，本休宁之精而广之，或恃其独到，往往失之坚僻。其《说文》之注，宏通博奥，兼苞众经，纵横不穷，为考名物训诂者之渊薮，非仅为功于许书也。其专辄自用，动事更易，诚亦乖训注之体，当时竹汀钱氏，已屡规其失。自后钮匪石等著书诋之者不一，然皆未甚其辞，徐氏笃守许君家法，不薄视南唐二徐，义据确然，特为严重，凡所攻击，皆中其疵。"

段玉裁撰《说文解字注》三十二卷，清嘉庆十二年序经韵楼藏板本，书牌

李慈铭认为，段玉裁的这部代表作绝对够得上博大精深，但同样也有其瑕疵在，这个瑕疵就是段玉裁跟顾千里产生矛盾的地方，因为遇到不可解之处，段往往凭己意，强解字意，

当时钱大昕就指出过段的这个问题，之后钮树玉等人也有这样的微词，李慈铭认为前人指出的确实没错。

但是，梁启超对这个问题有着较为公允的看法。梁首先称："《说文》自唐宋以来，经后人窜改或传抄漏落颠倒的不少。茂堂以徐锴本为主，而以己意推定校正的很多。后人或讥其武断，所以《段注订》《段注匡谬》《段注考正》一类书继续出得不少。内中一部分，诚

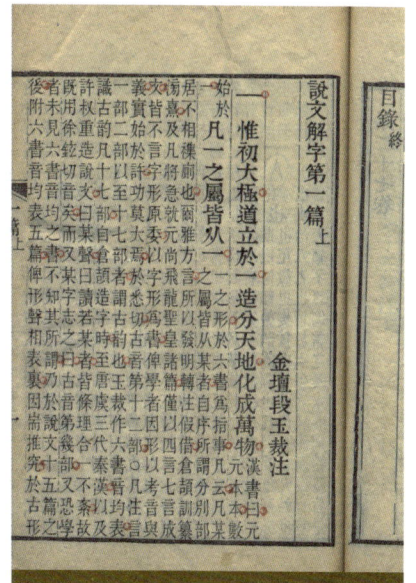
⊙ 段玉裁撰《说文解字注》三十二卷，清嘉庆十二年序经韵楼藏板本，卷首

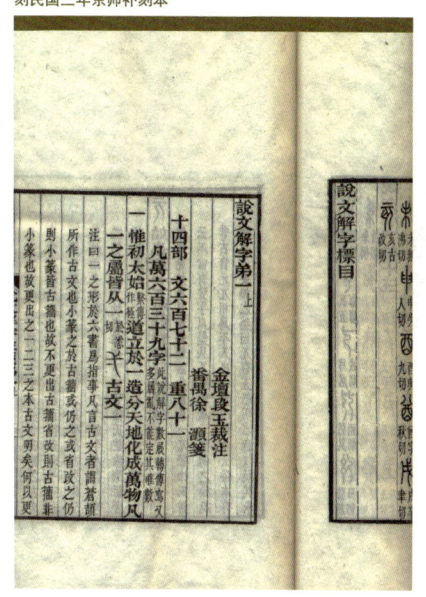
⊙ 段玉裁撰《说文解字注笺》十四卷，清光绪二十年桂林刻民国三年京师补刻本

足为茂堂诤友。"梁首先说，这些指出瑕疵的人应当算是段玉裁的"诤友"，但即便如此，"茂堂此注，前无凭借，在小学界实一大创作。小有舛误，毫不足损其价值，何况后人所订所匡也未必尽对呢。"（《中国近三百年学术史》）

段玉裁纪念馆位于江苏省常州市金坛区城南愚池风景区。大约五年前，我曾到金坛寻找过这个纪念馆，那一次也是顺利地找到了地方，然而大门紧

闭，尽管我一番敲击，明明听到里面有人在快乐地聊天，却无人应答，看来他们很讨厌我的来访。不巧的是，这次前来，我又遇到了闭门羹，仍然是一番敲击，试图让里面的人听到，但是这次，不仅是没有人来开门，连聊天声也没有了，里面听不到任何的声响，看来此次的运气比上次还差。没办法，只好围着纪念馆的四周寻找一些可拍摄之物。

上次来此馆时，还不巧赶上了一场雨，好不容易找到地方，里面明明有人聊着天，却坚决不开门，当时的心情可想而知。好在此次前来，天公作美，能够在晴天之下站在段玉裁纪念馆的门口，虽然进不到里面去，但我也觉得没有太大的遗憾。依我的想象，里面不大可能有太多跟段玉裁有关之物，或许里面也可能有一些段玉裁著作的刊刻之本，但我相信不会比我所藏更全。

这样的心态果真能够平息自己的不满，心情的转换，眼前的景色也变得不同，因为下雨的缘故，上次我没有仔细看纪念馆周围的

段玉裁纪念馆

段玉裁：说文四家，茂堂居首　　751

⦿ 匾额出自舒同之手

景色，而今却注意到这个纪念馆的匾额出自军旅书法家舒同之手，这样的一个纪念馆，为什么请舒同先生来写呢？不清楚这位军旅书法家的郡望在哪里。

在正门的门板上，竟然标明有开馆时间，如此说来，这里也跟其他馆一样，只是周一闭馆。而我来到这里的时间，两次都不是周一，那为何运气如此之差呢？纪念馆的右侧墙上还摆放着两块刻石，说明此处竟然是金坛市的文保单位，这种新修的纪念馆如何也成了文保单位，恐怕另有说法。以我的猜测，说

⦿ 段玉裁纪念馆也是文保单位

⊙ 简介牌在这里

不定这个纪念馆并非是凭空建造者,这里原为段玉裁家的地界也未可知。可惜,我找不到工作人员来印证这个判断。

沿着纪念馆的右侧继续观看,这一带仍然是大片的湖面。此次前来时间乃是初春,桃花也有了欲开还闭的羞涩,桃花树的侧旁修建了一个小亭,小亭的正中有一个石刻的六边桌,四围没有座椅,不知道此桌如何使用,而这一带也随意摆放着一些刻石,上面用一些诗句来夸赞着段玉裁的丰功伟绩。我边看边想,这位段玉裁为什么一生要专门研究《说文》呢?看来一个人的想法,想让别人去分析,真不是一件容易的事。不管这种思索想透还是想不透,但他在学术史上所做出的贡献,正如吴雁南等人主编的《中国经学史》上所给出的评价:"《说文解字注》是段玉裁的代表作,也是他尽其毕生心血而成的体大思精、传世不朽的著作。"一个人的一生,能得到后世这样一句评语,应该就足够了吧。

桂馥：说文四家，《义证》独罕

桂馥为清代研究《说文解字》的著名人物，被誉为"说文四大家"之一，其在"四大家"中仅次于段玉裁排在第二位。然而他跟段玉裁研究《说文解字》的方式有所差异，梁启超在《中国近三百年学术史》中对其二人的学术特色予以了如下的比较："桂书与段书不同之处：段书勇于自信，往往破字创义，然其精处卓然自成一家言；桂书恪守许旧，无敢出入，惟博引他书作旁证，又皆案而不断。桂之识力不及段，自无待言。但每字罗列群说（颇似《经籍纂诂》），触类旁通，令学者细索而自得（不为著者意见所束缚），所以我常觉桂书比段书更为适用。"

段玉裁的代表作《说文解字注》虽然在清代研究《说文》的著作中最具名气，然梁启超认为该书不如桂馥的《说文义证》实用。对于这样的说法，《清史稿》也有着类似的叙述："馥与段玉裁生同时，同治《说文》，学者以桂、段并称，而两人两不相见，书亦未见，亦异事也。盖段氏之书，声义兼明，而尤邃于声；桂氏之书，声亦并及，而尤博于义。段氏钩索比傅，自以为能冥合许君之旨，勇于自信，自成一家之言，故破字创义为多；桂氏专佐许说，发挥旁通，令学者引申贯注，自得其义之所归。故段书约而猝难通辟，桂书繁而寻省易了。夫语其得于心，则段胜矣；语其便于人，则段或未之先也。其专胪古籍，不下己意，则以意在博证求通，展转孳乳，触长无方，亦如王氏《广雅疏证》、阮氏《经籍籑诂》之类，非以己意为独断者。"

桂馥与段玉裁是同时代的人，并且两人之间还有着通信交往，然而这两位研究《说文》的大家却从未见过面，更为奇特的是，两人均未看过对方研究《说文》的代表作，这在清人眼中是很奇怪的一件事。虽然如此，两人研究《说文》的方式却并不相同，相比较而言，段玉裁更为勇敢，凡是他认为《说文》中读不通的地方，就以自己的理解予以改正。而桂馥则不同，他只引用前人的说法，并不会轻易改变别人的观点，只是把前人的不同研究成果罗列出来，并不评价哪种说法更为正确。

如此说来，桂馥的书对于学者而言其实更好用，在没有网搜功能的古代，能够把不同的研究成果分门别类地汇在一起，这让学者的研究变得更为省气力，并且能够从中看出前人研究的正确之处及误判之处。而段玉裁的改正，则使得后世学者难以判断某一条的说法是段改正过的意思还是古人的本意，所以《清史稿》也认为桂馥的《说文义证》虽然看上去很繁杂，但使用起来其实更省事。

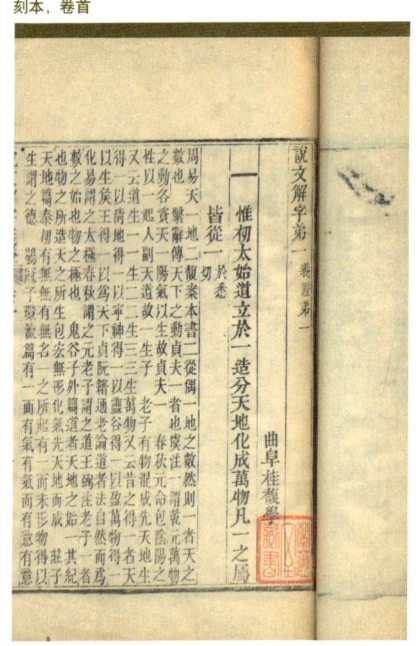
桂馥撰《说文解字义证》五十卷，清同治九年崇文书局刻本，卷首

然而也有学者不这么看，比如《说文》四大家之一的王筠就认为《说文义证》一书只是引经据典，而没有对前人的不同说法作出自己的判断，从这

个角度而言，这不是一部完善的著作。《续修四库全书总目提要》对这种情况予以了辩护："王筠议其引据之典，失于限断，且泛及藻绘之词，而又未尽加校改。然馥固自言从事《说文》三十余年，牵于世事，作辍无常，前绪已了，后复茫然，深有感于司马温公《进通鉴表》所云，抵牾不敢自保也。其谓'近日学者风尚六书，动成习气，偶涉名物，自负《苍》《雅》，略讲点画，妄议斯、冰，叩以经典大义，茫乎未之闻也。'

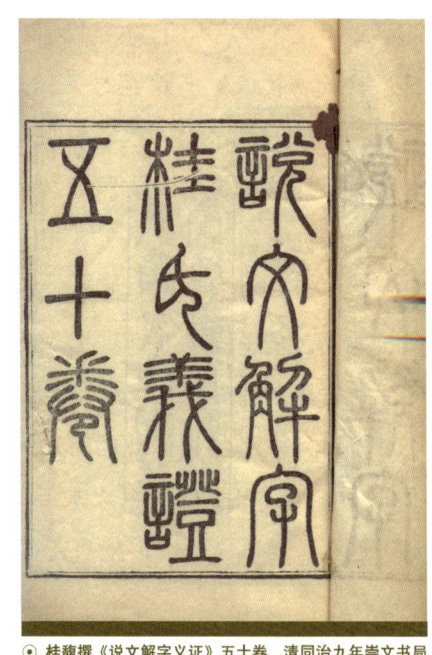

桂馥撰《说文解字义证》五十卷，清同治九年崇文书局刻本，书牌

足以针砭末俗。同时，桂、段并称，治《说文》者，多以二书为津梁。"

此处称桂馥研究《说文》花了三十多年的时间，但因其生活的不稳定，《说文义证》一书的写作时断时续，因此书内的引证有着前后矛盾之处也在所难免，即便如此，《说文义证》已经足以与段玉裁的《说文解字注》相媲美。

其实王筠并不反对桂馥的这种撰述方式，他甚至认为这正是《说文义证》的特色所在，王筠在《说文释例·自序》中评价说："桂氏征引虽富，脉络贯通，前说未尽，则以后说补苴之；前说有误，则以后说辨证之。凡所称引，皆有次第，取足达许说而止。故专胪古籍，不下己意也。读者乃视为类书，不宜昧乎！"也正是因为有这个特点，所以桂馥的《说文义证》在后世得到了广泛的赞誉。如《清史稿》评价说："馥博涉群书，尤潜心小学，精通声义。尝谓：'士不通经，不足致用；而训诂不明，不足以通经。'故自诸生以至通籍，四十年间，日取许氏《说文》与诸经之义相疏证，为《说文义证》五十卷。力穷根柢，为一生精力所在。"看来这部书足可以称之为桂馥的代表作。

那么桂馥研究《说文》的独特之处在哪里呢？张舜徽在《清人文集别录》中总结出两点："一曰：读群经至熟也。……二曰：用《玉篇》《广韵》较许书至仔细也。清儒取《篇》《韵》考正《说文》者，实自馥始。集中跋《玉篇》《广韵》诸文，皆排比异同，极见经心。其后钮树玉辈，专以《篇》《韵》校许书，亦实自馥启之。"

桂馥何以对经学如此的下功夫，这跟三位重要的经学人物有很大的关系：一是他的同乡周永年，二是经学大家戴震，三是丁杰。对于这三位对其之影响，桂馥在《上阮学使书》中自称：

> 自束发从师，授以高头讲章、杂家帖括，虽勉强成诵，非性所近。既补诸生，遂决然舍去。取唐以来文集说部泛滥读之，十年不休。三十后与士大夫游，出应乡举，接谈对策，意气自豪。周书昌见嘲云："吾因不喜帖括，遂不治经，得毋恶屋及鹊邪？涉猎万卷，不如专精一艺，愿君三思。"馥负气不从也。

桂馥自称年轻时也是专学考试技巧，同时也喜好诗词，再后来又喜欢读唐人文集，这些学识足够谈资，以至于让很多人佩服他博学多才。可是周永年却对他的这些知识不以为然，告诉他研究经学才是正路，泛滥无涯的读书不如专门研究一门学问。但桂馥没有接受周的劝解，依然按照自己的喜好读各类杂书。让他真正的转变，则是戴震以及丁杰对他的劝告，桂馥在《上阮学使书》中又写道：

> 及见戴东原为言"江慎修先生不事博洽，惟孰读经传，故

其学有根据。"又见丁小稚自讼云:"贪多易忘,安得无错!"馥懔然知三君之教我也。前所读书,又决然舍去,取注疏伏而读之,乃知万事皆本于经也。窃谓训诂不明,则经不通。复取许氏《说文》反复读之,知为后人所乱,欲加校治,二十年不能卒业。

戴震向桂馥讲述了自己的老师江永的治学路数,丁杰也劝他读书太多容易遗忘,这就很容易出错。在这些人的劝告下,桂馥终于放弃了帖括之学,转而致力于经学研究。他觉得天下万事以"六经"最为重要,但如果不懂得文字在古代的音和义,就读不懂"六经"。于是他就拿出许慎的《说文解字》进行反复研究,后来他发现《说文解字》一书曾遭后人篡改,于是就想恢复其本来面目,这样一做就是几十年。这段话等于说清楚了,他何以用大半生的精力来研究《说文解字》。

有意思的是,桂馥研究《说文》,不但在文字上下功夫,还特意请人绘制出了《说文统系图》。以图象的方式来展现历史上与《说文》有关的专家,这也算是桂馥的一大发明。对于该图的来由,桂馥在《札朴》中予以了如下的解释:

> 余尝乞罗两峰作《说文统系图》,自许慎至吾丘衍十余人,或谓生各异代,不应同在一图。案:后汉赵邠卿图,季札、子产、晏婴、叔向,四像居宾位,又自画其像居主位。本朝方尔止作《四壬子图》,画陶渊明、杜子美、白乐天,自持诗卷请教。此皆前事也。

桂馥选出了几位在《说文》史上有着重要贡献的人物,然后请大画家罗聘画出了该图。其实《〈说文〉统系图》桂馥请人画过两幅，第一幅图乃是钱塘陈鸿宾、安邑宋葆惇两人合作绘制，第二幅图才是罗聘所绘。而此图中所绘人物也没有桂馥自称的十余人，其实仅有八位人物，分别是：许慎、江式、徐铉、徐锴、颜之推、李阳冰、张有、吾丘衍。

《说文》统系图

其实对于《说文》一书的贡献，还有许多人物的重要性都超过了桂馥所列的这八位，所以这个名单受到了当时学者的广泛质疑。比如他的好友翁方纲在《与桂未谷论所作〈《说文》统系图〉》中称："来示以所作《〈说文〉统系图》属题。其图据案者许慎也；坐于左者江式；立者李阳冰；右则二徐、张有；而执卷伛偻于前者为吾衍，岂非以衍作《学古编》溯篆书品目有功于许慎哉？顾有所未晓者。"翁方纲在这里首先质疑，为什么图中会有元代的吾丘衍？他猜测桂馥把吾丘衍放入图中，是因为吾丘衍称"《仓颉》十五篇即是《说文》目录五百四十字"，并且认为"此诚纰缪之极者矣，而可以承许氏之统系乎？"。翁方纲认为这种说法没有历史依据，经过了一番论述，他得出的结论是："吾衍之言乃直诬许氏，若此，则是图之作恐须更正。"除此之外，翁方纲还认为"'统系'二字太大，未可遽。以摹印缪篆之法当之，然犹未大害。"

吾丘衍被后世视为印学奠基人，而翁方纲也是这么认为者，所以他觉得将这样的人列入《〈说文〉统系图》中不合适。丁杰也有着类似的看法，刘志成的《中国文字学书目考索》中引用了丁杰所言如下："此图非关典要，以其七人或八人论之，乃工篆统系也。若《说文》统系，颜之推、李阳冰、张有、吾丘衍等均不可当之。"丁杰也认为桂馥此图可以称为篆刻统系图，如果说是《〈说文〉统系图》，其中的一半人物都不够格。

那么《〈说文〉统系图》应当收进哪些人物呢？王念孙在《桂未谷〈说文〉统系图跋》中给出了如下的建议：

> 第名之曰《说文》统系，则凡传述许君之学者，皆不可缺漏。考《隋书·经籍志》梁有《演说文》一卷，庾俨默注。《宋史·艺文志》有僧昙域补《说文》三十卷及钱承志《说文正隶》三十卷，《玉海》称吴淑好篆籀，取《说文》有字义者千八百余条，撰《说文五义》三卷。又李焘有《说文五音韵谱》十二卷及朱翱之作反切，句中正、葛湍、王惟恭之同掌修校，皆不可不图者也。若夫原本许君之书而别为一书者甚众，顾野王、江式、颜之推、张有、吾丘衍而外，图之不可胜图。许君之学本于贾逵之学、逵之学本于其父徽、徽本于刘歆、涂恽、谢曼卿三人，《说文》所载有刘歆、贾逵、杜林等十余人之说，图之亦不可胜图。凡此皆不必图者也，余之去取大略如此，未知有当否也。

王念孙罗列出这么多对《说文》有贡献的人，他自己也认为将他们全部入画并不现实，因为在一幅图内画下这么多的人物，基本上没有可能。看来桂馥请人画这张图引起了广泛的争论，有时候细想，很多人的观念也颇为奇特：如果认为桂馥所绘人物不足以代表历代

《说文》名家，那这些人完全可以按照自己的意思另绘一图，这样不就完全符合了自己的观念吗？

桂馥为什么把这八位历史人物跨越时空地绘在一幅图之内呢？这当然有他的想法，可惜我没查到桂馥给出的确切答案。而孙雅芬在其博士论文《桂馥研究》中作出了如下的综述："综上所述，诸位学者对于《〈说文〉统系图》中可列人物的选择可谓见仁见智，各家各有其侧重点，因此心目中可选人物也就不尽相同。而对于《〈说文〉统系图》中桂馥的选择而言，他是有自己的道理的。桂馥选择《说文》一系的代表人物，主要就是根据文字形体而定的，精通篆籀及隶书等字体演变源流的学者，如李阳冰、吾丘衍；校订《说文解字》文本的学者，如徐铉；据《说文》正字的俗体，如颜之推、张有；注释《说文解字》有重大成就的学者，如徐锴；对《说文解字》进行扩编者，如江式。这些文字学者们都跟《说文》的阐明发扬有关，特别是在文字形体上以小篆为主，古文字为辅的研究路线，更为桂馥研究《说文》起了借鉴作用。"

由以上可知，桂馥确实对《说文》有着强烈的兴趣在，以至于他再次请人绘出这样的图画。而他对《说文解字》的研究之深也由此可以推得。可惜的是，他的这部大稿有两百多万字的篇幅，直至其去世也未能刊刻出版。虽然多年后这

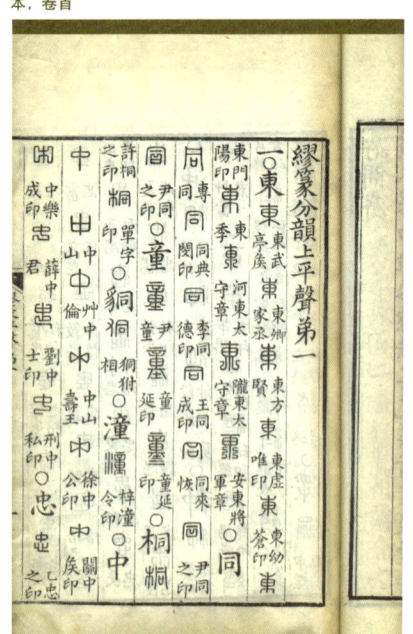

⊙ 桂馥编纂《缪篆分韵》，清嘉庆元年归安姚氏咫进斋刻本，卷首

部书终于面市，但中间的坎坷却远超一般人的想象。

嘉庆十年，桂馥去世后，《说文义证》原稿藏在桂馥的孙子桂朴堂处，在此之前阮元、李璋煜及叶志铣各有抄本，这些抄本之间互有异同。直到道光六年，诸城李璋煜在北京邀请许瀚、王筠、袁练、许梿等人分别校对《说文义证》原稿，然而桂馥在去世前并未完成该稿，于是有人提出应当删掉原稿中一些不重要的内容，许瀚也赞同众人的意见，唯独王筠反对，故此时未能达成统一意见。

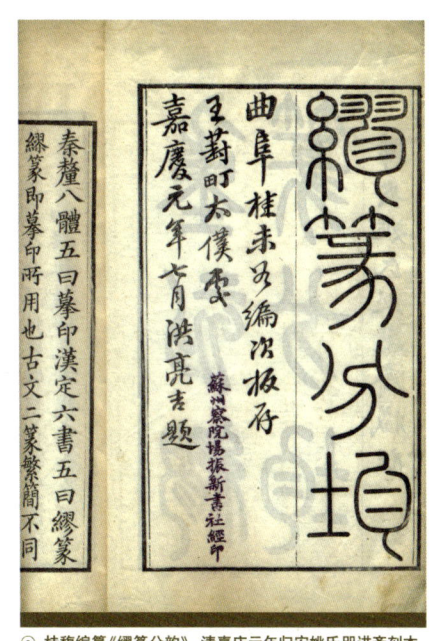
⦿ 桂馥编纂《缪篆分韵》，清嘉庆元年归安姚氏咫进斋刻本，牌记

道光二十二年，海源阁主人杨以增写信给许瀚，提出想刊刻《说文义证》一书，因为他得到了桂朴堂的原稿。等许瀚拿到原稿之后，他已然改变了态度，不再主张删汰原稿。看来经过了十几年，许瀚对桂馥的原稿有了新的认识，所以改变了态度。而后许瀚制订出了《说文解字义证校例二十例》，这二十例包括了"删例"九种、"补例"四种、"改例"七种。不料他的这个建议又遭到了汪喜孙的强烈反对，两人为这件事最终吵翻。到了转年，杨以增升任甘肃按察史，刻书之事又一次中断。直到了道光二十七年，杨以增仅在济宁刻出一册而已。

在此前的一年，也即道光二十六年，张穆在北京为杨尚文刊刻《连筠簃丛书》，希望能把《说文义证》汇入该丛书之中。这位杨尚文乃是山西有名的富翁，仅典当行就开有七十所，所以在北京有"富杨"

之称。在他的出资下，许瀚在清江浦终于请人开雕，此时已是道光二十七年四月的事情。孙殿起的《琉璃厂小志》载有缪荃孙所撰《桂氏说文义证原刻跋》，该跋中讲到了此书刊刻之不易：

> 乾嘉盛时，《说文》之学大行，南段北桂，最称弁冕。段氏自刊其书，久行于世。桂书止有稿本流传，亦未校正，字几近二百万，刊版正复不易。诸城李方赤方伯得其稿，延许印林、许珊林、王箓友诸小学家校订，苦其繁芜，欲删节之，箓友以为不可。道光己酉，聊城杨至堂河帅驻清江，平定张石洲为山右杨墨林刻《连筠簃丛书》，愿以此书刻入，初浼汪孟慈校雠，后交印林独校，即在清江集工开雕。

《说文义证》终于刻出来了，但没想到的是又发生了意外。"咸丰辛亥始藏事，未印多书，而墨林、石洲前后殁，未能移板入都，板即庋印林家。辛酉八月，捻逆窜日照，印林家破，室庐书籍，均毁于寇，桂板亦烬焉。"咸丰元年，《说文义证》一书终于刊刻完毕，刚印出了很少的数量，出资人杨尚文就去世了，所以刻完的书板也没有能运到在北京的杨府，暂存在了许瀚家。十一年之后，也就是到了咸丰十一年的八月，捻军打到了山西日照，而此处乃是许瀚的老家，所以这套书板跟许瀚的藏书全部被烧掉了。

对于《说文义证》的出版，最大的功臣当属许瀚，因为他先后三次校勘该书，第一次始于道光初年，而书籍的刊版完成已经到了咸丰元年，到咸丰二年此书方才印出。又过了十余年，这套书板又毁于战火，几十年的辛苦竟然落得这样一个结果，这当然令许瀚十分的难受。为此，他只能自我解嘲地说："桂书成之极难，毁之极易，故有定数，抑或弟校勘处甚违桂意，桂君有灵，不欲以恶校流传，

故速之毁也。"（《又与伯平书》）

许瀚在这里感慨，为了刊刻此书他下了几十年的工夫，而毁掉这部书板却如此之容易，看来有命中注定的成分。他觉得有可能是自己的校勘方式有违桂馥的本意，桂馥不想让这部不合自己本意的书流传出去，所以就让这套书板很快被毁掉了。

《说文义证》因为有抄本留传，因此很多学者都知道该书，并且希望得到刻本，可惜当年的印本太少，为此张之洞在同治年间于武昌翻刻了此书。这就是湖北崇文书局同治九年刻本，世面所见者大多是这个版本，而该书的咸丰二年刻本因为留传稀少，故价格极其昂贵。在民国年间，其成交价已经跟普通宋版相比肩。而我却没有运气能够得到初版本。

《说文义证》的初版本我仅在黄永年先生家见过一部，该书乃是于省吾先生旧藏，一度归于上海博古斋，而黄先生用一部明嘉靖白绵纸本换得了此书。多年之后，那部白绵纸本来到了寒斋，而当时以此书换走的初版本《说文义证》却未能在我的寒斋合璧，不知道何时才能让自己的愿望得以圆满。

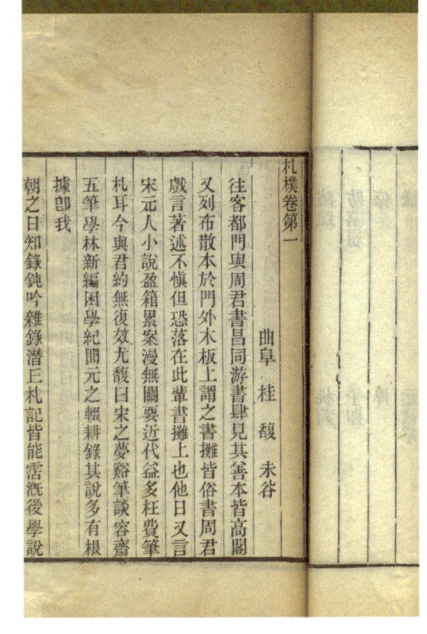
桂馥撰《札朴》十卷，清嘉庆十八年山阴小李山房刻会稽徐氏补刊本

桂馥的另一部重要著作，名为《札朴》。关于此书的来由，桂馥在该书的自序中写道：

往客都门，与周君书昌同游书肆，见其善本皆高阁，又列布散本于门外木板上，谓之"书摊"，皆俗书。周君戏曰："著述不慎，但恐落在此辈书摊上也。"他日又言："宋、元人小说盈箱累案，漫无关要，近代益多，枉费笔札耳。今与君约，无复效尤。"馥曰："宋之《梦溪笔谈》《容斋五笔》《学林新编》《困学纪闻》；元之《辍耕录》，其说多有根据，即我朝之《日知录》《钝吟杂录》《潜丘札记》，皆能沾溉后学，说部非不可为，亦视其说何如耳。"嘉庆纪元之岁，由水路就官滇南，舟行无以遣日，追念旧闻，随笔疏记。

当年在京城之时，桂馥与周永年到琉璃厂等书店去访书，他们看到这些旧书店所陈列之书，往往将善本放在书架上，而把普通书摆在门口的木板上，这就是俗话所称的"书摊"。摆在书摊上的书显然不会有善本，所以周永年跟桂馥开玩笑说，写书要慎重啊，否则的话就会摆在书摊上。周永年又认为，不要写宋、元人札记类的著作，因为这种书既无用处，数量又很多。但桂馥却不认可周永年的这个说法，他认为很多宋代笔记小说都很有价值，即便到了清朝，顾炎武的《日知录》等依然有很强的学术价值在。

后来，桂馥被派往云南做官，一路上因为没有事做，于是靠回忆写出了《札朴》。但此书在桂馥生前也未能刊版，

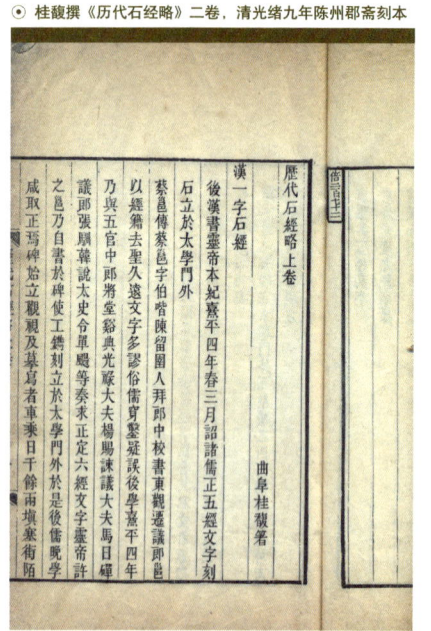
桂馥撰《历代石经略》二卷，清光绪九年陈州郡斋刻本

在其去世八年后，李宏信想替桂馥把《札朴》刊刻出来，而后请段玉裁写了篇序言。段在此序中首先称："余自蜀归，晤钱少詹晓征、王侍御怀祖、卢学士绍弓，因知曲阜有桂君未谷者，学问赅博，作汉隶尤精，而不得见。觊其南来，或可见之。已而未谷由山左长山校官成进士，出宰云南永平，以为是恐难见矣。余侨居姑苏久，壬申，薄游新安而归，得晤山阴李君柯溪，刻未谷所撰《札朴》十卷方成，属余序之。余甚喜，以为未谷虽不可见，而犹得见其遗书也。"

由这段序言可知，段玉裁是在钱大昕、王念孙、卢文弨等人处听说了桂馥之名，他希望有机会得见本人。而后桂馥到云南任职，这让段玉裁觉得相隔遥远，见面不容易。之后他在李宏信处见到了《札朴》手稿，而后又从李宏信那里听到了《说文义证》手稿的事情。两位未曾见面的说文大家，竟然如此的相互钦慕，真是段书林佳话。

桂馥在济南期间，曾按照《水经注》上的记载去寻找已经堙没的"池上客亭"，经过他的考证，此亭不在今日的大明湖内，而在五龙潭。于是他在乾隆五十四年二月，跟一帮朋友共同在五龙潭内建起了一所房屋，而后起名叫"潭西精舍"。陈秉灼、沈默编《潭西精舍纪年》中载有该事：

> 曲阜桂馥未谷、颜崇槼衡斋、山阴叶承谦又村、吴县汪应望莲浦、戴淶鲁泉、仁和黄畹小香、阳城陈秉灼明轩、长洲沈默二香同客历城，集五龙潭，嘉其水木明瑟，始谋筑室潭西，为游晏之地。夏四月，精舍成几三楹，面南临水，深丈八尺，广三丈。

乾隆五十八年，桂馥用隶书写了篇《潭西精舍记》，在该《记》中讲述了五龙潭的来由：

◉ 不知道这是不是七十三泉

历城西门外唐胡国公秦叔宝故宅，一夕雷雨，溃而为渊，即五龙潭也。潭之名始见于于钦《齐乘》。其言曰：《水经注》："泺水北为大明湖，西有大明寺，水成净池。池上有亭，即北渚也。今名五龙潭。潭上有五龙庙，亭则废矣。"……今潭上五龙庙犹在。吾友陈君明轩嘉其水木之胜，与小香、二香诸君募钱于潭西架屋，为游息地。属予记之。

当时在修建潭西精舍时，施工人员居然从地下挖出了泉眼，此乃意外所得，令众人十分兴奋，他们纷纷为该泉起名，而桂馥所起之名为"七十三泉"。他在所作《潭上杂咏八首》中写道：

名泉七十二，不属五龙潭。
为劳算博士，筹添七十三。

由此可知，桂馥对这处圣地十分喜爱，好在五龙潭如今建成了公园，而我正是到此来寻访潭西精舍，以此来纪念这位极具名气的《说文》专家。

鱼戏菊花东

潭西精舍位于山东省济南市历下区趵突泉北路筐市街 18 号五龙潭公园内，2012 年 2 月 24 日下午 2 点多，我第一次来到了五龙潭公园的门口，花 5 元买门票进入公园内。我本以为潭西精舍乃是此园内的著名景点，未曾想我在公园内问了多人，竟然无一人知道。这种情况令我有些意外，也许多年前的变迁，使得精舍已拆，于是我转而向年长者打问。

在一条小路上，遇到了一位散步之人，从其衣着看，应当不是游客而是本地的老住户，于是我走上前向他询问潭西精舍在公园哪个位置。老人听到我的问话后并未直接回答，他反问我从哪里来，来这里为什么要找潭西精舍。我一一回答后，他继续问我，能否猜出他多大年纪了。以我的估计他应当有七十多岁，但按照"逢人减岁，遇货加钱"的老理，我说他看上去也就六十岁上下。老人闻言大笑，"你眼光太差了，我都八十岁了，十几岁参加革命，现在离休了。"

我来到此公园乃是为了寻找潭西精舍，并不是找人聊天，然而老人可能有些孤独，遇到有人主动和他说话，谈兴十分高涨，我觉得他可能知道潭西精舍的具体位置，只好耐着性子听他侃侃而谈。可能是我的认真回答让其觉得满意，最后他指着前面的一处建筑跟我说："你看那个正在翻建的，就是潭西精舍的旧址。"

终于得到了明白人的指点，我向老人郑重地表示了自己的谢意，

⊙ 介绍牌

而后立即走上前,果真水潭西边的这座二层仿古小楼已经被脚手架包裹了起来,上面有几个工人正在忙着施工。我注意到此楼所悬之匾却写着"潭西客夜",并非我所希望看到的"潭西精舍",然而细看此匾的落款,竟然也是桂馥。文献记载,桂馥等人仅在五龙潭内建起了一处精舍,如此说来这个客夜应当就是潭西精舍。转头回望,那位指认的老人已然离去,否则也应当找他证实我的猜测。

潭西精舍建造在水潭边上,故无法站到其大门前,给该楼拍出完整的照片,于是我转到了水潭的对面,虽然从这个角度拍照能够拍出全貌,可惜的是水潭的面积太大,而我也未携带大镜头,无法将其拉近,故而这次的拍照留下了遗憾。

几年之后,我再次来到济南时,又想起了这次的遗憾,同时也是为了寻找周永年所建借书园遗迹,此园当年也是建在五龙潭的边上,于是我再次来到了五龙潭公园内,而今所见的潭西精舍已经维修完毕,终于补拍到了我想要的照片。

⊙ 周永年的藏书楼当年建在这条街上

⊙ 重新修建起的潭西精舍

当然眼前所见的潭西精舍，肯定不是桂馥当年所建造之原物，虽然此处也是仿古建筑，但无论从哪个角度看，都难找到当年的旧味。但既然此精舍是建在了原处，这已然令人感到难得。乾隆六十年，桂馥六十大寿，他的好友翁方纲特意写了三首诗，诗的题目中就讲到了潭西精舍，诗题很长，我把它抄录在这里：《历下城西有潭西精舍，未谷与济南诸名士所卜筑也。尝以香龛供竹根阿罗汉于此，予为之赞，既而都统庆公，以竹根曼倩知县玉君以竹根寿星来供，予亦皆为赞。别摹其字于册，属两峰图之，以寿未谷六十初度，附以三诗》。由此可见，桂馥等一帮朋友曾经在此楼内玩得不亦乐乎。

任大椿：长于治《礼》，拙于人际

皖派经学大师戴震去世后，他的学问被弟子们继承，其中任大椿传承了戴震的典章制度之学，凌廷堪在《戴东原先生事略状》中说："……典章制度之学，则为兴化任侍御大椿传之，皆其弟子也。"

凌廷堪在这里明确地称任大椿乃是戴震的弟子，可是他在一首名为《故陕西道监察御史任幼植先生》的诗中称："当世博洽儒，首推吾郡戴。先生与之友，渊源固有在。《三礼》浩烟海，学者任沾溉。"在这里，凌廷堪又说任大椿跟戴震是朋友关系。而江藩在《汉学师承记》中也未提到他二人是师生关系：

> 任大椿，字幼植，一字子田，兴化人。为诸生时，与同邑侍鹭川朝诗歌唱和，艺林称之。乾隆［庚辰］（壬午）科举人。三十四年己丑，二甲第一名进士，授礼部主事，转郎中，陕西道监察御史。充《四库全书》馆纂修官。子田与东原同举于乡，于是习闻其论说，究心汉儒之学。著有《弁服释例》十卷、《深衣释例》三卷、《字林考逸》八卷、《小学钩沉》二十卷、《子田诗集》四卷。

江藩说，任大椿只是跟戴震共同考中了举人，而后任受戴的感染，开始致力于汉学，所以写出了一系列相关的著述。然而漆永祥先生却认为江藩所言有误,因为戴、任并非同时中举:"戴、任二氏非同举于乡,任氏于乾隆二十五年中举,已如上注。江氏因置任氏中举于二十七年,故一误再误云。"(漆永祥《汉学师承记笺释》)

如此看来,戴震跟任大椿既不是师生,也不是同年,只是任大椿叹羡于戴震学问之深厚,所以受其影响,由喜欢诗词转而致力于经学。

其实任大椿在此前也曾研究经学,只是对今文经学似乎更有兴趣,段玉裁所撰《东原年谱》中讲到任大椿时称:"弱冠负奇才,与先生书论《礼》,先生以此箴之。"

任大椿比戴震小16岁,曾经跟戴讨论《礼经》,戴看到任的著作后,对其进行了规劝。戴震为什么要规劝任大椿呢?漆永祥在《笺释》中说:"任氏书论《礼经》,奋笔驳斥孔颖达、贾公彦,进而难郑玄,并疑《丧服传》《仪礼》为刘歆、王莽伪造。戴氏规其轻于立说之弊。"

原来,任大椿竟然敢驳斥郑玄、孔颖达等大儒。他的这种态度当然受到了戴的批评,戴震在回信中对于这位敢于怀疑一切的任大椿既鼓励又规劝:

> 震向病同学者多株守古人,今于幼植反是。凡学未至贯本末,彻精粗,徒以意衡量,就令载籍极博,犹所谓"思而不学则殆"也。远如郑渔仲,近如毛大可,只贼经害道而已矣。今幼植具异禀而年富,成就当不可量,是以不敢不尽言。

戴震的这番规劝特别管用,自此之后,任大椿就把精力用在了古文经学研究方面,尤其对典章制度的研究最有成果,正是这些著作,使其成为了清代乾嘉学派中重要之一员。从这个角度来说,虽然任大椿没有正式拜戴震为师，但也足可以说戴震的学术观影响了任的后半生。

然而任大椿的一生，有两件事最为后世所议论。

第一件是，任大椿考中了乾隆三十四年二甲第一名进士，后来还做了《四库全书》的纂修官，可是他却不是翰林出身，而这种情形在清代科举史上颇为罕见。

任大椿的祖父名叫任陈晋，孙显军在《任大椿生平学术考》一文中称："任大椿的祖父任陈晋，字似武，亦字后山，幼时因家境贫寒，曾过继给江都陈姓，乾隆四年中进士后才归宗兴化。他是乾隆初有名的易学家，治学十分刻苦，史称'日坐小楼玩《易》，家人罕见其面'，著作有《燕喜堂文集》《易象大意存解》等，后者被收入《四库全书》，论者评为'大抵切人事立言''发挥明简'。"然而姚鼐在给任大椿所写的墓志铭中则称："其先为王氏。……元乱，避居兴化，改曰任氏。"

姚鼐说，任大椿的先祖原本姓王，只是到了蒙古人打来时，王家后人避难到了兴化，从此改姓任，而到了任陈晋时，又因为家里穷，所以把他过继到了江都一户陈姓人家，所以又改姓陈，到了乾隆四年，任陈晋考中了进士，所以又恢复了本姓，然而他的名字中仍有一个"陈"字，可能是不忘江都陈氏之恩吧。

任大椿可能是从小受到祖父的影响，也对读书特别有兴趣，8岁时就能作诗，尤为喜欢《昭明文选》。任大椿虽然是位经学家，但他的作诗水平确实不错，袁枚在《随园诗话》中称：

> 余在苏州太守孔南溪同年席上，谈久夜深，余屡欲起，而孔苦留不已，曰："小坐强于去后书。"余为黯然，问是何人之作。曰："任进士大椿《别友诗》也，首句云：'无言便是别时泪。'"

任大椿所写的诗句竟然触动了袁枚的心。而徐世昌所编的《晚晴簃诗汇》收录有任大椿的多首诗作，该书的"诗话"中称："子田以上第屈居郎署，纂修《四库》，《书》《礼》经裒辑为多。经学训诂，晚益邃密。早以词章擅名，诗工乐府及五言，英光沉思，远追鲍、谢，近攀韦、柳。"

这段诗话也是感慨任大椿科举考试的名次那么靠前，却没能得到好的职位。任大椿在纂修《四库全书》时，在经学方面做出了很大的贡献，所以任的付出与所得待遇不匹配。"诗话"中也称，任大椿早年的名气是在诗词方面，而其所作的乐府和五言诗最受时人所夸赞，《诗汇》中收录的任大椿的第一首诗作《平望道中》，就是一首五言诗：

> 出郭星已阑，解缆潮将歇。
> 烛灭蒲塘深，去棹何忽忽。
> 宿酒破余酲，西风吹残月。
> 乍别易怀人，欲寐屡搔发。
> 如何将客心，一櫂雨丝白。

可能是任大椿想效仿曹植，所以也写了一首《白马篇》，在诗中有如下名句：

> 万里何足虞，尺步良易歧。
> 心忌不能下，能下才愈奇。
> 自谓探榆塞，安知入焉支。
> 鞍鞿不轻入，久立审所疑。

这段描写可谓个人志向的写照。任大椿考中进士后就到四库馆工作，为《四库全书》的编纂付出了很多的心力。如前所言，按理来说，他既然获得二甲第一名的好成绩，应该立即成为翰林，然而结果却大出人所料，姚鼐在给任写的墓志铭中称："中己丑科二甲一名进士。故事：二甲首当改庶吉士。人皆期君必馆选矣，然竟分礼部仪制司主事。"

这里且不探讨为什么出了这样的意外，任大椿在四库馆工作多年，当时的《四库全书》纂修官总计有八位非翰林出身，而姚鼐和任大椿就是其中的两位。等《四库全书》纂修完毕，皇帝认为这些人既有功劳也有苦劳，于是将这八位非翰林中的六位赐翰林出身，剩下两位没有得到这个恩誉者，就是姚鼐和任大椿，姚鼐在给任大椿的墓志铭中写道：

> 是时非翰林而为纂修官者凡八人，鼐与君与焉。君既博于闻记，其考订论说多精当，于纂修之事尤为有功。其后鼐以病先归，君旋遭艰归里，既而鼐遇君淮上。当是时，四库书成，凡纂修者皆议叙，向之八人者，其六尽改为翰林矣！大臣又以鼐与君名，列之章奏，而称其劳，请俟其补官更奏。

任大椿在编《四库》时有着这么大的功劳，更何况他在考中进士之时，以其成绩而言，也应当成为翰林，可是结果却出人所料。有的大臣提议让任大椿候补为官，但是此时任大椿的父亲去世了，他应该为此而守制，等他守制回来等待补官时，竟然没有人再提起提拔他为翰林之事。

为什么会这样呢？姚鼐在墓志铭中没有直言。而清王豫在《任大椿小传注》中说过这样一段话："侍御清谨伉直，不阿权贵，读

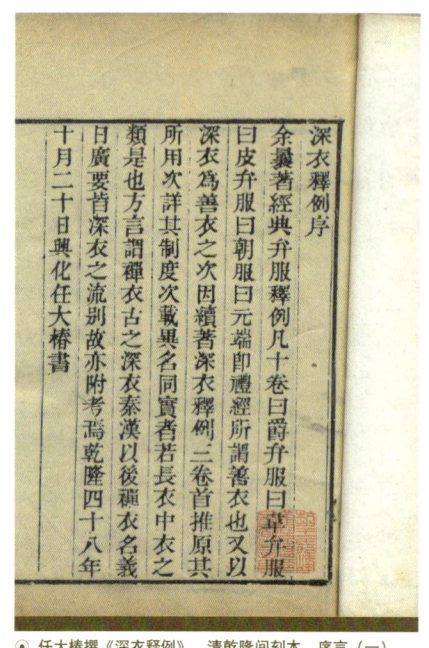

○ 任大椿撰《深衣释例》，清乾隆间刻本，序言（一）

书嗜古，萧然寒素，与施小铁有'淮南两君子'之目。古诗清刻古奥，探源乐府，洵一代雅音也。"看来，这件事跟任大椿的性格有关，因为他实在不会搞人际关系，只是一味地读古书。

对于这件事，有章学诚所撰《任幼植别传》为证。章在此《传》中首先讲到了他跟任大椿之间的关系："兴化任君幼植，与余同学文辞于大兴朱先生筠。君与余同乾隆三年戊午生，而学于朱氏则先于余。"而后章学诚讲到了任大椿嗜书如命的性格：

> 己丑，君登进士第，以二甲第一人授礼部主事，分曹学习，得仪制司。职事清简，进士分部，多不愿居。然礼部四司，仪制、祠祭，号为繁剧；他司往往求兼摄之，乃为见才。君顾谒朱先生，欲为丐尚书移司简曹，且曰："闲曹多暇，卜居近先生家。每日中，可画诺归邸，即假先生藏书，竭半日一夜之力，诵且习焉。四分日力之三，则十年守官，犹得七年强半读书，所获岂不多欤？"余于是时，始得见君。

章学诚和任大椿都拜朱筠为师，任考中进士之后，在朝为官，虽然职位低，但却工作繁忙。任不喜应酬，于是向老师朱筠请求能调到一个清闲的部门去工作,因为这样可以抽出更多的时间来研究古书。

任大椿虽然做了朝官,却不喜欢跟人打交道,难怪他服阕返回时没人替他说话。然而对于这个不公平的待遇,纪晓岚却有着另外的说法,他在《阅微草堂笔记·如是我闻》中有如下一段离奇的描述:

> 泰州任子田,名大椿,记诵博洽,尤长于三礼注疏,六书训诂。乾隆乙丑,登二甲一名进士,浮沉郎署,晚年始得授御史,未上而卒。自开国以来,二甲一名进士不入词馆者仅三人,子田实居其一。自言十五六岁时,偶为从父侍姬以宫词书扇,从父疑之,致侍姬自经死。其魂讼于地下,子田奄奄卧疾,魂亦为追去考问。阅四五年,冥官庭鞫七八度,始辨明出于无心,然卒坐过失杀人,减削官禄,故仕途偃蹇如斯。贾钝夫舍人曰:"治是狱者,即顾郎中德懋。二人先不知,一日相见,彼此如旧识。时同在座,亲见其追话冥司事,子田对之,犹慄慄然也。"

纪晓岚也说,自从清朝举办科举考试以来,二甲第一名的进士竟然不是翰林者仅有三位,而任大椿很不幸地成为了其中的一位。

为什么会出现这样的结果呢?看来,纪晓岚也很好奇。

任大椿撰《深衣释例》,清乾隆间刻本,序言(二)

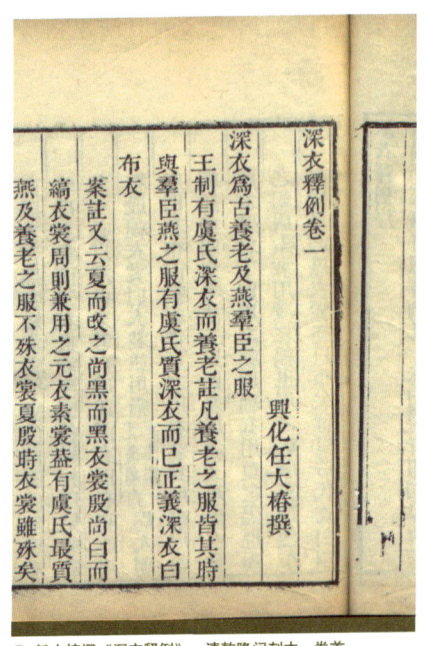

任大椿撰《深衣释例》，清乾隆间刻本，卷首

他们俩当年在四库馆共同工作多年，想来，纪曾经问过任这究竟是什么原因，于是任跟纪讲述了自己年轻时发生的一件事。

任大椿在十五六岁时，无意间给从父的小妾写了个扇面，这件事被从父知道了，怀疑大椿跟小妾有染，这件事让小妾百口难辩，竟然自杀身亡。因为这件事纯属冤枉，小妾在阴间也在为自己申冤，而后经过阎王爷的多次审判，终于搞清楚这是一桩冤案。虽然如此，阎王爷认为任大椿也算是过失杀人，于是就以削减他的官禄作为惩罚，这也就是任大椿仕途之路走得很坎坷的原因。

《四库全书》编纂完毕后，纪晓岚一路受到提拔，而任大椿却始终得不到公正的待遇，纪却讲述了这样的一个故事。他们之间的反差当然让后人感到不平，任祖镛专门写了篇名为《〈阅微草堂笔记〉所录任大椿轶事考》的文章来替任大椿申冤。任祖镛也认为，任大椿始终得不到提拔跟其不会钻营拍马有很大的关系，但作为同事的纪晓岚竟然这样分析任大椿得不到提拔的缘由，当然让人大感不平。而该文中还引用了咸丰初年兴化李福祚在《〈昭阳〉述旧》中所言："任君墨迹甚拙，安得有书扇事耶？"

李福祚的这个说法挺有意思，他说任大椿的字迹很难看，既然如此，他怎么可能把这样难看的字写在扇面上？因此，李福祚的结论是:"《如是我闻》之误灼然可见。"

且不管事情的真相究竟如何吧,任大椿的官运很差却是个事实,后来他终于被任命为陕西道监察御史,可是还没到任就去世了,这是施朝幹在《任幼植墓表》中所言:"五十四年五月,以郎中授陕西道监察御史,未涖任而病,六月卒。"可是姚鼐在墓志铭中所写却与之不同:"乾隆五十四年四月,授陕西道监察御史。甫一月而卒。"

姚说任大椿当了一个月的陕西道监察御史后才去世的,而这种说法跟施所言差了一个月。真相究竟如何呢?漆永祥说他也无法判断这两种说法谁说得对。但不管哪种说法,都可证任大椿确实没有官运。

没有官运也就罢了,但有人竟然说任大椿有部经学著作是抄袭他人的研究成果,而这正是引起后世对任大椿事迹广泛争论的第二件事。江藩在《汉学师承记》中写道:

> 同时有归安丁小疋名杰者,谓曾著《字林考逸》一书,稿本存子田处,子田窃其书而署其名,作者遍告同人,一时传以为笑。然子田似非窃人书者。今其族弟兆麟又采获一百五十余条,为《考逸补正》云。

有位叫丁杰的人,到处跟别人说自己写了一部名为《字林考逸》的书,把此书的稿本存在了任大椿那里,任将此稿直接署上自己的名字发表了出来。丁杰的一番嚷嚷让很多人都认为任大椿人品有问题。

对于这个传闻,江藩说了句模棱两可的话,他说任大椿不像是会抄袭别人作品的人,江藩在这里用了"似非"二字,显然,他也认为这种说法也有可能。漆永祥却坚决反击江藩的这个说法,他在这段话的"案语"中，引用了多位前人所言，来驳斥江藩的"似非"：

> 汪氏此说，乃厚诬子田，亦使小雅受累，或其本意欲为子田辩护欤？其著此文时，盖未见章学诚《章氏遗书》卷一八《任幼植别传》及他文耳。《章别传》："乙未，余复至京师。……访君，属疾，延见卧所，则君方辑吕忱《字林》，逸文散见，搜猎纵横，楮墨纷挐，狼藉枕席间。君呻吟谓病不可堪，赖此消长日耳。"又翁方纲《复初斋文集》卷一三《字林考逸序》："吕氏《字林》，据诸家著录，皆言七卷；今礼部主事任君为之《考逸》，凡八卷。"又阮元《揅经室一集》卷一〇《任子田侍御弁服释例序》曰，丁未、戊申间，在京师与子田相问难，子田"所辑吕忱《字林》《深衣释例》诸书已付刻"。又陈鱣《简庄文钞》卷二《埤仓拾存自序》亦谓"任子田礼部之于《字林》，具有成书"。故当时通人与诸家目录皆不言丁杰有《字林考逸》事。

看来，大多数人还是站在任大椿这一边，认定丁杰所言子虚乌有。而李祥在《媿生丛录》卷一中也对江藩的这个态度表示了不满：

> 案小雅游京师，与子田交最熟，《考逸》后附小雅之说，姓氏粲然，子田辑《考逸》时，广阅群籍，遂得从容撰集《小学钩沉》，其势自易，亦何藉于小雅而为郭象盗《庄》之举？……不知郑堂当日厚诬两君何意？余疑有爱憎之见也。

其实以上所引的不同说法，以章学诚在《任幼植别传》中所言最令人信服。任大椿生病时，章学诚前去探望，而此时的任大椿躺在床上，身边到处是《字林考逸》的手稿，可能当时章问他："你既然病得这么厉害了，为什么还要这样拼命地写作？"而任大椿边呻吟边回答章学诚说：自己病得很重，只能靠写这部书来转移注意力，以此减轻痛苦。

由此可知，这部《字林考逸》的的确确是任大椿的作品。可能是墙倒众人推的原因吧，因为他官运不佳，以至于把抄袭的污水也泼到了他的头上。

虽然如此，邓瑞全、王冠英主编的《中国伪书综考》中还是把《字林考逸》收录在内。关于《字林考逸》一书，《中国伪书综考》直言："或谓窃他人之作，不确。"既然"不确"，那何以还要收录进该书之中呢？不过该书中还是简述了任大椿这部著作的来由。

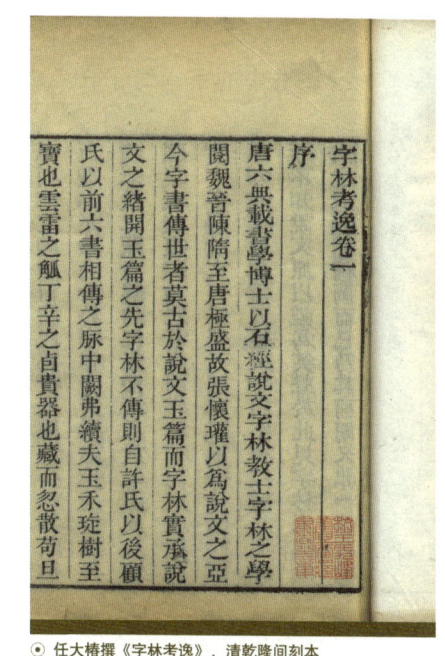

● 任大椿撰《字林考逸》，清乾隆间刻本

《字林》一书原本是魏晋时期吕忱所作，该书的排列顺序本于《说文解字》，只是他将部首由篆书换成了隶书，《魏书·江式传》中称："晋世义阳王典祠令仕城吕忱表上《字林》六卷，寻其况趣，附记许慎《说文解字》而按偶章句，隐别古籀奇惑之字，文得正隶，不差篆意也。"

对于《字林》一书，《中国伪书综考》中称："《字林》收字多于《说文解字》，似乎又在补《说文解字》之阙。而且它所收字的字体正规，故其书一出即为后人重视，到唐时达到极盛。新旧《唐书》均著录吕忱《字林》七卷，《宋史·艺文志》也有吕忱《字林》五卷。但可惜的是，此书在宋元之际亡佚。"

正是因为《字林》失传了，所以任大椿从其他的古书中辑轶出来了一些该书中的字。对于任大椿辑轶的成果，《文献》2013年第1期上刊有甘良勇所撰《浙江大学图书馆藏经部善本书题跋辑录》，这篇文章谈到的第十本书就是任大椿的《字林考逸》，该书中有经学家陈奂的弟子陈倬过录的钮树玉的跋语："据张怀瓘《书断》及封演《闻见记》所载，《字林》凡万二千八百余字，今任君所采《说文》有者九百余字，《说文》无者五百余字，则传于今者，十存其一耳。"

钮树玉在这里讲到了任大椿辑轶出的字数，而陈倬在此书的题记中也讲到任大椿该书有功于学林："《字林》之亡久矣，兴化任氏采集遗文，成书八卷，曰《字林考逸》，在任氏所著七种中，而七种近亦不易得。此本为钮氏所校本，补阙正讹，是为任之功臣。顾千里氏复加绪论。冯林一先生录存此本，更有发明。"

关于《字林》一书的价值，任大椿在该书的序言中说道：

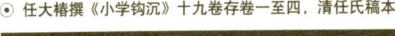

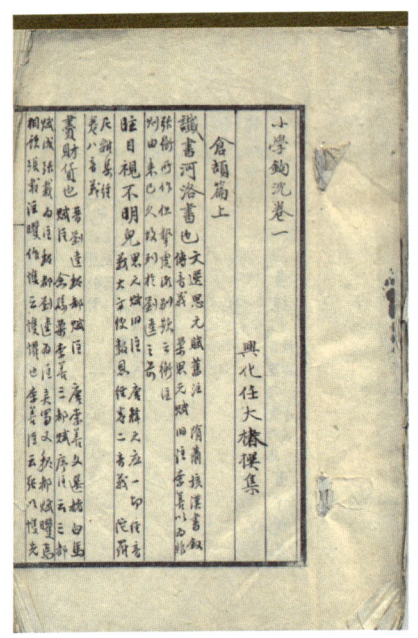

● 任大椿撰《小学钩沉》十九卷存卷一至四，清任氏稿本

《唐六典》载书学博士掌教生徒以《石经》《说文》《字林》为颛业，其试士也试《说文》《字林》凡十贴，《字林》之学阅魏晋陈隋至唐极盛，故张怀瓘以为《说文》之亚。今字书传世者，莫古于《说文》《玉篇》，而《字林》实承《说文》之绪，开《玉篇》之先，《字林》不传，则自许氏以后、顾氏以前六书相传之脉，中阙弗续。

任大椿的经学研究成果最受后世所关注者，应属《小学钩沉》，该书可谓是任大椿的代表作，可惜在其生前，该书未能完稿，后来在王念孙等人的帮助下，这部书才得以出版。当时王念孙还请庄述祖给该书写了篇序言，庄在序言中评价说：

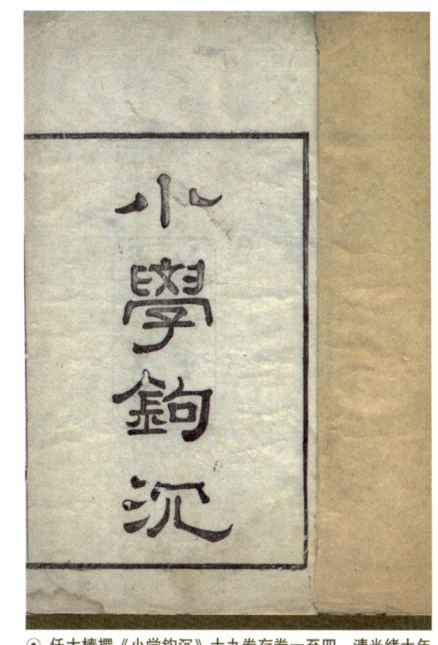

⊙ 任大椿撰《小学钩沉》十九卷存卷一至四，清光绪十年龙氏刻本，书牌

《小学钩沉》若干卷，吾友任君子田所辑，录仓颉以下凡若干家。……任君勤于著书，采拓极博，业未及终而病，以其稿属余。今去君之殁一年矣，存前哲绝学，践亡友诺责，乌可但已，谨为编次，附以所见，其于六书有不可通者，亦并著之。窃比不知则阙之义，俟后之言小学者考焉！

对于《小学钩沉》一书的编辑过程，王章涛在《王念孙王引之年谱》中有多处的引用。比如嘉庆十六年，当时的王念孙68岁，而在此年的三月，编辑该书的臧庸在给王念孙所写之信中讲道：

承询《钩沉》事，原约月杪可竣，庸于此事刻本敢忘者也。去腊天寒日短，且事冗，新正甫校起，然《中州文献考》写者三人，俟看出发抄。又为汪礼部编校遗书，并著《行状》，从事小学三分之一。后汪礼部事竣，写者或为他事，故迩日寝食不遑，

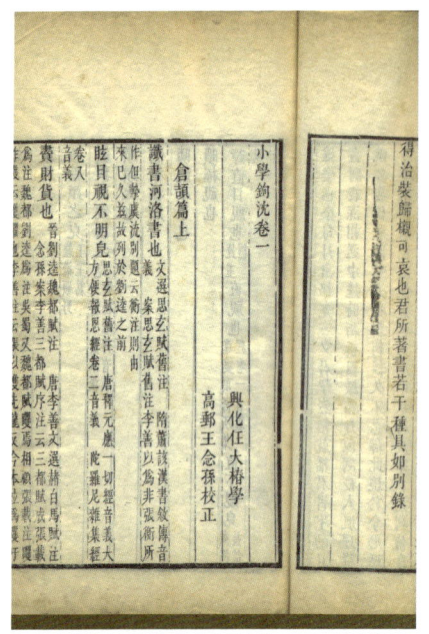

● 任大椿撰《小学钩沉》十九卷存卷一至四,清光绪十年龙氏刻本,卷首

谢绝人事,唯《钩沉》之是务也。此书每条下不过数字,而所引有二三书以上者,即一书又有两三称以上者,取其相勘,势必逐条逐卷字字雠对,庶可自信以信于后。再以侍御(指任大椿)原稿烦芜,或本末倒置,有称此卷而实在他卷者,有称是书而错在彼者,更有通部细检而卒未得者。即如开卷杂字解诂格、阁也,……两注其所出,而所出又转展讹舛,至此不苦心考得之,其敢轻删乎!

看来,《小学》一书真正的编辑人乃是臧庸。因为此书的原稿未曾完成,故其中有很多的错乱,这使得臧庸在编辑过程中费了很大的功夫。在当年的五月,臧庸又在给王念孙的信中提到了自己校勘《小学》的情况,因为任大椿在撰写该书时引用了太多的古书,臧庸只好一一找出来与之核对,可见为了编辑该书费了何等之气力。而在该年的六月,臧庸因为久病不愈,准备回乡调养,于是将原稿交还给了王引之,其在信中写道:

> 兹缴上《说文旧音》二册,《小学钩沉》稿五册,并所余红黑格子二册,旧报十二册,希检入是荷。《钩沉》未刻稿自卷十三至卷二十,皆检出本书逐字校正,凡经删补,俱有确证,不同于人,此因阁下信庸以为能,庸亦自信不诬者也。本拟手

录清本付梓,以成先辈之美,而答知己之遇,无如二竖交侵,久而不愈。刻拟附舟南还调治,不敢久稽原稿,若携归,又恐南北睽违,岁月迟阻,音问或不能骤通,贱恙或未能即愈。

当时臧庸交给王引之的《小学钩沉》整理稿乃是五册,并且还有一些未整理完者。而该书的手稿如今我也得到了一册,从字迹上看,写得较为潦草,以此可以断定,我所得者应该是任大椿的原稿。后来该书在任大椿朋友及弟子的帮助下,终于刊刻了出来,任大椿的弟子汪廷珍在给此书所写的《识语》中讲到了本书刊刻的过程:

> 右《小学钩沉》十九卷,先师任子田先生所纂辑也。前十二卷高邮王怀祖先生手校付梓,后七卷未及校。廷珍无似,不能详稽古训以成定本,恐其久而散失,以致湮没,非所以毕后死者之责也。谨以原本缮写,属怀祖先生令子伯申侍郎刊其讹误,授之剞劂,以质世之君子。

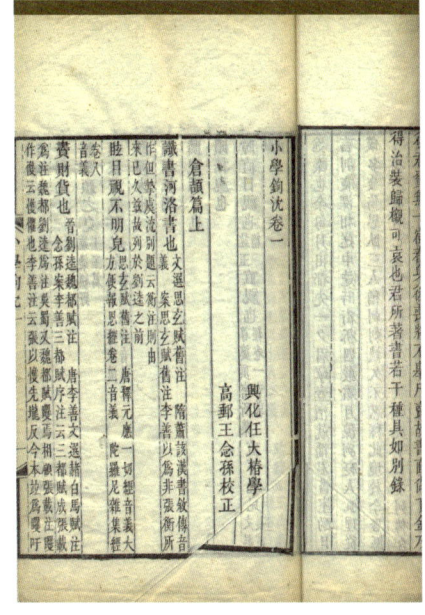

⊙ 任大椿撰《小学钩沉》十九卷,清光绪十年龙氏刊本

《小学钩沉》一书的刊刻拖了这么多年,又牵涉了这么多的人,足见其有那么多的朋友愿意帮助完成此事,这也可以证明任大椿虽然不善于交际,但人品绝对没有问题,否则谁会帮助一个没有权势且又人品低劣的读书人呢?

因为《小学钩沉》一书是先后刊刻而成者，故在字体上有所差别，前七卷乃是用软体字所刻，而第八卷到二十卷就转换成了宋体字。更为有意思的是，此书在刊刻时未刻上栏线，藏书家叶德辉认为这种刊刻方式很不好看，他在《郋园读书记》中称：

> 其版无直阑线，宋元版无此式，坊行杂书或有之，殊不雅观也。然其书采摭宏富，自汉以后、唐以前诸家散佚之字书，一一收拾残丛，汇为总集。此与余萧客之《古经解钩沉》同为有功甲簿之作。大椿又辑刻《字林考逸》八卷，以其存字尚多，故别为辑录也。

但叶德辉在这里也称《小学钩沉》一书有功于后学。

《续修四库全书总目提要》在谈到该书时，对任大椿的学问予以了肯定："大椿学于大兴朱先生筠最久，勤搜典册，制度、名物、文字、音韵之属，研精覃思。官祠部时，欲卜居近其家，竭日力假藏书诵习，后为四库馆纂修，四方奏上遗书，从而证定所业云。"

除此之外，任大椿还研究过《列子》一书，为此他写了一部《列子释文考异》。为何要写这样的书呢？任在该书的序言中首先称：

> 《通考》载《列子释文》一卷，唐当涂县丞殷敬顺撰。余于乾隆戊戌教学淮阴，尝过淮渎庙，见有《道藏》残帙数架，遂检得此本。书分上下二卷，体例仿陆氏《经典释文》。凡所征引，多为前代逸书；又于正文之下附载异文，率皆当时流传旧本。夫藏书之家得一宋元佳刻，已若琳璧；况此书所载一作又作之本更在唐以前耶？

对于相关的传本哪部为善，任大椿在序言中又说道：

> 道家诸子，《庄》《列》并称；奇词隐义，最尚音释。《庄子释文》列诸经典之末，遂克盛行；《列子释文》秘在《道藏》，故见之者稀。考今本《列子》目录之前虽并标张湛《注》及敬顺《释文》，而每卷篇首乃独标湛注，更不辨何者为释文矣。试以《道藏》本证之，则注自为注，释文自为释文，不待研索而知也。又今本《列子》所载释文阙佚甚多，其于湛《注》加音释者咸省汰焉。讹文错简弥复不少，皆不及《道藏》本之完善。

由这段话可知，任大椿对目录版本之学也颇为熟悉，难怪他也有独立的藏书楼存在。

任大椿读书楼位于江苏省泰州兴化市儒学街西后面的一片仿古建筑中。这一天，参观完郑板桥的故居，而后来到了这里。眼前所见，是在一片现代化的街区之中，杂立着一组仿古建筑。走到门前，金属铭牌上写着这里是"儒学社区居委会"。社区的名称如此雅致，不知是否跟任大椿有关系。

在居委会铭牌的侧旁，另有一块金属的文保牌，其名称是"任大椿藏书楼"。如此推论起来，这处任大椿故居恐怕只是当年的一部分。而门楼的

⊙ 任大椿撰《列子释文考异》，清乾隆间刻本

◉ 社区铭牌及文保牌

另一侧,则挂着"派出所警务室"的金属牌。竟然有这么多的单位共同使用此处,可见这处仿古建筑的利用率挺高。然而大门却紧闭着,我站在门口敲击一番,无人前来开门,只好围着这处旧居四处探看。

从外观看,书楼的面积不小,虽然这是全新的仿古建筑,但我自动在脑海里完成了它的时空转化,我一厢情愿地认为,当年任大椿的读书楼应该也不小,否则难以容下他那么多的古籍。然而事实是,

◉ 大门紧闭

任大椿为人廉洁,家中并无积蓄,他去世后,为了营葬,家人花了不少的钱,并且把他的藏书都卖掉了,他的藏书楼后来也租给别人开办成了茶馆。

想一想,在那个时

⊙ 站在正前方望过去

代,一位纯粹的读书人的日子过得是何等之艰难。从外观看上去,这座书楼确实是清代制式,只是不知翻盖时是否保持了原来的读书楼模样。因为走不到院内,我只好站到附近的花坛上向内探望,眼前所见,有一片绿竹,显现着昔日楼主为人之气节。

任大椿故居的后方是一个中等大小的广场,而其侧旁挂着的高大横幅上写着"兴化市昭阳镇数字电影广场"。看来,这是广场当今的名称。任大椿的后半生都用在了经学研究方面,以我的想象,他的这种研究应该需要个安静的环境,不知这个电影广场到了晚上是何等之热闹,而这些热闹的人群中,会有多少人知道当年在这里埋首读书的任大椿呢?

王念孙、王引之：广雅述闻，超迈今古

一般而言，乾嘉时期的学术流派被分为吴派和皖派两大体系，吴派的创始人大多被视为惠栋，皖派则为戴震，然而在吴、皖两派之外，有人认为还应该列出第三个派别，那就是扬州学派，比如张舜徽在《清代扬州学记》中说："吴派最专，徽派最精，扬州之学最通。"显然，这句话是把扬州学派与吴、皖两派并提。

关于扬州学派的来由，相关著述大多会提到汪中为其学友李惇所撰《大清故候选知县李君之铭》中的一段话："是时，古学大兴，元和惠氏、休宁戴氏咸为学者所宗。自江以北，则王念孙为之唱，而君和之，中及刘台拱继之，并才力所诣，各成其学，虽有讲习，不相依附。"

这段话中并没有提到"扬州学派"这个专有名词，汪中在这里讲到了惠栋和戴震引领的两大派别，但他接下来又用了"自江以北"这个限定词，而后提到了王念孙、李惇和刘台拱。刘建臻先生在其论文《清代扬州学派经学研究》中，认为汪中的这段话十分重要，并将汪中的这段话总结出了三点要义：一是说明扬州学者是吴、皖两大学术流派的继承者；二是道出了扬州学术群体的形成且"各成其学"；三是点明了"江以北"这一新近兴起的学术区域。由于王念孙、李惇是高邮人，刘台拱是宝应人，汪中是江都人，三地同为扬州所辖，所以，这里的"江以北"显然指的就是扬州。

从第一点来看，刘建臻认为扬州学派不是与吴、皖两派并列的学术流派，而是两派的继承者，而关于汪中所说的"自江以北"，刘先生认为这里指的当然就是扬州。

对于当时学派的论述，直接点出扬州这个地名者，乃有阮元，他在《答友人书》中是这样分析了当时的学术流派：

> 盖今时天下学术以江南为最。江南凡分三处：一安徽；二扬、镇；三苏、常。徽州有金榜、程瑶田二三子，不致坠东原先生之绪。苏、常一带则惟钱辛楣先生极精，其余若王鸣盛、江艮庭，皆拘墟不通。江郑堂后起，亦染株守之习，而将来若一变，则迥出诸君之上。其余若孙星衍、洪亮吉、钱坫、塘，气魄皆可，不能大成。镇江、扬州号为极盛。若江都汪容甫之博闻强记，高邮王怀祖之公正通达，宝应刘端临之洁净精核，兴化任子田之细密详赡，金坛段若膺之精锐明畅，皆非外间所可及也。大约王为首，段次之，刘次之，汪次之，任次之。此后，则吾辈尚可追步尘躅也。

阮元在这里将镇江与扬州并称，而后点出了这一地最为著名的学人——汪中、王念孙、刘端临、任大椿和段玉裁，阮元谦称自己也算是这些学者的追随者。

对于阮元的这段论述，单殿元在《王念孙王引之著作析论》一书中评价说："阮元观察当时学术，呈现徽、扬、吴三足鼎立格局。又评骘三派之学，以为戴震之后徽学式微，仅能自守；吴学除钱大昕外未免拘墟、株守之弊；而扬学则骎骎迥出吴、徽两派之上。阮氏目光敏锐，所论极精。扬州学派成为学坛劲锐，已是不争的事实。"单殿元认为，虽然扬州学派的产生时间比吴、皖两派要晚，但其水准却超过了那两大阵营。

虽然说阮元对当时的学派进行了系统的分类,但当时并没有点出"扬州学派"这个固定词组。首先提出这个词组之人,乃是坚决反对此派的方东树,他在《汉学商兑》卷中"之上"称:"且汪氏既斥《大学》,欲废'四子书'之名,而作《墨子表微序》,顾极尊墨子,真颠倒邪见也。……后来扬州学派著书,皆祖此论。"方东树在这里指责汪中提倡墨学,但他却明确地提出了"扬州学派"这个词,而他在卷下中再一次提及了此词:"扬州汪氏,谓文之衰自昌黎始,其后,扬州学派皆主此论,力诋八家之文为伪体。"

提出"扬州学派"者,竟然是出自敌对阵营,这真是个吊诡的事情。而本派之人反而祖述这个词,比如章太炎称:"任大椿、王念孙皆扬州人,任传戴氏典章制度,王传声音训诂,皆有盛名于时。既而凌廷堪以歙人居扬州,与焦循友善,阮元问教于二人,遂别创扬州学派,声誉因以崛起。此后浙江诂经精舍、广东学海堂诸彦,大都不惑于陈言,以知新为主,树阮氏为标帜焉。"(徐复《扬州学派新论序》引)

不过章太炎在这里也提到了"扬州学派",同时还提到了一些非扬州籍的人也属于此派。对于章太炎的这段论述,赵昌智在《扬州学派述略》一文中,总结出了三点:"这里说明了三点:一是扬州学派是在'传'的基础上'创';二是扬州学派的真正确立是在阮元、焦循、凌廷堪的时候,阮元为标帜;三是扬州学派并非一地之学,而是全国之学。"

赵昌智在这里用了一个"创"字,即此说明,扬州学派不仅仅是吴、皖两派的传承,它也有自己创新。而对于扬州学派的首领,赵昌智举出的是阮元。同时赵先生认为,"扬州"虽然是个地名,但这一派的学人也应放在全国的视野内来谈论,而不能仅仅局限于扬州。

关于扬州学派的代表人物，后世学者有着不同的看法，比如刘建臻把汪中视为"扬州学派的奠基者"，而单殿元则说"学林之中，王念孙众望所归，最为翘楚。如果说扬州学派要公推领袖人物的话，舍王念孙其谁？"

单先生给出这个结论的依据，当然是王念孙父子在学术上所做出的成就，阮元在《王石臞先生墓志铭》中说："高邮王氏一家之学，海内无匹。"由此说来，王念孙父子才称得上是扬州学派的领军人物。然而这里有一个小问题，那就是王念孙乃是皖派首领戴震的弟子，比如章太炎说："震又教于京师，任大椿、卢文弨、孔广森皆从问业。弟子最知名者：金坛段玉裁、高邮王念孙。"而本田成之也称："传戴震声音训诂之学的，是王念孙及其子王引之和段玉裁。"这样论起来，王氏父子乃是正统的皖派传人。而徐道杉在《皖派学术与传承》一书中，也同样把王氏父子列在了戴震的传人系统内。看来，像王氏父子这样的大学问家，因其学术地位之重要，无论哪个体系的论述者，都会将之纳入其中。其实他们处在哪个体系之内并不重要，更为重要的是他们做出了哪些学术成果。

王念孙的先祖原本居住在苏州，在明初时，其家迁到了高邮，但是王家在此后的三四百年间，并未产生出著名的人物，直到王念孙的父亲王安国才让高邮王氏大显。清雍正二年，王安国会试第一名、殿试一甲第二名，这等耀眼的成绩，再加上他特殊的才干，使得他后来分别做过兵部、礼部和吏部的尚书。可能是王安国太过忙于事业，所以他生儿子的时间很晚，王安国的父亲70多岁时还看不到孙子，心中十分焦急，于是就预先给将来的孙子起名为"念孙"，以此来表达自己的迫切心情。遗憾的是，直至其去世，也没有看到孙子。而王念孙出生之后，为了纪念这位盼孙心切的祖父，他的字就起为了"怀祖"。

王念孙3岁时，母亲就去世了，因此父亲只好把这个小孩子带在身边。那时王安国在京任职，一边照顾着念孙一边教他识字读书。念孙果真聪明，10岁时就把"十三经"读完了，为此父亲特意请到了著名的大学问家戴震来做念孙的家庭老师。这段经历对王念孙十分重要，自此之后，他对经学大感兴趣，而后他也考中了进士，在其工作之余就开始搞经学研究。

王念孙在工作业绩方面最著名的一件事，就是弹劾和珅。嘉庆四年，乾隆皇帝驾崩，王念孙觉得机会来了，于是就秘密给嘉庆皇帝上奏章，列举和珅的许多罪状。嘉庆皇帝看后，很快宣布将和珅革职，而后逮捕入狱，之后又赐和珅自尽。这件事让王念孙在朝中博得了好名。

按理说，他也算有功之臣，但他的这个功，却并没有抵掉后来的过。嘉庆十五年，永定河发大水，使得两岸漫溢，当时王念孙正在直隶永定河道任上，发生了这样的水灾，皇帝把责任全部怪罪在他的头上，不但罢官降职，同时还要他赔偿堵决口的费用。对于赔偿的比例，有的说是四成，也有的说是三成。总之，需要他赔偿两万多两白银。王念孙家中拿不出这笔钱，于是他跟儿子用了十几年时间，才陆续将赔偿款补齐。

王念孙在任陕西道监察御史时，就开始为《广雅》一书做疏证。《广雅》是一部字书，作者乃是三国魏张揖，这部书内收录的很多字词乃是他书所未有者，然而以往的学人大多重视《尔雅》，而不重视《广雅》。到了清乾嘉年间，经学大为兴盛，而小学是经学的基础，故《广雅》一书也渐渐引起了学者们的重视。当时卢文弨、钱大昭等学者也都开始研究《广雅》，但相对而言，对该书的研究，以王念孙的成就最高。

其实王念孙最初是想研究《说文解字》和《尔雅》，他做了一段之后，发现段玉裁已经开始为《说文》作注，而邵晋涵也已开始作《尔雅正义》，同时郝懿行也准备写《尔雅义疏》。面对此况，王念孙决定放弃对《说文》和《尔雅》的研究，转而研究《广雅》。乾隆五十二年秋，王念孙开始作《广雅疏证》，把《广雅》上的字一个一个进行研究，他给自己规定的速度是每天研究三个字。这样的工作，他一做就是十年，到了嘉庆元年，终于完成了这部伟大的著作。

十年说起来容易，过程却十分艰辛。王念孙多次给好朋友刘台拱写信，谈到了研究《广雅》的不容易，比如说他研究到第十年时，也就是乾隆六十年，在给刘台拱的信中写道："念孙常患学者成书之易，今则又患成书之难。盖精力日就衰颓，撰述不可不早就也。自四月派巡南城，忽忽靡暇，《广雅》七卷后，竟不能成一字。奈何！"看来，随着研究的深入，难点越来越多，以至于让王念孙很多天都研究不出一个字来，这让他心里十分焦急，而最后一卷则是由他的儿子王引之帮助完成者。

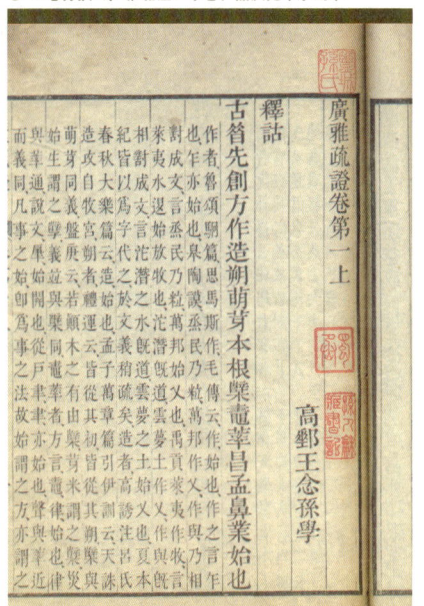
王念孙撰《广雅疏证》十卷，嘉庆元年家刻本

《广雅疏证》一书出版之后，王念孙仍然在做续补。看来，能够完成这样一部重要的学术著作，下如此大的气力，都不能将其完善，做学问之难真令人感慨。然而他所下的这些功夫，却奠定了他在中国经学史上崇高的地位，徐道杉在《皖派学术与传承》一书中，给出了如下崇高的赞誉："《广

雅疏证》是清代小学研究的巅峰巨著,也是近现代语言学的启蒙之作,与《说文段注》一起成为 18 世纪中国语言学划时代的里程碑。"

关于王念孙是用了怎样的方法来给《广雅》作疏证,单殿元在其专著中总结出了很多的示例,比如王念孙首先要选择一个最合适的底本,单殿元在《广雅疏证》的引文中总结出当年王念孙使用了九种不同的《广雅》版本,而最终选中以明代毕效钦本为底本。

为什么要选择此本呢?王念孙在《广雅疏证序》中说:"《广雅》诸刻本以明毕效钦本为最善,凡诸本皆误而毕本未误者,不在补正之列。"

选择到了最佳的底本,接下来就是对该本进行校勘,而王念孙校勘该书的方式也同样用了多种手段,比如其所做的第一项工作就是"校订《广雅》传本中的误字",他从原书中间校出讹误之字 580 条。为什么会发生这么多的错误?王念孙也做出了相应的总结,比如有的是因字形相近而误,有的是因为受上下文的影响而误,等等。我举第二种的一条示例如下,《广雅》中有"岁星谓之重华,或谓之应星"一句,而针对此句,王念孙所作出的疏证是:

《开元占经·岁星占篇》引石氏云:"岁星岁行一次,十二岁一周天,与太岁相应,故曰岁星。"又云:"岁星一名重华,一名应星。"《史记·天官书》同。《后汉书·郎顗传》:"《尚书·洪范记》曰:'德厚受福,重华留之。'重华者,岁星在心也。"重华,各本作"重星",盖因下文"应星""罚星"而误,今订正。

王念孙引用了不同文献上的记载,而后再做出综合判断,以此来确认究竟是哪个字,同时他又指出了发生这种错误的原因。除此之外,他还总结出一些误加偏旁或者误删偏旁的例子,另外还校出了一些后人任意妄改的情况，而这一切都需要有极为丰富的腹笥作后盾，这也正是王念孙扎实功底的一种表现。

当然，任何伟大的著作都不可能十全十美，《广雅疏证》一书虽然极受后世学者夸赞，但其中也有一些错误在，比如刘文典在《三余札记》卷一中说："清代诸师校勘古籍，多好取证类书，高邮王氏尤甚。然类书引文，实不可尽恃。往往有数书所引文句相同、犹未可据以订正者。盖最初一书有

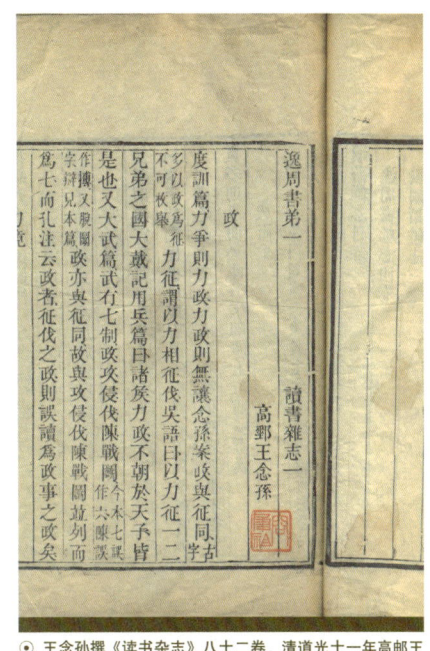

● 王念孙撰《读书杂志》八十二卷，清道光十一年高邮王氏家刻本

误，后代诸书亦随之而误也。"刘文典指出，高邮王氏父子做校勘喜欢以古代类书作为依据。刘认为，类书中的引文并不都可靠，而以此作为立论依据，反而会产生一误再误的情况。

王念孙的另一部重要著作乃是《读书杂志》，此书为王念孙晚年所撰，乃是王念孙对一些史书和子书的分类研究，而研究方式仍然与《广雅》相同，乃是做一些文字上的校订。比如《老子》三十一章："夫佳兵者，不祥之器，物或恶之，故有道者不处。"对于这句话中的"佳"字，按照释文上的解释是"佳，善也"，而元代吴澄在"注"中则称："佳，犹云嘉之也。不祥，谓无吉庆而有凶灾也。"

对于这两种解释，王念孙都不认可，他在《读书杂志》中写道：

"佳"当作"隹",字之误也。隹,古"唯"字也。唯兵为不祥之器,故有道者不处。上言"夫唯",下言"故",文义正相承也。……古钟鼎文"唯"字作"隹",石鼓文亦然。又夏竦《古文四声韵》载《道德经》"唯"字作"隹"。据此,则今本作"唯"者,皆后人所改,此"隹"字若不误为"佳",则后人亦必改为"唯"矣。

除此之外,王念孙研究古书还采取了许多综合的方式,在这里无法一一述及,但由此足可以看出他的研究方式之多样。他还把自己的这种方式传给了儿子王引之,本田成之在《中国经学史》中说:"王引之著《经义述闻》三十二卷、《经传释词》十卷,积数十年的研究,乃发明古音的假借。从来暧昧而不知读的,经王引之而一旦明了,其贡献于学者是很伟大的。"

王念孙有两部重要学术专著——《广雅疏证》和《读书杂志》,而其子王引之也同样有两部重要专著——《经传释词》和《经义述闻》。本田成之认为,王引之的这两部著作也同样伟大。这四部书被后世并称为"高邮王氏四种"。

《经传释词》是专门研究上古汉语虚词的专著,此书于嘉庆三年完稿,然而直到嘉庆二十四年才刻版行世。关于这部书的撰写者,虽然署名是王引之,但文中有不少条目标明为"家大人曰",看来,《经传释词》一书应当算是王氏父子共同撰写的作品。

而《经义述闻》的情况更是如此。关于书名的来由,王引之在该书初刻本的《自序》中说:"述闻者,述所闻于父也。"王引之明确地说,这本书中的内容是他听父亲讲来者。而后他在道光本的《自序》中又说道:"引之过庭之日,谨录所闻于大人者,以为圭臬。日积月累,遂成卷帙。"对于王引之的这些话,后世学者有的

之自庚戌歲入都侍大人質問經義始取尚書廿八篇
紬繹之而見其詞之發句助句者昔人以實義釋之往
往詰鞫爲病竊嘗私爲之說而未敢定也及聞大人論
毛詩終風且暴禮記此若義也諸條發明意恉渙若冰
釋益復得所遵循奉爲稽式乃遂引而伸之以盡其義
類自九經三傳及周秦西漢之書凡助語之文徧爲搜
討分字編次以爲經傳釋詞十卷凡百六十字前人所
未及者補之誤解者正之其易曉者則略而不論非敢
舍舊說而尚新奇亦欲窺測古人之意以備學者之采
擇云爾嘉慶三年二月一日高郵王引之敘

之曾徂又爲詞之及逝又爲詞之發聲思念也居處也
夷平也一數之始也而又皆爲語助曷詞之何也而又
爲何不盍何不也而又爲何於詞之于也而又爲爲爲
與爰詞之曰也而又爲與安詞之焉也而又爲乃爲則
爲於是焉詞之安也而又爲於爲是爲於是爲乃爲則
惟詞之獨也而又爲與爲及爲雖雖不定之詞也而又
爲惟矧詞之況也而又爲亦亦承上之詞也而又爲語
助且詞之更端也而又爲此之詞之是也而又爲於爲
其爲與凡此者其爲古之語詞較然甚箸揆之本文而
協驗之他卷而通雖舊說所無可以心知其意者也引

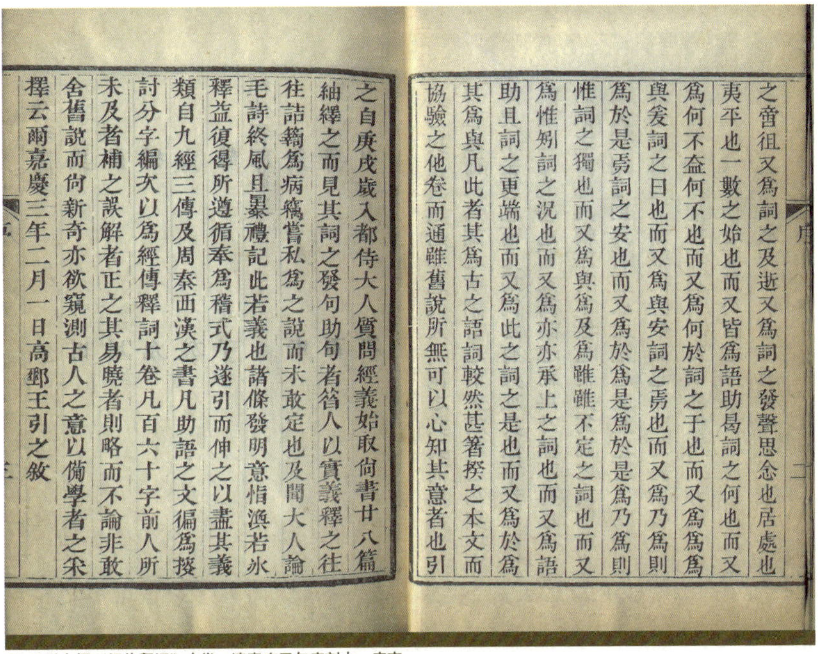

⊙ 王引之撰《经传释词》十卷，清嘉庆三年序刻本，序言

认为这是他的谦虚之语，他想把这本书的著作权说成是自己父亲的；但也有的学者却看出了其他问题，这起疑之处乃是王念孙在《与宋小城书》中所言的一句话——“念孙于公余之暇，惟耽小学。《经义述闻》而外，拟作《读书杂志》一书。”王念孙明确地说，自己除了在写《读书杂志》之外，原本也在写《经义述闻》。

既然如此，那该书的署名仅有王引之就有了问题，为此刘盼遂在《高邮王氏著述考》中说：“此《经义述闻》为石渠所著，伯申则略入己说而名为己作之切证也。”这里的“石渠”指的就是王念孙，因为念孙号“石臞”，有时也写作“石渠”，而刘盼遂就是根据王念孙上述这句话来断定，《经义述闻》的作者其实是念孙，并非引之，而引之只是略微加入了一点儿自己的见解而已。

显然，刘盼遂也觉得仅凭王念孙的这句话，不能作为唯一的依

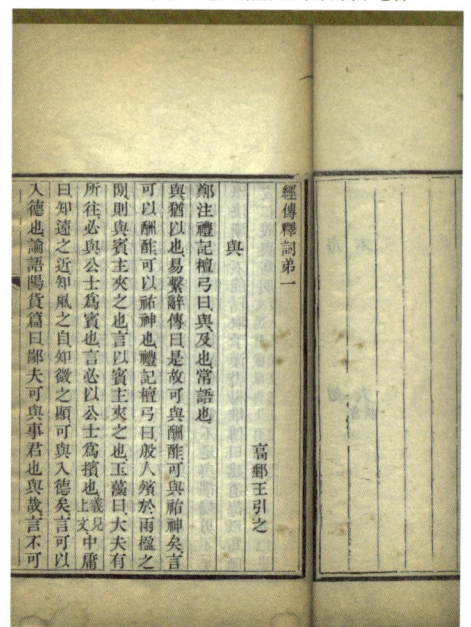

王引之撰《经传释词》十卷，清嘉庆三年序刻本，卷首

据，于是他又找出了一些旁证，比如他曾听其师王国维说过，王国维曾经在天津看到过一篇王念孙的手稿，此篇手稿乃是念孙用来订正《日知录》之物，而原稿中的"念孙按"却都被涂改成了"家大人曰"，所以刘盼遂认为："《经义述闻》中之凡有'家大人曰'者，皆石渠札记原稿，非经伯申融会疏记者也。"

而后刘盼遂又指出了另外的几条证据，比如有傅斯年曾经收到了王念孙《吕氏春秋杂志》稿本，而以此稿来跟《读书杂志》上的原文进行核对，发现凡是写着"引之说"的地方，其原稿都是"念孙按"，为此后世得出结论：有可能是王念孙太爱他的儿子引之，于是就把自己的作品署名为了"引之"。

但是，单殿元认为虽然有以上的这些证据，但也不能认定这是王引之剽窃父亲之作，因为从学术角度来看，原本一些学术就有着家族化的特征。而后单先生引用了赵振铎在《读书杂志》"弁言"上的一段话："王念孙和他的儿子王引之，在著述上略有分工。他们研究群经的成果，收集在王引之的《经义述闻》中。至于史部书、子部书以及一些集部书的研究，则收录入《读书杂志》。"以此来说明，有不少的著作都是他们父子共同研究的成果。更何况，王引之也没有说《经义述闻》是自己的独创，他原本在书名中就已说清——

这是父亲说的话。

关于王引之为什么要写这样一部书,他的弟子胡培翚在《经传释词书后》说道:

> 当时口语相传,词气之间,助语之字,同读异用,异读同用,人所共晓,无庸缕述。迨至后世,古音渐失,则有蔽于习闻,拘于实义,而不得其解者矣。吾师王伯申先生恐人之昧于此,而经义动多扞格也,

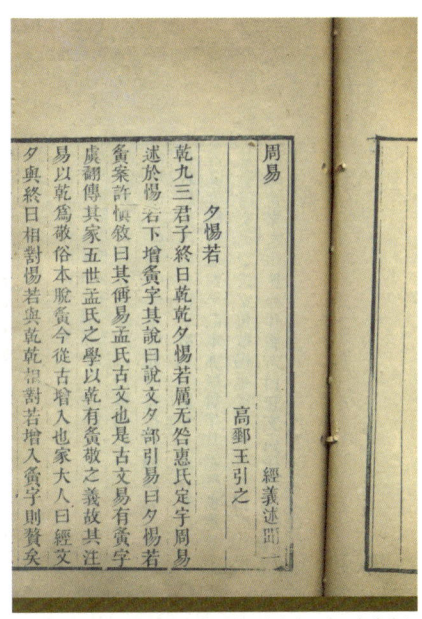

王引之撰《经义述闻》十五卷,清嘉庆二十二年卢宣旬刻本

于是撰《经传释词》一书,专取语词虚字释之,所释共一百六十字,分为十卷。

看来,该书的侧重点是词义的训释。这部书同样也受到当时学者的高度赞誉,比如阮元在《经义述闻序》中写道:"凡古儒所误解者,无不旁征曲喻,而得其本义之所在。使古圣贤见之,必解颐曰:'吾言固如是,数千年误解之,今得明矣。'"最有意思的,对朴学拼命攻击的方东树竟然也夸赞《经义述闻》一书,其在《汉学商兑》卷中"之下"中说道:"高邮王氏《经义述闻》,实足令郑、朱俯首。汉唐以来,未有其比。"能让敌人夸赞,也足见该书达到了怎样的高度。

但这部书同样也是白玉微瑕,比如章太炎在《王伯申新定助词辩》中说:"骤聆其说,虽宿儒无以自解,而卤莽灭裂处亦多。肆意造词,视为习惯,且有旧解非误而以强词夺之者。亦有本非臆造而不能援

◉ 高邮王氏纪念馆入口

古训比声音以自证者。今为驳证数事,以尽后生之责。"

但即便如此,这些失误依然不能影响该书的重要价值,因为他们的思路对后世的研究有着启迪之功,因此梁启超在《清代学术概论》中夸赞道:"今日读王氏父子书,只觉其条条皆犁然有当于吾心。前此之误解,乃一旦涣然冰释也。"

王念孙、王引之故居位于江苏省高邮市城区西后街21号院。此趟的行程我是在淮安市包下了一辆出租车,本和司机谈妥,请其载我一路南行到达扬州,然而到达高邮时他提出让我换车,说自己想赶回淮安去交班。一提到交班就令我一肚子的气,忍不住说了一句:"你不怕宝应的摄像头了?"因为在宝应市不知什么原因,司机的开车速度比牛车还慢,他坚称这一带的摄像头太多,只能如此开行。而今他又要急着往回赶,真不明白他究竟在打着怎样的算盘。我的这句调侃令他无语,正巧路旁看到一辆当地出租车,我让司机停车,而后换上了一辆本地的出租车。本以为这样会顺利许多,却没承想,司机却说此车是新换者，要先回公司办理手续。到此刻也只好由之。

等了十分钟，司机总算返了回来，而后他才接过我的寻访地址，地址上写明王念孙的故居位于市区西南西后街中段，司机却说他不知道有这样一个去处。显然，这个结果又让我的心情焦急了起来。司机劝我别着急，他会帮我打听。而后东绕西绕，总算在一条小巷内找到了故居。

故居位于中山路旁的一条小弄内，虽然叫中山路，然而不同于其他城市。我所去的城市，一般称为"中山路"的街道都是本市的主街之一，而此地仅是一条小街弄。不巧的是，这条窄窄的小街上挤满了接送孩子的人群，司机说这是赶上了放学的时间。

街两边停满了电动车，只好慢慢地往前开行。此时已近下午五点，一般的规律，中国各种公馆大多数都是五点关门，以这种速度开行下去，即使开到门口，肯定也是到其门而不能入，于是我立即让司机把车停在路边，而后请其下车带我步行前往故居。因为我心情着急，所以让出租车司机跟着我一同快跑。

司机可能第一次遇到我这样的乘客，却也很配合，我们一路狂奔，终于来到了故居的门口，而此时距离故居下班的时间仅剩下几分钟。到了此刻，也来不及细看门口的情形，立即快步冲进院内，在里面却未见到管理人员，也没人跳出来拦住我叫我买票，这让我的心终于放回了原处，于是从容地参观起故居。

院落不大，占地二三亩，两进院落建得都很紧凑，并且全部是重新翻建者，然用料却非原物，每个房间均空无一物。正堂上挂着"一代宗师"的匾额，乃出自书法家沙孟海之手，而其中一个房间则是以展板的形式介绍着王氏父子所做出的业绩。

走在院中，因为没有游客，这里的安静氛围跟刚才那些熙熙攘攘的人群形成了很大的反差。在院中还看到了"王氏故井"，看来

⊙ 一代宗师

⊙ 每个房间门前都有对联

◉ 王氏故井

这是当年王家人用过之井，只是不知道瘦弱的王念孙是否也亲自在这井中汲过水。站在井口探望一番，未曾看到倒影。而院落的进门之处，则有一丛篁竹，竹丛下面是黑色的塑像，王念孙坐在前面，王引之站在他身后。塑像的尺寸乃是真人大小，当然，我不确定王引之当年的身高，不知塑像的制作者是如何确定其高度的。

参观完毕后，又回到了门口，在这里依然没有看到管理人员，而我注意到门右旁所挂的匾额乃是"高邮王氏纪念馆"，而其左旁的文保牌也同样说是王氏纪念馆，这里并没有说是旧居，难道这里不是他们曾经生活过的地方吗？看来今后还是要想

◉ 王氏父子塑像

⊙ 影壁上写着"戬穀"

办法问到了解情况者。

　　看罢故居，请司机送我到扬州，他却说自己的车手续不全，不敢开车出市，于是他又帮我找了一个朋友，到此时也只能如此。但新换的这位司机同样不愿走高速，这种习惯让我费解，按照惯例，所有的过桥过路费都由乘客来负担，他们为什么还不愿意呢？但我想了想也没再追问，任由其沿京杭大运河继续南行，到太阳下山后不久，总算赶到了扬州。

汪中：贫不移志，终为通儒

如果以出身论，汪中可谓是乾嘉学派中最为贫穷的一个。江藩在《汉学师承记》中说："君生七岁而孤。家夙贫，母邹，缉屦以继饔飧。冬夜藉薪而卧，且供爨给以养亲。力不能就外傅读，母氏授以小学、四子书。及长，鬻书于市，与书贾处得借阅经史百家。于是博综典籍，谙究儒墨，经耳无遗，触目能诵，遂为通人焉。"

汪中的先世乃是徽州歙县人，到其曾祖父汪镐京时，迁居到了扬州。汪中的父亲汪一元因家境窘迫，入赘于扬州邹氏，汪中的外祖父邹鼎以做家庭教师维持生计，故而两家均属贫寒。乾隆十五年，汪中父亲去世时，汪中年仅七岁，母亲邹氏只好靠替人缝衣做鞋来维持生计，经常整天吃不上一顿饭，冬天也只能睡在稻草垛上。对于这段痛苦的经历，汪中在《先母邹孺人灵表》中有着详细的记录："孺人教女弟子数人，且缉屦以为食，犹思与子女相保。直岁大饥，乃荡然无所托命矣。再徙北城，所居止三席地，其左无壁，覆之以苫。日常使姊守舍，携中及妹，俾然匄于亲故，率日不得一食。归则藉蒿于地，每冬夜号寒，母子相拥，不自意全济。比见晨光，则欣然有生望焉。"

看来那时汪母因为识字，所以能教几位女弟子，以此来贴补家用。有一年发生大饥荒，他们搬到一处很小的房子内，这间房子破烂到缺了一面墙，汪家只好用草甸子遮蔽一下。白天，汪母让大女儿看家，她带着汪中和小女儿到亲戚家去要些救济,有的时候一整天也讨不到食物,大冬天里他们也只能躺在地上,母子相拥取暖,都担心自己度不过这样的寒夜,等到天亮时,他们才觉得有了生的希望。

因为家里贫穷,所以不可能拿出钱让汪中上学,好在他的母亲认字,于是母亲又担起了教导儿子读书的任务。可是毕竟家里太穷了,所以汪中十三四岁就出门打工。不知道是他个人的偏好,还是机缘凑巧,他找到的工作居然是在书店里卖书。对于好学的汪中而言,当然很合心意,他借此机会大量阅读,又好在他记忆力超强,能够过目成诵,所以这一段经历奠定了他的知识基础。

年轻时的汪中也喜好诗词,十六岁就开始作诗,汪喜孙在《容甫先生年谱》中说:"早岁溯源汉、晋,下逮唐人,于杜工部、韩昌黎,用力尤邃。"汪中二十岁时,侍郎李因培督学江苏,汪中前去应试,取得了第一名的成绩,成为秀才,而后的汪中更加刻苦,白天打工,晚上读书,并且以红豆计数,他的读书之声邻里们都听得清清楚楚。当时杭世骏主持扬州安定书院,看到了汪中的文章,对这位年轻人颇为器重,于是劝汪中放弃诗赋,主攻经史,同时借给汪中群经《正义》。这段经历对汪中来说十分重要,自此之后,他转入了经学研究。

对于汪中年轻时的遭遇以及相应的成就,耿文光在《万

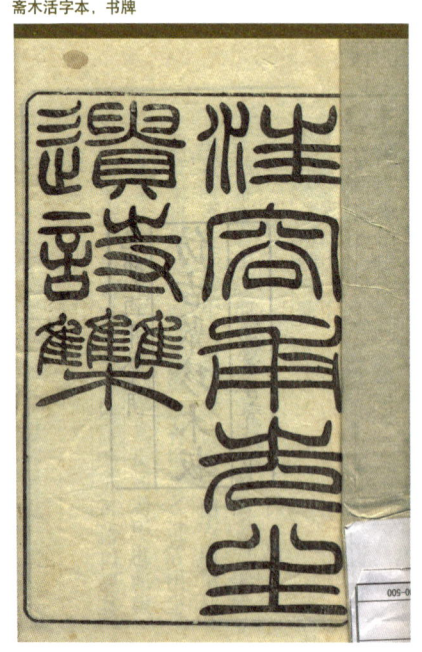

⊙ 汪中撰《汪容甫先生遗诗集》五卷,光绪乙酉扬州述古斋木活字本,书牌

卷精华楼藏书记》中发出过如下感慨:"少贫不能购书,助书贾鬻书于市,因遍读群书,过目成诵。余尝劝人购书,皆以贫辞。观于容甫,不患贫也,安得有志者与之语耶?容甫不但考据精,文亦甚高。代毕尚书撰《黄鹤楼铭》,程瑶田书,钱坫篆额,时人以为三绝。盐船阨于火,为《哀盐船文》,杭世骏序之,惊心动魄,一字千金。"看来耿文光也感慨汪中聪明过人,他在帮别人卖书之余,竟然遍读群书。而令耿

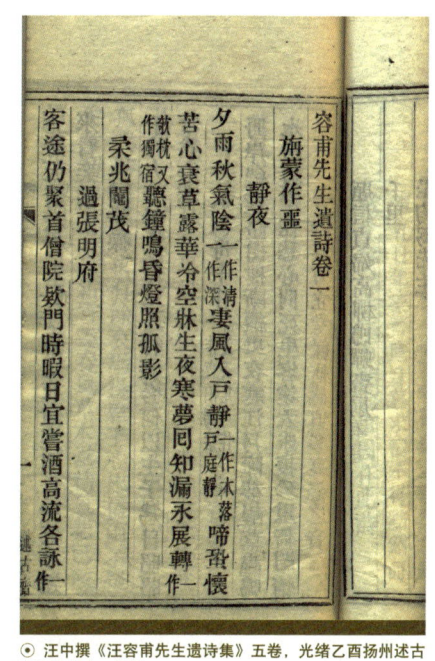

⊙ 汪中撰《汪容甫先生遗诗集》五卷,光绪乙酉扬州述古斋木活字本,卷首

更为感慨的是,他自己也曾劝别人买书来读,但这些人都说家里穷没钱买书,耿文光觉得,这正是汪中的特殊之处,因为汪家比别人更穷,但他却照样能够博览群书。汪中不但精于考据,同时文采也很好,曾经替毕沅代笔写文章,而他所作的《哀盐船文》更被目为一字千金。

因为汪中的勤学,他在学问上的名气传播开去,江藩在《汉学师承记》中说:"乾隆四十二年丁酉,谢侍郎墉督学江苏,选拔贡生,每试,别置一榜,署名诸生前,谓所取士曰:'若能受学于容甫,学当益进也。'又曰:'予之先容甫,以爵也;以学,则北面事之矣。'"当时的江苏督学谢墉特别看重汪中,他对人说,自己只是地位比他高,若以学问论,汪中则在自己之上。对于汪中的学术观,江藩又写道:

君性情忼直，不信释老、阴阳、神怪之说，又不喜宋儒性命之学。朱子之外，有举其名者，必痛诋之。每谓人曰："周《礼》：天神、地祇、人鬼，今合而为一。如文昌，天神也；东岳，地祇也；先圣先师，人鬼也。天神地祇，世俗必求其人以实之，岂不大愚乎！"且言世多淫祀，尤为惑人心，害政事。见人邀福祠祷者，辄骂不休，聆者掩耳疾走，而君益自喜。于时流不轻许可，有盛名于世者，必肆讥弹。人或规之，则曰："吾所骂者，皆非不知古今者，惟恐莠乱苗尔；若方苞、袁枚辈，岂屑屑骂之哉！"

看来，汪中的学术思想是正统的汉学，为此他也最为推崇顾炎武、阎若璩、惠栋、戴震等大儒，他原本想做《六儒颂》，可惜未能完成。江藩还说，汪中同时喜好金石之学，后来因为得到了一块"孔子见老子画像石"，所以将自己的书斋起名为"问礼堂"。

江藩的这段论述应当是汪中家境好起来之后的事情，因为汪中25岁时，家里还是一洗如贫。这一年是乾隆三十三年，汪中迁居到了仪征花园巷。当然，这仍然是一间破屋子，而更为难受的是，这间破房子前面有个池塘，而此池塘与大江相通，每当涨潮的时候，江水上涌，塘中之水就会倒灌进汪中的房子，屋内积水达两尺之深。每到此时，汪中的母亲只好爬到桌子上避水，而这样的生活，他们家竟然过了十年。

迁居那年秋天，汪中参加和江宁乡试，因为他学问好，所以很多考生向他求教，汪中就把这些问答的内容整理成了一本书，名为《策略謏闻》，可见他的才华在那时就颇受时人瞩目。然而有学问并不等于会考试，他的这次乡试以失败告终。乾隆三十七年，汪中又到泰州去参加拔贡考试，主持此次考试的是江苏学政彭元瑞。据说，彭看过汪中的试卷后十分惊叹，将其列为上等，但不知什么原因，发榜时汪中又变成了二等第一名,这其中的原因,引起后世诸多猜测。

说法之一,是汪中得罪了扬州安定主讲蒋士铨,而蒋跟彭元瑞关系很好,因此蒋向彭打了招呼,降低汪中的考试名次。叶德辉在《郋园读书志》上说:"阮亨《瀛丹笔谈》称'中才高连物,精博绝伦'。翁方纲《复初斋文集·考订论》载其连蒋苕生事,'高才不遇,其牢骚悲愤,往往于言行间见之,读者未尝不喜其文而悲其遇也'。藏山传人之业,其亦天有以报穷士欤!"看来当时有不少的人都认为汪中恃才傲物,而叶德辉提到的翁方纲《复初斋文集》,记录原文如右:"闻蒋主讲席于扬州,诸生有汪中者,夙以博辨自诩,起而问曰:'女子之嫁,母送之门,是何门?'蒋曰:'姑俟查考。'汪曰:'俟查考,则无所庸其掌教矣。'蒋以此深衔之,语学使,欲置之劣等。"

蒋士铨在讲课的时候,颇以博学自诩,他的作派让汪中看不惯,于是提出一个颇为冷僻的问题,让蒋答不上来,只好说回去查书。汪中立即就说,既然你还需要查书,那何必来此掌教。这种当面驳人的做法,当然令蒋十分地生气,于是就给学政打招呼,降低汪的考试名次。

关于汪中的恃才傲物,相关的记载不少,被人提及最多的则是洪亮吉《更生斋文甲集》卷四的一段记载:

> 汪中,江都人。少孤贫,事母极孝。……时侨居扬州程吏部晋芳、兴化任礼部大椿、顾明经九苞,皆以读书该博有盛名。中众中语曰:"扬州一府,通者三人,不通者三人。"通者高邮王念孙、宝应刘台拱与中是也,不通者,即指吏部等。适有荐绅里居者,因盛服访中,并乞针砭。中大言曰:"汝不在不通之列。"其人喜过望。中徐曰:"汝再读三十年,可以望不

通矣。"中诙谐皆此类也。

当时扬州城内有三位博学的学者,而汪中却看不上这三位,他说扬州城内有三位通人和三位不通之人,他所说的不通者,就是人们所看重的程晋芳、任大椿和顾九苞,而汪中认为的三位通人,则是王念孙、刘台拱和自己。这样的说法显然很得罪人,而更为得罪人的话还在后面,有一位当地的缙绅特地盛装去拜访汪中,请他评价自己。汪中对他说,你不在不通之列。此人闻言大喜过望,但还没高兴完,汪中又缓缓地说,你再读三十年书,就可以在不通之列了。他这样的说话方式,当然会让人恨之入骨,这也就难怪他无法取得好名次。

汪中的这种孤傲不仅是出自天性,也因为他读书广博。他喜欢实学,对于迷信的东西,以及宋明理学有着本能的排斥,但他的做法又比较极端,比如宋代大儒,除了朱子之外,凡提到其他任何人的名称,汪中必痛骂一番,而后举出很多例子来证明理学不可信。更过分的是,如果有人祈祷求福,汪中也会痛骂不已,他的骂声让人掩耳而逃,面对此况,汪中自己却很得意。对于当时的名流,汪中没有几个看得上的。有人劝他不要这么极端,他却说自己骂这些人,是因为这些人还值得自己骂,如果像方苞、袁枚等人,连骂都不值得骂。由此可知,他性格之倔强已经到了什么程度。

其实,汪中也想改变自己的性格,他原本字"庸夫",后来改字为"容甫",就是告诫自己要有容人之量。为此他还作过一首《褊箴》:

峭厉峻急,不集其福。泛爱溶溶,游心自得。
弓张必弛,以养其性。在丑孰尊,惟学之竞。
华岳倚天,其麓则平。陂泽流恶,不疾以清。

与为其高，宁为其大。廓如浑如，庶无灾祸。

不知道后来汪中是否真的做到了《褊箴》所说，但至少他有了想要改变性格的主观愿望。

可能是因为汪中也知道自己的性格不好，所以之后的考试就不再去参加。比如乾隆五十一年朱珪主持江南乡试，他就没有参加。其实在此前，乾隆四十四年和四十八年，谢墉两次主持江南乡试，汪中都没参加，他究竟为什么想博取功名，却又几次不参加考试呢？

对于这件事，后世有着各种猜测。按照汪中儿子汪喜孙的解释，这是因为父亲患有怔忡之病，这种病只要一动脑筋就会头痛，所以汪中后来不参加考试。也有的人说，汪中是位孝子，他不忍跟苦难的母亲分离。而谢永平先生则在《汪中评传》中说，这是因为汪中已经意识到自己的性格不容于时，经过几次的打击，让他没有了再参加考试的雄心。

既然这样，汪中靠什么生活呢？当然出外做幕僚是落泊文人最常见的谋生手段，汪中也是这样。乾隆三十六年，汪中入安徽学政朱筠幕，可是不久他就提出辞职，原因是朱筠给他开的薪水太低。汪中之后又到浙江秀水去拜访郑虎文，郑很欣赏汪的学问，但他老病在家，无法给汪提供资助。而后郑虎文就给朱筠写了信，再次推荐汪中，并在信中明确提出，希望给汪增加薪水。转年汪中再次入朱筠幕，后来朱筠在离任之前，又把汪推荐给了宁波宁绍台道兵备冯廷丞，朱在推荐信中说道："汪生，通人也，其学知经传之义，而达于史事，又善为古文词。筠在江南，尚或为之所，筠去，恐遂穷以死，其才当为世爱惜也。"

看来，朱筠对汪中的认识很到位：他既是一位高才，又是一位穷困潦倒之人，如果挣不来薪水，几乎活不下去。汪中穷到什么地步呢?有一度,汪中听说母亲病危,立即赶回了仪征,着手安排后事,可是买棺木、衣物等都需要钱,而他根本拿不出,于是给朋友秦西岩写了封信:"今特走字,将《通典》二百卷、《资治通鉴》三百四十四卷奉上,抵银十两,并恳即日递下,即取书而去。人生至此,不容他言,七尺尚存,报恩有日。"(《容甫先生年谱》)看来,汪中家里还有一些书,他拿出了两部部头较大的书作为抵押,向朋友借了十两银子。十两之银,都需要靠抵押借贷,可见他穷到了何等地步。

为了生活,汪中在乾隆四十一年又到江宁府入幕,这一年江苏学政谢墉给他提供了帮助,让他有了一些生活来源。而后汪中生活渐渐得以改善,比如乾隆五十四年时,毕沅在武昌做湖广总督,也邀请汪中入幕,第二年,汪中又回到了扬州,当时《四库全书》刚刚修纂完成,扬州正在建造文汇阁,在毕沅、谢墉等人的推举下,汪中得以入盐政戴全德幕,这次的入幕让他有了不错的收入。王昶在《湖海诗传》卷三十五中说:"(汪中)掌大观堂所颁《四库全书》,因此收入颇丰。"后来戴全德又派汪中去校刊文宗阁《四库全书》,汪在此工作两年,终于将这部大书校刊完毕,为此写出了《文宗阁杂记》。

对于汪中的这部书,徐德明著录于其所撰《清人学术笔记提要》中:"《文宗阁杂记》

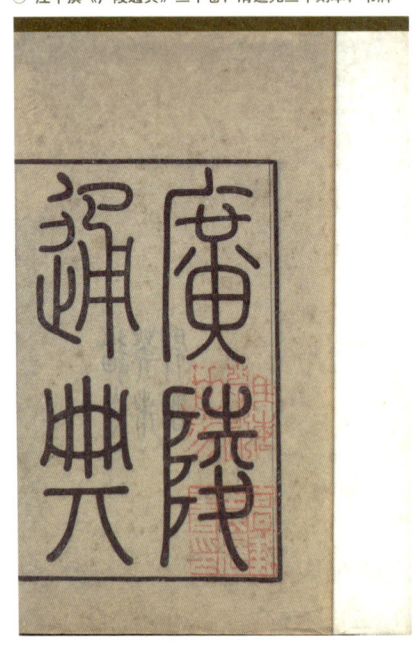

汪中撰《广陵通典》三十卷,清道光三年刻本,书牌

三卷,为汪中晚年于镇江之文宗阁校《四库全书》时所撰,即其校书所得。大抵一事一条,经史诸子百家,均有涉及,随阅随记,不以类分。每事著其所出,论说则每参时事,故是书不仅可考古史旧事,亦可知当时轶闻。"看来汪中的这部杂记乃是考证经史之作。对于其考证的内容,徐德明又在提要中写道:"如卷一唐张九龄谏止凉州刺史牛仙客为尚书,因其目不识书,观九龄集中《赠泾州刺史牛公碑》足以为证。又论汉上官桀、金日磾皆以养马受知,武帝之取人可谓明而不遗矣。又今世所行《金刚经》,用姚秦鸠摩罗什所译,其四句偈它本颇有不同者。……均足资参考。"看来这个阶段的汪中状态很不错,每天可以翻大量书,同时还有很好的收入,家中的穷困状态终于得以改观。后来戴全德转到杭州去任职,又让汪中到那里兼管西湖赐书,同时校刊文澜阁《四库全书》。乾隆五十九年,汪中逝世于杭州西湖边的葛岭,终年51岁。

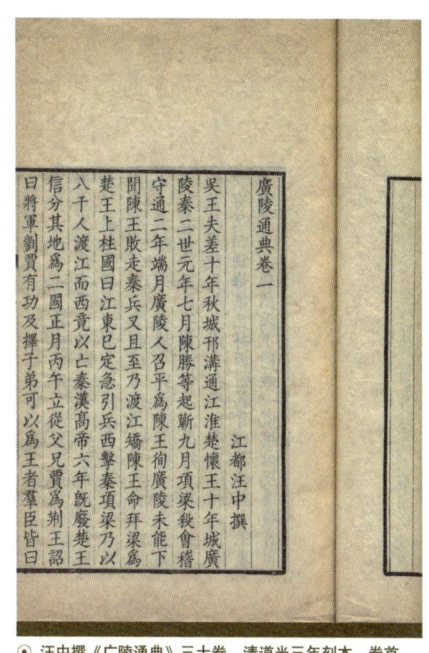

⊙ 汪中撰《广陵通典》三十卷,清道光三年刻本,卷首

对于汪中晚年的生活,凌廷堪在《汪容甫墓志铭》中说:"家贫,善治生,衣食渐充裕。"看来正是因为家贫,才使得汪中从小思索如何能够挣钱,在他的努力下,家境渐渐好了起来。但他到底做的什么生意呢?孙星衍在《碑传集·汪中记》中说:"中能鉴别彝器、书画,得之,售数十百倍。"由此可知,汪中做的是古董生意,而这种生意按照俗话来说,"三年不开张,开张吃三年",这是典型

的暴利行业。而孙星衍也说，汪中做古董字画生意有几十倍到上百倍的利益。只有这样，汪中才可能有时间来研究学问。比如他在《墨子校本》卷二后写道："（乾隆五十年）正月四日，是时宿痾初愈，家有余粮，无疚于心，无求于世，奉母之暇，校理群籍，生人之乐，于斯为极。"看来，汪中校《墨子》时心情很好。他说自己久病之身，这一年有很大的好转，更为重要者，家里有了余粮，这让他心里不再愧疚，终于可以万事不求人地做学问，同时照顾好母亲，汪中认为这是人生之乐的极致。

对于汪中的学术成果，谢永平在《汪中评传》中有如下表述："汪中的经学著述非常丰富，已刊刻者有《经义知新记》一卷、《春秋列国官名异同考》一卷、《春秋述义》一卷、《国语校文》一卷、《大戴礼记正误》一卷、《述学内篇》三卷《外篇》一卷《补遗》一卷《别录》一卷，与经学有关的著述有《旧学蓄疑》一卷，存目者有《三礼注疏记要》《春秋后传》《尚书考异》等。"然而他受后世最为关注的，乃是子学研究。汪中首先系统的研究过《荀子》，他在《荀卿子通论》中称："荀卿之学，出于孔氏，而尤有功于诸经。"他认为荀子才是孔子学说的真正传人，"盖自七十子之徒既没，汉诸儒未兴，中更战国暴秦之乱，六艺之传赖以不绝者，荀卿也。周公作之，孔子述之，荀卿子传之，其揆一也"。基于这种认识，汪中认为应当把孔孟并称改为孔荀并称。

汪中在子学方面的另一项研究是墨子。他在《述学·墨子序》中称："其在九流之中，惟儒足与之相抗，自余诸子，皆非其比。历观周、汉之书，凡百余条，并孔墨、儒墨对举。杨朱之书，惟贵放逸，当时亦莫之宗，跻之于墨，诚非其伦。自墨子殁，其学离而为三，徒属充满天下。吕不韦再称'巨子'，韩非谓之'显学'，至楚汉之际而微。孝武之世犹有传者，见于司马谈所述，于后遂无闻焉。惜夫！"

汪中对墨子在后世的名声不显大感不平，所以他要系统地彰显墨子。对此，侯外庐在《中国思想通史》卷五中说："墨学自汉武帝定儒术为一尊以后，除晋鲁胜、唐乐台二人以外，几成绝学。清初，墨子之学始渐引起学者的注意。顾炎武、傅山都有推崇墨学的话，而颜元则六经其表而墨学其里。颜氏之反宋明理学，颇墨者之'非儒'。到了乾嘉时代，墨学复兴，公开研究墨子的有张惠言(《墨子经说解》)、王念孙（《读墨子杂志》）、毕沅（《墨子注》）以及孙星衍、卢文弨诸人。而汪中就在这时试释《墨子》，编成专书。"

看来，汪中是复兴墨子之学的重要人物之一，但正是因为如此，使得他在清代备受责骂。翁方纲《复初斋文集》卷十五有《书墨子》一文，"有生员汪中者，则公然为《墨子》撰序，自言能治《墨子》，且敢言孟子之言兼爱无父为诬墨子，此则名教之罪人，又无疑也。昔翰林蒋士铨，掌教于扬州，汪中以'女子之嫁，往送之门，是何门'为问，蒋不能答，因衔之，言于学使者，欲置汪中劣等，吾尝笑蒋之不学也。今见汪中治《墨子》之言，则当时褫其生员衣顶，固法所宜矣。"

翁方纲对汪中复兴墨子之学大感不满，把汪称为"名教罪人"。翁也提到当年因为责难蒋士铨之事，而没有得到好成绩，说自己曾经嘲笑蒋士铨如此没肚量，而今看到汪中竟然替墨子翻案，又觉得当初蒋士铨的做法很好。由此可知，在儒、墨观念不两立的情况下，汪中竟敢替墨子张目，这让很多自命为儒家正统的人物不能容忍。

汪中去世时，他的儿子汪喜孙年仅9岁，在汪中朋友的帮助下，汪喜孙上学读书，22岁时考中了举人，而后八试礼部不第，又是在朋友的帮助下，花钱买了个内阁中书衔，道光二十五年任河南淮庆府知府。汪喜孙用了很多时间来整理父亲的著作，其中最著名的是《述学》。按照计划，汪中原准备写一百卷，这种说法出自包世臣的《艺

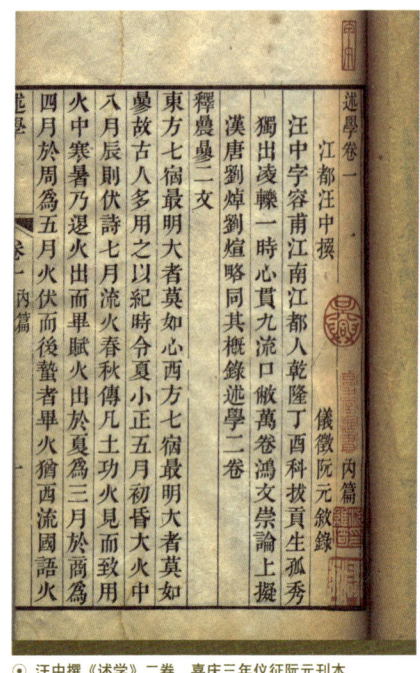

○ 汪中撰《述学》二卷，嘉庆三年仪征阮元刊本

舟双楫》。包自称看到过《述学》的原稿，该稿首册有汪中自题"述学一百卷"，可惜因为汪中去世得早，而今见到的《述学》仅是六卷，其中包括《内篇》三卷，《外篇》一卷，《补遗》一卷，《别录》一卷。为什么留存如此之少，耿文光在《万卷精华楼藏书记》中说了这样一句话："友人朱昧虞蓍生云：汪氏手稿甚多，所刻不过二十之一。余毁于火，深可惜也。"耿文光说是听朋友讲，汪氏著作刊刻出来的，不到总量的二十分之一，剩余的手稿都被火烧掉了。

对于《述学》的内容，汪喜孙在《容甫先生年谱》中说：

> 是时先君撰《述学》一书，博考先秦古籍、三代以上学制废兴，使知古人之所以为学者。凡虞夏第一，周礼之制第二，列国第三，孔门第四，七十子后学者第五；又列通论、释经、旧闻、典籍、数典、世官，目录凡六。未成书。更取平日考古之学及所论撰之文，为《述学》内外篇。

看来这部书涉及了历史上的方方面面，难怪汪中设计出一百卷的体量，可惜天不假年，他的计划未能完成。

但这部书却广受后世所关注，比如李慈铭在《越缦堂读书记》

中几次提到他对该书的看法，如"引证明通，可悟读书之法"，又有"汪氏喜骋雄辩，颇似毛西河。……惜其著述传者仅此书耳"，还有"近儒中文章精卓，盖无出其上者。惟意不仅以文传，亦不屑屑于家数文法，而所据必经义，所泽必古辞，简栗谨严，故能自成一子。"李慈铭可是轻易不会称许他人，却能对汪中有如此褒奖之语，也可证汪中《述学》的确有水平。叶德辉也在《郋园读书志》中写道："汪氏之书，良友搜之于前，贤嗣刻之于后，而五十年来海内承学之士读汪氏书者咸交誉之无间，言其文行之美宜若有定论矣。"

中国的事情就是这样，有夸赞者，就有贬低者，汪中的《述学》同样如此。比如方东树就对汪中的观点大不以为然，他在《汉学商兑》卷上中说道："汪氏既斥《大学》，欲废四子书之名，而作《墨子表微序》，顾极尊墨子，真颠倒邪见也。……此等邪说，皆袭取前人谬论，共相簧鼓，后来扬州学派著书，皆祖此论。"当然，方东树斥责汪中可以理解，因为他们的学术观差异很大，但方也几乎把所有古文经学家骂了个遍。章学诚也对《述学》不以为然，其首先指出了《述学》中一些观念的错误，而后又从体例上批判该书，"汪氏之书，不过说部杂考之流，亦田氏之中驷，何以为内篇哉？古人著书，凡内篇必立其言要旨，外杂诸篇，取与内篇之旨相为经纬，一书只如一篇，无泛分内外之例。"

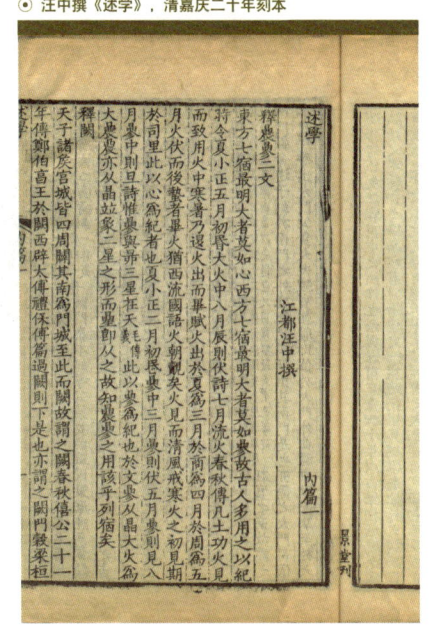

◉ 汪中撰《述学》，清嘉庆二十年刻本

章学诚认为《述学》分为内、外篇，很不合著述之法，其实他应当知道，这种分法乃是汪中去世后，由汪喜孙所为。为此，漆永祥先生在《〈汉学师承记〉笺释》的按语中称："章学诚所讥汪氏者，后人又以其说讥章氏《文史通义》之内、外篇，正所谓察之千里而失之目睫也。荀子曰：'肉腐出虫，鱼枯生蠹。'人之有能有不能，善攻人之短者，已之短亦必为人所攻，此亦理之所必然者也。"看来，骂人者，也会因同一个问题被人所骂。章学诚讥笑《述学》分为内、外篇，而他的《文史通义》也是如此分法，因此也遭到了他人的讥笑。

按历史资料记载，汪中墓位于江苏省扬州市维扬区城北乡三星村叶桥组境内。2012年6月的寻访，我是从南京走起。寻访汪中墓之前，我曾看到韦明铧兄的一篇文章，他说汪中墓今在扬州北郊佳家花园二期小区工地内，他在文章中呼吁要保护这处名迹。事隔一年，我很担心他的呼吁没能起到效果，本想打个电话向他证实，但转念一想，为这么一件事还会让他热情折腾一翻，还是尽量不打扰朋友吧。

登上围墙，看到里面荒草一片

好在当天的司机是扬州的本地通，且为人勤勉，凡是不清楚的地方他都主动下车去打问，来到佳家花园工地内，只问了一个工友，他就找到了汪中墓所在的这片荒地。

工地面积很大，几十座板楼已经完工，仅在中心位置剩余了大概二三十亩地的乱草丛，荒地四周砌着围墙，仅有的小门还上着锁，我攀上墙头向内窥望，荒草深处有一小水潭，中心位置有一丛不知名的树，遮盖得很严密，完全看不清究竟。此时已是中午，整个工

⊙ 透过缝隙，看到了"汪中墓"的字样

地上空无一人，这倒是绝好的"越狱"机会，我让司机候在外面帮我瞭望，从一个角落翻墙入内。

脚一落地，荒草高已过胸，刚迈动两步，脚下窸窣一片，吓我一跳，定神细看，一只浅白色的兔子带着几只小崽向草丛深处跑去，这反让我稍稍放心，看来里面没有蛇。但我还是有些隐忧，万一有其他凶猛生物呢，因为这片地看上去荒了很久，不知里面还有什么生物。我顺手折下一根长长的树枝，边划拉边前行，做出打草惊蛇状。

地上坑洼不平，荒草将地面遮盖得严严实实，深一脚浅一脚地踩在乱石中，几次险些摔倒，慢慢走向中心位置，隐约看到树丛中有一堵破败的墙，走到离此三米远才看清是用砖垒制的牌坊，门楣上有块石条刻着"汪中墓"三个隶书大字，见此心情大喜，没想到它居然完好。转到牌坊的后面即是汪中墓所在，墓前中间位置立着墓碑，上刻着"大清儒林汪君之墓"，落款为"嘉庆十七年扬州旧守伊秉绶题"，背后是墓丘，墙裙已破败不堪，墓顶也长满了杂树

◉ 拨开树枝,终于看到了墓碑

和杂草。墓的四周几乎成了垃圾堆。我静静地在墓前蹲了几分钟,此时的心情不喜不悲,想与这位前贤进行心灵沟通而不能,四周静极,无一丝的声响,如此静静地陪了汪中一会儿,隐隐听到司机的大声呼喊,让我回到了当下的现实,里面的小飞虫已将我的手臂咬起了数个红疱。于是沿原路返回,其实里面没有路,只是在寻找自己来时的脚印。回到车上,司机说这么半天没有声音,我真担心你有问题。我谢过他的关心,继续上路奔向下一站。

焦循：开方解《易》，正义《孟子》

焦循是经学史上的著名人物，他致力于经学，跟大书法家刘镛有很大关系。乾隆四十四年，焦循到扬州应童子试，因为擅长分辨字的音义，受到了考官刘镛的赞赏。这件事让焦循终生难忘，为此他在编纂个人的文集《雕菰集》时，把《感大人赋》排在了最前面，而这篇《赋》所写的内容，就是他对刘镛知遇之恩的感激之情。对于他二人交往的经过，焦循在此《赋》的小序中写得颇为形象：

乾隆己亥，夏五月，诸城刘文清公时以侍郎督学江苏，按部至扬州。循年十七，应童子试，公课士简肃，恶浮伪之习，试经与诗赋尤慎重，用是试者甚罕。循幼从范先生学诗古文辞，至是往试，公取为附学生。复试日，公令教授金先生呼曰："诗中用'榅麖'字者，谁也？"循起应之。教授令立俟堂下。良久，灯烛光耀，公自内出；循拜，公止之。公视循衣冠殊朴质，颜色甚怿，问二字何所本？循以《文薮·桃花赋》对，谨述其音义。公喜曰："学经乎？"循对曰："未也。"公曰："不学经，何以足用？尔盍以学赋者学经？"顾谓教授金先生曰："此子识字，今入郡学，以付汝。"询循所寓远，令巡官执炬，送归寓。明日公谒，公复呼循至前曰："识之，不学经，无以为生员也。"循归，乃屏他学而学经。循之学经，公之教也。

焦循17岁时去参加童子试，在答卷中使用了一个很冷门的词，刘墉考问其出处，他的回答令刘很满意，于是刘就问焦是否研究过经学，焦诚实地告诉刘没有，于是刘跟焦说：如果你不学经，作为一名学者，将无所成就。而后刘镛特意跟书院的金老师说：要好好教这个年轻人。第二天刘镛见到焦循时，再次嘱咐他要好好地研究经学，于是焦循就放弃了诗赋之好，专力于经学的研究，所以焦循明确地称，自己在经学上有所成就，就是得到了刘镛的教诲。

一个人的成就固然与其天分有很大的关系，但机遇同样很重要，从这个角度来说，焦循是个幸运的人，他竟然遇到了刘镛这样著名的人物，而刘镛又能独具慧眼地看出焦循今后能在经学方面有所作为，于是一再教导这位年轻人，这才使得焦循在后来的经学研究方面大放异彩。

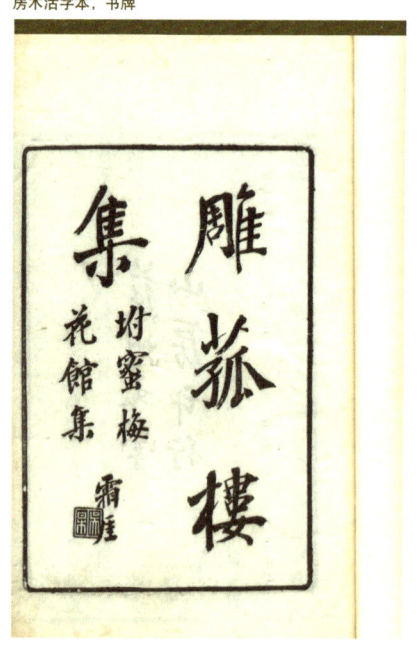

⦿ 焦循撰《雕菰楼集》二十四卷，民国十三年苏州文学山房木活字本，书牌

当然，有天分在，如果没有后天的努力，同样不会有所成就，搞经学研究当然要读许多相关著述以及前人的研究成果。在清中期之前，其当朝最有名的经学著作是纳兰性德刊刻的《通志堂经解》，但这部书的部头很大，价钱也不便宜，然而这样的研究成果却是焦循最想读到的，可是这部书并不好找。

某天，他遇到了一个书商出售该书，而书价定为了三十金。不巧的是，这个时段正赶上闹灾荒，焦循家已经没什么钱，虽然此前不久焦家刚刚卖掉了几十亩良田，为此得到了一些银两，然而这些钱是家人买粮糊口之资。焦循很想用这些钱去买下《通志堂经解》，但家中剩余的款项远不足三十金之数。焦循思前想后，还是觉得这部书对自己的经学研究十分重要，无奈只好跟夫人商量，最后夫人卖掉自己佩戴的金银首饰，以此来凑足买书之资。对于这件事的细节，焦循写入了《修葺通堂经解后序》之中：

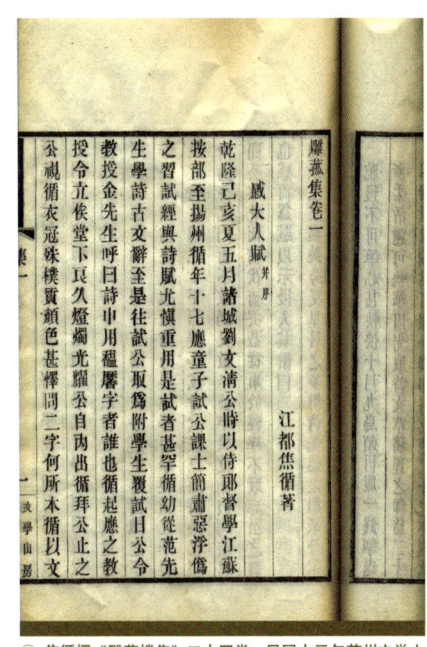

⊙ 焦循撰《雕菰楼集》二十四卷，民国十三年苏州文学山房木活字本，卷首

乾隆丙午，连岁大饥。余迭遭凶丧，负债日迫于门，有良田数十亩，为乡猾所勒卖，得价仅十数金。时米乏，食山薯者二日，持此银泣不忍去，适书贾以此书至，问售，需值三十金，所有银未及半。谋诸妇，妇乃脱金簪易金，得十二金，合为二十七金，问书贾，贾曰："可矣！"盖歉岁寡购书者，而弃书之家，急于得值也。余以田去而获书，虽受欺于猾，而尚有以对祖父，且喜妇贤，能成余之志。中夕餐麦屑粥，相对殊自怪也。

在那样的饥荒年代，几十亩良田也卖不出多少钱，更何况在卖地的过程中，焦循还被狡猾的中间人所骗，所以到手的钱就更少了。在这种情况下，他家连买米都不多了，有时只能吃一些红薯，但他

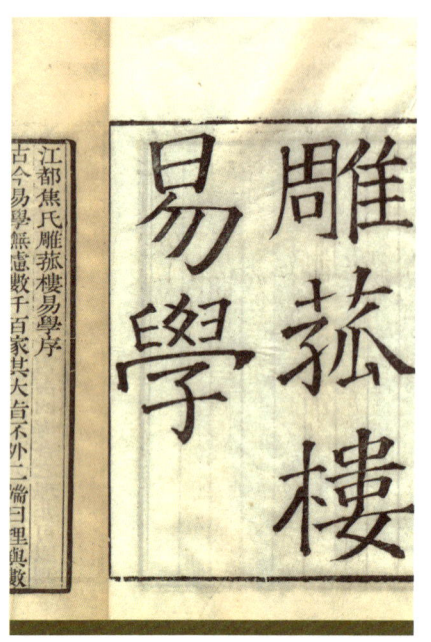

◉ 焦循撰《雕菰楼易学》，清光绪二年衡阳魏氏刻《焦氏丛书》本，书牌

还是觉得应当买下这部大书，而其夫人也特别理解他，于是摘下了自己的金簪，卖得十二金。但这些钱加上家中的余资，也仅凑到了二十七金，这些钱已经是焦家所有的现金了，焦循只能跟书商实话实说，而这位书商倒也通情达理，因为饥荒年代买书的人少，所以焦就以此价买到了这部大书。因此，焦循特别感激夫人对他的鼎力支持。

在吃饭都成问题的时段里，焦循竟然倾其家中所有来买治学所用的参考书，如此性格也正预示着他定然能够成就一番事业。西谚说"上帝关上一扇门的同时，也会为你打开一扇窗"，只是不知道这句话的反定理是否也成立，但在焦循这里似乎将得与失做了中和。他用了14年的时间考中举人，而后的进士考试也一直不顺利，各种情况杂糅在一起，让焦循决定放弃进一步的科考，专心致志地研究学问，于是在其40岁这一年，焦循返回家乡，在其幼年的读书处——"半九书塾"内研讨学问。

但这处老房子住得并不舒服，于是他就买下了半九书塾旁边的五亩地，建起了一座新的书楼，此楼名叫"雕菰楼"。此后的十几年，直到其去世，焦循的大部分时间都在此楼内研究学问。

嘉庆二十五年，焦循得了疟疾。经过七个月的治疗，始终没有好转的迹象，这让焦循觉得时日无多，于是就在当年的七月二十四日，对儿子焦廷琥交待了后事,两天之后,他不再吃药,转天就去世了,终年58岁。

焦循在经学上的研究成果主要有两个方面,一是对《易》学的研究,二是对《孟子》的研究。在《易》学方面,他写出了《易章句》《易图略》和《易通释》三部书,此三书被后世合称为《雕菰楼易学三书》,而这三部书中以《易通释》最为重要。

焦循很早就对易学有着浓厚的兴趣,幼年时,他的父亲就让他研习《周易》,并且告诉他研究《周易》要从《易传》入手,所以他在25岁之前就通读了历代名家的易学著作,而后创造出了自己的一套研究易学的方法,这种方法用他自己的话来说,就是"以测天之法测易"。这句话如何解释呢?焦循在《易图略序目》中说道:

> 余学《易》所悟得者有三:一曰旁通,二曰相错,三曰时行。此三者皆孔子之言也。孔子所以赞伏羲、文王、周公者也。夫《易》犹天也,天不可知,以实测而知。七政恒星错综不齐,而不出乎三百六十度之经纬。山泽水火错综不齐,而不出乎三百八十四爻之变化。本行度而实测之,天以渐而明;本经文而实测之,《易》亦以渐而明;非可以虚理尽,非可以外心衡也。

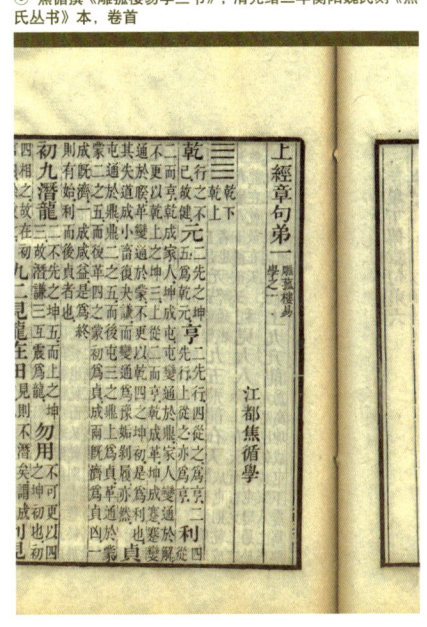

⊙ 焦循撰《雕菰楼易学三书》,清光绪二年衡阳魏氏刻《焦氏丛书》本,卷首

看来，他是用旁通、相错和时行这三种方法来研究《易经》。他的这种方法具体怎样进行呢？陈居渊在其专著《焦循、阮元评传》中，做出了详细的解释。陈居渊首先简述了邵雍的《易》学，而后说："有趣的是，十七世纪德国哲学家兼数学家莱布尼兹用二进制演算六十四卦的次序，其结果与邵雍不谋而合。"接下来，该文中引用了莱布尼兹所写《致德雷蒙的信·论中国哲学》中的一段话：

> 《易经》，也就是变易之书。在伏羲以后许多世纪，文王和他的儿子周公，以及在文王和周公以后五个世纪的著名的孔子，都曾在六十四个图形中寻找过哲学的秘密，……这恰恰是二进制算术。……阴爻"— —"就是0，阳爻——就是1。这个算术提供了计算千变万化数目的最简便的方式。

莱布尼兹把《易经》中的阴和阳用"0"和"1"予以解释，难怪有人说计算机的发明本自《周易》，这种说法看来也有一点道理，因为计算机的运作方式就是"0"和"1"的二进制。陈居渊说，焦循虽然没有发明二进制，但他也确实用近似的办法发现了《周易》卦象之间的关系。

焦循在《里堂学医记》中说："参天两地而成六爻，共得六十四卦，实为五乘方廉隅之数，故一卦六爻仍倚五数也。"如何来解释他说的这几句话呢？焦循在《加减乘除释》一书中做出了如下的论证：

> 用为五乘方第一廉之六率，乙方与第四廉之甲互乘，其数等。用为五乘方第五廉之六率，第一廉之乙，与第二廉之甲互乘其数等。用为五乘方第二廉之一十五率，第四廉之甲，与第三廉之乙互乘，其数等。用为五乘方第四廉之一十五率，第二廉之甲，

与第三廉之乙互乘,其数等。用为五乘方第三廉之二十率,合甲乙各五乘方,其数亦六十四。法有不同,而为加倍之数无异。本原之图,实包诸法也。

这样的论证显然不容易让人看得明白,于是焦循又用一种特殊的图释来说明他以上所说那段话的运算关系:

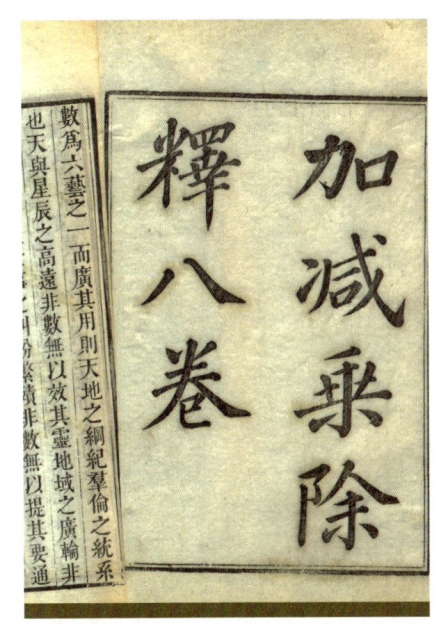

⊙ 焦循撰《加减乘除释》八卷,清光绪二年衡阳魏氏刻《焦氏丛书》本,书牌

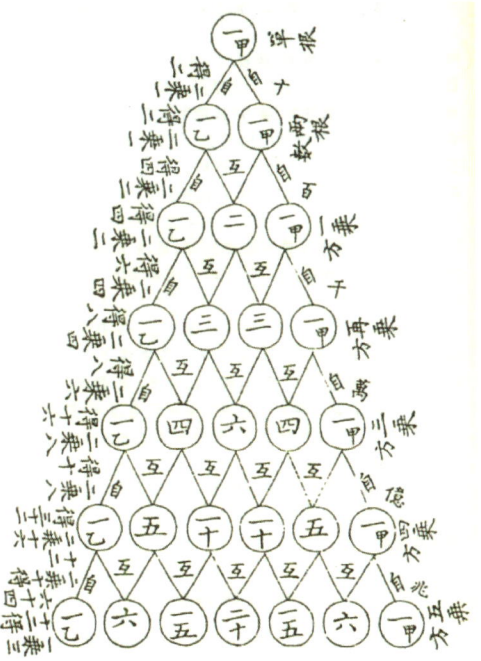

显然，这样的图貌似直观，但对一般的人来说还是很难看得懂。为此，陈居渊在其专著中解释道：

> 焦循此图，实际上渊源于宋代数学家贾宪的"开方作法本源图"。图中所示的每一横行恰好都是现代通称为某次幂的二项展开式中的各项系数，即：

$$(x+a)^0 = 1$$
$$(x+a)^1 = x+a$$
$$(x+a)^2 = x^2 + 2ax + a^2$$
$$(x+a)^3 = x^3 + 3ax^2 + 3a^2x + a^3$$
$$(x+a)^4 = x^4 + 4ax^3 + 6a^2x^2 + 4a^3x + a^4$$
$$(x+a)^5 = x^5 + 5ax^4 + 10a^2x^3 + 10a^3x^2 + 5a^4x + a^5$$
$$(x+a)^6 = x^6 + 6ax^5 + 15a^2x^4 + 20a^3x^3 + 15a^4x^2 + 6a^5x + a^6$$

如何看懂这样抽象的图像呢？陈居渊在文中又做了如下的说明：

> 焦循正是以这种求得开六次幂（"开五乘方"）的计算方法，类推出六十四的排列组合。我们知道，二进制是以"0"与"1"两种符合分别代表阴"— —"阳"——"两爻的，焦循则改以"甲""乙"表示每卦的阴阳爻画。

看来，焦循对于《易经》的研究，的确下了大功夫。他用了13年时间，六易其稿，方写出该书，可见他对此书是何等的重视。而他对于研究《易》学所发明的方法，在学界引起了很大的反响，陈居渊在其专著中说："依靠建立符号系统研究《周易》，既是焦循有别于前人或同时代人《易》学的最大特点,也是焦循《易》学所以引起当时学术界震动的最大原因。"为什么会引起这么大的震动呢?陈进一步解释道:"依据他的'旁通''相错''时行'的《易》学原理,编织了一套表现为象数形式的逻辑类比推理的思想构架,并将自己的道德理想尽数纳入构架之中,在乾嘉学界取得了异乎寻常的成功。"

其实焦循的这些发明,后世学者有褒也有贬,比如王引之对他的《易通释》就大为赞赏:"凿破混沌,扫除云雾……皆至精至实。"(《王伯申先生手札》)但是,郭嵩焘却对焦循的这个研究成果大不以为然,他在《周易释例序》中说:"圣人明言《易》之书,不可为典要,惟变所适,焦氏著《易通释》,其辞博辨不穷矣。而颇病其舍本义,而专意于互卦,参伍以变,错综其数,未闻错综其言也。汉儒之释经也,强经以就己之说。焦氏之弊,以《易》从例。今之《释例》,以例从《易》,无当于《易》之高深,而以经释经,由象以通其词,由词以通其义,亦期不以已意为歧说,以乱经而已矣。"

郭嵩焘认为,焦循的研究方式是舍本逐末,这种行为就等于是"乱经"。然而作为近代今文经学大家的皮锡瑞,却对焦循的解《易》方法大为赞赏,皮在《经学通论》一书中说:"焦氏说《易》,独辟畦町,以虞氏之旁通,兼荀氏之升降,意在采汉儒之长而去其短,《易通释》六通四辟,皆有依据。《易图略》复演之为图,而于孟氏之卦气,京氏之纳甲,郑氏之爻辰,皆有驳正之,以示后学。《易章句》简明切当,亦与虞氏为近。学者先玩《章句》,再考之《通释》《图略》,则于《易》有从入之径,无望洋之叹矣。"

皮锡瑞乃是今文经学家,由此可知,焦循的解《易》方法借鉴了今文经学家的惯常思维方式,这种方式当然令皮最为赞赏。相比较而言,还是章太炎的评价较为公允:"焦循为《易通释》,取诸

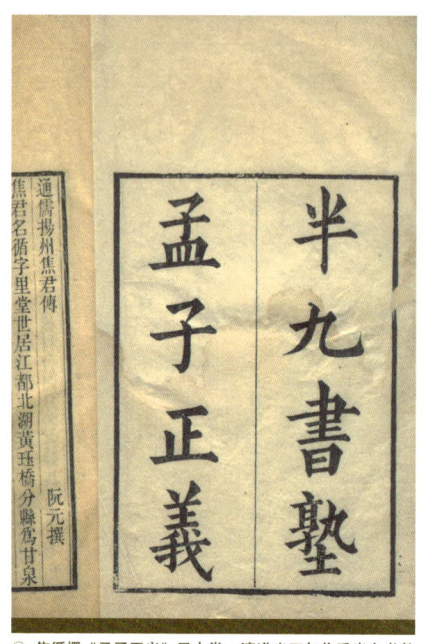

◉ 焦循撰《孟子正义》三十卷，清道光五年焦氏半九书塾刻本，书牌

卦爻中文字声类相比者，从其方部，触类而长，所到冰释，或以天元术通之，虽陈义屈奇，诡更师法，亦足以名其家。"（《雕书·清儒》）

焦循的另一大研究成果则是对《孟子》的研究，他在完成《雕菰楼易学三书》之后，把自己的主要精力用在了研究《孟子》一书上，而后写出了《孟子正义》这部名著。虽然说这是他晚年的治学方向，然而对于《孟子》一书的研究，早在他20岁时就有了这样的愿望，他在《孟子正义》一书的序言中说道：

> 循传家教，弱冠即好《孟子》书，立志为《正义》，以学他经，辍而不为，兹越三十许年。于丙子冬，与子廷琥，纂为《孟子长编》三十卷，越两岁乃完。戊寅十二月初七日，立定课程，次第为《正义》三十卷。至己卯秋七月，草稿粗毕。间有鄙见，用"谨按"字别之。廷琥有所见，亦本范氏《穀梁》之例，录而存之。

看来，这个心愿在30年后才开始着手。其具体办法是让儿子协助自己搜集资料作《孟子长编》，这个工作持续了两年，而后经过一番排列组合，撰写出了《孟子正义》三十卷。

焦循为什么要选择《孟子》一书进行研究呢？他在《孟子正义·识

语》中做了如下解释:"古之精通《易》理,深得伏羲、文王、周公、孔子之旨者,莫如孟子。生孟子后,而能深知其学者,莫如赵氏。惜伪疏舛驳乖谬,文义鄙俚,未能发明其万一,思作《孟子》一书。"

焦循的这段解释很有意思,他认为最懂《易》的古人就是孟子。看来,他作《孟子正义》一书也是跟他研究《易经》有着很大的关联性。焦循又说,后世学者深深懂得这一点的人,就是汉代的赵岐,因为赵作过《孟子章句》一书。但焦循认为,赵岐的这部书有不少的错误在,所以他就以赵的《孟子章句》为蓝本,重新写了一部书。对于写此书,焦循的确下了很大的功夫,按其在《孟子正义》卷首上的说法:"博采经史传注,以及本朝通人之书,凡有关于《孟子》者,一一纂出,次为《长编》十四帙。逐日稽考。"

可见,焦循把后世所有研究《孟子》的著述,都收集到了一起,其先做了部头很大的长编,然后再仔细地考研哪些材料可用。对于本书的编写过程,他的儿子焦廷琥在《先府君事略》中说:

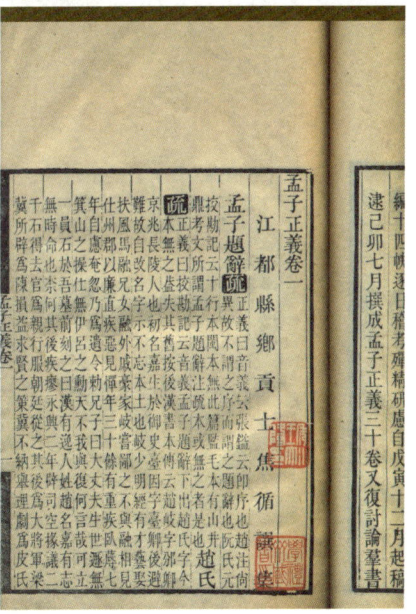
⊙ 焦循撰《孟子正义》三十卷,清道光五年焦氏半九书塾刻本,卷首

戊寅十二月初七日,开笔撰《正义》。自恐懈弛,立簿逐日稽省,仍如前此注《易》。简择《长编》之可采与否者,有不达则思,每夜三鼓后不寐,拥被寻思,一一检而考之。语不孝曰:"著书各有体,

非一例也。有以己见贯串取精,前人所已言不复言,余撰《易学三书》及《六经补疏》是也。有全录人所言,而不参以己见,余辑《书义丛钞》是也。有采择前人所已言,而以己意裁成损益于其间,余撰《孟子正义》是也。"

看来,他们每天都在做这项工作,日日工作到后半夜,即使躺在床上,仍然在考虑所得材料的取舍。

针对焦循撰写《孟子正义》的思路,刘建臻在《清代扬州学派经学研究》一书中总结出了如下两点:

第一,焦循认为:"《孟子》之恉,赵氏得之矣。"所以,全书就用赵岐的一家之注。第二,着力反映和总结清人的学术研究成果。焦循以为清人对经学以及《孟子》的研究,在"性道义理""六书九数""推步""水道""乐律""礼制""训诂"和"版本"八个领域都远远超前人,故在《正义》中,"兼存备录,以待参考"凡六十余家。

焦循的这部著作在后世极受学者关注,比如刘师培在《经学教科书》中夸赞《孟子正义》说:"近儒治《孟子》者,亦空言性理,惟黄宗羲《孟子师说》为稍优。若焦循《孟子正义》

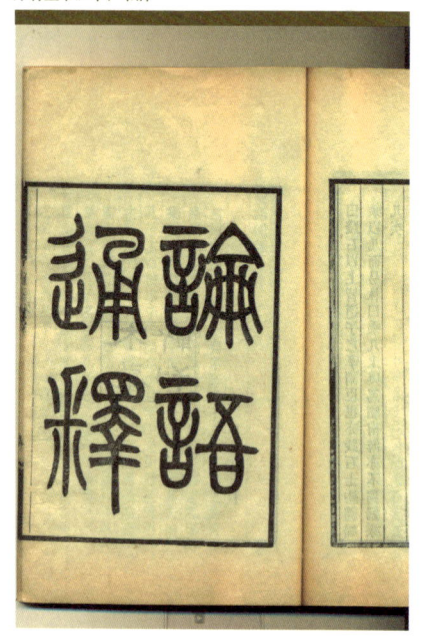

焦循撰《论语通释》,清光绪间德化李氏木犀轩刻《木犀轩丛书》本,书牌

折衷赵注，广博精深，而戴震《孟子字义疏证》解析义理，黜宋崇汉，亦近代之奇书也。"

焦循跟当时的著名学者阮元是亲戚关系，阮元管焦循叫"姐夫"，二人有着很好的交往，而阮元也特别了解焦循在学术上所做出的成就，所以他在《雕菰集》的序言中对焦循的一生作出了很高的评价：

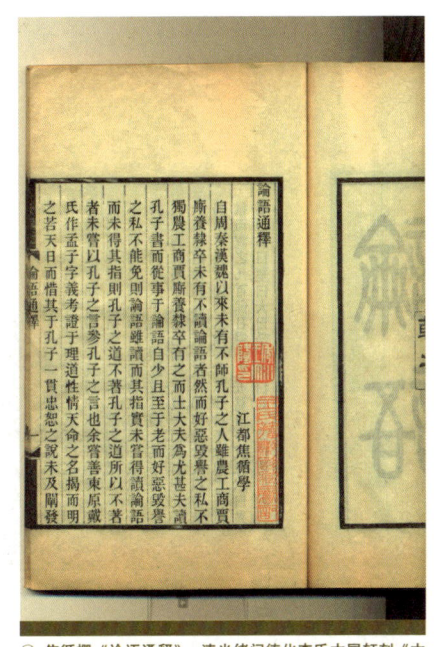
⊙ 焦循撰《论语通释》，清光绪间德化李氏木犀轩刻《木犀轩丛书》本，卷首

> 焦君与元年相若，且元族姐夫也。弱冠与元齐名。自元服官后，君学乃精深博大，远迈于元矣。今君虽殂，而学不朽。元哀之切，知之深。综其学大指而为之传，且名之为通儒，谂之史馆之传儒林者，曰："斯一大家，曷可遗也？"

焦循出生在扬州府甘泉县黄珏桥焦氏老宅，此处即是今日的江苏省扬州市邗江县黄珏镇焦庄。到达扬州之后，在当地包下了一辆出租车，而后去寻找焦循故里和墓。

在来扬州之前，我已经查过一些史料，但所得资料说法不一。有的文献上说，焦循故里位于今天的方巷镇，也有的直称在黄珏镇。我向司机请教：这两个地方是否为同一处？他说，并非如此，因为这一带区域划分几经变化，他也不确定我所找之地究竟在哪里。

我先让司机向黄珏镇方向开行，而后边走边问，没承想被路人

⊙ 抽烟的老人告诉我,焦循墓原来就位于这个水塘附近

指挥到了一条很窄的小道上,这条道完全无法掉头,司机只好慢慢地向前开行,没想到穿行了几百米后,竟然看到了黄珏镇焦庄的标牌。

从名称上推想,焦庄很可能是因为出了焦循这位名人,方才有了这么一个村名。但司机不认同我的猜测,他说也有可能这个村本来姓焦的人家就多。究竟谁说得对?我们只好去找一位评判者。而在停车处不远,看到了一位坐在家门口抽烟的老者,于是走上前向他提出了我二人的疑问。老人沉吟了一下说,自己不知道是先有鸡还是先有蛋,但是焦循就出生在这里,并且就葬在他家门前的水塘边。

⊙ 焦循旧居也了无痕迹

这种问一答二的结

焦循：开方解《易》，正义《孟子》

⊙ 红底白字的文保牌

果让我很高兴，马上又问焦循墓的具体方位在哪里。老人说，那些年修水塘就把焦循墓挖走了，现在村中焦循故居也无迹可寻。这真是先喜后悲，没想到墓不在了，故居也找不到具体的方位。然而老人却颇为豁达，他说："找到旧居又有什么用，只要他住过本村就是本村的骄傲。"这句话倒是很哲理，虽然寻不到焦循故居，但来到了他的故里也算是一个结果。

然而我依然惦记着焦循墓搬迁到了哪里，对于这一点，老人却说得很清楚，他用当地话仔细地向司机讲解，同时用手比划着如何前行就能找到焦循墓的具体位置。遇到这样的好心人，我和司机都很高兴，于是我郑重地向老人表示了谢意，而后回头照下了他家的门牌号，具体地名为"黄珏镇黄珏村焦庄组6号"。

驱车回到黄珏镇上，然而如何继续前行，司机却说他已经记不清刚才老人所说的具体走法了，可惜我听不懂当地话，无法补充他的回忆，没办法，只好在镇上重新打问。

⊙ 处在一片小高地之上

在镇东南打听焦循墓所在,问过几人,均不知,司机用当地话跟一老者攀谈,终于搞清楚了焦循墓的具体方位。然而开行到这一带时,只能停在一条新修之路的侧旁。穿过一排沿街所盖的新居之后,是一片面积很大的麦田,向麦田的中央远远看去,有一片长满蒿草的小高地,我本能地觉得那里应当就是焦循墓,于是穿行在地埂上,向那片小高地走去。

⊙ 另一侧的情形

这个过程需要跨过一条不窄的水沟,好在我还能飞身跃过,而后在那片小高地上果真找到了焦循墓。墓的前面新砌着一排石制栏杆,栏杆上立着邗江县文物保护铭牌。然而这个铭牌乃是红底白字,这样的搭配大多是用在喜庆的场合,把这样的牌子摆在墓前,为我寻访以来首见。

● 墓旁的水塘

墓丘四周种着几棵松树,整个墓丘上长满了一人多高的野草,我鼓了几次勇气也没敢踏入草丛中。墓的侧边是一个不大的水塘,能听到几声里面的蛙鸣。

为什么将焦循墓迁移到这样一个地方呢?这样的迁移是否有着特殊的说法?可惜我未能找到知情人,来了解这其中的缘由。

拍照完毕后,原路返回到车上,刚才那位指路的老人还跟司机站在车旁抽烟聊天,老人告诉我:三十年前这里曾经进行运河改造工程,在修船码头的工程时,无意中挖出了焦循墓,于是就将墓迁到了此处。

阮元：学界山头，乾嘉殿军

阮元是乾嘉学派中极为重要的人物，钱穆在《中国近三百年学术史》中夸赞他"领袖一世"，并且是"清代经学名臣最后一重镇"。《清史稿》中则把他视为"主持风会数十年，海内学者奉为山斗焉"。有意思的是，从元代末年开始，他的祖上基本都是行伍出身，直到阮元的祖父阮玉堂，依然是清康熙年间的武进士，阮元的父亲阮承信也曾任武职。阮玉堂总计有四个儿子，唯有阮承信得一子，就是阮元，故而阮元成为了阮家的单传。

阮元自小聪明，乾隆四十八年，谢墉再任江南省学政，阮元以第四名成绩考中仪征县学，乾隆五十年，阮元以一等一名的成绩补廪膳生员。谢墉特别喜爱这个学生，后来聘阮元入其幕。正是在谢墉幕中，阮元认识了著名学者钱大昕。从年龄上说，钱大昕比阮元年长36岁，所以算是阮元的长辈。阮元喜爱好汉学，应当是受钱大昕的影响。

后来阮元考中举人，来京参加进士考试，名落孙山后，留在京城继续备考，在此期间，他写出了自己经学上的成名作《考工记车制图解》。

《考工记》原本是单独的一部著作，因为《周礼》在递传过程中，缺少了《冬官》一篇，故后人将《考工记》放在了《周礼》中，以代替《冬官》的位置。然而其内容实与《周礼》无关，其所记载的是古代的木工、冶炼以及制车制箭的工艺书。乾嘉时期,很多学者都对此有深入研究,比如江永、金榜、程瑶田等人,其中戴震的《考工图记》最受学界关注。

阮元也对该书进行了系统的研究。对于阮元在这方面的研究成果,严杰在《考工记车制图解》跋语中写道:"宫保师《考工记车制图解》,乾隆戊申秋,杰从丁教授小雅所见之。教授云:解中言汉以前,任正因近轸而冒轸之名,汉以后归轸于舆,而失任在正之木,是论确不可易。近编《经解》,合众说观之,实非考证赅洽,亦何能精审若是也。"看来,阮元所著的确有自己的见解在。阮元本人也对己作颇为自得,他在《车制图解后跋》中说:

> 右《车制图解》,元二十四岁寓京师时所撰,撰成即刊之。其间重较、轨前十尺、后轸诸义,实可辨正郑注,为江慎修、戴东原诸家所未发,且以此立法,实可闭门而造,驾而行之。此后金辅之、程易田两先生亦言车制,书出元后,其于任木、稍薮等义,颇与鄙说不同,其说亦有是者。元之说亦姑与江、戴诸说并存之,以待后学者精益求精焉。

阮元的这几句话貌似谦虚。他说自己的观点可以跟江永和戴震的说法并存,但他同时又称,他对该书的一些新发现,是江、戴二人未曾注意到的;而金榜、程瑶田对于《考工记》中车制的研究,是在自己著作之后,他们两人的一些说法虽然与自己相同,但毕竟已经算不上发明。要知道,阮元撰完此书的时间,乃是24岁,如此的年轻,竟然有这样的见识,难怪梁启超在《中国近三百年学术史》中评价说:"阮芸台之《考工记车制图考》乃其少作,亦精核。"

对于经学的研究,阮元还作过《明堂论》《明堂图说》及《封泰山论》,对于这些专门的研究,钟玉发在《阮元学术思想研究》一书中评价说"颇见功力"。

关于"明堂"究竟是什么作用,阮元有着自己的看法:

> 粤惟上古,水土荒沉,橧穴犹在,政教朴略,宫室未兴。神农氏作,始为帝宫,上圆下方,重盖以茅,外环以水,足以御寒暑,待风雨,实惟明堂之始。明堂者,天子所居之初名也。是故祀上帝则于是,祭先祖则于是,朝诸侯则于是,养老尊贤教国子则于是,飨射献俘馘则于是,治天文告朔则于是,抑且天子寝食恒于是,此古之明堂也。

他的这些观点受到了岭南大儒陈澧的夸赞:"说者大都以四太庙、八个、五室皆在九筵、七筵之内,其制度太狭,广与袤又不称。阮太傅始辨其误。"陈澧认为,只有阮元发现了前人说法上的误处,为此他夸赞阮元说:"训诂考据之功,斯为最大者矣。"(《东塾读书记》卷五)而晚清经学家皮锡瑞对阮元在这方面的研究大为夸赞,其在《论明堂辟雍封禅当从阮元之言为定论》中说:"古礼有聚讼千年,至今日而始明者,明堂、辟雍、封禅是也。阮元曰:'辟雍与封禅,是洪荒以前之大典礼,最古不可废者。'……刘歆讥汉儒若立辟雍封禅巡狩之仪,则幽冥而莫知其原。今得阮元之通识,可以破前儒之幽冥矣!"

乾隆五十四年,阮元考中进士,之后在圆明园举行的复试中,他名列一等第十名,殿试时他又以二甲第三名赐进士出身。乾隆五十六年,这一年赶上"大考翰詹",此次大考在圆明园举行,乾隆皇帝亲自出题,题目为"拟张衡天象赋""拟刘向请封陈汤、甘延寿疏并陈今日不同"和"赋得眼镜诗"。阮元参加了此次考试,但他因为所写之赋中有"崟"字,而阅卷大臣不知此字的读音,因此把阮元的成绩列为了三等。而后大臣经过翻查字典,方知此字并不出韵,又将阮元改为了一等,并将试卷呈送给乾隆皇帝御览。第二天,皇帝说:"第二名阮元比第一名好,疏更好。"(张鉴《雷塘庵主弟子记》卷一)于是将其改为一等第一名。

从第三等变成了第一等,而后又成了一等中的第一名,这么大的落差引起了后世广泛的猜测。比如徐珂在《清稗类钞》中有如下说法:"(阮元)初入史馆,适和珅掌院事,执弟子礼甚恭,和收之门下。未几,大考翰詹,高宗以眼镜命题,和知上高年不用镜,先泄意于元,故元诗云'四目所须此,重瞳不用他'。高宗押'他'字脱空,议论又音合己意,遂置高等,寻开坊。"这段记载把阮元跟和珅放在了一起,说阮元拜和珅为师,在大考时弘历以眼镜作为题目,而和珅知道皇帝虽然年高,但眼睛并不花,所以不用眼镜,并把这个小秘密透露给了阮元,于是阮元在诗中写眼镜时,特意夸赞皇帝虽然年高,却用不着此物,因此他的诗作深得弘历的喜爱。

但是按照张鉴在《雷塘庵主弟子记》中引阮祜的说法,阮元能够得到如此好成绩,其实另有原因:"大人训示,所以改第一者,实因三不同最合圣意。"看来是阮元所作之疏贴合了弘历的心思,阮元在该疏中写道:"我皇上奋武开疆,平定西域,拓地二万余里,凡汉、唐以来羁縻未服之地尽入版图,开屯置驿,中外一家,岂如郅支、呼韩叛服靡常,杀辱汉使哉!此其不同一也。我皇上自用武以来,出力大臣无不加赏高爵,或有微罪,断不使掩其大功。下至末弁微劳,亦无遗焉,绝未有若延寿等之有功而不封者。此其不同二也。我皇上运筹九重之上,决胜万里之外,领兵大臣莫不仰禀圣谟,指授机宜,有战必克。间有偶违庙算者,即不能速葳丰功,又孰能于睿虑所未及之处自出奇谋,徼幸立功者耶!此其不同者三也。"

乾隆号称"十全老人",特别以自己的"十全武功"自负,比如他两平准噶尔,一定回部,出兵大小金川,收复台湾等等,而阮元在此疏中大夸弘历的这些丰功伟绩,难怪皇帝将他列为第一名。此后阮元很快升为詹事府少詹事、南书房行走,弘历还跟军机大臣阿桂说:"阮元人明白老实,像个有福的,不意朕八旬外又得一人。"能够受到皇上的如此夸赞,这也预示着阮元的为官之路一帆风顺,他在28岁时就出任了山东学政,而后一路升迁,成为了清中期左右一方的大吏。

也正是因为仕途顺利,使得阮元在今后的岁月中,把很多精力都用在了从政方面,无暇再作经学的专题研究,然而他却把自己的向学之心用在了主持编纂各种重要书籍方面。阮元在浙江学政任上,首先编纂了一部重要的字义工具书《经籍籑诂》。早在乾隆年间,朱筠和戴震等人就曾想编这么一部书,对于这一点,钱大昕在给《经籍籑诂》所写的序言中提到:"往岁休宁戴东原在书局,实创此议,大兴朱竹君督学安徽,有志未果。"而王引之在该书的序中亦称:"曩者戴东原庶常、朱笥河学士皆欲纂集传注以示学者,未及成编。"看来,编这么一部大书,并非易事,这些大学者们都有过这种想法,却都未能达成。

阮元在京师任职的时候,曾跟孙星衍等人商议编纂此书,

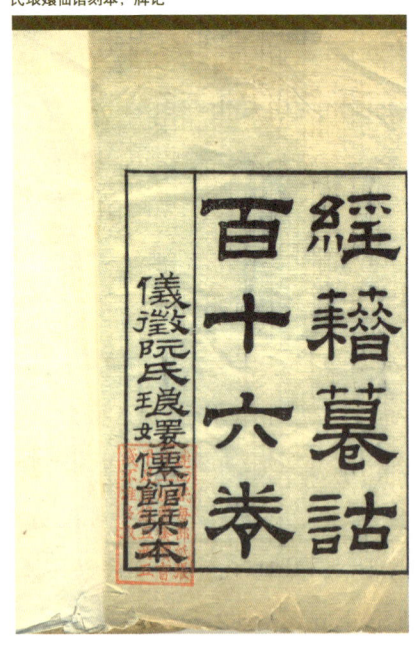

⊙ 阮元撰《经籍籑诂》一百零六卷,清嘉庆十七年扬州阮氏琅嬛仙馆刻本,牌记

但也没有编成。到了嘉庆二年，阮元在浙江召集了三十多位著名的学者和藏书家，分头编纂该书，这些人中有陈鳣、朱为弼、张鉴、洪颐煊、何元锡等，都是当时有名的藏书家，经过这些人的通力合作，终于完成了此书。臧庸在《经籍籑诂》后序中提到了该书的编纂过程："少宗伯仪征阮公视学浙江，以经术倡迪士子，思治经必先通诂训，庶免凿空逃虚之病。而倚古以来，未有汇辑成书者。因遴拔经生若干人，分籍纂训，

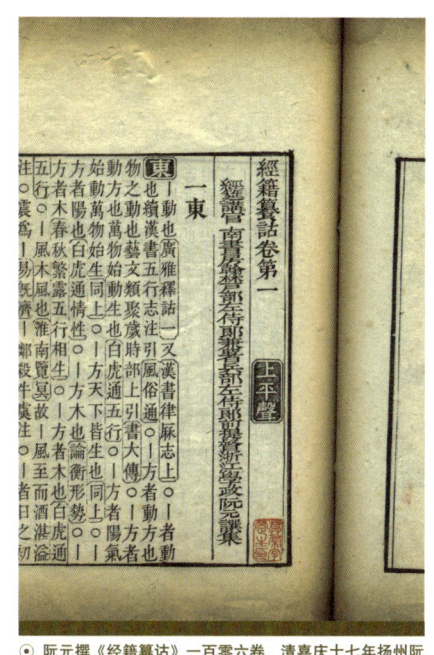

⊙ 阮元撰《经籍籑诂》一百零六卷，清嘉庆十七年扬州阮氏琅嬛仙馆刻本，卷首

依韵归字，授之凡例，示以指南，期年，分纂成。更选其尤者十人，每二人汇编一声。"看来，这些学者是每两人一组，编写其中的一个声部。

这部书的编纂方法是"以字为经，以韵为纬，取汉至唐说经之书八十六种条分而缕析之"，其体例则按照宫内所编的《佩文韵府》，每韵为一卷，其收录范围，按照陈居渊在《阮元评传》中所言："乾嘉之际，关于训诂学的著作已有不少，如在阮元前或同时的，就有段玉裁的《周礼汉读考》、陈寿祺的《礼记郑读考》、王引之的《经义述闻》《经传释词》等名著。阮元集诸家之长，汇众说于一炉，将散见于经传中的浩如烟海的训诂资料汇集起来，对经传本文的训诂、传注的训诂、正文代字的训诂，全部收入其中。"

看来，这真是部一网打尽的书，因此钱大昕在该书的序言中有

着如下的赞语:"即字而审其义,依韵而类其字,有本训,有转训,次叙布列,若网在纲。……此书出,而穷经之彦焯然有所遵循,向壁虚造之辈不得滕其说以炫世,学术正而士习端,其由是矣。"所以梁启超认为,这部书是"唐以前训诂,并不多网罗具备,真是检查古训最利便的一部类书"。(梁启超《中国近三百年学术史》)

在编纂《经籍籑诂》的同时,阮元还另外编了一部《畴人传》,该书的主要撰写者是杭州的李锐和台州的周冶平。关于这部书,陈居渊在《阮元评传》中有如下评价:"《畴人传》编撰的体例,类似'学案体'。全书四十六卷,收入自黄帝至清代的中国自然科学家二百四十三人,外国自然科学家三十七人,共计二百八十位自然科学家的传记。其中又可分为数学、天文历算、历法研究、地理学、技术工艺等类,每类传主,首叙生平简历,次述其学术特征,后录编者评价。使人读之,纲举目张,条理清晰。"

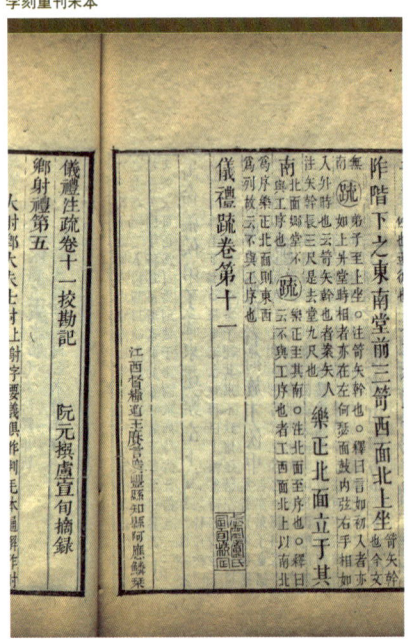

⊙ 阮元编《十三经注疏附校勘记》,清嘉庆二十年南昌府学刻重刊宋本

除此之外,阮元做的另一项文化大工程则是校刻《十三经注疏》。清嘉庆六年,阮元请李锐、顾千里、臧庸等七位学者重新校刊《十三经注疏》,这部书对后世影响极大。而阮元在任两广总督时,又编纂了《皇清经解》,对于这部书,陈祖武、朱彤窗在所著《乾嘉学派研究》中评价道:"阮元一生,于学术事业贡献甚大。其最可表彰者,则是主持纂修

《皇清经解》。"看来,《皇清经解》可以说是阮元一生所主编的各种书中,最为重要的一部。在编此书之前,阮元先命弟子陈寿祺带领诂经精舍的几位学生编纂了一部《经郛》,该书的编纂方法是仿效唐李鼎祚的《周易集解》,该书汇编了唐代之前各位大儒研究《周易》的著作,因此对于《经郛》的收录范围,陈寿祺在《上仪征阮夫子请定经郛义例书》中说道:"《经郛》荟萃经说,本末兼该,源流具备,阐许、郑之闳渺,补孔、贾之阙遗。上自周秦,下迄隋唐,网罗众家,理大物博。汉魏以前之籍,搜采尤勤,凡涉经义,不遗一字。"

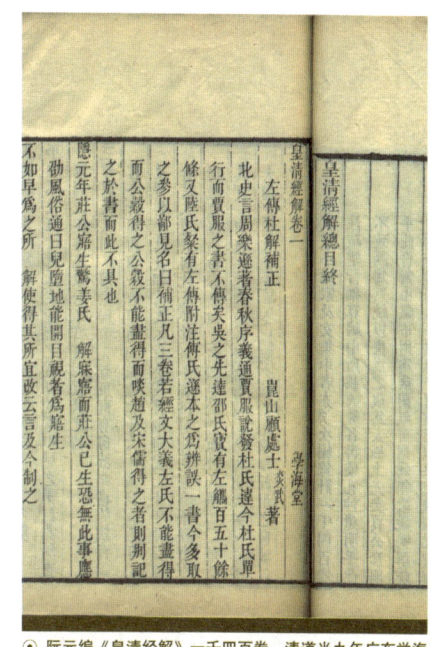

⊙ 阮元编《皇清经解》一千四百卷,清道光九年广东学海堂刻本

当年编《经郛》时,无论是阮元还是陈寿祺,都想把隋唐之前的相关著作一网打尽,可惜这个宏愿未能实现。到了嘉庆十五年,阮元受到浙江学政舞弊案的牵连,左迁为翰林院编修。因为有了闲暇时间,于是他接着编《经郛》,但也未能完成,嘉庆二十二年冬,阮元到广东任职,转年他在给江藩的《汉学师承记》写序言时,又提到了这个未了之事,但是他已经改变了当初的编纂体例。他在《汉学师承记》的序言中说:"国朝诸儒说经之书甚多,以及文集、说部,皆有可采。窃欲析缕分类,加以剪裁,引系于群经各章句之下。譬如休宁戴氏解《尚书》'光被四表'为'横被',则系之《尧典》;宝应刘氏解《论语》'哀而不伤',即《诗》'惟以不永伤'之'伤',

则系之《论语·八佾篇》，而互见《周南》。如此勒成一书，名曰《大清经解》。"此时，阮元把收录范围缩小到了专收清代的相关著作，而后把每一词语项下的不同人著作汇在一起，以此来编成一部新的著作，该著作改名为《大清经解》。

阮元作为封疆大吏，当然没时间来做这么细致的工作，于是他又想请江藩和顾千里来具体编辑该书。其在《汉学师承记》序言中也说到了这件事："徒以学力日荒，政事无暇，而能总此事，审是非，定去取者，海内学友惟江君（藩）与顾君千里二三人。"但出于各种原因，这两人没能帮他完成这个心愿，过了七年之后，阮元又利用学海堂培养出的一批弟子，由严杰主持，终于编成了这部大书。该书收录了七十四家、一百八十多种著作，总计有一千四百卷。对于该书的价值，陈祖武、朱彤窗在其专著中评价道："《皇清经解》将清代前期的主要经学著述汇聚一堂，对此一时期的经学成就，尤其是乾嘉学派的业绩，做了一次成功的总结。"

由以上这些可知，阮元只在早年做过经学的专题研究，而后大部分的时间除了做官，就是组织学者们编写大型的丛书与类书，为此在他的身边围绕着一大批著名的学者，尚小明在《学人游幕与清代学术》一书中称："一个人的精力与才能总是有限的，即便是像阮元这样地位显赫、学识湛深的人物，也不例外。他不可能独力完成清理汉学研究成果的重任。阮元之所以能够确立起自己在学术界的崇高地位，与他对众多学人的延揽、奖掖分不开。根据我所搜集的资料，阮元幕府有学人120余人，是清代规模最大的一个学人幕府。"

他竟然组织了清代规模最大的学人幕府，而这些人也都在各个方面有着自己的研究成果，这些成果的产生应该说跟阮元的支持是分不开的。虽然说，这些书都是由他们所编，但做为主编的阮元当然会融汇进自己的思想，他的一些看法也确实与常人有着差异。比如说，学界一向把黄宗羲、顾炎武视为乾嘉学派的开创人物，但阮元却认为，毛奇龄才是真正的开山，他在《西河全集》序中说："萧山毛检讨，以鸿博儒臣，著书四百余卷。后之儒者或议之。议之者，以检讨好辩善詈，且以所引证，索诸本书，间也不合也。余谓：善论人者，略其短而著其功，表其长而正其误。若苛论之，虽孟荀无完书也。有明三百年，

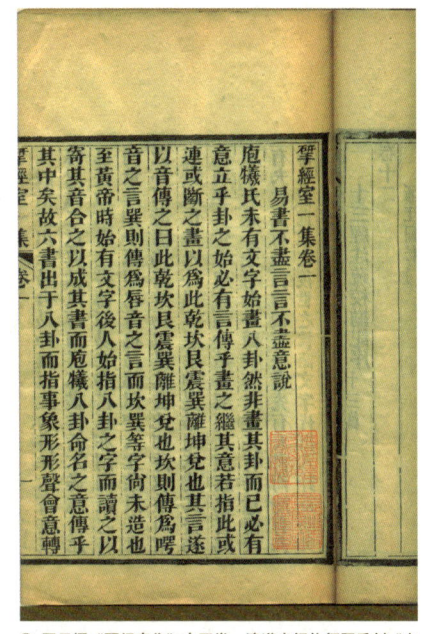

阮元撰《揅经室集》十四卷，清道光间仪征阮氏刻《文选楼丛书》本

以时义相尚，其弊庸陋谫塞，至有不能举经史名目者。国朝经学盛兴，检讨首出乎东林蕺山空文讲学之余，以经学自任，大声疾呼，而一时之实学顿起。"

而他的学术观又是怎样的呢？其在《江西校刻宋本十三经注疏书后》中写道：

> 窃谓士人读书，当从经学开始，经学当从注疏开始。空疏之士，高明之徒，徒读注疏不终卷而思卧者，是不能潜心研索，终身不知有圣贤诸儒经传之学矣。至于注疏诸义，亦有是有非。我朝经学最盛，诸儒论之甚详，是又在好学深思、实事求是之士，由注疏而推求寻览之也。

他的这个观点倒是正统汉学家的态度，但是在他的观念中也有着调和汉宋的倾向，比如他在嘉庆十五年兼任国史馆总裁，在《拟国史儒林传序》中说：

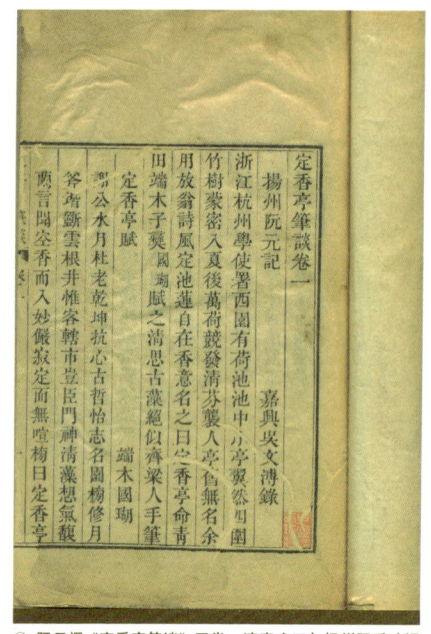

● 阮元撰《定香亭笔谈》四卷，清嘉庆五年扬州阮氏琅嬛仙馆刻《文选楼丛书》本

> 两汉名教，得儒经之功；宋明讲学，得师道之益；皆于周孔之道得其分合，未可偏讥而互诮也。我朝列圣，道德纯备，包涵前古，崇宋学之性道，而以汉儒经义实之。

看来，阮元认为，汉学有其妙处，宋明理学也并非一无是处。不知道他的这个观念是否是受戴震的影响，但其子阮福在给《国史儒林传》序言中，却明确地说："家大人撰儒林正传、附传共百数十人，持汉学、宋学之平，群书采集甚博，全是裁缀集句而成，不自加撰一字。"看来，在汉学和宋学之间，阮元并不想选边站，他希望用一种公平的态度来表明自己的宽容。

清道光二十九年十月三日，阮元去世，终年86岁，在那个时代可谓高寿。而在此之后的几年，随着战乱的来临，江南生灵涂炭，他所创造的风流也瞬间面目全非，但他对文化所作出的贡献，却因其所刊刻之书，令后世长久怀念。

阮元墓位于江苏省扬州市邗江区槐泗镇永胜村。前一晚到达了杭州，住在了市中心的一个酒店内。一早起来，徒步过桥前往河对

阮元：学界山头，乾嘉殿军　　851

⊙ 阮元墓在此院内

⊙ 文保牌

面的吴道台宅第,想给测海楼拍照。十余年前韦明铧兄曾陪我来过此地,记得当时是医院的一部分,不对外开放,测海楼的最后一进院落我们还是翻墙进去的,当时用的是胶片相机,

⦿ 墓道

现在寻找照片很是费劲,这次寻访,希望以数码相机重新拍一次照。没想到今天的第一个寻访就碰了钉子:吴道台宅第大门紧锁,门侧贴着通知"内部装修,暂停参观"。我不死心地拍了一阵子铺首,无人应答,也只好一走了之。

在路边拦下一辆出租车,告诉司机自己想到梅花书院,司机愣了一下,称自己不熟此处。我拿出地图与他探讨,司机很有耐性也很有涵养,给我感觉不错,于是就向他提出包车,请他陪我多跑几个地方,他也欣然同意。想了一想,我还是决定先跑郊外,第一站请他前往阮元墓。资料记载阮元墓在扬州邗江区槐泗镇永胜村,司机说这一带他知道大概方向,但地名已几经改换,不知现在换成了什么。来到附近,经过的道路有太傅路、学士路,其中一条很宽的大道叫阮元路,这些路虽然都是新修的,但仅从路名看上去,都和阮元相关。但也正因为这些路都看上去平坦而整

⦿ 阮元简介

⊙ 立石方式特别

洁,司机来到这一带反而不知如何前行。

新开通的大路行人很少,只好让司机慢慢地向前开行。终于遇到了路边的行人,于是立即停车前去打问,可惜此人也不了解,只好原地等候。终于又来一人,幸运的是,此人竟然知道阮元墓的具体位置,他给司机仔细地讲解了一番。谢过行人,继续前行。将车转入了槐子路,前行300余米,在路边见到一个工厂大门模样的院落,门口有两个妇女在晒麦子,向其打问阮元墓所在,她指着这个工厂模样的大门说:"里面就是。"

然而这个大门上却挂着一块铜牌,铜牌上有两行字,第一行是黑色的"扬州区邗江区槐泗镇",第二行红字"廉政教育基地",完全看不到"阮元"二字。大门虚掩着,推门入内,门房里三四个人在搬东西,我说明来意,一个干部模样的妇女很爽快地让我进内参观,并强调是免费的。

院落呈长方形,四围是新砌的砖墙,正中一条拱形砖路约

854　觅经记

五六十米长，路两旁每隔十余米立着金属牌，第一块就是清代大学士阮元简介，其余几块都是介绍阮元的一些政绩，浏览一番还是没

⊙ 一块残碑，一匹残马

⊙ 阮元墓

能明白阮元与廉政的关系。沿砖路走到顶头,是一个方圆百十平方米的小台地,跨上五六步台阶,就看到了汉白玉质地的阮元墓,文保单位的铭牌从小路望去是侧对着,沿着铭牌的正脸前望,原来阮元墓的神道跟这条入园小砖路呈 90 度对角,然而真正的神道已经荒芜。沿神道向南前行二三十米,立着单匹的石马,旁边有赑屃负碑,但字迹已完全不能辨识,台地上有三个墓丘,均用青砖砌起裙围,原来这里是阮元的家族墓地,所葬者不止阮元一人。这个台地的正南方向是一片水塘,现在已变成了养鱼池,而神道也变成了断头路,完全看不出原来的走向,但我想,此刻,我离阮元是很近的了。

黄式三、黄以周：浙东殿军，《论语》《礼书》

黄式三、黄以周父子二人乃是晚清经学中著名人物，被后世目为浙东学派的殿军，然而梁启超在《论中国学术思想变迁之大事》一书中却称："复有浙东学派者，与吴派、皖派不相非，其精辟不逮，而致用过之。其源出于梨洲、季野，而尊史。其巨子曰邵二云、全榭山、章实斋。"

梁启超在这里首先认为，浙东学派跟清代经学中的吴派和皖派并称，该派有着独特的面目在。而对于浙东学派的起源，梁启超提到了黄宗羲和万斯同，对于该派中的著名人物，梁启超列出了邵晋涵、全祖望及章学诚，这个名单内并没有黄式三、黄以周。

对于浙东学派，章太炎在《清儒》一文中称："自明末有浙东之学，万斯大、斯同兄弟皆鄞人，师事余姚黄宗羲，称说《礼经》，杂陈汉、宋，而斯同独尊史法，其后余姚邵晋涵、鄞全祖望继之，尤善言明末遗事。会稽章学诚为《文史》、校雠诸《通义》，以复歆、固之学，其卓约近《史通》，而说《礼》者羁縻不绝。定海黄式三传浙东学，始与皖南交通。其子以周作《礼书通故》，三代度制大定，唯浙江上下诸学说，亦至是完集云。"

章太炎也是从黄宗羲、万斯同等人讲起，之后提到了邵晋涵、全祖望及章学诚，接下来，他又讲到了黄式三、黄以周。看来，浙东学派确实应当包括黄氏父子。而张舜徽在《清儒学记》中称："特别是嘉庆初年,阮元督学浙江,后又升任巡抚,在这一较长时期内,提倡朴学,不遗余力。两浙人士,闻风兴起,从事训诂考订的学者,逐渐增多。而定海黄式三和他的儿子黄以周,并以学问精博著称于世,成为浙东学派的后劲。"

张舜徽讲述到的则是清中后期的浙江学术风气,他直接称黄氏父子为浙东学派的后劲。既然如此,那梁启超为什么没有把黄氏父子列在浙东学派之内呢?其实这个问题可以由他在文中的那句话得到答案——"而尊史",梁启超是从史学角度做出的论述,而他在《中国近三百年学术史》中更为明确地说道:"浙东学风,自梨洲、季野、榭山以至于章实斋,厘然自成一系统,而其贡献最大者实在史学。"

浙东学派在学术史上的最大贡献乃是史学而非经学,故而该派又被称为"浙江史学派",而黄氏父子的主要学术贡献乃是在经学方面,可能是这个原因,梁启超没有将黄氏父子列在浙江学派之内,程继红、毕汉豪主编的《清代儒学大师:定海黄式三、黄以周》一书中称:"既然浙东学派主要成就在于史学,那么,梁氏不将黄式三纳入浙东学派的原因,大概他认为黄氏父子的主要成就不在史学之故。"

既然黄氏父子乃是经学史上的著名人物,那他们的经学观点是怎样的呢?江藩把清代学术体系分为汉学和宋学两大体系,然而黄式三却不同意这种分法,他在《汉学师承记跋》中称:

> 元明以降,一遵朱子,竟不读宋以前之书,所有撰著,大抵坚持门户,拘守而复衍之,遂欲坐分朱子阐明斯道之功。幸得阎氏百诗、江氏慎修、钱氏竹汀、戴氏东原、段氏懋堂诸公,心耻斯习,不纠缠朱子所已言,乃搜辑古今遗说,析所可疑,补所未备。其心诚,其论明,其学实能合汉宋所长,彻其藩篱,

⊙ 黄式三画像

通其沟瀹,而尽扫经外之浮言。则经学得汉宋之注,十阐六七;加今大儒之实事求是,庶几十阐八九欤!而江氏宗师惠(栋)、余(萧客),揽阎、江诸公为汉学,必分宋学而二之,适以增后人之惑也。

黄式三在这里分析了宋代到清代的学术衍变,从其话语来看,他主要还是赞同汉学派,但他同时也认为宋学不可废,所以他的结论是:时人把学术体系分为汉、宋两派,这种做法只是让后学者的思想变得更为混乱。而他的这种观念,在《论语后案叙》中讲得更为明确:

> 夫近日之学,宗汉宗宋,判若两戒。是书所采获,上自汉魏,下逮元明,以及时贤。意非主为调人,说必备乎求是。区区之忱,端在于此。而分门别户之见,不敢存也。

对于汉学派和宋学派各自的所长与所短,黄式三在《经说三》中专有一篇名为《汉宋学辩》的专论:

> 儒者诚能广求众说,表阐圣经,汉之儒有善发经义者,从长

而取之；宋之儒有善发经义者，以其长而取长。各用所长，以补所短。经学既明，圣道自著。经无汉宋，曷为学分汉宋也乎！自明季儒者疏于治经，急于讲学，喜标宗旨，始有汉学、宋学之分。轻汉学者曰："汉学杂图谶，即训诂声音、文字制度、名物事迹，孜孜考核，而圣人之道不在是，尽零碎也。"是直以汉学皆支离也。轻宋学者曰："宋儒无极太极、先天后天之辩，于经外多丛谈，即考验身心，推阐诚正，亦空言耳。"是直以宋学皆支离也。不知汉宋学各有支离，支离非经学也。既为经学，汉宋各有所发明，后儒没所长，攻所短。……

黄式三在这里讲得很明确：既然儒家经典不分汉、宋，那为什么学派要分汉、宋呢？因此这两派互相看不起，纯粹是门户之见。

虽然黄式三有着如此通达的学术观，但他的学术体系仍然被视为经学而非理学，关于这一点从他的研究成果即可得知，并且他的这个观念传导给了儿子黄以周。黄以周的弟子章太炎在《黄先生传》中说：

> 先生性颂至，事亲至孝，非礼不动。为学不拘牵汉、宋门户，《诗》《书》《春秋》皆条贯大义，说《易》综举辞变象占，不偏主郑、王。尤邃三《礼》。自孙炎《类礼》以来，学者区别科条旧矣。清世得大体者，有惠士奇《礼说》、金榜《礼笺》、金鹗《求古录》、陈立《白虎通义疏证》，然弗能条件分别，《礼说》尤散杂无部曲。凌廷堪《礼经释例》比考周密，又局于《士礼》一端。先生为《礼书通故》百卷，列五十目，囊括大典，揉此众甫，本支敕备，无尨不班，盖与杜氏《通典》比隆，其校核异义过之，诸先儒不决之义，尽明之矣。

章太炎明确地说，其师黄以周治学不分汉、宋，并且有很多经学研究成果。看来，这些成果中掺杂进了不少的宋学观念。而黄以周的另一位著名弟子唐文治，在《黄元同先生学案》中也称：

> 自乾嘉以来，士大夫钩稽训诂，标宗树帜，名曰汉学。其末流之失，不免破碎支离，甚且分别门户，掊击宋儒义理之学以为空疏，意气嚣然，渐滋暴慢。先生独谓三代下之经学，汉郑君、宋朱子为最，而汉学、宋学之流弊，均多乖离圣经，尚不合于郑朱，何论孔孟？国朝讲学之风，倡自顾亭林、黄黎洲诸先生。亭林先生尝谓"经学即理学，经学外之理学为禅学"，故经学、理学宜合于一，不宜歧之为二。乃体郑君、朱子之训，上追孔门之经学，博文约礼，实事求是。其所得于心而诏后学者，务在质诸鬼神而无疑，百世以俟圣人而不惑，盖江慎修、王白田先生以后，一人而已矣。

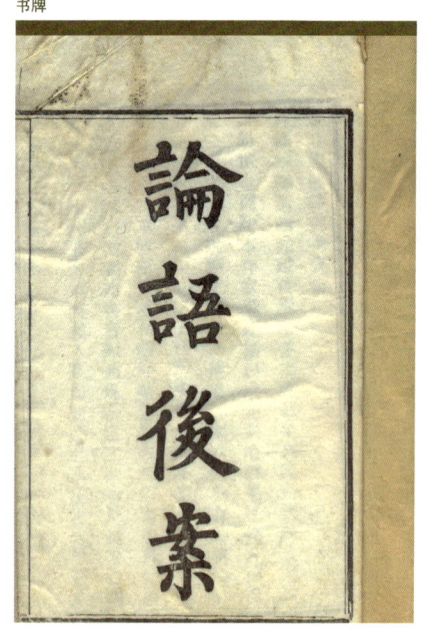
黄式三撰《论语后案》二十卷，清道光二十四年木活字本，书牌

黄以周认为从汉代开始及以后的经学，以郑玄和朱熹贡献最大，这也正是其不分汉、宋的主要原因吧。

关于定海黄氏的家学，可以追溯到黄式三的父亲黄兴梧那里，虽然黄兴梧仅是位邑庠生，但他却有着自己的经学观点。黄式三在其所撰《论语后案》中，记录了父亲黄兴梧对自己的教诲：

> 先君子尝呼式三，告之曰："《大学》言生众、食寡、为疾、用舒，治家以此而家富，治国以此而国富，使民之家皆如是，则足民之道也。"又告式三曰："用之者舒，近解浑言节俭，未得其确。试以一家言之，宫室衣服之备，嫁子娶妻之资，一无可省，而当循次为之，不可遽迫，治国者大役不可频兴，不可存迫欲立功之心而轻议更张也。"式三自聆庭训，求之《周官》理财之法，《礼记》量入为出之言，无不符合。于以知斯道粲然于经训之中，而外此所言皆岐说也。

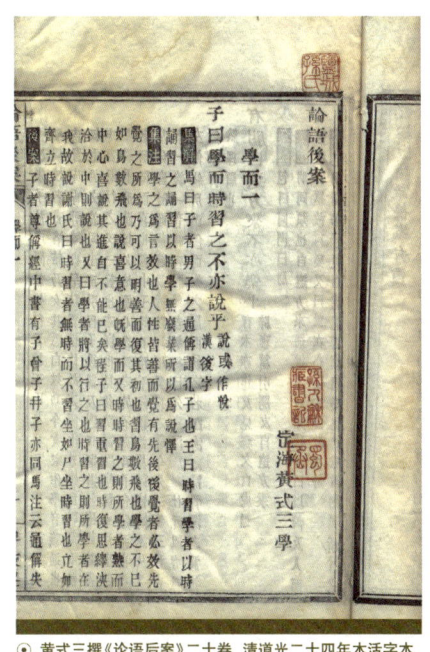

⊙ 黄式三撰《论语后案》二十卷，清道光二十四年木活字本，卷首

黄兴梧的教育方式很特别，他劝儿子读《大学》，而后告诉儿子说：经学中有很多勤俭节约式的理财之道，而黄式三果真从《周官》等经学著作中明白了理财之法。通过经学来学得如何理财，这种教育方式果真新颖，但这种方式也把经学的种子播在了儿子的心中，因此说黄兴梧是黄式三的第一位启蒙老师。

黄式三在11岁时离家去读私塾，他首先拜杨镜山为师，黄式三在《杨镜山家传》中写道："自恨力不能购买书，读未博，然能精研其所有之书，于经史中疑义是与非，与虽是而未至者，一再读之，昭昭然白黑分焉。故所为古今文，纯粹明了而折中于道。"

杨镜山也是位爱书之人，可惜因为家中乏资而买不到很多的书，于是他就专门研究经史中的重要著作，这样的观念当然也就影响到了学生黄式三。而坚持经学研究这件事，黄式三还受到了他另一位老师杨感庭的影响：

> 门人黄式三之始受业也，先生诱之曰："时文有必中之技，善学之无怠，命可夺也。"式三自少好读经，因问之。先生曰："士之以说经传者，固有命焉。"惊问其故，则曰："人有饥饿忧，不能专心考校以著述名也。或能之，及身不刊诸梓枣，子孙不善守，卒灭没而名不彰。吾尝见其人矣。"越数年后，先生乃正告式三曰："科第，命也。能实力绩学，或治经，或治史，或治古文，精于是皆可不朽尔。其专心为此也。"（黄式三撰《杨感庭先生家传》）

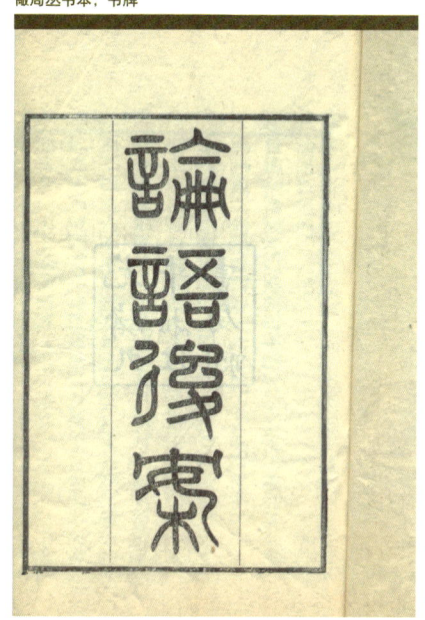

黄式三撰《论语后案》二十卷，清光绪九年浙江书局刻儆局丛书本，书牌

杨感庭的这番话对黄式三影响很大，虽然说黄式三在父亲的教诲下从小就喜欢读经，但杨感庭却告诉他：科举功名的成就高低跟命运有关，而研究经史之学才是真正的不朽之业。杨感庭的这些教导使得黄式三更加坚定了信心，而后他把自己的精力几乎全用在了经学研究方面。

黄式三的代表作乃是《论语后案》，对于该书的写作过程，黄式三在此书的《弁言》中说道：

> 释经难，释《论语》尤难。《后案》之书，稿成数年矣，随时删改，未敢遽刊问世也。然钞本存家塾，亦无以求正于有道君子，迄今因有聚珍版之印。夫说经之书如扫落叶，汉、宋大儒犹有疏讹，待纠正于后人，况锢陋如式三乎！式三生平读经，不求苟异，不敢苟同，亦惟有所不同；而自恐私智穿凿，获罪圣经，每当中夜自思，怵然为之不寐。倘阅此书者，知此为未定之本，一见讹谬，即赐书更正，俾日后刊传无误后人，是则私心之所望也夫！

◉ 黄式三撰《论语后案》二十卷，清光绪九年浙江书局刻敬局丛书本，卷首

黄式三认为对《论语》一书的系统解释并不容易，所以用了几年的时间不断地进行修改，即使这样，他仍然担心书中的观点有不确切之处。然其子黄以周则对该书有着较高的评价，他在《明经公言行略》中说道：

> 凡经、史中引《论语》正文，及经、史注中引《论语》旧说，采掇綦备，虽《广韵》《集韵》《佩觿》之类不敢遗，或载书名，

或详姓氏，未尝掠美。近儒如陆稼书、李厚庵、江慎修、王予中、惠半农、戴东原、钱竹汀、程易畴、段懋堂诸公之说，各采所美，不分汉、宋两戒。其中有己所创，亦皆训诂事迹之确有可据，非同杜撰。……俞理初、张朴堂诸公皆谓二千年中独得之大。

能够平静地研究学问，其实不是一件容易的事。1840年7月5日，英国军舰开炮轰炸黄式三的故乡定海，转天英军占领定海，黄式三带着家人躲到了外地，之后又迁到了镇海，而后在那里长期居住了下来，并在镇海有了自己房产。在这个动荡时期，黄式三也没有停止自己的学术研究，在研究之余，他还教自己的孩子研究经学。黄式三有三个儿子，长子以愚，次子以巽，三子则是以周，以第三子的学术成就为最高。

黄以周21岁时就写出了研究《易经》的著作——《十翼后录》八十卷，他在28岁时，又写出了另一部易学研究著作《周易故训订》，在其29岁，他写过一部《经训通诂》，此书后来改名《经训比义》。从30岁开始，他由专研易学改为了礼学，黄以周在《上俞荫甫先生书》中自称："三十岁以后又好读《礼》，苦难记忆，乃分五礼类考之，会萃旧说，断以己意，撰《吉礼说》未竟，以兵燹辍业。旋以先人弃养，读《礼》苦次，于小祥后，撰《凶礼说》，合订之，名曰《礼经通诂》。"这里所说的《礼经通诂》，就是后来黄以周的代表作《礼书通故》。

黄以周在经学上的名气，最初跟吴存义有关。同治三年，吴存义时任浙江学政，而后前往宁波视学。在吴存义主持的考试中，黄以周的答案让他颇为满意，尤其黄以周根据《隋书·宇文恺传》中所说《考工记》："夏后氏世室，堂修二七。"黄以周认为这句话中的"二"字是衍文，吴认为黄所言有道理，而黄以周告诉吴存义说这是其父的研究成果，于是吴返回杭州后，就把这个情况转告给了经学家俞樾,而俞也就记住了"黄以周"这个名字。

其实,俞樾并不赞同黄式三的这个说法,俞樾在《春在堂笔记》中记载了这件事:

> 黄君式三字薇香,……初不相知,同治初,吴和甫学使,余同年生也,按试宁波,以明堂考命题,有定海诸生黄以周据隋《宇文恺传》,以《考工记》"夏后氏世室,堂修二七","二"为衍文。学使讶其与余《群经平议》说同,诘所自来,乃以其父式三所著《明堂步筵说》进。学使即录其说,寄余吴中,并曰:"可附《群经平议》第十四卷后。"余因黄君虽亦以"二"为衍文,然其说实与余异,故未附入。

⦿ 黄以周刻像

同治四年,黄以周离开镇海前往杭州,见到了著名学者高均儒。黄以周带着自己的著作去见高,可是又担心高认为自己的著作"嫌近空谈",所以没有拿出来,只是口头向高请教自己的疑惑,而高对黄的见解很是赞赏。

同治六年,黄以周再次前往杭州参加乡试,但还是未能考中。然而这一年的浙江巡抚马新贻和学政吴存义在杭州创立了浙江书局,此局请高均儒担任总教。黄以周听到这件事后,立即前去见高,表示希望能够在浙江书局内工作。高均儒原本就欣赏黄以周,于是就聘黄以周为浙江书局编辑。黄在这里一干就是18年，成为了该局任职最久的编辑之一。再后来，俞樾又兼任了浙江书局总管，因为此前就听说过黄以周之名，所以二人相处得很不错。而黄以周在此局工作期间，还参加了同治九年的乡试，竟然中了举人，但他还是在此局内一直工作到了光绪十年。

从光绪九年开始，黄以周到江阴的南菁书院去任山长，一年后，他辞掉了浙江书局的职务，专心去做院长，在此任上一做又是15年。在这期间，他培养出了太多有名的弟子，而其教学方式依然是他所强调的"调和汉宋"，南菁书院的学生赵椿年在《覃研斋师友小记》中说："元同师之为教，经学则汉、宋不分，理学则朱、陆不分，惟求其是而已。"而民国年间，著名的教育家吴稚晖则回忆了他当年入学时所见：

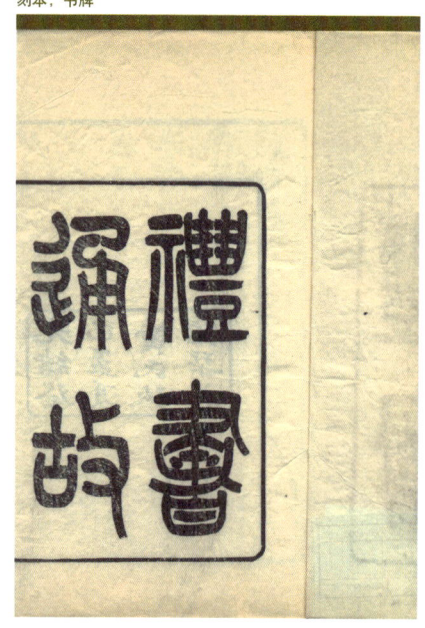
⊙ 黄以周撰《礼书通故》五十卷，清光绪十九年黄氏试馆刻本，书牌

入学时，进谒山长黄以周，见其墙上有自书座右铭一纸，其辞曰："实事求是，莫作调人。""实事求是"为河间献王传中语，凡读书者，均能记忆。但"莫作调人"之句，为黄山长自创，最为精警之语，自古以来，从未有人说过。由是衷心感动，终身奉为圭臬。

2016年，我到江阴寻找南菁书院，此院原址已被拆得没有痕迹，然而书院却移建到了另一所中学之内，我在该校看到了许多黄以周的介绍文字，同时该校还刻有他的画像，可见南菁书院十分看重这位院长。

在南菁书院任教期间，黄以周仍然在研究礼学。光绪十四年，他的代表作《礼书通故》在南菁讲舍开雕，黄以周请俞樾给该书写了序言。对于此书的价值，俞樾在《序言》中说道：

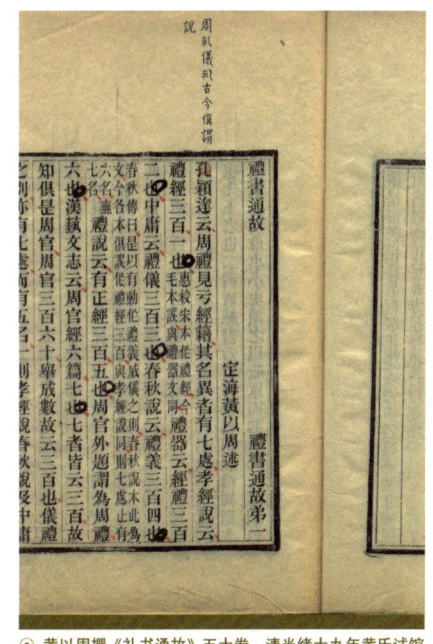
⊙ 黄以周撰《礼书通故》五十卷，清光绪十九年黄氏试馆刻本，卷首

自唐以前，多有以礼学名家者。宋、元以来，礼学衰息。儒者说经，喜言《易》而畏言《礼》，《易》可空谈，《礼》必征实也。国朝经术昌明，大儒辈出，于是议《礼》之家日以精密，于衣服、宫室之度，冠、昏、丧、祭之仪，军赋、官禄之制，天文、地理之说，皆能考求古义，历历言之。而汇萃成书，集礼家之大成者，则莫如秦味经氏之《五礼通考》。曾文正公尝与余言：此书体大物博，历代典章具在于此，三通之外，得此而四，为学者不可不读之书。余读之诚然。惟秦氏之书，按而不断，无所折衷，可谓礼学之渊薮，而未足为治礼者之艺极。求其博学详说，去非求是，得以窥见先王制作之潭奥者，其在定海黄氏之书乎！

俞樾说，唐代之前多有礼学大家，但宋、元之后，研究礼学的人变得很少。为什么会这样呢？因为谈《周易》可以任意解读，然而礼学则必须要有扎扎实实的学问，大多数人畏惧这种吃力的事情，这也是后来为什么礼学不发达的原因。

在清初，以秦蕙田的《五礼通考》最为礼学家所关注，曾国藩对《五礼通考》特别看重。俞樾也说，曾国藩的所言没错，然而《五礼通考》只是礼学观念的汇编，秦蕙田并没有对此进行观念上的折衷，而真正对前代观念有着系统探求的著作，那就是黄以周的这部《礼书通故》了。

对于黄以周的这部书是如何的精审，俞樾又在《序言》中举出了如下的例子：

> 惟礼家聚讼，自古难之，君为此书，不墨守一家之学，综贯群经，博采众论，实事求是，惟善是从。故有驳正郑义者，如"緌以属武，非饰缨""射者履物正足，非方足"是也；有申明郑义者，如"冠弁委貌为正义，或以为元冠者，别一说，非谓冠弁即元冠""妇馈舅姑，共席于奥，谓二席并设，非谓舅姑同席"是也。略举数事，虽其小小者，然其精审可知矣。

黄以周撰《礼说》，清光绪二十年江苏南菁讲舍刻《儆季杂著五种》本

黄以周的《礼书通故》受到了后世广泛夸赞，比如梁启超在《中国近三百年学术史》中评价该书称："最后的一部

是黄儆季以周的《礼书通故》一百卷。儆季为薇香式三之子,传其家学,博而能精;又成书最晚,先辈所搜辑所考证,供给他以较丰富的资料。所以这部书可谓为集清代礼学之大成。"

黄以周能够写出这么大部头的专著,当然跟他的生活安定有很大关系。程继红、毕汉豪主编的《清代儒学大师:定海黄式三、黄以周》一书中,专有"黄氏父子年谱"一节,其中的"黄以周年谱"中在"光绪八年55岁"一条下,写明:"本年,纳妾陈氏。此后以周元配梅氏渐生罅隙。"

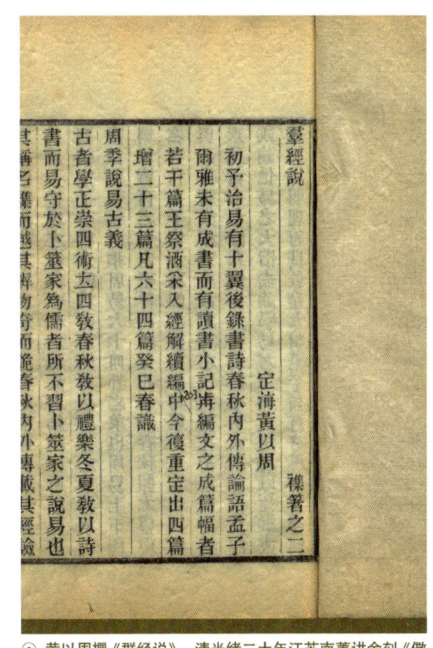

⊙ 黄以周撰《群经说》,清光绪二十年江苏南菁讲舍刻《儆季杂著五种》本

从相应的记载来看,黄以周所纳之妾特别的通情达理,陈庆年在《黄氏庶母陈孺人传》中写道:

> 侧室陈孺人,盖贤者也。孺人幼失怙,鞠于农家。年十九归中书,即举一男,名家骥。中书主讲江阴南菁书院,以孺人自随。孺人性淑顺,而绳子以学,严有常程。每天明起执爨,促家骥读。命之曰:"书熟,然后食粥,不然不与。"日中,中书为家骥讲《戴记》,孺人必坐其侧听之,谓中书曰:"妾今而后知为人之道矣。"久之,《戴记》之文多能上口……孺人初不识字,其教子也,独能诵经语以鞭辟之,可不谓贤乎?孺人解九九算,

挈巨厘细无少差。

陈氏也是穷苦人出身，从小失去父母，长大后成为了黄以周的妾室，她给黄以周生了三个儿子，虽然她识字很少却教子有方，如果孩子读书不熟，她就不让吃饭。而黄以周在给孩子讲经时，陈氏也在旁边细听，并且能从中听出做人的道理。然而正如"黄以周年谱"上所言，因为纳妾之事，让黄以周跟原配之间产生了很大的矛盾，虞铭新在《黄元同先生别传》中有如下细节记录：

初先生讲学江淮，夫人梅氏未偕，因纳妾随。夫人闻之，怼甚。一日，先生自金陵归。甫及家，夫人自内望见之，出，以手捣门，猝持闩击先生，哭且詈曰："汝自有家，是宁汝家者不问，入为何？"先生素谨厚，嘿而已，勿责也。然先生自是不常归，卜居于杭，间岁或一至。余幼时犹及见先生，布履青行縢入市籴粟也。

● 黄以周在浙江书局所校《晏子春秋》，清光绪间浙江书局刻本，卷首

经过夫人的哭闹，黄以周不再愿意回家，于是就跟妾室陈氏长期生活在一起，可惜陈氏在光绪二十年病逝了，年仅31岁。陈氏的去世让黄以周颇为哀伤，他在给陈庆年的信中写道："杭生（黄家骥）之母出自小家，自其子读《礼记》

后,遂知为人之道。平时奉事我,有举案齐眉之风。目仅识数字,而杭生有不好,辄能举经中语以为戒。今而后无内助之人矣。"

一位识字很少的女性,竟然能做到举案齐眉,她的故去当然令黄以周很是悲伤,有时候人生也只能认命,生活中的如愿之事太少了。

关于黄式三、黄以周在镇海的故居,程继红、毕汉豪于书中有如下一段描述:

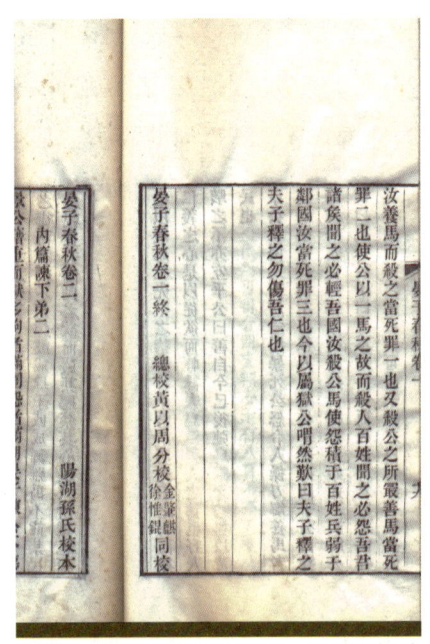

⊙ 黄以周在浙江书局所校《晏子春秋》,清光绪间浙江书局刻本,署款

根据宁波北仑区的文物普查,今柴桥街道前郑村231、239号,还保留有俗称"三代经师堂"的建筑。所谓"三代经师"是指黄式三、黄以周和黄家岱,他们祖孙三代,毕生治经,被尊为经师。报道称"经师堂"建于清代晚期,这与式三自述的年代相合。"经师堂"原有前、中、后三进,以及东南侧酒房。主体建筑坐西北朝东南,中进在民国初期遭火焚,现仅存后进祖堂及其东北侧正屋共二间一弄、前进大门及东北侧门屋四间。后进正屋为七柱七檩穿斗结构重檐楼屋,门屋为五柱五檩穿斗结构平屋。正屋祖堂内的捷报上依稀可见"中式第三三名举人""以周赏赐内阁中书礼部选用"等字样。东南侧酒房由一进正屋、左右厢房组成,坐西朝东。酒房正屋为西阔三间平屋,六柱七檩,穿斗结构,后双步,保存相当完整。

黄式三、黄以周故居位于浙江省宁波市北仑区柴桥街道前郑村231、239号。乘上一辆出租车,驱车前往北仑区柴桥街道前郑村去瞻仰黄式三、黄以周的故居。北仑离莼湖50公里以上的路程,然而司机所开行的道路却是乡间很窄的公路,他告诉我说这两地之间没有大道相通。路面虽窄,好在车很少,行进起来比想象的情况要好很多。

沿途的村名大多有一"岙"字,此字在北方的地名中从未见过,路边看到的佛寺不下几十座,从外观看大多是新建者,南方佛寺之盛,不来此一游绝难知之。在路边看到一个较大的寺庙,庙门及庙两边的楹联金光闪闪,一望便知是镀了纯金,再想到刚刚访过的万斯同墓,虽是国家级的文保单位,却那样的破败萧条,让自己忍不住感叹一番。

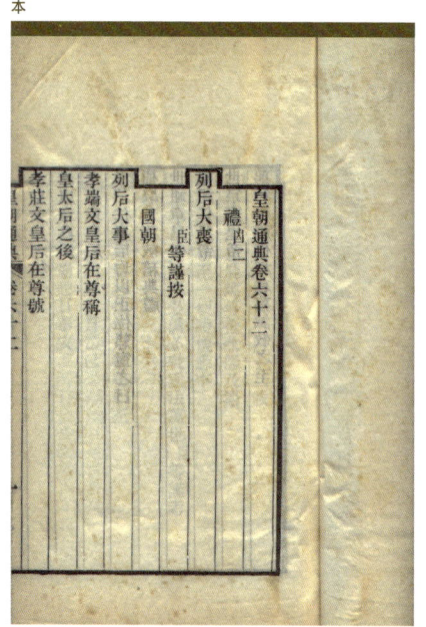

⊙ 黄以周所校《皇朝通典》一百卷,清光绪元年学海堂刻本

司机对我的寻访渐渐地有了点兴趣,问我今天所访之人都是哪些,我觉得要想一语而蔽之地说清楚似乎有些难,猛然想到王应麟写过《三字经》,就告诉他今天要寻访的人物之一就是《三字经》的作者。他听到《三字经》很兴奋,说在家里听到孩子们背诵过。我告诉他今天所找的第一站,那个王应麟即是《三字经》的作者。司机马上说,晚上回家后,他要给儿子讲,今天自己找到了《三字经》的作者,可能是担

心忘记了"王应麟"这个名字，在之后的行车路上，我时不时地听他嘟囔这三个字。

行 30 多公里，驶上滨海大道。眼前的视野顿时开阔了起来，这里已经是海边，摇下车窗，带着咸味的海风阵阵吹过，看着眼前陌生的景色，顿时觉得不能明了身在何处。

再行 10 余公里西转，司机的思维还停留在王应麟的身上，而后他又想起了刚才去拜访的万斯同墓，司机告诉我说，当地扫墓的习俗都是每年带着红、

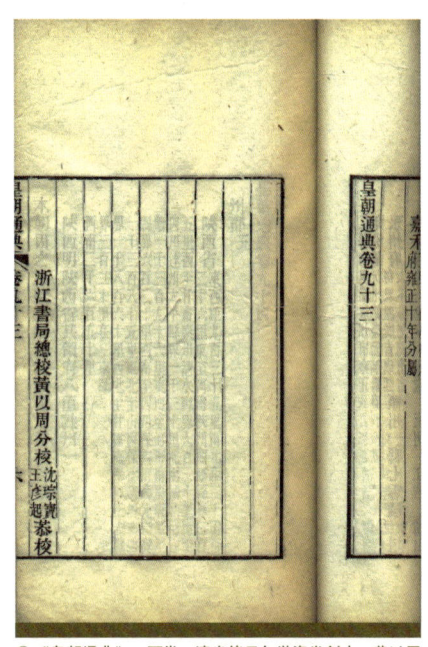
⊙《皇朝通典》一百卷，清光绪元年学海堂刻本，黄以周校书署款

黑二色漆，将墓碑上的姓氏涂成红色，其余都涂黑。他的这句话是向我解释为什么万斯同墓碑会是那样的颜色，于是我跟他探讨起当地的风俗，而他也确实能告诉我不少未曾听闻的当地习俗。

再右转上了穿威线，行驶 5 公里到前郑村。按资料所载：黄氏故居在前郑村 231、239 号。进村按门牌找之，很快就发现这种找法完全不行，因为村里的编号不是按顺序编的，193 号的邻居是 85 号，其对门则是 132 号，我怀疑此村的编号方式是按申报的先后给号，这种编号方式还是第一次见到。见路人，请教 231 号所在，他回答不知道，我再问这个号应该往哪个方向找，他竟说向四个方向找都有可能，这种回答让我目瞪口呆。

胡乱地寻找一番，没有什么结果，而有几次我看到了熟悉的街景。看来，刚才已经转过了这一带。这样无效率地寻找显然不是办法，

于是我站在原地思索了一下,而后将此村的街区用目测做出了规划,我按照东、西、南、北不同的方位分成四块,然后在每一块内依街道方位从东向西地寻找。待我规划完毕后,先走入了其中一个街区。刚走出20余米,就看到了231号,我对自己押宝一次成功很是得意。

231号是对开的铁门,推门不能开,用力敲之,开门是一老太太,还没等我说明来意,她仅露出半个头,瞥了我一眼,时间不超过三秒,即刻就"咣"地一声关上了门。如此的态度让我意外。我不知所措地四周张望,看到此门旁边戳着两根竹竿,每根竹竿上都晾着一串鞋,看上去很有情趣。但这个老太太却丝毫没有情趣,她为什么对我这样的态度,我也无法问明白。跑了这么远的路,来到了黄氏故居之前,总不能就这样掉头而返,没办法,只好先在故居周围照相。

故居的后院有一棵高大粗壮的柳树,柳树的四围有上百根早园竹,一亩多地的园子看上去像个废园,我喜欢这种颓废自然的原始感。虽然如此,我还是觉得不能进院一看是个大遗憾,于是过了20分钟

231号门前"长"出的鞋

● 淡淡的颓废感符合了我此刻的心境

左右,我再去敲门,仍然试图进院看个究竟,还是那位老太太开门,仍然是探出半个头,未等我张口,她先狠狠地说了句:"你是坏人!"然后"咣"地一声又摔上了门。

　　这真是岂有此理,我寻访了这么多地方,还是第一次遇到这等不讲理的人:你都不问我来干什么,怎么知道我是坏人?真想赌气而去,但又想到自己跑了这么远的路,费了那么多周折,终于找到,却过黄门而不入,实在心有不甘,于是我决定到村委会去问个究竟。

● 转到了后院

　　在村委会的楼内,遇到了一干部模样的人,我向他讲述了刚才的遭遇,并问他为什么那位老太太一句不问就

⊙ 终于看到了黄氏故居

认定我是坏人。这位干部并未回答我的问题，他只是说带我前去看看。于是，我跟着这位干部又走回 231 号门口。

这次的门是虚掩着的，那位老太太露着半个脸，正警惕地望着我，中年干部看了她一眼，对我说："她有问题，你看 239 号也一样。"对呀，我怎么忘了 239 号也是黄氏故居，而 231 号紧邻就是 239 号，中间并无隔号，在这里又充分体现了该村的排号特色。

⊙ 遗留至今的另一个院落

此刻我也无心再问那位老太太究竟有什么问题，只是转身跟着干部站到了 239 号门前。干部敲了敲门，从里面出来了一位老者，我马上上前向他说明了来意。老人很开明，客气地让

⊙ 老门槛

我进院拍照,他说自己姓顾,今年70多岁了,虽然不姓黄,但他却是黄家的亲戚,我能大老远跑来寻找黄氏父子的故居,他当然很欢迎,并且说我可以在他家院内随意拍照。

他为了让我拍清楚,将各扇门都打开,将院子的两个门也统统打开,如此的热心和客气,跟刚才的老太太形成了鲜明反差。

院落不大,也是两层建筑。顾老先生告诉我,这个房百余年来未翻修过,是黄以周当年的旧居,以前这一片都是黄氏故居,而现在仅剩了231号和239号两个院,并且这两个院已成为鄞州文保单位。

⊙ 这一带原本都是黄氏故居

仪征刘氏：四世《左传》，守古驳今

仪征刘氏乃是著名的经学世家，其家的治经历史始自刘文淇。刘文淇的儿子刘毓崧在12岁的时候，就拜经学家刘宝楠为师，后来主持金陵书局，其业务之精被曾国藩、曾国荃所看重。刘毓崧有四个儿子，分别是寿曾、贵曾、富曾、显曾，其中刘寿曾也曾在金陵书局工作，还做过《江都县志》的总纂。而刘贵曾则协助父亲继续撰写《春秋左氏传旧注疏证》。刘富曾曾经在刘承幹的嘉业堂内负责校书，前后达十年之久，还曾帮助另一位藏书家徐乃昌编纂《南陵县志》。

仪征刘氏第四代中以刘贵曾之子刘师培名气最大。单是从刘家第四代的名字即可知，刘家希望这一代能够致力于经学研究。郭院林在《清代仪征刘氏〈左传〉家学研究》一书中说："刘氏第四代学人名字皆含汉代经师之名，师苍字张侯，暗藏西汉历算家张苍名字；师慎字许仲，暗藏东汉古文经学大师许慎名字；师培字申叔，暗藏西汉经师申培公名字；师颖字容季，暗藏东汉古文经学家颖容名字。这样的命名方式，取效法经学家之意，反映了刘氏世代传经，以汉代经师为典范的家风，寄寓了刘氏对子弟的殷切期望。"

仪征刘氏四世治经，由此而成为了清代学术史上的著名家族。刘文淇的长孙刘寿曾在《沤宦夜集记》中称："扬州以经学鸣者凡七八家，是为江氏之再传。先大父早受经于江都凌氏，又从文达问故，与宝应刘先生宝楠切劘至深,淮东有'二刘'之目。并世治经者又五六家,是为江氏之三传。"看来刘文淇后来与刘宝楠齐名,被人并称为"二刘"。

那么刘文淇的经学概念是得到了谁的真传呢?其实刘文淇的父亲刘锡瑜并未在这方面有过涉猎,刘锡瑜本是位医生,然而他却与当时的著名学者包世臣关系很好。而后,经过包的推荐,刘锡瑜的儿子刘文淇得以入梅花书院学习,在那里拜洪梧为师,从此在经学方面有所探讨。不过刘文淇的经学概念,早在他拜师之前就有基础,因为他的舅舅凌曙乃是一位著名的经学家。

由此可知刘文淇的经学传承本自凌曙,既然如此,那他属于经学中的吴派还是皖派呢?支伟成在《清代朴学大师列传》中记录了他向老师章太炎请教这个问题时的对话:

问:……仪征刘氏孟瞻父子祖孙及凌晓楼、陈硕甫诸先生虽出皖系,其笃守汉儒,实吴派之家法,亦可移皖入吴否?

答:仪征刘孟瞻本凌晓楼弟子,学在吴皖之间,入皖可也。……盖吴派专守汉学,不论毛郑,亦不排斥三家;硕甫专守毛传,意以郑笺颇杂,三家不如毛之纯也,仍就入皖。

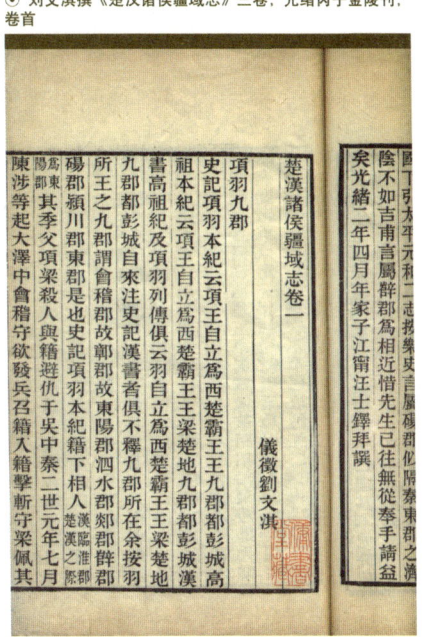

⊙ 刘文淇撰《楚汉诸侯疆域志》三卷,光绪丙子金陵刊,卷首

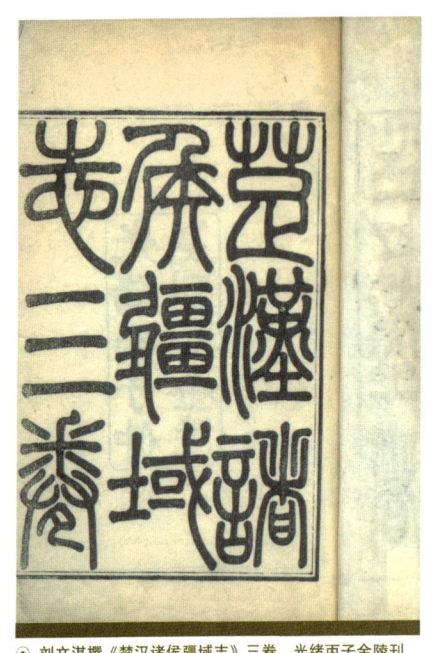

⊙ 刘文淇撰《楚汉诸侯疆域志》三卷,光绪丙子金陵刊,书牌

在这里,章太炎明确地说,刘文淇是凌曙的弟子,虽然他的学术中既有吴派思想,也有皖派概念,但章太炎还是觉得把刘文淇归为皖派更为合适。正是因为老师的指点,所以支伟成认为扬州学派就是属于皖派体系,他在《章太炎先生论订书》中称:"自戴震崛起安徽,皖派经师,头角渐露。顾其同学及子弟,率长于礼,独程瑶田兼通水地声律工艺谷食之学。及戴氏施教京师,而传者益众。声音训诂传于王念孙、段玉裁,典章制度传于任大椿。既凌廷堪以歙人居扬州,与焦循友善,阮元问教于焦、凌,遂别创扬州学派。故浙、粤诂经、学海之士,大都不惑于陈言,以知新为主,虽宗阮而实祧戴焉。"

支伟成把扬州学派的创始人目之为阮元,认为该派应当本自戴震,而最终成于阮元。刘文淇处在这样良好的学术氛围内,当然会受这种氛围的影响,从此致力于经学的研究。南桂馨在《刘申叔先生遗书序》中也把刘文淇的经学成就跟扬州的学术氛围联系在了一起:"阮文达左右采获,为天下宗。其于今文古文之短长,未数数也。皖江诸师,与苏常之儒,华实判异,而合其流于扬子江。文达生长是邦,道光季年,告休野处。邗上才隽之士,莫不奉其风教。云蒸霞蔚,人人说经。刘孟瞻先生由是崛起,四传益劲,以有申叔。"

仪征刘氏在学术上最大的影响乃是四代人都致力于《左传》的

研究，而仅刘文淇一人，就用了四十年的时间，编出八十卷本的《春秋左氏传旧注疏证》一书的长编。可惜他仅整理出一卷就去世了，而在其去世前，仅写出八卷本的《左传旧疏考证》。到了他孙子寿曾、贵曾这一辈，他们继祖父未竟之业，继续编纂《春秋左氏传旧注疏证》，但他们也仅整理到了"襄公四年"。

而后到了刘师培这里，他继续完成此书。到此时，仪征刘氏四代人编纂此书时间已经长达近百年之久。光绪三十年到三十一年间，刘师培将此稿带到上海交给梅鹤孙保管，而后此稿不知去向，后来上海文献图书馆收到过抄稿本七册，但原稿去到哪里则至今未能探得结果。

对于这部大稿的价值所在，沈玉成、刘宁在《春秋左传学史稿》中称："它对《左传》的汉人旧注作了集大成式的总结，贾、服旧说收罗之完备，归纳之清晰都罕有其匹。此外，他还收集其他古文

⊙ 刘文淇撰《项羽都江都考》，民间扬州陈恒和书林刻本，卷首

⊙ 刘文淇撰《项羽都江都考》，民间扬州陈恒和书林刻本，书牌

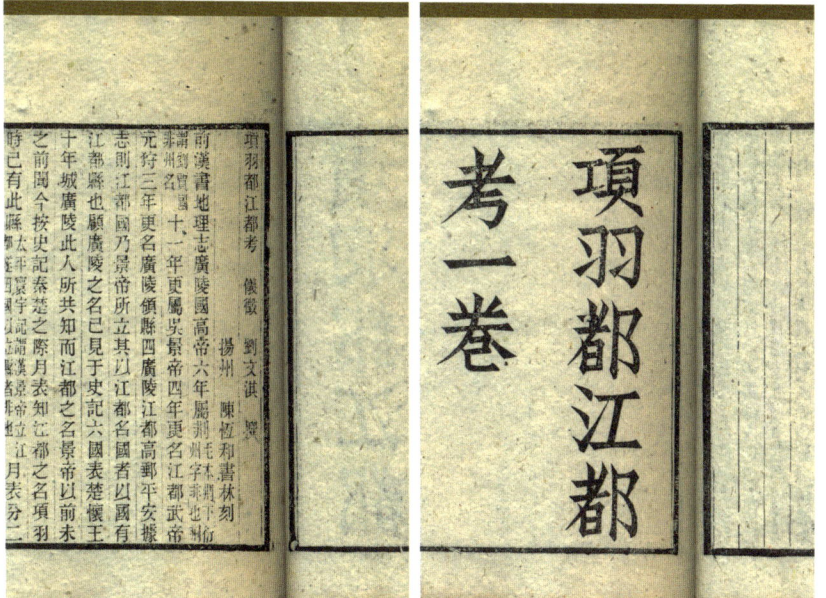

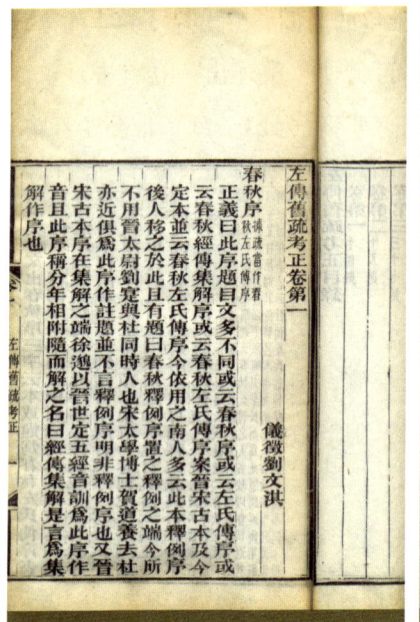 

⊙ 刘文淇撰《左传旧疏考证》八卷,清光绪三年湖北崇文书局刻本,卷首　　⊙ 刘文淇撰《左传旧疏考证》八卷,清光绪三年湖北崇文书局刻本,书牌

家研究《左传》的成果,突破了贾、服的局限。他尊崇汉人而不薄后人,对清代学者的成果也择善而从,……此书取材广泛,而且不乏个人的论断,但并不因此而抹杀与自己相反或不同的意见,态度客观,……体现了一个考据学者在处理文献资料上所具有的熟练技能和清晰头脑。"

　　刘文淇为什么想起来要系统地梳理《左传》的旧注呢?这件事情跟刘宝楠有很大的关系,刘宝楠在《和别号舍》诗序中说"余与孟瞻相约著书……",而刘文淇在《别号舍》诗序中也称"与楚桢同寓金陵……相约此后闭户著书……索楚桢同作,以坚其约。"为什么会有这样的约定呢?陈立在《论语正义·叙》中称:"孟瞻师、楚桢先生病十三经旧疏多踳驳",于是他们相约每人专门研究一经,由刘文淇负责《左传》,刘宝楠负责《论语》,同时让陈立负责《公羊传》。他们是怎样来分配各人所治之经呢？刘恭冕在《论语正义·后序》称："先君子发策得《论语》。"原来他们似乎是以抓阄的形式来决定治经的门类，但是郭院林经过研究，认为事实并非如此，因为陈立本来就擅长于公羊学，而刘文淇早先已经对《左传》进行过研究，因此郭院林认为："这表明相约注疏是依据个人的专长进行分工的。"

刘文淇为什么要研究《左传》的旧注呢？刘毓崧在《先考行略》中称："韦昭《国语注》，其为杜氏所袭取者，正复不少。夫韦氏注，除自出己意者，余皆贾、服、郑君旧说。他如《五经异义》所载杜氏说，皆本左氏先师，《说文》所引《左传》，也是古文家说，《汉书·五行志》所载刘子骏说，皆左氏一家之学。又如经疏史注及《御览》等书所引《左传》注，不载姓名而与杜注异者，也是贾、服旧说。凡若此者，皆称为旧注而加以疏证。"

⊙ 刘文淇撰《左传旧疏考证》八卷，清光绪三年湖北崇文书局刻本，自序（一）

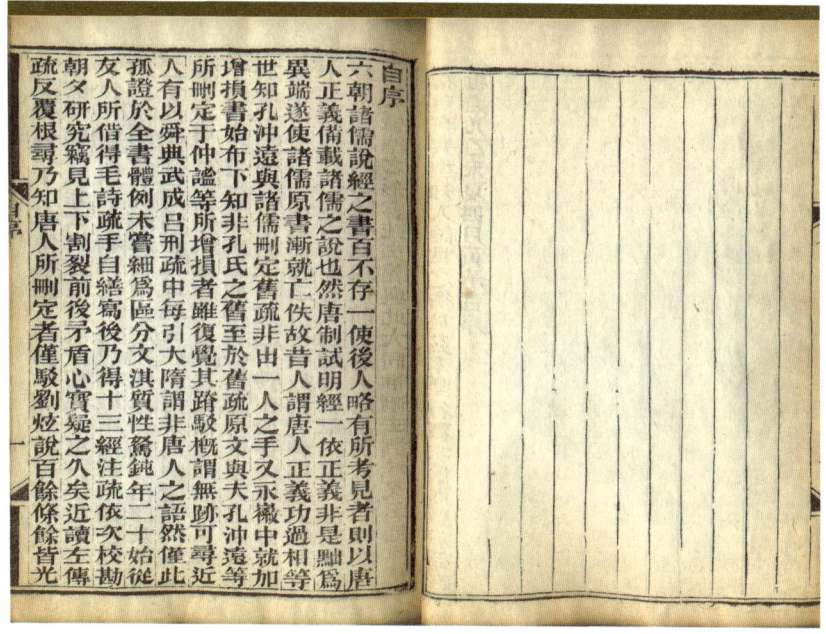

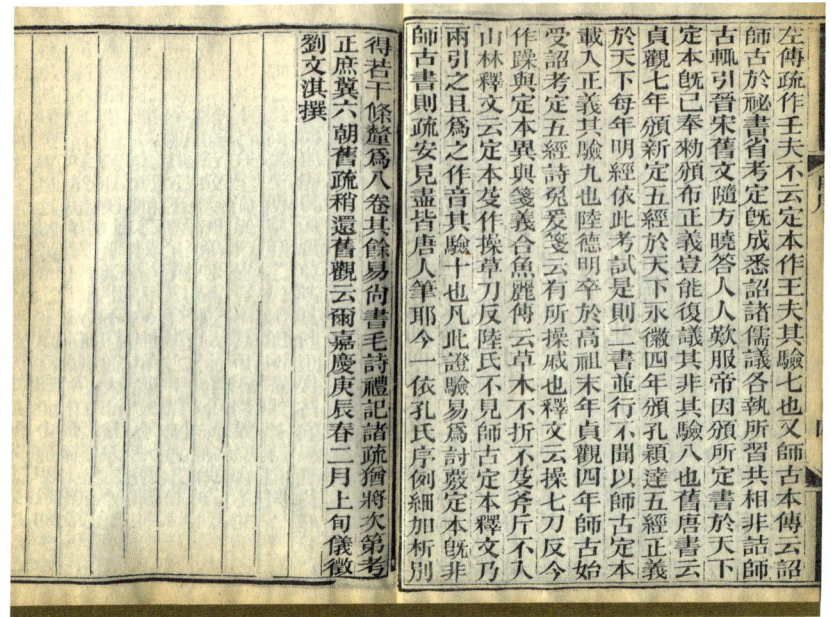

● 刘文淇撰《左传旧疏考证》八卷，清光绪三年湖北崇文书局刻本，自序（二）

刘文淇不满意晋杜预所作《春秋左传注疏》，所以想将对《左传》之注错误之处一一予以校正，"上稽先秦诸子，下考唐以前史书，旁及杂家笔记文集，皆取为左证。期于实事求是，俾左氏之大义炳然复明。"看来刘文淇恢复《左传》旧注的方式，是从各种史书中进行摘录，那个时代没有电脑检索系统，在浩瀚的古籍内一句句地寻找出注释《左传》的字句，其工程之浩大可想而知。也难怪刘文淇用了四十年的时间做出了八十卷的长编之后，仅整理出一卷就去世了。他的这个事业由其子刘毓崧继续完成，对于刘毓崧在这方面的努力，程畹在《刘先生家传》中称：

> 自训导君为左氏学，先生继承前业。旁通经史、诸子百家，凡所寓目，恋留于心，或广坐，道其原委，闻者私校原书，不讹一字。精于校勘，校友人或刊刻著述多质而后定。……皆能

博稽载籍，穷极根要，洞见症结，剖析精微，尤惓惓于表微阐幽，务得古人事外之情，言外之意。为文有物有序，不规庑前人，自成体势。

刘毓崧继续下功夫整理《左传》旧注，而直至其去世仍然未能完成此业。仪征刘氏真正在经学方面作出大成就者，乃是到了第四代刘师培这里。刘师培为近代著名人物，他在年轻之时，就成为了一位反满的民族主义者。关于这种观念的由来，刘师培自称：

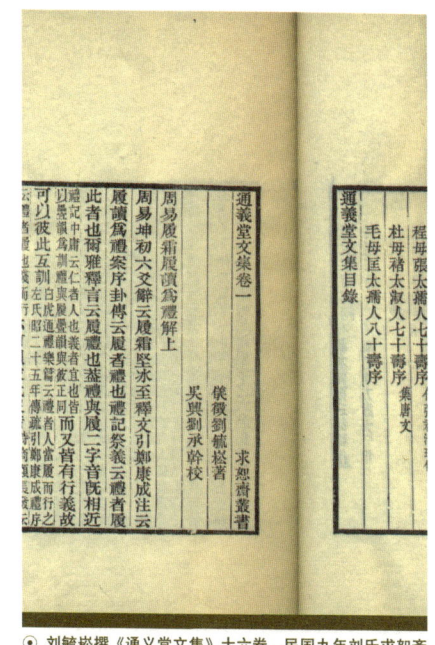

⊙ 刘毓崧撰《通义堂文集》十六卷，民国九年刘氏求恕斋刻本，卷首

> 光汉幼治《春秋》，即严夷夏之辨。垂髫以后，日读姜斋、亭林书，于中外大防，尤三致意。窃念天下兴亡，匹夫有责；《春秋》大义，九世复仇。值此诸夏无君之时，仿言论自由之例，故近年以来，撰《黄帝纪年说》，撰《中国民族志》，撰《攘书》，垂攘狄之经，寓保种之义，排满之志。

刘师培说他从小就研究《左传》，而恰恰从《左传》中，他懂得了"夷夏之防"，也就是大汉族主义，等他渐渐长大后，读到了王夫之、顾炎武的书，这让他更加有了反清的思想，于是他撰写了一系列相关的著作。在这段话中，刘师培自称为"光汉"，这是他

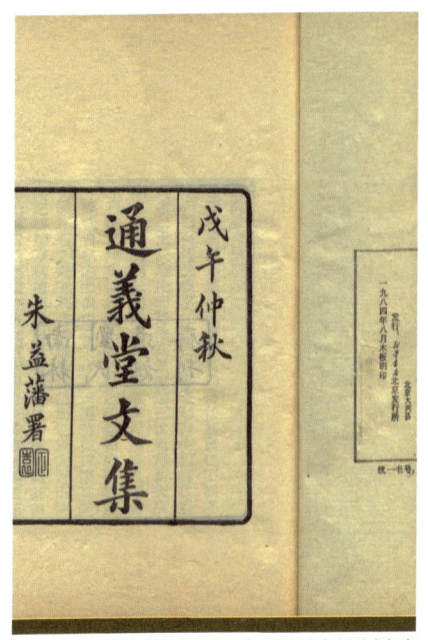

○ 刘毓崧撰《通义堂文集》十六卷，民国九年刘氏求恕斋刻本，书牌

在光绪二十九年来到上海后，接受了新思想才改的名字。"光汉"二字，应当是光复汉人的天下吧。而后他跟章炳麟因为思想一致，一度有着密切的关系，但后来两人发生了矛盾，刘师培又变成了一位无政府主义者，此后开始鼓吹"君政复古"，这一切都成为了后世指责刘师培的标靶。虽然如此，他的经学成就却受到了后世一致的夸赞。赵伯雄在《春秋学史》中说："他在学术上的成就很大，堪称是清末的一位国学大师。"

关于他的学术成就，尹炎武在《刘师培外传》中说："师培晚出，席三世传经之业。门风之胜，与吴中三惠、九钱相望。而渊综广博，实拢有吴、皖两派之长。著述之盛，并世所罕见也。综其术叶，说经则渊源家学，务征古说。文淇考南北朝诸儒遗说，成《左传旧疏考》以证孔冲远《左传正义》所自出。师培则广征两汉经师之遗说，成《礼经旧说考》以校马、郑之异同。其校正群书，则演高邮成法，由声音以明文字之通假，按词例以定文句之衍夺。而又广博群籍，遍发类书，以审其异同，而归于至当。"

尹炎武说刘师培继承了前三代的经学之业，再加上他天生聪颖异常，所以他的学术体系是综合了吴皖两派经学所长，并且他成就之多，少有人能与之比肩。

仪征刘氏：四世《左传》，守古驳今　　887

刘师培研究学问的时期，正赶上康有为为了变法而排斥和否定《左传》一书，认为这部书全是刘歆所伪造。这种说法当然令刘师培不能接受，因为刘家四世治《左传》，故而他对此有着深入的研究，无法接受康有为的那些不用推敲就漏洞百出的言语。虽然那时康有为风头正盛，但刘师培仍然站出来，跟章太炎一同反驳康有为所言。

刘师培首先从时代上考证左丘明所写之书的准确性："左丘明亦受业孔门，《左传》一书，所记所陈，亦大抵出于仲尼之语，特左氏于孔子所讲演者，复参考群书，传示来世……仲尼讲授之时，不过仅详大旨，必非引诵全文，盖左氏复据百二十国宝书以补之耳。"（《读左札记》）而后他在其专著中反驳了刘逢禄等人对《左传》全面否定的言论，因为刘逢禄认为《左传》是单独的一部史书，跟《春秋》无关，针对这种说法，刘师培指出：

近儒多以《左氏春秋》为伪书，而刘氏申受则以《左氏春秋》与《晏子春秋》《铎氏春秋》相同，别为一书，与《春秋》经文无涉。然《史记·吴泰伯世家》云："予读古之《春秋》"，即指《左氏传》言，是史公明以《左传》为古之《春秋》矣。盖《公羊传》为《春秋》今文，故《左氏传》为《春秋》古文。又《汉书·翟方进传》言方进授《春秋

⊙ 刘寿曾撰《临川答问》，光绪十九年徐乃昌刊《积学斋丛书》本，卷首

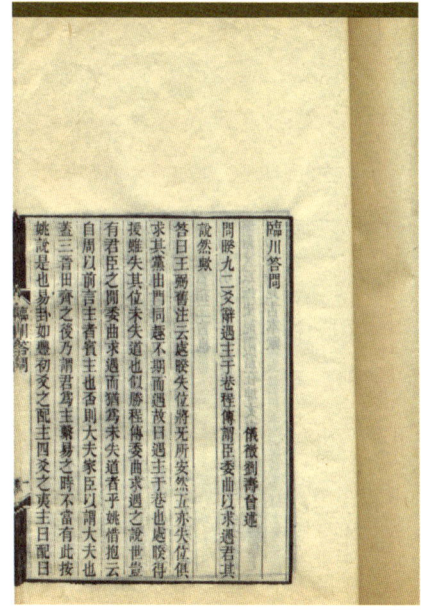

⊙ 刘寿曾撰《临川答问》，光绪十九年徐乃昌刊《积学斋丛书》本，书牌

左氏传》，若以《晏子春秋》《铎氏春秋》例之，岂《晏子春秋》亦可称"春秋晏子传"，而《铎氏春秋》亦可称"春秋铎氏传"乎？从此知《左传》一书，与《春秋》经文相辅。特西汉之初，其学未昌，不及《公羊传》之盛耳。刘氏所言未足为信也。

刘师培指出古人也有写《春秋》一书者，但跟《春秋左氏传》在名称方面完全不同。接下来，刘师培又从《公羊传》和《穀梁传》中找到了提及《左传》的字句：

> 案汉《严氏春秋》引《观周篇》云："孔子将修《春秋》，与左丘明乘，如周，观书于周史，归而修《春秋》之经；丘明为之传，共为表里。"《观周篇》者，《孔子家语》篇名，而引于汉人，且引于公羊经师，则《左传》为释经之书，固公羊家所承认矣。刘向《别录》云："左丘明授曾申"，刘向素以《穀梁》义难《左传》，而于《左传》之传授言之甚详，则《左传》为释经之书，又穀梁家所承认矣。

当时康有为为了否定《左传》一书，不顾历史资料的记载，称秦始皇的焚书坑儒根本不是历史史实，他认为这种说法是刘歆编造的。为此刘师培写了一篇《论古经亡于秦火》一文,刘师培在此文中引用了大量的史料来驳斥康有为所言。因为《史记》中载有焚书坑儒之事,于是康有为就说《史记》中的这些记载也是刘歆后来掺进去的。针对康所言,刘师培举出了西汉贾谊在《过秦论》中的字句:"废先王之道,焚百家之言,以愚黔首。"如果说,刘歆对《史记》进行了伪造,难道他也伪造了贾谊的《过秦论》?刘师培在《读左札记》中又举例称:"《吕览》一书多成于荀卿之手。荀卿为《左氏春秋》之先师,故《吕览》一书多引左氏之文。足证秦火以前,左氏一书久行于世……盖战国之时,虽去春秋之世未远,然所传之事歧异甚多,惟左氏一书,本于百二十国宝书,记载较实,故战国学士大夫莫不尊为信史。此《吕览》所以多引其文也。若谓周代之世,左氏之书流传未普,则诸子百家何以无不杂引其文哉?"

看来早在刘歆之前,已经有不少的著作引用过《左传》之文,康有为说《左传》乃刘歆所伪造者,这样的说法显然不能成立。

对于《左传》一书的研究,刘师培当然比康有为熟悉得多。康有为认为《左传》一书乃是刘歆的伪造,但刘歆是汉代人,而刘师培则称:"左氏之学,当战国时已盛行于世。"早在刘歆之前,《左传》已经风行天下。如果再说是刘歆伪造了《左传》,显然这种说法不攻自破。而康有为的著作之一《孔子改制考》前有康有为自序:"阅二千年岁月日之绵暧,聚百千万亿矜缨之问学,统二十朝王者礼乐制度之崇严,咸奉伪经伪圣法,诵读尊信,奉持施行,违者以非圣无法论。亦无一人敢违者,亦无一人敢疑者。于是夺孔子之经以与周公,而抑孔子为传。于是扫孔子改制之圣法,而目为断烂朝报。六经颠倒,乱于非种;圣制埋瘞,沦于雾霾;天地反常,日月变色。"

针对康所言,刘师培写了篇《论孔子无改制之事》,他在文中经过一系列的推论而后称:"考之其时,度之于势,稽之于书,觉孔子改制之说，实有未可从者。"今文学家把孔子多称为"素王"，刘师培又经过一番考证，得出结论称："周秦以前无有称孔子为素王者，以孔子为素王始于纬书。"

刘师培认为今文经学家把孔子称为"素王"乃是一种误读，因为"素王"在古代是一种泛称，其含意乃是指"有道之人"。他的这个说法，从根本上否定了今文经学家对孔子地位的认定。

但是刘师培所处的时代，今文经学盛行于天下，康有为等人谈论经学的目的并非是为了搞学术研究，其主要目的乃是为自己的政治主张寻找理论依据，而今文经学恰好符合这样的政治观念，因此康有为等人极力鼓吹改造后的今文经学。就当时而言，今文经学与古文经学争论的焦点乃是《春秋左氏传》，为了捍卫家学，刘师培对这种言论进行了有力的反驳。然而此时的刘师培有着二律背反的纠结，他一边驳斥康有为所说的荒谬，另一边又参与到这样的政治旋涡中，而对于相应的历史根据，古文经学显然难以找到支持这种说法的字句。于是刘师培借鉴今文经学的观念，来对《左传》予以解释。

比如，今文经学最讲"义例"，刘师培说《左传》其实也有义例：

> 又《春秋凡例》，不止五十。征南作《释例》，于《传》中有一二字以为例者，即穿凿附会，扩而充之，其绝无依傍者，即窃取各家之例以为己说。在《左氏》固未见明文。若能仿刘氏治《公羊》，柳氏治《穀梁》为例，别为一书，吾知其必胜于征南矣。且《左氏》一书，为东周之信史，周末之书，多引《左氏》。昔孙渊如先生作《春秋集证》，大约即群书之本于《左氏》者，以考其异同。惜其书失传，未有刊本。若能仿阮氏《诗书古训》之例，凡周、秦、两汉之书，其援引《左氏》者，分类纂录，附于《左氏》原文之后，以征《左氏》非伪托之书，此亦左氏

仪征刘氏：四世《左传》，守古驳今　　891

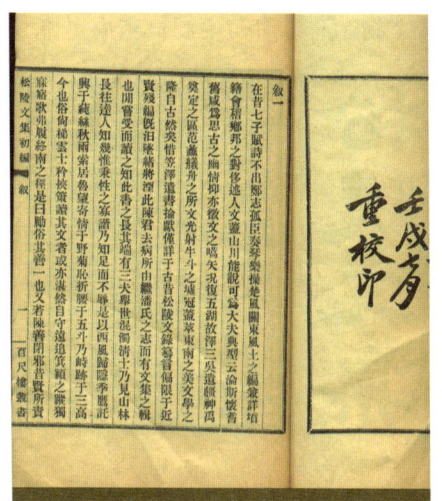
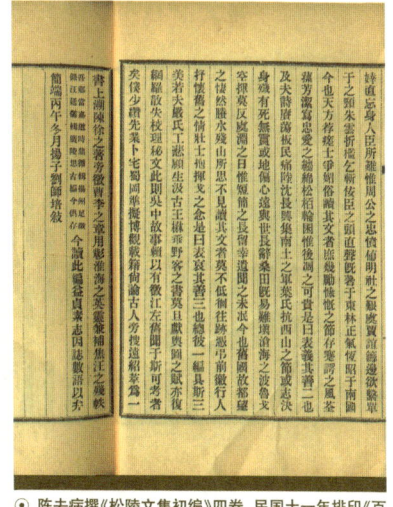

⊙ 陈去病撰《松陵文集初编》四卷，民国十一年排印《百尺楼丛书》本，刘师培序（一）
⊙ 陈去病撰《松陵文集初编》四卷，民国十一年排印《百尺楼丛书》本，刘师培序（二）

之功臣也。

　　刘师培称《左传》的义例只是没有明确地写出来，应该对《左传》进行仔细的研究，将字句中的义例提炼出来，单独成为一书。他又说孙星衍曾经做过这样的书，只可惜孙的这部著作失传了。总之他认为《春秋》三传，每传都有义例在，只是《左传》未曾写明而已。

　　在此之前，今文经学家皮锡瑞诟病《左传》不能发明《春秋》一书的微言大义："治《左氏》者，先观杜解、孔疏，再及李贻德《贾、服辑述》，以参考古文，顾栋高《春秋大事表》以纵览事实，然亦只是《左氏》一家之学，于《春秋》之微言大义，无甚发明。"（《经学通论》）

　　针对《左传》在这方面的缺陷，刘师培予以了弥补，他在《论孔子无改制事》一文中说："由周代之制亦前后不同，如武王所行之政，殊于文王之治岐，而周公所定之制，又殊于武王所开国之初。盖侯王之制，异于王畿，而守成之法，又异于开创。是犹西汉初年之制，异于孝武时代也。故西周末之制，又与周初不同。东周以降，更无论矣。"对于刘师培的这段论述，郭院林在其专著中总结道："然而到了刘师培，就弥补了这一缺陷。刘师培在杜预之后欲为《左传》重建一套义例，借助恢复旧注，并且在旧注中寻求不同于其他二传，又不同于杜预义例的崭新的《左传》义例。刘师培弥补了杜预的观点，认为周公的制礼作乐固为周初之盛事，然而制度之施行，有因时、地、事而损益的情况。"

可能是因为这个原因，使得古文经学正传的刘师培有了平分今古的想法。他在《汉代古文学辩诬》一文中称："今文古文为汉儒之恒言，犹今日所谓旧板书新板书也。……汉代之所谓古文经，乃秦代之时，未易古文为秦文者也，其故本至汉犹存。所谓今古文者，以其由古文易今文有先后之殊，非以其义例亦有不同也。"刘师培说，今文经和古文经的区别，只是相当于新版本和旧版本。他的这些观念变化，一是出于当时的政治观念，二者跟他的经历也有一定的关系，因为他曾有一度前往四川，在那里多少也受到了今文经学家廖平的影响。

比如蒙文通在《廖季平先生与清代汉学》中称："礼制者，廖师（平）所持以权衡家法，辨析汉师同异者也。左盦（师培）于时亦专以《五经正义》《白虎通义》为教学之规，出蜀后成书皆《周官》《礼经》之属。左盦之渐渍于廖师，此其明验。"而南桂馨在《刘申叔先生遗书序》中也称："申叔之于经，主古文者也。及其流落西川，与廖季平、宋芸子往还，稍渝其夙昔意见。于今文师说，多宽假之词。"

虽然学术都有相互借鉴的一面，但是刘师培的这种变化，其实更多者则是出于政治思想宣传方面的考量，这两者之间的摇摆，使得刘师培的一些说法产生了矛盾，对于这种矛盾，郭院林在其专著中总结道："刘师培一方面大谈'举汉儒所谓今文、古文者兼收并采'，治通儒之学，主张'学术持平''不主门户'；一方面又在为古文经学家法受到'杂糅'而隐晦以至于消亡感到惋惜，因此反对淆乱家法，主张'笃守师传''不杂今文之说'。这种矛盾既来自现实，又有传统的原因。革命宣传的需要，使他不得不借用今文家'微言大义'说经之法，所以1903年左右撰写的论学论政文章很多都是出于与康、梁改良派斗争的需要；浓厚的家学古文传统，又使得他看重家法系统。"

尽管刘师培把他很多精力用在了政治活动方面，然而他的学术成就依然令人瞩目，他一生写了七十四种学术著作，这还不包括发表在各种文本上的上百篇文章，其总数超过了四百万字。而令人惊奇的是，刘师培仅活了36岁。当时他患了肺结核，民国八年十一月十八日病逝于北京和平医院。如此年轻又能写出这么多的学术专著，只能被目之为天才。

然而，也正因为如此，有人怀疑这么多的著作是不是都出自刘师培一人。比如《顾颉刚书话》中有《〈刘申叔遗书〉卷帙之富》一文，该文中引用章士钊所言："以彼1903年至上海，参加革命，至1908年而叛变，为端方侦探，至1911年而辛亥革命起，其间安得暇晷读书？在成都、太原三年，是为其读书时间。"在这里章士钊排列出刘师培的经历，由此得出结论，他的读书时间很少，其言外之意：这么短的读书时间，何以能写出这么多的学术著作呢？同样，牛秋实在其博士论文《从经学到史学：刘师培学术思想研究》中也对这一点提出了质疑："1905年刘师培在《国粹学报》杂志上连续发表《读左札记》，以研究《左传》为核心。有很多学者都把《读左札记》看作是刘氏自己的作品。但笔者细检刘氏之叔父寿曾之传记，传记在《清史稿》中明言寿曾也有《读左札记》，为研究《左传》之著作，但《申叔遗书》中只云为先祖未完之作。可见两种说法自相矛盾。其时刘师培年仅 20 岁，而能写出这样煌煌巨著，令人感到吃惊。只有一种可能，就是他借助先祖作品中的经义梳理来表达他的政治上对今古文之争的态度。限于其先祖的遗书资料为他所保存，很难具体得知他从祖辈那里得到多少启发，但有一点可以肯定并非他一个人的创造。"

牛秋实认为刘师培是借鉴了先祖的遗书资料而得到启发，所以出了这么多的学术成果，但借鉴先祖的研究成果算不算抄袭呢？好像没人给出这样的界定。另外也有人认为刘师培的确是位天才，他能有这样多的研究成果也并非抄袭了祖父辈的著作。比如杨伯峻在《我和〈左传〉》一文中首先称："我买了一部《刘申叔遗书》，其中有关《左传》的文字不少，感觉到刘师培之为人虽不可取，但《左传》之熟，读书之多，却使我十分羡慕，无怪乎章炳麟能捐弃前嫌，要营救他，说是为中国留一读书种子。"

杨伯峻先生仔细阅读了刘师培对于《左传》一书的研究成果，而后佩服刘的旁征博引，接着杨先生又说道："建国后，刘文淇等三代所著《左传旧注疏证》已由科学出版社出版，同时章行严世丈（士钊）在《文史》发表一篇关于《黄帝魂》的文章，其中说，他和刘申叔相交时，不见他很用功，他家屡世以习《左传》有名，申叔的有关《左传》的文字可能是剿袭他父、祖辈以至曾祖的遗稿。我当时正细读刘文淇的《疏证》，又细读刘申叔有关《左传》文章，认为行严世丈的说法未必可信。刘申叔一则承受家学，二则天资聪敏过人，所以虽然只活三十六岁，便著作等身，而于《左传》尤为精熟，能发挥自己的独见。我仔细比较《春秋左氏传旧注疏证》和刘申叔的有关《左传》文章，有把握地认为，申叔的治《左传》，超过他父辈、祖辈甚至刘文淇，他的文章不可能是剿袭而来的。我这意见也曾当面告诉章行严世丈。"

仪征刘氏：四世《左传》，守古驳今　　895

◉ 文保牌

　　杨伯峻明确地称，刘师培不可能抄袭他祖父辈的成果，因为此人对《左传》太熟悉了，所以他的成就超过了仪征刘氏的前三代。

　　虽然说治《左传》乃是仪征刘氏的家学，其实刘师培的视野不仅如此，比如他在去世之前，回溯了自己一生的学术志向所在，他的弟子陈中凡将其遗言记录在了《刘师培〈周礼古注集疏〉跋》中：

> 余平生述造，无虑数百卷；清末旅沪，为《国粹学报》撰稿，率意为文，说多未莹；民元以还，西入成都，北届北平，所至任教国学、纂辑讲稿外，精力所萃，实在三《礼》。既广征两汉经师之说，成《礼经旧说考略》四卷，又援据《五经异谊》所引古《周礼》说、古《左氏春秋》说及先郑、杜子春诸家之注，为《周礼古注集疏》四十卷，堪称信心之作，尝移写净本，交季刚制序待梓。

⊙ 整洁的东圈门

一代经学大师这么年轻就离开了世间，如果他能多活一些年，其学术成果将更加不可估量。

2012年6月1日，我来到了扬州，去寻找青溪旧屋，此为刘文淇、刘师培故居，具体地址在东圈门14号。这一带改成了古建步行街，沿途打问，却无人知道青溪旧屋在哪里。所告知者都是江泽民旧居。一辆三轮车拉着两位游客正停在江氏旧居门口，车夫略带神秘的口气告诉两个游客："这就是江主席的旧居。"然而门口却未见旧居介绍牌，我注意到，此旧居的门牌号为16号，猛然想起我找的青溪旧屋乃是14号，往前走了几步，果然就是我所

⊙ 依然贴着春联的大门

要找的刘氏故居。

在故居的门口,挂着一块文保牌,上面写着"刘文淇、刘师培故居",看来仪征刘氏在学术上最有成就者就是这两位。文保牌的旁边,还有一块故居介绍牌,上面写着:

> 现为市级文物保护单位。清代经学家刘文淇故居,亦称"刘氏书屋"。刘文淇(1789-1854),仪征人,字孟瞻。毕生治《春秋左氏传》,有《左传旧注疏证》《扬州水道记》等著作传世。其子刘毓崧、孙刘寿曾均治经学,皆有所成。曾孙刘师培对经学、小学(文字训诂)及汉魏诗文有精深研究,被蔡元培聘为北京大学教授。故居左为花园,右为三进住宅。前进为厅房,西南有小轩,原额为"艺榭",为刘师培少时读书处,西部花园内原筑有方亭书屋。1992年10月前进厅房和小轩毁于火,后按原格局重建。

◉ 院内所见情形与街面有所反差

⊙ 室内情形

原来，此处故居乃是刘师培少年读书处。

既然仪征刘氏几代都住在扬州，那为什么不称为扬州刘氏呢？按照资料记载，刘氏的先世为溧水人，到刘文淇高祖这一辈才迁居到了扬州。但是当年扬州的科举竞争太过激烈，于是刘氏家族就占籍仪征，这样可以增加科举的成功率。按照清朝法律的规定："如入户于寄籍之地，置有坟庐逾二十年者，准入籍出仕。"（赵尔巽等：《清史稿》）原来刘家为了增加科考的成功率，在仪征买房产建墓园，有如今天的高考移民。但事实上，刘家并不住在仪征，而是始终住在扬州。

眼前刘氏故居的两扇黑色的大门紧闭着，我轻轻地敲门两回，里边没有回音，但我注意到门仅是虚掩，于是将门推开，而后闪进院内。里面的情形跟外面有较大的反差，因为东圈门一带已经改造成了仿古街区，看上去颇为整洁，而本院内的情形却与之有着不小的反差。

也正因为如此，院内的房屋保持着当年的旧貌，连屋回廊的立柱及门扇都是旧物，两进院落里面也破败不堪，在窗台上看到一个制作略显粗糙的小盆景，似乎还没完工，由此能略窥今日房主的生活情趣。正在观赏间，听到一个女声说："这是我做的，怎么样？"回身视之，乃一体态丰盈的中年妇女，看上去人倒是和善，我立即夸赞她手艺很不错，顺便请问她现在的旧居中是否还有刘家的后裔，她爽快地说："我是刘师培的第六代，叫刘清宁，现在这个院子里头住的各家都是刘家后人。"这种情况反倒很是罕见。我又向她请教了一些关于刘师培的问题，她未能说出更多的细节，似乎还为此有些不好意思，由此让我体会到了大家之后的书香余韵。

宝应刘氏：专注《论语》，两代始成

宝应刘氏是指刘宝楠、刘恭冕父子，因其两代人致力于《论语》注疏的研究，从嘉庆二十五年开始撰写《论语正义》，到同治四年撰写完毕，前后用时达三十六年之久，而这部书成为了清代研究《论语》最著名的作品之一。朱华忠在《清代论语学》一书中给予了如下的总结："刘宝楠、刘恭冕父子的《论语正义》是清代同治以前《论语》研究的集大成者。不仅体例严谨，考证精审，而且说理精辟，新论迭出。为学不立门户，唯主实事，为《论语》研究作出了很大贡献。"

关于宝应刘氏的家族史，刘宝楠的侄曾孙刘文兴撰有《宝应刘楚桢先生年谱》，该谱中称宝应刘氏一族是在明初由苏州迁来者，到刘宝楠五世祖刘继善时，其家族方在当地有了一些影响，这是因为刘继善做过镇江府儒学训导。刘继善的儿子刘永澄是明万历二十九年的进士，被任命为兵部职方司主事，但因病不能赴任，卒于家中。刘永澄虽然不善交际，但他跟东林党领袖顾宪成、高攀龙等有密切交往，同时他跟著名学人刘宗周也有学术探讨，可能是这个原因，刘永澄对心学颇有研究。

刘家进入清代，在学问上最有名的一位，乃是刘宝楠的从叔父刘台拱。刘台拱就是刘端临，曾在四库全书馆校书，由此而结交朱筠、戴震、邵晋涵、任大椿、王念孙等一流的学人，这些人的学术观当然对刘端临很有影响。更何况，刘端临的女儿嫁给了阮元长子阮常生，而刘端临的另一个孙女后来又嫁给了阮常生的儿子阮恩海,可见刘端临与阮元家族有着密切的关系,而阮元乃是左右一代文坛的大人物,故其学术观也必然对刘端临有着影响。正是这些综合性的原因,使得刘端临在当时的学术界也很有影响,江藩在《国朝汉学师承记》中评价他说:"解经专主训诂,一本汉学,不杂以宋儒之说。"

显然,刘台拱的学术观念会影响到刘宝楠,刘宝楠在努力学习的过程中,一边准备着科举考试,一边学习研讨汉学家的著述。那刘宝楠为什么把自己的研究方向集中到了《论语》方面呢?刘文兴在《年谱》中讲到了这个起因:

> 《论语正义》乃先生一生用力之书,于微言大义,多所发明,有清一代"十三经"新疏,居一席焉。初,道光戊子,应省试,与仪徵刘孟瞻、江都梅蕴生、安吴包孟开、丹徒柳宾叔、句容陈卓人,约各治一经,略仿江氏、孙氏《尚书》,邵氏、郝氏《尔雅》,焦氏《孟子》,别作疏义。先生发策得《论语》。至是遂屏弃他务,专精致思,先为长编,次乃荟萃而折衷之。五十以后,历官畿辅,迭更盘错,书成过半,中道而止。十七卷后乃叔俛先生就先生原辑稿编次,间有所增,故署以述。

⊙ 刘宝楠撰《论语正义》二十四卷,清同治五年刻本,卷首

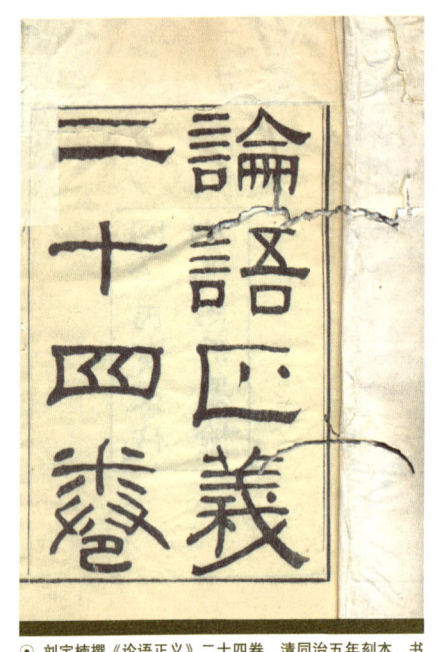

⊙ 刘宝楠撰《论语正义》二十四卷，清同治五年刻本，书牌

刘文兴首先称，《论语正义》乃是刘宝楠一生的精力所在，经过两代人的努力，这部书成为了清代最有名的经学专著之一。而刘宝楠由博返约，专治一经的原因，则与他跟朋友的一场聚会有很大的关系。道光八年，刘宝楠去应省试，在这个阶段他见到了刘文淇、梅植之、包慎言、柳兴恩、陈立等几位经学家，几人在聚会时商定，每人选择一个方向来做专题性研究，而后以抓阄的方式来确定每人的题目。刘宝楠抓到了《论语》，从此以后，他就系统地搜集历代与《论语》有关的著述。为此他先做了个长编，而后根据这个长编，进行著述。可惜后来他考中了进士，经常到各地去任职，《论语正义》一书仅写了一半就停止了，故该书的第十七卷之后乃是由他的儿子刘恭冕所完成。

一场聚合，就能确定一个人一生的学术方向，这种场景多么令人神往。是怎样的动力才能让人执于一端地要有所成就，这当然跟个人的人生观有很大的关系。关于刘宝楠在这方面的观念，可由他所写《答陆小岩书》予以印证：

> 足下与筠圃皆博雅之才，不肯著书，常与同人惋惜。凌晓楼云："七尺之躯，终归朽腐，欲得替人，在此一尺书耳。"陈穆堂云："著书即须成，成书即须刻，刻书即须多印行，俾流

布海内。久远之后，或有一二部得之灰烬之余，吾之姓名庶几少留天壤。"二君之言，虽似过激，然皆笃实之论。盖尝论之，人生三十以前，萦心科目，觊觎微名，悠忽半生，轻于一掷。五十以后，贫老兼并；文采脱落，聪明蔽塞；儿童顼领，故旧凋零……此岂皆无过人之才，自甘朽弃，至死而不悔哉？仆与足下，年皆四十。著书之日，不过中年，过此以往，扪膺何及？

在这封信里，刘宝楠苦口婆心地劝他的朋友陆小岩要写书，刘在信中首先举了两个例子，一是经学家凌曙所言，堂堂男子汉终究要化为尘土，而能在世间流传者则是个人的著作；当时的学人陈逢衡更加具体地说：写书要尽快完成，完成之后就马上出版，而出版之时要尽可能地加大印量，只有这样书籍才能广泛地流传，因为书籍会随着各种天灾人祸慢慢销毁，只有增加印量，才会在天灾人祸之后还能有几本流存于人间，而正因为有书籍的流传，著作者的姓名才会留存世间。

对这两人所言，刘宝楠多少也觉得有些极端，但他同时认为这才是实在话。因为人在年轻的时候，都忙于考取功名，而到了后半生，精力体力人事关系都渐渐地衰落了下去，想做事也就做不成了，所以说，要想写书，必须趁自己壮年时期，只有这样才能有所成就。可能正是这种心理的驱使，使得刘宝楠能够专心致志地做学问。

正是这样的努力，使得刘宝楠成为了当地的文化名人。道光十八年夏，李璋煜任扬州太守，他到任后，多有表彰当地的学人。刘文兴在《年谱》中写道："郡中宝应刘楚桢，仪征刘孟瞻两君，经明修行，著书盈箧，昨于郡试之时，敦勉多士，执经问道，实事求是，以广其传。"因为太守将刘文淇与刘宝楠并称，故而后世也将二人并提为"扬州二刘"。然而二刘的考运有较大差别，刘文淇一生未曾考得功名，刘宝楠则在其五十岁时，也就是道光二十年考中进士，从此之后，他就到文安、宝坻、固安、元氏、三河等地去任知县，公务的繁忙使他无暇继续撰写《论语正义》，故该书的撰写全部落在了他儿子刘恭冕的头上。

道光四年，刘恭冕生于宝应，他是刘宝楠的第二个儿子，从幼年起，他就跟着哥哥一同向父亲学经，因而有着很深的经学功底。刘恭冕从17岁开始，跟随父亲辗转各地游宦，直到咸丰五年刘宝楠病逝。父亲去世后，刘恭冕继续完成《论语正义》一书。对于这件事的来由，刘恭冕在《论语正义·后叙》中也有着类似的表述：

> 及道光戊子（1828年），先君子应省试，与仪徵刘先生文淇、江都梅先生植之、泾包先生慎言、丹徒柳先生兴恩、句容陈丈立始为约，各治一经，加以疏证。先君子发策得《论语》，自是摒弃他务，专精致思，依焦氏作《孟子正义》之法，先为长编，得数十巨册。次乃荟萃而折衷之，不为专己之学，亦不欲分汉、宋门户之见。凡以发挥圣道，证明典礼，期于实事求是而已。

刘恭冕说父亲编纂《论语正义》的方式是效仿焦循的《孟子正义》，先做广泛的资料搜集，而后写出十巨册的长编，之后根据这个长编再做选择，其选择方式没有门户之见，也就是无论汉学还是宋学家的著书，只要有价值一律选入。既然如此，撰写《论语正义》一书，首先要确定以哪个版本做为底本，以及以哪些版本来校勘底本。关于这一点，刘恭冕在《论语正义》卷首的《凡例》中予以了详细说明，因此说，这篇《凡例》可谓是《论语正义》一书撰写的总纲。该《凡例》的第一条为：

经文、注文从邢疏本。惟《泰伯篇》"予有乱臣十人",以子臣母,有干名义,因据唐石经以删"臣"字。其他文字异同,如汉、唐、宋石经及皇侃疏、陆德明《释文》所载各本,咸列于疏。至山井鼎《考文》所引古本,与皇本多同。高丽、足利本与古本亦相出入,语涉增加,殊为非类,既详见于《考文》及阮氏元《论语校勘记》、冯氏登府《论语异文疏证》,故此疏所引甚少(原注:古本、高丽、足利本,有与皇本、《释文》本、唐石经证合者,始备引之,否则不引)。至注文讹错处,多从皇本及后人校改。其皇本所载注文,视邢本甚繁,非关典要,悉从略焉。

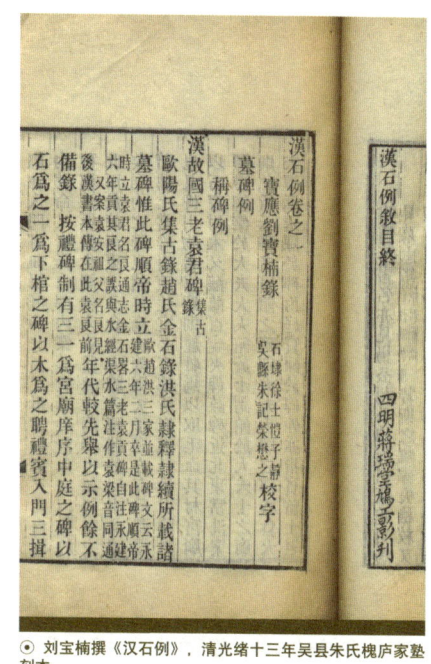

⊙ 刘宝楠撰《汉石例》,清光绪十三年吴县朱氏槐庐家塾刻本

由此可知,《论语》一书的底本乃是用何晏注、邢昺疏的《论语注疏》本。而后参考汉、唐石经以及皇侃疏本、陆德明的《经典释文》本,另外还有古本、高丽本、日本足利本等。而对于《论语正义》一书的疏解原则和标准,刘恭冕在《凡例》的第二条中称:

注用《集解》者,所以存魏晋人著录之旧。而郑君遗注,悉载疏内。至引申经文,实事求是,不专一家。故于注义之备者,

则据注以释经；略者，则依经以补疏。其有违失未可者，则先疏经文，次及注义。若说义二三，于义得合，悉为录之，以正向来注疏家墨守之失。

刘恭冕解释说，他引用何晏的《论语集解》，是为了保持魏晋时学人著《论语》的原本面貌，对于不同的解释，他也可以根据情况选择性地收录，而选择的标准，则写入了《凡例》的第六条："汉人解义，存者无几，必当详载。至皇氏疏、陆氏《音义》所载魏晋人以后各说，精驳互见，不敢备引。唐宋后著述益多，尤宜择取。"

因为汉代学者著《论语》的文献流传稀少，因此凡是汉代人的论述一律采入，皇侃疏和陆德明的《音义》因为收录了很多魏晋以后的研究成果，这些论述有精有粗，所以无法一一予以引用。而唐宋之后的论述数量更大，所以只能择优录入。但是即便如此，还有些前人论述，因为段落太长，所以他采取了如下的办法："诸儒经说，有一义之中是非错见，但采其善而不著其名，则嫌于掠美；若备引其说而并加驳难，又嫌于葛藤，故今所辑，舍短从长，同于节取，或只撮大要，为某某说。"（《凡例》第七条）

看来采取这个办法，也是一种不得已。刘恭冕说，有些前人的经说，会有多条类似的说法，如果只摘选出这种说法的妙处，而不注录出处，显然

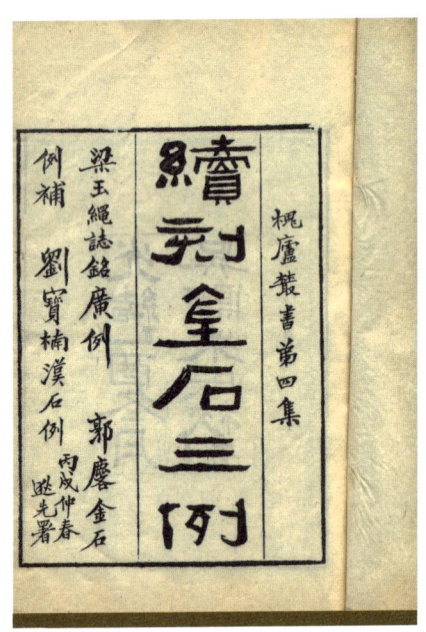

⊙ 刘宝楠撰《续刻金石三例》，清光绪十三年吴县朱氏槐庐家塾刻本

埋没了前人的功劳，但如果全部引用这些文字再加以评说，又显得太过啰嗦，所以他跟父亲采取了一种折衷的办法，那就是只节取其中的一部分，或者不引全文，直接用概括语说明前人的观点，而后注明是某人所言。

由以上的《凡例》可知，刘宝楠父子对撰述《论语正义》一书下了很大的功夫，他们几乎考虑到了方方面面的问题。而其具体的著述方法，我举一例如下：比如《论语·学而》篇，曾子曰："吾日三省吾身，为人谋而不忠乎？与朋友交而不信乎？传不习乎？"关于此句中的"传"字，《论语正义》中称："'传不习乎'者，'传'谓师有所传于己也。"

为什么能得出这样的结论呢？该书中列出了此种说法的来由："郑注云：'鲁读传为专。今从古。'臧氏庸辑郑注释云：'此传字，从专得声，《鲁论》故省用作专，郑以《古论》作传，于义益明，故从之。'如臧此言，是'专'与'传'同，谓师之所'传'，而字作'专'者，所谓假借为之也。"

除此之外，《论语正义》一书又举出了清代两位学者对这个字的解释：

> 宋氏翔凤《论语发微》："孔子为曾子传孝道而有《孝经》。《孝经说》曰：'《春秋》属商，《孝经》属参。'则曾子以《孝经》专门名其家，故《鲁论》读传为专。所业既专，而习之又久，师资之法无绝，先生之道不湮，曾氏之言，即孔子传习之旨也。"
>
> 包氏慎言《论语温故录》："专谓所专之业也。《吕氏春秋》曰：'古之学者，说义必称师，说义不称师命之曰叛。'所专之业不习，则骤弃师说，与叛同科。故曾子以此自省。《后汉书·儒林传》：'其者名高义开门受徒者，编牒不下万人，皆专相传祖，

莫或讹杂。扬雄所谓譊譊之学，各习其师。'此即《鲁论》义也。"

为什么要引用这么多呢？唐明贵在《刘宝楠〈论语正义〉的注释特色》一文中称："在刘氏父子看来，臧庸、宋翔凤、包慎言之说，互相印证，难以取舍，故尊而录之，以证成经义。"但是这样的著述方法，也有人认为有弊端在，那就是在广泛引用之后，刘氏父子并不对这些引用作出孰优孰劣的判断。比如《论语正义》中在谈到《论语·里仁》"子曰：'参乎！吾道一以贯之。'"一节时，首先引用了焦循、王念孙和阮元的观点：

> 焦循《雕菰楼集》曰：然则一贯者，忠恕也。忠恕者何？成己以成物也。
>
> 王念孙《疏证》"卫灵公"篇，一以贯之，即一以行之也。《荀子·王制篇》云：为之贯之，贯亦为也。
>
> 阮元《揅经室集》曰：此言孔子之道皆于行事见之，非徒以文学为教也。一与壹同，壹以贯之犹言壹，是皆以行事为教也。

以上三家说法各不相同，而刘宝楠对这三家的综合意见则是：

> 一贯之义，自汉以来，不得其解，若焦与王、阮二家之说，求之经旨皆甚合，故并录存之。

关于什么叫"一贯"，刘宝楠说从汉代以来就没人能够解释得清，而焦循等三人的说法，细品起来都有道理。但问题是，这三家给出的答案却并不相同，谁都有道理，究竟谁对谁错呢？刘宝楠这种和稀泥方式令江瀚不满意，《续修四库全书总目提要》中江瀚撰写了《论

语正义》的提要,其在提要中称:

> 今考三家,其说各异。焦谓贯者,通也,所谓通神明之德,类万物之情也。此与皇侃疏贯训统义相近。王谓贯,行也。一以贯之,即一以行之也。《礼·中庸》言,天下之达道五,达德三,国家有九经,皆曰所行之者一也。兹第言一以行之,则所行者何?意似未完。阮谓贯,行也,事也,此言孔子之道,皆于行事见之,非徒以文学为教也。然云一以事之,则不辞,故又合二训以足或之,殊为迂曲。三家之释一贯,焦较优,阮最下,漫无区别,何邪?

江瀚首先称,焦、王、阮三家说法各不相同,相比较而言,焦循的说法更好,王念孙其次,阮元所言最差,既然有这样大的区别,刘宝楠却不加选择地说都挺好,显然这样的论述方式,令江瀚大感不满。

其实从著述体例来说,《论语正义》一书广引不同的说法,恰是该书的特色所在,而刘宝楠父子不能断定哪种说法更为正确,于是不强做解人,这也正说明了他们有着实事求是的态度,故这样的说法恰好说明了他们做事的客观。其实,从本书的其他地方来看,其父子二人也并非对所有的前人论述都采取这样的方式,他们也会在备引前人论述的同时,拿出自己的意见,并且有些意见乃是发前人所未发者。比如,《论语·泰伯篇》中孔子曰:"民可使由之,不可使知之。"对于这一章,后世的解释各有各的说辞,何晏在《论语集解》中则称:"由,用也。可使用而不可使知者,百姓能日用而不能知。"

何晏认为此句话的"由"字是用的意思,也就是说百姓可以使用。

而皇侃在《论语义疏》中也有类似的解释：

> 此明天道深，非人道所知也。由，用也，元亨日新之道，百姓日用而生，故云："可使由之也"，但虽日用而不知其所以，故云"不可使知之也"……不可使知之，言为政当以德，民由之而已，不可用刑，民知其术也。

但是皇侃的解释显然掺杂了玄学的概念，这正是他与何晏解释不同之处。而朱熹在《论语集注》中的解释则为"民可使之，由于是理之当然，而不能使之知其所以然也"。而后，朱熹还引用了程子所言来佐证自己的判断：

> 程子曰："圣人设教，非不欲人家喻而户晓也，然不能使之知，但能使之由之尔。若曰圣人不使民知，则是后世朝四暮三之术也，岂圣人之心乎？"

对于以上的这些解释，刘宝楠在引用之后，表示出了自己的疑问："说者以民为群下之统称。可使由，不可使知，乃先王教民之定法。其说似是而非。"他认为这种说法似是而非，按字面解释，岂不成了愚民政策。所以孔子绝不可能这样教化后人，既然如此，那刘宝楠认为又该怎样解释呢？他发明出了一种令人意想不到的方式：刘宝楠说这句话中的"民"字不是指的百姓，乃是专指孔门弟子，他认为这句话应当和前一章联系在一起来论述，因为该章的上一章为：子曰："兴于《诗》，立于礼，成于乐。"这两章联系在一起，刘宝楠就认为此后一章，乃是"夫子教弟子之法"。

何以有此论述呢？刘宝楠在《论语正义》中予以了如下的解释：

《史记·孔子世家》言,孔子以《诗》《书》《礼》《乐》教,弟子盖三千焉,身通六艺者七十有二人。"身通六艺",则能兴能立能成者也。其能兴能立能成,是由夫子教之。故《大戴礼》言其事云:说之以义而视诸体也,此则可使知之者也。自七十二人之外,几未能通六艺者,夫子亦以《诗》《书》《礼》《乐》教之,则此所谓"可使由之,不可使知之"之民也。

刘宝楠说,孔子有弟子三千人,而真正的入室弟子只有七十二人,除了这七十二位之外,其余那两千多人并未对六经完全贯通,但这并不等于说孔子没有教给这些人六经。所以孔子在这句话中所说的"民",则是指七十二位之外的那些弟子。

刘宝楠是何以知道应该作如此之解呢?除了以上的推论,他没能给出证据,但这种提法却是他的一大发明。从这个侧面也可看出,刘宝楠并非仅是引用前人的说法,他也会有自己的判断。因此,朱华忠在专著《清代论语学》中予以了如下评价:"刘宝楠释'民'为'弟子',亦千古一论,一扫前人因循相沿之风,而于启迪后学思维,不无裨益。虽然刘氏新说出,并不能改变该章众说纷纭的实际情形,只是在众说中

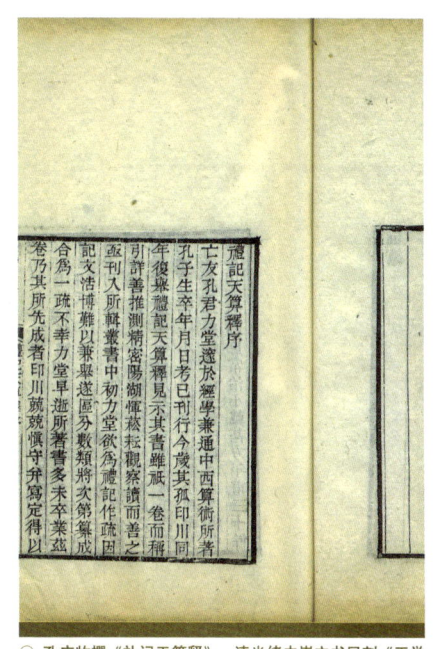

⊙ 孔广牧撰《礼记天算释》,清光绪中崇文书局刻《正觉楼丛刻》本,刘恭冕序(一)

增一新解而已,然并不能否认其在学术上的价值,唯不囿于传统习见,学术发展才不会僵化,学术思想也才会不断地得到提高。"

如前所言,刘恭冕在《论语正义》的《凡例》中明确提出,该书的引用不分汉宋,其实在理念上,该书引文中也同样不分今文和古文,从学术观来看,刘宝楠更偏重于古文经学,那为什么其子刘恭冕又会掺杂进今文经学观念呢?这跟其后来的经历有一定的关系,因为在同治三年,刘恭冕在金陵书局遇到了戴望,而戴望的学术路数,在《清史稿·戴望传》有如下描述:"始好词章,继读博野颜元书,为颜氏学。最后谒长洲陈奂,通声音训诂。复从翔凤授《公羊春秋》,遂通公羊之学。著《论语注》二十卷,用公羊家法演逢禄《论语述何》之微言。"

看来戴望偏重于公羊学,他的这个观念影响到了刘恭冕。《清史稿》中称刘恭冕:"晚年治《公羊春秋》。"所以刘恭冕会将这

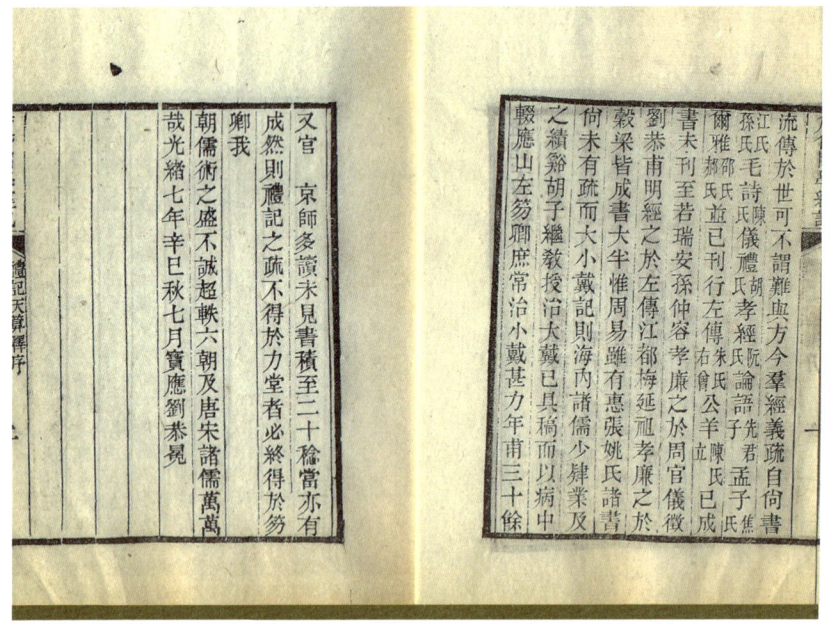

孔广牧撰《礼记天算释》,清光绪中崇文书局刻《正觉楼丛刻》本,刘恭冕序(二)

些观念融汇在《论语正义》一书之中。其实从总体上看，在刘宝楠那里，就已经有了持平汉宋的观念在，比如他在《味雪斋文抄序》中称：

> 其《取舍篇》曰："今之言训诂者，曰汉学；言心性者，曰宋学。学训诂者，议宋学之虚；学心性者，斥汉学之粗。无训诂，安知心性？非心性，何为训诂？使必外文章于性道，则文章何事？性道何物？"旨哉！言乎圣人之言，发明性道。汉学训释圣言，以求圣道，虽未必身体力行，其期于明道，则一也。先贤朱子，本训诂之学，力求圣道，本非歧而二之。至陆氏出，乃判然异矣。

既然汉宋可以调和，那么今古文当然更没什么问题，其实不仅如此，父子二人甚至在经、子之间也可作出调和。咸丰四年，刘恭冕写了篇《广经室记》，其在此记中首先称：

> 广经室者，家君授恭冕兄弟读书之所，既以所闻思述前业，而旁及百氏，凡周、秦、汉人所述遗文逸礼，皆常深究其旨趣，略涉其章句，欲撰为一编，以附学官群经之后，而因请于家君为书以榜之，复私为之记。

看来这个堂号乃是刘宝楠给儿子所起，由这个堂号可知，刘宝楠希望扩大经学的范畴，他想怎样扩大呢？此记中写道：

> 今世治经者言十三经尚矣，金坛段若膺先生谓宜益以《国语》《大戴礼》《史记》《汉书》《资治通鉴》《说文解字》《九章算术》《周髀算经》，为廿一经。嘉兴沈鲍庐先生又以五经

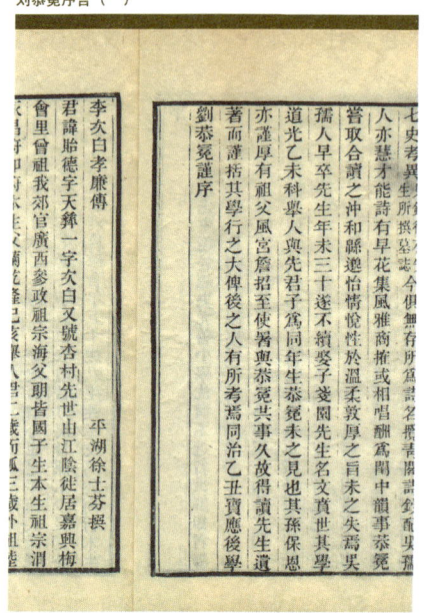

李贻德撰《春秋左氏传贾服注辑述》，清同治五年刻本，刘恭冕序言（一）

合诸纬书，取周续之之言，为十经，若膺先生为之记。冕谓纬书杂出附会，不足拟经，而史、汉、通鉴又别自为史，不比国语之与左氏传相辅以行也。冕则取《国语》《大戴记》《周髀算经》《九章算术》《说文解字》，而益以《逸周书》《荀子》入焉。

刘恭冕称当今社会上流行者乃是十三经，段玉裁认为应该再掺进去八部著作，合在一起成为二十一经，而嘉兴的沈涛则认为应当将五经再加上五部纬书合并为十经，刘恭冕认为这种合并方式有问题，因为纬书里面有很多不确定的言论，完全不能跟经相比，同样《史记》《汉书》《资治通鉴》又属于史部重要的著作，将其列入经部也不合适。

既然如此，刘恭冕认为应该如何呢？他认为段玉裁所说的八部书中有一半可以列入经部，除此之外，他本人建议再加上《逸周书》和《荀子》。为什么要将这两部书加入呢？刘恭冕在记中解释道："荀子源出圣学，当时与孟子并称，故太史公以孟、荀合传；《汉书古今人表》孟、荀同列大贤；《艺文志》孟、荀并列诸子；而《劝学》《修身》《礼论》《乐论》《大略》《哀公》诸篇，大、小《戴记》，并见称述，则信乎为圣门微言大义之所系矣。"

刘恭冕认为荀子原本就跟孟子并称，既然《孟子》为经部，那《荀子》当然也可以列为经部。然而后世均知，孟子本持的性善说，更

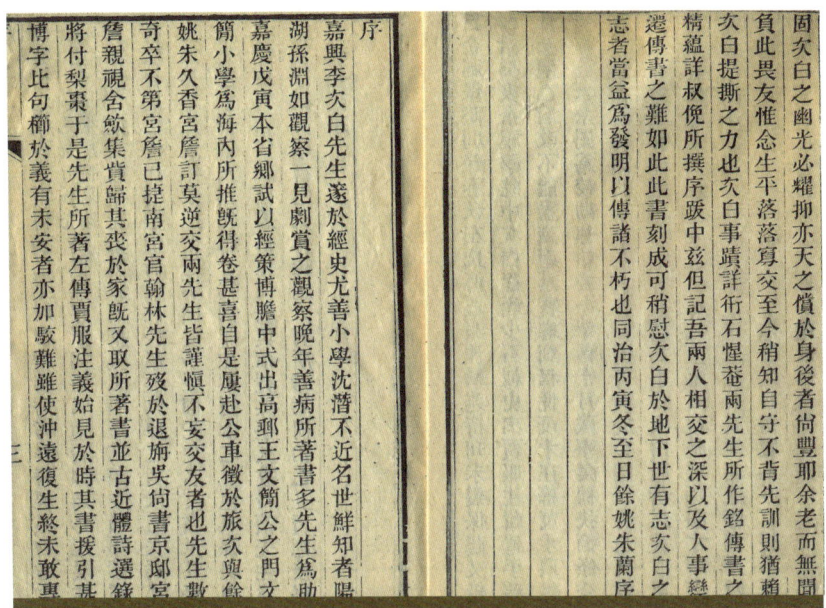

● 李贻德撰《春秋左氏传贾服注辑述》,清同治五年刻本,刘恭冕序言(二)

接近孔子的观念,而荀子所本持的性恶说,与孔子观念有较大差距。对于这一点,刘恭冕有他自己的解释方式:

> 家君作《戴筠帆侍御文集序》曾发明之。大旨谓……孔子言:"性相近",孟子则言"性善"。唯性相近而乃得为善也,荀子见当时之人多恶少善,故以"性恶"为言,而求其反恶而归于善,不能无待于人,为此感时之激论,非谓古今人性皆不善也。

这种解释很是特别,他认为荀子提出性恶说,是见于当时的人多恶而少善,所以荀子特意提出"性恶"这个概念,乃是为了让这些人返恶而归善。所以荀子的性恶论,乃是一时的极端言论,他的意思并不是说古今的人性都不善。

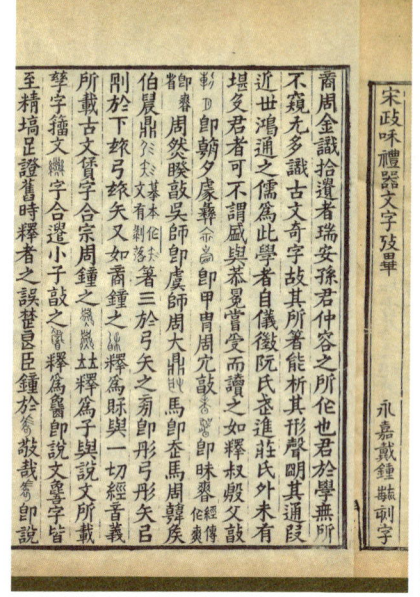
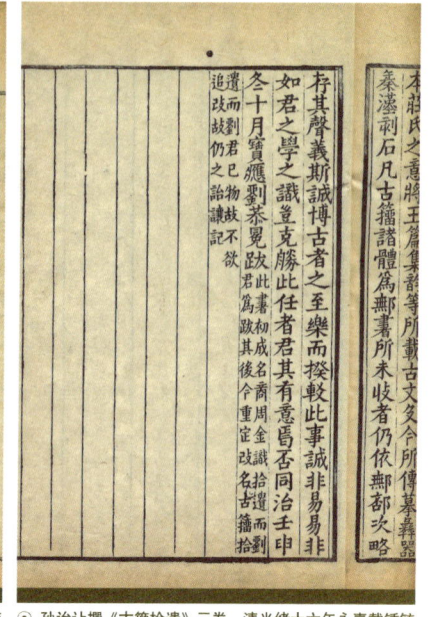

⊙ 孙诒让撰《古籀拾遗》三卷，清光绪十六年永嘉戴锺毓刻本，刘恭冕跋（一）

⊙ 孙诒让撰《古籀拾遗》三卷，清光绪十六年永嘉戴锺毓刻本，刘恭冕跋（二）

刘氏父子的这种解释也同样是发前人所未发，不过由此也可看出，刘氏父子在经学观念上有着许多的创新之处。但无论怎样，《论语正义》一书都堪称清代经学史上的名著，故朱华忠在《清代论语学》一书中予以了如下的总结："从整部书的内容来考察，《论语正义》训诂、考据、校勘、分析义理兼重，引证博赡，不限于众家之说，援据书证亦富，为《论语》整理研究的经典之作。"

刘宝楠故居位于江苏省宝应县安宜镇芦家巷，乘出租车来到了宝应县，司机说他不熟悉本县城的路径，而在安宜镇的城乡接合部，停着多辆三轮车。我上前打问路径，几位蹬三轮者皆称不知，其中一位老人说，如果乘他的三轮，他能带我找到地方。但问题是我所乘的出租乃是包车，于是谈妥价钱后，请这位老大爷开着电动三轮车在前面带路，我仍坐在出租车内让司机跟在后面一路前行。

看完王懋竑故居后,第二处地点就是前往芦家巷。然而可能是输入错误,我的寻访行程单上却写成了芦花巷,于是我一直以此地名来打听。老人告诉我说本镇绝无此巷,不相信的话可以问警察,这倒提醒了我,我请他带我到安宜镇公安分局,进内向户籍民警打听芦花巷。此民警向我解释一番,很遗憾,当地方言我一句也听不懂,猛然想起老大爷,他虽然有六七十岁年纪,却还能说当地方言味儿的普通话,而这民警看上去三四十岁,却一句普通话也不会说,真让我觉得奇怪,老人给我翻译了刚才民警所言,原来这位民警明确地说,当地没有芦花巷。

这个结果当然令我失望,然而凡事都不是那么绝对的,坐在柜台外面的一个妇女,看来也是到公安局来办事儿的,她却接口说:"你找的可能是芦家巷,因为那里全是老房子。"我认为她说的有道理,老大爷也兴奋地说,他知道芦家巷所在。谢过妇女,立即上车回驶,前行不到 200 米停在了一个小巷口。然而这里并不是芦家巷,此街

⊙ 终于找到了芦家巷

的两边全是小店铺。老人说,这条街不能进车,他的电三轮也不能入内,但他可以带我步行前往。

于是跟着老人走入了步行街,在街内边走边打听,一直走到了此路的尽头,也未找到芦家巷。无奈只好掉头往回走,快走到入口时,老人又向一位妇女打听,此妇女顺手一指,原来墙上钉着两块牌子,其中一块就写着"芦家巷"字样。

芦家巷很窄,其宽度超不过两米,我来到此处的时间乃是2012年5月31日。要命的是,我并不知道刘宝楠故居是此巷内的哪个门牌号,只好沿着此巷一家家地探看下去。芦家巷的地面是水刷石制的水泥路,这是二十世纪七十年代很新潮的高档装饰材料,这么一条窄窄的小巷能用这种材质铺就,可见当时应该有非凡的人物住在这里,小巷两边的房屋均是斑驳的青砖,饱含岁月的沧桑。此刻已经过午,各家的大门都紧闭着,我试着敲了两家的门,里面都无人应,有可能是上班未归。

⦿ 窄窄的巷子宽不过两米

从整体上看,芦家巷这一带,仍然保持着老街区的原貌,以此推论起来,刘宝楠的故居应当未曾被拆掉,虽然我无法知道他究竟居住在哪个门内,但可以肯定他曾经在这个小巷内来来去去不知走过多少回。而今我踏着他的脚步,也在此小巷内转了几个来回,算是踏着前人的足迹,希望能沾点他在学问方面的灵气。

而今写此文时,已距当年的寻访过了五年的时间,我又在网上搜得刘宝楠的故居,确认为芦家巷28号院,这个确认令我高兴,期待某天再一次前往宝应,能真正踏入刘宝楠故居之中。

◉ 地面使用了水刷石

魏源：力继今文，视经治术

魏源被视为中国近代睁眼看世界的人物，在学术史上，则被视为著名的今文经学家，而他的师承则来自今文经学大家刘逢禄。

清嘉庆十八年，魏源离开家乡邵阳，来到长沙就读于岳麓书院，而后他考取了拔贡生，之后终于在道光二年考中了举人。到了道光五年，魏源入江苏布政使贺长龄幕，在此帮助贺编辑《皇朝经世文编》一书，此后他又分别入陶澍等五人之幕，前后长达二十年之久。

道光六年，魏源来到北京参加会试，本次的分考官乃是刘逢禄，刘在阅卷时发现有两份试卷写得特别好，他断定此两卷应当是出自龚自珍和魏源之手，于是就极力推荐。可惜这两份试卷未曾受到主考官的青睐，使得龚、魏二人均落选。这件事让刘逢禄十分地痛惜，于是做了首名为《题浙江、湖南二遗卷》的诗作，此诗的下半段为：

> 更有无双国士长沙子，孕育汉魏真经神。
> 尤精《选》理跻鲍谢，暗中剑气腾龙鳞。
> 侍御披沙豁双眼，手持示我咨嗟频。（自注：湖南玖肆，五策冠场，文更高妙，予决其为魏君源。）
> 翩然双凤冥空碧，会见应运翔丹宸。
> 萍踪絮影亦偶尔，且看明日走马填城闉。

该诗下半段歌咏的就是魏源，刘逢禄特别看重这个年轻人，在京期间他引导魏源读古代的今文著作，自此之后，今文经学中的观念影响了魏源一生。道光八年，魏源在京捐资为内阁中书舍人，在这个时期，他跟龚自珍等人齐名。陈康祺在《郎潜纪闻》中说："道光朝，内阁中书舍人多异材隽彦。龚自珍定庵以才，魏源默深以学，宗稷辰越岘以文，吴嵩梁兰雪以诗，端木国瑚鹤田以经术，时号薇垣五名士。"

刘逢禄眼力的确好，认定魏源能够在学问上做出成就。果真到了道光九年四月，魏源写出了两卷本的《诗古微》，他特意请刘逢禄给该书做序，刘在此序中大肆夸赞魏源在经学方面所做出的成就："予向治《春秋》今文之学，有志发挥，成一家言，作辍因循，久未卒业，深惧大业之陵迟，负荷之陨越，幸遇同志，勇任斯道，助我起予，昔之君子，其亦有乐于斯乎！"刘逢禄说自己研究《春秋》下了很大的功夫，有意成一家之言，然而又担心自己完不成此事，而今遇到了魏源，这让他大感高兴，他直接称年轻的魏源是自己的"同志"。

今文经学最为强调《春秋公羊传》，而清代的常州可谓是复兴公羊学的策源地，谈到常州公羊学当然要讲到庄存与，正是他的提倡，清代公羊学才成为了一门引人注目的学问，但是清代公羊学的真正复兴则是到了庄存与的外孙刘逢禄这里。刘逢禄幼年就由他母亲教授《春秋繁露》和《春秋公羊何氏解诂》，由此奠定了一生的治学方向，比如他发挥董仲舒、何休的观点，创造出了有个人特色的公羊学，建立起了"张三世""通三统""大一统"等今文学观念。

刘逢禄在京任职期间留意当时的年轻之才，他在嘉庆十九年遇到了魏源，于是对这个年轻人进行了系统的灌输，五年之后他又遇到了龚自珍，刘逢禄也将他收为弟子，来传授自己的公羊学。而刘逢禄去世后，正是魏源帮他整理遗书，所以在看人方面刘逢禄果真有好眼光。对于刘逢禄的这些贡献，陈其泰、刘兰肖在《魏源评传》中总结道："刘逢禄在培养公羊学新进的同时，更主要的贡献在于为公羊学说争得了与乾嘉朴学相抗衡的地位。"

嘉道时期，乾嘉学派几乎一统天下，而正是在这样的氛围下，刘逢禄提倡朴学家们所不喜欢的公羊学，可见其有着何等的勇气。而他培养的弟子，果真坚持他的观念，在古文经学一统天下的大环境下，拼出了今文经学的新天地。

其实当年的刘逢禄并不容易，因为一些主要的学者不赞同《春秋公羊传》中蕴含褒贬的说法。比如钱大昕就说："《春秋》之法，直书其事，使善恶无所隐而已。鲁之桓、宣，皆与闻乎弑，其生也书公，其死也书葬，无异词；文姜淫而与乎弑，其生也书夫人，其死也书葬，无异词；公子遂弑其君，季孙意如逐其君，亦书卒，无异词。"

在古文经学家眼中，孔子所修《春秋》一书记录的就是鲁国的历史，但公羊学家不这么看，他们认为孔子所撰《春秋》包含着微言大义，绝不是一部史书，而是包含着拨乱反正意义的政治书。为此刘逢禄全面反驳了钱大昕的说法：

> 钱氏以《春秋》无书法也，则隐之不葬，桓之不王，宣之先书"子卒，不日，"胡为者？"公夫人姜氏如齐"去"及"，"夫人孙于齐"去。姜氏，"夫人氏之丧至自齐"去"姜"，胡为者？仲遂在所闻世有罪不日，意如在所见世有罪无罪例日，皆以其当诛而书卒，见宣、定之失刑奖贼也。

刘逢禄的这些观念大多被魏源继承，比如他对乾嘉朴学派就特别反感，魏源在《武进李申耆先生传》中说："自乾隆中叶后，海

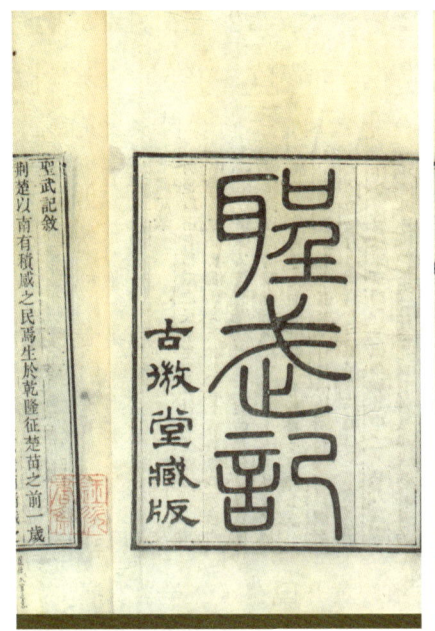
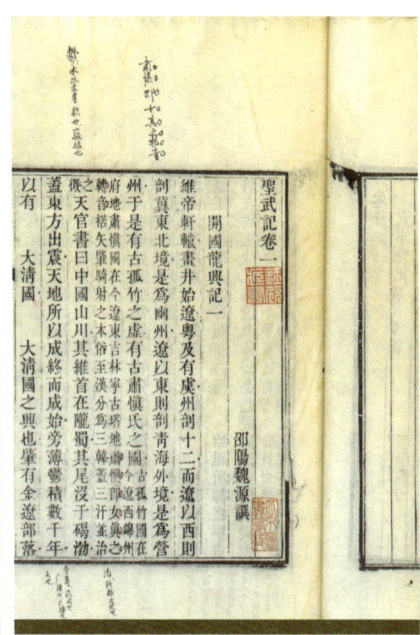

● 魏源撰《圣武记》十四卷,清道光二十二年古微堂藏板本,书牌

● 魏源撰《圣武记》十四卷,清道光二十二年古微堂藏板本,卷首

内士大夫兴汉学,而大江南北尤盛。苏州惠氏、江氏,常州臧氏、孙氏,嘉定钱氏,金坛段氏,高邮王氏,徽州戴氏、程氏,争治诂训音声,瓜剖铢析,视国初昆山、常熟二顾及四明黄南雷、万季野、全谢山诸公,即皆摈为史学,非经学;或谓宋学,非汉学。锢天下聪明知慧,使尽出于无用之一途。"

魏源认为乾嘉朴学出了那么多名人,但是这些人都把自己的聪明用在了无用的古书研究方面。"以诂训音声蔽小学,以名物器服蔽《三礼》,以象数蔽《易》,以鸟兽草木蔽《诗》,毕生治经,无一言益己,无一事可验诸治者。"(魏源《默弧上·学篇九》)

那魏源认为什么样的学问才有用呢?他在《默弧上·学篇九》中亮出了自己的主张:

> 道形诸事谓之治，以其事笔之方策，俾天下后世得以求道而制事，谓之经；藏之成均、辟雍，掌以师氏、保氏、大乐正，谓之师儒；师儒所教育，由小学进之国学，由侯国贡之王朝，谓之士。士之能九年通经者，以淑其身，以形为事业，则能以《周易》决疑，以《洪范》占变，以《春秋》断事，以《礼》《乐》服制兴教化，以《周官》致太平，以《禹贡》行河，以《三百五篇》当谏书，以出使专对，谓之以经术为治术。曾有以通经致用为诟厉者乎？

这段话中的要点就是"以经术为治术"。其观念的核心就是要读经致用，不能为读经而读经，而是要把古经上的观念应用到当时的社会方面。对于刘逢禄的这个主张，黄开国在《公羊学发展史》中评价说："魏源此说道出了西汉今文经学的真精神，也是春秋公羊学的灵魂。"

魏源在今文学上的主要成果就是《诗古微》和《书古微》，关于《诗古微》，讲述的是《诗经》中的韩、鲁、齐三家。东汉时期郑玄笺注《毛诗》，此后《毛诗》虽取得了正统地位，而韩、鲁、齐三家渐渐失传。而魏源则认为韩、鲁、齐三家的价值要高于《毛诗》，他在《齐鲁韩毛异同论》篇中说：

> 汉兴，《诗》始萌芽，《齐》《鲁》《韩》三家盛行，《毛》最后出，未立博士。盖自东京中叶以前，博士弟子所诵习，朝野群儒所称引，咸于是乎在。与施、孟、梁丘之《易》，欧阳、夏侯之《书》，公羊、穀梁之《春秋》，并旁薄世宙者几四百年。末造而古文之学渐兴，力铲博士今文之学。然肃宗令贾逵撰《齐鲁韩毛异同》，六朝崔灵恩作《毛诗集注》，皆兼采三家。使

其书并传，切劘"六义"，羽翼"四始"，讵不群燎之烛长夜，众造之证疑狱也哉！郑康成氏少习《韩诗》，晚岁舍《韩》笺《毛》。及郑学大昌，《毛》遂专行于世。人情党盛则抑衰，孤学易摈而难辅，于是《齐诗》魏代即亡，《鲁诗》亡于西晋。《韩诗》唐、宋尚存，《新书·艺文志》《崇文总目》犹载其书，《御览》《集韵》多引其文，而久亦亡于北宋。

魏源在此讲述了齐鲁韩毛四家诗的传承过程，他的结论是毛诗最不正统，因为齐鲁韩三家早在西汉初年就已经盛行。如果以时代来说，这三家都比毛诗要早。另外毛诗对《诗经》的内容有"美刺"之说，魏源认为这种说法没有道理，而后他讲出了一大堆自己的主张。

对于《书古微》，魏源在该书的自序中仿照《公羊传》的叙述

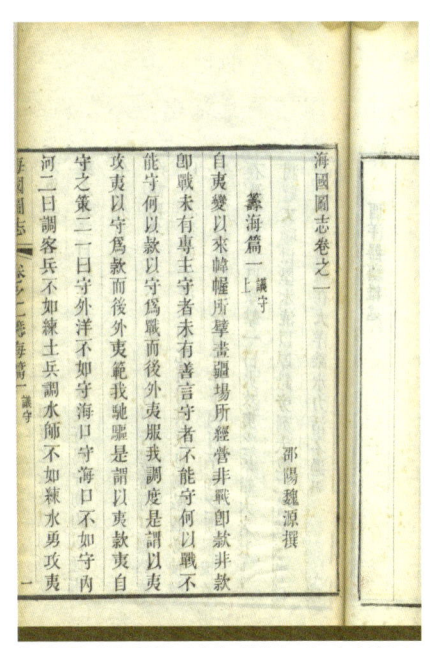

⊙ 魏源撰《海国图志》五十卷，清道光二十二年木活字本，卷首

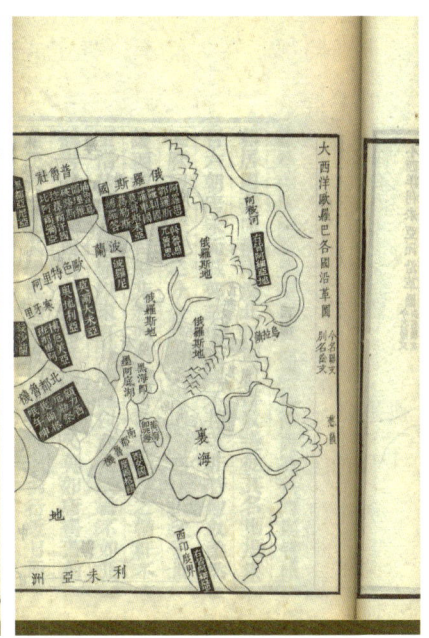

⊙ 魏源撰《海国图志》五十卷，清道光二十二年木活字本，舆图

方式写道："《书古微》何为而作也？所以发明西汉《尚书》今、古文之微言大谊，而辟东汉马、郑古文之凿空无师传也。"

他在此明确地称，《书古微》就是为了反击东汉古文经学家的观念。按照古文经学家的说法，东汉时杜林得到了漆书《古文尚书》，后来杜林将它传给了卫宏，而后贾逵作训，马融作传，郑玄作注，于是《古文尚书》通行天下。《后汉书·杜林传》对此事有如下记载："林得漆书《古文尚书》一卷，常宝爱之，虽遭艰困，握持不离身。出以示宏曰：'林流离兵乱，常恐斯经将绝，何期诸生复能传之！'"针对这段记载，魏源发现了问题，他认为杜林传中的"握持不离身"有悖常识。其在《书古微》中称："考漆书竹简，每简一行，每行二十五字或二十二字。若四十五篇之《书》漆书于简，则其竹简必且盈车。乃谓仅止一卷，遭乱挟持不离，不足欺三尺孺子。"

魏源的考证很有意思，他认为漆书就是竹简，如果把《尚书》四十五篇都写在竹简上，肯定能装满一车，这样的话，杜林怎么可能用手握着这些竹简呢？这样的挑刺方式倒是很有意思，不知道魏源读到古人诗句"飞流直下三千尺"时会不会大为反感，毕竟，较真的话，中国哪个瀑布都不可能有三千尺这么高。但是魏源的这些观念还是受到了后人的广泛评价，当然今文学家肯定是夸赞一片，而古文学家自然不能接受。

比如李兆洛对魏源的经学极为夸赞，在《诗古微序》中说："无独是之见者，不可与治经，蔽于其所不见也，众喙若雷，此挽彼推，颓靡而已。守独是之见者，不可与治经，蔽于其所见也。盛气所烁，不顾连错，虚诡而已。魏子默深之治《诗》也，觚割数千年未相传之篇第，掊击数千年来株守之序笺，无独是之觅者，然乎？而其所觚割者、掊击者，质之以传记，平之以经文，比絜别朕，左右交会，其综之也博，其择之也卓，其会之也密，其断之也悫，守独是之见者，然乎?……自汉以来之治《诗》者,未有如默深者也。"

但是李兆洛属于今文经学派,他当然对魏源的思想极为认同。古文经学派的章太炎则对魏源的学问很不以为然,在《检论·清儒》中说:"道光末,邵阳魏源夸诞好言经世,尝以术奸说贵人,不遇。晚官高邮知州,益牢落,乃思治今文为名高。然素不知师法略例,又不识字,作《诗》《书》古微。……仁和龚自珍,段玉裁外孙也,稍知书,亦治《公羊》,与魏源相称誉。而仁和邵懿辰为《尚书通义》《礼经通论》……要之,三子皆好姚易卓荦之辞,欲以前汉经术助其文采,不素习绳墨,故所论支离自陷,乃往往如谵语。"

而对于魏源的学问,李慈铭也不以为然,在《越缦堂读书记》中称:"默深才粗而气浮,心傲而神很,耻于学无所得,乃循而附于常州庄氏,遂作《书古微》,谓马、郑之古文,梅赜同作伪,而伏生、

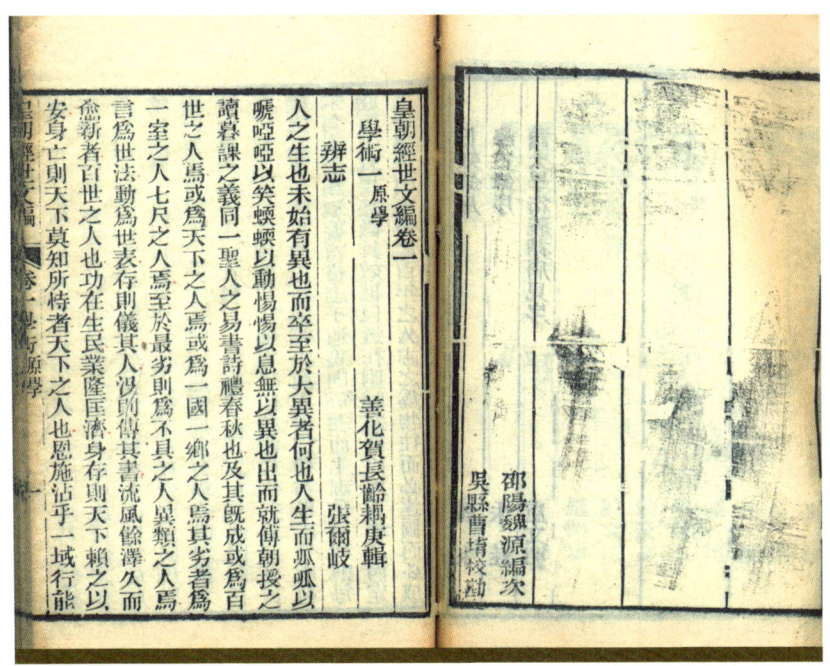

⊙ 魏源编《皇朝经世文编》一百二十卷,清光绪十七年邵州经纶书局刻本

欧阳、夏侯之今文绝也。又作《诗古微》，谓毛公之《诗传》与郑《笺》皆俗学，而齐鲁韩之古谊亡也。于《说文》之转注，谓部首所隶之字是转注，而痛詈戴、段之说，并谓《说文》亦有俗误，且集矢于许君。于《论语》谓十篇中不及子思一字，是记者之疏。于《孟子》谓其门人自乐正子外皆不堪问，而孟子不敢斥，其七篇中不免迂妄之言。盖臆决窾谈，无待驳辨。"

但是王国维却认为，虽然魏源、龚自珍的学问没有多深，但是他们的今文学观念却大行其道，这跟当时的社会环境有很大的关系。他在《沈乙庵先生七十寿序》中说道："……道咸以降，学者尚承乾嘉之风，然其时政治风俗已渐变于昔，国势亦稍稍不振，士大夫有忧之而不知所出，乃或托于先秦西汉之学，以图变革一切，然颇不循国初及乾嘉诸老为学之成法，其所陈夫古者，不必尽如古人之真，而其所以切今者，亦未必适中当世之弊。其言可以情感，而不能尽以理究。如龚璱人、魏默深之俦，其学在道咸后，虽不逮国初、乾嘉二派之盛，然为此二派之所不能摄，其逸而出此者，亦时势使之然也。"

无论魏源的观念是对是错，当时他对整体的学风产生了很大的影响。因为他把研究学问跟经世致用思想联系在了一起，为此，许道勋、徐洪兴在《中国经学史》中评价说："魏源笃守'公羊学'传统，并不是出于门户之见，虽然他也说过'西京微言大义之学附于东京''今日复古之要，由典章制度以进于西汉微言大义'的话，但他提倡复兴今文经学，与龚自珍一样，表面是为了学术上复西汉今文经学之古，而实质是将经学作为治术而引向现实的'经世致用'。"

道光十一年春，魏源父亲病重，因此他请假返回家乡。父亲病逝后他迁居到了南京，直到今日，他在南京的故居仍然存在。而我对他这个故居寻访竟然是无意间得之。

某天，薛冰先生带我前往江苏省文化厅，到那里去探访江南图书馆旧址。我们打的前往此处，然还未开到文化厅门口，司机就停了下来，说前方是单行道无法驶入。于是薛冰带着我步行往前走，我无意间在人行道路边看到一块斜放着的方石，定睛细看，上面的文字竟然是魏源故居的文保牌，这让我一声惊呼，而我的惊呼让薛冰也有些意外。他说此处太有名了我怎么可能没来过，而我告诉他，前些年我就在网上搜到了这处故居的地址，然而网上的信息却称：因为这里要拓宽马路，所以将魏源故居拆掉了。当时网上还有许多谴责之声，因此我认定魏源在南京的故居已经没有了痕迹。

薛冰闻我所言后，证实了这个传闻。他说当年这件事情确实引起了不小的争论，而他本人听说这件事后找了多位领导，希望能够将此故居保留下来，同时他还联合了一批文化人共同给政府写提案。经过这些努力，最终得到了一个折衷的结果：仅拆除魏源故居的三分之一，主体的部分得以保留。

⦿ 无意间在路边看到了魏源故居的文保牌

魏源故居大门紧闭

虽然如此，我还是感到有些兴奋，一是因为魏源故居有迹可寻，二则是保护故居者之一竟然带我从此路过，不知道这算不算是一种天意。我马上提出进内一探究竟，薛冰说没问题，因为当年该区的领导已经答应他，该处故居要免费对他开放。说话间我们来到了故居的入口处，然未曾想此处的大门却挂着锁，面对此况薛老师大感不高兴，他认为答应好的事情怎么可以说变就变，于是他拿起电话就要打给某位领导。我马上劝阻了他的行为，我的理由是：今日只是路过并非专程来拜访，既然心不诚，那么看不到也是理所当然。

毕竟来到了故居门口，我还是站在院外张望了一番，从院中探出来一枝梅花，虽然这不是红杏出墙，但多少也有些春色。薛冰说这株梅花就是魏源当年亲手栽种的。我站在这枝梅花之下，能够嗅到它若有若无的暗香。魏源在南京的故居名为"小卷阿"，李柏荣在《小卷阿三》中说："有亭有篱，有竹有树，不城不乡，可歌可钓。"看来当年小卷阿的庭院确实是很漂亮，不知我何时能够看到里面的情形。而魏源在陶澍手下做幕僚时，曾经跟着陶澍共同经营盐业，为此魏源也发了财，除了南京的"小卷阿"，他还在扬州置办了房产，可见当年魏源的日子过得很滋润。

但是后来朝廷整顿盐业，魏源就缺少了生活来源，于是他在朋友的劝说下再次入京参加科考。这次他十分运气，道光二十四年，他在五十岁时考中了会试第十九名。但因为他的试卷中有涂抹，所以被罚停殿试一年，转年他补考了殿试，中三甲第九十三名，而后被任命为地方官，到了咸丰元年，他当上了高邮州知州。咸丰三年初，太平军打下了扬州，前锋部队距高邮城仅四十余里，魏源临危不惧，组织民众抵抗，终于保住了高邮一城。

按说魏源在关键时刻做出了不小的贡献，可是他在这关键时刻却受到了弹劾，弹劾之人竟然是海源阁主人杨以增。当年魏源在兴化治理水道时，得罪了当时的河督杨以增，所以杨就以这件事来报复魏源。果真魏被撤职，而后魏源就帮助他的朋友继续抗击捻军，因为他抗敌有功，所以又被官复原职。

对于这件事，历史上有着不同的记载。刘禺生在《世载堂杂忆》中称："侍王府在城南，过秦淮河。府中有三老人，称为中国年高有大学问者，最为王所礼遇。其一南京上元人梅先生曾亮，……其二为安徽包先生，……其三为湖南魏先生，通达中外地理，予未得见。"

这段记载称魏源不但没有反击太平军，反而成了太平天国侍王府里的上宾。事情的真相究竟是怎样的呢？至少陈其泰、刘兰肖认为刘禺生的这段记载根本不是那么回事，他们在《魏源评传》中写道："这里的'侍王'指的是忠王李秀成的堂弟李世贤。他于咸丰十年（1860年）正月在攻破清军江南大营的战斗立有战功而被封为'侍王'。如果魏源确曾到过侍王府，也应在咸丰十年（1860年）以后。但是，据《清史稿》《清史列传》等比较可靠的史料，包世臣卒于咸丰五年，梅曾亮于次年去世；魏源也于咸丰七年病逝杭州。"这段分析很有道理，因为李世贤到咸丰十年才封为侍王，而魏源在此前三年就已经病逝了，怎么可能再到侍王府去。

晚年的境遇让魏源不愿意再出来为官，于是他向朝廷提出辞职，而后住到了兴化。"自归不与人事，惟手订生平著述，终日静坐，户不闻声。"（魏耆《邵阳魏府君事略》）这个阶段，魏源忙着增补他的《诗古微》，在咸丰五年，又完成了《书古微》，而同时他开始翻译一些佛教净土宗的经典，并且自称已经皈依了佛教。

咸丰六年秋，太平军攻破江南大营，魏源就移居到了杭州，转年二月他突然病逝，终年六十四岁。"以生平爱杭州西湖，遂葬移至南屏之方家峪"。（魏耆《邵阳魏府君事略》）

"方家峪"这个地点的记录显然太过笼统，以至于我用了两次才找到魏源墓。第一次的时间是2012年3月29日，这一天星期四。我从资料上查得，魏源墓位于浙江省杭州市西湖街道玉皇山路阔石板路151号，中国丝绸博物馆旁。有丝绸博物馆作为寻访目标，当然很容易找，但不知什么原因我拦下了几辆出租车，司机都不愿意前往这个地方。总算有一辆愿意去者，但他却说在市内不按里程，按时间计算，80元一小时，到这时只能同意。其实没多远就找到了丝绸博物馆，然而，在附近问了许多人都不知道有个魏源墓。我只好进博物馆内打听，博物馆内的一位工作人员却告诉我，想要得到结果，需要拿介绍信到文管部门去获得批准，然后他们才能协助我翻查资料。我只好无功而返。

两个月后我再次来到了杭州，但本次提前做了工作，重新确认魏源墓位于浙江省杭州市阔石板路151号后面的山上。其实从地图上看，阔石板路的位置还是在丝绸博物馆附近，这个结果让我有些气馁，真担心这趟寻访又是白费力气，但还是决定前往一试。

阔石板路很是隐蔽，是在南山路一个很小的岔道上，里面却别有洞天，是沿着山脚一长溜的街区。然而找寻151号却很不顺利，入口即是94号，沿着顺号挨家走下去，到了147号，相邻的却是174号，中间的号段无端蒸发了。174号是个很大的院落，里面住着几十户人家，我觉得应该排在了里面，然而问一户人家说不知道，再问另一户，他确定地告诉我这一个院就这一个号，无奈只好出院

⊙ 找到了丝绸博物馆

⊙ 山上的六合塔

继续打问,终于在一个小商店问明白了:151号在这条街平行的山根下,但是能够穿过的路径却不多。

按其所说一路打听,所得到的结果却跟刚才打听到的方向相反,我在街边看到某家的房门敞开着,里边有一位老太太正在切菜,于是向她请教我要找的号码。她坚定地说我走反了,要我掉头往回找,我向她解释自己已经在那一带走了两个来回。今日的天气很热,这两个来回走得我大汗淋漓。我的质疑令她很不高兴:"我这么大年纪了,还能骗你!"她这么说,我觉得也有道理,于是向她道谢,按其所指方向掉头回返。

然而,我刚迈出去两步,经过老太太家的窗户时,窗内站着一个三十多岁的男士,我揣度应该是老太太的儿子,他大声地跟我说:"别听她的,往这个方向走。"我看他指的方向跟老太太说的相反。这种情形令我无所适从,不知道谁说的才对,但我觉得自己在那一带走了两个来回,肯定没有上山之口,于是趁老太低头切菜之时,我向她所指的相反方向快步走去,果真前行了不到二百米,就找到了那条通向山脚的小石板路。

◉ 来到了这一带

沿石板路前行不足一百米,就是和阔石板路平行的一条小路,按照号牌找到了151号。此号是一个小院落,里面是新盖的二层小楼,门口有一男一女正在洗衣服,我向他们打听魏源墓所在,两人摇头,我看到148号墙侧有一段用篱笆拦起的上山路,正想从此钻过去试试,猛然听到一个声音:"那儿过不去,接着往前走,转到这个楼后。"

◉ 新立之碑

闻声四处张望，未看到从哪里发出的声音，抬眼上望，原来是151号的二楼有一年轻女子在冲我说话，看来刚才我的问话及举措她一直看在眼里，我来不及细想她的心态，道声谢谢，当即按她所说的路径前行。

果真很快就找到了上山的小径，前行百十余米就在茂密的树丛中隐约地看到石碑的一角，疾步向前，果真是这里，墓碑上刻着：魏源墓地纪念碑，墓碑的四围横七竖八的几棵树半倒伏在碑旁，不明白是什么原因。

◉ 始终未找到墓丘

我围着碑不断地拍照，费尽周折才找到这里，心情很是兴奋，然而冷静一想，这块碑上刻的是"魏源墓地纪念碑",而并非魏源墓,但这块碑可以说明魏源墓就在附近,于是我转到此碑的背面,上面果真刻着一些说明文字,称此地就是魏源墓所在,然墓碑被毁,此处有两个坟,其中之一是魏源墓,因无法确定是哪一座,故立此说明碑。然而我在碑后找了一圈,仅仅见到一个小坟头,不知其所言的另一个小坟头在哪,我想这个小坟头可能就是我所要找的魏源墓。

　　费尽周折终于找到此墓,所有的辛苦顿时烟消云散,这种心情不是外人所能够理解者。

俞樾：花落春在，《诸子》《群经》

德清俞氏乃是近代中国著名的文化家族，从俞樾到俞陛云，再到俞平伯，每一位都是响当当的人物，然从其家族史上来看，德清俞氏原本并不发达，在俞樾祖父俞廷镳那一辈仍然是务农耕田，但是俞廷镳已经开始了半工半读的生活，因为他从小聪明过人，从4岁开始就能背唐诗，然而他考运不佳，直到70岁才考中举人。但那位主考官有些奇葩，他认为俞廷镳已经70岁了，按照惯例，皇帝很可能会恩赏举人，所以他就劝俞廷镳把举人的名额让给他人。

这位俞廷镳听从了主考官的建议，没想到的是，皇帝只给他恩赏了个副榜。其实副榜只是个荣誉，就如同今日的荣誉会员，并不算真正的中举。这个结果主考官也没想到，于是他向俞廷镳表示歉意，俞却豁达地说："留此以贻子孙，不更优乎？"果真，他的儿子俞鸿渐后来考中了举人。

没想到的是，俞廷镳的这个故事后来几乎在其孙俞樾这里重演。道光二十四年，俞樾考中了举人，他的名次是第三十六名。这个结果本来让他很高兴，可是主考官韩厚庵却告诉他，其原本的名次是第二名，可是后来有人从文中挑出了毛病，所以把他降到了第三十六名。这种情形俞樾听来当然郁闷，他把自己当时的心情写了一首《揭晓后谒房考韩厚庵先生知本中第二有吹索者遂置三十六归兴漫赋二诗》，该诗中有这样的句子："不作人间第二流，却来三十六天游。"

俞廷镳考中举人，听人劝而变为了副榜，俞樾则被人在试卷中挑出小毛病，由"第二"变成了"第三十六"，但无论怎样，也算考中了举人，实现了俞廷镳的愿望——儿子、孙子都成为了举人。但毕竟"第二名举人"的这个头衔因为一个小失误而失去了，俞樾很是遗憾，这一遗憾在四十多年后才得以弥补：俞樾的孙子俞陛云果真考中了浙江乡试的第二名举人。到此时，俞樾的心情才得以释然，因为他恍然大悟——"榜头名竟为孙留"（《九月之望浙闱揭晓余孙陛云中式举人第二名赋诗志喜》），事情巧合到这个分上，真不知如何解释。

德清俞氏家族在俞樾之前没有出过进士。道光三十年，俞樾跟哥哥俞林再次来京参考，没想到兄弟二人同时考中了进士。这样的结果确实不多见。而当时俞樾的成绩是第六十四名，这个名次被称为"贡士"。按照规定，凡是贡士，在发榜后第十天要进行殿试，由皇帝在保和殿亲自考核，本次朝考的题目是按照"淡烟疏雨落花天"为题写一首诗，而后再以此作文。

对于这样的题目，考生们大多会写忧郁色调的诗作，然而俞樾却出人意料地写了一首很欢快的诗：

花落春仍在，天时尚艳阳。淡浓烟尽活，疏密雨俱香。
鹤避何嫌缓，鸠呼未觉忙。峰鬟添隐约，水面总文章。
玉气浮时暖，珠痕滴处凉。白描烦画手，红瘦助吟肠。
深护蔷薇架，斜侵薜荔墙。此中涵帝泽，岂仅赋山庄。

这场考试的阅卷官中有曾国藩，他看到俞樾的这首诗后大为赞赏，曾国藩评价该诗说："咏落花而无衰飒意，与小宋《落花》诗意相类。"于是他与众位阅卷官商量，将俞樾的考卷定为第一名，当时也有人反对，经过曾国藩的一番解释，最终俞樾的成绩是"朝考第一"。俞樾听到这件事的经过后，一生都对曾国藩有着感激之情。

俞樾在翰林院进修了几年，而后被派往河南任河南学政，虽然学政这个职务官阶并不高，但却十分荣耀，因为学政可以跟地方大员平起平坐，但没想到的是，咸丰七年，俞樾受到了御史曹泽的参劾。曹泽指责俞樾所出考试题目有意割裂经义，更为严重的是，俞的题目还有戏君和反君之意。这样的指责太严重了，咸丰皇帝立即传旨刑部严办。曾国藩认为俞樾不可能会有什么"反君之意"，于是他出面保奏。经过曾国藩的一番周旋，总算没有把俞樾关进监狱，最终结果乃是将俞樾"革职为民，永不叙用"。

前程似锦的俞樾为什么突然出了这么大的问题呢？其实这件事跟当时的科考出题范围有很大关系。清朝的科举考试乃是继承了明代的方式，那就是所出题目一定要本自"四书"中的句子，然而"四书"的部头并不大，几百年考下来，已经很难再从中选出新颖的题目来，于是主考官就发明了一种"截搭"的出题方式，即将"四书"中的某两句进行结合，用这两句中的前后各半句组成一句，成为题目。这样的出题方式被称为"截搭题"。

而高伯雨把这种出题方式叫"出题割裂"，他在《听雨楼杂笔》中有一篇"俞曲园轶事"，他在此文中解释道：

> 什么叫作"出题割裂"呢？原来自明朝以来，有些学政考试生童，生怕他们抄袭前人的文字，故意把题目割开，将上句最末一字或一句，与下句最先一字或一句连起来成为一题目。例如《孟子》一书的《告子篇》有句云："交闻文王十尺，汤九尺"，割裂时则为《十尺汤》，这样可以窘士子的文思。

按说这是很通用的一种起考试题目的方式，为什么到了俞樾这里就出了大问题呢？高伯雨在文中写道：

> 齐人伐燕章有"王速出令，反其旄倪"之句，曲园先生出《王速出令反》为题。又滕文公问四章有"二三子何患乎无君，我将去之"之句，他出《二三子何患乎无君我》为题，他割下句"我"字连上句成一题。这两题如果曲解之，可说是"国王出令叫人民造反"及"虽然无君但有我在"。这也是荒谬绝伦的题目。据说曲园先生出这样的题目后，自行检举，才得到较轻的处分，若在雍正、乾隆文网森严之世，至低限度，也得问斩的。

按说俞樾也是位饱读诗书之人，他为什么在出题之时不考虑这样的句式连在一起会让他人做出别样的解读呢？高伯雨在其文中做出了这样的解释："据传他对人家说：河南学政衙门，向有狐仙，历任学政到任时，都要拜它。曲园先生不信，当然不去祭狐仙了。怎知仙人责他不敬，在他出题考试生童时，大施法术，使他神不守舍，出了这样的古怪题目。如果曲园先生真的这样说过，大概就是他的解嘲之词，诿过于狐仙了。"

俞樾是不是真中了狐仙的道儿，这件事当然无法考证，然结果却让俞樾丢了工作，从此之后，他再没有入朝为官。

然而俞樾的性格颇为恬淡，似乎他对这件事也并没有激烈的反应，事情过去多年后，俞樾曾提到他当时找人算过一卦，对方说俞樾在咸丰七年运势较平。对于算命先生的这句话，俞樾在《续五九枝潭》中写道：

> 凡事初无一定，大小轻重各依其心为之，人之视官甚重，

其视官之得失甚大,则其得之也运必极旺,其失之也运必极衰。执星相之说者乃得而测之。若余之视官也初不甚重,视官之得失也初不甚大,则亦何关乎运之衰旺哉。

他在这里明确地称自己对当官之事并不看重,因此失去这个职位也没让他太过悲伤。对于俞樾的这种说辞,马晓坤在《清季纯儒——俞樾传》中说:"这里正面解释了自己对于罢官之事的看法。当然这已是生活平静下来且颇有成就感之时的总结了,一方面对当前的生活较为满意,另一方面也的确为人散淡,并不十分在意官场之得失。"

俞樾被解职后,继续在开封租房子住了一段时间,后来他并没有回到家乡德清,而是直接来到了苏州。此后不久,太平军攻陷了常州、无锡等地,苏州的居民人心惶惶,俞樾就带着家人返回了德清。后来战火也烧到了那一带,俞樾只能到处躲避。后来又躲到了上海,他觉得住在租界地内比较安全。

跟俞樾想法相同的人不少,租界地内根本租不到房屋,无奈,俞樾只好租了一条船,让一家人住在船上,此船就漂荡在黄浦江上。但长期住在船上毕竟也不是办法,俞樾想到了有几位朋友在天津做官,于是他就带着一家老小20多人,乘船从上海前往天津。因为走的是海路,当然乘海轮最为安全,但因为海轮票价太贵,而他一家人辗转多地逃难,已经没有了太多的积蓄,因此只好乘海帆船前往天津。在到达天津之前遇到了台风,为此差点儿翻船,好在经过一昼夜的折腾,总算到达了天津港,于是一家人就在天津住了下来。

虽然是逃难,但是俞樾却能抽闲来搞学术研究。为什么要在这样战火纷飞的年代做这样挣不来养家资本的事情呢?对此,俞樾在《群经平议》的自序中说道:

自以家世单寒，获在华选，惴惴惟不称职是惧，不皇它也。咸丰七年自河南学政免官归，因故里无家，侨寓吴下石琢堂前辈五柳园中。当是时，粤贼据金陵已五年，东南数千里几无完城，朝廷命重臣督师四出讨贼，才智之士争起言兵，余自顾无所能，闭户发箧，取童时所读诸经复诵习之，于是始窃有撰述之志矣。家贫不能具书，假于人而读焉，有所得必录之，治经之外，旁及诸子，妄有订正，两《平议》之作盖始此矣。

为了平定太平天国战争，朝廷派出许多重臣与太平军进行作战，俞樾觉得自己没有这方面的才能，所以他就闭门读书，在读书的过程中，渐渐有了写书的愿望，于是就把读经过程中的疑问一一列了出来，而后形成了他的两部代表作——《群经平议》《诸子平议》。

俞樾的这段解释显然是谦词。在那样的特殊年代，他仍然忙于写书，究竟是怎样的心理呢？这个心理他在自己所写的《曲园自述诗》中有着明确地表达：

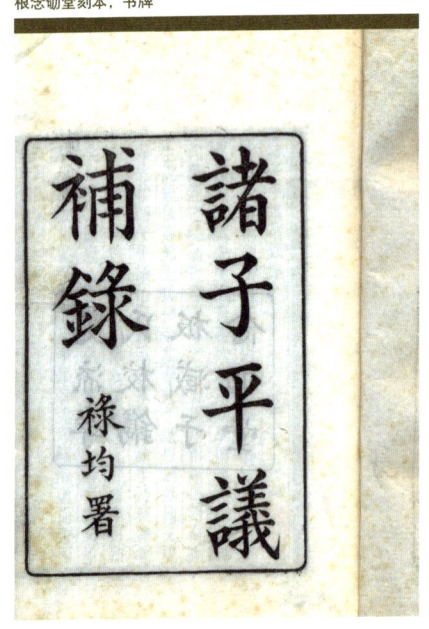
⊙ 俞樾撰《诸子平议补录》二十卷，民国十三年双流李天根念劬堂刻本，书牌

十年春梦付东流，尚冀名山一席留。

此是研求经义始，瓣香私自奉高邮。

俞樾的这首诗写得很真率，他说自己既然已经失去了功名，就把写书作为了名山大业，他希望后世能够通过书记住他的

名字,正是这种心理促使他开始研究儒家经典,而其研究方式则是效仿高邮的王念孙、王引之父子,他在《自述诗》的小注中又有着更为明确的表示:"是年夏间无事,读高邮王氏《读书杂志》《广雅疏证》《经义述闻》而好之,遂有意治经矣。"

因为被免职在家,俞樾说他有了闲暇时间,所以他就开始读高邮王氏父子的那三部著名的作品,正是读了这三部书让他有了要研究经学的想法。

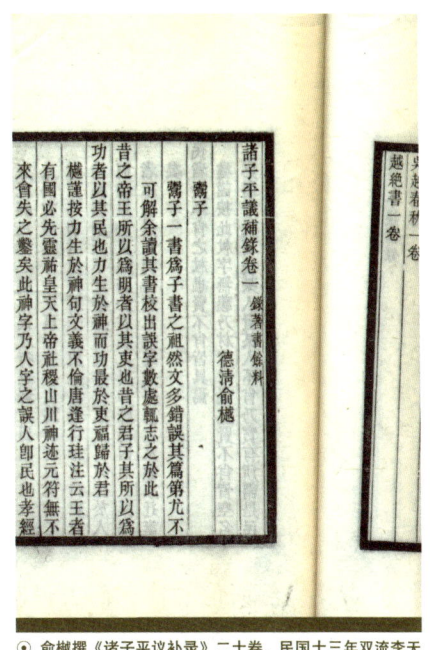

⊙ 俞樾撰《诸子平议补录》二十卷,民国十三年双流李天根念劬堂刻本,卷首

具体的研究方法是怎样的呢?俞樾在《群经平议》自序中说道:

> 尝试以为治经之道大要有三:正句读,审字义,通古文假借,得此三者以治经,则思过半矣。……三者之中通假借为尤要。诸老先生惟高邮王氏父子发明故训,是正文字,至为精审,所著《经义述闻》用汉儒"读为""读曰"之例者居半焉。

即此可知,俞樾研究经学正是因为自己出考试题目不慎而被免职,免职在家又读到了王氏父子的代表作品,从此他才有了要研究经学的想法。从这个角度而言,俞樾被免职也并非是件坏事:清廷失去了一位饱学之士,而中国经学史上却多了一位重要的学者。巧合的是,俞樾在撰述方面的代表作品有三部,除了以上提到的两部之外，他还写过一部《古书疑义举例》，这部书同样被后世视为俞樾的代表作之一。

王氏父子有三部书被称为代表作，而俞樾的代表作也是三部，这是巧合呢？还是俞樾的有意模仿呢？俞樾的弟子章太炎在《俞先生传》中做出了如下的比对：

> 治《群经》不如《述闻》谛，《诸子》乃与《杂志》抗衡。及为《古书疑义举例》，韬察觑理，疏纱比昔，牙角才见，紃为科条，五寸之矩，极巧以展，尽天下之方，视《经传释词》，益恢郭矣！

这样的比对，显然说明俞樾的著作的确是想达到王氏父子代表作的高度，然而他的这三部书也确实受到了后世广泛的看重，《清史稿·儒林传三·俞樾》中说：

⊙ 俞樾撰《银瓶徵》一卷，清光绪七年刻本，书牌

（俞樾）生平专意著述，先后著书，卷帙繁富，而《群经平议》《诸子平议》《古书疑义举例》三书，尤能确守家法，有功经籍……因著《群经平议》，以附《述闻》之后。其《诸子平议》，则仿王氏《读书杂志》而作，校误文，明古义，所得视《群经》为多；又取"九经"、诸子举例八十有八，每一条各举数事以见例，使读者习知其例，有所据依，为读古

书之一助。

书是写出来了,但是出版仍然不是件容易的事情。古人出书大多是自费,因为战争使得俞樾一家颠沛流离,手中的积蓄早已花得差不多了,他已经无法拿出大笔的银两来刊刻自己的书籍。此时俞樾一家已经来到了天津,而天津有位叫张汝霖的富家子弟看过《群经平议》手稿后,对此书的第十四卷《考工记世室重屋明堂考》特别感兴趣,于是张拿出了一笔钱,刊出了这一卷。

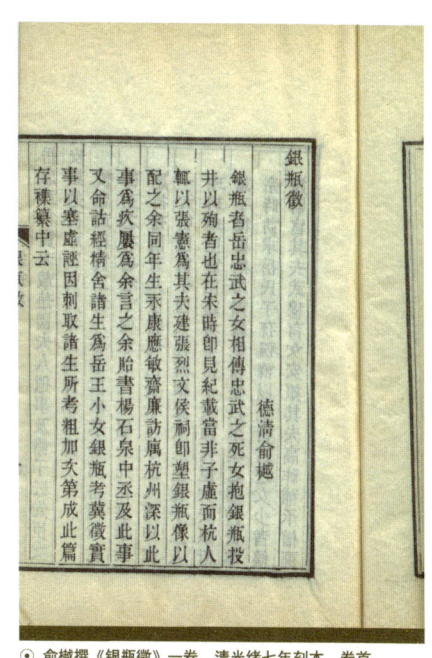
俞樾撰《银瓶徵》一卷,清光绪七年刻本,卷首

俞樾的《群经平议》总共三十五卷,此人仅赞助一卷的刻书款。看来,也是碍于情面才给予了这样的小帮助。而当时还有一位叫宋晋的官员,他对《群经平议》中的《仪礼平议》特别感兴趣,而这部分也仅是两卷,此人准备来天津刊刻《仪礼平议》,可是还没等他来天津实施这件事,俞樾就收到了岳父的来信:俞樾的二儿子生病了,于是他们一家人就返回了南方,因而这两卷本的《仪礼平议》也未刻成。

俞樾为了刊刻自己的著作,费了很多的心思,在没有办法的情况下,他先给自己的座师祁寯藻写了一封信:

> 后东南沦陷,航海北来,旅食津门,忽又三载,杜门息辙,妄以撰述自娱。所著《群经平议》三十六卷,粗有成书,其中

> 第十四卷专论《考工记》世室重屋明堂制度，津门有好事者取以付梓……况樾幸出大贤之门，得附门下士之末，……谨寄呈一本，倘赐览观，有以正之，幸甚幸甚。外附呈所著书目一纸，并求赐览。（《与祁春圃相国书》）

俞樾在信中说自己所作的《群经平议》总计三十六卷，这个数字跟今日所见的《群经平议》差一卷。看来，这是稿本和定本之间的区别。俞樾说天津的朋友只赞助了一卷的刊刻费用，所以他把这部书呈上一本给祁寯藻，请老师多批评指正。祁收到后，在给俞樾的回信中夸赞了此书写得是如何之好。这封回信让俞樾看到了希望，于是他给祁寯藻的第二封信中就提到了自己很担心写的这部书被老鼠啃掉，真希望能够尽快出版。其实他的潜台词就是希望老师能够出资赞助，可惜的是，俞樾一年多以后才收到祁的回信，而此时俞樾已回到了苏州，并且此后不久，祁寯藻就去世了，因此他也没能得到祁的赞助。

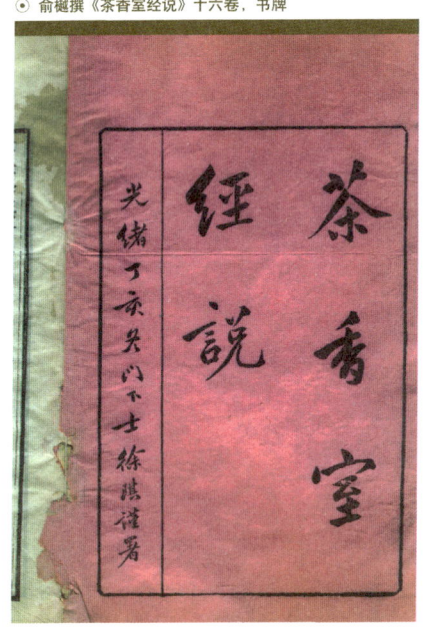

◉ 俞樾撰《茶香室经说》十六卷，书牌

俞樾在天津的生活颇为困难，那时的崇厚任通商大臣驻守天津，崇厚了解到了俞樾的窘境，于是就推荐他去纂修《天津府志》，可惜《志》局的资金一直未能落实，俞樾也没得到酬劳。在这种情况下，俞樾只能给一同考中举人的李鸿章同年写了封求助信，希望李能帮自己找份工作。李鸿章果真够朋友，他推举俞樾前往苏州紫阳书院去任职，于是在同治四年秋，俞樾又回到了苏州。此时距他上次离开苏州已有六年。

俞樾在紫阳书院任职期间，仍然忙着自己的著述，这个阶段，《诸子平议》已经完成了大半，而他心思仍然是放在了出版著作方面。同治四年冬，俞樾前往杭州拜见了浙江巡抚蒋益澧。俞樾明确提出，希望蒋能帮助出版自己的著作。蒋很快答应了这件事。这个结果让俞樾很是高兴。

而他在杭州期间，还拜访了杭州太守刘汝璆。刘在请俞樾吃饭时，赞助了刻书之资40大洋。这笔钱虽然不多，但俞樾还是收了下来。到后来俞樾才打听到，刘汝璆为官清廉，其想帮助俞樾却有心无力，而这40大洋也是刘从钱庄借来的。俞樾得知实况后大为感动，但可惜的是，蒋益澧和刘汝璆后来都分别调离了浙江，他的刻书之事也进展得十分缓慢，但毕竟在同治六年，《群经平议》终于刊刻完成了。由此可见，古人出书是何等之艰难。

俞樾的《群经平议》和《诸子平议》是怎样的书呢？其实这两部书都属经典的校勘学著作，俞樾曾说："余喜读古书，每读一书，必有校正。"为什么读书必校呢？俞樾在给孙诒让的《札迻》所写的序言中称："夫欲使我受书之益，必先使书受我之益，不然，'割申劝'为'周田观'，'而肆赦'为'内长文'，且不能得其句读，又乌能得其旨趣乎？"

看来，只有读到正确的字才

⊙ 俞樾撰《茶香室经说》十六卷，卷首

能理解古人的思想，因此校字是第一步。而对于校字的起源，俞樾直接追溯到了孔子那里，他在《札迻序》中说道：

> 余尝谓校雠之法，出于孔氏，子贡读晋史，知"三豕"为"己亥"之误，即其一事也。昭十二年《公羊传》："伯于阳者何？公子阳生也。"子曰："我乃知之矣。"何劭公谓"知'公'误为'伯'，'子'误为'于'，'阳'在，'生'刊灭阙。"是则读书必逐字校对，亦孔氏之家法也。汉儒本以说经，盖自杜子春始。杜子春治《周礼》，每曰"字当为某"，即校字之权舆也。自是以后，是正文字遂为治经之要。至后人又以治经者治群书，而笔针墨灸之功遍及四部矣。

校对古书听来简单，其实是很不容易的一件事，段玉裁就写过一篇《与诸同志书论校书之难》：

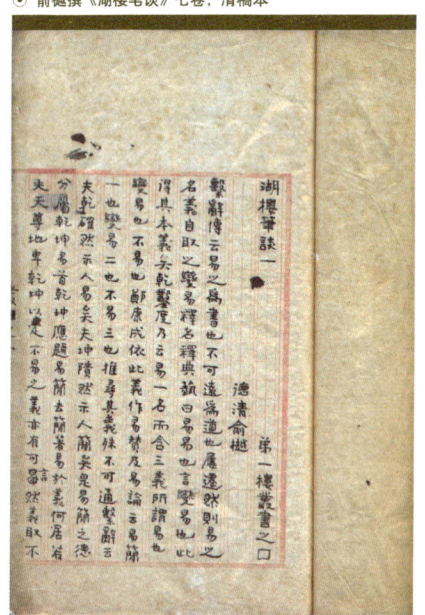
俞樾撰《湖楼笔谈》七卷，清稿本

> 校书之难，非照本改字不讹不漏之难也，定其是非之难。是非有二，曰底本之是非，曰立说之是非。必先定其底本之是非，而后可断其立说之是非。……何谓底本？著书者之稿本是也；何谓立说？著书者所言之义理是也。

因此，俞樾为了校勘古书，运用了很多的方式。对于他的这些方式，王其和在《俞樾训诂研究》一书中总结出了几十种，在这里只能举几个小例子予以说明，比如《贾子·傅职》有一句："天子不姻于亲戚，不惠于庶民，无礼于大臣，不忠于刑狱。"俞樾认为此句中的"姻"字有问题：

> 樾谨按：古人称父母为亲戚。昭二十年《左传》："亲戚为戮，不可以莫之报也。"《韩诗外传》："亲戚既没，虽欲孝，谁为孝？"并其证也。此本作"天子不恩于亲戚"，后人不达"亲戚"之义，故易以"姻"字耳。《大戴记·保傅篇》作"天子无恩于父母"，"父母"即"亲戚"也。

俞樾举出了几个例子，以此来证明：这个"姻"字是后世的读书人以自己的理解认为原书读不通，所以将"恩"字改为了"姻"字。

对于校勘学的方式，陈垣在《校勘学事例》一书中举出了四种方法：对校法、本校法、他校法和理校法。而王其和在其专著中认为，俞樾综合地使用了这四种校勘方法，比如对校法的例子则是《韩非子·存韩》中的一句："诏以韩客之所上书，书言韩子之未可举。"俞樾在按语中称：

> "子"字衍文也。韩非因闻贵臣之计，举兵将伐韩，故上此书，言"韩之未可举也"，误衍"子"字，义不可通。乾道本、道藏本皆同，惟赵用贤本无"子"字，亦当从之。

他认为此句中的"子"字是误植上去的，虽然乾道本、道藏本中都有"子"字，只有赵用贤本无此"子"字，但他认为还是应该遵循赵用贤本。

在校勘的过程中，俞樾还会根据语音来进行校对，比如《淮南子·说山》中的一句："见一叶落，而知岁之将莫；睹瓶中之冰，而知天下之寒。"而俞樾的按语则为：

"寒"下当有"暑"字，《兵略篇》曰"是故处堂上之阴而知日月之次序，见瓶中之冰而知天下之寒暑"，彼以"暑"与"序"为韵，此以"暑"与"莫"为韵，今删"暑"字，则失其韵矣。上文曰"尝一脔肉，知一镬之味；悬羽与炭，而知燥湿之气"，"味""气"为韵，则此文亦必有韵可知，当据《兵略篇》补。

俞樾的这两部《平议》，不仅是要指出古书何为正确何为错误，同时他还会分析出古人出错的原因，比如《管子·水地》：

齐晋之水，枯旱而运。

樾谨按："齐"与"晋"声相近，《周易》释文曰"晋，孟本作齐"，是也。《管子》原文本作"晋之水"，声误为"齐"，校者旁注"晋"字，传写并入正文，遂作"齐晋之水"矣。尹注谓"是齐之西而晋之东"，此曲说也。王氏《杂志》谓"涉上文而误"，夫上文有"齐之水""楚之水""秦之水"，何独误作"齐"乎？是犹未明致误之由也。

因此，这样的校勘方法需要有丰富的知识在。而更为重要者，他还发明了"以子证经"的训诂方法，他在《诸子平议序》中表达了自己的这个观点："圣人之道，具在于经，而周、秦、两汉诸子之书，亦各有所得，虽以申、韩之刻薄，庄、列之怪诞，要各本其心之所独得者而著之书，非如后世剽窃陈言，一倡百和者也。且其书往往可以考证经义，不必称引其文而古言古义居然可见。"

俞樾的第三部名著则是《古书疑义举例》，其实这部书就是总结古书中的训诂疑难问题。为什么会产生这样的问题呢？俞樾在该书的序言中说：

> 夫周、秦、两汉，至于今远矣。执今人寻行数墨之文法，而以读周、秦、两汉之书，譬犹执山野之夫，而与言甘泉、建章之巨丽也。夫自大、小篆而隶书、而真书，自竹简而缣素、而纸，其为变也屡矣。执今日传刻之书，而以为是古人之真本譬犹闻人言笋可食，归而煮其箦也。嗟夫，此古书疑义所以日滋也欤！

俞樾认为古书在流传的过程中有着字体的变化，同时还有书本材质的变化，这些变化都会使书的内容产生各种各样的问题，而他对这些问题做出了许多的总结归类，比如"倒文协韵例"："古书多韵语，故倒文协韵者甚多。"而这个归纳中举出的例子则是《庄子·秋水》："无东无西，始于元冥，反于大通。"

俞樾认为这第一句原本应该是"无西无东"，因为"东"和"通"是一个韵，但后人因为不知道古人会使用"倒文协韵"，故而会对原文进行妄改。

俞樾的这部《古书疑义举例》受到了学界的广泛夸赞，章太炎在《清儒》一文中说："近世德清俞樾、瑞安孙诒让，皆承念孙之学。樾为《古书疑义举例》，辨古人称名抵牾者，各从条列，使人无所疑眩，尤微至。"而梁启超则在《清代学术概论》中将此书与王引之的代表作并提："训诂学之模范的名著，共推王引之《经传释词》、俞樾《古书疑义举例》。"而刘师培则认为这部书堪称"绝作"："幼读德清俞氏书，至《古书疑义举例》，叹为绝作，以为载籍之中，奥言隐词，解者纷歧，惟约举其例，以治群书，庶疑文冰释，盖发古今未有之奇也。"

俞樾写了这么多的著作，他当然也受到过别人的帮助，然而俞樾却能把朋友所言写入书中，这足见他是一位尊重他人成果的严谨学者，他在《春在堂随笔》卷二中举出了这样一个例子：

> 余著《群经平议》，以《梓材》一篇为周公营洛邑诰庶殷之词，即《召诰》所谓"越七日甲子，周公乃朝用书，命庶殷侯甸男邦伯"者是也。篇首"王曰封"，"封"是衍字。《康诰》篇首四十八字，当移至此篇之首。后知金仁山《通鉴前编》说与余同。见书不多，遂与前人暗合，良自愧恧，且恐似此者尚多也。聊记于此，告世之读余书者。

俞樾在研究某个问题时得出了一个结论，后来他听说别人也有同样的研究成果，虽然他并没有抄袭那个人的观点，但依然把这件事说明出来，以此可见，他是何等之尊重他人。

俞樾虽然再次回到了苏州，然而他却始终租房而住，直到同治十三年，他才买下一处旧宅院来建造自己的家园。俞樾在马医科巷所租住的院落，乃是潘世恩的旧宅院之一，潘家在马医科巷有三处旧宅，其中一处被战火烧毁，只留下了一片废地，俞樾就将这块地买了下来，而后建成了一处庭院，这就是有名的"曲园"。

"曲园"之名得自于该处宅院中一个花园的形状，马晓坤在《俞樾传》中写道："转过春在堂的屏门，后面还有一小片空地，地形狭长，自南到北长有十三丈，但只有三丈宽，又自西至东宽有六丈，但长只有三丈，俞樾和夫人计划在这里叠石穿池，杂莳花木，建一个小园子。因为园子的形状如同一把弯曲的尺子，所以便命名为'曲园',也取'曲而全'之意。"

看来,俞樾很喜欢这个庭院,所以他自号为"曲园"。

对于俞樾故居的寻访,我在此前来过两趟,都因为这里大门紧

◉ 再见曲园

闭而未看到里面的情形,此趟的苏州之行原本没有再访曲园的计划,可是走到此园的门口时,这里却开着门,既然如此,没有不进内一看的道理。

能够看得出,曲园做了全新的整修,而其整修方式则忠实地保持了原来的风貌。走进第一进院落的正厅,眼前所看到的匾额乃是李鸿章所题的"德清俞太史著书之庐",匾额下方是俞樾的画像。

◉ 俞樾画像

春在堂

这个厅房的墙上有一些当代绘画,每幅画的内容乃是俞樾不同历史阶段的主要场景。

墙的两侧摆放着几个玻璃柜,从函套的外观看,这些线装书应当是《春在堂丛书》的旧板新刷本。另一个柜台内摆放着几块俞樾著作的原板,细看上面的刻字,乃是当年的原物,书板至今依然保留完好。还有一个柜台里面,摆放着几十方印章,宣晔先生说这些印章全是新刻的。细看之下,似乎是仿刻古印,只是未能仿出原有的古味来。

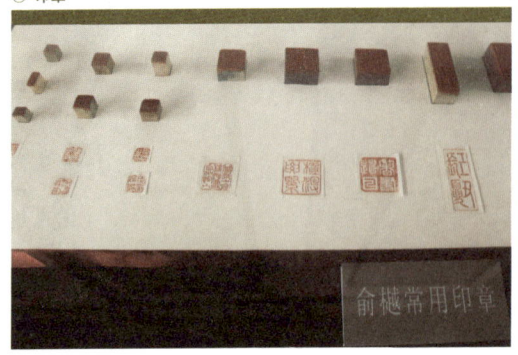

印章

第二进院落的正堂为乐知堂,旁边的介绍牌上写着此堂的命名乃是来自于《周易》,俞樾在这里接待客人以及举办生日祝寿等活动。而我最感兴趣者,当然是第三进院落的春在堂。这个堂号的来由正是因为曾国藩欣赏俞樾的"花落春仍在",为此俞樾被拔为朝考第一名,后来他也就以此作了自己的丛书名称以及堂号。

⊙ "曲园"二字

⊙ 赛金花用过的钢琴

但是,这句话也被俞樾称之为"谶语",他在给曾国藩的信中也谈到了这件事:"仰蒙奖借,期望甚殷,迄今思之,蓬山乍到,风仍引回,洵符落花之谶矣。而比年著述已及八十卷。虽名山堕玷……然穷愁笔墨,倘有一字流传,或亦可言春在乎?"(《上曾涤生揆帅》)

即便如此,他还是希望自己的著作能够长久地流传下去。从这段话可以看出,俞樾对写书之事是何等看重,他曾经自作过一副挽联,明确地表达过这样的心态:

生无补乎时,死无关乎数。辛辛苦苦,著二百五十余卷书,流布四方,是亦足矣;

仰不愧于天,俯不怍于人。浩浩荡荡,数半生三十多年事,放怀一笑,吾其归欤!

○ 真正的曲园在这里

而我站在春在堂内,看着这块匾额,顿时又想起了这位老人用了大半生刻苦著述的情形。此匾出自曾国藩之手,曾在此匾的小注中也谈到了堂号的来由。而今的春在堂被布置成了当年的模样,只是房顶上的两个吊扇肯定不是当年旧物,而匾额下面的吴大澂所书之文,看上去颇为抢眼。

此堂两侧,同样摆放着几百片俞樾著作的原板。当年,他为了刊刻这些书,费尽心机求过那么多的人,到如今这些板片仍然存在他的房中,想来老人一定会大感欣慰。更为奇特的是,这里还摆放着一架旧钢琴,介绍牌上称此琴原本属于赛金花,不知什么原因这架钢琴却摆放在了曲园之内。想来,俞樾当无此好。

来到了后园,眼前所见就是著名的曲园,此处的布置也颇为精巧,左侧回廊的墙壁上均为刻石,而马骥先生说这些刻石的拓片他都曾见到过。虽然此时已是深秋,但曲园内的植物依然枝繁叶茂,尤其一盆菊花开得十分茂盛，让人体味到了生命的旺盛。

曲园的尽头有一处古建，匾额上写着"小竹里馆"。走进室内，这里已经布置成了会议室的模样，不知当今此处是哪家单位在使用，然我却依然赞叹这里的修旧如旧。

康有为：古文全伪，疑袭廖平

康有为是中国近代史上的风云人物，他的名字基本上与公车上书、戊戌变法、保皇派等固定词组联系在一起，其实除了这些政治上的作为，他还是一位经学家。蒋伯潜、蒋祖怡所著《经与经学》一书中说"清末经今古文学各有一殿军的后劲，一是古文大师章炳麟，一是今文大师康有为"。这段话把康有为提到了顶尖的高度，而吴雁南、秦学颀、李禹阶主编的《中国经学史》则进一步说"自庄存与开创的常州学派复兴今文经学以来，今文经学犹如异军突起，中经龚自珍、魏源，直到康有为，逐渐把今文经学推向顶点。康有为借助今文经学作为鼓吹变法改制的武器，把正统今文经学引向异端，并宣告了它的基本终结"。

既然康有为在今文经学史上有着这样重要的地位，那他的学术观是怎样的呢？《经与经学》一书有着如下的总结和引用：

> 康氏认为古文经传全出刘歆伪造，故目之曰"伪造"；认为古文经学不是西汉的经学而是新莽之学，故谥之曰"新学"。他这部《新学伪经考》，是对于古文经学下总攻击的，友人周予同君曾撮述它的大意道：
> 一、西汉经学无所谓"古文"，一切古文都是刘歆伪造；
> 二、秦始皇焚书，六经未尝受灾，西汉今文十四博士的传本并

无残缺；

三、篆隶之说不足信，孔子时所用字体就是秦汉时通行的篆体，就文字说也无所谓古今文；

四、刘歆想遮掩作伪的痕迹，所以校中秘书时，对于一切古书多加以淆乱；

五、刘歆作伪的动机是想佐王莽篡汉，所以崇奉周公而毁灭孔子的微言大义；

六、古文经所以流传，是由于东汉通学郑玄的混淆家法。

看来，这位康有为确实具有革命精神，他将流传两千年的古文经学全面打倒，认为古文经学的经典全都是汉代刘歆伪造出来的。而刘歆伪造古文经的目的则是为了帮助王莽篡权，既然古文经全部都是伪书，那为什么能流传两千年呢？康有为说这跟郑玄有很大关系，因为郑玄把古文经融入了今文经中，所以才流传于后世。

康有为的这些说法可谓惊世骇俗，虽然说怀疑精神很可贵，但还得强调大胆设想小心求证。毕竟关于古文经学的相应记载从西汉以来的正史大多都有记录，如果要否定掉古文经学，那就必须要认定这些正史记载的内容都是假的。显然把所有的历史全部推翻是件不

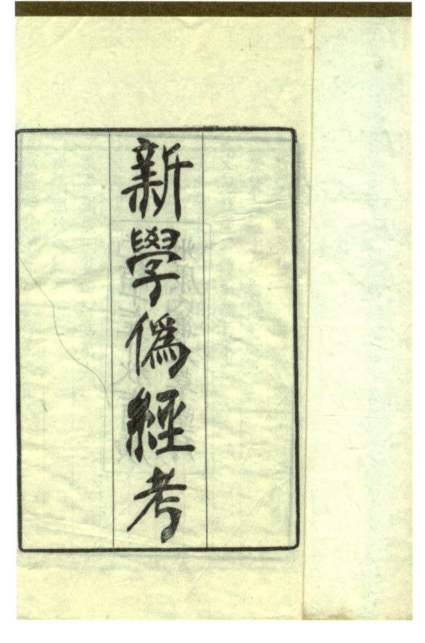

⊙ 康有为撰《新学伪经考》十四卷，清光绪十七年广州万木草堂刻本，书牌

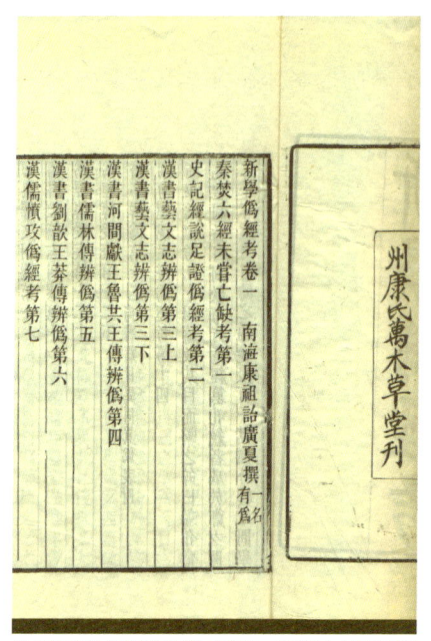

⊙ 康有为撰《新学伪经考》十四卷，清光绪十七年广州万木草堂刻本，目录

容易的事情，更为重要的是后世出土了很多青铜器，而这些青铜器的铭文上也记载着许多古文经学的史实。对于这些记载，应当怎样处理呢？康有为既然这么说，那肯定有他的辩解方式。

康有为在《新学伪经考》中说："歆既好博多通，多搜钟鼎奇文以自异，稍加窜伪增饰，号称'古文'，日作伪钟鼎，以其古文刻之，宣于天下以为征应。"康有为认为刘歆喜欢搜集青铜器，而后从中间找出古字来创造出了一种古文，再伪造青铜器把他创造出的古文刻在上面，然后宣布上面的古文是远古前人留下来的文献，这就是古文经的来历。但问题是后世出土的青铜器分布在中国的不同地方，为什么各地出土的青铜器上都会发现古文经上的文字呢？

康有为已经想到了人们会有这样的疑问，他在《新学伪经考》中作出了这样的描述：

> 方士每工作伪，此钟鼎之所由出，奇字之所以生也。刘歆欲夺孔子之经，因得间而起……多见古物，挟其奥博，搜采奇字异制，加以附会，伪为鼎彝，或埋藏郊野而使人掘出，或深瘗山谷而欺绐后世，流布四出，以为征应。歆散布伪经、小学于其徒，复假帝力征召，使说字未央廷中以行其古文，则散伪鼎

以为征应，亦其熟技耳。

康有为的想象力真的令人佩服，他说刘歆伪造出了一批青铜器，而后派人埋到郊区的荒野内，再找人去挖宝；还有一些藏在了深山之中，也想办法让人们找出来，再将这些青铜器献于朝廷，刘歆就根据这上面的文献记载而作出古文经，接下来由王莽下令而推行于天下。经过这一番动作，古文经就成为了天下学术之正统。

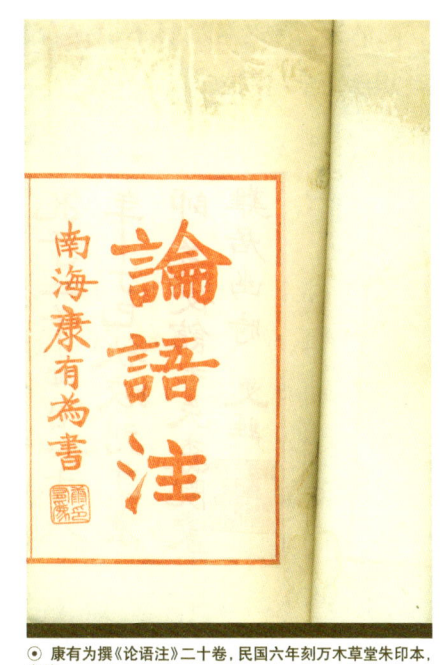

⊙ 康有为撰《论语注》二十卷，民国六年刻万木草堂朱印本，书牌

读到这段文字颇让人佩服康有为超强的想象力，他确实有着写侦探小说的潜质，但问题是侦探小说需要在逻辑上经得住推敲，那康有为这些说法的证据在哪里呢？他如何知道两千年前的刘歆做了这样的事？显然他不能亲眼目睹，也不能听别人转告于他，唯一的办法就是从历史典籍中找出证据，可是康有为讲述了这样一个离奇故事之后，又完全拿不出佐证的文字。司法界有句名言：谁主张，谁举证。您康圣人既然主张刘歆全面伪造了古文经，那接下来请您拿出相应的证据来，如果拿不出来，按照司法上的说法这应当叫做诬陷，可惜的是，少有人这样跟康有为较真，而他的这些惊人语竟然风行于天下。

其实也不是所有的人都相信他的这番说辞，康有为最有名的弟子当然就是梁启超，梁启超不但是他的弟子，同时还是他志同道合的朋友，所以后世才将"康梁"并称。既然如此，梁启超怎样看待其师的这番宏论呢?虽然说梁启超也持今文经学的学术观,这一点跟其师完全相同,但他毕竟还是位谨严的学者,因此他虽然赞同老师的一些观念,但对老师不讲逻辑的论述方式也表示出了疑义,所以梁启超在《清代学术概论》一书中明确说:

> 有为弟子陈千秋、梁启超者,并凤治考证学,陈尤精洽,闻有为说,则尽弃其所学而学焉。《伪经考》之著,二人多所参与,亦时时病其师之武断,然卒莫能夺也。此书大体皆精当,其可议处乃在小节目,乃至谓《史记》《楚辞》经刘歆羼入者数十条,出土之钟鼎彝器,皆刘歆私铸埋藏以欺后世,此实为事理之万不可通者,而有为必力持之。实则其主张之要点,并不必借重于此等枝词强辩而始成立,而有为以好博好异之故,往往不惜抹杀证据或曲解证据,以犯科学家之大忌,此其所短也。

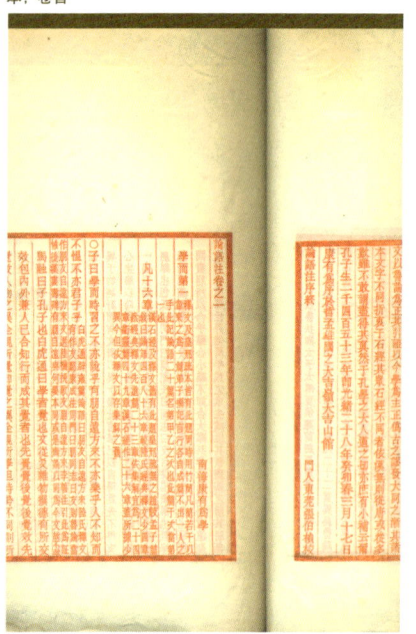

康有为撰《论语注》二十卷,民国六年刻万木草堂朱印本,卷首

梁启超是位坦诚的人,他说自己跟陈千秋同样喜欢考证学,看来他们之前的兴趣点都在古文经学方面,而在这方面陈千秋研究的更深一些,可是两人自从拜康有为为师之后,放弃了古文经学观念,而转学今文经学,后来老师要写《新学伪经考》,这两位弟子也共同参与了该书的编纂。虽然这样,但二人并不赞同康有为在言语上的武断,

然而老师的心理特别强大，尽管他们给老师指出了论据上的硬伤，老师还是不为所动坚持自己的说法。

按照传统的观念，政论文必须有论点、论据和结论，《新学伪经考》的论点有了，但论据有许多硬伤，那之后得出来的结论怎么可能是正确的呢？但梁启超毕竟是康有为的弟子，他虽然说该书在论据上"有病"，但他仍然说"此书大体皆精当"。梁启超这样的逻辑，显然是为了维护其师尊严，但即使如此他还是指出康有为在论据上的问题，比如《史记》等书上记载有古文经的历史，而康有为则说这也是刘歆篡改了《史记》。总之康有为的观念就是：凡是不符合我论点的历史记载统统都是假的，只有符合者才是真的。这样的论述姿态的确是把今文经学家的说话方式发挥到了极致。

康有为的这种叙述方式让他的弟子梁启超都觉得不好意思了，所以梁认为康有为所说的刘歆制造伪青铜器埋在地里等人挖掘的做法，是绝对不可能的事情。但梁也说老师为自己的这个近似儿戏的说法进行了强烈的辩解，康为什么要坚持这个讲不通的说法呢？还是其弟子梁启超能够点中要害："实则其主张之要点。"如果刘歆伪造青铜器这件事不能成立的话，那么古文经学都是伪经的这个论断也就同样不能成立，如果这一点被推翻，那么康有为所有的观点都变得站不住脚，所以说梁启超认为其师"往往不惜抹杀证据或曲解证据"。梁的这句话真可谓一针见血。

看来梁启超是位清醒的人，他虽然跟随康有为共同搞变法，但更多是出于政治目的，从学术角度而言，他在老师身边多年，所以他对其师的学术观最为了解。比如康有为在《新学伪经考》的序目中，对该书的内容作出了如下的概述：

始作伪，乱圣制者，自刘歆。布行伪经，篡孔统者，成于郑玄。

阅二千年岁月日之绵暖，聚百千万亿衿缨之问学，统二十朝王者礼乐制度之崇严，咸奉伪经为圣法。

康有为明确地说刘歆制造伪经传播天下，而后郑玄将古文经和今文经混合在一起，骗了后代学者两千年。细悟康的这段话，其等于在说此后两千年的历代学人都愚昧不堪，只有到了他这里才终于发现了这样一个天大的问题。康有为的结论则是："凡后世所指目为'汉学'者，皆贾、马、许、郑之学，乃新学，非汉学也；即宋人所尊述之经，乃多伪经，非孔子之经也。"

康有为的这个说法称得上是全面打倒，他认为清代的学术主流——汉学，全是假的。因为这些汉学家研究的著作根本不是汉学，而是刘歆伪造出来的，是帮着王莽篡权用的历史佐证。王莽建立的政权名为新朝，所以康有为把古文经学所尊奉的经典改名为新学。到了宋代，二程诸子等大儒所尊奉的经典也大多是伪经。

对于康有为的这些观念，其弟子梁启超在《清代学术概论》中将其归结为五点："一、西汉经学，并无所谓古文者，凡古文皆刘歆伪作。二、秦焚书，并未厄及六经，汉十四博士所传，皆孔门足本，并无残缺。三、孔子时所用字，即秦汉间篆书，即以'文'论，亦绝无今古之目。四、刘歆欲弥缝其作伪经之迹，公校中秘书时，于一切古书多所羼乱。五、刘歆所以作伪之故，因欲佐莽篡汉，先谋湮乱孔子之微言大义。"

对于康有为的这些说法，在他的那个时代所听到的回声少有肯定者，比如朱一新就跟他进行了场大辩论，但心理强大的康有为无论别人怎样指出其硬伤，都不为所动。但后来康有为还是因为这部书给自己招来了麻烦，当时的给事中余联沅向朝廷奏了一本，余在奏折中称："康祖诒以诡辩之才，肆狂瞽之谈，以六经皆新莽时刘歆所伪撰,著有《新学伪经考》一书,刊行海内,腾其簧鼓,煽惑后进,号召生徒。以致浮薄之士,靡然向风,从游甚众。康祖诒自号长素,以为长于素王,而其徒亦遂各以超回、轶赐为号……六经训词深厚,道理完醇,刘歆之文章,具在《汉书》,非但不能窃取,而实无一语近似。康祖诒乃逞其狂吠,僭号长素,且力翻成案,以痛诋前人。似此荒谬绝伦,诚圣贤之蟊贼,古今之巨蠹也。"

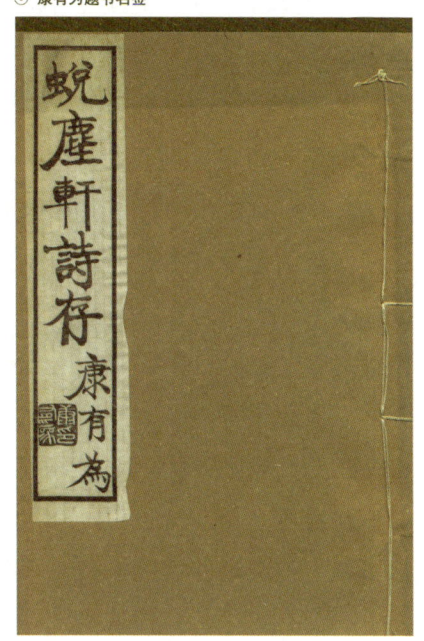

康有为题书名签

余联沅所言乃是站在维护正统思想的角度来指责康有为,但他在奏折中却讲出了康有为的眼高如天,因为康有为自号长素,而该奏折中称这个号的本意是"长于素王"。素王通常是指后世经学家给孔子的封号,康有为的此号说明他认为自己的贡献超过了孔子。他的这种自大也影响到了他的弟子,所以他有的弟子自号超回、轶赐,其言外之意:老师超过了孔子,而他们这些弟子也会超过孔门十哲中的颜回、端木赐。而后康有为被关进了监狱,梁启超在北京四方奔走疏通关节,他的这些活动果真起了作用,夏晓虹所编《追忆康有为》一书中收录了康门弟子卢湘父所言:"御史褚成博草疏付给事中余联沅劾奏……有旨着粤督李瀚章查办。幸李文忠(鸿章)、翁文恭(同龢)、黄绍基[箕]、文廷式、沈曾植、曾广钧等为缓颊,于是李瀚章覆奏,辩曰……于是得旨毁板,不复深究。"

为了救康有为，梁启超几经周折竟然动用了这么多的名士，终于大事化小，康有为被放了出来，而只是把他的《新学伪经考》禁毁了事。但经过这番折腾，康有为的名声以及他的观点反而在社会上流传开来。

康有为的这些离奇观点是哪里来的呢？从他的经历看，他曾经是朱次琦的弟子，朱在广东当地是颇有名气的学者，他被称为"九江先生"。然而朱九江的学术观是不分汉宋，也就是说朱不是一位纯粹的今文经学家。并且朱次琦特别推崇韩愈，所以他让弟子康有为学习韩愈的《原道》。但康有为却看不上韩愈的思想，他认为韩"不过为文工于抑扬演灝，但能言耳，于道无与，即《原道》亦极肤浅，而浪有大名。"但朱次琦是位宽厚的学者，他并未过多斥责康有为。那康有为整天想什么呢？康在《康南海自编年谱》中说："然同学渐骇其不逊……日埋故纸堆中，汩其灵明，渐厌之……静坐时，忽见天地万物皆我一体，大放光明，自以为圣人，则欣喜而笑；忽思苍生困苦，则闷然而哭；忽思有亲不事，何学为，则即束装归庐先墓上。"

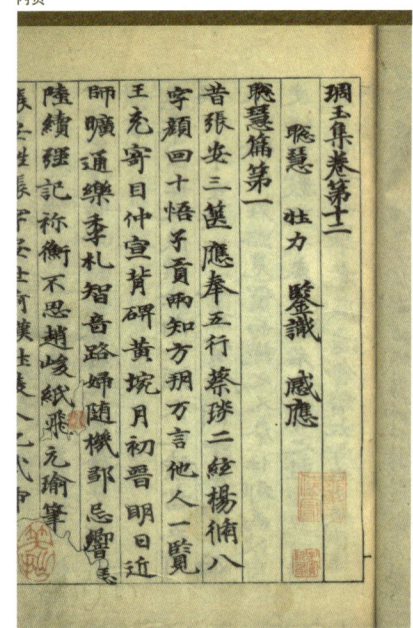

《琱玉集》残二卷，清光绪遵义黎氏刻《古逸丛书》本，内页

看来同学们也觉得这位康有为很奇特，所以跟他交往的人少了下来，于是康有为独自在那里冥想，有一天他突然顿悟了，其对自己顿悟情景的描写跟王阳明的悟道经过颇有一比。而梁启超在《康南海先生传》

中也印证了康有为喜好陆王心学:"又九江之理学,以程朱为主,而间采陆王。先生则独好陆王,以为直捷明诚,活泼有用,故其所以自修及教育后进者,皆以此为鹄焉。"

从这些描写就可以得知,康有为从小就有远大的志向,他敢于蔑视一切权威,实际情况比《自编年谱》所记载的更为狂妄。茅海建在《康有为与他的〈我史〉》中说他看到了《自编年谱》的原稿,而原稿之上还有"忽思孔子则自以为孔子焉""忽自以为孔子则欣喜而笑"等语。看来自大的康有为也觉得自比孔子有些不好意思,于是就删掉了这两句。

年轻时的康有为其实也研究过古文经学,并且曾有一度"酷好周礼"。在光绪六年,他还写过一篇《何氏纠谬》,该书是专门挑东汉今文经学家何休的错,看来那时的康有为并不认为今文经学都是好的。既然如此,他后来何以有了那样大的转变,也就是认为凡今文都对,凡古文都错呢?对于他的这个转变,应当有一个契机在,而关于这个契机,黄开国在《公羊学发展史》中说:"康有为在1890年前并没有

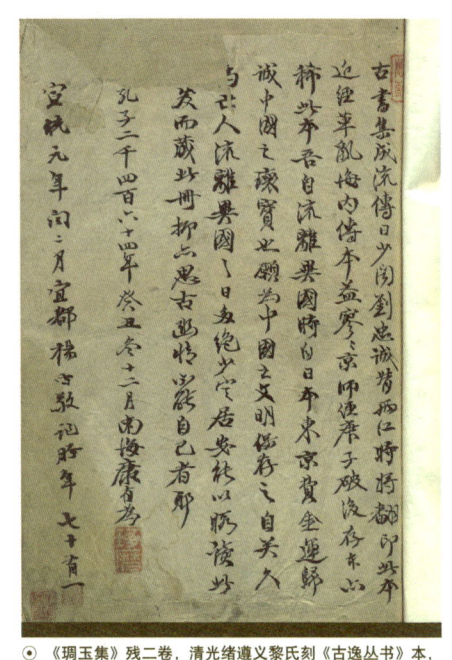

⊙ 《琱玉集》残二卷,清光绪遵义黎氏刻《古逸丛书》本,康有为跋

今文经学的思想观念。他讲《春秋》《公羊》学的孔子改制说,是在与廖平的羊城之会以后。康有为与廖平的羊城之会,发生在1890年年初。"

从以上的叙述可知，康有为年轻时就目空一切，这说明他具备了成为大师的潜质，但仅凭性格还不足以令他在这方面站稳脚跟，对他后来观点的形成具有启发作用的人是廖平。

光绪十五年，四川井研人廖平赴京参加恩科会试，而后考中了进士，他的老师张之洞当时任两广总督，张在广东时想编写《国朝十三经疏》，想到了弟子廖平，于是张把廖平叫到了广州，命其编纂《左传疏》。廖平在前往广东的路上路过苏州，在这里拜会了古文经学大师俞樾。而后廖平拿出自己的新作《知圣篇》和《辟刘篇》请俞樾赐教，俞翻阅后看到廖平的这两篇文章都是否定古文经学者，当然不喜欢，所以他对廖平的这两篇著作"不以为然"。

廖平到达广州后住在了广雅书局，而后将他的《知圣篇》和《辟刘篇》呈给老师张之洞，张之洞是古文经学观念，所以他看到弟子的这两篇文章后就没有俞樾那么客气了，张指出廖平的这两篇文章"大有流弊"。恰在这时，康有为从北京返回了广州，当时他住在安徽会馆，此前康有为在沈曾桐那里读到过廖平的《今古学考》，康对此书大感兴趣，而今他听到廖平来到了广州，于是康就带着同乡黄绍宪一同到广雅书局去拜访廖平。两人见面后，康有为很可能夸赞了廖平的观念是如何之好，而廖在此前刚刚受到了老师张之洞的斥责，康有为所言让他大感遇到了知音，于是几天之后，廖平又前往安徽会馆回访康有为。

看来两人谈得很深入，因为转年康有为就写出了《新学伪经考》。廖平看到此书时发现里面有许多观点跟自己很相像，这让他意识到正是自己所言启发了康有为写出了这部书。对于这件事，廖平在《六译馆丛书·经话》中作了这样的描述：

> 广州康长素，奇才博识，精力绝人，平生专以制度说经，戊

己间从沈君子丰［封］处得《学考》（即《今古学考》），谬引为知己。及还羊城同黄季度过广雅书局相访，余以《知圣篇》示之；驰书相戒近万余言，斥为好名骛外，轻变前说，急当焚毁，当时答以面谈，再决行止，后访之城南安徽会馆，黄季度病未至，两心相协，谈论移晷，明年，闻江叔海得俞荫老（即俞樾）书，而《新学伪经考》成矣。

按照廖平的说法，他把自己的《知圣篇》给康有为看了，而后两人谈得十分投机，可没想到的是，转年康有为就把他的论述变成了自己的新作。按照廖平的意思，康有为就是抄袭了自己的思想，但他在文中却只字不提自己的名字，这当然让廖平不开心，所以他就把这件事写成文章公布出来，而廖平的这部书广泛流传开来后，肯定有人会将此事转告给康有为，可是康有为此后却从不正面回应廖平所言。

那么《新学伪经考》到底是不是本自廖平的观点呢？对于这件事，竟然也是各有各的说法，马洪林在《康有为评传》中说："从经学史的角度审视，《辟刘篇》与《新学伪经考》都是攻击古文经学的，《知圣篇》与《孔子改制考》都是崇尚孔子和'六经'的，而且他们之间在许多重要论点上都有惊人的相似。"虽然马洪林认为《新学伪经考》与《孔子改制考》两书中的重要论点都跟廖平的那两部著作"有惊人的相似之处"，但是其潜台词则是说相似并不等于抄袭。更何况"廖平《知圣篇》《辟刘篇》原稿已在传抄中佚失，今存《知圣篇》与《辟刘篇》又经过补充完善，改名《古学考》，已不可能清楚表明康有为受到廖平影响这一历史事件的全貌，遂衍成中国近代思想史上的一桩学术'公案'。"

关于康有为的这两部著作是否本自廖平，黄开国在《廖康羊城之会与康有为经学思想的转变》一文中列出了八条证据，除了廖本人所言，康有为的弟子梁启超也明确地说其师转为今文经学观点本自廖平。梁在《中国学术思想变迁之大势》中说：

> 廖先生之治《公羊》，治今文也，其渊源颇出自井研（即廖平），不可诬也。然所治同，而所以治之者不同。畴昔治《公羊》者皆言例，南海则言义，故还珠而买椟；推究于义，故藏往而知来。以改制言《春秋》，以三世言《春秋》者，自南海始也。

面对康本人以及他人的否认，梁启超明确地称康有为的今文观念本自廖平"不可诬也"。而梁启超又接着解释说，虽然廖和康都搞今文，但他们研究今文的目的却并不相同，因为廖平是为了研究而研究，而康有为的研究目的是通过表彰今文经学来宣扬自己的思想。

对于康有为本自廖平这件事，张之洞也是这么认为的，张在给湖南学政江标的电文中说道："《湘学[报]》卷首即有素王改制云云，嗣后两见，此说乃近日公羊家新说，创始于四川廖平，而大盛于广东康有为。"张之洞的这段话倒是说得比较客观，他说康的思想本自廖平，但这些观点到了康这里才得以发扬光大。而今文经学家皮锡瑞在光绪二十三年十二月六号的日记中也写道："梁卓如送来《新学伪经考》，又从黄麓泉假廖季平《古学考》《王制订》《群经凡例》《经话甲编》，康学出于廖，合观其书，可以考其源流矣。"

另外马洪林在其专著中提到廖平的《知圣篇》和《辟刘篇》原稿丢失的情况，然而钱穆在《中国近三百年学术史》中称："今刻《知圣篇》，非廖氏原书，原书稿本，今藏康家，则颇多孔子改制说，顾颉刚亲见之。"看来廖平的原稿并没有丢失，而是藏在了康有为家，钱穆说顾颉刚曾亲眼看到过。如此说来康有为把廖平的手稿藏了起来，而后说丢了，再根据该稿进行一系列的改编，最后形成了自己的代表作。当然我的这番推论也没有什么依据，想一想这也是犯了康有为随意猜测的毛病。

且不管康有为的这两部代表作是否真抄袭了廖平的著作，但他们的会面的确是近代经学史上的一件大事。黄开国在《公羊学发展史》中给予了这样的评价："这次会面后，康有为之所以马上接受廖平的思想，是因为当时从北京归来的康有为正为寻求变法维新的思想武器而苦思冥想，而廖平的两部书正好为他提供了最合适的理论形式：借助否定古文经学，以否定君主专制的意识形态，借助孔子改制的大旗，来贩卖变法维新的理论内容。"

既然康有为的观念本自廖平，那廖平的观念就是对的吗？日本学者本田成之在《中国经学史》中予以了否定："因为今文说在经典上的材料甚少，随便发挥其意见都可以的，更有悍然附会到经书以外的说，因无反证，很易信口开河。所以或说孔子是革命家，或说是世界主义者的呢！那最出奇说的，莫过四川的廖平。"

但是这种信口开河式的论述方式不但符合了康有为的性格，更为重要者，他可以利用这样的叙述方式来表述自己的思想。为此康有为撰写了一系列相关著作，吴雁南等主编的《中国经学史》中说："光绪十九年（1893年），康有为还相继撰著了《孟子为公羊学考》《论语为公羊学考》《春秋董氏学》《春秋学》《春秋考义》《礼运注》《中庸注》《春秋笔削大义微言考》《孟子微》《论语注》《大学注》等今文经学著作。据《万木草堂丛书》目录所列，康有为的经部著作共有十九种。康有为不愧是清末杰出的今文经学家。"

这段评价可谓极高，但吴雁南等也认为康有为算不上经师，也就是说康有为并不系统地研究今文经学著作，他只是想以此来达到个人的政治目的，而这正是他与廖平的不同之处："康有为虽是今文经学家，但不是经师，他研究今文经学主要是用来鼓吹变法维新，其学术思想是与政治实践相结合的。这一点，他与廖平有所不同。廖平治今文主要是争孔子的真传，争经书的真伪，属纯学术性，康有为则是着眼于政治。"而后，该书得出的结论是："这就说明康有为借用今文经学，目的在于变法改制。"

康有为是如何在理论上自圆其说的呢？他首先是推崇董仲舒，为此写了一部《春秋董氏学》，他认为董仲舒才是孔子的正传：

> 夫孔子之大道在《春秋》，两汉之治以《春秋》。自君臣士大夫，政事法律言议，皆以《公羊》为法，至今律犹从之。由元明以来，五百年治术语言，皆出于朱子，盖朱子以为教主。自武、章终后汉，四百年治术言议，皆出于董子，盖董子为教主也。二子之盛，虽孟、荀莫得比隆。朱子生绝学之后，……仅如西蜀之偏安而已。……而董子之精深博大，得孔子大教之本，绝诸子之学，为传道之宗，盖自孔子之后一人哉！（《春秋董氏学》卷七）

为什么要如此推崇董仲舒呢？这是因为《公羊传》中并没有孔子改制这样的说法，而正是董仲舒第一个提出孔子改制说。这一点恰恰是康有为所认同的要点，而这也正是他推崇董仲舒的地方。黄开国在其专著中说道："《新学伪经考》之所以攻击刘歆、否定古文经学，康有为认定是因为刘歆伪造的古文经学掩盖了经学的微言大义，这个所谓微言大义的中心就是孔子改制说。"

康有为为什么要斥责古文经学的经典都是假的呢？他在《孔子改制考叙》中说道：

夫两汉君臣、儒生,遵从《春秋》,拨乱之制而杂以霸术,犹未尽行也。圣制萌芽,新歆遽出,伪《左》盛行,古文篡乱。于是削移孔子之经而为周公,降孔子之圣王而为先师,《公羊》之学废,改制之义湮,三世之说微,太平之治,大同之乐,暗而不明,郁而不发。我华我夏,杂以魏、晋、隋、唐佛老词章之学,乱以氐、羌、突厥、契丹、蒙古之风,非惟不识太平,并求汉人拨乱之义亦乖剌而不可得,而中国之民遂二千年被暴主、夷狄之酷政。耗矣,哀哉!

古文经学家系统地研究传统经典,他们认为孔子的许多观念是叙述前人所言,这样就使得孔子只是位先师而不能成为教主。而后中国的两千年之乱就是因为古文经学家的这个观念所致,所以刘歆提倡《左传》而抵制《公羊》,这让康有为大为不满:

刘歆以《左氏》破《公羊》,以古文伪传记攻今学之口说,以周公易孔子,以述易作,于是孔子仅为后世博学高行之人,而非复为改制立法之教主圣王,只为师统而不为君统,诋素王为怪谬,或者以为僭窃,尽以其权归人主,于是天下议事者引律而不引经,尊势而不尊道,其道不尊,其威不重,而教主微。教主既微,生民不严不化,益顽益愚,皆去孔子素王之故。

那么康有为为什么要拔高孔子的地位呢?梁启超在《清代学术概论》中予以了这样的解读:"有为谓孔子之改制,上掩百世,下掩百世,故尊之为教主;误认欧洲之尊景教为治强之本,故恒欲侪孔子于基督,乃杂引谶纬之言以实之;于是有为心目中之孔子,又带有神秘性矣。"故而黄开国在其专著中给出了这样的断语:"康有为以孔子为教主,带有以儒教对抗西方的基督教的意义,也是变法维新期间他的'保教'与'保种'并重的思想基础。"

由此就可以明了了,康有为首先通过打击古文经学来抬高孔子的地位,而后利用孔子的观念来达到他的政治目的。虽然有些话孔子没有说过,然而《公羊传》却有着解读,这也正是康有为看重《公羊传》的地方。梁启超在《戊戌变法》中解释道:"论三世之义,春秋之例,分十二公为三世,有据乱世,有升平世,有太平世。据乱、升平,亦之小康,太平亦谓之大同,其义与《礼运》所传相表里焉。小康为国别主义,大同为世界主义,小康为督制主义,大同为平等主义;凡世界非经过小康之级,则不能进至大同,而既经过小康之级,又不可以不进至大同;孔子立小康义以治现在之世界,立大同义以治将来之世界。"梁启超的这段话终于亮出了康有为的真实目的,他不过就是用《公羊传》上的一些说法来给自己的政治观念找到依据。故而吴雁南等主编的《中国经学史》中作出了如下的结论:"康有为在《新学伪经考》中否定了封建主义的孔子,在《孔子改制考》中塑造了一个资产阶级化的孔子,把孔子描绘成为维新运动的祖师,进而打着孔子的旗号来鼓吹变法改制。"

此程在青岛寻访完毕后,在酒店订好了车票,等票的过程中无意间翻看寻访名单,猛然看到竟然忘记了去拍康有为墓和他的故居,立即查看地图发现这两个地方相距甚远,而此时距火车发车的时间还有三个小时,我决定用这段时间访到这两个目标。

拦下了一辆出租车,而后拿出地图向司机指出这两个地点,他听闻我的行程后,认为访此两处再赶往火车站时间上来得及。司机看上去约六十岁年纪,然其开车却极其利落,为了能够给我多挤出一点时间,其把车开得飞快,没用多少时间就来到了我要找的康有为墓附近。此墓位于青岛市南区浮山南麓,青岛大学北,青大一路与宁德路交叉口向西一百余米，停车之后我在这一带却看不到康有为墓所在的具体位置，在此路的旁边看到了一处山坡，全部用栏杆围了起来，虽然有台阶可登坡而上，然而却设置了大铁门，而今大门紧闭。我用力敲击一番，里面无人应答。

康有为墓简介

我的举动全被司机看在眼里，他可能觉得我实在太笨，于是下车走到了铁门旁，他把手

康有为墓

从侧边的栏杆穿过去，用力向内伸进，而后摸到了门闩，稍一用力门就打开了。这让我大感兴奋，同时也佩服他如此的有办法。

司机回到车上后，我向院内走去，没成想大门的侧旁有一间小房屋，这间房子看上去像收发室，而此刻从房内走出了三个人，面对此况我的心瞬间凉了下来：不请自来让人抓个正着。但我注意到这三人的脸上并无愤怒之色，而他们身上的着装都是环卫服。其中一位问我为什么进来，我本想向他解释刚才敲门的经过，但我觉得这种解释徒劳无益。于是直言自己是想来给康有为墓拍照，拍完后会马上出去。此人闻言大手一挥，告诉我说康墓就在上方，赶快去拍吧。

由喜变惊而后又由惊变喜，短短的几分钟有着如此的起伏与落差，搞得我心中颇难适应。但能够进内拍照，还是感到了一丝轻松。于是按照所指，向前走去，院的前方是登山的石阶。踩过这几十级台阶，眼前所见是一个平台，平台上右侧有省级和市级文保单位铭牌，非并列而是一正一侧，再上十余阶，就看到了康有为墓。他的墓前有两块墓碑，墓碑的制式也有些奇特，正中者为刘海粟所书，落款为"弟子刘海粟，年方九十"，另一碑为民国十八年所立者。正欲拍照，不小心手指擦到镜头，为此行第一次犯这种错误，没带镜头纸，只好用手中纸拭之，效果肯定会打折扣，然无奈，只好继续拍照。

拍完康有为墓，立即跑到院外重新上车，直奔其故居，其故居位于市南区福山支路5号，这条路颇为狭窄，然路的两侧却有不少的老别墅，看来这也是当年的富人区。在康有为故居的门口有大型广告牌，上书：青岛康有为故居纪念馆——天游园，门口有收发室，室内无人，赶快进园拍照，院子不大，占地七八亩，地面已全部硬

⊙ 康有为墓全景

化，楼为欧式建筑，明二暗三，外观保护得很完整，院门旁有青岛市文保单位石牌。

拍完院落后，试着走上石阶向里探望，门厅有康有为坐式铜像，看面庞最多有五分像，像背后的墙上录了一段毛泽东对他的评价，转到侧面，墙上挂着端木蕻良用油画给康所画半身相，正欲拍照，里面走出一妇女，从严肃的脸上看，应当是工作人员："这张像可以照，再迈过这个门就不能拍照了。"

⦿ 青岛栈桥

⦿ 楼上的匾额

为什么有这样的奇特规定？让我半天没有醒过味来，但也只好按要求办事。于是匆忙地拍了几张照片，赶快回到车上，请司机立即把我送到了青岛火车站。

到火车站离开车时间尚早，转身望去，海边仅百步之遥，前往观之，不远处就是栈桥，二十余年前我曾来此一游，今站在寒风中望去，感觉景致无丝毫变化，而我已两鬓渐白，物是人非之感油然而生。感慨一番之后，我注意到旁边有一家麦当劳，此时距开车还有一会儿时间，于是就走进麦当劳内，准备找个座位写日记。这家麦当劳乃是上下两层，楼下客满，而楼上人也很多，此时我却没有

⊙ 康有为故居

饥饿感,可是自己独占一桌在那里写日记还是有些不自在,于是跑到楼下买了份餐摆在桌子上做道具,清扫人员走到我桌旁时,我顿时感到心安理得了许多。

曹元弼：精研《礼经》，最重《孝经》

曹元弼乃是民国间最具名气的经学家之一，他的生平事迹多载于其弟子王大隆所写《吴县曹先生行状》中，该《行状》首先讲述了其家族履历："先生姓曹氏，讳元弼；字谷孙、又字师郑，一字懿斋；号叔彦，晚号复礼老人，又号新罗仙吏。系出宋武惠王讳彬后，八世祖侍楼公，明诸生，清初自安徽歙县迁吴，遂占籍江苏吴县。曾祖敬堂公讳炯，国学生；曾祖妣张氏。祖云洲公讳维坤，国学生；祖妣陶氏。父锦涛公讳毓俊，同治丁卯举人；妣倪氏。自曾祖以来，世以岐黄术济世，全治无算。"看来到了曹元弼父亲曹毓俊这一代才出了第一位举人，然从曹氏曾祖开始曹家代代出名医，到了曹元弼这一代，其兄弟三人尤以大哥曹元桓在这方面最具名气。

曹元桓在苏州很有名气，当地人都称他是御医，这跟他的一段特殊经历有关系，《清实录》光绪三十四年戊申冬十月癸酉载："上疾增剧……谕令各省将军、督抚，保荐良医。旋据直隶、两江、湖广、江苏、浙江各督抚，先后保送陈秉钧、曹元桓、吕用宾、周景涛、杜钟骏、施焕、张鹏年等来就诊视。"

这段话说的是从清光绪三十三年开始，皇帝病重御医无措，于是从各地保举名医来替皇帝诊疗。由此可证，曹元桓的医术之高明已经传到了京师。对于这件事，元桓本人也很得意。宣统元年，他在为陈莲舫编著的《女科秘诀大全》一书所写序言称："往岁，德宗病剧时，余与先生同应征召，赶赴京师，会晤于旅邸中，讨论方药，得聆清诲。"看来当时陈莲舫也被招往京城给皇帝看病，他两人在旅店中相见而后成为了朋友。而这件事使得曹元桓在苏州当地的名气更响了。我在苏州打听曹元弼故居，对此少有人知，而问及曹元桓则大多数人均能点出他是御医。

曹元弼乃是曹家三兄弟中年岁最小的一位，然而他从小聪明异常，《行状》中写道："先生生而奇慧，三岁云洲公教以八卦奇偶，颇能辨别。四岁锦涛公教以《易》本义前卦歌及四子书、群经，已能通晓大意。"看来曹元弼从小对《易经》感兴趣，三岁就开始玩耍卦象，四岁时就已开始系统地学习《易经》，这样的早慧的确令人吃惊。而后的学习经历，也证明他果真是一位读书种子："光绪辛巳，幼童科试第四名入序。元和训导、六合唐公毓和得先生卷，心器之，以女字之。乙酉，调取江阴南菁书院肄业，从定海黄先生以周问故。时大江南北才俊士咸集南菁，朝夕切磋，而尤与娄张锡恭、太仓唐文治交笃，质疑问难无虚日。是年，选充拔贡生第一名。学政瑞安黄公体芳奇赏之，于卷后加批云：'他日当以经济气节名世。'旋中式本省乡试第二十七名举人。"

如果不出意外的话，曹元弼肯定是科举方面很有成就的人物，可惜因为他眼睛高度近视，而使得他在这方面大受压抑。《行状》中称："甲午会试中式，以目疾未与廷试。乙未补行殿试，时殿廷试竞尚书法，习以成风。先生自幼以用精太过，目疾甚，不能作楷，问卷者既列二等矣。有御史熙麟参奏，奉旨提卷呈览。常熟翁文恭公方入直，面奏曹元弼虽写不成字，实大江以南通经博览之士。卒以字迹模糊，降列三等五十名，以中书用。文恭曾太息谓：'经生安能与时流争笔画之工哉！'时南皮张文襄公方督两江，延为书局总校。"

曹元弼通过了会试考试，但因为眼睛问题没有参加廷试，转年补考时他依然因为字写得不好而被列为二等卷。科举考试首重字写得是否好看，而曹元弼因为眼睛问题，在这方面很吃亏，但也有人替他打抱不平。比如翁同龢为此事面见皇帝替曹元弼解释，称他是有名的博学之士，希望不要因为字不好而压抑他的名次。然而科举考试有其规矩在，再加上曹元弼字写得实在太差，致使他的名次排到了第三等。

曹元弼因为近视而让他的字变得很差，究竟差到什么程度呢？郑逸梅的《掌故小札》中有《三眼灶曹元弼》一文，此文中称："光绪二十一年乙未进士，与吴卓人同科，后赏编修。卓人尝告人曹目近视，其赴乡试也，文中用一灶字，试卷有格，而格扁隘，灶字笔画又多，曹以近视故，一灶（竃）字竟溢及三格，科场中人腾为笑柄，因以'三眼灶'呼之。及年迈，目力愈不济，故曹虽翰苑中人，而其法书，外间绝少见也。"

曹元弼在乡试时，其考卷上有一个灶字，但此字的繁体笔画很多，曹因为近视，这一个字竟然占了三格，这在当时被传为笑话，那些人给他起了个绰号叫三眼灶。而到晚年，其眼睛就几近失明，只能靠口授来撰写文章。从这个侧面也可反映出，曹元弼是何等的博闻强记。他所研究的内容，基本都与经学有关，而那么多的经学原文，他竟然靠记忆写出，仅凭这一点就足可令人惊讶。对于这一点，《民国笔记小说大观》第四辑中所收《梵天庐丛录》有如下记载："吴县曹叔彦检讨元弼，盛气成名，著述满家。然双目短视，咫尺不辨。吐属宏深，语成文采，于故书雅训，百不失一。尝与人论《太平御览》某事在何类、何卷、何叶，其原采何书。人检之，无纤毫误者，故皆服其精博。"上千卷的《太平御览》曹元弼都背得下来，如此强的记忆力确实令人叹服。

曹元弼乃是位饱学之士,却因为近视眼而不能考取好的功名,这一点真令人惋惜。然而从相应资料来看,他并非是天生的近视眼,其高度近视恰恰是因为他太用功了。顾颉刚所撰《苏州史志笔记》有《曹元弼身后》一文,此文中称:"闻尹石公云:'曹先生目疾,据其自言,由点孙诒让《周礼正义》来。'此书卷帙繁重,而铅字排印,疏文奇小,点读一过,遂盲其目!伤哉!"

曹元弼眼睛近视,竟然是因为孙诒让的《周礼正义》,因为此文字号太小,而尤其双行注文部分字更小,曹元弼认真研究此书,竟然为此而伤了眼力,以至于让顾颉刚都替他哀伤。然而孙诒让的此书,的确字号很小,再加上印刷质量不高,很多小字看上去模模糊糊。我所得到的一部也确如顾颉刚所言,很难看清上面的小字。因为某部书印刷质量不高,而影响了一位重要的经学大师的目力,这件事的确令人感慨。

虽然如此,但苏州曹氏的确是人才济济。郑逸梅在《掌故小札》中称:"曹氏一门,人才鼎盛,长兄元桓,字智涵,即御医曹沧洲是;二兄元福,字再韩,光绪九年癸未翰林。民国七年,张勋复辟,伪谕为护理河南巡抚。堂昆仲则有元忠,字君直,举人,版本专家;元森,为曹锟幕僚。"由这段记载可知,曹氏一门在苏州有着广泛的影响力。虽然每个人的成就不同,而其兄弟几人,却相互间关系处得极其融洽,《行状》中称:"先生内行纯笃,事亲孝,虽笃老,每述恩慈,辄呜咽不已,与兄元桓、福元痛痒相关,出入必偕,终身无间言,祥和之所充溢门庭,吴中数孝弟家风者,必以曹氏为首。"

曹氏兄弟几人,唯有曹元弼在传统的经学方面用尽了毕生的精力。《行状》中称:

先生说经一以高密郑氏为宗,而亦兼采程、朱二子,平直通达,与番禺陈氏为近,而著书二百余卷,总三百余万言,则又过之。同县吴文安公曾谓:"吾苏二百六十年,前后两人焉。昆山则有亭林先生,吴县则为吾叔彦先生,振纲常,扶名教,为宇宙间特立独行之真儒。"识者谓为"千古之公论"。

在经学方面,曹元弼最为推崇郑玄,但他对宋学也并不排斥,从这点而言,他跟陈澧特别相像。然而在研究成果的数量方面,他却超过了陈澧,以至于被当地人视为苏州一地顾炎武之后的第二位经学名家。

如前所言,曹元弼最为推崇郑玄,以至于他给自己起的字为"师郑"。而曹元弼研究"三礼"郑注,竟然跟他幼年时读《毛诗》有很大的关联。他的弟子沈文倬在《曹元弼〈古文尚书郑氏注笺释〉》一文中说:"幼年好《毛诗》,读陈奂《诗毛氏传疏》,见其所述名物制度与礼经多不合,领会到通礼才能通诗,遂专攻'三礼'郑注,尽得郑玄精义,成为笃守郑氏之学的经学家。"

曹元弼对礼学的研究成果,以《礼经校释》最具名气。他何以起了这样一个书名?曹在该书的序言中自称:"校者,校经、注、疏之讹文;释者,释经、注、疏之隐义。"而对于撰写此书的缘起,他在序言中也有交待:"阮氏校各本异同,而众本并讹则未及读正,学者于疏文仍不免隔阂难通。胡氏(即胡培翚)依注解经,而于注之曲寻道意迥异俗说者,或以为违失而易之,又多采元敖继公、明郝敬两妄人说,而引贾疏特少,时议其非,皆其千虑之失也。"

看来曹元弼撰写《礼经校释》一书,是对阮元主编的《十三经注疏》表达了不满,尤其胡培翚《正义》引用贾公彦的《疏》数量太少。曹元弼认为"贾《疏》有极条畅处,有极简当处,实非不善行文者"。看来曹对贾公彦《疏》最为推崇,但他也承认"贾氏之书诚不能无误,然以弼观之，误者十之二，不误者犹十之八，皆平实精确，得经《注》本意，盖承为郑学相传古义，非贾氏一人之私言也。特唐中叶后，治此经者鲜，故其文衍脱错多非其旧，学者当依文剖裂以雪其诬，不得遂以为非"。

虽然贾《疏》中也有错误之处，但曹元弼还是认为正确者占八成。更何况曹元弼的观念，很多是本自郑玄，而这也正是他重视贾《疏》的地方。可惜的是，唐代中期以后的学者，少有人研究《礼经》，以至于该经产生了很多的错讹，而这也正是他撰写此书的主要原因。

对于曹元弼的《礼经校释》一书的价值所在，《续修四库全书总目提要》给予了较高的评价：

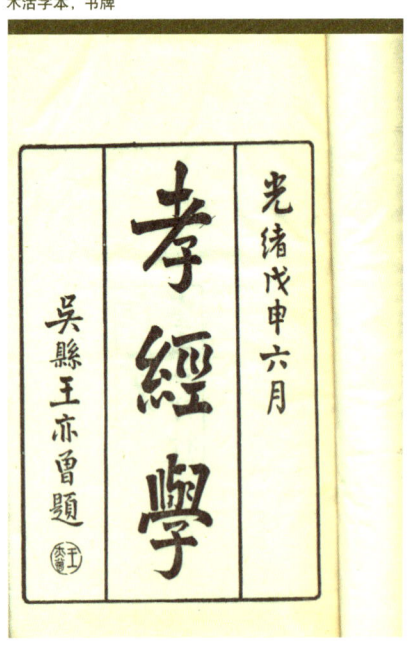
⊙ 曹元弼撰《孝经学》七卷，光绪三十四年江苏存古学堂木活字本，书牌

是书大意见《叙》，一谓贾疏沉实精博，多得经注本意，惜唐中叶后讹舛日滋，沉蕴千载。平心读之，顺其上下，推其本意，正讹补脱，乙衍改错，不下千余处，而后贾免于诬。一谓胡氏之书即胡培翚《正义》，体大思精，唯恐小疵或累大纯，择取其各说异于注者，推其致误之由，为《正义》订误，而后经义不为异说所淆。而《丧服》所释特多，概本为撰《礼经纂疏》底本。综观全帙，原来以发明郑《注》、贾《疏》为主，但

仍有可以补正者……是书于为人后者服各节，发议皆极正大，驳胡氏用敖继公诸说，亦为不缪，洵郑、贾之功人也。

曹元弼对礼学的研究，另有《礼经学》一书，对于此书的来由，王大隆在《行状》中有如下表述：

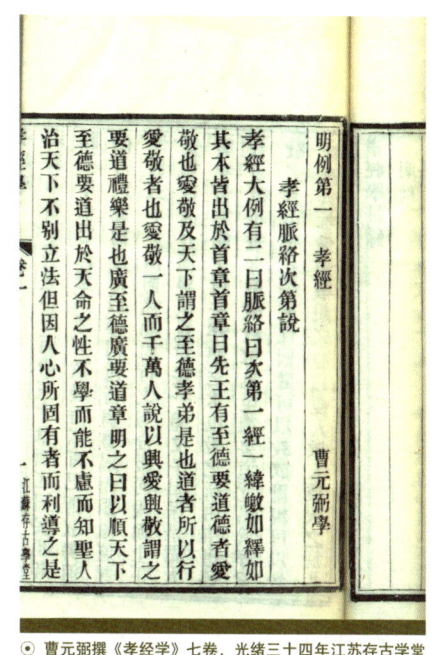
◉ 曹元弼撰《孝经学》七卷，光绪三十四年江苏存古学堂木活字本，卷首

> 未几，文襄命编十四经学，立治经提要钩玄之法，约以明例、要旨、图表、会通、解纷、阙疑、流别七目。先生以兹事体大物博，任重道远，发愤覃思，闭户论撰，寝食俱忘，晷刻必争，冀速揆于成。已刻者《周易学》八卷、《礼经学》九卷、《孝经学》七卷。刻而未竟者《毛诗学》《周礼学》《孟子学》各若干卷。其《论语学》则改题曰《圣学的挽狂录》者也。

光绪二十三年，张之洞聘曹元弼前往两湖书院任主讲，而后张命曹编《十四经学》，其实就是《十三经》加《说文解字》，其中就有《礼经学》九卷和《孝经学》七卷。关于《礼经学》与《礼经校释》的区别，邓声国在其专著《清代〈仪礼〉文献研究》中称："《礼经学》一书是曹元弼研究《仪礼》学的又一著作。与《校释》不同的是，该书并不着眼于《仪礼》经文本身的字词诠释或校勘，更强调《仪礼》一书总纲性的全局问题研究,具有重要的学术价值。"

对于《礼经学》一书的撰写特色,邓声国在其专著中首先称:"曹氏以为礼之大体有五,曰亲亲、尊尊、长长、贤贤、男女有别。亲亲之礼有八,包括《士冠礼》《士昏礼》《士丧礼》《既夕礼》《士虞礼》《特牲馈食礼》《少牢馈食礼》《有司彻》;尊尊之礼有五,包括《燕礼》《大射仪》《公食大夫礼》《聘礼》《觐礼》;长长之礼二,即《乡饮酒礼》《乡射礼》;贤贤之礼有三,即《士相见礼》《乡饮酒礼》《乡射礼》;男女有别之礼惟一,即《士昏礼》;亲亲、尊尊、长长、贤贤、男女有别五者皆备之礼一,曰凶礼《丧服》篇。"除以上的这些叙述之外,曹元弼还把各礼中的"大礼"又分为"经"和"纬"两类,对于这样的分法,邓声国评价道:"通过这样一番'大体'的阐述,形象地把握住了《仪礼》诸篇所隐含的古代宗法制度,对后人深入探寻儒家的思想价值观,具有全局性的指导意义。"而对于该书的整体价值,邓声国又称:"曹氏《礼经学》一书的《礼经》凡例可谓集清代学者凡例研究之大成,既综合纂辑前人研究之成果,在此基础上又有所整合和调整,将自己的诠释创见融入其中。应该说,这亦是一种有意义的诠释整理工作。"

曹元弼在两湖书院期间,另外写出了《孝经学》七卷,对于《孝经》一书,曹元弼给予了很高的评价。他的这个观念应当也是本自郑玄,因为郑玄在《六艺论》中称:"孔子以六艺题目不同,指意殊别,恐道离散,后世莫知根源,故作《孝经》以总会之。"郑玄把《孝经》看得如此高大,而曹元弼崇拜郑玄,他当然对《孝经》很是高看。曹在《古文尚书郑氏注笺释》中称:"大圣孔子,包囊古先圣王至德要道大政大教,以肫肫之仁体天地生生之大德。论撰《易》《诗》《书》《礼》《乐》,制作《春秋》,总会于《孝经》,为万世预立拨乱兴治、有治无乱之法。"

曹元弼：精研《礼经》，最重《孝经》

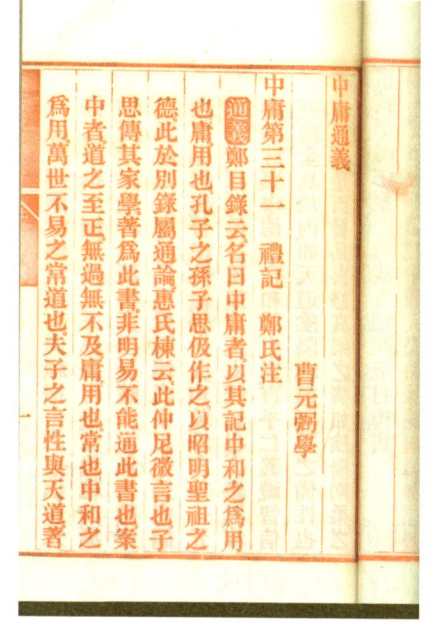

⊙ 曹元弼撰《中庸通义》二卷，民国二十三年铢印本，书牌

⊙ 曹元弼撰《中庸通义》二卷，民国二十三年铢印本，卷首

曹氏跟郑玄的说法一样，《孝经》乃是"六经"的总汇，具体是怎样总汇的呢？曹元弼在其《孝经学》中称：

> 《孝经》为六艺之总会。以《孝经》通《易》，而伏羲立教之本明；以《孝经》通《礼》，而纲纪法度会有极，统有宗。法可变，道不可变；以《孝经》通《春秋》，而尊君父讨乱贼之大义明，邪说诬圣，不攻自破；以《孝经》权衡百家，如视北辰以正朝夕是非有正，异端自息；以《孝经》观百代兴亡，而爱敬恶慢之效，捷于影响，昭若揭日月而行。

如前所言，曹元弼对《礼经》的研究最为深入，那么《礼经》和《孝经》之间的关系是怎样的呢？曹在《礼经学》中解释道：

六经同归，其指在《礼》。《易》之象，《书》之政，皆礼也。《诗》之美刺，《春秋》之褒贬，于礼得失之迹也。《周官》礼之纲领，而《礼记》则其义疏也。《孝经》礼之始，而《论语》则其微言大义也。

《礼》之本在《孝经》……经礼三百，《曲礼》三千皆周公以孝治天下之实事，节文度数，委曲繁重，无非爱人敬人之意。

既然《孝经》跟《礼经》有如此重要的关系，那么两经相比哪个更重要呢？曹元弼认为"孔子行在《孝经》，立人伦之极，致中和赞化育之仁，发育万物，峻极于天，其本尽在《孝经》"。然而从经学历史上来看，有不少的学者认为《孝经》并非是孔子所撰。比如西汉孔安国就认为《孝经》的作者可能是曾参，他在《古文孝经序》中称："唯曾参躬行匹夫之孝，而未达天子诸侯以下扬名显亲之事，因侍坐而咨问焉，故夫子告其谊，于是曾子喟然知孝之为大也，逐集而录之，名曰《孝经》。"

到了宋代，朱熹对该书的怀疑更为彻底，《朱子语类》上载："《孝经》独篇首、六、七章为本经，其后乃传文。然皆齐、鲁间陋儒纂取《左氏》诸书之语为之，至有全不成文理处，传者又颇失其次第，殊非《中庸》《大学》之俦也。"朱熹认为《孝经》不是部正经的书，因为这是一些水平很差的儒生从《左传》等书中摘了一些字句，而后编成了这样一部书。而后的梁启超也本持这种观点，其中《经籍解题及其读法》中说："《孝经》自汉以来，已与《论语》平视，今且列为'十三经'之一，其传孔子'志在《春秋》，行在《孝经》'，以为孔子手著，即此两种。其实此二语出自纬书，纯属汉人附会。《经》之名，孔子时并未曾有，专就命名论，已是征其妄。其书发端云：'仲尼居，曾子侍。'安有孔子著书，而作此称谓耶！"

然而这些说法并不影响曹元弼对《孝经》一书的推崇,他坚信此书的作者就是孔子,而更为重要的原因是郑玄曾经注过《孝经》,因此他的《孝经学》就本持着郑注的观念。

其实曹元弼的经学研究,不仅仅是这两个方面,他在两湖书院期间,跟梁鼎芬共同编了一部《经学文钞》。对于这件事,王大隆在《行状》中称:"在院与番禺梁文忠公同辑《经学文钞》,而相与论学者,则番禺马贞榆、陈宗颖,长沙胡元仪,丹徒陈庆年,同县王仁俊,宜都杨守敬,宛平桑宣,合肥蒯光典,罗田姚晋圻也。"

王大隆明确地说《经学文钞》是其师曹元弼跟梁鼎芬共同编辑而成者,但有人却不认可这种说法,比如澳门大学教授邓国光在其所撰《曹元弼先生〈经学文钞〉礼说初识》一文中称:"在两湖书院之时,与番禺梁鼎芬善,编辑《经学文钞》十七卷,虽共署名梁氏,实则曹先生之力为多,其序文已透露实情。《经学文钞》乃系统选辑历代论述经学要义篇章,两湖书院学子所必读,其后唐文治先生讲学'无锡国学专修学校',亦要求学子参读。盖实事求是,掌握经学大义,此书实为入门坦途。"看来该书的主要编辑者乃是曹元弼,该书而后也就成为了两湖书院的教辅材料。曹元弼为《经学文钞》写了篇序言,而该序正表明了他的经学观,比如此序起首即谈:

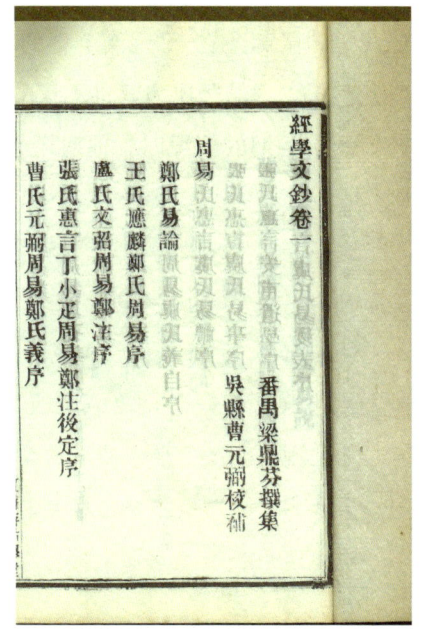
⊙ 梁鼎芬、曹元弼辑《经学文钞》十五卷,光绪三十四年序江苏存古学堂木活字本,卷首

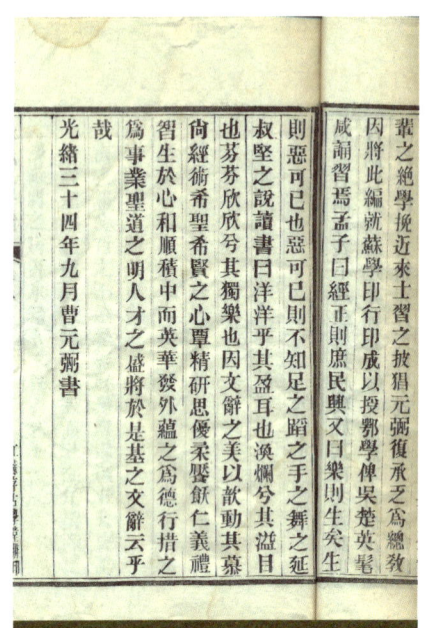

梁鼎芬、曹元弼辑《经学文钞》十五卷,光绪三十四年序江苏存古学堂木活字本,序言

《六经》之道与文至矣。《易象》《象》《系辞》《文言》《诗序》《春秋传》《礼》七十子后学之记,皆所以发明前圣制作精意,其文章之懿,清明象天,广大象地,穷高极远而尽精微,溥博渊泉而道中庸,见天地之心,着人情之实,是用《六经》之道,昭炳光明;夫子之文章,永亿万世,可得而闻,所谓"文王既没,文不在兹者",此其大彰明较著者也。

曹元弼对于"六经"的推崇,让我想到了韩愈在《调张籍》中的名句:"李杜文章在,光芒万丈长。"曹元弼把"六经"视为万世不灭的真理,而后他回顾了经学的历史,谈到清中后期的情况时,他对于经学的衰落很是痛心:

> 道咸以来,考据之学渐流破碎,小言害义,耗心绝气于一名一物,既于先王大道、经世之务,捍格不入,迷惑无闻,而巧说骋辞,变本加厉,遂以猖狂怪诞之言,荡众心而召世祸。近复杂以支离鄙倍之名词,奇衺不衷,生于其心、发于其言。文义乱则古训亡、经术晦,是非无正,三纲五常,无不可横决倒悬。揆厥由来,未始非分文析字、说不急之言,不能使学者因文见道、明体达用,阶之厉也。

曹元弼：精研《礼经》，最重《孝经》　　991

面对经学衰落的局面，曹元弼挺身而出，他要恢复经学对社会的整体影响，而这也正是他编写该书的原因。从该书的《条例》上来看，《经学文钞》一书所收录者，均为汉学家的著作："是编所录，多汉学类之文，宋元明儒发挥汉学之文，亦悉采录。其家法与汉儒不同者，当别为《理学文钞》，以免多加按语，曲生分别。并非是丹非素，有轩轾之意，学者勿误会。"但曹元弼也在这里解释称，他还要编《理学文钞》一书，可惜这部书后世未曾看到。

清代结束后，曹元弼以遗老自居，他退回到苏州家中，把自己所有的精力都用在了经学研究方面。王大隆在《行状》中称：

> 孔林被兵燹，清东陵被盗发，则驰文赀助修之，暇则为诸弟子讲授经义，毅然以守先待后为己任。念洪荒初辟以来，中国圣教王道所自始，人类所以孳生不绝之由，反本复始，潜心

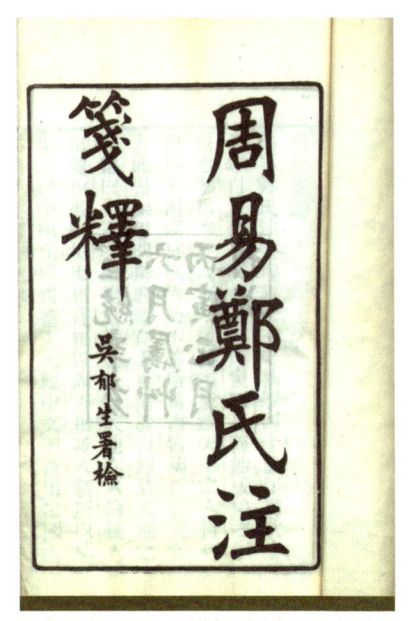
⊙ 曹元弼撰《周易郑氏注笺释》十六卷，民国十五年刻本，书牌

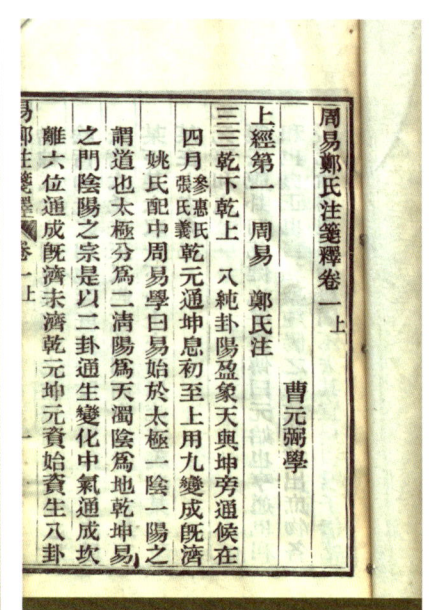
⊙ 曹元弼撰《周易郑氏注笺释》十六卷，民国十五年刻本，卷首

学易，以前儒之说犹有未尽，更定体制，以郑注为主，采荀、虞诸家及古易说为之笺，而以己意贯穿惠栋、张惠言、姚配中及各家说释之。由先儒之说以通经传，由经传以定先儒之异同得失，苟义有不慊，十易其稿而犹未已，必心安理得而后写定。历十七年成《周易郑氏注笺释》二十八卷。

这个阶段他写书十分困难，因为他的双目已经失明，其弟子沈文倬在《曹元弼〈古文尚书郑氏注笺释〉》中称："师在七十岁以前，致力于《易》《礼》二经的研究，完成《周易郑氏注笺释》《礼经校释》《礼经学》等有影响的名著。又为阐明全经义理，写了《述学诗注》一书，其实就是一部完备的《中国经学史》。在七十五岁那年，他说：'所欲著书尚多'，惟'《尚书》为古代施于政治'之书，也是'郑学'精义所在，决心写《尚书笺释》。因平日用功过度，双目已失明，只能背诵口说，请人笔录，寒暑无间，历十一年而写成四十二卷。"

曹元弼完全靠背诵来著书，这一点少有人能够做到。当然能够听得懂他背书内容者也绝非等闲人物，黄恽先生的《古香异色》中有《曹元弼的"黄昏恋"》一文，该文中称："曹大师在他的阊门西街寓所，不是用鼻子'嗅'书，就是对自己的特聘秘书口述，为之笔录，秘书在笔录之余，兼理家务。曹元弼的元配夫人唐氏早逝，膝下无子，继配王氏也死了，生活就靠女秘书打理。这位女秘书，就是他的堂妹曹元燕女史。"

既然曹元弼有几位弟子很有名，那他为什么不靠弟子的帮助来进行撰述呢？沈文倬的文中记录了曹元弼跟他的一番感慨："及我门者，松岑（金天翮）最早，他才气横溢，长于文史；经学则一无所成。欣夫（王大隆）初治戴记，颇具识见；后来溺于版本、校勘之学，半途而废。青在（汪伯年）少年治《易》，精进可喜；方期

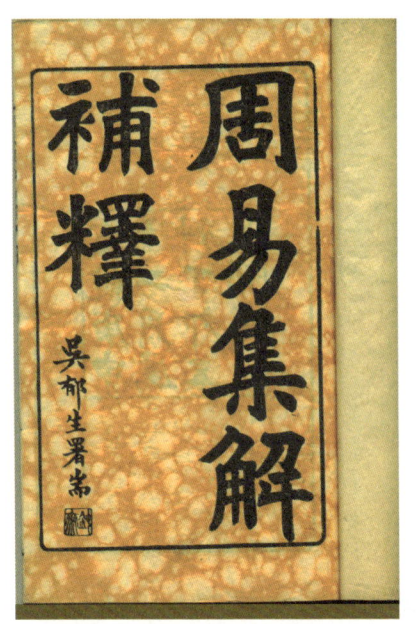 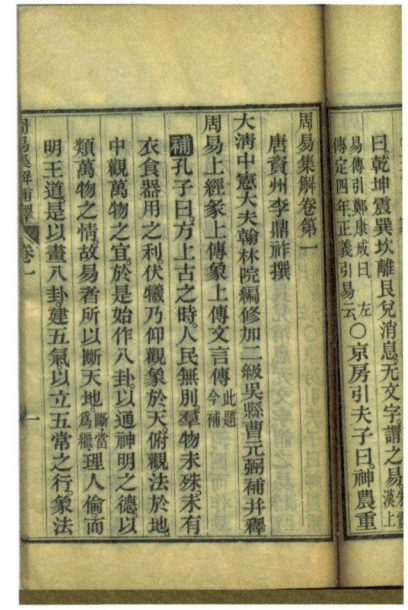

⊙ 曹元弼撰《周易集解补释》十七卷，民国十六年刻本，书牌　　⊙ 曹元弼撰《周易集解补释》十七卷，民国十六年刻本，卷首

传我郑易，不幸短命死矣。晚年得我弟，敏疾不及诸子，善守可望有成。我所希望于我弟者，不仅传我礼经，还要为我完成笺释《礼记》之志。十三经中《礼记》最难治，分别今古文，删除羼入之篇章，都不易做到的，我有志于此而一直没有动手，看来是无法实现了。这责任你要负起来的。"

　　曹元弼的几位弟子而后都很有名气，可惜他们的研究方向都转向了他途。比如天放楼主人金天翮转而撰述文章，在经学方面完全放弃。王大隆是他颇为欣赏的一位弟子，可惜王后来转向了目录版本之学。虽然王大隆成为了著作的版本目录学家，然而他的经学研究却半途而废。余外的几位弟子也没能在经学方面有所成就，这个结果让曹元弼大为感慨。而后他希望沈文倬能在《礼经》研究方面有所成果，可惜的是因为社会环境的变化，沈在这方面也没能有所成就。

随着时代的变化，曹元弼所本持的经学日渐衰落下去，但他的成就却受到了后世的肯定，比如顾颉刚在《苏州史志笔记》中专有《曹元弼著述》一节，顾在此节中列出了曹元弼的各种著述之后，接着评价道："曹氏在今日，为唯一之经学家，惟其学与清代学者不同，清代学者求知而已，固不求用。曹氏则受张之洞《劝学篇》之影响，必欲措诸实用；或亦受民族主义之影响，故以昌明圣学，恢弘文化自期。不知时移势易，一道用即不是。彼在学术上之地位，固不及其从兄元忠也。"而黄恽则在《黄昏恋》一文中亦称："自1936年章太炎物故后，环视吾苏域中，国学大师曹元弼可以算是硕果仅存的泰山北斗了。"

虽然后世对于曹元弼在经学方面的成就夸赞有加，但也有人持不同看法。张舜徽的《清人文集别录》中谈到曹元弼的《复礼堂文集》时称："是集文字。如卷一原道，述学，守约诸篇，皆引申之洞《劝学篇》之旨。用以教士者也，之洞尝属其编述十三经学，以揭橥群经大义。是集卷二有《周易会通大义论略》，卷四有《礼经会通大义论略》，卷六有《孝经会通大义论略》，盖即当日从事编述之初稿。然皆言之平平，无甚心得。知其于经学造诣本浅，而张皇已过，动辄以纲常名教为言，悍然以卫道自任。辛亥后，仍书宣统甲子，皆不识时达变之过也。元弼学问不逮其从兄元忠远甚，而好自扬诩，是集大书深刻，意欲与经传比重，亦可见其夸汰之习矣。"

且不管这种评价是否公允，但曹元弼的确在经学方面下了很大功夫。无论从哪个角度而言，他都称得上是一位饱学之士，而这跟他的大量藏书有很大的关系。令人痛心的是，1953年曹元弼去世后，他的丧葬费都无处筹措，以至于要靠卖他的藏书来解决。而曹元弼藏书中的善本，早已不见了踪影，剩余的书竟然连废纸的价钱都卖不出来，真让人感慨。1953年10月20日，王大隆给顾颉刚写了封信，

信中详细谈了曹家的困境,此信被顾颉刚收录在了《苏州史志笔记》中,因为牵扯到一段重要藏书的归宿,故我将该信抄录如下:

> 弟于前日返苏,叩奠先师灵帏,与师母长谈,知先师身后衣衾之费尚欠八十余万,无法筹措。族人送礼甚轻,无人照顾。拟在"七"内安葬先茔,费亦无着。所有藏书,苏文教厅及文管会早已派员检查。文管会共去三人,检阅甚细。据黼侯兄令郎鸣皋云:'绝无好书,只可作废纸论价,全部价值仅二百万元。'北亦登楼一观,见堆迭凌乱,因屡次驻兵,损失不少;匆匆抢救,无暇整理。至书箱则均被借作别用,迄未见回。随手翻阅,多寻常经学书。其中是否有钞本善本,因限于时间,无法细查。文管会所云绝无好书,或者可信。因知先师四十年不买书,以目眚故,不能亲自校阅,著作稿本均系口授。况经摧残之后,万难保无破损。但估计质量,即以斤论,似亦不止值二百万。故弟建议,必先整理一目录,然后可据以评价。师母颔首,允即请人整理,抄目后寄来。待寄到当即送上,再由沪会派员去看如何?昨与起潜兄谈及,解决目前丧葬困难问题,或联名撰启募赙。惟此事必得通过黼侯兄,并由渠主持,而我侪协助之,已去函征求同意矣。

关于曹元弼的故居所在,按照黄恽的说法,其地点位于"阊门西街"。然而我却始终查不到曹元弼故居的具体地点,可是他哥哥曹元桓的故居却被列入了

⊙ 在拆迁区内找到了留下的一条小巷

⊙ 窗户也被封死

苏州文保单位。前度我听朋友说,曹元桓故居一带已经被列入了旧城改造拆迁的范围,我觉得应当抓紧去探访这处故居。因为如前所言,苏州曹氏三兄弟关系处得十分融洽,如此推论起来,他们相互之间的住所应该离得不远。虽然我找不到曹元弼故居的具体位置,但也能通过对曹元桓故居的寻访,来纪念这位最后的经学大师。

苏州阊门附近有一片区域,已经被筑起的围墙完全隔离出来,我在这一带转来转去,希望能找到入内一看的突破口。在两片拆迁区中间的位置,留下了一条窄窄的通道,沿着这个通道一直向内走,

⊙ 终于看到了院内的情况

在一处院墙上果真看到了"曹沧洲故居"的介绍牌。此牌上仍然是说曹元桓奉诏进京为皇帝治病之事，看来这件事能够称得上苏州人的骄傲。这个介绍牌中未曾提及曹元弼，让我觉得是个不小的遗憾。

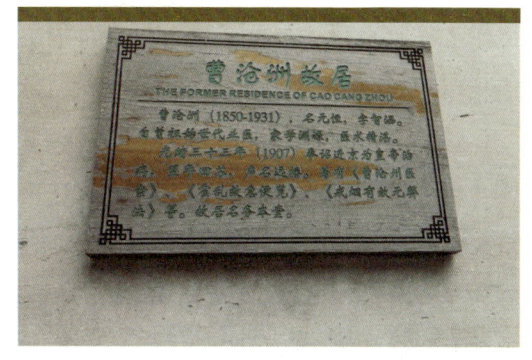
◉ 终于看到了曹元桓的介绍牌

看了介绍牌后，继续向前行，路两侧无论是门还是窗，全部用水泥砖头封闭了起来。有些封闭之处已经爬满了绿萝，看来封闭的时间已经不短，但南方的植物长得很快，而我用北方人的观念以此作判断，似乎没什么道理。

◉ 当年的窗棂

道路顶头的位置，已然没有了大门，而两侧的院落也同样被封闭了起来。好在左侧围起的砖头似乎没那么结实，我用力一推竟然上半部分脱落了下来，这种情形给我意外的惊喜，我站在砖上透过上半部分向内张望，看到

◉ 来到了打铁弄

里面乃是二层木结构的楼房，院子中一些疯长的杂树已经有碗口粗，说明这一带早已无人居住，可惜的是如今我的腿已经不能自如地翻墙越户。若放在几年前，飞身越过这段墙于我而言根本不在话下。

但看不到里面的情形，还是让我心有不甘，于是原路退出，在这片拆迁区内继续寻找突破口。在拆迁区的另一侧，看到了施工人员住的场院，可惜敲击一番里面无人应答。于是继续向前走，终于看到了一个门牌号码"阊门西街47"，由此让我想到了黄恽先生所言，看来曹元弼就住在这一带。

这个发现给我信心，于是我沿着路转到了拆迁区的另一侧，这一侧也有很多的老房子，住户仍在，看来此处未被列入拆迁范围。而我走入的小巷名字叫"打铁弄"。我沿着此弄一路向内走去，穿过了几条小巷，但无论哪个巷都无法进入那片拆迁区域。看来施工人员工作做得很细，他们将所有漏洞都提前补上了。

打铁弄的顶头位置是另一条小街巷，此巷的名称为"五峰园弄"。这个名称听来比打铁弄风雅了许多，不知道当年曹氏兄弟是否常在

⊙ 这个桥名让我浮想联翩

此弄内出没，可惜的是在这个弄堂内，我也没能找到进入拆迁区的通道，于是只好向相反的方向继续探寻。在五峰园弄的另一侧，看到了一处荒废的院落，院子内的房屋已经倒塌，只是在这里看不到任何的文字介绍，不清楚此院是否与曹家有关系。

由这个院落继续前行，登上了一座地势较高的桥，该桥的名称乃是"桃花桥"。经常踏上此桥的人，不知道会不会走桃花运。但曹元弼的桃花运倒是好坏参半，如黄恽所言，给他当秘书者乃是堂妹曹元燕。这位曹小姐在这个工作岗位上一干就是很多年，这个工作显然很乏味，于是曹元燕对此有了厌烦之情。

曹元燕也明白曹元弼双目失明，离开别人的帮助不但无法著述，还无法生活。于是曹元燕就想办法找了一位能身兼两职的人代替自己。而后她找到了振华女校的王季常，她请王帮助物色这样一位合适的人选，王季常不负友人之托，在1946年春，找到了冯桂芬的后人冯小姐。

冯小姐倒愿意担任这样一个工作，而后她来到了曹元弼的家，经过一段交往，两人渐渐有了感情。于是曹元燕等人希望他们能够有秦晋之好。经过试探，这位冯小姐竟然同意此事。而曹元弼当然也很是高兴，可惜的是他没有杨振宁的福气，他的好友和弟子们都担心两人年岁差得太大，说不定这会要了大师的命。在众人的阻挠下，冯小姐一气之下辞掉了秘书之职回家去了。

这个结果显然令曹元弼大为不高兴，他仍然希望得到一位体贴照顾之人。而后在朋友们的帮助下，终于物色到了一位名叫柴亚兰的小姐。1947年夏，两人正式订亲，虽然这是件好事，唯一的遗憾是这个柴亚兰已年近六十。不知道曹元弼是多么懊悔朋友们阻止他跟冯小姐的相爱。而今我站在这桃花桥上，望着桥下潺潺的流水，脑海中却浮现出八十多岁的曹元弼抱得美人归的情形。

章太炎：汉学殿军，独驳今文

章太炎被后世目之为中国古文经学最后一位大师级人物，然其处在社会的巨变期，故其思想变化颇为复杂。他原名章学乘，后来改名炳麟，再后来因为羡慕顾炎武的为人，所以改名绛，别号太炎，后世都以章太炎称呼之。

章太炎出生于余杭，其祖上乃是当地的大户，章家的发迹始于太炎的曾祖父章均。章均是一位经商能手，他经营房产地产以及牲畜等，资产达百万之多，成为了当地有名的富户。章均乐善好施，他在道光八年捐出巨款，在余杭当地建起了一座苕南书院，后来还捐田千亩建起了章氏义庄，凡是族中的孤寡废疾老弱者，每月都能得到粮食，而贫困者的婚丧嫁娶，义庄也给予资助。

到了章太炎的祖父章鉴时，章家的产业渐渐衰落，后来章鉴的妻子因为庸医误诊而丧命，于是他发奋攻读医书。咸丰十年，太平军占领余杭，章鉴率领全家人逃亡，正是他懂得医术才得以养活全家人。后来他还被太平天国指定为乡官，某次，他给太平军的一位将领治好了病，于是借此提出辞职，在得到允许之后，他就在乡间专为人治病。而章鉴继承了父亲章均乐善好施的性格，凡是得到的诊疗费够一家人生活，他就将余款分给别人用。

章太炎的父亲叫章濬，清同治三年，左宗棠率领清军反攻入浙，章濬专程赶到余杭闲林镇，"献地图，并陈善后策，颇见用"（褚成博《余杭县志稿·章濬传》）。可能是这个缘故，在谭锺麟任杭州知府时，章濬被荐入幕。后来谭锺麟升为河南按察史，章濬不愿意久离家乡，所以谢绝了谭的邀请，辞职返回余杭，在当地任县学训导。而正在此任上，他跟中国近代历史上一个著名的事件有了关联。

当时余杭的知县是刘锡彤，此人乃是杨乃武与小白菜冤案的制造者。杨乃武在此案中受尽酷刑，而章濬因为曾经跟杨乃武有过节，所以他明知此事有冤，反而写信给药铺店主钱宝生，让钱宝生承认曾经卖给杨乃武毒药砒霜，以便将此冤案坐实。

后来，杨乃武的姐姐两次上京投递冤状，事情越闹越大，一直闹到了慈禧太后那里，太后命人重审此案，最终真相大白。杨乃武与小白菜被平反，制造冤案的刘锡彤被发往黑龙江充军，而章濬因为给钱宝生写信，也受到了撤职的处分。

章濬虽然干过这样不光彩的事情，然而他的一段工作经历却深深地影响了儿子章太炎。因为章濬在杭州工作期间曾任诂经精舍监院多年，而诂经精舍乃是浙江巡抚阮元所创建。这所学府专门培养经学人才，太平天国时期，诂经精舍被毁。清同治五年，浙江布政使蒋益澧拨款重建，此后该院一直由经学大师俞樾来掌管，而章濬正是在俞樾手下任职。

章太炎的外祖父朱有虔对章太炎也有很深的影响，正是他让章太炎接受了经学观念。

● 章太炎批校《六斋无韵文集》二卷，民国二年刻本

《太炎先生自订年谱》光绪二年条中载:"外王父海盐朱左卿先生讳有虔来课读经。时虽童稚,而授音必审,粗为讲解。课读四年,稍知经训。"在章太炎12岁时,外祖父返回海盐。而章濬开始教自己的儿子学习经学,同时他的哥哥章炳森也对其多有指导,还给太炎看了许多著名的清代经学名著。《太炎先生自订年谱》光绪十一年条中写道:"时闻说经门径于伯兄箴,乃示顾氏《音学五书》、王氏《经义述闻》、郝氏《尔雅义疏》读之,即有悟。自是一意治经,文必法古。"

正是在祖父、父亲及兄长的引导下,章炳麟开始苦读经书,他从光绪十二年开始,用了两年的时间通读了《学海堂经解》,而后他又通读了《南菁书院经解》,为此他有了扎实的古文经学基础。

光绪十六年,章濬去世后,章太炎进入了诂经精舍,他在此跟随俞樾等名师系统地研究经学和诸子学。但不知什么原因,后来他却受到了康有为的影响,那时的康有为在上海建起了强学会。章太炎偶然看到了强学会章程,他立即给此会汇去捐款16元并报名入会。但上海强学会仅成立了一个多月,就跟北京强学会一同被查封了。

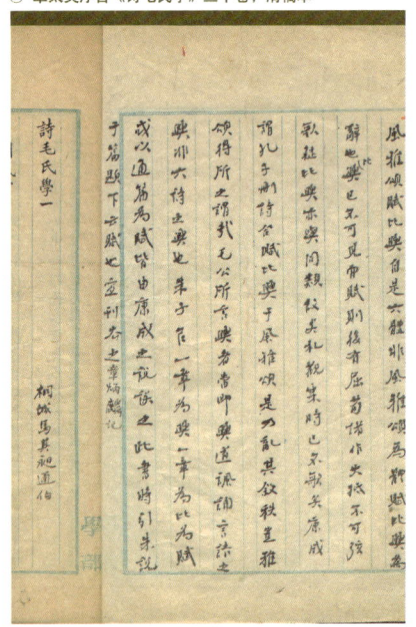

章太炎序言《诗毛氏学》三十卷,清稿本

然而这件事却对章太炎的心理有着很大的影响,他不愿意再在诂经精舍研究经学。光绪二十二年,梁启超与夏曾佑在上海办起了《时务报》。而后他们请人到杭州找到章太炎,请其前往上海参加该报的编撰工作。俞樾听到此事后,坚决反对章太炎前往该报任职。但章太炎还是在年底离开了诂经精舍,加入了康梁的阵营。

看来那时的章太炎也是热血青年,他凭着一时的冲动就离开了已经学习八年的诂经精舍,可是他在《时务报》仅待了四个月就愤而离职,这件事成为了后世议论的焦点。

章太炎为什么在这么短的时间内就离职而去?其实这跟他的学术观有很大的关联。如前所言,章太炎无论是家学还是在诂经精舍所学,他的学问功底均为古文经学,而康梁提倡的则是今文经学。其实章太炎在诂经精舍学习期间,就早已知道康有为的学术观,他在那个时候就写过文章驳斥康有为的《新学伪经考》。他还写过一篇《左传读》,这篇文章也是专门反驳今文经学家者,既然如此,那他为什么还是不听俞樾等人的劝阻而投奔康梁阵营呢?后世大多猜测,章太炎前往《时务报》任职,更多者是从社会变革角度来着眼,这使他暂时放弃了学术观的差异,然而真正在一起接触之时,又会使得这种根本观念上的冲突得以暴露。

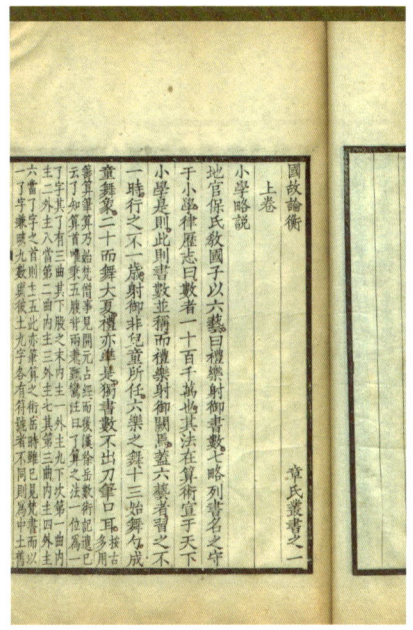
章太炎撰《国故论衡》,民国六年至八年浙江图书馆刊本,卷首

章太炎实在看不惯康梁党内对康有为的神化,他在给谭献的一封信中写道:"麟自与梁、麦诸子相遇,论及学派,辄如冰炭。……康党诸大贤,以长

素为教皇，又目为南海圣人，谓不及十年，当有符命，其人目光炯炯如岩下电。此病狂语，不值一驳，而好之者乃如蛣蜣转丸，则不得不大声疾呼，直攻其妄。"

章太炎明确地说他跟梁启超等人谈论学术观时，发现相互之间完全不能接受对方的观念。而康有为的党徒又将康视为圣人，他们认为康有为绝非凡人，不出十年将有大事会发生，这样的吹捧让章太炎实在受不了，终于在光绪二十三年四月十四日爆发了出来，章太炎的朋友孙宝瑄在转天的日记中，有如下记录："章枚叔过谈。枚叔以酒醉失言，诋康长素教匪，为康党所闻，来与枚叔斗辩，至挥拳。"

看来，章太炎反对康党内这些人的胡乱吹捧，以至于对这些人恨之入骨，最终动拳头打了起来，而章太炎也借此离开了《时务报》。

⊙ 章太炎撰《国故论衡》，民国六年至八年浙江图书馆刊本，书牌

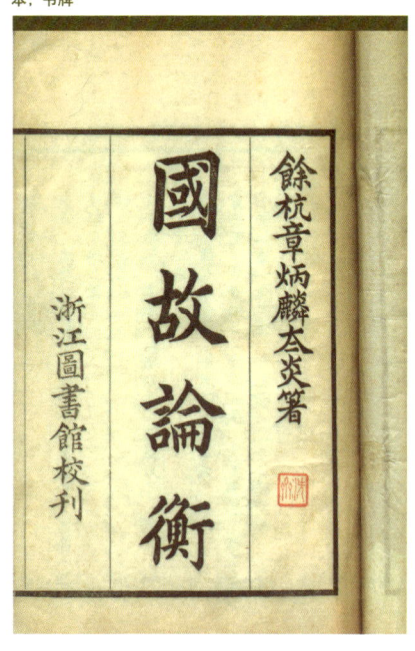

虽然如此，而后的章太炎跟康有为还是有着交往，章太炎也知道他的学术观与康有为绝然不同。光绪二十七年八月，章太炎在东京《国民报》第四期上发表了《正仇满论》，此文是专门批判梁启超的观念，虽然说章太炎在本文中没有点名批评康有为，然而康梁观点却基本相同，所以他在文中谈出自己与梁启超观点的不同，其实暗指者正是康有为。因为两年之后，章太炎又写了篇《驳康有为论革命书》，此文中直

接摘引了《正仇满论》中的原话,以此可证《正仇满论》一文就是冲康有为而来者。

章太炎写完《驳康有为论革命书》后,特意托人将此文带到香港,再转到新加坡交给康本人。康收到该书后没有回音,但自此之后两人没有了交往。而后的一些年,章太炎多次撰文,开始公开抨击康有为和梁启超。比如他写了篇《诛党论》,发表在1911年10月26、28、31日的槟榔屿《光华日报》上。章在该文中批判康有为说:"治公羊学,不逮戴望甚远,延其绪说,以成新学伪经之论,刘歆所谓党门妒道真者也。浮竞上士,不期景从,教授岭海间,生徒以千数,风声所树,俨然大儒,……"而对于梁启超,章太炎的批评也更为难听:"学未及其师,而变诈过之。掇拾岛国贱儒绪说,自命知学,作报海外,腾肆奸言。为人所攻,则更名《国风》,颂天王而媚朝贵。文不足以自华,乃以帖括之声音节凑,参合倭人文体,而以文界革命自豪。……致使中夏文学扫地。……"

章太炎为什么这样批驳康、梁呢?当然其内在的根源仍然是学术观上的差异,他在《反对以孔教为国教篇示国学会诸生》一文中写道:

> 孔教之称,始妄人康有为,实今文经师之流毒。刘逢禄、宋翔凤之伦,号于通经致用,所谓《春秋》断狱,《禹贡》治河,三百五篇当谏书者,则彼之三宝已。大言夸世,故恶明文而好疑言,喜口说而忌传记。……言孔教者,……锢塞民智,犹其小者尔,大者乃变乱成说,今人醒醉发狂。……以若所教,行若所学,非使学术泯绝、人为狂夫方相不已。

在这里章太炎明确地点出了康有为的名字,他说孔教就是"妄人"

康有为所创，其实指不过就是今文经学的观念。接下来章太炎批驳了今文经学大家刘逢禄、宋翔凤等人的今文经学观念，认为孔教绝不适用于当代。针对孔教的建立，章太炎创建了国学讲习会，他在本会的通告中明确地提出："本会专以开通智识、昌大国性为宗，与宗教绝对不能相混。其已入孔教会而后愿入本会者，须先脱离孔教会，庶免薰莸杂糅之病。"（顾颉刚《古史辨自序》）

康、章之间的冲突，说到底主要是学术观上的差异，因为康有为认为近两千年来的经学全是"伪学"，古文经学家所尊奉的经典全部都是刘歆伪造的。他的这种没有根据的惊人之语，当然令古文经学功底深厚的章太炎大为不满。可是，康有为这种惊世骇俗的说法在社会上却引起了很大的反响，面对此况，古文经学家却拿不出像样的反驳文章，这让章太炎大感不满。于是他就写信给古文经学大家孙诒让，他请孙一同写出反驳这种错误观念的文章，但不知什么原因孙诒让却对此事并不积极，章太炎所写的《瑞安孙先生伤辞》中记录了该事：

> 会南海康有为作《新学伪经考》，诋古文为刘歆伪书。炳麟素治《左氏春秋》，闻先生治《周官》，皆刘氏学，驳《伪经考》数十事，未就，请于先生。先生曰：是当哗世三数年，荀卿有言，狂生者不胥时而落，安用辩难其以自熏劳也。

这种情形令章太炎不免失望，于是他就挺身而出，撰写一系列文章跟今文经学针锋相对。王汎森在《章太炎的思想》一书中写道："章氏自谓他在二十四岁（光绪十七年，1891）时，'始分别古今文师说'；《新学伪经考》也正好在这一年刊行，故他之所以判分古今文，颇可能系受到康有为之刺激；也是他正式与今文家相抗的开始。"

章太炎反驳康有为的方式也很特别：既然康有为认为古文经都是刘歆伪造的，那这足也说明刘歆是位极有才气的博学人士，否则的话他不可能造出这么多的经文，而康有为也承认这一点。他在《新学伪经考》中写道："歆以博闻强识绝人之才，承父向之业，睹中秘之书，旁通诸学，身兼数器。"康有为的这段话产生了个悖论，王汎森敏锐地注意到了这一点，他在其专著中写道："因此康有为加以刘歆之罪行愈大，反而显示刘歆才之高，故康有为之骂刘歆'欲夺孔子之席'，实无异承认刘歆才高直逼孔子。骂两千年来之'伪学'全为刘歆所导演，实无异于将两千年学统捧归刘歆，则刘歆特孔子之后第一人耳。而且，从另一方面看：康有为既说孔子'托古'造六经，刘歆亦托古伪造六籍，二人俱皆'托'也，是无异以孔子为第一任真的作伪者，刘歆为第二任假的作伪者，则孔子与刘歆有何轩轾之分？"

既然孔子是托古改制，那刘歆也这么做，这不等于承认其乃是仅次于孔子的托古改制之人，如果孔子是圣人，这不等于间接地承认刘歆也是圣人。而章太炎抓住了康有为的这个破绽，他以子之矛攻子之盾地说："等之造事，焉知刘歆不假以张义？以孔子圣人，故可，刘歆非圣人，故不可，圣与非圣，我与公（指康有为）又不能质也。"（《信史上》）

然而对于康有为所倡导的托古改制，吕思勉认为也有其时代的合理性，吕先生在《从章太炎说到康长素、梁任公》一文中称：

> 其实他们所谓托古改制，多非康长素的本意。康长素所谓托古改制，乃说古人因欲改制，所以托古，是一种有意识的伪造。后人所谓托古改制，则把无意的传伪、附会等，一并加入其中，其范围就推广得多了。这不过是一个古不如今的进步观念，就

是没有康长素托古改制之说,也是要兴起的,或者还可以正确些。所以把打破崇古观念之功,归之于康长素,只是一个不虞之誉。而章太炎在史学立场上,竭力反对康长素,骂他是妄人,也是冤枉的。

吕思勉在此明确地称章太炎是站在史学的立场来反驳康有为,其实古文经学家也确实把孔子视为重要的史学家。比如他的弟子朱希祖在《章太炎先生之史学》一文中写道:"希祖与实斋之言,颇尝疑之。以为六经皆史之言,意甚是而言则不甚谛当。盖六经皆孔子所定,且为中国最古之籍,故尊称为经。若以文体论之,《春秋》、礼经、乐书,固可属之史部;《尚书》如后世之文总集,《诗经》如后世之诗总集,皆为集部;《易》则当属之子部。若六经皆史,则今之四部书籍,亦皆史也。意者谓六经皆史料乎?盖史之材料,最广最博,治史而局于史部,其史学必陋。尝欲将此意质之先师,而未敢也。然先师之意,以为古代史料,具于六经,六经即史,故治经必以史学治之,此实先师之所以异乎前贤者。且推先师之意,即四部书籍,亦皆可以史视之,即亦皆可以史料视之,与鄙意实相同也,特不欲明斥先贤耳。史料扩及于四部,其规模之宏大为如何哉!"

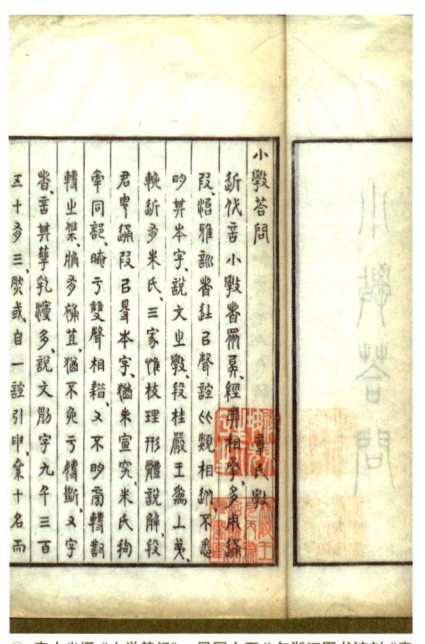

⦿ 章太炎撰《小学答问》,民国六至八年浙江图书馆刻《章氏丛书》本,卷首

看来章太炎也强调"六经皆史",而朱希祖最初怀疑这种说法,因为按照传统四部分类法,"六经"均属于经部,并不归属于史部,即使按照文体来论,《春秋》等三经可以归为史部,但《尚书》和《诗经》则应当算是集部中的总集类,而《易经》当属子部,所以从哪个角度来说,"六经皆史"都不是个准确的说法。朱希祖说,他不敢把自己的疑惑跟老师去探讨,而他细品太炎诗的这个论断,觉得老师的观念乃是把"六经"都视之为史料,而并不是"六经"都应当归在史部。

显然,朱希祖的这番论述,是想将章学诚所说的"六经皆史"与其师所说的同一句话作出内涵上的区分。因为从总体上来言,章太炎虽然也认为章学诚所言有道理,但在方法论上,他并不赞同章学诚的观念。章太炎在《与人论国学书》中提到过这种态度:"渔仲《通志》、实斋《通义》,其误学者不少。昔尝劝人浏览,惟明真伪,识条理者可尔。若读书博杂,素无统纪,则二书适为增病之阶。"

朱希祖是在日本跟着章太炎学习传统经学者,当时一同学习的人另有许寿裳、朱宗莱、龚宝诠、钱玄同、鲁迅、周作人、钱家治等。关于章太炎的讲述内容,许寿裳在《纪念先师章太炎先生》一文中提到:"先师讲段氏《说文解字注》、郝氏《尔雅义疏》等,精力过人,逐字讲解,滔滔不绝,或则阐明语原,或则推见本字,或则旁证以各处方言,以故新谊创见层出不穷。即有时随便谈天,亦复诙谐间作,妙语解颐。自八时至正午,历四小时毫无休息,真所谓默而识之,学而不厌,诲人不倦。其《新方言》及《小学答问》二书,皆于此时著成。"看来那时候章太炎的讲述主要是小学类内容。

在这些学生中,二周并没有走经学之路,而朱希祖则专研史学,再后来章太炎因为反对白话文,而让鲁迅不敢再与其师接近,但是他却始终尊重太炎先生。《鲁迅全集》中有"与曹聚仁"一文,鲁

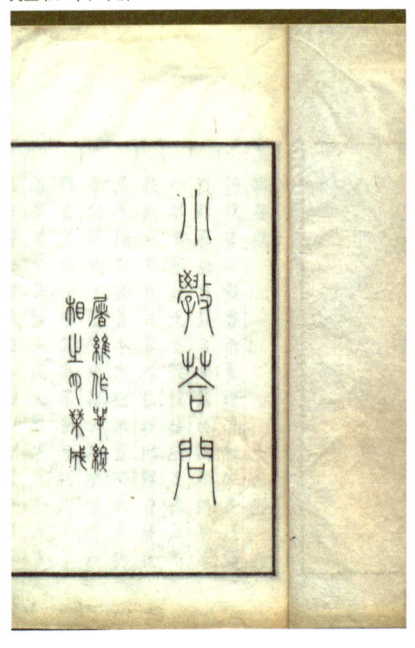

章太炎撰《小学答问》，民国六至八年浙江图书馆刻《章氏丛书》本，书牌

迅在此文中写道："古之师道，实在也太尊，我对此颇有反感。我以为师如荒谬，不妨叛之，但师如非罪而遭冤，却不可乘机下石，以图快敌人之意而自救。太炎先生曾教我小学，后来因为我主张白话，不敢再去见他了，后来他主张投壶，心窃非之，但当国民党要没收他的几间破屋，我实在不能向当局作媚笑。以后如相见，仍当执礼甚恭（而太炎先生对于弟子，向来也绝无傲态，和蔼若朋友然），自以为师弟之道，为此已可矣。"

章太炎的确在小学的研究方面下了很大功夫，姜义华所著《章炳麟评传》中列出了四条章太炎在古音学研究方面的"原创性贡献"。其中第一条则是在古韵分部方面，前人将古韵分为二十二部，而章太炎则从"脂部"中析出"队部"，他将古韵由二十二部变成了二十三部。章太炎在这方面的第二大贡献，则是论证《广韵》一书的二百六韵包含了古今方国之音，因为同时同地不可能有这么多的音韵，他同时将二百六韵统合为二十三部古韵，创立了正韵和支韵两分法。章太炎在《二十三部音准》中说道："古音流传于晚世者，自二十三支分为二百六，则有正韵、支韵之异。以今观古，侯当从正韵，不从支韵之虞，支当从正韵，不从支韵之佳，……"

章太炎在古音学研究方面的第三大贡献，则是提出古音中的娘、

日二纽同归于泥："古音在舌头泥纽，其后支别，则舌上有娘纽，半舌半齿有日纽，于古皆泥纽也。"（《古音娘日二纽归泥说》）

在章太炎的那个时代，很多激进人士提出应当废除汉字，实行拼音文字，章太炎对这种提议进行了激烈的反驳，而那个时代甚至还有人提出以世界语代替汉语。但章炳麟认为民族语言乃是最重要的民族特征："以冠带之民，拨弃雅素，举文史学术之章章者，悉委而从他族，皮之不存，毛将焉附？……语言文字亡，而性情节族灭。"（《规〈新世纪〉》）

为什么会有人提出这样的建议呢？这缘于一些人认为汉语是象形文字，而这种文字代表着落后，拼音文字代表着先进。章太炎对这种说法予以了反击，他在《驳中国用万国新语说》中称：

> 若夫象形、合音之别。优劣所在，未可质言。今者南至马来，北抵蒙古，文字亦悉以合音成体，彼其文化，岂有优于中国哉？合音之字观而可识者，徒识其音，固不能知其义，其去象形，差不容以一黍。

章太炎在这里所说的"合音之字"指的就是拼音文字。他认为拼音文字并不能代表先进，而后他举出了两国的例子，因为那两个国家也用拼音文字，但他们的文化却比中国落后得多，所以章太炎认为，文化的先进与否，并不能以使用哪种文字来作为标志。

但毕竟中国文字，尤其是繁体字书写起来不如拼音文字那样迅捷。对于这一点，章太炎也有他的建议，他在《驳中国用万国新语说》中给出了这样的建议："欲使速于书写，则人人当兼知章草。……大抵事有缓急，物有质文，文字宜分三品：题署碑版，则用小篆；雕刻册籍，则用今隶；至于仓卒应急，取备事情，则直作草书可也。"

章太炎的这段建议很有意思，他认为文字的书写可以分为三类，正规的写法则可以用小篆，平时的写法可以用隶书，而快速的写法则可以用草书。但他也觉得草书的写法应当予以规范，否则很多人写字为了图快，使得那些字无法辨认，所以他建议用《急就篇》为依据，将草书进行系统的规范。

汉字还有一个弊端，那就是读音问题，为此章太炎提议，可以用中国古代使用的反切法来予以改造。而后他创造出了五十八个注音符号，其中纽文为三十六个，韵文为二十二个，"上纽下韵，相切成音"。1913年教育部招集"读音统一会"，经过决议来采用章太炎所提出的汉字注音符号。

由以上这些可见，章太炎既是经学大师，同时又是一位改革者，他既主张守旧，也赞同革新。而这样的思想交汇在一起，必然会产生其他的问题。他研究经学，尊奉儒家之道，然而为了反对康有为所提倡的孔教，于是他又开始抨击孔子，他在《訄书·订孔》篇中第一次系统地阐述他对孔子观念的怀疑。

王汎森在《章太炎的思想》一书中系统地研究了章太炎抨击孔子的言论，因为《订孔》篇的撰稿时间大约在光绪二十八年的下半年，而此时正是章太炎从日本回国的时间，以至于有人认为，章太炎的反孔言论是受日本两位学者的影响，并且他在《訄书·订孔》中也引用了日本学者远藤隆吉和白河次郎的批孔言论。比如《訄书·订孔》篇中称："远藤隆吉曰：孔子之出于支那，实支那之祸本也，夫差第韶武，制为邦者四代，非守旧也，处人表，至岩高，后生自以瞻望弗及，神葆（案：褒也）其言，革一义若有刑戮，则守旧自此始，故更八十世而无进取者，咎在于孔氏，祸本成，其胙尽矣。"

这段话直接翻译了远藤隆吉所言，远藤认为孔子对中国而言，实在是祸害的本源。然而王汎森查证了远藤隆吉的一些著作，发现远藤并没有说过这样的话,而与之相反,远藤对孔子十分地推崇。比如远藤隆吉在其所著《孔子传》一书中称:"我认为孔子或有过失,或有缺点,实为一动不谐俗,如同主角,有血有肉的常人。地球万亿生灵之中,予坚信他是所谓的四圣人之一。然他之所以成为伟人,自有其条件,如高尚的道德,通达人情的言语,赅博的学识,伟大的感召力,天人合一的思想等。"

远藤虽然没有把孔子视为完美无缺的人,但他却认为孔子十分伟大,并且远藤还在《支那哲学史》中反驳别人认为孔子是中国之祸的言论:"孔子以常识教学,故不可名状。至于其他论点,亦不应非难。世人或以孔子尚古而祸中国,实非肯綮之论。孔子自云:'述而不作,信而好古。'实乃尊尚先王之道,故非先王之法言不敢不言,非先王之法服不敢不服,非先王之德行不敢不行,此所谓孔子主义者也。孔子的出现绝非中国之祸,他可说是史无前例的人物,超凡入圣,不但见重于当时,更是流芳后世。在他的精神感召之下,中国不免略有守旧的倾向。但中国的进步迟缓,与其怪罪孔子,倒不如说是中国必然的命运。"

这样读来,真的不明白章太炎是否是有意歪曲远藤的原意,但由此可知,章太炎为了反对孔教,他不惜使用康有为的那种六经注我的姿态来引用他人的言论,从实际而言,他并不是反孔,更多者是通过反孔来驳斥康有为的孔教。他在民国十一年所写的《答柳诒徵书》中明确地提到了这一点:"鄙人少年本治朴学,亦唯专信古文经典。与长素辈为背道驰,其后深恶长素孔教之说,遂至激而诋孔。"

虽然章太炎所言有其瑕疵在,但这不影响他在古文经学史上的重要地位,而胡适对章太炎推崇备至,他把章太炎视为古文经学"最光荣的结局",对章太炎的《国故论衡》也极其推崇:"他的《国故论衡》《检论》,都是古文学的上等作品。这五十年中著书的人,没有一个像他那样精心结构的，不但这五十年，其实我们可以说这两千年中，只有七八部精心结构，可以称做'著作'的书——如《文心雕龙》《史通》《文史通义》等……章炳麟的《国故论衡》要算是这七八部之中的一部了，他的古文学工夫很深，他又是很富于思想与组织力的，故他的著作，在内容与形式两方面都能'成一家言'。"

章太炎故居位于苏州市体育场路和锦帆路交口处，近十几年来，我来过此旧居三次，而每次都无法走入院内。本次来到苏州，还是想到此处去碰碰运气。

昨夜雨下个不停，今早起来依然淅淅沥沥，打着伞来到故居附近，走到门口时，雨竟然停歇了下来，但紧闭的大门依然将我挡到了院外。此次我决定扩大范围，希望能够从后方绕进院内，因为我从资料上得知，该院落的后方仍然住着章氏后人。如果能够与之交谈，我的小文则会增加很多鲜活的内容。

⦿ 又看到了熟悉的文保牌

⦿ 隔墙探望

我先沿着体育场路向前走去，前行不远，就看到了一片老房子，我沿着几个院落向内走去，竟然无法进入章太炎故居院内。我的进进出出引起了几位居民的注意，他们警惕性颇高地用余光注意着我的举措，这种注视方法让我

⊙ 估计后院就在这片树的后方

有些不自在。于是主动向一位大妈解释，我想进入章太炎故居院内，我的解释让她警惕的心情略有放松。她告诉我说从这个方位无法绕进院内，她建议我从锦帆路方向去找一找。

谢过大妈，沿着体育场路往回走，在转角处又看到了拍过几次的故居文保牌，转到正门的方向，又多了一块苏州市相关部门的介绍木匾。细看这块木匾，上面竟然写着："故居后现存有章太炎衣冠冢和碑刻"。章太炎去世后，他的遗体暂存在本院的防空洞内，后来葬到了杭州西湖边，而我到那里瞻仰了他的墓，但这里的碑刻我却未曾见到过，看来有必要通过关系，进院内拍到这些刻石。

此程前来苏州是为了跟王稼句先生共同举办新书发布会，而在这间歇，我再次来到了章太炎故居的门前。到其门而不能入，只好给马骥先生打电话，他说而今占用章太炎故居的部门他没有直接的熟人，如果我一定要进内一看，他可通过别的关系，事先联系好，但今天因为是周六，显然在时间上有些来不及。

临时抱佛脚当然有些来不及,看来也只能今后再想他法了。我沿着锦帆路一家家地向下走,却始终找不到入门之处,看来这也是周六的原因,无奈只好回到正门前,隔着铁栅栏门向内拍了几张照片后离去。

吴承仕：广研群经，最重三礼

晚清民国间的经学大师章太炎可谓桃李满天下，这些著名弟子中有五位最受老师喜爱，刘绍唐主编的《民国人物小传》中有这样一段话：

> 章氏晚年居吴，尝戏号其门弟子蕲春黄侃（季刚）为天王、吴县汪东（旭初）为东王、海盐朱希祖（逷先）为西王、归安钱夏（玄同）为南王、歙县吴承仕（检斋）为北王，云：若以黄、吴作一比较，承仕"文不如季刚，而为学笃实过之"，又云："及吾门得辨声音训诂者，其惟检斋乎！"

章太炎晚年在苏州时，将他五位著名的弟子，以太平天国的封号一一予以了命名。如果以天王为最重的话，那黄侃应当是章太炎最看重的弟子，吴承仕则排在了五王的最后一位，可是在当时人们的心中，这五位弟子在学术上最有成就的两位应当是黄侃和吴承仕，时人有"南黄北吴"之称。故而《民国人物小传》中又写道：

> 黄侃任南京中央大学中国文学系教授，承仕任教旧京，一时有"南黄北吴""南北两经师"之称，又与黄侃、钱玄同、汪东有"经学四大师"之誉。

对于这样的并称，李丹在《奇人吴承仕的人生传奇》一文中予以了归拢：

> 章太炎得意弟子历有"南黄（黄侃）北吴（吴承仕）""三大弟子"（吴承仕、黄侃、钱玄同）"四大弟子（黄侃、吴承仕、汪东、钱玄同）""章门五王"（黄侃、吴承仕、汪东、朱希祖、钱玄同）之说。但不管哪一种说法，都有吴承仕。

李丹的这句话总结得很好，章太炎众多弟子，无论怎样的并称，其中都会有吴承仕，可见吴在章门中有着何等重要的地位。所以章太炎才说，吴承仕的文采比不过黄侃，但学问功底却超过了黄。若从音韵学的成就来论，吴在章门中排第一。既然老师给出了这样的评语，其他人也就没什么意见了吧。

在章太炎的弟子中间，有不少的资料都说，唯有吴承仕是状元出身。比如李丹所撰一文，其第一间的题目就是"前清状元"。该节中有如下一段话：

> 光绪三十三年（1907年）四月，吴承仕赴北京保和殿参加"举贡会考"，即举人与进士一道参加朝考，俗称"殿试"。吴承仕被取为一等第一名，点为"大理院主事"，时称"朝元"，即状元，时年24岁。从目前可考的资料来看，他是清科举史上最年轻的状元。他的家乡歙县一直都称吴承仕为"状元"。《新文学史料》（季刊）2012年第1期刊出李征宙文章《吴承仕：集状元和党员为一体的传奇人物》与编辑部在封二刊出吴承仕的照片与手迹一页，也都称吴承仕是"状元"。

此番话明确的说，吴承仕高中状元时年仅24岁，所以"他是清科举史上最年轻的状元"。然而李丹在这段话的前面，还说过这样几句"光绪三十年（1904年），清政府宣布废止科举制度。但在科举取士根深蒂固的古老中国，士大夫和读书人都难以接受立即废除'春闱'或'秋闱'，强烈要求开考，清政府不得不作'变通处理'。"

光绪三十年就已经废止了科举，而吴承仕中状元的时间是光绪三十三年，虽然这是废止后的再次开考，其实从性质上来说，已经跟传统的科举考试不是一回事。如果仍然是按照传统的方式进行科考，那么吴承仕本为举人出身，如果没有特殊的原因，他也没资格参加殿试。看来吴承仕为清代最后一位状元这种说法还有些问题。

其实有些人也对此提出过质疑，比如2007年11月版的《读书》刊有张志德《吴承仕不是末代状元》一文，该文中称："光绪三十三年（一九〇七年），吴承仕参加朝考获一等第一名，俗称朝元，似乎也可算'状元'。朝考本为进士在授官前的考试，可是在光绪三十二年丙午科起清廷已废除科举制，然科举虽废，未停朝考，只是朝考资格放宽，吴承仕以非进士（举人）身份获朝考第一名，不是传统意义上的状元了。"看来把吴承仕称为"朝元"更为准确，但"朝元"这个称号似乎少有人使用，故而很多文献上都直接把吴的成绩称呼为"一等第一名"。比如北京师范大学学报2012年第5期上刊有周少川先生的《吴承仕的经学史研究——以〈经典释文序录疏证〉为中心》一文，周先生在该文的引言中说："清光绪二十七年（1901）17岁，考中秀才。翌年赴南京乡试中举人，列第三十九名。光绪三十三年（1907），他在保和殿参加举贡会考，被取为第一等第一名，点大理院主事。"而熊军主编的《歙县：徽商之源》一书中写道："光绪三十三年（1907），清廷会试，吴承仕以殿试一等第一名被录取，并被点为大理院主事，时年23岁。"

这里唯一的区别乃是吴承仕考取朝元的时间是23岁还是24岁，但无论哪一个都足可以说明，吴承仕极其年轻有为。所以无论他的成绩是状元还是朝元，其实丝毫不影响他在学业方面的出类拔萃。更何况，吴承仕的弟子黄寿祺，在其所撰《关于先师吴承仕先生的材料——读王西彦同志〈我所接触到的吴承仕先生〉一文后的补充》一文中明确地说："吴先生系清光绪二十八年壬寅科举人，光绪三十二年丙午科朝考一等一名，时称'朝元'（我在宣武门外徽州会馆，还曾见挂有吴先生'朝元'之匾额）。钦点为大理院主事。"

关于吴承仕拜章太炎为师的时间，大多史料称为民国三年，即1914年。比如《歙县：徽商之源》一书中称：

> 时值民国三年一月，章太炎因大闹总统府，痛斥袁世凯包藏祸心，窃取辛亥革命果实而遭到软禁。吴承仕对章太炎这种不畏奸佞、深入虎穴、敢作敢为的精神十分敬佩，他毅然多次前往囚禁章太炎的地方探视，并从此受业于章太炎，成为章太炎最为得意的门生。

然而安徽师大学报1986年第3期上所刊庄华峰著《章太炎与吴承仕》一文中则称："吴承仕受业于章太炎，时在1911年。是年9、10月间，吴承仕曾先后两次致书章太炎，向他请教歙音的有关问题。"看来早在章太炎被软禁前的三年，吴承仕就已经拜章为师了。在这个期间，章两次回信指导吴对于歙音的研究，其中在10月14日的回信中，章太炎写道：

> 来书称歙音多合唐韵，此有由也。五胡乱而古音亡，金元扰而唐韵歇。然其绪余，犹在大江以南，且乡曲之音，多正于城市；

山居之音，多正于水滨。以其十口相传，不受外化故也。

然而刘绍唐主编的《民国人物小传》中又有早于1911年的说法："三十四年，在日本东京习法政时，课余随余杭章炳麟（太炎）研习文字、音韵、经子之学。宣统元年，印行《监狱解蔽篇》。承仕于清末任六品推事，充看守所协理，公余研求宋明理学，尤服膺王阳明。"看来早在清光绪三十四年，吴承仕就在日本东京，跟随章太炎学习经学。那么吴承仕拜章太炎为师的时间究竟何时呢？吴承仕的弟子黄寿祺写过一篇《略述先师吴承仕先生的学术成就》一文，黄在该文中明确地写道："辛亥革命之后，吴先生任司法部佥事。章太炎先生以反对袁世凯被幽囚于钱粮胡同，吴先生于民国四年（即一九一五年）三月间即拜幽囚中的犯人章先生为师。"

以此说来，到了民国四年，吴承仕方拜章太炎为师，既然黄寿祺是吴承仕的弟子，他所言应该更为准确，那如何解释之前的几个时间呢？在未得到史料所证之前，我也只能作出如下的猜测：吴承仕在拜师之前，就已经跟章太炎开始学习，只是到了民国四年，章太炎被软禁，而吴承仕前往探望之时方正式拜师。

但是当时的吴承仕在司法部监狱股工作，他的职责是管理犯人，即便他以前跟章太炎相识，但他因职务在身，恐怕也不能随便拜一位犯人为师吧。以上引用的材料中都会说，吴承仕有着大无畏的精神，似乎他是冲破禁忌，不顾个人安危而拜章为师者。《歙县：徽商之源》一书中就这样评价吴的行为："吴承仕身为法官，却不以章氏'犯人'为嫌，于幽囚之地执弟子之礼，求师问学，表现出了他好学笃实的志向和不畏反动权势躬亲事师的高尚品格。"这样的叙述方式，当然使吴承仕的形象高大了起来，然却忽略了一点：下令囚禁章太炎的人是大总统袁世凯，吴承仕在袁手下任职，他怎么可能不顾总统的命令,而私自拜犯人为师呢?所以把吴承仕到监狱内拜章为师,视之为吴的大无畏精神,这样的说法恐怕是感情成分占了上风。

那么实际情况应该是怎样的呢?《民国人物小传》中有着如下的说法:"民国初年,任司法部监狱股第二科科长,荐任法部参事,后升佥事,继研习理学之后,初治说文音韵训诂,后转治尚书、三礼。三年一月,章炳麟被幽絷于北京龙泉寺,炳麟愤不食,病甚,袁世凯恐炳麟之死干天下之怒,更不利其帝制之筹划。四年三月,袁特许法部佥事吴承仕从炳麟受业,负调护炳麟之责,是时承仕好说内典,自是年至五年初,炳麟为之口述玄理,亦有讽时之言,令其笔述,共一百六十七则,名曰《菿汉微言》。"原来吴承仕拜章太炎为师,乃是受了袁世凯的指派,因为袁担心章太炎绝食而亡,会影响自己的登基大事。而恰好此时吴承仕又开始研究经学,有可能袁世凯觉得章的经学很好,更何况章与吴两人之前就相识,所以他才会派吴去见章。两人相见后,果真在一起开始研究经学,当时是章太炎说,吴承仕记,而后吴将其师所言变为了一本书。

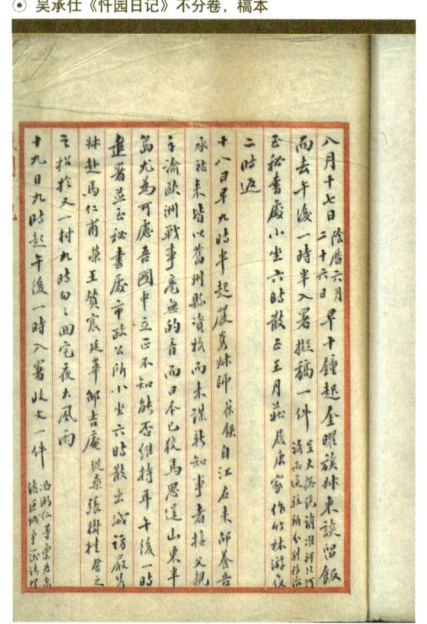

吴承仕《忏园日记》不分卷,稿本

关于此书的来由,章太炎在《菿汉微言》一书的跋语中讲道:"是册作于忧愤之中,口授弟子司法佥事吴承仕,令其笔述,虽多言玄理,亦有讽时之言,身在幽囚,不可直遂,以为览者自能望之也。"

而后的吴承仕,把自己的大部分精力都用在了经学方面的研究,他能力过人精力也过人,吴承仕去世时年仅56岁,然而他却写出了数量巨大的专著。周少川在《吴承仕的经学史研究》一文中称:"吴承仕的经学造诣极深,著述甚丰。在他短短的20年治学与教学期间,共撰写了《经学通论》《经典释文序录疏证》《国故概要》《尚书古文辑录》《尚书今古文说》《三礼名物略例》《丧服变除表》《三礼名物笔记》《经籍旧音辨证》《小学要略》《六书条例》《说文讲疏》

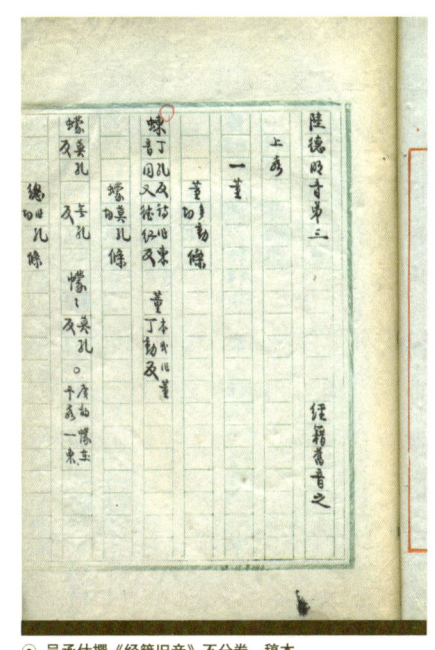

● 吴承仕撰《经籍旧音》不分卷,稿本

等论著84种。其研究范围涉及经学、诸子、小学、释道、史学、诗文等领域,尤其在经学上的研究成就最大,堪称20世纪上半叶中国的经学大师。"他的研究成果达84种之多,这个数量足够惊人,而1989年第4期的《学术界》所刊庄华峰《吴承仕学术成就述论》一文所给出的数量比上述更大:"吴承仕先后撰写著述一百五十余种,近三百万言。涉及我国古代学术研究的方面极其广博,在群经、易学、《尚书》《诗经》《三礼》《春秋》《论语》、小学、诸子、佛经、道藏、史学、诗文以及戏曲小说诸方面,他都有很大建树,特别是对于经学及小学研究的成就尤为显著。"

吴承仕对经学的研究,涉及了十三经的方方面面,比如他所写的《经学通论》一书,分为六篇:"经名数略释第一,群经原始第二,群经传授第三,汉魏博士第四,群经篇目第五,今古文第六。"从此六篇的名称上即可得知，吴的经学眼光是何等的开阔。即便如此，他仍然在该书的序言中谦称："今述此论，大氐比次旧闻，校计众说，如有同异，亦妄下已意。要之陈述多而裁断少者：一因学术短浅，志在慎言；二因旧事茫昧，颇难质定；三因治学方术，最重证据，譬诸治狱，不宜轻用感情；四因抽象定例，本为假设，后说胜前，则前说自废。"

对于经学全景式的研究，吴承仕还写过一部《经典释文序录疏证》。周少川有专文系统地讲述了该书，比如谈到"《疏证》的编撰背景与特点"时，提到了章太炎对吴承仕经学成就的首肯：

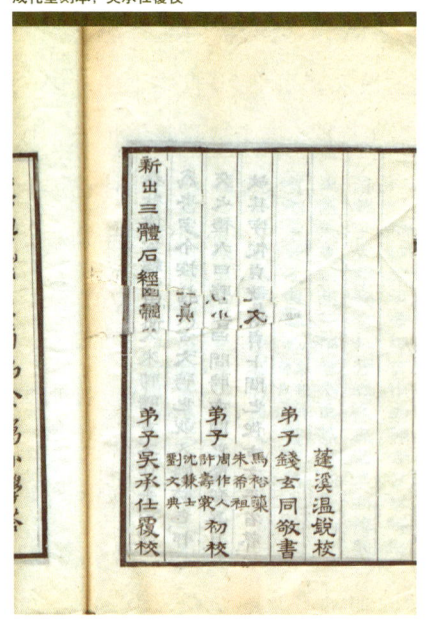
⦿ 章太炎撰《新出三体石经考》，民国二十三年成都薛氏成礼堂刻本，吴承仕覆校

章太炎在他晚年所写的《新出三体石经考证》中，其他人的论述皆未提及，唯独引用黄、吴之说，并曾专门致信吴承仕曰："仆于《石经》古文所不解者数事，得君发明，此一事涣然若冰解矣。"可见他在老师心口中独特的地位。

而在该书的撰写过程中，章太炎也常常写信予以指导，比如1924年8月9日，章在信中对吴说：

大著近想更富，既有《淮南》旧注校理，又勘《论衡》，功亦勤矣。……足下于学术既能缜密严理，所得已多，异时望更为其大者。佛典已多解辨之人,史学则非君素业,以此精力,进而治经,所得必大。……次则宋明理学,得精心人为之,参考同异,若者为撷拾内典,若者为窃取古义,若者为其自说,此亦足下所能为。昔梨洲、谢山不知古训;芸台、兰甫又多皮相之谈,而亦不知佛说。非足下,谁定之?

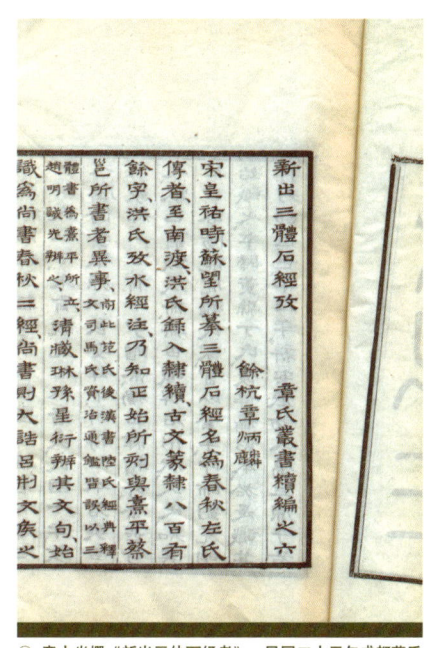

⊙ 章太炎撰《新出三体石经考》,民国二十三年成都薛氏成礼堂刻本,吴承仕覆校

可见章对这位弟子在经学研究方面寄予厚望,然而章太炎的这封信中,却让吴研究完子学之后不要搞史学,因为章觉得吴在这方面没有特长,如果致力于经学研究成就会最大。但他同时也指导吴说,让他研究完经学后接着研究宋明理学。虽然这样的研究与经学研究略有不同,但周少川认为:"从广义上讲,后者也仍然是经学的范畴。"

从总体上来说,吴承仕的经学观念,依然属于古文经学路数,因此周少川认为吴承仕选择给《经典释文》一书作疏证,则是因为:

> 清世流行的经学余韵重在小学,以小学论经,或以经师为主,或以典籍为中心,未能系统阐述各时代经学之意义及历代之变迁。清季虽有皮锡瑞以会通眼光撰述的《经学历史》,然过于简略,又未能充分吸收清代经学考证的成果,特别是未能利用清中叶

以降新出现的经学新史料，如从敦煌和日本发现的唐残卷郑玄《论语注》、从日本发现的皇侃《论语义疏》等等。此外，皮锡瑞《经学历史》中明显的今文经学倾向也颇令人诟病。正如章太炎后来给吴承仕的信中所说的："仆每念近世学校中能理小学者多有，能说经者绝少。然有之，大氐依傍今文，指鹿为马，然尚不可骤得。"因此，他对吴承仕研究和宣讲经学史大为赞赏，认为"此之一线，固不可令绝也"。

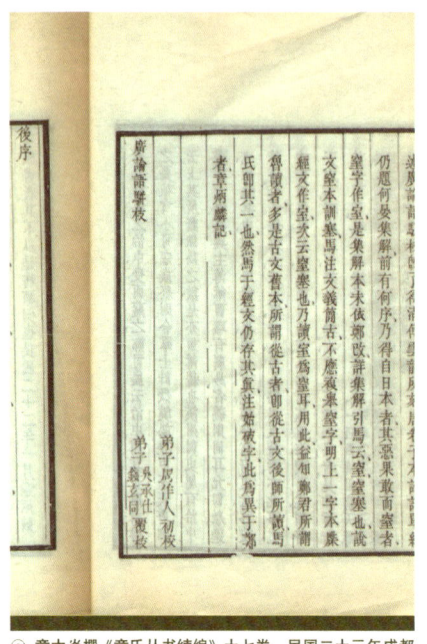

⊙ 章太炎撰《章氏丛书续编》十七卷，民国二十三年成都薛氏成礼堂刻本，吴承仕等校

吴承仕对《易经》也有过系统地研究，黄寿祺在《略述先师吴承仕先生的学术成就》一文中列出了五部相应著述，其中以《周易提要》最为有名，因为该书已经收录在了《续修四库全书提要》中。而吴承仕的一些易学观念，则从《与章太炎先生论易书》中可以窥得。吴承仕对汉代以来研究《易经》的著作都有自己的看法，比如他评价汉代易学时称："易由乾坤而生六子，由六子而生六十四卦，而消息家则以十二辟卦为卦本，自始即不应理。若六日七分之术，本用以占谶，于易道无与。郑主爻辰，虞主纳甲，展转附会，有似隐书。至谓卦爻辞一切皆是取象，如乾为百坤为姓之类，文义安否，皆所不问，以此说经，竟何所补益。"

看来吴承仕以易学研究成果表示出了自己的不满，而他对宋人易学研究的成果也有着自己的看法,他认为宋人研究易学不纯粹:"宋人以九宫数及天地生成数为河洛,以道家坎离交媾为太极,又附会两仪四象、天地定位诸传文为先天位次,后儒沉溺于此者,其缴绕穿穴,又过于爻辰纳甲。"

对于上述的研究,黄寿祺在其《略述先师吴承仕先生的学术成就》一文中统计出有十种之多,其中最重要的是《尚书三考》,对于这"三考",黄寿祺在其文中叙述道:

> 《尚书传王孔异同考》,论列王孔异者一百二十八事,同者一百一十事,孔无明文者三十四事,王说不可知者十八事;并指出清儒丁晏、孙星衍等研究王孔异同之十二蔽,实发前人之所未发。《左氏杜注书孔传异同考》,论列杜义同孔者八事,杜义异孔者二十七事,杜注无说者九事,孔传无征者一事;并列举四证以驳丁晏"杜预亲见古文"之谬,立义甚坚。《皇甫谧帝王世纪与书孔传异同考》,论列皇甫说同孔者十事,皇甫说异孔者二十三事;并指出丁晏谓"谧信伪书"之非及宋翔凤谓"谧述伪书皆为后人羼入者"亦非。又指出"皇甫氏得见古文以不,盖难质言。所可知者,《世纪》异孔者多,同孔者少,如是而已"。议论实为持平。

与其他的经学成就比较而言,吴承仕对《三礼》的研究最为深入,因此黄寿祺在其《略述先师吴承仕先生的学术成就》一文中称:"吴先生的经学著述,以《三礼》为大宗。"而该文中举出其师的第一部《三礼》著作则是《三礼名物略例》,黄寿祺在讲述该书时说:"吴先生区分礼之事类为四:曰礼意,曰礼制,曰礼器,曰礼节。"对于礼的概念,吴承仕有着如下的观念:"言不虚生,事不空作,制度有废兴，器数有隆杀，必有其废兴隆杀之故，此礼意也。六官之守，五礼之条，自设官封国、授田制录、学校选举、郊庙岁祭、朝聘燕飨以至冠昏丧纪，皆礼制也。大而宗庙宫室瑞玉宗彝车服旗章，细而几席枕簟燕亵之器，凡礼数所施，朝燕之所服御，皆礼器也。登降俯仰之仪，酬酢往复之节，擗踊哭泣之数，皆礼节也。"

吴承仕研究《三礼》的著作达22种之多，其中《三礼名物笔记》以手稿存世即有22册，该笔记把三礼名物分为46类，黄寿祺在其文中将此一一列出，而后给出了这样的评语："以上各类所搜集笔记的材料，或多或少，虽均未整理成篇，但从中可以看出吴先生对古礼制研究规模之宏伟，并世殆无第二人。"

吴承仕为什么要对《三礼》进行深入的研究呢？他在《三礼名物略例》中自道：

> 余以寡昧之姿，生无妄之世，年过四十，始敦说礼经，伤旧学之忽微，惧名物之难理，钦念本师章君之所营敕，乡先正江（永）、戴（震）、金（榜）、凌（廷堪）诸子之所缔构，不有缵述，则姬汉文物之遗，先民闳美之术，将及斯而斩。

吴承仕的这段话说得十分谦虚，其实如前所述，他能够研究经学，确实因其天资聪颖，其实余外还有一个客观的原因，《朱祖延集》中称："吴承仕（检斋）先生为太炎高第弟子，精于三礼。顾为人口吃，期期艾艾，半晌不能成句。"这真应了那句古语："敏于事而讷于言。"他因为不善言谈，所以才把很多精力用在了经学研究方面。

吴承仕在小学方面也有深入的研究，而黄寿祺在"小学类"中举出的第一部书则为《经籍旧音辨证》七卷。对于该书的来由，黄寿祺在文中写道：

吴先生于民国八九年间（即一九一九至一九二〇年间）辑录《经籍旧音》，自汉末迄初唐，大凡百余家，成书二十五卷，序录一卷。后以卷帙繁重，不得刊布，只录出有所发正者五百三十三事，写成七卷，定名为《经籍旧音辨证》，于民国十二年（即一九二三年）印行。章太炎先生称其"校正《释文》，极其精当，视臧氏《经义杂记》有过之而无不及。"

看来吴承仕原本要写一部《经籍旧音》，此书有二十五卷之多，另外有序目一卷，因为该书部头大，一时难以正式出版，于是吴承仕就先从该书中选了一部分出来，编成了以上两书。但即便如此，章太炎也对这两部选编本夸赞有加。章认为该书超过了著名经学家臧庸的代表作《经义杂记》。而吴承仕本人，也对自己的这个研究成果颇为满意，他在《经籍旧音辨证》自序中称：

兹事虽小，而尚观清儒，亦惟戴（震）、钱（大昕）、段（玉裁）、王（念孙）诸公，眇达神旨，发疑正读，耆然理解；若毕（沅）、孙（星衍）、卢（文弨）、顾（九苞）以下，虑未足以语此也。

既然有这样的说法，那如果《经籍旧音》二十五卷完整本刊发出来，其学术成就恐怕更会受到学术界的首肯。关于该稿的去向，黄寿祺在其文中写道："至吴先生原辑《经籍旧音》二十五卷之稿本，今已不知散落何所，深冀能够失而复得，全部刊行，则所以嘉惠后学者当益多。"

巧合的是，我十余年前在某场拍卖会上见到了吴承仕的这批手稿，我不确定这是不是《经籍旧音》一书的全稿，但还是将其拍了下来。

回来后仔细翻看，的确是该书的原稿，我所得者应该是《经籍旧音》的初稿本，因为在每一卷的卷首，作者还没有标卷数。今后在适当的机会，应当将其刊布出来，以便让相应的学者能够对此作系统的研究。

虽然吴承仕是章太炎的著名弟子之一，但他也并非亦步亦趋地按照老师的学术路数进行经学研究。他有着自己的观念在，而这也正是其作为一位重要学者的必具本性。

吴承仕在经学方面有着如此高的成就，而后他满足于只在经学研究方面作出成果，因为他加入了共产党，吴绍唐主编的《民国人物小传》中称："二十五年初，北平共产党组织吸收吴承仕为特别党员，与齐燕铭、张致祥编为特别小组（组长张致祥），负责渗透文化教育界工作，是时'左联'宣布自动解散，承仕积极参与左翼'北平作家协会'筹备工作，出面借北平宣武门鸿春楼菜馆开成立大会。"

可能是这个原因，吴承仕的行为引起了日本人的注意，关于吴承仕的死因，也有人认为他是被日本人害死的。李丹在《奇人吴承仕的人生传奇》一文中写道："是年秋，吴承仕染上伤寒，且又并发支气管炎老病。天津无法治疗，中共地下党组织设法将他潜送到北平协和医院就医，竟被一名为日军所收买的医生强行灌肠至肠穿孔、暴血，于1939年9月21日不幸与世长辞，终年56岁。"

李丹的这段叙述，有可能是本自孙人和跟黄寿祺所说的一段话，黄在《关于先师吴承仕先生的材料》一文中，完全引用了孙人和告诉他的吴承仕去世的原因和细节：

> 是年天津发大水，英租界内积水高涨至三层楼窗户间，吴先生因在水中，不得出，站在楼窗前呼喊援救。时救灾之人均用船只往来，有一船适过先生楼窗附近，先生大喊，船户以载人

已多,不能再载,欲舍之去;而船中有一人认识吴先生,说此人是名教授、大学者,一定要救他。但船户坚决不将船驶靠楼窗前,某人即夺船户竹篙搁在楼窗前,请吴先生抱住竹篙泅出,先生遂得救上船。然饥饿之后,又浸水多时,遂得伤寒病。一回北平,即化名虞某住入和平医院。闻和平医院系福建一名医生所开,此医生认识吴先生,知虞某系化名,对吴先生特别关心。诊察后,告吴先生家属,吴先生系患伤寒重病,他的医院设备太差无法急救,劝送往协和医院。协和医院医生亦认为是伤寒病,即采取洗肠办法,一洗肠便下血,而医生坚持还要洗。吴先生家属惊慌,要求医生不要再洗,而医生不听,仍旧继续洗,再洗而血暴下,立即断气。当时所有先生家属及亲人均痛恨协和医生,怀疑医生被日伪收买害死先生,但亦无可奈何。

吴承仕去世后,众弟子在北京西单报子街聚贤堂搭建了临时的灵堂,黄寿祺闻信后前去吊唁,黄在吊唁之时,再次确认吴承仕的死因,黄将他所听到的情况写入了《材料》一文中:"开吊事了后,我以孙先生所说情况质之周同德,同德云:'事实经过确如孙先生所言,老爷是被日伪收买医生害死,殆无可疑。'"

抗战期间,因为消息不灵通,所以关于吴承仕的死因,有着各种各样的说法,王西彦在《记我所接触到的吴承仕先生》一文中作了简要的列举:"我还希望跟靖华先生被害的消息一样,只不过是谣传;但不久,不仅报上已有公开的报导,而且更多留在华北敌后的同学们的书信都提到了这个噩耗,有的甚至还说到是被敌人残酷地肢解的。有个记载里,更说到先生在生命的最后,因'生平最重节气,故虽惨被酷刑,迄无一字泄露。'当时,从我心胸涌出的,不是惊奇,因为象先生那样的人,这正是他的路;也不是惋惜,因为先生的殉国，不仅完成了自己的人格，且也给某些同时代的人们照出了真面目。"

因为吴承仕是中共特别党员，消息传到了延安，当地立即举行了追悼大会。李丹在《传奇》一文中写道：

> 当噩耗传到延安后，1940年4月16日，延安各界为吴承仕举行隆重的追悼大会。毛泽东的挽幛为"老成凋谢"。周恩来的挽联为"孤悬敌区，舍身成仁，不愧青年训导；重整国学，努力启蒙，足资后学楷模"。

吴承仕故居位于安徽省歙县昌溪乡仓山源村。此次出行正赶上"十一"长假，而前往吴承仕故居的这一天是十月二日，正是"十一"大长假的第二天，所到之处称得上是游客遍地。从黄山乘大巴来到了歙县，歙县县城不大，跟我的想象略有差异。歙县在我的想象中永远跟歙砚连在一起，我以为当地满街摆的都是砚台，而实际情况却并非如此。好在我的这次歙县之行是为了寻找吴承仕旧居，因此也就没有仔细打听歙砚市场的具体位置，以我的想象，如果这里不是满街皆砚台，那很有可能被有关部门融合成了一个大市场。

在歙县的主街道上闲逛了一会儿，无意间看到一辆空出租驶过，在旅游旺季能够遇到没有乘客的出租车，这是个好兆头，于是果断将其拦下。司机问我目的地，我把行程单向他出示，我明显看到他脸上现出犹豫之色，而后他直率地跟我讲，我前往的地点太偏远了，这一往一返，不如他在城区内多拉几单活。他的说辞我当然知道不是借口，但我同样知道，错过了这辆出租车，不知道何时才能再遇空车，于是果断地坐入车中，而后告诉他，如果觉得不划算，请他按合适的价钱收费即可。

我的这个小招数果真管用，司机边开车边跟我说，开出租车也的确是为了养家糊口，遇到通情达理的客人他们也不好意思收太多钱，因为都不容易，我既然这么痛快，他也就按表收费，不再加价。出门在外，遇到这样通情理的司机，这一程的心境都会为之愉快。

从歙县驶出，很快就进入山区，安徽这一带到处都是绿水青山，车行其中，有如穿梭在画卷之中，尤其那满山的翠竹，让我这个北方人一路赞叹。而正在这惬意之中，司机的车突然慢了下来，因为前方的路途上横着一根竹竿，竹竿的侧旁站着两个人，司机摇下车窗问对方为何拦路，此两人称从这里通过需要买门票。我刚想问他们门票多少钱，司机就提高嗓门训斥这两个人，说他们的行为简直是在光天化日之下拦路抢劫，这里既不是高速路，又不是景点，要收哪门子门票？

我本想制止司机的行为，出门在外必须能忍则忍，否则的话很容易招来闲气，可是还未等我张口，那两个人竟然将竹竿抬了起来，而后挥手示意放行。看来，正义战胜邪恶，有时候也就凭一股勇气。虽然已经通过，司机还是怒气难消，他说这些人简直没有道理，随便在路边设卡就要收钱，这的确跟以往的强盗没什么区别。他说自己遇到此况坚决不给钱，目的只有一个，那就是不助长这种恶习。

说话间来到了昌溪镇，而后在镇内打听沧山源村的走向。所问之人都知道此村的走向，但同时又纷纷告诉我们，那个村不通公路，汽车无法开行，要想前往此村，只能把车停在

⦿ 文保牌

镇上，而后步行前往。我和司机都很关心到那个村有多远，老乡一脸的轻松，顺手往远处的山上一指："看见了吧，山上的那个小白点，你过了小白点，再翻个山就看见了，也就五里路吧。"顺其手望去，我觉得那个白点距我所站之处太遥远了，按其所言，过了这个小白点再翻个山，那么到沧山源村的距离肯定不止五里，至少应当有十里八里的山路，但老乡不认可我的判断，他说："哪里有那么远，顶多五六里路，一会就到了，也就是散个步。"

他这轻松的语言给我以鼓励，于是我请司机等候，准备独自上山寻找该村，而司机说，我们一路上的聊天也让他对吴承仕这个人感兴趣了，他觉得在这里空等无事，愿意陪我一同前去看看。他所言我求之不得，因为在这群山之中，能遇到如此勇敢之人也是我的幸运。

因为是旅游季节，镇上的游客也称得上是熙熙攘攘，我跟司机沿着镇边的一条小河向山上走去，这一段路颇为好走，虽然仅两三

◉ 吴承仕故居内况

里路，却瞬间隔绝了镇上的喧哗，略显急躁的心情也平和了下来。快到小白点时，地势开始抬升，虽然走得气嘘吁吁，好在有司机的陪伴，可以边走边聊天。他告诉我说，当地的村民都喜欢把距离说得很近，比如刚才那位指路者告诉我们，到达山村的距离有五里路，司机认为他们口中的五里，实际距离恐怕在八里以上。果真如其所言，当我们走到那个小白点时，我就觉得至少已经走了三四里的路。

沿路行走的坐标一直是山脚下看到的那个小白点，走到了近前，方看清楚这个小白点乃是一座白色的小亭，亭的名字叫"如振亭"。按指路者所言，看到此亭后要往上走，不要继续向前，于是开始了高高低低的进山之路。虽然沧山源是个古村落，并且现在也是旅游旺季，但可能因为山路太远的缘故，一路上居然仅有我和司机两名游客。走了大约半小时，又见到一个半屋半亭式的建筑，相对前面经过的如振亭，这个亭子明显为老建筑，向外的一侧有靠栏座椅，但是年代实在太久远，估计已经没人敢坐，怕会掉到下面的山涧里

⊙ 故居内保存完好的木雕

去。但是这个亭子却不像刚才的如振亭，外面并没有写上亭名，只是在进入的门洞上方，有人写着"旭日东升"，这显然不是亭名，门洞侧边挂着一块说明牌，上面写着"燕窝山庄"，下面是一行小字："原名沧山源，因为村呈燕窝形而得名。"原来当年的沧山源村如今改名成了燕窝山庄，但以我的佞古之癖，还是觉得原来的名字更有古意。

亭子里靠山的一面墙上居然还嵌有一通石碑，我仔细看了看年款，乃是光绪三十三年所立。另外一块碑被村民堆积的柴禾遮挡住了，无法看清楚，然而另一侧墙上的毛主席语录仍然十分清晰。一个小小的山间野亭，能够凝聚如此多的历史信息，也算难得。站在亭口向下望，一个小村卧在青山之间，而这个小村正是我要探访的沧山源村。

沿着小路进入村庄，顿时一派世外桃源之感，大多数村居还是老宅子，而村子极为安静，穿过了半个村庄都没有看见行人，几乎

⊙ 标语

⊙ 美丽依然

让我怀疑这是个空村，司机很有耐心，说再往前走走看，也可能人们都在家里吃中午饭。说话间听到水声，于是循着水来到一个水塘前，几名妇女在水塘周围洗着衣服，而她们无论穿着还是洗衣服的方式，都是几十年前的模样，这不禁又让我发了一通"不知秦汉"的感慨。

我向她们打听哪一间是吴承仕的故居，一位妇女抬手一指，告诉我就在这水塘上面的一条小巷子里面，走进去就看见了，因为那条小巷子里只有一家。我按她所言，来到她所说的小巷子，果然这条巷子里只有一户人家，但是宅与宅之间距离很窄，这条小巷的宽度仅够一个人穿行其间，所以很难拍到全景，而大门紧闭，只能看到门楣上被凿掉一半的雕花，旁边有一扇小窗，可以看见里面放着两口棺材，这更加增添了我的好奇心。

正在我望门兴叹之际，一位老人出现在巷口。大概是这小村里来过太多好奇的客人，老人表情平静地看着我，我面对他的平静，并未抱希望地随口问了他一句：这门可以打开吗？老人问我是干什么的，我觉得这里面有戏，于是向他作了简要的汇报，他听完说了句"你等等"，转身就走了。

过了一会儿，他真的拿了一把钥匙过来，门一打开，首先映入眼帘的，就是迎面墙上的"毛主席万岁"五个大红漆字，原来开的这道门是偏门，以前的正门已经弃而不用。整个旧居仍是当年的旧宅，未曾翻新，正厅中挂着吴承仕的画像，乃是铅笔素描所绘，这种遗像还是比较少见。司机比较熟悉当地民居，指了檐下的雀替说："这里两个都被偷了。"开门的老者说，是啊，就是四年前被偷的，以前很漂亮的，这里雕的是两个狮子。据老者说，如今这座宅子仍然是吴家的，现为本家重孙在住，物权则归四五家共有，几年前曾经倒塌过，政府拿钱修整了，如今外面的门楼就是政府修的，可惜

⦿ 已经被盗的痕迹

⦿ 造型奇特的木构件

上面的砖雕在"文革"期间被砸烂了。如今本家重孙所住是在二楼，楼下正厅旁边放着好几口棺材。

谈话间，我听到当地人都称吴承仕为吴状元，看来状元一名要比朝元听上去响亮。但不管怎么说，当地人还是以出了这么一位状元而大感骄傲。

图书在版编目（CIP）数据

觅经记/韦力著.-上海：上海文艺出版社.2019
（韦力·传统文化遗迹寻踪系列）
ISBN 978-7-5321-7099-9
Ⅰ.①觅… Ⅱ.①韦… Ⅲ.①随笔—作品集—中国—当代
Ⅳ.①I267.1
中国版本图书馆CIP数据核字(2019)第049824号

发 行 人：陈　徵
策 划 人：刘晶晶
责任编辑：肖海鸥　方　铁
封面设计：周伟伟
版面设计：钱　祯

书　　名：	觅经记
作　　者：	韦　力
出　　版：	上海世纪出版集团　上海文艺出版社
地　　址：	上海绍兴路7号　200020
发　　行：	上海文艺出版社发行中心发行
	上海市绍兴路50号　200020　www.ewen.co
印　　刷：	苏州市越洋印刷有限公司印刷
开　　本：	650×958　1/16
印　　张：	65.5
插　　页：	11
字　　数：	905,000
印　　次：	2019年6月第1版　2019年6月第1次印刷
I S B N：	978-7-5321-7099-9/G.0225
定　　价：	360.00元（全二册）
告 读 者：	如发现本书有质量问题请与印刷厂质量科联系　T:0512-68180628